Das Bereicherungsverbot im Vertragsrecht

Europäische Hochschulschriften Recht

European University Studies in Law

Publications Universitaires Européennes de Droit

Band/Volume **6092**

Patrick Wersin

Das Bereicherungsverbot im Vertragsrecht

PETER LANG

Bibliografische Information der Deutschen Nationalbibliothek
Die Deutsche Nationalbibliothek verzeichnet diese Publikation in der Deutschen Nationalbibliografie; detaillierte bibliografische Daten sind im Internet über http://dnb.d-nb.de abrufbar.

Zugl.: Bielefeld, Univ., Diss.,2018

D 361
ISSN 0531-7312
ISBN 978-3-631-79471-5 (Print)
E-ISBN 978-3-631-79472-2 (E-PDF)
E-ISBN 978-3-631-79473-9 (EPUB)
E-ISBN 978-3-631-79474-6 (MOBI)
DOI 10.3726/b15855

Peter Lang – Berlin · Bern · Bruxelles · New York · Oxford · Warszawa · Wien

Diese Publikation wurde begutachtet.

www.peterlang.com

Vorwort

Die vorliegende Arbeit wurde von der Fakultät für Rechtswissenschaft der Universität Bielefeld als Dissertation angenommen. Die Disputation fand am 10.10.2018 statt. Literatur und Rechtsprechung sind bis Januar 2019 berücksichtigt.

Danken möchte ich zunächst meinem Doktorvater, Herrn Professor Dr. Ingo Reichard, der mir während meiner Tätigkeit als wissenschaftlicher Mitarbeiter an seinem Lehrstuhl den nötigen Freiraum für die Anfertigung dieser Arbeit gewährt hat. Herrn Professor Dr. Markus Artz danke ich herzlich für die zügige Erstellung des Zweitgutachtens.

Ein besonderer Dank gilt außerdem meinen Eltern Norbert und Christel Wersin, die mich auf meinem Weg durch das Studium vorbehaltlos unterstützt und so die Basis für meine berufliche Weiterentwicklung geschaffen haben.

Der größte Dank gebührt schließlich meiner Frau Nicole Wersin, die seit unserer gemeinsamen Studienzeit ein liebe- und verständnisvoller Rückhalt in meinem Leben ist. Ihr ist diese Arbeit gewidmet.

Inhaltsverzeichnis

1. Teil
Die Grundlagen des vertraglichen Bereicherungsverbotes

A. Einleitung

Die vorliegende Arbeit beschäftigt sich mit dem Bereicherungsverbot im Vertragsrecht. Auf diese Weise werden zwei Begriffe, nämlich „das Bereicherungsverbot" und „das Vertragsrecht" in einen Kontext gestellt, welche für sich genommen schon nicht unumstritten und in ihren Konturen keineswegs gefestigt sind.[1]

Begibt man sich unter Zuhilfenahme juristischer Fachlexika auf die Suche nach einer konzisen Umschreibung des Wortes „*Bereicherungsverbot*", lässt die Ernüchterung nicht lange auf sich warten. Ein weit überwiegender Teil dieser Werke spart diesen Begriff gänzlich aus.[2] In einem Werk findet man lediglich einen Verweis auf die „Vorteilsausgleichung".[3] Dort heißt es, dass nach dem Bereicherungsverbot „*sich der Geschädigte nach dem Schadensfall nicht besser stellen soll als davor*"[4]. Weitet man die Sichtung des zur Verfügung stehenden Schrifttums aus, bestätigt sich der Eindruck, dass das Bereicherungsverbot häufig im Zusammenhang mit Schadensersatzansprüchen genannt wird, wobei seine Anwendung keineswegs unumstritten ist.[5] Tatsächlich wollen selbst die Anhänger eines Bereicherungsverbotes im Schadensrecht nicht *jede* Besserstellung des Geschädigten unterbinden.[6] Folglich ist auch nicht *jede* Bereicherung des Geschädigten „verboten", sondern

---

1 Die Begriffe werden in Teil B (Vertragsrecht) und Teil C (Bereicherungsverbot) dieser Arbeit eingehend erläutert.

2 Alpmann /Brockhaus, Fachlexikon Recht[2] (2005); Duden, Recht A-Z[2] (2010); *Köbler*, Juristisches Wörterbuch[16] (2016).

3 Deutsches Rechts-Lexikon, Bd. 1 (A-F), 3. Aufl. (2001), S. 644.

4 Deutsches Rechts-Lexikon, Bd. 3 (Q-Z), 3. Aufl. (2001), S. 4734.

5 Von der h.M. wird das Bereicherungsverbot jedoch mittlerweile als Korrektiv zur Begrenzung von Schadensersatzansprüchen anerkannt, vgl. BGHZ 173, 83 (87); NJW 2004, 2526 (2529); OLG Frankfurt, Urt. v. 09.04.2009–10 U 264/07 (erhältlich bei juris); *Eckert*, SAT[4], Rn. 883; JurisPK /BGB[8]-*Lapp /Salamon*, § 309, Rn. 52; *Lange / Schiemann*, Schadensersatz[3] (2003), Einl. III 2a (S. 10); *Looschelders*, SAT[14] (2016), Rn. 958; MüKo[7]-*Oetker*, § 249, Rn. 20; bei Staudinger[2017]-*Schiemann*, Vor § 249, Rn. 2 wird das Bereicherungsverbot unter Bezugnahme auf *Pomponius* (D 50.17.206) gar als „*Kern schadensrechtlichen Denkens auf dem europäischen Kontinent*" bezeichnet; a.A. *Grunsky*, NJW 1983, 2465 (2467); MüKo[3]-*ders.*, Vor § 249, Rn. 6a; *Wagner*, AcP 206 (2006), 352 (470 f.). Zum schadensrechtlichen Bereicherungsverbot vgl. auch BT-Drucks. 14/7752, S. 13 („*Verbot einer Überkompensation*" als wesentlicher Grundsatz des Schadensrechts).

6 Vgl. BGH, NJW 2008, 3359 (3360); *Brox /Walker*, SAT[42] (2018), § 31, Rn. 22; *Looschelders*, SAT[14] (2016), Rn. 1011.

nur eine *unbillige* bzw. *ungerechtfertigte*. Das Axiom, dass man sich nicht ungerechtfertigt auf Kosten eines anderen bereichern darf ist jedoch keineswegs auf das Schadensrecht beschränkt.[7] Tatsächlich findet es seine *gesetzliche* Ausprägung in den §§ 812 ff. BGB, die dem 26.Titel zugeordnet sind, der die amtliche Überschrift „*Ungerechtfertigte Bereicherung*" trägt. An prominenter Stelle wird das Ziel der §§ 812 ff. BGB wiefolgt beschrieben: „*Durch einen schuldrechtlichen Anspruch soll ein Vorteil, der beim Bereicherten entstanden ist, diesem aber nach dem Gesamturteil der Rechtsordnung nicht gebührt, dem wahren Berechtigten zugeführt werden.*"[8]. Ein unmittelbarer Berührungspunkt zwischen dem Bereicherungsrecht der §§ 812 ff. BGB und dem Recht der vertraglichen Schuldverhältnisse ergibt sich jedoch im Grundsatz nicht. Letzteres kommt immer dann zur Anwendung, wenn ein *wirksamer* Vertrag vorliegt. Für den Fall, dass sich ein Vertrag als *unwirksam* herausstellt, erfolgt eine Rückabwicklung der bereits ausgetauschten Leistungen über die Leistungskondiktion.[9]

Umso bemerkenswerter ist es, wenn auch dann von einer „ungerechtfertigten Bereicherung" des Käufer /Verkäufers, des Bestellers /Unternehmers bzw. des Mieters /Vermieters gesprochen wird, wenn es weder um die Bestimmung des Umfangs eines Schadensersatzanspruches geht, noch um die Rückabwicklung von Leistungen in Anbetracht eines unwirksamen Vertrages. Stattdessen bildet der Bereicherungsgedanke bzw. das Bereicherungsverbot die argumentative Speerspitze für diverse

---

7 Vgl. nur *Miller*, Die Entwicklung der Vorteilsausgleichung, 1929, S. 7.

8 Palandt[78]-*Sprau*, Einf v. § 812, Rn. 1. Ähnlich auch: AnwKom[3]-*v. Sachsen Gessaphe*, Vor §§ 812 ff., Rn. 1; *Esser /Weyers*, SchuldR, Bd. 2/2, 8. Aufl. (2000), § 47 1 f) (S. 32); *Heck*, Grundriß des Schuldrechts, 1929 (Nachdruck 1958), S. 419 („*das grundlegende Werturteil des Bereicherungsrechts*"); JurisPK/BGB[8]-*Martinek*, § 812, Rn. 2; *Looschelders*, SBT[11] (2016), Rn. 1010; PWW[13]-*Prütting*, § 812, Rn. 1; *Schlechtriem*, SBT[6], Rn. 718 (Fn. 5). Im Rahmen der §§ 812 ff. BGB ist indes umstritten, ob sich die verschiedenen Bereicherungsansprüche auf einen einheitlichen Grund*tatbestand* stützen. Kritisch: *Loewenheim*, Bereicherungsrecht[3] (2007), S. 2 f. Über „*Die Grundzüge der bereicherungsrechtlichen Theorieentwicklung seit Inkrafttreten des BGB*" vgl. *Reuter /Martinek*, Ungerechtfertigte Bereicherung (1983), § 2; anschaulich auch: *Medicus /Lorenz*, SBT[18] (2018), Rn. 4 ff. Dass den §§ 812 ff. BGB überhaupt ein einheitliches „Bereicherungsprinzip" zugrunde gelegt werden kann bezweifeln *Eckert*, SBT[2], Rn. 1428; *Esser*, Grundsatz und Norm[3] (1974), S. 167 ff. („*das leere Prinzip*"); *Fikentscher /Heinemann*, SchuldR[10] (2006), Rn. 1420; *Gödicke*, Bereicherungsrecht und Dogmatik (2002), S. 178; RGRK[12]-*Heimann-Trosien*, Vor § 812, Rn. 3.
Zum „*allgemeinen Bereicherungsverbot*" in den Vorläufern des heutigen ABGB: *Beck-Mannagetta*, in: FS Wesener (1992), S. 48.

9 Vgl. *Medicus /Lorenz*, SBT[18] (2018), § 61, Rn. 5.

Lösungsansätze in ganz unterschiedlichen Streifragen innerhalb des Rechts der vertraglichen Schuldverhältnisse. So wird mitunter behauptet, der Verkäufer / Werkunternehmer /Vermieter sei um die ersparten Reparaturkosten ungerechtfertigt bereichert, wenn der Käufer /Besteller /Mieter die Beseitigung vorhandener Mängel selbst in die Hand nehme. An anderer Stelle wird dagegen erklärt, der Käufer /Besteller sei ungerechtfertigt bereichert, wenn sich der Wert des ursprünglich mangelbehafteten Vertragsgegenstandes im Wege der Nacherfüllung durch den Verkäufer /Werkunternehmer über das vertraglich vorgegebene Maß hinaus erhöht.

Oftmals greifen diejenigen, die sich das Bereicherungsargument zu Eigen gemacht haben, auf die Vorteilsausgleichung, ein Instrument des Schadensrechts zur Vermeidung einer Überkompensation, oder aber auf eine entsprechende Heranziehung der §§ 812 ff. BGB zurück. Indem sie auf weitgehend anerkannte, oder gar gesetzlich geregelte Ausprägungen des Bereicherungsgedankens verweisen, wollen sie ihrer Argumentation entsprechendes Gewicht verleihen. Dabei wird scheinbar übersehen, dass – wie schon angedeutet – bei den exemplarisch aufgeführten Meinungsstreitigkeiten die Wirksamkeit des zugrunde liegenden Schuldverhältnisses in der Regel außer Frage steht. Ebensowenig geht es um die Geltendmachung von Schadensersatzansprüchen und deren Begrenzung auf der Rechtsfolgenseite. Die einzige Verbindung die auf den ersten Blick zwischen der Vorteilsausgleichung im Schadensrecht bzw. dem Bereicherungsrecht der §§ 812 ff. BGB einerseits und dem Bemühen einen Vermögensvorteil bei einer der Vertragsparteien abzuschöpfen andererseits besteht, ist die Absicht, eine unbillige Bereicherung des einen auf Kosten des anderen zu vermeiden.[10] Bevor man jedoch die Nutzbarkeit von Lösungsinstrumenten prüft, welche allenfalls der Peripherie der vorliegenden Problemkreise zuzuordnen sind, sollte man sich zunächst dem Teil der Privatrechtsordnung zuwenden, der unmittelbar für die rechtliche Ausgestaltung vertraglicher Schuldverhältnisse verantwortlich ist. Bei genauerem Hinsehen entdeckt man, dass auch einigen dieser Vorschriften nachgesagt wird, sie enthielten den o.g. Bereicherungsgedanken, wie etwa: §§ 285 (str.)[11], 326 Abs. 2 S. 2, 346 Abs. 3 S. 2, 439 Abs. 5,

10 Vgl. *Miller*, aaO (Fn. 7), S. 7.

11 Für die Annahme, hinter § 285 BGB stecke der Bereicherungsgedanke: *Hartmann*, Der Anspruch auf das stellvertretende commodum, 2007, S. 82 f.; *Wilhelm*, SachenR[5] (2016), Rn. 91; a. A. *Löwisch*, NJW 2003, 2049 (2051). Schon im alten Schuldrecht wurde die These vertreten, § 281 BGB a. F., der den Vorläufer des heutigen § 285 BGB darstellt, enthalte den Bereicherungsgedanken, vgl. *v. Caemmerer*, in: FS Rabel (1954), S. 389 (Anm. 211); *Picker*, AcP 183 (1983), 369 (512); a. A. *Stoll*, in: FS Schlechtriem (2003), S. 687.

537 Abs. 1 S. 2, 615 S. 2, 616 S. 2, 635 Abs. 4, 642 Abs. 2, 650 f. Abs. 5 S. 2 2.Hs., 648 S. 2 2.Hs. BGB, § 11 KSchG, §§ 74c, 415 Abs. 2 S. 1 Nr. 1 HGB.

Wäre eine der gerade genannten Vorschriften unmittelbar anwendbar, gäbe es bei den o.g. Fallkonstellationen wohl keine Kontroverse über den zu beschreitenden Lösungsweg. Möglicherweise kann jedoch das Bestreben, eine als unbillig empfundene Bereicherung abzuschöpfen, auf eine entsprechende Anwendung einer oder mehrerer der o.g. Normen gestützt werden. Falls ihnen allen der Bereicherungsgedanke innewohnt, wäre eine sog. Gesamtanalogie eventuell vorzuziehen, da auf diese Weise ein vertragliches Bereicherungsverbot als korrektiv für unbillige Vermögensverschiebungen innerhalb des Rechts der vertraglichen Schuldverhältnisse verlässlich installiert werden könnte. Dass die o.g. Normen alle eine unbillige Bereicherung auf die eine oder andere Weise verhindern wollen, ist indes zwar ein notwendiges, aber kein hinreichendes Kriterium für eine Gesamtanalogie. Verblüffend ist jedoch, dass einige dieser Vorschriften einen weitgehend identischen Wortlaut haben (vgl. §§ 326 Abs. 2 S. 2, 537 Abs. 1 S. 2, 615 S. 2, 616 S. 2, 642 Abs. 2, 650 f. Abs. 5 S. 2 2.Hs., 648 S. 2 2.Hs. BGB, § 11 KSchG, §§ 74c, 415 Abs. 2 S. 1 Nr. 1 HGB). Hinzu kommt, dass sie – bis auf § 642 Abs. 2 BGB[12] – der Kürzung eines *Erfüllungsanspruches* im Wege der *Anrechnung* dienen. Schließlich stellen Rechtsprechung und Literatur diese Vorschriften immer wieder in einen gemeinsamen Kontext und sehen in ihnen einen gemeinsamen Rechtsgedanken[13], wobei hier – teilweise – ebenfalls von einem „Bereicherungsverbot" gesprochen wird.[14] Fraglich ist, ob dieser Normenkreis eine solide Grundlage für eine entsprechende Anwendung des Bereicherungsverbotes sein kann, um unbillige Vermögensmehrungen, welche durch bestehende Regelungslücken im

12 Im Rahmen von § 642 Abs. 2 geht es um die Kürzung des Entschädigungsanspruchs aus § 642 Abs. 1 BGB.

13 Vgl. die weitgehend übereinstimmenden Aufzählungen bei *P. Bydlinski*, ZGS 2005, 131; *Christiansen*, ZfBR 2010, 3 (9); *Gross*, in: FS Korbion (1986), S. 124; *Gsell*, ZIP 2005, 922 (924) (Fn. 23); Soergel[13]-*dies.*, § 326, Rn. 77; Staudinger[2015]-*Schwarze*, § 326, Rn. C89; Staudinger /Eckpfeiler[2018]- *Vieweg*, Kap. J, Rn. 95; *Wendehorst*, Anspruch und Ausgleich (1999), § 13 II). Zum alten Recht vgl. BGHZ 91, 206 (210); 60, 353; BGH, JR 1969, 419 = MDR 1968, 917; *Becker*, JW 1912, 976 (977); *Dehnen*, Zu den Voraussetzungen eines allgemeinen zivilrechtlichen Anspruchs auf Kostenersatz bei Selbstvornahme, 1997, S. 132; *Rieble*, DB 1989, 1759 (1761).

14 *P. Bydlinski*, ZGS 2005, 131; schon bei *Becker*, JW 1912, 976 (977) heißt es: „*Wesen und Zweck der Anrechnungsbestimmung der §§ 324, 552, 615, 616, 649 BGB [a.F.]… ist also, eine ungerechtfertigte Bereicherung des von der Leistung befreiten Teiles zu verhüten, woraus weiter folgt, dass sein Anspruch nicht weitergeht als sein positives Vertragsinteresse*" .

Recht der vertraglichen Schuldverhältnisse entstehen, zu verhindern bzw. abzuschöpfen.[15] Durch den parallelen Aufbau der Anrechnungsvorschriften besteht jedenfalls die Möglichkeit, dass der Grundgedanke, eine unbillige Bereicherung einer Person zu verhindern, anhand weiterer Tatbestandsmerkmale konkretisiert wird.

Die vorliegende Arbeit widmet sich der Untersuchung dieser möglichen Ausprägung des Bereicherungsverbotes. Dabei soll es zunächst darum gehen, dem „Bereicherungsverbot" unter Einbeziehung seiner historischen Wurzeln klarere Konturen zu verleihen. Sodann soll der Frage nachgespürt werden, ob und auf welche Weise das Bereicherungsverbot in den §§ 326 Abs. 2 S. 2, 537 Abs. 1 S. 2, 615 S. 2, 616 S. 2, 650 f. Abs. 5 S. 2 2.Hs., 648 S. 2 2.Hs. BGB, § 11 KSchG, §§ 74c, 415 Abs. 2 S. 1 Nr. 1 HGB verankert ist. Sollte es gelingen, eine bereicherungsrechtliche Schnittmenge dieser Normen zu destillieren, wäre in einem zweiten Schritt zu examinieren, welchen Nutzen solch ein vertragliches Bereicherungsverbot für die Lösung der bereits angedeuteten Streitigkeiten im Recht der vertraglichen Schuldverhältnisse hat. Ein besonderes Augenmerk soll dabei der Frage gelten, inwieweit sich die typologischen Unterschiede der verschiedenen Vertragsarten auf die Nutzbarkeit eines vertraglichen Bereicherungsverbotes auswirken.[16] Um die Analyse sinnvoll einzugrenzen und unnötige Wiederholungen zu vermeiden, soll sie auf den Kauf-, Werk- und Mietvertrag beschränkt werden. Der Kaufvertrag als punktueller Austauschvertrag und der Mietvertrag als klassisches Dauerschuldverhältnis bilden dabei angesichts ihrer Verschiedenheit die jeweils äußeren Pole, während dem Werkvertrag aufgrund zahlreicher inhaltlicher Parallelen zum Kaufrecht einerseits und der oftmals langen Vertragsdauer und dem in § 648 BGB (bzw. § 415 HGB) normierten Kündigungsrecht andererseits, das Bindeglied bildet. Darüber hinaus sind diese drei Vertragsarten – neben dem Dienstvertrag – die wohl praktisch bedeutsamsten im Zivilrecht.

---

15 Diese Möglichkeit scheint bislang nur *P. Bydlinski* im Falle einer eigenmächtigen Selbstvornahme des Käufers ernsthaft in Erwägung gezogen zu haben, *ders.*, ZGS 2005, 129 (131).

16 Zum Begriff des Rechtstypus vgl. *Larenz*, Methodenlehre der Rechtswissenschaft[6] (1991), S. 461 ff.; Staudinger /Eckpfeiler[2018]-*Oechsler*, Kap. M, Rn. 13 ff.

B. Das sogenannte „Vertragsrecht“

Die bislang offen gelassene Beschreibung des zu Beginn erwähnten Begriffs „Vertragsrecht“ stützt sich im Wesentlichen auf die einleitenden Erläuterungen der vorliegenden Arbeit. Liegt der Fokus auf den soeben erwähnten Anrechnungsvorschriften, bilden diese Zugleich die Fixpunkte, durch die der Zirkel für eine thematische Begrenzung der Analyse des Bereicherungsverbotes zu ziehen ist. Das Bereicherungsverbot im Schadensrecht steht damit ebenso wenig im Zentrum dieser Untersuchung, wie das Bereicherungsrecht der §§ 812 ff. BGB. Umgekehrt geht es im Folgenden nicht nur um die besonderen Vorschriften aus dem Recht der vertraglichen Schuldverhältnisse. Dagegen spricht bereits, dass diese Normen[1], aufgrund der im Bürgerlichen Gesetzbuch üblichen „Klammertechnik“[2], in wesentlichen Punkten[3] auf das allgemeine Schuldrecht zurückgreifen. Zudem ist mit § 326 Abs. 2 S. 2 BGB auch eine der soeben genannten Anrechnungsvorschriften im allgemeinen Schuldrecht verortet. Folglich ist letzteres auch dem Vertragsrecht hinzuzurechnen. Diese Einteilung deckt sich insoweit mit den Umschreibungen des Begriffs „Vertragsrecht“ in der Literatur.[4] Dem Gesetz selbst ist – u. a. aufgrund der angesprochenen Verweisungstechnik – ein in

1 An dieser Stelle auf den 8. Abschnitt des BGB („*Einzelne Schuldverhältnisse*“) zu verweisen, wäre indes unpräzise, da dieser Normenkreis zwar auch, aber eben nicht nur *vertragliche* Schuldverhältnisse umfasst. So gehören zum 8. Abschnitt auch Schuldverhältnisse, die nicht durch Rechtsgeschäft, sondern durch Gesetz entstehen, wie die bereicherungsrechtlichen und deliktischen Schuldverhältnisse. Selbst die Beschränkung auf rechtsgeschäftliche Schuldverhältnisse wäre nicht zielführend, da im 8. Abschnitt auch Schuldverhältnisse geregelt sind, welche zwar auf einem Rechtsgeschäft, nicht aber auf einem Vertrag beruhen, wie die Auslobung iSv. § 657 BGB. Vertragliche Schuldverhältnisse zeichnen sich dadurch aus, dass sie durch inhaltlich korrespondierende und in Bezug aufeinander abgegebene Willenserklärungen von mindestens zwei Personen zustande kommen, vgl. *Oetker/Maultzsch*, Vertragliche Schuldverhältnisse[5] (2018), § 1, Rn. 2. Auch die Angabe eines bestimmten Paragrafenabschnittes (etwa §§ 433 bis…) wäre nicht sinnvoll, da die Regelungen zu den vertraglichen Schuldverhältnissen innerhalb dieses 8. Abschnittes von den übrigen weitgehend, aber nicht ausnahmslos getrennt sind, vgl. *Oetker/Maultzsch*, ebenda.

2 Vgl. hierzu: *Bork*, AT[4] (2016), Rn. 77; *Brox/Walker*, AT[41] (2017), Rn. 37 ff.; *Klunzinger*, BR[16] (2013), S. 15; *Medicus/Petersen*, AT[11] (2016), Rn. 18 f.

3 Vgl. nur den im allgemeinen Schuldrecht geregelten Schadensersatz (§§ 280 ff. BGB) bzw. das Rücktrittsrecht (§§ 323 ff. BGB).

4 Vgl. nur Tonner/Willingmann/Tamm-*Tonner*, Einl., Rn. 6 ff.

sich geschlossenes Regelwerk unter der Überschrift „Vertragsrecht" indes fremd.[5] Aber auch wenn das „Vertragsrecht" nicht an der Spitze der Begriffspyramide des BGB steht, so ist es gleichwohl als Kernmaterie des Zivilrechts anzusehen.[6] Gleichwohl hielten sich die Lehrbücher, welche den Stoff des 2. Buches des BGB behandelten, seit jeher an die vom BGB vorgegebene systematische Unterscheidung zwischen „allgemeinem" und „besonderem" Schuldrecht.[7] Erst seit kurzer Zeit gibt es eine Reihe von Werken, in denen sich die Verfasser dezidiert dem „Vertragsrecht" bzw. den „vertraglichen Schuldverhältnissen" widmen.[8] Diese Darstellungsform dürfte auch dem Verständnis derjenigen Juristen entgegenkommen, welche dem anglo-amerikanischen Rechtskreis angehören. Dort behandelte man traditionell das „*law of contract*" und das „*law of tort*" als zwei durchaus selbständige Rechtsgebiete.[9] Folglich sind dort auch Lehrbücher und Lehrveranstaltungen, welche allein das Vertragsrecht zum Gegenstand haben, keine Besonderheit.[10] Die Hinwendung zum Vertragsrecht findet unterdessen ihren Fortgang in dem Bemühen um die Schaffung eines „europäischen Vertragsgesetzbuches".[11]

Streng genommen sind auch zahlreiche Vorschriften aus dem 1. Buch des BGB dem Vertragsrecht zuzuordnen;[12] so insbesondere die §§ 104 ff. sowie die §§ 145 ff. BGB. Weil es dort jedoch insbesondere um die *Begründung* eines wirksamen Vertrages geht, während bei den Streitigkeiten, die hier im Fokus stehen, das Vorliegen eines Vertragsverhältnisses in der Regel unstreitig ist, spielt der „Allgemeine Teil" des BGB in der vorliegenden Untersuchung keine bzw. nur eine untergeordnete Rolle.

---

5 *Kötz*, Vertragsrecht, 2009, § 1, Rn. 5.

6 Tonner /Willingmann /Tamm-*Tonner*, Einl., Rn. 1 f.

7 Vgl. nur: *Brox /Walker*, SAT[42] (2018); *dies.*, SBT[41] (2017); *Eckert*, SAT[4] (2005); *ders.*, SBT[2] (2005); *Looschelders*, SAT[14] (2016); *ders.*, SBT[11] (2016); *Medicus /Lorenz*, SAT[21] (2015); *Medicus /Lorenz*, SBT[18] (2018); *Schlechtriem /Schmidt-Kessel*, SAT[6] (2005); *Schlechtriem*, SBT[6] (2003).

8 *P. Huber*, Vertragliche Schuldverhältnisse[2] (2008); *Kötz*, Vertragsrecht, 2009; *Oechsler*, Vertragliche Schuldverhältnisse[2] (2007); *Oetker /Maultzsch*, aaO (Fn. 1); *Tonner*, Vertragliche Schuldverhältnisse[2] (2010). Früher bereits: *Löwisch*, Vertragliche Schuldverhältnisse[2] (1988). Beachte auch den mittlerweile erschienenen Kommentar zum Vertragsrecht: *Tonner /Willingmann /Tamm*, Vertragsrecht, 2010.

9 *Kötz*, Vertragsrecht, 2009, § 1, Rn. 4.

10 *Kötz*, Vertragsrecht, 2009, § 1, Rn. 15.

11 Vgl. hierzu: *Heiderhoff*, Gemeinschaftsprivatrecht[2] (2007), S. 237 ff.

12 *Kötz*, Vertragsrecht, 2009, § 1, Rn. 6; *Oetker /Maultzsch*, aaO (Fn. 1), § 1, Rn. 4; Tonner / Willingmann /Tamm-*Tonner*, Einl., Rn. 7; *ders.*, aaO (Fn. 8), § 1, Rn. 11.

Das „Vertragsrecht" der nachfolgenden Untersuchung setzt sich folglich aus den Normen des 8. Abschnittes, welche die vertraglichen Schuldverhältnisse umfassen, sowie aus den Vorschriften des allgemeinen Schuldrechts[13] zusammen. Zwar finden sich in der obigen Aufzählung auch Anrechnungsvorschriften, welche nicht im BGB beheimatet sind, doch vermag dies die gerade beschriebene Schwerpunktsetzung nicht zu beeinflussen. Immerhin handelt es sich bei § 11 KSchG lediglich um eine besondere Ausprägung von § 615 S. 2 BGB[14], während § 415 HGB eine Regelung aus dem Recht der Frachtverträge darstellt, die wiederum als besondere Ausformung des Werkvertrages (vgl. §§ 631 ff. BGB) qualifiziert werden.[15] Davon abgesehen hat sich der Gesetzgeber bei der Schaffung des § 415 HGB am § 648 BGB orientiert.[16]

13 Dort insbesondere diejenigen des 3. Abschnittes („*Schuldverhältnisse aus Verträgen*").

14 Vgl. hierzu D III/IV.

15 Vgl. hierzu G I 1.

16 Vgl. hierzu D IX 3.

C. Dogmatischer und historischer Hintergrund des Bereicherungsverbotes

I. Der Begriff des Bereicherungsverbotes

Anknüpfungspunkt für den Bereicherungsgedanken ist – in Abgrenzung zum Schadensersatzrecht – nicht der Schaden des einen, sondern die Vermögensmehrung des anderen Teils.[1] Dabei ist der Begriff Bereicherungsverbot insofern missverständlich, als der Eindruck entstehen könnte, dass jedwede Bereicherung auf Kosten eines anderen untersagt ist.[2] Dagegen spricht bereits, dass das deutsche Privatrecht die ungleiche Güterverteilung innerhalb einer dynamischen Wettbewerbswirtschaft grundsätzlich zulässt.[3] Aufgrund der bestehenden Knappheit an Gütern ist eine Bereicherung auf Kosten eines anderen praktisch unumgänglich.[4] Selbst das Bereicherungsverbot im Schadensrecht führt nach überwiegender Ansicht nicht zu einer blinden Anrechnung sämtlicher Vorteile, die der Geschädigte durch das Schadensereignis erlangt hat.[5] Stattdessen beschränkt sich

---

1 Vgl. *Brox/Walker*, SBT[41] (2017), § 39, Rn. 1; *F. Bydlinski*, System und Prinzipien des Privatrechts, 1996, S. 233 f.; *Esser/Weyers*, SchuldR, Bd. 2/2, 8. Aufl. (2000), § 47 2; *Hirsch*, SBT, Rn. 987; *Koppensteiner/Kramer*, Ungerechtfertigte Bereicherung[2] (1988), § 1 II (S. 1 f.); *Larenz/Canaris*, SchuldR, Bd. 2/2, 13. Aufl. (1994), S. 128; PWW[13]-*Prütting*, § 812, Rn. 3; Soergel[13]-*Schmidt-Kessel/Hadding*, Vor § 812, Rn. 2; *Ulrici*, Jura 2005, 612 (614); *Wieling*, Bereicherungsrecht[4] (2006), § 1 I.

2 Diesem Irrtum unterliegt offenbar *Thiele*, wenn er das Bereicherungsverbot als „*formales Prinzip ohne Wertungsgehalt*" bezeichnet, *ders.*, AcP 167 (1967), 193 (197).

3 *Esser/Weyers*, SchuldR, Bd. 2/2, 8. Aufl. (2000), § 47 1 a) (S. 27) („*Es fragt sozusagen nicht, ob es gerecht sei, dass es Arme und Reiche gibt*"). Vgl. auch *F. Bydlinski*, aaO (Fn. 1), S. 234.

4 *Esser/Weyers*, SchuldR, Bd. 2/2 (2000), § 47 1 b) (S. 27).

5 Andernfalls handelte es sich beim schadensrechtlichen Bereicherungsverbot tatsächlich nur um eine strenge Form der Differenzhypothese und es wäre schlichtweg *überflüssig*. Letzteres behauptet etwa: MüKo[3]-*Grunsky*, Vor § 249, Rn. 6a; *ders.*, NJW 1983, 2465 (2467), der sich mit dieser Ansicht freilich nicht durchsetzen konnte, vgl. nur Kap. A, Fn. 5. Gleichwohl wird auch an anderer Stelle gelegentlich behauptet, das Bereicherungsverbot folge aus einer strikten Anwendung der Differenzhypothese, vgl. BGH, NJW 2007, 2695 (2696); OLG Frankfurt, Urt. v. 09.04.2009–10 U 264/07 (erhältlich bei juris). Gerade die zuletzt genannten Entscheidungen machen jedoch deutlich, dass die Reduzierung des Bereicherungsverbotes auf eine schlichte Rechenoperation nicht zielführend ist. So wird das Bereicherungsverbot auf der einen Seite in den Kontext der Differenzhypothese gestellt, andererseits aber in beiden Entscheidungen mit

das Bereicherungsverbot allenthalben auf die *ungerechtfertigte* Bereicherung.[6] An dieser Stelle lässt sich bereits festhalten, dass das Bereicherungsverbot keine bloße Rechenoperation ist, sondern zwingend mit einer Differenzierung zwischen „*berechtigten*" und „*unberechtigten*" Vermögensmehrungen einhergeht.[7] Diese Aussage zieht fast zwangsläufig die Frage nach sich, unter welchen Voraussetzungen eine Bereicherung als „*ungerechtfertigt*" anzusehen ist. Vielfach wird behauptet, dass sich diese Entscheidung nach Billigkeitsgesichtspunkten richte.[8]

---

identischem Wortlaut behauptet, dass „*nicht alle durch das Schadensereignis bedingten Vorteile*" anzurechnen seien. Vielmehr komme es auf eine „*wertende Betrachtung*" an. Auf diese Weise wird unter dem Deckmantel der Vorteilsausgleichung dem Bereicherungsverbot eben wieder jener Wertungsfaktor eingeimpft, den man ihm zuvor noch abgesprochen hat. Vgl. hierzu auch E II 2 b) bb). Dass auch das schadensrechtliche Bereicherungsverbot eine „*wertende Betrachtung*" verlangt, erkennt dagegen: *Alexander*, Schadensersatz und Abschöpfung im Lauterkeits- und Kartellrecht, 2010, S. 159.

6 Vgl. zu den §§ 812 ff. BGB: *Esser/Weyers*, SchuldR, Bd. 2/2, 8. Aufl. (2000), § 47 I a); *Wesel*, NJW 1994, 2594; *Wilburg*, Die Lehre von der ungerechtfertigten Bereicherung, 1934, S. 6. Vgl. auch A.
Wenn der EuGH in Auseinandersetzung mit einem kartelldeliktischen Schadensersatzanspruch von einer „*ungerechtfertigten Bereicherung*" des Anspruchsberechtigten spricht, mag dies für deutsche Ohren zunächst missverständlich klingen (vgl. hierzu: EuGH, Slg. 2006, I-6641, Rn. 94/99). In der Sache ist es jedoch eine treffende Umschreibung des schadensrechtlichen Bereicherungsverbotes, welches gerade nicht blindlings jeden kompensatorischen Überstand abzutrennen versucht. Es geht ausschließlich um die Vermeidung einer Bereicherung des Geschädigten ohne sachlich gerechtfertigten Grund. Vgl. auch: *Alexander*, aaO (Fn. 5), S. 159.

7 Im Schadensrecht wird diese Differenzierung oftmals anhand von Fallgruppen unter dem Oberbegriff Vorteilsausgleichung bzw. *compensatio lucri cum damno* vorgenommen, vgl. hierzu: BGH, NJW 2008, 3359 (3360); NJW 2007, 2695 (2696); OLG Frankfurt, Urt. v. 09.04.2009–10 U 264/07 (erhältlich bei juris); KG, BauR 1978, 410; Staudinger/Eckpfeiler[2018]-*Vieweg*, Kap. J, Rn. 100 ff.

8 Mot. II, S. 400 (zum Vorläufer des heutigen § 537 Abs. 1 BGB); Vgl. BGHZ 36, 232 (235); JurisPK/BGB[8]-*Martinek*, § 812, Rn. 2; *Kaser/Knütel/Lohsse*, Römisches Privatrecht[21] (2017), § 48, Rn. 3; *Looschelders*, SBT[11] (2016), Rn. 1011; Palandt[78]-*Sprau*, Einf § 812, Rn. 1; *Peters*, AcP 205 (2005), 159 (167); PWW[13]-*Prütting*, § 812, Rn. 1; RGRK[12]-*Heimann-Trosien*, Vor § 812, Rn. 4; *Rumpf*, Das Synallagma im Dauerschuldverhältnis, 2003, S. 169 ff.; gegen die Berufung auf die Billigkeit: Erman[15]-*Buck-Heeb*, Vor § 812, Rn. 2; *Esser/Weyers*, SchuldR, Bd. 2/2, 8. Aufl. (2000), § 47 1 f); *Honsell*, Römisches Recht[7] (2010), § 57 I (Fn. 2); *Koppensteiner/Kramer*, Ungerechtfertigte Bereicherung (1975), § 1 II (S. 2 f.); *Medicus/Petersen*, BR[26] (2017), Rn. 662; *Zweigert/Kötz*, Rechtsvergleichung[3] (1996), § 38 I/II.

Es fragt sich, was unter dem Begriff der „Billigkeit“ zu verstehen ist. Es scheint sich hierbei um ein nur schwer fassbares Kriterium zu handeln.[9] Eine Billigkeitsentscheidung ist in der Regel dadurch gekennzeichnet, dass sie versucht, anhand eines konkreten Einzelfalles, eine als *ungerecht* empfundene Rechtsfolge zu korrigieren.[10] Die Billigkeit soll also auf diese Weise dem (individuellen) Gerechtigkeitsempfinden Ausdruck zu verleihen. Somit dient auch das Bereicherungsverbot der Verwirklichung des Ideals einer *„ausgleichenden Gerechtigkeit“*.[11]

Von der ungerechtfertigten Bereicherung zur Billigkeit, von der Billigkeit zur ausgleichenden Gerechtigkeit. Es scheint, als ob das Bemühen, klare Konturen eines universalen Bereicherungsverbotes nachzuzeichnen, letztlich zum Scheitern verurteilt ist.[12] Begreift man es als ein einzelfallorientiertes Korrektiv des positiven Rechts, erscheint dieser Befund auch nicht besonders verwunderlich. Als eine weitere Worthülse, ohne greifbaren Inhalt wäre das Bereicherungsverbot für die Praxis nicht von besonders großem Nutzen.[13]

---

9 *F. Bydlinski*, Juristische Methodenlehre und Rechtsbegriff (1991), S. 363; *Kaufmann*, Aequitas Iudicium (1959), S. 16.

10 Vgl. *F. Bydlinski*, aaO (Fn. 1), S. 364; *Coing*, Grundzüge der Rechtsphilosophie[5] (1993), S. 16; RGRK[12]-*Heimann-Trosien*, Vor § 812, Rn. 4; *Seelmann*, Rechtsphilosophie[5] (2010), § 7, Rn. 12; *Zippelius*, Rechtsphilosophie[4] (2003), § 24. Zum „Grundwiderspruch“ zwischen Rechtssicherheit und Einzelfallgerechtigkeit, vgl. *Auer*, Materialisierung, Flexibilisierung, Richterfreiheit, 2005, S. 47 ff., 98.

11 Zur *„Leitidee der ausgleichenden Gerechtigkeit“* als Ursprung für das „Bereicherungsprinzip“ vgl. *F. Bydlinski*, aaO (Fn. 1), S. 235; *P. Bydlinski*, ZGS 2005, 129 (131); sowie: *Beck-Mannagetta*, in: FS Wesener (1992), S. 57; *Gödicke*, Bereicherungsrecht und Dogmatik (2002), S. 178; *Larenz /Canaris*, SchuldR, Bd. 2/2, 13. Aufl. (1994), § 67 I 1 d) (S. 129); ähnlich (unter Verweis auf die *iustitia commutativa*): AnwKom[3]-*v. Sachsen Gessaphe*, Vor §§ 812 ff., Rn. 1; *Mühl*, in: FS Lübtow (1980), S. 547 (550); schon *Cicero* erkannte das Bereicherungsverbot als *„explizite ethische Richtlinie“* (sog. *„formula“*, vgl. *Cicero*, De officiis, 3. Buch, Nr. 19 a.E.) an, so *Wollschläger*, in: Behrends /Dießelhorst / Voß, Römisches Recht in der europäischen Tradition (1985), S. 41 (47); vgl. außerdem *Pohlenz*, Kleine Schriften (1965), S. 260. Für die Vorteilsausgleichung vgl. *Rengier*, Die Vorteilsausgleichung, 1929, S. 5, wo es heißt, dass *„die Vorteilsausgleichung... letzten Endes ihren Grund in dem Grundsatzes hat, dass jeder Staatsbürger von seinem Staate verlangen kann, vor dem Richter gleich behandelt zu werden.“*.

12 Siehe in diesem Zusammenhang auch die Äußerung von *F. Bydlinski* zum Bereicherungsgedanken: *„Der Grundbegriff enthält selbst starke normative, auf vorgelagerte Regeln und Prinzipien verweisende Elemente.“*, *ders.*, aaO (Fn. 1), S. 234.

13 Vgl. *Koppensteiner /Kramer*, aaO (Fn. 8), § 1 II (S. 2); *Looschelders*, SBT[11] (2016), Rn. 1011.

Allerdings wäre es verfrüht, das Bereicherungsverbot – wie von einigen Stimmen in der Literatur vorgeschlagen – zu „begraben".[14] Dass ihm eine nicht zu unterschätzende Funktion zukommt, ist nicht zuletzt an der herausragenden Bedeutung der §§ 812 ff. BGB zu erkennen. Dort wurden die bereits erwähnten „Billigkeitsgesichtspunkte" in Gesetzesform gegossen[15], was die praktische Handhabung selbstredend verbessert.[16]

Will man das Bereicherungsverbot auch an anderer Stelle praktisch nutzbar machen, reicht der bloße Verweis auf die Billigkeit bzw. auf die ausgleichende Gerechtigkeit nicht aus. Das Beispiel der §§ 812 ff. BGB lehrt, dass das Bereicherungsverbot vielmehr als Matrize zu sehen ist, welche durch übereinstimmende Wertungen vorhandener gesetzlicher Bestimmungen aufzufüllen ist. Allein die Berufung auf die „Billigkeit" führt dagegen zu beliebigen und kaum vorhersehbaren Ergebnissen. Nur eine Vermögensmehrung, welche mit der *rechtlich vorgegebenen* Zuordnung wirtschaftlicher Güter im Widerspruch steht, ist zu verhindern bzw. abzuschöpfen.[17] Ob dies auf der Grundlage der §§ 326 Abs. 2 S. 2, 537 Abs. 1 S. 2, 615 S. 2, 616 S. 2, 650 f. Abs. 5 S. 2 2.Hs., 648 S. 2 2.Hs. BGB, § 11 KSchG, §§ 74c, 415 Abs. 2 S. 1 Nr. 1 HGB gelingt, wird noch zu prüfen sein. Unterstellt man, dass eine Verankerung eines vertraglichen Bereicherungsverbotes auf der Grundlage dieser Anrechnungsvorschriften gelingt, ergeben sich einige Unterschiede zum bereits anerkannten Bereicherungsgedanken im Schadens- und Bereicherungsrecht.

1. Abgrenzung zum Bereicherungsverbot im Schadensrecht

§ 249 Abs. 1 BGB besagt: „*Wer zum Schadensersatz verpflichtet ist, hat den Zustand herzustellen, der bestehen würde, wenn der zum Ersatz verpflichtende Umstand nicht eingetreten wäre.*". Aus dieser Regelung wird zunächst deutlich, dass der Schädiger etwaige Nachteile des Geschädigten auszugleichen hat. Mittelbar kommt jedoch ebenfalls zum Ausdruck, dass letzterer sich anlässlich des Scha-

---

14 Für das Bereicherungsverbot im Schadensrecht vgl. MüKo³-*Grunsky*, Vor § 249, Rn. 6a.

15 Dass sich der historische Gesetzgeber bei der Schaffung der §§ 812 ff. BGB von Billigkeitserwägungen leiten ließ, lässt sich den Gesetzgebungsmaterialien vielerorts entnehmen, vgl. nur *Mugdan*, Bd. 2, 1899, S. 1183.

16 Dabei lässt auch (u. a.) der Wortlaut von § 812 BGB noch viel Raum für Interpretationen, vgl. die Kritik von *Wilhelm*, Rechtsverletzung und Vermögensentscheidung, 1973, S. 43 f.

17 Vgl. *F. Bydlinski*, aaO (Fn. 1), S. 235.

densereignisses nicht auch noch ungerechtfertigt zu Lasten des ersteren bereichern darf (Bereicherungsverbot).[18]

Wenngleich dem Bereicherungsverbot im Schadensrecht die gleiche Wertentscheidung zugrunde liegt, wie jenem im Vertragsrecht[19], so existieren zugleich nicht zu vernachlässigende Unterschiede. Das Schadensrecht dient der Bestimmung des Umfangs eines Anspruchs auf Schadensersatz.[20] Dies setzt voraus, dass der Tatbestand einer Norm, welche zum Schadensersatz berechtigt, erfüllt ist, etwa weil eine Leistungsstörung innerhalb eines Schuldverhältnisses vorliegt, oder aber eine unerlaubte Handlung begangen wurde.[21] Zugleich muss der Anspruchssteller durch die Leistungsstörung bzw. unerlaubte Handlung einen materiellen oder immateriellen Schaden erlitten haben.[22] Liegen diese Voraussetzungen vor, dient das Bereicherungsverbot, als Ausfluss der Ausgleichsfunktion[23], der Limitierung der Anspruchshöhe. Hintergrund ist, dass auch *positive* Folgen durch das zum Schadensersatz berechtigende Ereignis eingetreten sein können. Durch die Anwendung des schadensrechtlichen Bereicherungsgedankens wird die Einbuße des Gläubigers zwar ausgeglichen, selbiger aber nicht noch (ungerechtfertigterweise) bereichert (s. o.).[24]

Demgegenüber wäre das Bereicherungsverbot im Vertragsrecht auf den *Erfüllungsanspruch* gerichtet.[25] Daraus folgt zugleich, dass eine Beeinträchtigung im Vermögen oder den sonstigen Rechtsgütern des Gläubigers nicht bestehen muss.[26]

---

18 Vgl. BGHZ 30, 29 (31).

19 Vgl. A. Allerdings wird das Bereicherungsverbot im Schadensrecht vielfach dahingehend (miss-)verstanden, dass *jedwede* Bereicherung des Geschädigten abzuschöpfen ist. Zu dieser Problematik vgl. C I (Fn. 5) und E II 2 b) bb).

20 *Eckert*, SAT[4] (2005), Rn. 880; *Medicus /Lorenz*, SAT[21] (2015), Rn. 664.

21 *Brox /Walker*, SAT[42] (2018), § 28, Rn. 3; *Eckert*, SAT[4] (2005), Rn. 880; *Medicus /Lorenz*, SAT[21] (2015), Rn. 664.

22 *Brox /Walker*, SAT[42] (2018), § 28, Rn. 9.

23 *Looschelders*, SAT[14] (2016), Rn. 958.

24 Vgl. KG, BauR 1978, 410; *Diederichsen*, Karlsruher Forum 1985: Grenzen richterlicher Rechtsfortbildung, S. 18; *Hundertmark*, BBauBl. 1985, 130. Schon *Mommsen* hob die Bedeutung des schadensrechtlichen Bereicherungsverbotes hervor, indem er schrieb: *„Nur die Abwendung eines Nachtheils vom Gläubiger wird bezweckt; eine Bereicherung des Gläbigers ist (…) geradezu ausgeschlossen…"*, *ders.*, Zur Lehre von dem Interesse, 1855, S. 18. An anderer Stelle wird behauptet, dass die Anrechnung von Vorteilen *„Das Natürliche und eigentlich ganz von selbst sich Verstehende"* sei, *ders.*, ebenda, S. 192.

25 Vgl. A.

26 Vgl. *Döring*, Die Fälle der Anrechnung im BGB, 1927, S. 53 (zur *compensatio lucri cum damno*).

2. Abgrenzung zum Bereicherungsverbot im Bereicherungsrecht

Ungeachtet der Frage, ob den Kondiktionstatbeständen in den §§ 812 ff. BGB überhaupt ein solches „Bereicherungsprinzip“ zugrunde gelegt werden kann[27], wären auch hier Unterschiede zu einem etwaigen Bereicherungsverbot im Vertragsrecht auszumachen.[28] So setzen die einschlägigen Vorschriften im Vertragsrecht einen wirksamen Vertrag voraus.[29] Die §§ 812 ff. BGB erfassen dagegen Bereicherungen, welche einer (wirksamen) schuldrechtlichen Grundlage entbehren.[30] Außerdem steht im Bereicherungsrecht die *Rückgängigmachung* einer Bereicherung im Vordergrund.[31] Der durch *v. Savigny* entwickelte Ansatz der Vermögensverschiebung als Voraussetzung eines jeden Bereicherungsanspruches hat auf diese Weise Eingang in das Bereicherungsrecht gefunden.[32] Das Bereicherungsrecht gehört damit dem „*Güterbewegungsrecht*“[33] bzw. dem „*Reaktionsrecht*“[34] an, dessen Verwandtschaft zum Rücktrittsrecht unverkennbar ist.[35] Aufgrund des Abstraktionsprinzips und der deshalb in der Regel fehlenden Möglichkeit, ausgetauschte Güter zu vindizieren, kommt dem Bereicherungsrecht der §§ 812 ff. BGB in der deutschen Rechtsordnung eine exponierte Stellung zu, um die Störung der Güterzuordnung wieder auszugleichen.[36] Die korrespondierenden Regeln im Vertragsrecht versuchen dagegen Ansprüche der *Gegenseite* über eine Anrechnung des Ersparten *ipso iure* zu korrigieren und wirken dadurch *präventiv*.[37] Dadurch dass sich die genannten Vorschriften des Vertragsrechts auf die Anrechnung beschränken,

27 Vgl. Kap. A, Fn. 8 a.E.

28 Vgl. *Katzenstein*, ZGS 2004, 349 (352), der von einem Unterschied in der technischen Ausgestaltung spricht.

29 Beachte: für § 648 BGB bzw. § 415 HGB gilt dies zumindest bis zur Kündigung durch den Gläubiger der vertragsspezifischen Leistung.

30 *Medicus/Petersen*, BR[26] (2017), Rn. 660.

31 Vgl. *Emmerich*, SBT[15] (2018), § 16, Rn. 8; *Esser/Weyers*, SchuldR, Bd. 2/2, 8. Aufl. (2000), § 47 1 a); *Musielak/Hau*, GK BGB[15] (2017), Rn. 725; *Koppensteiner/Kramer*, aaO (Fn. 8), § 1 I; zur Leistungskondiktion vgl. *Brox/Walker*, SBT[41] (2017), § 39, Rn. 2.

32 Mot. II, S. 830 f.; vgl. Staudinger/Eckpfeiler[2018]-*Auer*, Kap. R, Rn. 12; siehe ferner C II 4.

33 Vgl. für die Leistungskondiktion *v. Caemmerer*, in: FS Rabel (1954), S. 342.

34 *Schulze*, GPR 2008, 128 (129) (Fn. 10).

35 *Medicus/Petersen*, BR[26] (2017), Rn. 660; Staudinger/Eckpfeiler[2018]–*Auer*, Kap. R, Rn. 5.

36 *Koppensteiner/Kramer*, aaO (Fn. 8), § 1 II (S. 2).

37 Dies gilt jedenfalls im Grundsatz. Sollten die Leistungen dagegen schon ausgetauscht sein, ist unter Rückgriff auf § 346 bzw. § 812 BGB rückabzuwickeln. Vgl. D I 3 b).

stellen sie – und dies ist ein weiterer Unterschied[38] – keine eigenständigen Anspruchsgrundlagen dar.[39]

II. Historische Entwicklung

Im Folgenden sollen der Ursprung des Bereicherungsgedankens und seine historische Entwicklung nachgezeichnet werden. Insofern als die Auseinandersetzung mit dem Bereicherungsverbot oftmals im Kontext mit der Entwicklung der einzelnen Kondiktionstatbestände erfolgte, kann und darf die folgende Darstellung nicht völlig ohne einen Rückgriff auf das System des Bereicherungsrechts, wie es heute in den §§ 812 ff. BGB geregelt ist, auskommen.[40]

1. Der Ursprung des Gedankens

Der bereits angesprochene Billigkeitsgedanke (*aequitas*[41]) findet sich mitunter in dem häufig zitierten Satz des *Sextus Pomponius*, mit dem die römischrechtlichen Wurzeln des heutigen Bereicherungsrechts belegt werden sollen[42]:

> „*Nam hoc natura aequum est neminem cum alterius detrimento fieri locupletiorem.*“[43]

Die römische Urheberschaft ist jedoch weitgehend auf die tatbestandliche Ausformung bereicherungsrechtlicher Ausgleichsansprüche und ihre Bindung an die *condictio* beschränkt.[44] Dabei ist der „*strengrechtlich-formale Ur-*

38 *Katzenstein*, ZGS 2004, 349 (352).

39 Vgl. D I–IX.

40 Ähnlich auch *Hartmann*, Der Anspruch auf das stellvertretende commodum, 2007, S. 7.

41 Zum Begriff und dem Wandel seiner Bedeutung, von der Gleichheit zur Billigkeit vgl. *Wohlhaupter*, aequitas canonica (1931), S. 13.

42 Vgl. *Kaser /Knütel /Lohsse*, aaO (Fn. 8), § 48, Rn. 3; *Kupisch*, Ungerechtfertigte Bereicherung (1987), S. 1; *ders.*, in: FS Heldrich (2005), S. 275; RGRK[12]-*Heimann-Trosien*, Vor § 812, Rn. 1; *Wesel*, NJW 1994, 2594 (2594); zum österreichischen Bereicherungsrecht: *Beck-Mannagetta*, in: FS Wesener (1992), S. 57; zum preußischen Privatrecht bereits *Förster*, Preußisches Privatrecht, Bd. 2, 1873, § 147, S. 406.

43 D 12.6.14 („*Denn das entspricht der natürlichen Billigkeit, dass sich niemand mit dem Schaden eines anderen bereichern darf.*“). Vgl. außerdem D 50.17.206; *Zimmermann* weist unterdessen darauf hin, dass dieser Grundsatz viel zu weit gefasst ist, als dass er in der (rechtlichen) Praxis Anwendung finden könnte, *ders.*, The Law of Obligations (1992), S. 852.

44 *Kaser /Knütel /Lohsse*, aaO (Fn. 8), § 48, Rn. 2 f.; *Zweigert /Kötz*, aaO (Fn. 8), § 38 I; zur Genese der „*condictio*“ vgl. *Kaser /Hackl*, Das römische Zivilprozessrecht[2] (1996), § 16 I; *Reuter /Martinek*, Ungerechtfertigte Bereicherung (1983), § 1 I 1 b).

sprung“[45] des Bereicherungsrechts zu scheiden vom eigentlichen *Gedanken* des Bereicherungsverbotes. Dieser Gedanke könnte nämlich der gemeinsame Ausgangspunkt, sowohl für die §§ 812 ff. BGB als auch für die genannten Anrechnungsregeln im Schuldrecht sein. Tatsächlich reichen die Wurzeln dieses Bereicherungsgedankens noch tiefer und münden in der stoischen Philosophie des antiken Griechenlands.[46] Andere vermuten gar den Ursprung in der Nikomachischen Ethik des *Aristoteles*.[47] Dort heißt es:

> *„Daher versucht der Richter dieses Unrecht, welches in der Ungleichheit besteht, auszugleichen. Denn wenn der eine geschlagen worden ist, der andere geschlagen hat, oder auch der eine getötet hat, der andere getötet worden ist, so ist dieses Leiden und jenes Tun in ungleiche Teile geteilt; aber der Richter sucht durch Strafe einen Ausgleich herbeizuführen, indem er dem Täter seinen Vorteil entzieht.“*[48]

Es wird behauptet, Aristoteles beziehe sich – im übertragenen Sinne – auf die Vertragsgerechtigkeit.[49] Hier wird jedoch verkannt, dass die einschlägigen Ausführungen des *Aristoteles*[50] sich auf das damals vorherrschende Privatstrafrecht bezogen.[51] Insoweit dient die „Vorteilsentziehung“ eher als *Sanktion* gegenüber dem „Be-

---

45 *Reuter /Martinek*, aaO (Fn. 44), § 1 I 1 c); Staudinger /Eckpfeiler[2018]-*Auer*, Kap. R, Rn. 9; vgl. auch *Kaser*, Das römische Privatrecht, Bd. 2, 1959, § 270 II; *Schwarz*, Die Grundlage der Condictio im klassischen Römischen Recht (1952), S. 305.

46 *Beck-Mannagetta*, in: FS Wesener (1992), S. 57; *Kaden*, SZ 71 (1954), Rom. Abt., 555 (589); *Kaser /Knütel /Lohsse*, aaO (Fn. 8), § 48, Rn. 3; *Meder*, Rechtsgeschichte[6] (2017), S. 75; *Wollschläger*, in: Behrends /Dießelhorst /Voß, aaO (Fn. 11), S. 41 (43, 88); *Zimmermann*, aaO (Fn. 43), S. 852 (Fn. 119); allgemein zum Einfluss stoischer bzw. griechischer Philosophie auf das römische Recht: *Schmoeckel /Stolte*, Examinatorium Rechtsgeschichte (2008), S. 343; *Waldstein /Rainer*, Römische Rechtsgeschichte[10] (2005), VIII (Vorwort) und § 18, Rn. 30; *Wieacker*, Privatrechtsgeschichte der Neuzeit[2] (1967), S. 249; skeptisch: *Kupisch*, aaO (Fn. 42), S. 26; a.A. noch *Coing*, SZ 69 (1952), Rom. Abt., 24 (41), welcher der Ansicht war, der Bereicherungsgedanke sei Auswuchs spätantiker Popularphilosophie; ähnlich *Esser*, Grundsatz und Norm[3] (1974), S. 58 („*byzantinische Schulweisheit*“); ferner *Pringsheim*, Gesammelte Abhandlungen, Band 1, S. 224 (242 f.), welcher den Bereicherungsgedanken auf christlichen Einfluss zurückführt.

47 Etwa *Jansen*, SZ 120 (2003), Rom. Abt., S. 106 (120) (Fn. 82); *Reuter /Martinek*, aaO (Fn. 44), § 1 I 1 c); *Schrage*, Das römische Recht im Mittelalter (1987), S. 107; Ablehnend dagegen *Wollschläger*, in: Behrends /Dießelhorst /Voß, aaO (Fn. 11), S. 41 (44).

48 *Aristoteles*, Nikomachische Ethik, 5. Buch, 7. Kapitel (1132a).

49 *Jansen*, SZ 120 (2003), Rom. Abt., 106 (120) (Fn. 82).

50 Vgl. hierzu auch die Übersetzung bei *Wollschläger*, in: Behrends /Dießelhorst /Voß, aaO (Fn. 11), S. 41 (44) („*Aber er (der Richter) sucht durch Verlust bzw. Schadensbuße (zēmia) auszugleichen, indem er (dem Täter) den Gewinn (kerdos) wegnimmt*“).

51 Einen Überblick zum Privatstrafrecht im antiken Griechenland liefert *Wesel*, Geschichte des Rechts[3] (2006), S. 133.

reicherten" und weniger dem *Ausgleich* einer ungerechtfertigten Bereicherung[52]. Folglich kann dieser Ansatz auch nicht als Ausgangspunkt für die heutige Lehre vom Bereicherungsverbot gelten. Freilich lässt sich der dem Bereicherungsverbot zugrundeliegende Gedanke von der ausgleichenden Gerechtigkeit (*iustitia correctiva*)[53] auf die aristotelische Philosophie zurückführen,[54] das Bereicherungsverbot selbst kann dort jedoch nicht explizit ausgemacht werden. Der stoische Ursprung des Bereicherungsgedankens ist hingegen durch die indirekte Überlieferung in *Ciceros* Werk „*De officiis*" belegt. Diesem Werk lag vornehmlich die stoische Ethik zugrunde. In der von *Cicero* aufgestellten „*formula*"[55] heißt es:

> *„Dass einer also dem anderen etwas entzieht und ein Mensch durch den Nachteil eines Mitmenschen seinen eigenen Vorteil erhöht, das ist mehr gegen die Naturordnung als Tod, als Armut, als Schmerz und die übrigen Schädigungen, die entweder dem Körper oder äußeren Werten zustoßen können.*".[56]

Der *geistige* Urheber dieser „*formula*" kann nicht mehr sicher ermittelt werden.[57] Vieles spricht jedoch für *Poseidonios*, Schüler des *Panaitios von Rhodos*.[58] Zeitlich lässt sich somit die Entstehung des Bereicherungsverbotes auf das zweite Jahrhundert vor Christus verorten.[59] Innerhalb der stoischen Philosophie stellte der Bereicherungsgedanke ein praktisches Verhaltensgebot „für den Fall des scheinbaren Konflikts zwischen Sittlichkeit und Eigennutz"[60] dar. In diesem Zusammenhang ist auch das von *Cicero* wiedergegebene Gleichnis des *Chrysippos*[61] zu sehen. Danach dürfe im Rahmen eines Wettkampfes jeder Läufer nach dem

52 Zumal eine Vermögensverschiebung außerhalb der Vermögensdelikte in der Regel nicht zu konstatieren ist.

53 Vgl. C I 1.

54 *„So ist denn das Gleiche die Mitte zwischen dem Zuviel und dem Zuwenig, der Vorteil und Nachteil aber sind in entgegengesetzter Weise ein Zuviel und ein Zuwenig, indem der Vorteil ein Zuviel des Guten und ein Zuwenig des Übels, der Nachteil aber das Umgekehrte ist. Zwischen ihnen war die Mitte das Gleiche, das wir als das Recht bezeichnen. Und so wäre denn das ausgleichende oder wiederherstellende Recht die Mitte zwischen Nachteil und Vorteil.*" (*Aristoteles*, Nikomachische Ethik, 5. Buch, 7. Kapitel (1132a))

55 Vgl. Fn. 11.

56 *Cicero*, De officiis, 3. Buch, Nr. 21 (Übersetzung nach *Gunermann*, Cicero De officiis – Vom pflichtgemäßen Handeln (2003), S. 239).

57 Dies liegt daran, dass *Cicero* das dritte Buch seines Werkes nicht mehr nach der Vorlage des *Panaitios von Rhodos* verfasst hat.

58 *Wollschläger*, in: Behrends /Dießelhorst /Voß, aaO (Fn. 11), S. 41 (48).

59 *Wollschläger*, in: Behrends /Dießelhorst /Voß, aaO (Fn. 11), S. 41 (48).

60 *Wollschläger*, in: Behrends /Dießelhorst /Voß, aaO (Fn. 11), S. 41 (51).

61 Stoiker, welcher von 281 bis 208/04 v. Chr. lebte.

Sieg streben, doch sei es nicht zulässig, dem Konkurrenten ein Bein zu stellen.[62] An dieser Stelle wird auch deutlich, warum Aristoteles als geistiger Urheber des Bereicherungsverbotes nicht in Betracht kommt. Dieser hatte nämlich das gezielte Gewinnstreben generell missbilligt.[63] Dagegen ist nach der *„formula"* von *Cicero* ein Gewinnstreben – solange es eben nicht in unzulässiger Weise zu Lasten der Mitbürger geht – grundsätzlich möglich. *Cicero* vertritt somit eine von *Aristoteles* (und *Platon*) grundverschiedene, liberale Wirtschaftsethik.[64] Der Grund für die Entwicklung des Bereicherungsverbotes ist in dem Bestreben zu erkennen, die menschliche Gemeinschaft zu erhalten. So befürchtete man, dass sich die Solidarität unter den Menschen bei einem rücksichtslosen Gewinnstreben auf Kosten der anderen Mitglieder der Gemeinschaft auflösen könnte.[65]

2. Seine Verschmelzung mit dem römischen Bereicherungsrecht in spätklassischer Zeit

Welchen Einfluss die *philosophische* Entwicklung des Bereicherungsgedankens dann letztlich auf die *rechtliche* Entwicklung des Bereicherungsrechts der Römer genommen hat, kann nicht mit letzter Sicherheit bestimmt werden.[66] Aber selbst *Kupisch*, der das Bereicherungsverbot für eine „eigenrömische Entwicklung" hält, schließt *„atmosphärische Einflüsse der griechischen Geisteswelt"* nicht aus.[67] Jedenfalls basierte das römische Bereicherungsrecht nicht auf einem allgemeinen

---

62 *Cicero*, De officiis, 3. Buch, Nr. 42.

63 vgl. *Aristoteles*, Politik, 1. Buch, 10. Kapitel (1258b); Kritisch zur Anhäufung von Geld bereits *Platon*, Nomoi, 5. Buch, Nr. 12: *„Alles das hat aber noch ein weiteres Gesetz im Gefolge: dass es keinem Privatmanne erlaubt ist, irgend Gold oder Silber zu besitzen, sondern nur die Münzen zum täglichen Verkehr…"* und in Nr. 13 heißt es: *„Wir behaupten also, dass es in der Stadt weder Gold noch Silber geben darf und auch keinen bedeutenden Erwerb durch handwerkliche Arbeit oder durch Wucherzinsen oder durch schimpfliche Zuhälterei, sondern nur das, was der Landbau abwirft und einträgt…"* (Übersetzung von *Rufener*, Platon Die Gesetze (1974), S. 190 f.). A.A. *Wendehorst*, Anspruch und Ausgleich (1999), § 1 I 1 c) bb) Fn. 35 unter Verweis auf *Aristoteles*, Nikomachische Ethik, 5. Buch, 7. Kapitel (1132b) wobei sie offenbar unterstellt, dass der *„freiwillige Güteraustausch"*, den dieser dort beschreibt, auch seine Billigung findet, was zweifelhaft sein dürfte.

64 Vgl. *Wollschläger*, in: Behrends / Dießelhorst / Voß, aaO (Fn. 11), S. 41 (52).

65 Vgl. *Cicero*, De officiis, 3. Buch, Nr. 21 / 22.

66 Mitunter wird die Einflussnahme gänzlich abgestritten: *Esser*, aaO (Fn. 46), S. 58. Weitere Nachweise in Fn. 46.

67 *Kupisch*, aaO (Fn. 42), S. 26 (Fn. 38); vgl. auch *Coing*, SZ 69 (1952), Rom. Abt., 24 (25, 42, 59 *„Kultursynthese"*), *Dawson*, Unjust Enrichment (1951), S. 53 f., und *Reuter / Martinek*, aaO (Fn. 44), § 1 I 1 c).

Grundtatbestand. Stattdessen entwickelten die römischen Juristen der Klassik, ausgehend von der Leistungskondiktion, eine Reihe von Einzeltatbeständen, welche als kondiktionswürdig angesehen wurden.[68] Das eine strengrechtliche zivile Klage wie die *Condictio* auf die *aequitas*, das *ius naturale* oder die *bona fides* zurückgeführt wird, wäre im klassischen Recht eine „völlige Anomalie".[69] Daher ist es wahrscheinlich, dass den kondiktionswürdigen Einzeltatbeständen erst im justinianischen Recht ein gemeinsames *„Bereicherungsprinzip"* übergestülpt wurde, welches in D 12.6.14 bzw. D 50.17.206 zum Ausdruck gebracht wird.[70] Von nun an kann die Prägung des römischen Bereicherungsrechts durch diesen Billigkeitsgedanken jedenfalls nicht mehr bestritten werden.[71] Der Grund für diese Entwicklung kann zunächst im Wegfall der Klageformeln sowie des klassischen Aktionenbegriffs gesehen werden.[72] Hinzu kommt, dass der sich immer stärker verbreitende christliche Glaube mit seiner besonderen Empfänglichkeit für die *aequitas*, einen breiten Resonanzboden für das Bereicherungsverbot schuf.[73] Hier schließt sich der Kreis insoweit, als die christliche Ethik wiederum mit den Moralvorstellungen der antiken Philosophie – zumindest im Hinblick auf den Bereicherungsgedanken – großflächig übereinstimmt.[74]

So verwundert es nicht, wenn sich der Bischof und Kirchenlehrer *Ambrosius von Mailand* in seinem Werk *„De officiis"* bereits 388/389 n. Chr. an die formula von *Cicero*[75] anlehnt:

> *„Um also auf jenen beiden Gebieten des Sittlichguten und Nützlichen nicht in die Irre zu gehen, bleibe das die Losung: der Gerechte glaube nicht, den Nächsten beeinträchtigen zu sollen und wünsche nicht, dass ihm aus der Benachteiligung des Nächsten Vorteil erwachse!"*[76]

---

68 *Reuter/Martinek*, aaO (Fn. 44), § 1 I 1 b); Staudinger/Eckpfeiler[2018]-*Auer*, Kap. R, Rn. 9; *Zimmermann*, aaO (Fn. 43), S. 838 f..

69 *Schwarz*, aaO (Fn. 45), S. 305; vgl. auch *Esser*, aaO (Fn. 46), S. 58.

70 *Ernst*, in: Studien zur Lehre von der ungerechtfertigten Bereicherung von Flume (2003), Einl. I 2; vgl. auch *Esser*, aaO (Fn. 46), S. 58; *Kaser*, aaO (Fn. 45), § 270 II; *Reuter/Martinek*, aaO (Fn. 44), § 1 I 1 c) *„methodologisches Schuldbeispiel für die Entwicklung von Einzeltatbeständen zum Rechtsprinzip"*; *Schwarz*, aaO (Fn. 45), S. 305 (*„aufgepfropft"*); *Wolff*, IURA, Bd. 3 (1952), 382 (383).

71 Vgl. *Ernst*, aaO (Fn. 70), Einl. I 3; *Kaser/Knütel/Lohsse*, aaO (Fn. 8), § 48, Rn. 23; Staudinger/Eckpfeiler[2018]-*Auer*, Kap. R, Rn. 10 f.

72 *Reuter/Martinek*, aaO (Fn. 44), § 1 I 1 c); *Zimmermann*, aaO (Fn. 43), S. 839.

73 *Kupisch*, aaO (Fn. 42), S. 30; vgl. auch *Dawson*, aaO (Fn. 67), S. 66.

74 *Coing*, SZ 69 (1952), Rom. Abt., 24 (42); vgl. *Ernst*, aaO (Fn. 70), Einl. I 3; *Köbler*, Deutsche Rechtsgeschichte[6] (2005), S. 172.

75 Vgl. Fn. 11.

76 *Ambrosius*, De officiis, 3. Buch, 2. Kapitel, Nr. 13 (Übersetzung von *Niederhuber*, 1917).

Der anschließende Verweis von *Ambrosius* auf den 1. Korintherbrief, 10. Kapitel, Vers 23 und 24 deutet jedoch eine Akzentverschiebung an. Dort heißt es:

> *„(23) Alles ist erlaubt, aber nicht alles nützt. Alles ist erlaubt, aber nicht alles baut auf. (24) Denkt dabei nicht an euch, sondern an die anderen."*

Die Einschränkung in Vers 24 zeigt deutlich, dass (egoistisches) Gewinnstreben, selbst wenn es *nicht* in unzulässiger Weise zu Lasten der Mitmenschen ginge, kein christlich gebilligtes Motiv darstellt.[77] Das Bereicherungsverbot wurde im Lichte christlicher Anschauungen somit (zumindest gedanklich) noch verschärft.

3. Die Auseinandersetzung mit dem Bereicherungsverbot im Mittelalter

Im Fahrwasser christlicher Überzeugungen gelangt der Billigkeitsgrundsatz und mit ihm das Bereicherungsverbot ins Mittelalter. Nach der Wiederentdeckung der Digesten im 9. oder 10. Jahrhundert[78] setzen sich zunächst die *Glossatoren*, später auch die *Kommentatoren* mit dem in D. 12.6.14 bzw. D. 50.17.206 enthaltenen Bereicherungsgedanken auseinander. Dies geschah ganz nach der damals üblichen scholastischen Methode (*„mos italicus"*[79]). Danach wurde das *Corpus iuris civilis* weniger als Kompilation alter römischer Texte gesehen, dessen Schlüssigkeit kritisch zu überprüfen ist. Stattdessen galt das Werk – wie die Bibel in der Theologie – als Träger vollkommener und aufeinander abgestimmter juristischer Regeln.[80] Das Ergebnis dieser Auseinandersetzung mit den Digestenstellen zum Bereicherungsrecht stellt eine positive Wechselwirkung dar, welche darin besteht, dass einerseits das Bereicherungsprinzip als Beleg für den Billigkeitsgrundsatz im Recht herangezogen wird[81] und andererseits das Bereicherungsverbot – als Ausdruck von Billigkeit – auch auf andere Bereiche erstreckt wird.[82] So sieht *Baldus* etwa das Bereicherungs-

77 So auch die Schlussfolgerung von *Ambrosius*: *„…niemand suche seinen Vorteil, sondern den des Nächsten!"* (De officiis, 3. Buch, 2. Kapitel, Nr. 13 a.E.).

78 *Wesel*, aaO (Fn. 51), Rn. 216; dagegen datiert *Schlosser* das Auftauchen der Digesten in Oberitalien auf die zweite Hälfte des 11. Jahrhunderts, *ders.* Grundzüge der Neueren Privatrechtsgeschichte[10] (2005), § 2 I 1.

79 Zum Begriff vgl. *Schlosser*, aaO (Fn. 78), § 2 III 2.

80 Zur Herangehensweise der Glossatoren vgl. *Gmür /Roth*, Grundriss der deutschen Rechtsgeschichte[15] (2018), Rn. 129.

81 *Coing*, SZ 80 (1963), Rom. Abt., 396 (396).

82 *Coing*, SZ 80 (1963), Rom. Abt., 396 (396, 398, 399); *Horn*, Aequitas (1968), S. 116; *Lange*, SZ 71 (1954), Rom. Abt., 319 (338); *Wolff*, IURA, Bd. 3 (1952), 382 (384); *Zim-*

verbot verletzt, wenn der Erbe den Erblasserwillen missachtet.[83] Auch bei der Antwort auf die Frage, ob der gutgläubige Besitzer verbrauchte Früchte ersetzen muss oder ob der Käufer zur Zahlung von Zinsen verpflichtet werden kann, soweit er vor Zahlung des Kaufpreises die Sache nutzen konnte, hat *Baldus* den Bereicherungsgedanken herangezogen.[84] Eine ähnlich großzügige Handhabung des Bereicherungsgedankens findet man bereits in den Glossen von *Accursius*.[85] Ebenso wurde die *actio de in rem verso* (Versionsklage) wie die *actio negotiorum gestorum contraria* auf das Bereicherungsverbot in D 50.17.206 gestützt.[86] Dagegen wurde die Bedeutung des Bereicherungsverbotes für die Begrenzung von Schadensersatzforderungen noch nicht erkannt.[87] Umgekehrt gab es – nota bene – auch Versuche einer dogmatischen Eingrenzung des Bereicherungsverbotes, etwa durch die *causa-Lehre*.[88]

Angesichts der Tatsache, dass das weltliche das kanonische Recht beeinflusst hat[89] ist es – insbesondere aufgrund des beschriebenen Näheverhältnisses des Bereicherungsgrundsatzes zur christlichen Ethik – nicht verwunderlich, dass er auch im *Corpus Iuris Canonici* enthalten ist:

> „*Locupletari non debet aliquis cum alterius iniuria vel iactura.*"[90]

Mit dem Billigkeitsgedanken war es möglich „Fehlentwicklungen" im bestehenden (positiven) Recht des Mittelalters zu korrigieren bzw. es „anpassungsfähig" zu machen.[91] Er bildete ein Tor, durch das religiöse Wertvorstellungen in das Zivilrecht einziehen konnten.[92] *Martinus* – einer der „*Quattuor doc-*

---

mermann, aaO (Fn. 43), S. 873 ff. Zu *Azo*, der auch im Bereich der Fremdgeschäftsführung den Gedanken vom Bereicherungsverbot wiederfindet, vgl. *Harke*, Geschäftsführung und Bereicherung, 2007, 52, 57.

83 „*Item iactura est, si heres non vult servare suum iudicium: quia heres lucrum pretendit*" (X 1.2.8.n.1.)

84 *Horn*, aaO (Fn. 82), S. 115.

85 Vgl. die Beispiele bei *Coing*, SZ 80 (1963), Rom. Abt., 396 (396 f.).

86 *Kupisch*, aaO (Fn. 42), S. 39.

87 HKK-*Jansen*, §§ 249–253, 255, Rn. 12.

88 Vgl. *Horn*, aaO (Fn. 82), S. 116; *Söllner*, SZ 77 (1960), 182 ff.; allgemein nur Notwendigkeit einer Einschränkung: *Lange*, SZ 71 (1954), Rom. Abt., 319 (344).

89 *Meder*, aaO (Fn. 46), S. 155.

90 Corpus Iuris Canonici, Sexti Decretal, Lib. V, Tit. XII (de regulis iuris), Reg. XLVIII.

91 *Kaden*, SZ 71 (1954), Rom. Abt., 555 (589); *Lange*, SZ 71 (1954), Rom. Abt., 319 (332); *Pringsheim*, Römische aequitas der christlichen Kaiser (1935), S. 33 f.; *Schrage*, aaO (Fn. 47), S. 113 f.); *Wieacker*, aaO (Fn. 46), S. 51 f. (Fn. 26); *Zimmermann*, aaO (Fn. 43), S. 873.

92 *Pringsheim*, aaO (Fn. 91), S. 33 f.

tores"[93] und damit Schüler von *Irnerius*[94] – identifiziert die *aequitas* gar mit Gott und entzieht sie auf diese Weise jedweder Kritik.[95] In diesem Zusammenhang ist auch sein Bemühen einzuordnen, auf der Grundlage des Bereicherungsgedankens von *Pomponius* ein „Universalprinzip des Bereicherungsverbotes" zu entwickeln.[96] Vom Glauben an die natürliche Vernunft und Gottes Wort sind auch die Schriften *Oldendorps* geprägt, dessen Bestreben es war, den Richter zu befähigen, im Einzelfall gerechte Urteile zu fällen.[97] Ferner fungierte der Billigkeitsgedanke als Bindeglied zwischen den verschiedenen Rechtsordnungen des Mittelalters und bildete auf diese Weise ein Gegengewicht zur fortschreitenden Rechtszersplitterung.[98]

Zwar wurde im Spätmittelalter, auf der Schwelle zur frühen Neuzeit[99], die Auseinandersetzung mit dem *Corpus Iuris* kritischer, doch das vom Billigkeitsgedanken getragene Bereicherungsverbot wurde als solches nicht mehr in Frage gestellt.[100] Beispielhaft hierfür ist die Auseinandersetzung *Cujas* mit dem römischen Recht.[101] Dagegen waren Autoren, welche sich für eine Einschränkung des Bereicherungsverbotes aussprachen, wie *Donellus,* in der Minderheit.[102]

Schließlich ist auch im Mittelalter der Gedanke des Wegfalls der Bereicherung, wie er heute in § 818 Abs. 3 BGB kodifiziert ist, noch nicht ausgebildet.[103] Erst im *usus modernus*[104] erkannte man – zunächst eingeschränkt – an, dass der Grundsatz, sich nicht auf Kosten eines anderen zu bereichern, auch für den Bereicherungsgläubiger gelten muss: auch dieser darf sich nicht zum Nach-

---

93 Vgl. *Dawson*, aaO (Fn. 67), S. 68; *Gmür /Roth*, aaO (Fn. 80), Rn. 128; *Schlosser*, aaO (Fn. 78), § 2 II 2.

94 Dem Begründer der Glossatorenschule, der auch als *„primus illuminator scientiae nostrae"* bezeichnet wurde, vgl. *Schlosser*, aaO (Fn. 78), § 2 II 2.

95 Vgl. *Weigand*, Die Naturrechtslehre der Legisten und Dekretisten (1967), S. 30 f.

96 *Reuter /Martinek*, aaO (Fn. 44), § 1 I 2. Vgl. außerdem *Harke*, aaO (Fn. 82), S. 48, 52.

97 *Laufs*, Rechtsentwicklungen in Deutschland[6] (2006), S. 85.

98 *Laufs*, aaO (Fn. 97), S. 85.

99 Zur Epocheneinteilung in der Geschichtswissenschaft vgl. *Gmür /Roth*, aaO (Fn. 80), Rn. 14; *Wesel*, aaO (Fn. 51), Rn. 241. So dürfte der Übergang vom Spätmittelalter zur frühen Neuzeit um 1500 liegen.

100 Vgl. *Coing*, Europäisches Privatrecht, Bd. 1, 1985, § 96 I.

101 *Dawson*, aaO (Fn. 67), S. 80 ff.

102 *Dawson*, aaO (Fn. 67), S. 82 f.

103 *Ernst*, aaO (Fn. 70), Einl. I 3; *Kupisch*, aaO (Fn. 42), S. 37; a.A. *Köbler*, aaO (Fn. 74), S. 172. .

104 Zum Begriff vgl. *Meder*, aaO (Fn. 46), S. 252 ff.; *Wesel*, aaO (Fn. 51), Rn. 247.

teil des Schuldners bereichern.[105] Auf diese Weise hat sich der Grundsatz der Billigkeit bzw. der „ausgleichenden Gerechtigkeit" diametral durchgesetzt.[106]

4. Das Bereicherungsverbot im Naturrecht[107]

Als mit den Schriften von *Grotius* (1625)[108] und *Hobbes* (1651)[109] die Zeit des klassischen Naturrechts eingeläutet wurde[110], setzte man sich wieder vertieft mit dem Bereicherungsgedanken auseinander. Das *„Natürliche als Ausdruck eines vernünftig geordneten Kosmos"* zu verstehen, war bereits Bestandteil der stoischen Philosophie im antiken Griechenland.[111] Insofern als selbiger auch die geistige Urheberschaft des Bereicherungsverbotes zuzuordnen ist[112], verwundert es auch nicht, wenn sich die Juristen der klassischen Naturrechtslehre wieder diesem Gedanken zuwenden. Ergänzt wird dieses Näheverhältnis dadurch, dass das *antike* Naturrecht großen Einfluss auf das Staats- und Rechtsdenken der Römer hatte.[113] Im Gegensatz zum Mittelalter und geprägt durch die religiösen Auseinandersetzungen als Folge der Reformation, wandte man sich wieder mehr einer weltlichen Betrachtung des Rechts zu und emanzipierte sich auf diese Weise von der Moraltheologie des Mittelalters.[114] Immerhin soll es auch der Mensch mit seiner Vernunft und nicht Gott sein, der das Weltbild bestimmt.[115] Im Zen-

105 *Ernst*, aaO (Fn. 70), Einl. I 3; *Kupisch*, aaO (Fn. 42), S. 37; wobei es auch noch im 19. Jahrhundert gewichtige Gegenstimmen hinsichtlich einer möglichen Entreicherung des Bereicherungsschuldners gab. Kritisch sogar gegenüber der Regelung im geltenden Recht: *v. Lübtow*, Lehre von der Condictio (1952), S. 20.

106 *Ernst*, aaO (Fn. 70), Einl. I 4 d).

107 Unterschieden wird zwischen dem griechischen und römischen Naturrecht der Antike, dem christlichen Naturrecht des Mittelalters sowie dem Naturrecht der Aufklärung (vgl. *Schlosser*, aaO (Fn. 78), Einl. zu § 4). Vorliegend soll es um die zuletzt genannte Epoche des Naturrechts gehen.

108 De jure belli ac pacis.

109 Leviathan.

110 *Wesel*, aaO (Fn. 51), Rn. 249; vgl. auch *Wieacker*, aaO (Fn. 46), S. 265.

111 *Ebel /Thielmann*, Rechtsgeschichte[3] (2003), Rn. 349; *Meder*, aaO (Fn. 46), S. 261; *Schlosser*, aaO (Fn. 78), § 4 I 1.

112 Vgl. C II 1.

113 *Ebel /Thielmann*, aaO (Fn. 111), Rn. 349; *Eisenhardt*, Deutsche Rechtsgeschichte[6] (2013), Rn. 281; *Schlosser*, aaO (Fn. 78), § 4 I 2; *Wieacker*, aaO (Fn. 46), S. 260.

114 *Hattenhauer*, Europäische Rechtsgeschichte[4] (2004), Rn. 1232; *Wesel*, aaO (Fn. 51), Rn. 249; *Wieacker*, aaO (Fn. 46), S. 266 f.

115 *Eisenhardt*, aaO (Fn. 113), Rn. 284; *Hattenhauer*, aaO (Fn. 114), Rn. 1231; *Köbler*, aaO (Fn. 74), S. 150; *Meder*, aaO (Fn. 46), S. 263; *Pöggeler*, JA 1997, 339 (340); *Schlosser*, aaO (Fn. 78), Einl. zu § 4; *Wieacker*, aaO (Fn. 46), S. 257.

trum stand die Vorstellung von der Stellung des Einzelnen innerhalb einer vernünftigen Weltordnung.[116]

In dieses Weltbild ließ sich das Bereicherungsverbot mühelos integrieren.[117] Man deduzierte es einfach aus dem Grundsatz, dass die Menschen verbunden seien und das der Einzelne deshalb nicht nur zu eigener Vollkommenheit streben, *„sondern auch zur Vollkommenheit des andern (...) so viel als ihm möglich [ist]“* beitragen müsse.[118] Mit diesem Richtsatz war es eben nicht vereinbar, wenn sich jemand durch *„eine einem andern zugehörige Sache“* bereichert.[119] Erleichtert wurde die Betonung dieses Prinzips durch den Ansatz, das Recht auf der Grundlage der *Ratio* neu zu ordnen, denn dadurch konnte man sich eher vom zusammenhanglosen Schema der Digesten lösen.[120]

Folgerichtig findet sich das Bereicherungsverbot auch im *„Allgemeinen Landrecht für die preußischen Staaten“* (ALR), einer Naturrechtskodifikationen.[121] So ist es etwa in I. 5. § 367 bzw. § 372 normiert. Dass der Gesetzgeber den Bereicherungsgedanken dabei völlig neu erfunden hat, ist allein schon aufgrund der geistigen Verbundenheit zur stoischen Philosophie abwegig. So ist der zivilrechtliche Teil des ALR zwar nach dem System des Naturrechts gestaltet, aber inhaltlich dem römischen Recht entlehnt.[122] Diese Verbundenheit im Geiste wird dann auch bei einer Vorschrift im Rahmen der Geschäftsführung ohne Auftrag deutlich:

> *„Doch darf sich niemand die Vortheile fremder Sachen oder Handlungen ohne besonderes Recht zueignen, und sich also mit dem Schaden des Andern bereichern.“*[123]

Diese Vorschrift impliziert die bereits genannten Stellen im Corpus iuris, in denen der Bereicherungsgedanke zum Tragen kommt.[124]

---

116 *Meder*, aaO (Fn. 46), S. 261.

117 Vgl. *Coing*, Europäisches Privatrecht, Bd. 2, 1989, § 101 I.

118 *Wolff*, Grundsätze des Natur- und Völkerrechts (1754), S. 86 f.; vgl. auch *Hammen*, Die Bedeutung Friedrich Carl v. Savignys für die allgemeinen dogmatischen Grundlagen des Deutschen Bürgerlichen Gesetzbuches (1983), S. 184.

119 *Wolff*, aaO (Fn. 118), S. 167 f.

120 Vgl. *Schäfer*, Das Bereicherungsrecht in Europa, 2001, S. 92.

121 *Coing*, aaO (Fn. 117), § 101 II; *Eisenhardt*, aaO (Fn. 113), Rn. 316; *Gmür /Roth*, aaO (Fn. 80), Rn. 312/314; *Köbler*, aaO (Fn. 74), S. 143; *Laufs*, aaO (Fn. 97), S. 186; *Meder*, aaO (Fn. 46), S. 283; *Wesel*, aaO (Fn. 51), Rn. 266; weitere Naturrechtskodifikationen waren etwa: der *Codex Maximilianeus Bavaricus* (1756), der *Code Civil* (1804) sowie das österreichische *Allgemeine Bürgerliche Gesetzbuch* (1811).

122 *Wesel*, aaO (Fn. 51), Rn. 266.

123 I. 13. § 230.

124 D 12.6.14 bzw. D 50.17.206. Vgl. hierzu C II 1 (Fn. 43).

5. Savigny und der Bereicherungsgedanke als Beispiel für die Auseinandersetzung mit dem Bereicherungsverbot in der historischen Schule

Nach den Freiheitskriegen (1813–1815) setzte eine Phase der Restauration ein und das im Lichte der Aufklärung entstandene revolutionäre (moderne) Naturrecht wurde zurückgedrängt.[125] Getragen wurde diese Entwicklung von einem Perspektivenwechsel: nicht mehr die Vernunft des Individuums stand im Fokus. Stattdessen sah man die *„geistig-kulturellen Schöpfungen des Menschen in ihrer geschichtlichen Bedingtheit und individuellen Einmaligkeit auf der Zeitachse ihres historischen Entwicklungsprozesses"*[126]. Für das Recht bedeutet dies, dass nicht die Vernunft, sondern das *Irrationale* (der sogenannte *„Volksgeist"*[127]) die eigentliche Triebfeder darstellt.[128] Demzufolge konnte es auch im Privatrecht keinen vernunftgeleiteten Neuanfang „von oben" geben.[129] Stattdessen betrachtete man das gegebene Recht als etwas „organisch gewachsenes"[130], welches sich – wie die Sprache[131] – über Jahrhunderte entwickelt habe und stets im Zusammenhang mit der jeweiligen Zeit gesehen werden müsse. Aufgrund dieser *Relativität* waren absolute und unangreifbare „Wahrheiten" – im Gegensatz zum Naturrecht – nicht möglich.[132] *Savigny*, neben *Eichhorn* Begründer dieser *historischen Rechtsschule*[133],

---

125 *Schlosser*, aaO (Fn. 78), § 6 I; vgl. auch *Köbler*, aaO (Fn. 74), S. 186 f.; *Wieacker*, aaO (Fn. 46), S. 351.

126 *Schlosser*, aaO (Fn. 78), § 6 II 1.

127 *Savigny* verwendet zunächst den Begriff *„Volksüberzeugung"* und ersetzt ihn später durch den von *Puchta* übernommenen Begriff *„Volksgeist"*, vgl. *Jochum*, NJW 2004, 568 (570).

128 *Meder*, aaO (Fn. 46), S. 305; *Wesel*, aaO (Fn. 51), Rn. 281; *Wieacker*, aaO (Fn. 46), S. 357 f.

129 Vgl. *Eisenhardt*, aaO (Fn. 113), Rn. 691; *Meder*, aaO (Fn. 46), S. 301.

130 Vgl. *Coing*, JuS 1979, 86 (88 f.); *Jochum*, NJW 2004, 568 (571); *Köbler*, aaO (Fn. 74), S. 194; *Kroeschell*, Deutsche Rechtsgeschichte[5], Bd. 3, (2008), S. 129; *Schlosser*, aaO (Fn. 78), § 6 II 1.

131 Vgl. *Coing*, JuS 1979, 86 (89); *Jochum*, NJW 2004, 568 (570); *Meder*, aaO (Fn. 46), S. 301 und *Pöggeler*, JA 1997, 339 (341) unter Bezugnahme auf *Savigny*; auch *Wesel* verwendet diesen einprägsamen Vergleich, *ders.*, aaO (Fn. 51), Rn. 281; ebenso *Eisenhardt*, aaO (Fn. 113), Rn. 692; *Kroeschell*, aaO (Fn. 130), S. 129 f. unter Verweis auf *J.Grimm*.

132 *Schlosser*, aaO (Fn. 78), § 6 II 1; zur Relativität vgl. auch: *Schröder*, Savigny - Geschichte und Rechtsdenken, 1984, S. 215.

133 Vgl. *Eisenhardt*, aaO (Fn. 113), Rn. 697; *Gmür /Roth*, aaO (Fn. 80), Rn. 403; *Köbler*, aaO (Fn. 74), S. 194; *Kroeschell*, aaO (Fn. 130), S. 128; *Pöggeler*, JA 1997, 339 (340 f.); *Schlosser*, aaO (Fn. 78), § 6 II 2.

fühlte sich demnach berufen, das seit Jahrhunderten überlieferte Gemeine Recht behutsam zu erneuern und auf diese Weise den zeitgenössischen Gegebenheiten anzupassen.[134] Ausgangspunkt – nicht Ziel[135] – dieser Entwicklung sollte dabei das klassische römische Recht sein.[136] Die Bearbeitungen durch die *Glossatoren* und *Kommentatoren* des Mittelalters sowie des *Usus Modernus* sollten dagegen ausgeblendet werden.[137] Durch eine Auseinandersetzung mit dieser Grundlage sollten dann die *tragenden Grundsätze des Zivilrechts* destilliert werden, welche dem Juristen bei der Entscheidungsfindung Halt bieten, andererseits aber noch genügend Spielraum belassen um bislang noch unbekannte Fallkonstellationen sachgerecht zu lösen.[138]

Einer dieser tragenden Grundsätze war für *Savigny* das Bereicherungsverbot. Im Gegensatz zu seinen Vorgängern war er nicht der römischrechtlichen Kasuistik verhaftet, sondern versuchte stattdessen daraus ein einheitliches Prinzip herauszulesen.[139] Der spätklassische Grundsatz, dass sich niemand durch den Schaden eines anderen bereichern soll, hielt *Savigny* jedoch für ungeeignet, da er für eine Anwendung in der Praxis viel zu unbestimmt sei.[140] Er erkannte, dass es beim Bereicherungsgedanken eben nicht um den Schaden des einen, sondern um die Vermögensmehrung des anderen Teils geht.[141] Stattdessen setzte er sich mit den verschiedenen Kondiktionstatbeständen auseinander und versuchte, die jewei-

---

134 *Meder*, aaO (Fn. 46), S. 302; *Schlosser*, aaO (Fn. 78), § 6 II 2; *Wieacker*, aaO (Fn. 46), S. 395.

135 Ein Stillstand oder gar ein Zurück zu den rechtlichen Zuständen im antiken Rom hat *Savigny* somit nicht vorgeschwebt. Ihn interessieren nicht die Ergebnisse, sondern die *Methode* der römischen Juristen, vgl. *Jochum*, NJW 2004, 568 (571); *Meder*, aaO (Fn. 46), S. 304. *Savigny* selbst schreibt dazu: *„Die besonnene Thätigkeit aber jedes Zeitalters müsse darauf gerichtet werden, diesen mit innerer Nothwendigkeit gegebenen Stoff zu durchschauen, zu verjüngen und frisch zu erhalten."*, *ders.*, ZGR 1 (1815), 1 (6).

136 *Kroeschell*, aaO (Fn. 130), S. 130.

137 *Köbler*, aaO (Fn. 74), S. 195; *Schlosser*, aaO (Fn. 78), § 6 III 2; *Wesel*, aaO (Fn. 51), Rn. 281; *Wieacker*, aaO (Fn. 46), S. 394.

138 Die auf Vollständigkeit gerichteten, abgeschlossenen und detaillierten Naturrechtskodifikationen seien dagegen nicht in der Lage, Probleme zu lösen, welche der Gesetzgeber noch nicht vorhergesehen habe, vgl. *Meder*, aaO (Fn. 46), S. 307.

139 *Hammen*, aaO (Fn. 118), S. 187; *Reuter /Martinek*, aaO (Fn. 44), § 1 I 3; *Schlechtriem*, Restitution und Bereicherungsausgleich in Europa, Bd. 1, 2000, Kap. 1, Rn. 45; Staudinger /Eckpfeiler[2018]-*Auer*, Kap. R, Rn. 12; *Wolf*, Stand der Bereicherungslehre, 1980, S. 3; *Wolff*, Zuwendungsrisiko und Restitutionsinteresse, 1998, S. 170; *Wilhelm*, aaO (Fn. 16), S. 19.

140 *Hammen*, aaO (Fn. 118), S. 188.

141 *Hammen*, aaO (Fn. 118), S. 188; *Schäfer*, aaO (Fn. 120), S. 151.

ligen Gemeinsamkeiten herauszuarbeiten.[142] Er erkannte, dass die Übereinstimmung darin liegt, dass eine *„Erweiterung eines Vermögens durch Verminderung eines andern Vermögens"* vorliegt, welche *„entweder stets ohne Grund war, oder ihren ursprünglichen Grund verloren hat."*[143] *Savigny* setzt voraus, dass *„Dasjenige, welches dem Andern zur Bereicherung diente, vorher schon wirklich einmal zum Vermögen Dessen gehört habe, welcher darauf eine condiction gründen will."*[144] Er erachtete somit eine *Vermögensverschiebung*[145] als Voraussetzung für die Anwendung des Bereicherungsprinzips.[146] Deshalb kann der Bereicherungsgedanke von *Savigny* für das Vertragsrecht nicht fruchtbar gemacht werden, da dort in der Regel (noch) keine Vermögensverschiebung stattgefunden hat. Die vertraglichen Anrechnungsvorschriften setzten nämlich noch früher an und wollen eine (ungerechtfertigte) Vermögensverschiebung gerade *verhindern.*[147] Selbstverständlich ging es *Savigny* in seiner Auseinandersetzung mit den Kondiktionen auch gar nicht darum, den Bereicherungsgedanken über den Rahmen, den das klassische römische Recht ihm bot, auszudehnen.[148]

6. Zusammenfassung

Ausgangspunkt für das Bereicherungsverbot sind weniger die klassisch-römischen Kondiktionstatbestände, sondern der in der stoischen Philosophie entwickelte Bereicherungsgedanke. Dieser wurde dann in spätklassischer Zeit mit dem römischen Bereicherungsrecht verschmolzen. Christliche Wertvorstellungen im Allgemeinen und die Kanonistik im Besonderen erweiterten den Anwendungsbereich des Bereicherungsgedankens im Mittelalter und hoben dabei insbesondere den dahinter stehenden Billigkeitsgedanken hervor. Auf diese Weise vereinigte sich der Gedanke, eine als ungerecht empfundene Bereicherung verhindern zu müssen mit dem Bestreben, diesen Grundsatz nicht nur für die rück-

142 Kritisch zu seinem methodischen Vorgehen (*„nicht historisch, sondern morphologisch nachdichtend und teils recht willkürlich"*): *Reuter /Martinek*, aaO (Fn. 44), § 1 I 3.

143 *Savigny*, System des heutigen Römischen Rechts, Bd. 5, 1841, S. 525.

144 *Savigny*, aaO (Fn. 143), S. 526 f.

145 Dabei hat Savigny das Erfordernis einer Vermögensverschiebung *„nach vielen Jahren des Zögerns...auf eine abstrakte Ebene transzendiert"*. Eine dingliche Vermögensverschiebung ist danach nicht erforderlich. Vgl. *Schäfer*, aaO (Fn. 120), S. 149 ff.; ähnlich *Hammen*, aaO (Fn. 118), S. 190 f.; *Wilhelm*, aaO (Fn. 16), S. 32; a.A. *Jakobs*, Eingriffserwerb und Vermögensverschiebung, 1964, S. 49.

146 Vgl. *Reuter /Martinek*, aaO (Fn. 44), § 1 I 3; *Wolff*, aaO (Fn. 139), S. 171.

147 Vgl. C I 3.

148 Vgl. *Wilhelm*, aaO (Fn. 16), S. 37.

wärtsgewandten Kondiktionstatbestände des römischen Rechts gelten zu lassen. Dadurch waren die Voraussetzungen gegeben, das Bereicherungsverbot – auch außerhalb der Kondiktionstatbestände – im Schadensrecht und ggf. auch im Vertragsrecht des BGB zu verankern. In der Neuzeit wurde der Bereicherungsgedanke dann sowohl vom Naturrecht als auch von der sich hiervon abgrenzenden historischen Schule und dort insbesondere von *Savigny* vereinnahmt. Während die Naturrechtler die altruistische Idee, welche hinter dem Bereicherungsprinzip steckte, schätzten, hob man in der historischen Schule dessen Verbindung zum römischen Bereicherungsrecht hervor und verengte auf diese Weise den Blick auf die verschiedenen Kondiktionstatbestände. Für die mögliche Verankerung des Bereicherungsverbotes im Vertragsrecht hatte diese Entwicklung nur noch eine untergeordnete Bedeutung. Die maßgebliche gedankliche Vorarbeit wurde sowohl in der Antike als auch im Mittelalter geleistet.

D. Kodifikation des Bereicherungsverbotes im Vertragsrecht

Wie eingangs erwähnt, wird das Bereicherungsverbot an verschiedenen Stellen des Vertragsrechts vermutet. Eine nähere Untersuchung der in Betracht kommenden Vorschriften[1] soll nun zeigen, ob und auf welche Weise das Bereicherungsverbot dort umgesetzt wurde und wie es sich auswirkt. In diesem Zusammenhang soll auch verdeutlich werden, auf welchen „Pfaden" der Bereicherungsgedanke Einzug in das *Vertragsrecht* des BGB genommen hat. Auf der Grundlage der Erkenntnisse dieser Untersuchung, soll die bereicherungsrechtliche Schnittmenge dieser Normen bestimmt werden. Nur so ist es später möglich, zu klären, ob über eine Gesamtanalogie dieser Vorschriften der *konkretisierte* Bereicherungsgedanke zur Lösung anderer Problemfelder im Kauf-, Werk- oder Mietvertragsrecht herangezogen werden kann.

I. § 326 Abs. 2 S. 2 BGB

1. Grundsatz

§ 326 BGB ist eine Vorschrift des allgemeinen Schuldrechts, welche unter Titel 2 („Gegenseitiger Vertrag")[2] verortet ist. Die Absätze 1 bis 4 beschäftigen sich dabei mit dem Anspruch des Schuldners auf seine Gegenleistung.[3] § 326 Abs. 1 S. 1 1.Hs BGB stellt dabei (iVm. § 275 Abs. 4 BGB) den Grundsatz auf, dass wenn der Schuldner gem. § 275 Abs. 1–3 BGB nicht zu leisten braucht, auch sein Anspruch auf die (synallagmatisch verknüpfte)[4] Gegenleistung – *ipso iure* – entfällt.[5] Bei einer quantitativen Teilunmöglichkeit vermindert sich der Anspruch

---

1 Gemeint sind die §§ 326 Abs. 2 S. 2, 537 Abs. 1 S. 2, 615 S. 2, 616 S. 2, 650 f. Abs. 5 S. 2 2.Hs., 648 S. 2 2.Hs. BGB, § 11 KSchG. §§ 74c, 415 Abs. 2 S. 1 Nr. 1 HGB.

2 §§ 320–327 BGB.

3 Soergel[13]-*Gsell*, § 326, Rn. 1.

4 Zum Erfordernis, dass die Gegenleistung mit der unmöglich gewordenen Leistung synallagmatisch verknüpft sein muss vgl. *Eckert*, SAT[4] (2005), Rn. 403, 407; MüKo[7]-*Ernst*, § 326, Rn. 7; Soergel[13]-*Gsell*, § 326, Rn. 5, 9.

5 Insofern als der Schuldner (im Rahmen von § 275 Abs. 1–3 BGB) nicht bereit oder in der Lage ist seine vertragliche Leistungspflicht zu erfüllen, wäre die ausdrückliche Erklärung des Rücktritts durch den Gläubiger in Ermangelung einer Entscheidungsalternative ohnehin überflüssig, *Canaris*, JZ 2001, 499 (508); *ders.*, in: Schulze /Schulte-Nölke, Die Schuldrechtsreform vor dem Hintergrund des Gemeinschaftsrechts, 2001,

des Schuldners gem. § 326 Abs. 1 S. 1 2. Hs. iVm. § 441 Abs. 3 BGB lediglich um den entsprechenden Anteil. § 326 Abs. 1 S. 1 BGB spinnt damit den Gedanken der hinter einem gegenseitigen Vertrag steckt, *do ut des*, konsequent – in negativer Hinsicht – fort:[6] „Ich gebe, damit du gibst" wird zu „ich gebe *nicht*, wenn du *nicht* geben kannst/willst." Treffend wird diese Abhängigkeit von Leistung und Gegenleistung, welche insbesondere in § 326 BGB zum Ausdruck kommt, auch als „*konditionelles Synallagma*" bezeichnet.[7] Im Gegensatz zu § 323 Abs. 1 BGB a. F. kommt es nicht mehr darauf an, dass keine der Vertragsparteien die Leistungsstörung zu vertreten hat.[8] Der Schuldner trägt somit grundsätzlich die Gegenleistungs- bzw. Preisgefahr bis zur Erfüllung, sofern nicht eine Sonderregelung eingreift.[9]

2. Ausnahmen

Eine erste Einschränkung erfährt der in § 326 Abs. 1 S. 1 BGB aufgestellte Grundsatz durch Satz 2: So bleibt der Anspruch des Schuldners auf die Gegenleistung im Falle einer „qualitativen Unmöglichkeit"[10] zunächst bestehen, um die Wahrnehmung der in § 437 Nr. 2 bzw. § 634 Nr. 3 BGB normierten Gestaltungsrechte

---

S. 54; *Looschelders*, SAT[14] (2016), Rn. 693; PWW[13]-*Stürner*, § 326, Rn. 1; Staudinger[2015]-*Schwarze*, § 326, Rn. A1, B5; vgl. auch BT-Drucks. 14/6040, S. 182; a.A. HKK-*Schermaier*, § 326, Rn. 25 f., der darauf hinweist, dass es aus der Sicht des Gläubigers oftmals nicht erkennbar ist, warum die Leistung ausbleibt.

6 *Brox/Walker*, SAT[42] (2018), § 22, Rn. 30; *Emmerich*, Das Recht der Leistungsstörungen[6] (2005), § 9, Rn. 5; *Fikentscher/Heinemann*, SchuldR[10] (2006), Rn. 447; JurisPK/BGB[8]-*Beckmann*, § 326, Rn. 1; Soergel[13]-*Gsell*, § 326, Rn. 8.

7 BeckOK/BGB[Ed48]-*H. Schmidt*, § 326, Rn. 2; *Emmerich*, in: Emmerich/Gerhardt/Grunsky (u. a.), Grundlagen des Vertrags- und Schuldrechts, § 13 II 2; HKK-*Schermaier*, § 326, Rn. 1; Palandt[78]-*Grüneberg*, Einf § 320, Rn. 15; *Wolff*, Zuwendungsrisiko und Restitutionsinteresse, 1998, S. 116 ff.

8 Vgl. Staudinger[2015]-*Schwarze*, § 326, A7.

9 AnwKom[3]-*Dauner-Lieb*, § 326, Rn. 1; *Brox/Walker*, SAT[42] (2018), § 22, Rn. 30; *Coester-Waltjen*, Jura 2007, 110; *Emmerich*, aaO (Fn. 6), § 9, Rn. 5; *ders.*, in: Emmerich/Gerhardt/Grunsky, aaO (Fn. 7), § 13 II 2; Erman[15]-*H. P. Westermann*, § 326, Rn. 2; *Fikentscher/Heinemann*, SchuldR[10] (2006), Rn. 447; MüKo[7]-*Ernst*, § 326, Rn. 5; *Musielak/Hau*, GK BGB[15] (2017), Rn. 608; Staudinger[2015]-*Schwarze*, § 326, Rn. B2; zu den §§ 323 ff. BGB a. F. bereits: *Kern*, AcP 200 (2000), 684 (685). Im Arbeitsrecht wird diese Gefahrtragungsregelung unter der Wendung: „*Ohne Arbeit kein Lohn*" zusammengefasst, vgl. nur *v. Hoyningen-Huene*, in: FS Adomeit (2008), S. 291.

10 Zum Begriff vgl. Erman[15]-*H. P. Westermann*, § 326, Rn. 8; *Fikentscher/Heinemann*, SchuldR[10] (2006), Rn. 449.

(Rücktritt und Minderung) der Initiative des Gläubigers zu überlassen.[11] Zudem bestünde die Gefahr, dass die gewährleistungsrechtlichen Verjährungsregelungen (§§ 218 Abs. 1 S. 2, 438, 634a BGB) unterlaufen werden.[12]

Zwei weitere Grundsatzausnahmen finden sich in § 326 Abs. 2 S. 1 BGB.[13] Gem. § 326 Abs. 2 S. 1 1.Alt. BGB behält der Schuldner – entgegen dem Grundprinzip des Synallagmas[14] – seinen Anspruch auf die Gegenleistung, soweit der Gläubiger allein oder weit überwiegend für die Unmöglichkeit verantwortlich ist.[15] § 326 Abs. 2 S. 1 2.Alt. BGB sieht die gleiche Rechtsfolge vor, wenn sich der Gläubiger zum Zeitpunkt des Eintritts der – vom Schuldner nicht zu vertretenden – Unmöglichkeit im Annahmeverzug befindet.

Die Folge ist, dass der Schuldner, welcher die eigene Leistung eingespart hat, vom Gläubiger trotzdem vergütet werden muss, wie wenn er seine eigene Leistungspflicht erfüllt hätte.[16] Wenn nämlich die Erfüllung der vertraglichen Leistungspflicht durch den Schuldner aus der Sphäre des Gläubigers vereitelt wird[17], dann soll ersterer nicht auch noch durch die Aberkennung seines Anspruchs auf die Gegenleistung belastet und letzterer begünstigt werden.[18] Soll eine Belastung des Schuldners vermieden werden, ist er so zu stellen, wie er bei ordnungsgemäßer Durchführung des gegenseitigen Vertrages gestanden hätte.[19]

---

11 AnwKom[3]-*Dauner-Lieb*, § 326, Rn. 11; *Eckert*, SAT[4] (2005), Rn. 408; *Fikentscher / Heinemann*, SchuldR[10] (2006), Rn. 449; JurisPK / BGB[8]-*Beckmann*, § 326, Rn. 13; *Medicus / Lorenz*, SAT[21] (2015), Rn. 434; Soergel[13]-*Gsell*, § 326, Rn. 29, 32; Staudinger[2015]-*Schwarze*, § 326, Rn. A18, B69ff. Ob die Gleichstellung der Minus-Leistung mit dem Sachmangel in § 434 Abs. 3 2.Alt. bzw. § 633 Abs. 2 S. 3 2.Alt. BGB dazu führt, dass § 326 Abs. 1 S. 2 den Abs. 1 S. 1 2.Hs. BGB im Fahrwasser des jeweiligen Gewährleistungsrechts überlagert, muss an dieser Stelle nicht entschieden werden. Dafür: Soergel[13]-*Gsell*, § 323, Rn. 203; *Looschelders*, SAT[14] (2016), Rn. 697.

12 Staudinger[2015]-*Schwarze*, § 326, Rn. A24.

13 Vgl. Soergel[13]-*Gsell*, § 326, Rn. 39.

14 Staudinger[2015]-*Schwarze*, § 326, Rn. C1f..

15 Beachte in diesem Zusammenhang die Verschärfung des Vertretenmüssens ggü. § 324 BGB a. F.

16 Motive II, S. 208; vgl. *Emmerich*, aaO (Fn. 6), § 11, Rn. 16.

17 Soergel[13]-*Gsell*, § 326, Rn. 39. Eine vergleichbare Vorschrift findet sich in Art. 80 CISG (Verursachung der Nichterfüllung durch die andere Partei), vgl. MüKo[7]-*Ernst*, § 326, Rn. 46.

18 BeckOK / BGB[Ed48]-*H. Schmidt*, § 326, Rn. 3; MüKo[7]-*Ernst*, § 326, Rn. 45; allgemein zum Normzweck von § 324 BGB a. F.: *Schwerdtner*, Jura 1988, 419 (423).

19 MüKo[7]-*Ernst*, § 326, Rn. 84.

3. Anrechnungspflicht

a) Ausgangslage

Fraglich ist jedoch, ob der Schuldner so gestellt wird, wie er bei ordnungsgemäßer Vertragsdurchführung gestanden hätte, wenn man ihm die vertraglich vereinbarte Gegenleistung überlässt. So liegt es nämlich nahe, dass der Schuldner unter Umständen gleich zweimal profitiert. Einmal durch die Beibehaltung des Anspruchs auf die Gegenleistung und zum zweiten Mal durch die Befreiung von der eigenen Leistungspflicht, welche in der Regel einen Einsparungseffekt nach sich zieht. Der durch die Leistungsstörung erzielte materielle Zustand des Schuldners würde somit jenen, der bei ordnungsgemäßer Vertragsdurchführung bestanden hätte, regelmäßig übertreffen. Im Gegenzug würde der Gläubiger die vertragliche Leistung erbringen müssen, ohne dafür ein entsprechendes Äquivalent zu erhalten. Dieses Ergebnis stimmt jedoch mit der genannten Zielsetzung nicht überein: Der Schuldner soll weder einen Schaden erleiden *noch* einen Vorteil aus seiner Leistungsbefreiung erlangen.[20]

b) Lösung

Mit § 326 Abs. 2 S. 2 BGB hat der Gesetzgeber eine Norm geschaffen, welche diese „ungerechtfertigte Bereicherung"[21] des Schuldners über das vertraglich vereinbarte Maß zu Lasten des Gläubigers verhindern soll.[22] Praktisch soll dieses Ziel da-

---

20 BeckOK /BGB[Ed48]-*H. Schmidt*, § 326, Rn. 20; *Emmerich*, aaO (Fn. 6), § 11, Rn. 17; Erman[15]-*H. P. Westermann*, § 326, Rn. 15; MüKo[7]-*Ernst*, § 326, Rn. 84; Staudinger[2015]-*Schwarze*, § 326, Rn. C89ff.; vgl. zu § 324 Abs. 1 S. 2 BGB a. F.: *Becker*, JW 1912, 976; *Decker*, Die Vorteilsanrechnung beim Erfüllungsanspruche, 1906, S. 25; *Kisch*, Unmöglichkeit der Erfüllung, 1900, S. 89.

21 Vgl. Soergel[13]-*Gsell*, § 326, Rn. 79: *„Der Anrechnungsgrundsatz will verhindern, dass der Schuldner infolge der Unmöglichkeit ungerechtfertigt bereichert wird."*; ähnlich: *Becker*, JW 1912, 976 (977); Vgl. zudem *Decker*, aaO (Fn. 20), S. 25: *„Dem in jeder ausgebildeten Rechtsordnung bekannten höheren Gedanken, eine innerlich nicht gerechtfertigte Vermögensverschiebung unter unbilliger Bevorzugung des einen Teiles zu verhindern („Statik der Werte")"*; *Huber*, Leistungsstörungen, Bd. 2, 1999, § 49 III 1 (S. 525): *„nichts anderes...als ein speziell geregelter Anspruch auf Bereicherungsausgleich"*; *Katzenstein*, ZGS 2005, 305 (306); *ders.* ZGS 2005, 184 (186); *ders.*, ZGS 2004, 349 (350); *ders.*, ZGS 2004, 300 (301): *„Anrechnung...ein besonderes Institut des Bereicherungsrechts"* (dem folgend: *Arnold*, MDR 2005, 611 (612)); *Kisch*, aaO (Fn. 20), S. 89 (Fn. 16): *„Dieser Grundsatz beruht auf der Billigkeit und folgt aus der Natur der Sache."* (§ 324 Abs. 1 S. 2 BGB a. F.).

22 Vgl. *Musielak /Hau*, ExK BGB[3] (2014), Rn. 154. An dieser Stelle ist die Nähe zum schadensrechtlichen Bereicherungsverbot bzw. zur Vorteilsausgleichung (vgl. Beck-

durch erreicht werden, dass sich der Schuldner das durch die Leistungsbefreiung kausal verursachte Einsparungspotential[23] als Abzugsposten gegenüber seinem Anspruch auf die Gegenleistung anrechnen lassen muss. Die Darlegungs- und Beweislast trifft den Gläubiger, wobei den Schuldner auch eine entsprechende Auskunftspflicht treffen kann.[24] Der Anspruch auf die Gegenleistung mindert sich *ipso iure*.[25] Eine Aufrechnung kommt deshalb nicht in Betracht.[26] Einen eigenen Anspruch hat der Gläubiger der unmöglich gewordenen Leistung dagegen grundsätzlich nicht.[27] Problematisch wird es allerdings dann, wenn der Gläubiger die vertraglich vereinbarte Gegenleistung bereits vollumfänglich erbracht hat. Hinsichtlich der Frage, wie die nun eingetretene Bereicherung des Schuldners, die § 326 Abs. 2 S. 2 BGB eigentlich verhindern sollte, abgeschöpft werden kann, gibt es unterschiedliche Ansichten. Eine Ansicht spricht sich für eine Rückforderung gem. §§ 326 Abs. 4 iVm. 346 BGB aus.[28] Einer anderen Ansicht zufolge, kommt

---

OK /BGB[Ed48]-*H. Schmidt*, § 326, Rn. 20; *Becker*, JW 1912, 976; *Brox /Walker*, SAT[42] (2018), § 22, Rn. 42) unverkennbar. Im Schadensrecht bildet der tatsächlich erlittene Verlust die Grenze, welche durch Zahlung von Schadensersatz weder über- noch unterschritten werden darf. Im Vertragsrecht ist es der Mehrwert, der sich beim Schuldner nach einem ordnungsgemäßen Leistungsaustausch eingestellt hätte (sog. positives Vertragsinteresse).

23 Z.B. Transportkosten, Vergütung für Erfüllungsgehilfen, Wertverlust der verwendeten Werkzeuge etc., vgl. OLG Koblenz, NJW-RR 2002, 809 (810) zu § 324 Abs. 1 S. 2 BGB a. F.; zum neuen Recht vgl. *Emmerich*, aaO (Fn. 6), § 11, Rn. 18; MüKo[7]-*Ernst*, § 326, Rn. 90; *Musielak /Hau*, GK BGB[15] (2017), Rn. 632; Soergel[13]-*Gsell*, § 326, Rn. 78.

24 Palandt[78]-*Grüneberg*, § 326, Rn. 13; *Schwarze*, Das Recht der Leistungsstörungen, 2008, § 37, Rn. 41. Vgl. zu § 324 Abs. 1 S. 2 BGB a. F.: Motive II, S. 209; BGH, NJW-RR 2004, 989; NJW 2002, 57; OLG Koblenz, NJW-RR 2002, 809 (810); *Esser /Schmidt*, SchuldR, Bd. 1/2, 8. Aufl. (2000), § 23 II 1; zu D 19.2.19.9: OG zu Wolfenbüttel, SeuffA., Bd. 28, Nr. 220 (S. 364).

25 AnwKom[3]-*Dauner-Lieb*, § 326, Rn. 22; BeckOK /BGB[Ed48]-*H. Schmidt*, § 326, Rn. 20; MüKo[7]-*Ernst*, § 326, Rn. 88; *Schwarze*, aaO (Fn. 24), § 37, Rn. 41; Staudinger[2015]-*Schwarze*, § 326, C100; zu § 324 Abs. 1 S. 2 BGB a. F.: *Becker*, JW 1912, 976.

26 Erman[15]-*H. P. Westermann*, § 326, Rn. 15; HK /BGB[10]-*Schulze*, § 326, Rn. 14; Jauernig[17]-*Stadler*, § 326, Rn. 19; MüKo[7]-*Ernst*, § 326, Rn. 88; Palandt[78]-*Grüneberg*, § 326, Rn. 13; Soergel[13]-*Gsell*, § 326, Rn. 79; Staudinger[2015]-*Schwarze*, § 326, Rn. C100; zu § 324 Abs. 1 S. 2 BGB a. F.: *Becker*, JW 1912, 976.

27 Motive II, S. 209; BeckOK /BGB[Ed48]-*H. Schmidt*, § 326, Rn. 20; MüKo[7]-*Ernst*, § 326, Rn. 88; Soergel[13]-*Gsell*, § 326, Rn. 79; Staudinger[2015]-*Schwarze*, § 326, Rn. C100; zu § 324 Abs. 1 S. 2 BGB a. F. vgl. *Becker*, JW 1912, 976; *Kisch*, aaO (Fn. 20), S. 93.

28 BeckOK /BGB[Ed48]-*H. Schmidt*, § 326, Rn. 20; *Braun*, ZGS 2004, 423 (428); Soergel[13]-*Gsell*, § 326, Rn. 79; Staudinger[2015]-*Schwarze*, § 326, Rn. C101.

lediglich eine *analoge* Anwendung von § 326 Abs. 4 BGB in Betracht.[29] Für eine dritte Ansicht kommt nur eine Rückforderung auf der Grundlage der *condictio indebiti* (§ 812 Abs. 1 S. 1 1.Alt. BGB) in Frage.[30] Ein anderer Teil der Literatur schließt sich zwar dem Ansatz an, den Betrag zu kondizieren, will dieses jedoch auf § 812 Abs. 1 S. 2 BGB stützen.[31]

Ein ähnliches Problem besteht, wenn die Gegenleistung ausnahmsweise nicht in Geld besteht, denn dann funktioniert eine Anrechnung nicht.[32] Gleichwohl sollte die Bereicherung des Schuldners auch in diesem Fall nicht bestehen bleiben. In Betracht kommt daher ein Anspruch des Gläubigers gem. §§ 441 Abs. 4, 638 Abs. 4 BGB analog[33], gem. § 346 Abs. 2 S. 1 Nr. 1 BGB analog[34], oder gem. § 242 BGB[35]. Bis zur Erfüllung dieses Anspruchs kann er die Gegenleistung gem. §§ 320, 273 BGB analog zurückhalten.[36]

c) Weitere Anrechnungsposten

Schließlich sind auch Einkünfte aus einer anderweitigen Verwendung der Arbeitskraft anzurechnen. Dem werden hypothetische Einnahmen gleichgestellt, welche man erlangt hätte, wenn man eine böswillig unterlassene Tätigkeit aufgenommen hätte. Voraussetzung ist, dass diese Erwerbs*möglichkeit kausal* auf die Befreiung von der Leistung zurückzuführen ist.[37] Andererseits ist es aber auch nicht erforderlich, dass der Schuldner mit Schädigungsabsicht gehandelt hat.[38] Es genügt vielmehr, wenn er eine zumutbare Verdienstmöglichkeit in Kenntnis der Nach-

---

29 *Lorenz*, NJW 2003, 1417 (1419).

30 Staudinger[2004]-*Otto*, § 326, Rn. C60.

31 MüKo[7]-*Ernst*, § 326, Rn. 88.

32 AnwKom[3]-*Dauner-Lieb*, § 326, Rn. 22; MüKo[7]-*Ernst*, § 326, Rn. 89.

33 Zu §§ 324 Abs. 1 S. 2, 473 BGB a. F.: Planck-*Siber*, § 324, S. 377; a.A. *Kisch*, aaO (Fn. 20), S. 93.

34 BeckOK /BGB[Ed48]-*H. Schmidt*, § 326, Rn. 20.

35 Erman[15]-*H. P. Westermann*, § 326, Rn. 16; MüKo[7]-*Ernst*, § 326, Rn. 89; *Schwarze*, aaO (Fn. 24), § 37, Rn. 41.

36 AnwKom[3]-*Dauner-Lieb*, § 326, Rn. 22; BeckOK /BGB[Ed48]-*H. Schmidt*, § 326, Rn. 20; Erman[15]-*H. P. Westermann*, § 326, Rn. 16; Soergel[13]-*Gsell*, § 326, Rn. 79; Staudinger[2015]-*Schwarze*, § 326, Rn. C101.

37 Erman[15]-*H. P. Westermann*, § 326, Rn. 15; Palandt[78]-*Grüneberg*, § 326, Rn. 13; Soergel[13]-*Gsell*, § 326, Rn. 78.

38 BeckOK /BGB[Ed48]-*H. Schmidt*, § 326, Rn. 21; *Eckert*, SAT[4] (2005), Rn. 424; Erman[15]-*H. P. Westermann*, § 326, Rn. 15; HK /BGB[10]-*Schulze*, § 326, Rn. 14; Palandt[78]-*Grüneberg*, § 326, Rn. 13; *Schwarze*, aaO (Fn. 24), § 37, Rn. 45; Soergel[13]-*Gsell*, § 326, Rn. 78; a.A. zu § 324 Abs. 1 S. 2 BGB a. F. noch Motive II, S. 209; ebenso: *Decker*, aaO (Fn. 20), S. 7; *Kisch*, aaO (Fn. 20), S. 92; Planck[4]-*Siber*, § 324, S. 377.

teile, die dadurch für den Gläubiger entstehen, *vorsätzlich* ablehnt.[39] Schließlich wird vertreten, § 326 Abs. 2 S. 2 BGB hinsichtlich der anzurechnenden Erwerbsmöglichkeiten – über seinen Wortlaut hinaus, welcher sich nur auf den Einsatz der *Arbeitskraft* beschränkt – auch auf *sonstige Vorteile* zu erstrecken, welche man durch die Leistungsbefreiung erlangt hat[40] oder auf deren Erlangung man böswillig verzichtet hat.[41] So muss sich nach dieser Ansicht etwa ein Energieversorgungsunternehmen die Erlöse aus der Versorgung eines anderen Betriebes anstelle jenem des ursprünglichen Gläubigers anrechnen lassen.[42] Entsprechend wird der Preis für einen Flug herabgesetzt, den der Kunde nicht wahrnehmen konnte, sofern es der Fluggesellschaft gelungen ist, den reservierten Platz anderweitig zu vergeben.[43] Praktisch ist von einer Obliegenheit zur anderweitigen Verwendung der marktgängigen Leistung durch den Schuldner auszugehen.[44]

Weitergehende vertragliche oder deliktische Schadensersatzansprüche des Schuldners werden durch § 326 Abs. 2 S. 2 BGB nicht ausgeschlossen. Allerdings muss sich der Schuldner auch dort seine Ersparnisse anrechnen lassen.[45]

4. Historische Entwicklung

Der in § 326 Abs. 1 S. 1 1.Hs. BGB normierte Grundsatz, dass der Anspruch auf die Gegenleistung entfällt, sofern man selbst nicht in der Lage ist, die vertraglich vereinbarte Leistung zu erbringen, galt bereits im gemeinen Recht.[46] Ähnlich

---

39 *Emmerich*, aaO (Fn. 6), § 11, Rn. 20; Erman[15]-*H. P. Westermann*, § 326, Rn. 15; HK / BGB[10]-*Schulze*, § 326, Rn. 14; Jauernig[17]-*Stadler*, § 326, Rn. 19; Palandt[78]-*Grüneberg*, § 326, Rn. 13; PWW[13]-*Stürner*, § 326, Rn. 18; Soergel[13]-*Gsell*, § 326, Rn. 78; Staudinger[2015]-*Schwarze*, § 326, Rn. C94.

40 *Musielak / Hau*, GK BGB[15] (2017), Rn. 632; *Schwarze*, aaO (Fn. 24), § 37, Rn. 45; Staudinger[2015]-*Schwarze*, § 326, Rn. C96.

41 Eine Ausdehnung der Regelung in dieser Weite fordern: AnwKom[3]-*Dauner-Lieb*, § 326, Rn. 21; BeckOK / BGB[Ed48]-*H. Schmidt*, § 326, Rn. 21; *Eckert*, SAT[4] (2005), Rn. 423; *Emmerich*, aaO (Fn. 6), § 11, Rn. 19; MüKo[7]-*Ernst*, § 326, Rn. 92; PWW[13]-*Stürner*, § 326, Rn. 18; Soergel[13]-*Gsell*, § 326, Rn. 78; vgl. zu § 324 Abs. 1 S. 2 BGB: *Decker*, aaO (Fn. 20), S. 6; *Kisch*, aaO (Fn. 20), S. 91, der darauf hinweist, dass die Anrechnung iRv. § 324 Abs. 1 S. 2 BGB hauptsächlich beim Dienstvertrag relevant sei und dem Gesetzgeber wohl nur die damit verbundenen Fallkonstellationen vorgeschwebt hätten.

42 BGH, DB 1958, 456.

43 LG Frankfurt, BB 1987, 2399 zu § 324 Abs. 1 S. 2 BGB a. F.

44 AnwKom[3]-*Dauner-Lieb*, § 326, Rn. 21; BeckOK / BGB[Ed48]-*H. Schmidt*, § 326, Rn. 21; Soergel[13]-*Gsell*, § 326, Rn. 78.

45 AnwKom[3]-*Dauner-Lieb*, § 326, Rn. 22.

46 *Windscheid / Kipp*, Lehrbuch des Pandektenrechts, Bd. 2, 8. Aufl. (1900), S. 304 f..

wie im römischen Recht gab es auch dort eine Ausnahme für Veräußerungsverträge, wo die Preisgefahr bereits mit Vertragsschluss auf den Käufer überging (*periculum est emptoris*).[47] Bei der Übernahme ins BGB wurde dagegen die Gefahrtragungsregel auf alle gegenseitigen Verträge erstreckt.[48] Im Rahmen der Schuldrechtsmodernisierung gab es die Überlegung, auch im Fall der Unmöglichkeit die Lösung vom Vertrag von einem Rücktritt abhängig zu machen (vgl. § 323 Abs. 1 BGB-KE). Dieser Ansatz konnte sich jedoch – insbesondere aufgrund der Kritik des Schrifttums[49] – nicht durchsetzen.[50]

Die in § 326 Abs. 2 BGB normierten Ausnahmen sowie das Bereicherungsverbot waren zuvor in § 324 BGB a. F. normiert. Der Inhalt der Regelung ist dabei im Grunde unverändert geblieben.[51] Folglich können Rechtsprechung und Literatur zu § 324 BGB a. F. auf § 326 Abs. 2 BGB übertragen werden.[52] Interessanterweise finden sich in den Parallelvorschriften der deutschsprachigen Zivilgesetze des 19. Jahrhunderts zu § 326 Abs. 2 BGB (bzw. § 324 BGB a. F.), namentlich § 721 sächs. BGB und Art. 278 Dresdener Entw. keine Anhaltspunkte für eine Anrechnung von Einsparungen oder anderweitigen Erwerbsmöglichkeiten des Schuldners aufgrund der Leistungsbefreiung.[53] Mag ansonsten die Vorbildfunk-

---

47 *Bauer*, Periculum emptoris, 1998, 18 f.; *Emmerich*, aaO (Fn. 6), § 9, Rn. 6; HKK-*Schermaier*, § 326, Rn. 3; *Kaser / Knütel / Lohsse*, Römisches Privatrecht[21] (2017), § 41, Rn. 21; Soergel[13]-*Gsell*, § 326, Rn. 7; *Windscheid / Kipp*, aaO (Fn. 46), S. 305 ff.

48 BeckOK / BGB[Ed48]-*H. Schmidt*, § 326, Rn. 1; HKK-*Schermaier*, § 326, Rn. 14 f.; Soergel[13]-*Gsell*, § 326, Rn. 7.

49 Vgl. *Canaris*, JZ 2001, 499 (508); *ders.*, in: Schulze / Schulte-Nölke, aaO (Fn. 5), S. 54 f.; *Huber*, ZIP 2000, 2273 (2277).

50 Vgl. hierzu die Erwägungen in Fn. 3.

51 BT-Drucks., 14/6040, S. 189. Bemerkenswert ist indes die Verschärfung des Vertretenmüssens des Gläubigers. Hatte bislang ein einfaches Vertretenmüssen ausgereicht ist es nun iRv. § 326 Abs. 2 S. 1 1.Alt. BGB erforderlich, dass der Gläubiger die Unmöglichkeit der Leistung *allein* oder zumindest *weit überwiegend* zu vertreten hat.

52 *Emmerich*, aaO (Fn. 6), § 11, Rn. 2; PWW[13]-*Stürner*, § 326, Rn. 2.

53 Bemerkenswert ist auch, dass sich weder im schweizerischen Obligationenrecht noch im österreichischen ABGB eine Vorschrift findet, welche mit § 326 Abs. 2 BGB (= § 324 BGB a. F.) vergleichbar wäre, obwohl man sich im Hinblick auf die Gefahrtragung für das „deutsche Modell" (Übergang der Gegenleistungsgefahr erst bei Erfüllung) entschieden hat. Folglich muss man sich dort bei entsprechenden Fallkonstellationen mit der analogen Heranziehung anderer Normen – z. T. auch aus dem deutschen Recht – behelfen. Vgl. *Kern*, AcP 200 (2000), 684 (685). Zum österreichischen Zivilrecht siehe: *Koziol / Welser*, Bürgerliches Recht, Bd. 2, 11. Aufl. (2000), S. 47 f.
Zu den geschichtlichen Grundlagen von § 324 BGB a. F. vgl. *Hoffmann-Burchardi*, Die geschichtlichen Grundlagen der Vorschriften des BGB über Leistungsstörungen bei gegenseitigen Verträgen (§§ 323–327), 1974, S. 63 ff.

tion dieser Gesetzestexte für das BGB unbestreitbar sein[54], so ist hier ein neuer Aspekt dazugekommen. Dabei ist der Gedanke der Anrechnung eines anderweitigen Erwerbs nicht völlig neu.[55] Vielmehr scheint er seinen Ursprung im Dienstvertragsrecht zu haben. Davon zeugt nicht nur Art. 625 des Dresdener Entwurfs, welcher dem Dienstberechtigten eine Abzugsmöglichkeit gestattet.[56] Vielmehr findet sich bereits eine entsprechende Regelung in den Digesten[57]:

> *„In einem Fall, in dem ein Schreiber jemandem seine Dienste zur Verfügung gestellt hatte und danach derjenige, der ihn in Dienst genommen hatte, gestorben ist, hat der Kaiser Antoninus [Caracalla] zusammen mit dem vergöttlichten Kaiser Septimius Severus auf die Eingabe des Schreibers folgenden Bescheid erteilt: „Wenn es, wie du vorträgst, nicht an dir gelegen hat, dass du die zugesagten Dienste dem Antonius Aquila nicht geleistet hast, und wenn du in diesem Jahr von niemand anderem eine Vergütung empfangen hast, ist es gerecht, dass die Vertragszusage erfüllt wird". (D 19.2.19.9)*[58]
> *„Auch Papinian hat im 4. Buch seiner Rechtsgutachten geschrieben, dass beim Tod eines kaiserlichen Legaten seinen Gefolgsleuten das Gehalt für den Rest der Zeit auszuzahlen ist, sofern sie nicht nachher in derselben Zeit Gefolgsleute anderer waren." (D 19.2.19.10)*[59]

Offensichtlich geht es hier darum, dass der Schuldner seine (persönliche) Dienstleistung nicht erbringen kann, da der Gläubiger gestorben ist. Insofern als er für diesen Umstand in der Regel nicht selbst verantwortlich ist, soll er seinen Anspruch auf die Gegenleistung beibehalten (vgl. § 326 Abs. 2 S. 1 bzw. § 615 S. 1 BGB).[60] Allerdings gilt das nicht, soweit der Schuldner aufgrund der Leistungsbefreiung seine Arbeitskraft einem anderen zur Verfügung stellen konnte. Die

---

54 Vgl. *Buschmann*, JuS 1980, 553 (558 f.); *Hoffmann-Burchardi*, aaO (Fn. 53), S. 68; *Meder*, Rechtsgeschichte⁶ (2017), S. 342 f.; *Wesenberg/Wesener*, Neuere deutsche Privatrechtsgeschichte⁴ (1985), § 27 II.

55 *Decker*, aaO (Fn. 20), S. 32 f.

56 Vgl. ferner: § 1239 sächsisches BGB, Art. 222 hessischer Entwurf und Art. 498 bayerischer Entwurf.

57 Vgl. *Decker*, aaO (Fn. 20), S. 33; *Honsell*, Römisches Recht⁷ (2010), § 50 II 2; *Kaser/Knütel/Lohsse*, aaO (Fn. 47), § 42, Rn. 24; *Windscheid/Kipp*, aaO (Fn. 46), S. 696 f.

58 Übersetzung nach *Behrends/Knütel/Kupisch/Seiler*, Corpus Iuris Civilis – Text und Übersetzung, Bd. 3, 1999; zur „Lohngefahr" vgl. auch D 19.2.38: *„Wer die Leistung von Diensten versprochen hat, muss den Lohn für die gesamte Zeit erhalten, wenn es nicht an ihm lag, dass er die Dienste nicht geleistet hat. 1. Auch Anwälte müssen das Honorar nicht zurückzahlen, wenn es nicht an ihnen lag, dass sie den Prozess nicht geführt haben."* (Text und Übersetzung ebenda).

59 Übersetzung nach *Behrends/Knütel/Kupisch/Seiler*, aaO (Fn. 58).

60 Freilich ist hier weder ausdrücklich von einem alleinigen bzw. weit überwiegenden Vertretenmüssen des Gläubigers noch von einem Annahmeverzug desselben die Rede.

Berücksichtigung des hypothetischen Erwerbs bei der Ausschlagung zumutbarer Arbeit kommt dagegen nicht in Betracht. Im gemeinen Recht lässt sich schließlich eine Ausdehnung dieser Gefahrtragungsregelung – samt Berücksichtigung anderweitiger Einkünfte – auf das Miet- und Werkvertragsrecht nachweisen.[61] Die Regelung im gemeinen Recht war somit vom späteren § 324 Abs. 1 S. 2 BGB a. F. (= § 326 Abs. 2 S. 2 BGB) gar nicht so verschieden.[62]

II. § 537 Abs. 1 S. 2 BGB

§ 537 BGB befasst sich mit der Frage, ob der Mieter zur Zahlung des Mietzinses verpflichtet ist, obwohl er die Mietsache aus einem in seiner Person liegenden Grund nicht nutzen kann.[63]

1. Anwendungsbereich

Grundsätzlich gilt, dass der Mieter nicht verpflichtet ist, die Mietsache zu nutzen.[64] Spiegelbildlich dazu beschränkt sich die Pflicht des Vermieters auf Gewährung der Gebrauchs*möglichkeit*.[65] Konkret bedeutet dies, dass der Vermieter dem Mieter in der Regel den Allein- oder Mitbesitz an dem Mitobjekt überlassen muss.[66] Der Mieter trägt somit das *Verwendungsrisiko*.[67] Hat der Vermieter die Mietsache dem Mieter zum Gebrauch überlassen und nutzt

---

61 OG zu Wolfenbüttel, SeuffA., Bd. 28, Nr. 220 (S. 363); *Decker*, aaO (Fn. 20), S. 35; *Oertmann*, Vorteilsausgleichung, 1901, S. 35.

62 Vgl. *Decker*, aaO (Fn. 20), S. 35; Durch § 324 Abs. 1 S. 2 BGB a. F. (= § 326 Abs. 2 S. 2 BGB) und seine Stellung im allgemeinen Teil des Schuldrechts wird die Anrechnungsmöglichkeit freilich auf alle gegenseitigen Verträge erstreckt (s. o.).

63 Die Vorschrift gehört zum „Allgemeinen Teil" des Mietrechts und gilt somit für alle Mietverträge, vgl. Erman[15]-*Lützenkirchen*, § 537, Rn. 1; JurisPK /BGB[8]-*Münch*, § 537, Rn. 2; Staudinger[2018]-*Emmerich*, § 537, Rn. 3.

64 OLG Frankfurt, MDR 1981, 231; AG Hamburg, NZM 1998, 477; Jauernig[17]-*Teichmann*, § 535, Rn. 32; § 537, Rn. 1; *Kossmann*, Handbuch der Wohnraummiete[6] (2003), § 41, Rn. 2.

65 BGH, NJW 1997, 193 (194) zu § 552 BGB a. F.; *Fikentscher /Heinemann*, SchuldR[10] (2006), Rn. 1013; *Medicus /Lorenz*, SBT[18] (2018), § 23, Rn. 30; *Oetker /Maultzsch*, Vertragliche Schuldverhältnisse[5] (2018), § 5, Rn. 88.

66 *Brox /Walker*, SBT[41] (2017), § 11, Rn. 1; a.A. *Rädler*, NJW 1993, 689 (691).

67 BGH, NJW 1997, 193 (194); NJW 1981, 43 (45) zu § 552 BGB a. F.; Erman[15]-*Lützenkirchen*, § 537, Rn. 4; Palandt[78]-*Weidenkaff*, § 537, Rn. 1; Soergel[13]-*Heintzmann*, § 537, Rn. 1; Staudinger[2018]-*Emmerich*, § 537, Rn. 1; *Wolf /Eckert /Ball*, Handbuch des gewerblichen Miet-, Pacht- und Leasingrechts[10] (2009), Rn. 584.

letzterer sie während der Mietzeit nicht[68], dann ist er unter Heranziehung der o. g. Wertung gleichwohl zur Entrichtung der Miete verpflichtet. Insoweit ist § 537 Abs. 1 S. 1 BGB lediglich deklaratorischer Natur.[69] Übrig bleibt der Fall, dass die *Gebrauchsüberlassung* durch den Vermieter aus Gründen, die in der Person des Mieters liegen, *scheitert*. Die herrschende Ansicht spricht sich hier gleichfalls für eine Anwendung von § 537 BGB – nämlich bereits ab Vertragsschluss – aus, welcher § 326 BGB als *lex specialis* vorgehe.[70] Ob in solch einer Situation gar die Geschäftsgrundlage des Vertrages wegfällt muss einer Klärung im Einzelfall überlassen bleiben.[71]

Schließlich bleibt noch festzuhalten, dass § 537 über § 581 Abs. 2 BGB auch auf den Pachtvertrag Anwendung findet.[72]

2. Voraussetzungen

Für die Rechtsfolge aus § 537 Abs. 1 S. 1 BGB sind zwei Aspekte von entscheidender Bedeutung. Einmal muss der Mieter an der Ausübung des Gebrauchs gehindert sein (andernfalls würde sich die Frage nach dem Fortbestand der

---

68 Bei der Wohnraummiete ist dies häufig dann der Fall, wenn der Mieter vorzeitig ausgezogen ist.

69 *Eckert*, SBT[2] (2005), Rn. 528; HK /BGB[10]-*Scheuch*, § 537, Rn. 1; *Oetker /Maultzsch*, aaO (Fn. 65), § 5, Rn. 88. Beabsichtigt war die Klarstellung, dass der Nichtgebrauch der Mietsache durch den Mieter keinen Fall der Unmöglichkeit darstellt, vgl. *Brox / Walker*, SBT[41] (2017), § 11, Rn. 34.

70 AnwKom[3]-*Klein-Blenkers*, § 537, Rn. 8; BeckOK /BGB[Ed48]-*Zehelein*, § 537, Rn. 2; *Eckert*, SBT[2] (2005), Rn. 528; JurisPK /BGB[8]-*Münch*, § 537, Rn. 3; *Köhler*, Unmöglichkeit und Geschäftsgrundlage, 1971, S. 33; *Kossmann*, aaO (Fn. 64), § 41, Rn. 5; MüKo[7]-*Bieber*, § 537, Rn. 3; Palandt[78]-*Weidenkaff*, § 537, Rn. 1; *Rädler*, NJW 1993, 689 (695); zu § 552 BGB a. F. vgl. BGH, NJW 2000, 1105 (1106); NJW-RR 1991, 267 f.; OLG Köln, NZM 1998, 514 (515); OLG Düsseldorf, ZMR 1992, 536; LG Düsseldorf, ZMR 1990, 379; a.A. Emmerich /Sonnenschein[9]-*Emmerich*, § 537, Rn. 2; Soergel[13]-*Heintzmann*, § 537, Rn. 1; Staudinger[2018]-*Emmerich*, § 537, Rn. 4.

71 Soergel[13]-*Heintzmann*, § 537, Rn. 3. Zwar stammt der Grund für die Nichtannahme der Mietsache aus der Sphäre des Mieters, doch kann, wenn eine gewisse „Schmerzgrenze" überschritten ist, ein Festhalten am Vertrag gleichwohl unzumutbar iSv. § 313 BGB sein, weshalb eine Vertragsanpassung bzw. –aufhebung erforderlich sein könnte, vgl. *Looschelders*, SAT[14] (2016), Rn. 757. A.A. (Umstand darf nicht aus der Risikosphäre des Mieters stammen) AnwKom[3]-*Klein-Blenkers*, § 537, Rn. 5; Jauernig[17]-*Teichmann*, § 537, Rn. 2.

72 Staudinger[2018]-*Schaub*, § 581, Rn. 247; zu § 552 BGB a. F. vgl. OLG Düsseldorf, ZMR 1994, 402 (405).

Zahlungspflicht im Rahmen eines intakten Vertrages wohl auch kaum stellen). Dies setzt die grundsätzliche Bereitschaft des Mieters voraus, dass Mietobjekt tatsächlich nutzen zu wollen. Allerdings wird gemeinhin vertreten, dass die Vorschrift auch dann zur Anwendung kommen soll, wenn der Mieter *freiwillig* auf den Gebrauch der Mietsache verzichtet hat.[73] Die zweite Voraussetzung ist, dass der Nichtgebrauch auf einem in der Person des Mieters liegenden Grund basiert (sog. *Risikosphäre des Mieters*)[74]. Es fragt sich, was darunter alles zu fassen ist.[75] Hier gilt, dass eine mieterbezogene Ursache grundsätzlich daran zu erkennen ist, dass jeder andere Mieter in der Lage gewesen wäre, das Mietobjekt zu nutzen.[76]

Einen Ausschlussgrund für die Verpflichtung, den Mietzins zu entrichten, enthält § 537 Abs. 2 BGB. So ist der Mieter dann befreit, wenn der Vermieter aufgrund der Überlassung des Mietobjektes an einen *Dritten* ohnehin nicht in der Lage gewesen wäre, dem Mieter den Gebrauch zu gewähren.

3. Rechtsfolge

Als Rechtsfolge sieht § 537 Abs. 1 S. 1 BGB vor, dass der Mieter den vereinbarten Mietzins zu entrichten hat.[77] Allerdings wird diese Rechtsfolge durch

---

73 BGH, NJW 1981, 43 (45); OLG Düsseldorf, NJW-RR 1991, 1143 (1144); OLG Hamm, NJW 1986, 2321 (2322) jew. zu § 552 BGB a. F.; AnwKom[3]-*Klein-Blenkers*, § 537, Rn. 3; BeckOK /BGB[Ed48]-*Zehelein*, § 537, Rn. 5; Erman[15]-*Lützenkirchen*, § 537, Rn. 5; *Esser / Weyers*, SchuldR, Bd. 2/1, 8. Aufl. (1998), § 15 II 2 d); Jauernig[17]-*Teichmann*, § 537, Rn. 2; Palandt[78]-*Weidenkaff*, § 537, Rn. 4; a.A. MüKo[7]-*Bieber*, § 537, Rn. 3.

74 Zum Begriff vgl. BGH, NJW-RR 1991, 267 zu § 552 BGB a. F.; *Gitter*, Gebrauchsüberlassungsverträge, 1988, § 3 B IV 1; Jauernig[17]-*Teichmann*, § 537, Rn. 2.

75 Zu dieser Frage hat sich bereits eine reichhaltige Judikatur entwickelt: OLG Düsseldorf, DWW 2006, 23 (Gewinnerwartung); MDR 2001, 83 (Krankheit); OLG Köln, NZM 1998, 514 (Stornierung Hotelzimmer); OLG Hamm, NJW-RR 1995, 1478 (freiwilliger Auszug); OLG Düsseldorf, ZMR 1992, 536 (behördliches Verbot); OLG Köln, NJW-RR 1992, 443 (Stornierung Hotelzimmer); OLG Frankfurt, MDR 1981, 231 (zu kleiner Messestand); LG Gießen, NJW-RR 1995, 395 (berufliche Veränderung); AG Ludwigsburg, NZM 2005, 302 (Platzverweis nach dem GewSchG).

76 MüKo[7]-*Bieber*, § 537, Rn. 4.

77 Insofern als es hier um den Erfüllungsanspruch geht, greift die Schadensminderungspflicht aus § 254 Abs. 2 S. 1 BGB nicht ein, vgl. BGH, NJW 2007, 2177 (2179); *Blank*, LMK 2003, 85 (86), Anm. z. BGH, NJW 2003, 1246; Erman[15]-*Lützenkirchen*, § 537, Rn. 8; *Kossmann*, aaO (Fn. 64), § 41, Rn. 6; MüKo[7]-*Bieber*, § 537, Rn. 6; Palandt[78]-*Weidenkaff*, § 537, Rn. 7; a.A. LG Braunschweig, WuM 1998, 220 zu § 552 BGB a.F; *Peters*, JZ 1995, 754 (757).

§ 537 Abs. 1 S. 2 BGB eingeschränkt. Der Hintergrund für diese Anrechnung entspricht dabei jenem des § 326 Abs. 2 S. 2 BGB: Auch hier soll der Vermieter, als Schuldner der Gebrauchsgewährung, keinen Nachteil dadurch erleiden, dass der Mieter als Gläubiger die Mietsache aus einem in seiner Person liegenden Grund nicht nutzen kann.[78] Folglich behält er seinen Anspruch auf den vertraglich vereinbarten Mietzins. Allerdings besteht auch hier nun die Möglichkeit, dass der Vermieter ein zweites Mal profitiert: durch die mangelnde Nutzung der Mietsache seitens des Mieters erspart er Aufwendungen.[79] Möglicherweise ist der Vermieter gar in der Lage das Mietobjekt anderweitig zu verwerten[80], wobei wichtig ist, dass er jederzeit in der Lage ist, dem ursprünglichen Mieter den Gebrauch zu gewähren, sonst greift § 537 Abs. 2 BGB ein.[81] Über eine Anrechnung soll somit auch hier eine *„ungerechtfertigte Bereicherung“* des Vermieters „aus Gründen der Billigkeit“[82] verhindert werden.[83] Dabei erfolgt auch hier die Minderung der Gegenleistung kraft Gesetzes (*ipso iure*).[84] Insofern als § 537 Abs. 1 S. 2 BGB lediglich die Anrechnung postuliert, ist der Vermieter nicht verpflichtet, etwaige Mehreinnahmen aus einer anderweitigen Verwendung herauszugeben.

---

78 Sofern der Vermieter dem Mieter den Gebrauch gewährt hat, ist ihm sein Anspruch auf die Gegenleistung ohnehin nicht mehr zu nehmen. Anders mag es dagegen sein, wenn bereits die Gebrauchsgewährung scheitert (vgl. D II 1).

79 Bei der Wohnraummiete etwa Wasser- und Heizkosten (sog. verbrauchsabhängige Betriebskosten), vgl. Erman[15]-*Lützenkirchen*, § 537, Rn. 7; Herrlein /Kandelhard[3]-*Kandelhard*, § 537, Rn. 13; MüKo[7]-*Bieber*, § 537, Rn. 7; Soergel[13]-*Heintzmann*, § 537, Rn. 5.

80 Etwa durch Eigennutzung, Modernisierung oder entgeltlicher Gebrauchsüberlassung an einen Dritten, vgl. MüKo[7]-*Bieber*, § 537, Rn. 8; Soergel[13]-*Heintzmann*, § 537, Rn. 5; Staudinger[2018]-*Emmerich*, § 537, Rn. 14 f..

81 Vgl. BGHZ 122, 163 (167); 38, 295 (300); OLG Hamm, BB 1976, 1049 jew. zu § 552 BGB a. F.; Herrlein /Kandelhard[3]-*Kandelhard*, § 537, Rn. 18; *Kossmann*, aaO (Fn. 64), § 41, Rn. 15; MüKo[7]-*Bieber*, § 537, Rn. 8; Soergel[13]-*Heintzmann*, § 537, Rn. 5; Staudinger[2018]-*Emmerich*, § 537, Rn. 33.

82 Motive II, S. 400. Vgl. hierzu: *Rumpf*, Das Synallagma im Dauerschuldverhältnis, 2003, S. 170.

83 Vgl. AnwKom[3]-*Klein-Blenkers*, § 537, Rn. 15; BeckOK /BGB[Ed48]-*Zehelein*, § 537, Rn. 8; HK /BGB[10]-*Scheuch*, § 537, Rn. 2; *Kohler*, BR, Bd. 2/1, 1906, S. 203 (zu § 552 BGB a. F.); Palandt[78]-*Weidenkaff*, § 537, Rn. 6; Staudinger[2018]-*Emmerich*, § 537, Rn. 12. Von einer „Vorteilsausgleichung“ als „Ausfluss des Grundsatzes von Treu und Glauben“ sprechen *Wolf /Eckert /Ball*, aaO (Fn. 67), Rn. 589.

84 MüKo[7]-*Bieber*, § 537, Rn. 7.

Allerdings gibt es auch einen wichtigen Unterschied zu § 326 Abs. 2 S. 2 BGB.[85] So ist der Vermieter nicht verpflichtet, zumutbare Erwerbsmöglichkeiten wahrzunehmen. Er kann also das Mietobjekt weiterhin ungenutzt lassen.[86] Bei der Raummiete[87] verliert der Vermieter – in engen Grenzen und auf der Grundlage von § 242 BGB – jedoch seinen Anspruch auf die Miete, wenn er sich einem zumutbaren Ersatzmieter verweigert und der Vormieter ein berechtigtes Interesse an der Aufgabe der Mietsache hat.[88] Der Vermieter ist somit auch weiterhin nicht verpflichtet an einen Dritten zu vermieten. Es handelt sich vielmehr um eine *Obliegenheit.* Schließt er nicht mit einem zumutbaren Nachmieter ab, hat er auch keinen Anspruch mehr auf den Mietzins des Vormieters.[89]

4. Historische Entwicklung

Hinsichtlich der Gefahrtragung beim Mietvertrag gibt es bereits deutliche Parallelen zum römischen Recht.[90] Auch dort war der Mieter oder Pächter, der die Miet- /Pachtsache nicht benutzen konnte oder wollte, zur Entrichtung der Miete verpflichtet, solange die Mietsache nicht aufgrund höherer Gewalt (*vis cui resisti non potest*) unbenutzbar wurde (vgl. D 19.2.15.2, D 19.2.24.2[91], D 19.2.55.2 und

---

85 Vgl. *Esser /Weyers*, SchuldR, Bd. 2/1, 8. Aufl. (1998), § 16 II 2; Jauernig[17]-*Teichmann*, § 537, Rn. 3 („vom Gesetzgeber bewusst enger gefasst“).

86 *Blank*, LMK 2003, 85 (86), Anm. z. BGH, NJW 2003, 1246; MüKo[7]-*Bieber*, § 537, Rn. 8; Soergel[13]-*Heintzmann*, § 537, Rn. 6; Staudinger[2018]-*Emmerich*, § 537, Rn. 12.

87 Für eine Beschränkung dieses Grundsatzes auf die Wohnraummiete, weil bei der Geschäftsraummiete die Möglichkeit zur Untervermietung bestehe: OLG Naumburg, NJ 2002, 603.

88 BGH, NJW 2003, 1246 (1247), m. Anm. *Blank*, LMK 2003, 85; OLG München, NZM 2003, 23 (24); OLG Naumburg, NJ 2002, 603; OLG München, ZMR 1995, 156 zu § 552 BGB a. F.; Erman[15]-*Lützenkirchen*, § 537, Rn. 11; Palandt[78]-*Weidenkaff*, § 537, Rn. 8; PWW[13]-*Schmid /Riecke*, § 537, Rn. 13; Soergel[13]-*Heintzmann*, § 537, Rn. 6 f. Staudinger[2018]-*Emmerich*, § 537, Rn. 20. Zu beachten ist jedoch, dass dem Mieter bei der Wohnraummiete die kurze Kündigungsfrist von § 573c Abs. 1 S. 1 BGB (3 Monate) durchaus zuzumuten ist, vgl. MüKo[7]-*Bieber*, § 537, Rn. 12; PWW[13]-*Schmid /Riecke*, § 537, Rn. 13; anders mag es dagegen sein, wenn eine Befristung iSv. § 575 BGB ausgehandelt wurde.

89 Soergel[13]-*Heintzmann*, § 537, Rn. 6.

90 *Decker*, aaO (Fn. 20), S. 37.

91 „*Wenn ein Haus oder ein Landgut für fünf Jahre unter Vereinbarung einer periodischen Zahlungsweise vermietet oder verpachtet worden ist, kann der Eigentümer, falls der Mieter die Wohnung verlässt oder der Pächter die Bewirtschaftung des Landguts aufgibt, sofort Klage auf Vergütung wegen des ganzen Zeitraums von fünf Jahren erheben.*“ (Übersetzung nach *Behrends /Knütel /Kupisch /Seiler*, aaO (Fn. 58)).

D 19.2.61.1[92]).[93] Entsprechendes gilt dann auch für das gemeine Recht.[94] § 870 sächsisches BGB beschränkt dann ausdrücklich die Haftung des Mieters auf Gründe, die in seiner Person liegen und nähert sich auf diese Weise dem heutigen § 537 BGB weiter an.[95] Gleiches gilt für Art. 561 des Dresdener Entwurfs.[96] Eine Möglichkeit für den Mieter, Ersparnisse und anderweitige Einkünfte des Vermieters anrechnen zu lassen, sieht dagegen weder die eine noch die andere Vorschrift vor.[97] Die Anrechnungsmöglichkeit wurde schließlich – unter Verweis auf D 19.2.19.9, D 19.2.19.10, D 19.2.55.2[98] – im Rahmen des Gesetzgebungsverfahrens zum BGB von der 1. Kommission ergänzt, um eine „Bereicherung" des Vermieters zu verhindern.[99] Die hiermit geschaffene Vorschrift – § 552 BGB a. F. – wurde später durch den inhaltlich korrespondierenden § 537 BGB abgelöst.[100] Um das Verständnis dieser Vorschrift zu erleichtern, teilte man sie im Rahmen der Mietrechtsreform lediglich in zwei Absätze.[101]

92 *„Jemand charterte gegen ein bestimmtes Entgelt ein Schiff, das mit einer Fracht von dreitausend Metren Öl und achttausend Scheffel Getreide von der Provinz Kyrenaika nach Aquieia segeln sollte. Doch es kam so, dass das Schiff mit der Ladung noch in der Provinz selbst neun Monate festgehalten wurde und die Ladung wegen eines Zollvergehens an den Staat verfiel. Es ist gefragt worden, ob der Schiffseigner von dem Charterer die im Chartervertrag vereinbarten Charterbeträge verlangen könne. Er hat geantwortet, nach dem, was vorgetragen wurde, könne er das.*" (Übersetzung nach *Behrends /Knütel /Kupisch /Seiler*, aaO (Fn. 58)).

93 *Honsell*, aaO (Fn. 57), § 49 III 2; *Kaser /Knütel /Lohsse*, aaO (Fn. 47), § 42, Rn. 9; *Kaser*, SZ 74 (1957), Rom. Abt., 155 (198).

94 *Windscheid /Kipp*, Lehrbuch des Pandektenrechts, Bd. 2, 9. Aufl. (1963), S. 738 f. Streitig war allerdings, ob dem Vermieter tatsächlich der Anspruch auf die Gegenleistung zusteht, oder ob es sich vielmehr um einen Entschädigungsanspruch handelt, vgl. *von Kübel*, Recht der Schuldverhältnisse, Bd. 2, 1980, S. 338 f.

95 Ähnlich ist auch § 1107 ABGB gestaltet. Zum Text vgl. *von Kübel*, aaO (Fn. 94), S. 342.

96 Art. 561 Dresdener Entwurf ergänzt lediglich eine Erfüllungsbereitschaft des Vermieters als Voraussetzung für die Aufrechterhaltung des Anspruchs auf den Mietzins.

97 Dagegen war eine Anrechnung im gemeinen Recht – in entsprechender Übertragung der in D 19.2.19.9 /10 enthaltenen Regelung für den Dienstvertrag (s. o.) – wohl schon anerkannt, vgl. *Decker*, aaO (Fn. 20), S. 35.

98 Dafür, dass der Zusatz in D 19.2.55.2 lediglich eine Anrechnungsmöglichkeit statuiert: OG Wolfenbüttel, SeuffA., Bd. 23, Nr. 123 (S. 198); *Decker*, aaO (Fn. 20), S. 37 f.

99 Motive II, S. 400; *Jakobs /Schubert*, Die Beratung des BGB, Bd. 2, 1980, S. 489 unter Verweis auf Prot I 2098.

100 Diese Änderung geht zurück auf das Mietrechtsreformgesetz aus dem Jahre 2001, vgl. BGBl. I S. 1149.

101 BT-Drucks. 14/4553, S. 42.

III. § 615 S. 2 BGB

1. Anwendungsbereich

§ 615 S. 1 BGB kommt zur Anwendung, wenn der Dienstberechtigte mit der Annahme der Leistung in *Verzug* ist. Im Arbeitsrecht gilt die Arbeitsleistung als *absolute Fixschuld.*[102] Mit ihrer Nichtabnahme tritt *Unmöglichkeit* ein. Fraglich ist nun, ob § 615 S. 1 BGB auch in einem solchen Fall zur Anwendung kommt, oder ob diese Konstellation § 326 BGB vorbehalten bleibt. Damit verbunden ist die Frage, ob eine Abgrenzung von Annahmeverzug und Unmöglichkeit in diesem Zusammenhang überhaupt möglich ist und wenn ja, nach welchen Kriterien sie sich vollzieht.[103] Hierzu haben sich in letzter Zeit zwei verschiedene Ansichten herauskristallisiert:[104]

Das BAG differenziert und nimmt Annahmeverzug stets dann an, wenn der Dienstberechtigte sich weigert, die versprochene Leistung anzunehmen. Dagegen sei Unmöglichkeit gegeben (und damit § 326 BGB einschlägig), wenn die Leistung nicht erbracht werden kann, obwohl der Dienstberechtigte grundsätzlich zur Annahme bereit ist (*Abstrahierungsformel*).[105]

Die Gegenansicht will § 615 S. 1 BGB stattdessen stets auf die Fälle anwenden, in denen die Leistung aufgrund des Annahmeverzugs unmöglich wird (*Lehre von der Annahmeunmöglichkeit*).[106] Das Dogma von der Alternativität von Annahmeverzug und Unmöglichkeit wird damit abgelehnt.[107]

---

102 BeckOK /BGB[Ed48]-*Fuchs /Baumgärtner*, § 615, Rn. 4.

103 Beachte: Die in § 326 Abs. 2 S. 1 2.Alt. BGB normierte Konstellation, dass die Unmöglichkeit *während* des Annahmeverzugs eintritt, greift hier gerade nicht ein. Hier geht es darum, dass die Dienstleistung *aufgrund* des Annahmeverzugs unmöglich wird, vgl. *Looschelders*, SBT[11] (2016), Rn. 593. Siehe auch *Beuthien*, Zweckerreichung und Zweckstörung, 1969, S. 244.

104 Zu den sonstigen – vereinzelt gebliebenen – Bemühungen um eine Abgrenzung vgl. ErfK[19]-*Preis*, § 615, Rn. 6.

105 BAGE 10, 202 (207). Dem folgend: HK /ArbR[4]-*Waas /Palonka*, § 615, Rn. 2; StuKo / ArbR[4]-*Rolfs*, § 615, Rn. 2. Dagegen spricht freilich, dass aufgrund des Fixschuldcharakters der Arbeitsleistung (s. o.) in beiden Fällen Unmöglichkeit eintreten müsste, vgl. *Heckelmann /Franzen*, Fälle zum Arbeitsrecht[4], S. 71 f.

106 AnwKom[3]-*Klappstein*, § 615, Rn. 5; ErfK[19]-*Preis*, § 615, Rn. 7; Erman[15]-*Belling / Riesenhuber*, § 615, Rn. 1; *Feuerborn*, JR 2003, 177 (181); JurisPK /BGB[8]-*Legleitner*, § 615, Rn. 2; MüKo[7]-*Henssler*, § 615, Rn. 8; *Picker*, in: FS Huber (2006), S. 533, 538; *ders.*, in: GS Hofmeister (1996), S. 566, 579; Staudinger[2016]-*Richardi /Fischinger*, § 615, Rn. 44; Dies setzt freilich voraus, dass die übrigen Voraussetzungen von § 615 S. 1 BGB erfüllt sind.

107 AnwKom[3]-*Klappstein*, § 615, Rn. 5; JurisPK /BGB[8]-*Legleitner*, § 615, Rn. 2.

Für die zuletzt genannte Ansicht spricht, dass der Gesetzgeber die Absicht hatte, dem leistungsbereiten und -fähigen Dienstverpflichteten den Anspruch auf die Gegenleistung zu belassen, unabhängig davon, ob der Dienstberechtigte seine Leistung nicht annehmen will oder annehmen kann.[108] Indes steht der Wortlaut von § 615 BGB dieser Auslegung nicht entgegen, da die Vorschrift gerade nicht die Nachholbarkeit der Arbeitsleistung fordert.[109] Im Übrigen ist die These, dass sich Annahmeverzug und Unmöglichkeit wechselseitig ausschließen, an *Sachleistungsverträgen* orientiert. Hier kann der Gläubiger nur in Verzug geraten, wenn der Schuldner auch in der Lage ist, die Sache zu leisten. Dienstleistungen können dagegen nur dann erbracht werden, wenn der Gläubiger[110] mitwirkt. Tut er das nicht, und hat die Dienstleistung überdies Fixschuldcharakter, fallen Unmöglichkeit und Annahmeverzug zusammen.[111] Schließlich hat der Gesetzgeber, indem er das Betriebsrisiko über die Einfügung von Satz 3 dem § 615 BGB unterstellt hat, deutlich gemacht, dass diese Vorschrift auch dann zur Anwendung kommen soll, wenn der Arbeitgeber die Leistung zwar annehmen will, aus betrieblichen Gründen aber nicht annehmen kann.[112]

2. Aufrechterhaltung des Erfüllungsanspruchs

Der Dienstverpflichtete erbringt seine Leistung stets für eine gewisse Zeitspanne. § 615 S. 1 BGB zieht daraus die Konsequenz, dass wenn der Dienstberechtigte für diesen Zeitraum mit der Annahme der Leistung in Verzug gerät, der Dienstverpflichtete selbige nicht nachholen muss. Aufgrund der *Zeitbezogenheit* der Dienstleistungsschuld wäre die nachgeholte Leistung nämlich von der ursprünglichen verschieden.[113] Insofern als die Nichtannahme der Dienstleistung dem Dienstbe-

---

108 Motive II, S. 462; *Feuerborn*, JR 2003, 177 (181); *Picker*, in: GS Hofmeister (1996), S. 564 ff. (der überdies darauf hinweist, dass eine ähnlich großzügige Gefahrverteilung zugunsten des Dienstverpflichteten bereits im gemeinen Recht mehrheitlich anerkannt war, vgl. S. 566 ff., 579). Die strikte Trennung von Annahmeverzug und Unmöglichkeit würde dagegen dazu führen, dass § 615 BGB – zumindest im Arbeitsrecht – nicht anwendbar wäre, vgl. *Heckelmann /Franzen*, aaO (Fn. 105), S. 71.

109 ErfK[19]-*Preis*, § 615, Rn. 7; MüKo[7]-*Henssler*, § 615, Rn. 8.

110 Sofern in dieser Darstellung keine anderweitigen Angaben gemacht werden, sind die Bezeichnungen Gläubiger und Schuldner stets auf die *vertragsspezifische Leistung* bezogen.

111 *Heckelmann /Franzen*, aaO (Fn. 105), S. 72.

112 *Feuerborn*, JR 2003, 177 (181).

113 ErfK[19]-*Preis*, § 615, Rn. 4; Soergel[12]-*Kraft*, § 615, Rn. 1; Staudinger[2016]-*Richardi / Fischinger*, § 615, Rn. 1.

rechtigten zugerechnet werden muss, behält der Dienstverpflichtete jedoch seinen Anspruch auf die vertraglich vereinbarte Vergütung. Weil das Gesetz dabei ausschließlich auf den *Annahmeverzug* des Dienstberechtigten (*mora creditoris*) abstellt, kommt es nicht darauf an, ob dieser die Nichtannahme der Dienstleistung auch zu vertreten hat.[114] Folglich stellt § 615 eine Ausnahme von § 326 BGB dar.[115] Auf diese Weise wird der Dienstverpflichtete, der in der Regel auf die vertragliche Vergütung angewiesen ist und der seine Arbeitskraft oftmals auch nicht kurzfristig anderweitig verwenden kann, gestärkt.[116] Überdies kann § 615 S. 1 BGB als Ausnahme des Grundprinzips *„ohne Arbeit kein Lohn“*[117] gesehen werden, welches wiederum Ausdruck der wechselseitigen synallagmatischen Verknüpfung der Hauptleistungspflichten ist.[118] Dabei stellt § 615 S. 1 BGB keine eigenständige Anspruchsgrundlage dar.[119] Es wird lediglich der ursprüngliche Vergütungsanspruch des Dienstverpflichteten aufrechterhalten.[120] § 254 BGB kommt deshalb auch nicht zur Anwendung.[121]

3. Anrechnung

Auch hier gilt: Will man den Dienstverpflichteten so stellen, wie er bei ordnungsgemäßer Vertragsdurchführung stünde und nicht besser[122], reicht die bloße Aufrechterhaltung seines Erfüllungsanspruchs nicht aus. Denn auch hier besteht die

---

114 AnwKom[3]-*Klappstein*, § 615, Rn. 1.

115 Staudinger[2016]-*Richardi /Fischinger*, § 615, Rn. 2.

116 ErfK[19]-*Preis*, § 615, Rn. 1; *Fikentscher /Heinemann*, SchuldR[10] (2006), Rn. 1168; Jauernig[17]-*Mansel*, § 615, Rn. 1;MüKo[7]-*Henssler*, § 615, Rn. 1; Palandt[78]-*Weidenkaff*, § 615, Rn. 1; Soergel[12]-*Kraft*, § 615, Rn. 1.

117 Kritisch gegenüber dieser Sentenz: *Söllner*, AcP 167 (1967), 132 ff.

118 *Feuerborn*, JR 2003, 177 (180); MüKo[7]-*Henssler*, § 615, Rn. 1; *Schwerdtner*, Jura 1988, 419 (424); Soergel[12]-*Kraft*, § 615, Rn. 1; Staudinger[2016]-*Richardi /Fischinger*, § 615, Rn. 7.

119 BAG, AP Nr. 99 zu § 615 BGB; HWK[8]-*Krause*, § 615, Rn. 4; Palandt[78]-*Weidenkaff*, § 615, Rn. 3; Stattdessen handelt es sich um eine Gefahrtragungsregel, welche dem Schutz des Dienstverpflichteten dient. Vgl. MüKo[7]-*Henssler*, § 615, Rn. 1.

120 BAG, AP Nr. 99 zu § 615 BGB; *Bayreuther*, NZA 2003, 1365; *Groeger*, NZA 2000, 793; MüKo[7]-*Henssler*, § 615, Rn. 1; *Nübold*, RdA 2004, 31 (32); Palandt[78]-*Weidenkaff*, § 615, Rn. 3; Soergel[12]-*Kraft*, § 615, Rn. 7.

121 BGH, NJW 1967, 248 (250); ErfK[19]-*Preis*, § 615, Rn. 1; *Spirolke*, NZA 2001, 707 (710); a. A. *Peters*, JZ 1995, 754 (757).

122 Vgl. BAG, AP Nr. 99 zu § 615 BGB; *Bauer /Baeck*, NZA 1989, 784 (785); *Feuerborn*, JR 2003, 177; HK /ArbR[4]-*Waas /Palonka*, § 615, Rn. 16; diesen Normzweck von § 615 BGB bezweifelt dagegen *Boecken*, NJW 1995, 3218 (3222 f.). A. A. gar *Nübold*, RdA 2004, 31 (33): einziger Zweck sei, zu vermeiden, dass der Dienstverpflichtete Einbußen erleide.

Möglichkeit, dass er durch die eigene Leistungsbefreiung profitiert und man somit aufgrund der Beibehaltung seines Anspruchs auf die Gegenleistung über das vertraglich vorgegebene Ziel hinausschießt.[123] Folglich muss er sich gem. § 615 S. 2 BGB zunächst seine Ersparnisse[124] anrechnen lassen. Hinzu kommt die Pflicht, sich die tatsächlichen oder hypothetischen Einkünfte aus einer anderweitigen Erwerbsmöglichkeit anzurechnen. Wichtig ist, dass diese Erwerbsmöglichkeit *kausal* auf dem Freiwerden von der ursprünglichen Leistungspflicht beruht.[125] Im Gegensatz zu § 537 Abs. 1 S. 2 BGB und in Übereinstimmung mit § 326 Abs. 2 S. 2 BGB wird hier wieder der „böswillig" unterlassene Erwerb berücksichtigt. Die Auslegung des Tatbestandsmerkmals „*böswillig*" ist insbesondere im Lichte von Art. 12 GG vorzunehmen.[126] So darf der Dienstverpflichtete durch eine großzügige Auslegung von § 615 S. 2 BGB nicht faktisch dazu gezwungen werden, eine Stellung anzunehmen, die er bei vernünftiger Würdigung der Umstände normalerweise nicht annehmen würde.[127] Wie bei § 326 Abs. 2 S. 2 BGB ist zwar eine Schädigungsabsicht nicht erforderlich[128], doch muss der Dienstverpflichtete eine *zumutbare* Tätigkeit *vorsätzlich* ablehnen.[129] Im Gegensatz zu § 326 Abs. 2 S. 2

---

123 Vgl. HWK[8]-*Krause*, § 615, Rn. 85; MüKo[7]-*Henssler*, § 615, Rn. 62; *Ricken*, NZA 2005, 323; Staudinger[2016]-*Richardi /Fischinger*, § 615, Rn. 148.

124 Etwa Fahrtkosten oder Geld für Arbeitskleidung, vgl. MüKo[7]-*Henssler*, § 615, Rn. 67; Soergel[12]-*Kraft*, § 615, Rn. 53.

125 BAG, AP Nr. 47 zu § 615; AnwKom[3]-*Klappstein*, § 615, Rn. 46; ErfK[19]-*Preis*, § 615, Rn. 90; *Spirolke*, NZA 2001, 707 (708); Staudinger[2016]-*Richardi /Fischinger*, § 615, Rn. 156.

126 Vgl. BAG, AP Nr. 113 zu § 615 BGB; NJW 2005, 1068 (1069).

127 *Bayreuther*, NZA 2003, 1365 (1368); Jauernig[17]-*Mansel*, § 615, Rn. 10; MüKo[7]-*Henssler*, § 615, Rn. 74.

128 ErfK[19]-*Preis*, § 615, Rn. 95; Erman[15]-*Belling /Riesenhuber*, § 615, Rn. 55; HWK[8]-*Krause*, § 615, Rn. 93; *Ricken*, NZA 2005, 323 (327); Soergel[12]-*Kraft*, § 615, Rn. 57; a. A. LAG Frankfurt aM, NJW 1957, 79 (80).

129 BAG, AP Nr. 113 zu § 615 BGB; NJW 2005, 1068 (1069); NJW 2001, 243; NJW 2000, 2374; NJW 1998, 3138 (3140); NJW 1986, 2846 (2848); BAGE 6, 306 (309 f.); *Brox /Walker*, SBT[41] (2017), § 20, Rn. 15; HK /ArbR[4]-*Waas /Palonka*, § 615, Rn. 23; Jauernig[17]-*Mansel*, § 615, Rn. 10; kritisch zu dieser Definition: *Bayreuther*, NZA 2003, 1365; Fahrlässigkeit genügt jedenfalls nicht, vgl. HWK[8]-*Krause*, § 615, Rn. 93; Soergel[12]-*Kraft*, § 615, Rn. 57; Staudinger[2016]-*Richardi /Fischinger*, § 615, Rn. 169; StuKo /ArbR[4]-*Rolfs*, § 615, Rn. 17.
Böswilligkeit kann indes auch dann vorliegen, wenn der Arbeitnehmer ein vom Arbeitgeber gemachtes Angebot einer anderweitigen Verwendung innerhalb des Betriebes ablehnt, vgl. BAGE 116, 355 (357); BAG, NJW 1986, 2846; BAGE 14, 156 (163); ErfK[11]-*Preis*, § 615, Rn. 98; Staudinger[2016]-*Richardi /Fischinger*, § 615, Rn. 175.

BGB soll es schlussendlich bei dem Erwerb bleiben, den der Dienstverpflichtete durch Einsatz seiner *Dienste* und nicht auf sonstige Weise erlangt hat bzw. hätte erlangen können.[130] Dabei ist auch nur der Erwerb durch den Einsatz des Teils der Arbeitskraft anzurechnen, den er dem Dienstberechtigten vertraglich überlassen sollte.[131] Insofern als der Gesetzgeber sich auch hier wieder der Anrechnungsmethode bedient, um eine „*ungerechtfertigte Bereicherung*“[132] zu verhindern, gilt ebenso wie bei § 326 Abs. 2 S. 2 und § 537 Abs. 1 S. 2 BGB: Es handelt sich weder um eine Form der Aufrechnung[133] noch um eine eigenständige Anspruchsgrundlage des Dienstberechtigten[134]. Hat der Dienstberechtigte in Unkenntnis des anderweitigen Erwerbs des Dienstverpflichteten die vereinbarte Vergütung geleistet, ohne eine Anrechnung vorzunehmen, steht ihm ein Anspruch aus ungerechtfertigter Bereicherung zu.[135]

Im Hinblick auf die Art und Weise der Anrechnung wird vertreten, dass der *gesamte Zeitraum*, in dem die Dienste aufgrund des Annahmeverzuges nicht geleistet werden konnten, für die Gegenrechnung der erlangten Ersparnisse und anderweitigen Erwerbsmöglichkeiten zu berücksichtigen ist (*Prinzip der Gesamtberechnung*).[136] Die Gegenansicht spricht sich dafür aus, das vom Dienst-

130 Vgl. hierzu D I 3 c).

131 BAG, NZA 1991, 221 (223); HWK[8]-*Krause*, § 615, Rn. 89; JurisPK/BGB[8]-*Legleitner*, § 615, Rn. 45; Palandt[78]-*Weidenkaff*, § 615, Rn. 19; Staudinger[2016]-*Richardi/Fischinger*, § 615, Rn. 162.

132 Vgl. BAG, NZA 1991, 221 (223): „*…er soll nicht auf Kosten des Arbeitgebers einen Gewinn machen; letzterem soll vielmehr aus Gründen der Billigkeit gestattet sein, die Anrechnung vorzunehmen.*“. Schön früher sprach das BAG von einem „*allgemeinen Rechtsgedanken, wie er auch in zahlreichen anderen Bestimmungen zum Ausdruck kommt (§ 324 Abs. 1 S. 2 BGB [a.F.], 74c Abs. 1 S. 1 HGB (…))*“, BAGE 15, 258 (260). Vgl. auch *Kohler*, BR, Bd. 2/1, 1906, S. 203.

133 AnwKom[3]-*Klappstein*, § 615, Rn. 43; BeckOK/BGB[Ed48]-*Fuchs/Baumgärtner*, § 615, Rn. 35; ErfK[19]-*Preis*, § 615, Rn. 83; Palandt[78]-*Weidenkaff*, § 615, Rn. 18; PWW[13]-*Lingemann*, § 615, Rn. 15.

134 MüKo[7]-*Henssler*, § 615, Rn. 63; Staudinger[2016]-*Richardi/Fischinger*, § 615, Rn. 151.

135 BAGE 74, 28 (35); 15, 258 (261); RGZ 58, 402 (405); HWK[8]-*Krause*, § 615, Rn. 85; MüKo[7]-*Henssler*, § 615, Rn. 64; Palandt[78]-*Weidenkaff*, § 615, Rn. 18; PWW[13]-*Lingemann*, § 615, Rn. 22.

136 BAGE 116, 246 (251); 74, 28 (33); RGZ 58, 402 ff.; *Döring*, Die Fälle der Anrechnung im BGB, 1927, 54; Erman[15]-*Belling/Riesenhuber*, § 615, Rn. 53; HWK[8]-*Krause*, § 615, Rn. 89; Jauernig[17]-*Mansel*, § 615, Rn. 10; *Kohler*, BR, Bd. 2/1, 1906, S. 204; Palandt[78]-*Weidenkaff*, § 615, Rn. 19; PWW[13]-*Lingemann*, § 615, Rn. 17; *Schaub*, ZIP 1981, 347 (350); Soergel[12]-*Kraft*, § 615, Rn. 54; Staudinger[2016]-*Richardi/Fischinger*, § 615, Rn. 160; StuKo/ArbR[4]-*Rolfs*, § 615, Rn. 16.

verpflichteten aufgrund der Leistungsbefreiung Erlangte lediglich auf den Zeitabschnitt anzurechnen, in dem der anderweitige Erwerb gemacht wurde (*pro rata temporis*).[137] Sie verweist hierfür auf § 74c Abs. 1 HGB.[138] Zudem habe der Dienstverpflichtete keinen Anspruch auf eine Gesamtvergütung. Vielmehr richte sich sein Anspruch nach entsprechenden Zeitabschnitten.[139] Dagegen ist jedoch einzuwenden, dass der (maßgebliche) Wortlaut von § 615 S. 2 BGB keine hinreichend sichere Grundlage für solch eine Schlussfolgerung bietet.[140] Vielmehr spricht der Wortlaut der Vorschrift für die erste Meinung.[141] Hinzu kommt, dass nur so der *Sinn und Zweck* der Vorschrift verwirklicht wird, nämlich eine ungerechtfertigte Bereicherung des Dienstverpflichteten zu verhindern.[142] Letzteres wäre jedoch möglich, wenn er einen außergewöhnlich hohen Zwischenverdienst nur im Hinblick auf die Einkünfte aus dem entsprechenden Zeitraum und nicht auf die sonstigen Einkünfte aus der (gesamten) Zeit des Annahmeverzuges anrechnen lassen müsste.[143] Da der Dienstverpflichtete jedoch erst durch die Nichtannahme seiner Leistung durch den Dienstberechtigten zu dieser Gelegenheit gekommen ist, müssen Letzterem auch entsprechende Mehreinnahmen zugutekommen.[144] Dessen ungeachtet verschaffte eine Anrechnung *pro rata temporis* dem Dienstverpflichteten die Möglichkeit, mit seinem neuen Dienstherren eine entsprechende Vergütungsabrede zum Schaden des alten Dienstberechtigten zu treffen.[145]

Grundsätzlich trägt der Dienstberechtigte die Beweislast für das Vorliegen und die Höhe von etwaigen Anrechnungsposten.[146] Allerdings kann er – zur Erleichterung der Beweisführung – gem. § 74c Abs. 2 HGB analog vom Dienst-

---

137 LAG Düsseldorf, DB 2005, 2825 (2826); AnwKom[3]-*Klappstein*, § 615, Rn. 49 m.w.N; *Boecken*, NJW 1995, 3218 (3219); ErfK[19]-*Preis*, § 615, Rn. 92; HK /ArbR[4]-*Waas / Palonka*, § 615, Rn. 22; *Nübold*, RdA 2004, 31; *Schier*, BB 2006, 2578 (2580).

138 ErfK[19]-*Preis*, § 615, Rn. 92; *Nübold*, RdA 2004, 31 (32).

139 AnwKom[3]-*Klappstein*, § 615, Rn. 49; ErfK[19]-*Preis*, § 615, Rn. 92; *Nübold*, RdA 2004, 31 (32).

140 BAG, NZA, 2006, 736 (738).

141 BAG, NJW 1994, 2041 (2042).

142 Vgl. BAG, NZA 2006, 736 (738).

143 BAG, NJW 1994, 2041 (2042 f.).

144 BAG, NZA 2006, 736 (738); a.A. *Boecken*, NJW 1995, 3218 (3224); ErfK[19]-*Preis*, § 615, Rn. 92; *Nübold*, RdA 2004, 31 (33).

145 BAG, NZA 2006, 736 (738).

146 BAG, NZA 2002, 1055; HWK[8]-Krause, § 615, Rn. 108; Jauernig[17]-*Mansel*, § 615, Rn. 10; MüKo[7]-*Henssler*, § 615, Rn. 124; PWW[13]-*Lingemann*, § 615, Rn. 22; *Schaub*, ZIP 1981, 347 (350); *Schier*, BB 2006, 2578 (2581); *Schwerdtner*, Jura 1988, 419 (424).

verpflichteten Auskunft über *die Höhe* eines etwaigen anderweitigen Erwerbs verlangen.[147] Bis zur Erteilung der Auskunft kann der Dienstberechtigte die Leistung verweigern.[148]

4. Historische Entwicklung

Mit § 615 S. 1 BGB wollte der historische Gesetzgeber das in § 552 S. 1 BGB a. F. normierte Prinzip auch auf den Dienstvertrag übertragen: Kann die dargebotene Leistung des Schuldners aus Gründen, welche dem Gläubiger zuzurechnen sind, nicht angenommen werden, ist er durch Aufrechterhaltung seines Anspruchs auf die Gegenleistung so zu stellen, wie er bei ordnungsgemäßer Vertragsdurchführung stünde.[149] Anders als im Mietrecht sollte jedoch die bloße Bereithaltung der Leistung (bzw. das zur-Verfügung-stellen) durch den Schuldner noch keine Erfüllung darstellen.[150] Eine Erfüllungsfiktion wurde abgelehnt.[151] Stattdessen knüpfte man die Fiktionsfolgen an den Annahmeverzug.[152] Durch die Beschränkung auf den Annahmeverzug machte man deutlich, dass es auf ein Vertretenmüssen des Dienstberechtigten nicht ankommt.[153]

---

147 BAG, NJW 1994, 2041 (2043); AnwKom[3]-*Klappstein*, § 615, Rn. 58; ErfK[19]-*Preis*, § 615, Rn. 110; HWK[8]-*Krause*, § 615, Rn. 109; MüKo[7]-*Henssler*, § 615, Rn. 124; Palandt[78]-*Weidenkaff*, § 615, Rn. 19; PWW[13]-*Lingemann*, § 615, Rn. 22; *Schaub*, ZIP 1981, 347 (351); *Schier*, BB 2006, 2578 (2581); *Schwerdtner*, Jura 1988, 419 (424); *Spirolke*, NZA 2001, 707 (709); Staudinger[2016]-*Richardi /Fischinger*, § 615, Rn. 161, 179; noch weitergehend: JurisPK /BGB[8]-*Legleitner*, § 615, Rn. 72.

148 BAG, NZA 2002, 1055; ErfK[19]-Preis, § 615, Rn. 109; HWK[8]-*Krause*, § 615, Rn. 110; Palandt[78]-*Weidenkaff*, § 615, Rn. 19; PWW[13]-*Lingemann*, § 615, Rn. 22; *Schaub*, ZIP 1981, 347 (350); *Spirolke*, NZA 2001, 707 (709).

149 Motive II, S. 461; vgl. ErfK[19]-*Preis*, § 615, Rn. 2; *Kühn*, Zur Methode der Anrechnung anderweitigen Erwerbs nach § 615 S. 2 BGB, 2008, 221; *Picker*, JZ 1985, 693 (697); Soergel[12]-*Kraft*, § 615, Rn. 2. Auf vergleichbare Weise wurde die Lohngefahr bereits in den Digesten geregelt (D 19.2.38, vgl. Fn. 58), vgl. *Picker*, in: FS Huber (2006), S. 500, 502.

150 Motive II, S. 461; vgl. *Kühn*, aaO (Fn. 149), S. 221; MüKo[7]-*Henssler*, § 615, Rn. 2; *Picker*, in: FS Huber (2006), S. 503; *ders.*, JZ 1985, 693 (697); a.A. noch *Windscheid*, heidelb. krit. ZeitschR f. d. ges. Rechtswissenschaft, Bd. 2, 106 (138); ähnlich auch *Kohler*, BR, Bd. 2/1, 1906, S. 203.

151 *Jakobs /Schubert*, aaO (Fn. 99), S. 768 f.

152 *Jakobs /Schubert*, aaO (Fn. 99), S. 769; MüKo[7]-*Henssler*, § 615, Rn. 2; *Picker*, in: FS Huber (2006), S. 503.

153 Staudinger[2016]-*Richardi /Fischinger*, § 615, Rn. 5.

Mag sich der Gesetzgeber bei der Schaffung des § 615 BGB auch am Vorläufer des heutigen § 537 BGB (=§ 552 BGB a. F.) orientiert haben, so kann dieser Umstand doch nicht darüber hinwegtäuschen, dass die Aufrechterhaltung des Gegenleistungsanspruches des Schuldners, bei einer Leistungsvereitelung aus der Sphäre des Gläubigers, ihren historischen Ausgangspunkt in der *locatio conductio operarum*[154] hatte (vgl. D 19.2.19.9 und D 19.2.19.10).[155] So verwundert es nicht, dass diese Gefahrtragungsregelung auch im gemeinen Recht gültig war.[156] Ebenso enthalten die genannten Digestenstellen bereits den *Anrechnungsgedanken*, um eine Bereicherung des Dienstverpflichteten infolge der Leistungsbefreiung über das vertraglich vorgegebene Maß zu verhindern (s. o.). Während dieser Gedanke bei der Miete erstmalig im BGB kodifiziert wurde, findet er sich für das Dienstrecht bereits in I. 11. § 912 des allgemeinen Landrechts für die preußischen Staaten, welches am 01.06.1794 in Kraft trat.[157] Eine vergleichbare Regelung enthält zudem § 163 der preußischen Gesindeordnung von 1810. Sie lautet:

> *„Kann aber das Gesinde noch vor Ablauf der Dienstzeit ein anderweitiges Unterkommen erhalten, so erstreckt sich die Vergütungs-Verbindlichkeit der Herrschaft nur bis zu diesem Zeitpunkte, und weiter hinaus nur insofern, als das Gesinde sich in dem neuen Dienste mit einem geringeren Lohn hat begnügen müssen.“*

Der Dienstbote soll zwar so gestellt werden, wie er ohne die Entlassung stünde, aber eben nicht besser. Folglich muss jeder Zwischenverdienst der ursprüng-

---

154 Zum Begriff vgl. *Kaser /Knütel /Lohsse*, aaO (Fn. 47), § 42, Rn. 5.

155 Vgl. bereits D I 4.

156 Vgl. *Dernburg*, Pandekten, Bd. 2, 7. Aufl. (1903), § 112 b).

157 *„In den Fällen des §. 909, 910 muss der Arbeiter Dasjenige, was er in der Zwischenzeit durch anderweitige Beschäftigungen erworben, oder doch zu erwerben erweislich Gelegenheit gehabt hat, auf die ihm zukommende Vergütung sich abrechnen lassen.“* Die §§ 909, 910 PrALR erfassen indes die Fälle, in denen der Dienstberechtigte aufgrund eines Zufalls (§ 908) oder aber eines von ihm zu vertretenden Grundes (§ 910) nicht in der Lage ist, die Leistung des Dienstverpflichteten anzunehmen, vgl. *Dernburg*, Preußisches Privatrecht, Bd. 2, 3. Aufl. (1882), § 192 1; *Förster*, Preußisches Privatrecht, Bd. 2, 3. Aufl. (1873), § 138 II (S. 266).
Nach *Bernert* (Arbeitsverhältnisse im 19. Jahrhundert, 1972) war die vollständige oder teilweise Aufrechterhaltung der Gegenleistung bei Annahmeverzug des Gläubigers bereits im Sachsenspiegel (S. 47), den Neumünsterschen Kirchenspielsgebräuchen (S. 48), dem Bremischen Stadtrecht (S. 49), dem dithmarschen Landrecht (S. 49), dem Lübecker Stadtrecht (S. 49 f.), dem Eiderstedter Landrecht (S. 51), dem Hamburger Stadtrecht (S. 51), dem Kurpfälzer Landrecht (S. 52), dem Württemberger Landrecht (S. 54), der Schaumburgischen Polizeiordnung (S. 54 f.) sowie dem bayrischen Landrecht (S. 56) geregelt.

lichen „Herrschaft“ zugutekommen.[158] Eine Anrechnung zur Vermeidung einer „*ungerechtfertigten Bereicherung*“ des Dienstverpflichteten beinhaltet schließlich auch Art. 625 des Dresdener Entwurfes.[159] Zusätzlich wird in dieser Norm auch auf die Ersparnisse Bezug genommen, welche man durch die Dienstbefreiung erlangt hat.[160] Dadurch kommt – neben dem anderweitigen Erwerb – ein weiterer Anrechnungsgesichtspunkt hinzu. Der bösgläubig unterlassene Erwerb wird schließlich erst in § 615 S. 2 BGB kodifiziert.[161]

Sein vorläufiges Ende fand die Kodifikationsgeschichte von § 615 BGB in der Schuldrechtsmodernisierung, wo der Vorschrift Satz 3 angehängt wurde.[162] Damit sollte die Vergütung des Arbeitnehmers über die von § 615 S. 1 BGB erfassten Fälle hinaus auch im Fall einer *betrieblichen* Störung gesichert werden.[163]

IV. § 11 KSchG

Hat der Arbeitgeber das Arbeitsverhältnis *unwirksam* gekündigt, hat der Arbeitnehmer weiterhin einen Anspruch auf die vertragsgemäße Vergütung (s. o.). § 11 KSchG legt nun fest, welche Bezüge sich der Arbeitnehmer auf seinen Entgeltanspruch anrechnen lassen muss.[164] Im Gegensatz zu § 615 BGB beschränkt

---

158 *Posseldt /Lindenberg*, Preußisches Gesinderecht, 1900, § 163 2.

159 Satz 2 lautet nämlich: „*Hat der Dienstverdinger während der betreffenden Zeit einen anderen Verdienst gehabt, so kann der Dienstherr einen entsprechenden Abzug machen. Ebenso kann er, wenn ein Theil des Lohnes zum Ersatze von Auslagen bei der Dienstleistung bestimmt und diese wegen Unterbleibens der Dienstleistung nicht gemacht worden sind, jenen Theil des Lohnes in Abzug bringen.*“
Weitere Vorschriften, die eine entsprechende Anrechnung vorsehen, sind: § 1239 sächsisches BGB, Art. 222 hessischer Entwurf und Art. 498 bayerischer Entwurf. Zum Wortlaut dieser Vorschriften vgl. *von Kübel*, aaO (Fn. 94), S. 615 ff.

160 Ebenso: § 1239 sächsisches BGB, Art. 222 hessischer Entwurf und Art. 498 bayerischer Entwurf.

161 Außerhalb der Zivilrechtskodifikationen des 19. Jahrhunderts schien die Anrechnung des vom Dienstverpflichteten *unterlassenen* Erwerbs im gemeinen Recht unter Verweis auf D 19.2.19.9 bereits anerkannt, vgl. *Dernburg*, aaO (Fn. 156), § 112 b). Gleiches gilt für das PrALR (vgl. § 912). Im Gesetzgebungsverfahren zum BGB wurde versucht, den Zusatz, welcher auch den böswillig unterlassenen Verdienst in Abzug bringen sollte, zu streichen. Zur Begründung wurde angeführt, dass er den Arbeitnehmer schlechter stelle als den vertragsbrüchigen Arbeitgeber. Gleichwohl konnte sich dieser Standpunkt nicht durchsetzen, vgl. *Jakobs /Schubert*, aaO (Fn. 99), S. 772 f.

162 Palandt[78]-*Weidenkaff*, § 615, Rn. 1.

163 Vgl. JurisPK /BGB[8]-*Legleitner*, § 615, Rn. 60.

164 Dies setzt freilich voraus, dass das KSchG anwendbar ist, vgl. hierzu: HK[2]-*Gallner*, § 1 Teil B, Rn. 1 ff.

sich § 11 KSchG somit ausschließlich auf die Nennung der verschiedenen Anrechnungsmöglichkeiten.[165] Inhaltlich verfolgt die Vorschrift dabei den gleichen Zweck wie § 615 S. 2 BGB: Der Arbeitnehmer soll durch die unberechtigte Kündigung seines Arbeitsvertrages nicht schlechter gestellt werden. Umgekehrt sollen ihm jedoch auch keine Bereicherungen verbleiben, welche über das ursprünglich vertraglich festgesetzte Maß hinausgehen.[166] Dabei stellt auch § 11 KSchG keine eigenständige Anspruchsgrundlage für den Arbeitgeber dar.[167] Im Gegensatz zu § 615 S. 2 BGB ist § 11 KSchG *einseitig zwingend*, was bedeutet, dass nicht zum Nachteil des Arbeitnehmers von dieser Vorschrift abgewichen werden darf.[168]

1. Anwendungsbereich

Im Anwendungsbereich des KSchG verdrängt § 11 KSchG den § 615 S. 2 BGB als *lex specialis*.[169] Zu beachten ist, dass § 11 KSchG keine Anwendung findet, wenn das Arbeitsverhältnis nach § 9 KSchG aufgelöst wird.[170] Dagegen soll § 11 KSchG auch bei Kündigungen iSv. § 13 KSchG anwendbar sein.[171]

2. Voraussetzungen

Um die Rechtsfolgen von § 11 KSchG zum Tragen zu bringen müssen zunächst dessen Voraussetzungen gegeben sein. Neben der Anwendbarkeit des KSchG setzt dies zunächst das Vorliegen eines gerichtlichen Feststellungsurteils voraus, welches besagt, dass die Kündigung des Arbeitgebers nicht wirksam gewesen ist.[172] Gleichwohl soll § 11 KSchG auch dann zur Anwendung kommen, wenn

---

165 Vgl. APS[5]-*Biebl*, § 11 KSchG, Rn. 1; ErfK[19]-*Kiel*, § 11 KSchG, Rn. 3; HWK[8]-*Thies*, § 11 KSchG, Rn. 2.

166 BAG, AiB 2006, 388 (389); APS[5]-*Biebl*, § 11 KSchG, Rn. 2; HK/ArbR[4]-*Fiebig/Braun*, § 11 KSchG, Rn. 1; HWK[8]-*Thies*, § 11 KSchG, Rn. 1; Däubler/Deinert/Zwanziger[10]-*Deinert/Callsen*, § 11 KSchG, Rn. 7; *Ricken*, NZA 2005, 323.

167 HK/ArbR[4]-*Fiebig/Braun*, § 11 KSchG, Rn. 1; HWK[8]-*Thies*, § 11 KSchG, Rn. 2.

168 HK/ArbR[4]-*Fiebig/Braun*, § 11 KSchG, Rn. 1; ErfK[19]-*Kiel*, § 11 KSchG, Rn. 3; Däubler/Deinert/Zwanziger[10]-*Deinert/Callsen*, § 11 KSchG, Rn. 8.

169 BAG, AP Nr. 47 zu § 615; APS[5]-*Biebl*, § 11 KSchG, Rn. 1; *Gravenhorst*, Die Anrechnung anderweitigen Erwerbs im Annahmeverzug des Arbeitgebers, 2007, S. 13; HK/ArbR[4]-*Waas/Palonka*, § 615, Rn. 21; HWK[8]-*Thies*, § 11 KSchG, Rn. 2; *Ricken*, NZA 2005, 323; *Schwerdtner*, Jura 1988, 419 (424).

170 Hier käme allenfalls § 615 S. 2 BGB zur Anwendung, falls sich der Arbeitgeber bis zum Auflösungszeitpunkt in Annahmeverzug befand, vgl. ErfK[19]-*Kiel*, § 11 KSchG, Rn. 2; HWK[8]-*Thies*, § 11 KSchG, Rn. 3.

171 Beachte ferner die Verweisungen in §§ 12 S. 5 und 16 S. 2 KSchG auf § 11 KSchG.

172 Der Arbeitnehmer muss also eine Klage nach § 4 KSchG oder § 256 ZPO gewonnen haben, vgl. ErfK[19]-*Kiel*, § 11 KSchG, Rn. 1.

sich die streitenden Parteien zugunsten des Arbeitnehmers auf ein Fortbestehen des Beschäftigungsverhältnisses geeinigt haben.[173]

Schließlich ist eine Anrechnung via § 11 KSchG nur dann möglich, wenn der Arbeitnehmer einen Anspruch auf Zahlung des Lohnes trotz ausgesprochener Kündigung hat. Insofern als sich dieser Anspruch nicht aus § 11 KSchG ergibt, muss auf andere Vorschriften, etwa § 615 S. 1 BGB zurückgegriffen werden.[174]

3. Anrechnung

Im Gegensatz zu § 615 S. 2 BGB erfasst § 11 KSchG nicht die Anrechnung von Ersparnissen, welche der Arbeitnehmer infolge der eigenen Leistungsbefreiung erlangt hat.[175] Indes spricht sich die herrschende Meinung auch bei dieser Vorschrift für eine Anrechnung der Bezüge auf den *gesamten Zeitraum* des Annahmeverzuges aus.[176] Die Beweislast für das Vorliegen von Anrechnungstatbeständen trägt – wie bei § 615 S. 2 BGB – der Arbeitgeber.[177] Ebenso kann nach § 74c Abs. 2 HGB analog ein Auskunftsanspruch über die Höhe des Zwischenverdienstes geltend gemacht werden.[178] Kommt der Arbeitnehmer dem nicht nach, steht dem Arbeitgeber ein Leistungsverweigerungsrecht zu.[179]

---

173 APS[5]-*Biebl*, § 11 KSchG, Rn. 44; HWK[8]-*Thies*, § 11 KSchG, Rn. 4. Dies gilt natürlich nicht, wenn der zwischen den Parteien geschlossene Vergleich beinhaltet, dass das Arbeitsverhältnis lediglich *für die Zukunft* neu begründet werden soll. Nach BAG, AP Nr. 40 zu § 615 BGB ist jedoch bei einer Kündigungsrücknahme im Zweifel von einem Fortbestehen des ursprünglichen Arbeitsverhältnisses auszugehen.

174 HK /KSchG[2]-*Fiebig*, § 11, Rn. 6.

175 Vgl. MüKo[7]-*Hergenröder*, § 11 KSchG, Rn. 1; Däubler /Deinert /Zwanziger[10]-*Deinert /Callsen*, § 11 KSchG, Rn. 8. Das diese inhaltliche Abweichung zu § 615 S. 2 BGB mit Art. 3 GG vereinbar ist bezweifelt MüKo[7]-*Henssler*, § 615, Rn. 65; kritisch ist auch v. Hoyningen-Huene /Linck[15]-*Linck*, § 11 KSchG, Rn. 48; MüKo[7]-*Hergenröder*, § 11 KSchG, Rn. 26.

176 APS[5]-*Biebl*, § 11 KSchG, Rn. 19; ErfK[19]-*Kiel*, § 1 KSchG, Rn. 5; v. Hoyningen-Huene / Linck[15]-*Linck*, § 11 KSchG, Rn. 30; HWK[8]-*Thies*, § 11 KSchG, Rn. 8; MüKo[7]-*Hergenröder*, § 11 KSchG, Rn. 15.

177 APS[5]-*Biebl*, § 11 KSchG, Rn. 20; ErfK[19]-*Kiel*, § 11 KSchG, Rn. 6; v. Hoyningen-Huene /Linck[15]-*Linck*, § 11 KSchG, Rn. 31; HWK[8]-*Thies*, § 11 KSchG, Rn. 9; MüKo[7]-*Hergenröder*, § 11 KSchG, Rn. 16.

178 MüKo[7]-*Hergenröder*, § 11 KSchG, Rn. 16. Eine Ausnahme besteht lediglich bei § 11 S. 1 Nr. 3 KSchG, vgl. APS[5]-*Biebl*, § 11 KSchG, Rn, 30; v. Hoyningen-Huene /Linck[15]-*Linck*, § 11 KSchG, Rn. 53.

179 ErfK[19]-*Kiel*, § 11 KSchG, Rn. 6; HK /KSchG[2]-*Fiebig*, § 11, Rn. 43; MüKo[7]-*Hergenröder*, § 11 KSchG, Rn. 16.

Gem. § 11 S. 1 Nr. 1 KSchG ist das anderweitig erzielte Arbeitseinkommen anzurechnen. Dabei ist auch hier wichtig, dass die Arbeitsmöglichkeit *kausal* auf dem Freiwerden des Arbeitnehmers von seiner ursprünglichen Leistungspflicht beruht.[180]

Gem. § 11 S. 1 Nr. 2 KSchG ist das hypothetische Arbeitseinkommen anzurechnen, welches der Arbeitnehmer erlangt hätte, wenn er die zugehörige Arbeitsmöglichkeit nicht böswillig ausgeschlagen hätte. Was die Auslegung des Begriffs „böswillig" angeht, kann dabei auf § 615 S. 2 BGB verwiesen werden. So sind beide Vorschriften im Hinblick auf diese Anrechnungsmöglichkeit zwar vom Wortlaut verschieden, inhaltlich jedoch identisch.[181]

Schließlich können nach § 11 S. 1 Nr. 3 KSchG auch öffentlich-rechtliche Leistungen[182] angerechnet werden, welche dem Arbeitnehmer im Verzugszeitraum zugutegekommen sind.[183] Allerdings kommt § 11 S. 1 Nr. 3 KSchG wegen § 115 Abs. 1 SGB X keine große Bedeutung mehr zu.[184] Der Grund hierfür liegt in dem Umstand, dass der (berechtigte) Anspruch des Arbeitnehmers gegen den Arbeitgeber auf Zahlung der vereinbarten Vergütung auf den Leistungsträger übergeht, welcher für den betreffenden Zeitraum Sozialleistungen gegenüber dem Arbeitnehmer erbracht hat. Wendet sich dieser Leistungsträger nun an den

---

180 BAG, AP Nr. 47 zu § 615 BGB; APS[5]-*Biebl*, § 11 KSchG, Rn. 17; HWK[8]-*Thies*, § 11 KSchG, Rn. 7; MüKo[7]-*Hergenröder*, § 11 KSchG, Rn. 14.

181 BAGE 111, 123 (126); 94, 343 (345) = BAG, SAE 2001, 138; APS[5]-*Biebl*, § 11 KSchG, Rn. 1; ErfK[19]-*Kiel*, § 11 KSchG, Rn. 7; v. Hoyningen-Huene /Linck[15]-*Linck*, § 11 KSchG, Rn. 35; HWK[8]-*Thies*, § 11 KSchG, Rn. 10; Däubler /Deinert /Zwanziger[10]-*Deinert /Callsen*, § 11 KSchG, Rn. 2; *Ricken*, NZA 2005, 323 (325); StuKo /ArbR[4]-*Rolfs*, § 11 KSchG, Rn. 1. Letzterer geht – in der Sache – gar davon aus, dass § 11 KSchG *vollumfänglich* mit § 615 S. 2 BGB identisch ist. Kritisch hierzu im Hinblick auf die vorhandenen Unterschiede hinsichtlich der Anrechnung von Ersparnissen: *Kühn*, aaO (Fn. 149), S. 154 (Fn. 118).
Zur Frage, ob dem Arbeitnehmer Böswilligkeit unterstellt werden kann, wenn er es unterlässt, sich beim Arbeitsamt arbeitslos zu melden, vgl. BAGE 94, 343 (346) (keine Böswilligkeit); a. A. APS[5]-*Biebl*, § 11 KSchG, Rn. 23; ErfK[19]-*Kiel*, § 11 KSchG, Rn. 8; v. Hoyningen-Huene /Linck[15]-*Linck*, § 11 KSchG, Rn. 45; MüKo[7]-*Hergenröder*, § 11 KSchG, Rn. 19.

182 Gemeint sind etwa Leistungen aus der Sozial- oder Arbeitslosenversicherung.

183 In § 615 S. 2 BGB werden die öffentlich-rechtlichen Leistungen dagegen nicht ausdrücklich als Anrechnungsposten aufgeführt.

184 APS[5]-*Biebl*, § 11 KSchG, Rn. 29; ErfK[19]-*Kiel*, § 11 KSchG, Rn. 12; HWK[8]-*Thies*, § 11 KSchG, Rn. 13; Däubler /Deinert /Zwanziger[10]-*Deinert /Callsen*, § 11 KSchG, Rn. 9.

Arbeitgeber, bleibt für eine Anrechnung kein Raum mehr; dem Arbeitnehmer ist seine Aktivlegitimation entzogen.[185]

4. Historische Entwicklung

Vorgängerregelung von § 11 KSchG war der weitgehend identische § 9 KSchG v. 1951.[186] Der Grund für die Regelung, welche sich von § 615 S. 2 BGB nur im Detail unterscheidet, bestand in der Absicht, die Rechtsfindung des Arbeitgebers und Arbeitnehmers zu erleichtern.[187] Dagegen verzichtete man auf die – aus rechtlicher Sicht – überflüssige Klarstellung, dass der Lohn des Arbeitnehmers im Fall des Annahmeverzuges des Arbeitgebers weitergezahlt wird.[188]

V. § 616 S. 2 BGB

1. Leistungsbefreiung

Nach § 615 S. 1 stellt § 616 S. 1 BGB die zweite Ausnahme von dem Grundsatz „Ohne Arbeit kein Lohn" dar.[189] Auch hier erhält der Dienstverpflichtete die vertragliche Vergütung, obwohl er die von ihm geschuldete Leistung nicht erbringt.[190] Im Gegensatz zu § 615 BGB stammt jedoch das Leistungshindernis aus der Sphäre des Dienstverpflichteten.[191] Dass gleichwohl die Verpflichtung des Dienstberechtigten zur Vergütung besteht, ist der besonderen Bedeutung des Lohnes für den Dienstverpflichteten geschuldet. Ohne diesen ist Letzterer regelmäßig nicht mehr in der Lage, seinen Lebensunterhalt adäquat zu bestreiten.[192] Um den Dienstberechtigten dadurch nicht übermäßig zu belasten,

---

185 v. Hoyningen-Huene / Linck[15]-*Linck*, § 11 KSchG, Rn. 50; MüKo[7]-*Hergenröder*, § 11 KSchG, Rn. 25.

186 *Kühn*, aaO (Fn. 149), S. 152. Lediglich die Anrechnung der Ersparnisse wurde nicht mehr in § 11 KSchG aufgenommen.

187 BT-Drucks. 1/2090, S. 14.

188 Vgl. BT-Drucks. 1/2090, S. 14.

189 Erman[15]-*Belling / Riesenhuber*, § 616, Rn. 2; HWK[8]-*Krause*, § 616, Rn. 1; Jauernig[17]-*Mansel*, § 616, Rn. 1; MüKo[7]-*Henssler*, § 616, Rn. 1.

190 § 616 BGB stellt somit keine eigenständige Anspruchsgrundlage dar. Stattdessen wird lediglich der ursprüngliche Vergütungsanspruch aufrechterhalten, vgl. Erman[15]-*Belling / Riesenhuber*, § 616, Rn. 11; HWK[8]-*Krause*, § 616, Rn. 2; Staudinger[2016]-*Oetker*, § 616, Rn. 22.

191 Insofern unterscheidet sich § 616 BGB auch von den übrigen Normen, bei denen der Grund für die Leistungsverhinderung stets dem Gläubiger zuzurechnen war.

192 MüKo[7]-*Henssler*, § 616, Rn. 2.

besteht die Vergütungspflicht nur dann fort, wenn dem Dienstverpflichteten kein Verschulden trifft und die Leistungsverhinderung nicht unverhältnismäßig lange dauert.[193] Gleichwohl ist diese Vorschrift nicht als Ausprägung der arbeitsrechtlichen Fürsorgepflicht zu verstehen.[194] Es geht vielmehr darum, dass bei einer personengebundenen Leistungspflicht (vgl. § 613 S. 1 BGB) das Risiko eines (vorübergehenden) personengebundenen Leistungsausfalls allgegenwärtig ist[195] und deshalb bereits bei der Bestimmung der Höhe der Vergütung berücksichtigt wird.[196]

Ein zu berücksichtigendes Leistungshindernis des Dienstverpflichteten liegt nur dann vor, wenn es die Voraussetzungen von § 275 Abs. 1–3 BGB erfüllt.[197] Seinen Ausgangspunkt muss dieses Leistungshindernis in den *persönlichen Lebensumständen* des Dienstverpflichteten haben.[198] Unter § 616 BGB fallen: Krankheit des Dienstverpflichteten[199], Krankheit der Kinder des Dienstverpflichteten[200] oder sonstiger naher Familienangehöriger[201], soweit diese in den Haushalt des Dienstverpflichteten integriert sind.[202] Weiterhin erfasst sind etwa Vorkommnisse im Familienverband, denen eine herausragende Bedeutung zugesprochen wird, wie Hochzeiten[203], Beerdigungen und Geburten[204].[205] Soweit der Dienstverpflichtete

193 Hat dagegen der Dienstberechtigte die Leistungsverhinderung zu vertreten, behält der Dienstverpflichtete seinen Anspruch auf die Vergütung bereits nach § 326 Abs. 2 S. 1 1.Alt. BGB.

194 So aber BAGE 1, 338 (340); dagegen spricht bereits, dass § 616 BGB auch auf freie Dienstverträge anwendbar und überdies dispositiv ist, vgl. HWK[8]-*Krause*, § 616, Rn. 1; MüKo[7]-*Henssler* § 616, Rn. 2.

195 Vgl. *Mugdan*, Bd. 2, 1899, S. 899; HK /ArbR[4]- *Waas /Palonka*, § 616, Rn. 1.

196 HWK[8]-*Krause*, § 616, Rn. 1; MüKo[7]-*Henssler*, § 616, Rn. 2.

197 MüKo[7]-*Henssler*, § 616, Rn. 16.

198 BAG, AP Nr. 59 zu § 616 BGB; ErfK[19]-*Preis*, § 616, Rn. 3; HWK[8]-*Krause*, § 616, Rn. 17; Jauernig[17]-*Mansel*, § 616, Rn. 3; Palandt[78]-*Weidenkaff*, § 616, Rn. 8; Staudinger[2016]-*Oetker*, § 616, Rn. 54; nicht erforderlich ist, dass es an die persönlichen Eigenschaften des Dienstverpflichteten anknüpft, vgl. MüKo[7]-*Henssler*, § 616, Rn. 17; Soergel[12]-*Kraft*, § 616, Rn. 13.

199 Wobei § 3 EFZG in der Regel vorgeht und damit § 616 BGB weitgehend verdrängt.

200 Der Anspruch auf Krankengeld aus § 45 Abs. 1 SGB V ist dagegen *subsidiär*.

201 BAG, AP Nr. 49 zu § 616; AP Nr. 48 zu § 616; AP Nr. 47 zu § 616.

202 MüKo[7]-*Henssler*, § 616, Rn. 34; weniger streng: HWK[8]-*Krause*, § 616, Rn. 23.

203 BAG, AP Nr. 61 zu § 616.

204 BAG, AP Nr. 44 zu § 616.

205 Das Unterlassen der Teilnahme an diesem Ereignis durch den Dienstverpflichteten müsste anstößig sein, vgl. *v. Hoyningen-Huene*, in: FS Adomeit (2008), S. 305; MüKo[7]-*Henssler*, § 616, Rn. 36; Staudinger[2016]-*Oetker*, § 616, Rn. 64.

auf den zeitlichen Ablauf dieser Ereignisse Einfluss nehmen kann, ist es ihm freilich zuzumuten, diese außerhalb der Arbeitszeit stattfinden zu lassen.[206] Dagegen werden *objektive Leistungshindernisse*, welche neben dem Dienstverpflichteten in der Regel auch andere Personen treffen[207], von § 616 BGB nicht erfasst.[208] Wichtig ist, dass das betreffende Ereignis aus dem Umfeld des Dienstverpflichteten für dessen Unvermögen die geschuldete Dienstleistung zu erbringen, *monokausal* ist.[209] Ein Verschulden[210] kann dem Dienstverpflichteten erst dann vorgeworfen werden, wenn dieser gröblich gegen das von einem verständigen Menschen im eigenen Interesse zu erwartende Verhalten verstoßen hat und es unbillig wäre, dem Dienstberechtigten die Folgen dieses Verstoßes aufzubürden.[211] Streitig ist, ab wann die Leistungsunfähigkeit des Dienstverpflichteten als unverhältnismäßig anzusehen ist. Nach herrschender Ansicht ist für die Auslegung dieses Tatbestandsmerkmals die *Dauer des Beschäftigungsverhältnisses* von maßgebender Bedeutung.[212] Die Gegenansicht stellt dagegen auf den individuellen *Grund für die*

---

206 StuKo /ArbR[4]-*Rolfs*, § 616, Rn. 2.

207 Ausnahmsweise kommt § 616 BGB zur Anwendung, wenn der Dienstverpflichtete durch das objektive Leistungshindernis in besonders schwerwiegender Weise betroffen ist, vgl. BAG, AP Nr. 59 zu § 616 BGB; Staudinger[2016]-*Oetker*, § 616, Rn. 82; a.A. Soergel[12]-*Kraft*, § 616, Rn. 19.

208 Jauernig[17]-*Mansel*, § 616, Rn. 3; MüKo[7]-*Henssler*, § 616, Rn. 18; Palandt[78]-*Weidenkaff*, § 616, Rn. 8; Soergel[12]-*Kraft*, § 616, Rn. 18; Staudinger[2016]-*Oetker*, § 616, Rn. 78, 81. Beispiele: Widrige Witterungsbedingungen, Stau, Smog etc.

209 AnwKom[3]-*Klappstein*, § 616, Rn. 11; BeckOK /BGB[Ed48]-*Fuchs /Baumgärtner*, § 616, Rn. 8; HK /ArbR[4]-*Waas /Palonka*, § 616, Rn. 16; HWK[8]-*Krause*, § 616, Rn. 36; MüKo[7]-*Henssler*, § 616, Rn. 55.

210 Gemeint ist ein Verschulden gegen sich selbst (vgl. § 254 Abs. 1 BGB; § 3 Abs. 1 EFZG), vgl. AnwKom[3]-*Klappstein*, § 616, Rn. 15; Jauernig[17]-*Mansel*, § 616, Rn. 8; Palandt[78]-*Weidenkaff*, § 616, Rn. 10.

211 BAG, AP Nr. 45 zu § 616 BGB; AP Nr. 8 zu § 1 LohnFG; AnwKom[3]-*Klappstein*, § 616, Rn. 15; HK /BGB[10]-*Schreiber*, § 616, Rn. 6; Jauernig[17]-*Mansel*, § 616, Rn. 8; Soergel[12]-*Kraft*, § 616, Rn. 20; Staudinger[2016]-*Oetker*, § 616, Rn. 115. In der Literatur wird die Haftung – mit jeweils unterschiedlichen Begründungen – bevorzugt auf Vorsatz und grobe Fahrlässigkeit beschränkt, vgl. JurisPK /BGB[8]-*Legleitner*, § 616, Rn. 13; MüKo[7]-*Henssler*, § 616, Rn. 57.

212 BAG, DB 1970, 211 (212); AnwKom[3]-*Klappstein*, § 616, Rn. 12; BeckOK /BGB[Ed48]-*Fuchs /Baumgärtner*, § 616, Rn. 9; Erman[15]-*Belling /Riesenhuber*, § 616, Rn. 50; HK / BGB[10]-*Schreiber*, § 616, Rn. 5; Jauernig[17]-*Mansel*, § 616, Rn. 7; Palandt[78]-*Weidenkaff*, § 616, Rn. 9; Soergel[12]-*Kraft*, § 616, Rn. 22; StuKo /ArbR[4]-*Rolfs*, § 616, Rn. 2.

Leistungsbefreiung ab.[213] Fest steht jedenfalls, dass der Arbeitnehmer im Falle der Unverhältnismäßigkeit seinen Vergütungsanspruch für den *gesamten* Zeitraum einbüßt.[214]

2. Anrechnung

Für den Fall das der Dienstverpflichtete aufgrund des persönlichen Leistungshindernisses Leistungen von der Kranken- oder Unfallversicherung bekommt, schreibt § 616 S. 2 BGB vor, dass diese Beträge auf den Vergütungsanspruch angerechnet werden. Wie bei § 326 Abs. 2 S. 2, § 537 Abs. 1 S. 2, § 615 S. 2 BGB und § 11 KSchG soll auch hier verhindert werden, dass der Schuldner von seiner Leistungsbefreiung nicht auch noch profitiert.[215] Eine Berücksichtigung von Einkünften aus einer anderweitigen Verwendung der Arbeitskraft des Schuldners kommt nicht in Betracht, denn es ist gerade die Unmöglichkeit bzw. Unzumutbarkeit diese Arbeitskraft einzusetzen, welche zu einer Leistungsbefreiung iSv. § 616 S. 1 BGB führt. Unverständlich ist, warum § 616 S. 2 BGB ebenso Ersparnisse ausblendet, welche der Schuldner durch die eigene Nichtleistung erlangt.[216] Die Beschränkung der Anwendung auf Beiträge der Kranken- und Unfallversicherungen führt aufgrund der vorrangigen Anwendung von § 3 EFZG dazu, dass diesem Teil der Vorschrift keine besondere Bedeutung zukommt (s. o.).[217] Diese Begrenzung der Anrechnungsvorschrift mag im Einzelfall dazu führen, dass der Dienstverpflichtete „*ungerechtfertigt bereichert*" ist.[218]

---

213 ErfK[19]-*Preis*, § 616, Rn. 10a; HWK[8]-*Krause*, § 616, Rn. 41; MüKo[7]-*Henssler*, § 616, Rn. 60; Staudinger[2016]-*Oetker*, § 616, Rn. 103 ff. Für diese Ansicht spricht m. E., dass der historische Gesetzgeber jede schematische Auslegung dieses Tatbestandsmerkmals abgelehnt hat (Motive II, S. 464). Folglich muss man auf die Umstände des Einzelfalls abstellen. Diese aber werden maßgeblich vom Grund für die Unterbrechung der Arbeitsleistung bestimmt. A. A. *Fuchs /Baumgärtner*, die darauf hinweisen, dass die Dauer des Arbeitsverhältnisses als Kriterium bereits in den Protokollen des historischen Gesetzgebers (vgl. Prot II, S. 280) aufgetaucht ist, *dies.* in BeckOK /BGB[Ed48], § 616, Rn. 9.

214 BAG, AP Nr. 22 zu § 616; Jauernig[17]-*Mansel*, § 616, Rn. 11.

215 Vgl. *Jakobs /Schubert*, aaO (Fn. 99), S. 775; *Mugdan*, aaO (Fn. 195), S. 901.

216 Etwa Fahrtkosten, oder Geld für Kleidung bzw. Arbeitsmaterial.

217 HK /ArbR[4]-*Waas /Palonka*, § 616, Rn. 22; Soergel[12]-*Kraft*, § 616, Rn. 35.

218 Soergel[12]-*Kraft*, § 616, Rn. 36. *Mansel* hält indes § 616 S. 2 BGB für „nicht erweiterungsfähig", *ders.* in Jauernig[17], § 616, Rn. 12. Gleichwohl führt diese Beschränkung dazu, dass das eigentliche Ziel, einen Gewinn des Dienstverpflichteten zu vermeiden (vgl. *Mugdan*, aaO (Fn. 195), S. 901), nur teilweise erreicht wird.

3. Historische Entwicklung

Eine Rückführung des Regelungsgehaltes von § 616 BGB auf das römische Recht gelingt – zumindest in diesem Umfange – nicht.[219] Auch im gemeinen Recht war die Vergütung des Dienstverpflichteten bei unverschuldeter aber aus seiner Sphäre stammender Leistungsunmöglichkeit nicht mehrheitlich anerkannt.[220] Als Vorbild diente vielmehr Art. 60 ADHGB:[221]

> *„Ein Handlungsgehülfe, welcher durch unverschuldetes Unglück an Leistung seines Dienstes zeitweise verhindert wird, geht dadurch seiner Ansprüche auf Gehalt und Unterhalt nicht verlustig. Jedoch hat er auf diese Vergünstigung nur für die Dauer von sechs Wochen Anspruch.“*

Von einer Anrechnung anderweitiger Bezüge ist dabei noch nicht die Rede. Gleichwohl kann davon ausgegangen werden, dass sie bereits zu jener Zeit anerkannt war.[222] Orientiert hat sich der Gesetzgeber des BGB bei der Schaffung von § 616 S. 2 BGB wohl an § 133c Abs. 2 S. 2 der Reichsgewerbeordnung:[223]

> *„II.*
> *In dem Falle zu 4 bleibt der Anspruch auf die vertragsmäßigen Leistungen des Arbeitgebers für die Dauer von sechs Wochen in Kraft, wenn die Verrichtung der Dienste durch unverschuldetes Unglück verhindert worden ist. Jedoch mindern sich die Ansprüche in diesem Fall um denjenigen Betrag, welcher dem Berechtigten aus einer auf Grund gesetzlicher Verpflichtung bestehenden Krankenversicherung oder Unfallversicherung zukommt.“*

---

219 *Decker*, aaO (Fn. 20), S. 39. Dagegen musste ein Advokat sein Honorar nicht zurückzahlen, obwohl er durch ein in seinen persönlichen Verhältnissen liegendes, unverschuldetes Ereignis an der Erbringung seiner Dienste gehindert war, vgl. D 19.2.38.1; vgl. zudem: *von Kübel*, aaO (Fn. 94), S. 609 f. *Windscheid* betont, dass es sich hier um eine Ausnahme handele, welche den Privilegien dieser Gruppe geschuldet sei, *ders.*, heidelb. krit. ZeitschR f. d. ges. Rechtswissenschaft, Bd. 2, 106 (138).

220 Vgl. nur *Windscheid*, heidelb. krit. ZeitschR f. d. ges. Rechtswissenschaft, Bd. 2, 106 (138); *Windscheid /Kipp*, aaO (Fn. 94), S. 748 – unter Verweis auf D 19.2.15.6 und 14.1.10 pr.; zu möglichen Ausnahmen bei kurzfristiger Unmöglichkeit der Leistung vgl. *Bernert*, Arbeitsverhältnisse im 19. Jahrhundert, 1972, S. 40.

221 Motive II, S. 463 (Ebenso wurde auf Art. 341 des schweizerischen Obligationenrechts verwiesen. Dort hieß es: *„Bei einem auf längere Dauer abgeschlossenen Dienstvertrage geht der Dienstpflichtige seiner Ansprüche auf die Vergütung nicht verlustig, wenn er durch Krankheit, durch Militärdienst oder aus ähnlichen Gründen ohne eigenes Verschulden auf verhältnismäßig kurze Zeit an der Leistung der Dienste verhindert wird.“*); Vgl. zudem: BeckOK /BGB[Ed48]-*Fuchs /Baumgärtner*, § 616, Rn. 1; *Decker*, aaO (Fn. 20), S. 39; Staudinger[2016]-*Oetker*, § 616, Rn. 1.

222 Vgl. *Decker*, aaO (Fn. 20), S. 39 f. m. w. N.

223 *Mugdan*, aaO (Fn. 195), S. 900.

Als Motiv dafür, die Regelung aus Art. 60 ADHGB auf alle Dienstverpflichteten auszudehnen, gibt der historische Gesetzgeber sozialpolitische und humanitäre Erwägungen an.[224] Weiterhin wird auf eine Digestenstelle zur Pacht verwiesen, in der es u. a. heißt, dass eine kurzfristige Unterbrechung der Gebrauchsgewährung nicht von der Verpflichtung zur Vergütung entbindet.[225]

Nach zwischenzeitlichen Ergänzungen hat der § 616 BGB nunmehr wieder die Fassung erhalten, die er bereits 1896 innehatte.[226]

VI. § 648 S. 2 BGB[227]

1. Kündigungsrecht gegen Aufrechterhaltung des Vergütungsanspruches

Im Gegensatz zu den vorangegangenen Vorschriften geht es bei § 648 BGB weder um Unmöglichkeit bzw. Unzumutbarkeit noch um Annahmeverzug. Stattdessen bietet § 648 S. 1 BGB dem Werkbesteller bis zur *Vollendung* des Werkes ein jederzeitiges Kündigungsrecht.[228] Dahinter steckt die Erwägung, dass sich die

---

224 *Jakobs/Schubert*, aaO (Fn. 99), S. 773 f.; Motive II, S. 463. Dabei wurde insbesondere auch an die Absicherung der Wehrpflichtigen gedacht.

225 D 19.2.24.4

226 Die Absätze 2 und 3 wurden durch Art. 56 des Pflege-Versicherungsgesetzes wieder aufgehoben. Vgl. BeckOK/BGB[Ed48]-*Fuchs/Baumgärtner*, § 616, Rn. 1; ErfK[19]-*Preis*, § 616, Rn. 1; Staudinger[2016]-*Oetker*, § 616, Rn. 8.

227 Die gleiche Regelung findet sich in § 8 Abs. 1 Nr. 2 VOB/B.

228 Eine Begründung ist hierfür nicht erforderlich, vgl. RGZ 86, 107 (110); Jauernig[17]-*Mansel*, § 648, Rn. 1; Soergel[12]-*Teichmann*, § 649, Rn. 7.
Mit der Gewährung eines Kündigungsrechts wollte der Gesetzgeber der charakteristischen Nähe des Werkvertrages zu einem Dauerschuldverhältnis Rechnung tragen, vgl. MüKo[7]-*Busche*, § 648, Rn. 1; Soergel[12]-*Teichmann*, § 649, Rn. 3. Trotz dieser Nähe ist der Werkvertrag selbst jedoch in der Regel kein Dauerschuldverhältnis, da sich das Leistungsprogramm ständig verändert, vgl. BGHZ 153, 279 (281); AnwKom[3]-*Raab*, § 649, Rn. 1; *Glöckner*, BauR 1998, 669 (674); Staudinger[2014]-*Peters/Jacoby*, § 649, Rn. 2 (zu den Ausnahmen siehe Rn. 4). Zur Rechtsnatur von Dauerschuldverhältnissen vgl. *Michalski*, JA 1979, 401 (402).
Der Unterschied zwischen der Kündigung iSv. § 648 BGB und der Unmöglichkeit in § 326 bzw. dem Annahmeverzug in § 615 BGB ist freilich geringer, als es zunächst scheinen mag: so macht der Besteller durch die Kündigung die Annahme des Werkes unmöglich, vgl. Staudinger[2014]-*Peters/Jacoby*, § 649, Rn. 7.
Der historische Ursprung eines „Kündigungsrechts" im Werkvertrag verschwindet dagegen im Nebel der Geschichte. Während es in einer vergleichbaren Vorschrift des sächsischen BGB (§ 1252) noch heißt, der Besteller könne vom Vertrag „*abgehen*",

Herstellung eines Werkes über einen längeren Zeitraum erstrecken kann[229] und der zugrunde liegende Vertrag unter Umständen eine Laufzeit aufweist, welche mit jener eines Miet- oder Dienstvertrages vergleichbar ist. Besteht für die Partizipanten eines der zuletzt genannten Vertragsarten die Möglichkeit, sich durch Kündigung vom Vertrag zu lösen, soll dies auch für den Werkbesteller möglich sein. Hinzu kommt, dass die Erstellung des Werkes ausschließlich im Interesse des Bestellers und nicht des Werkunternehmers liegt.[230] Immerhin trifft Ersteren auch das Verwendungsrisiko.[231] Die Folge ist unterdessen die gleiche wie bei den §§ 326 Abs. 1, 2, 537, 615, 616 BGB bzw. § 11 KSchG: die Leistungspflicht des Schuldners fällt weg und es fragt sich, was mit dem Anspruch auf die Gegenleistung geschieht. Insofern als der Grund für die Leistungsbefreiung – im Gegensatz zu § 616 BGB und in Übereinstimmung mit den übrigen Vorschriften – dem Gläubiger zuzurechnen ist, bleibt der Anspruch des Schuldners auf die Gegenleistung auch in diesem Fall erhalten.[232] Auf diese Weise wird ein (gerechter) Ausgleich für das jederzeitige Kündigungsrecht des Bestellers geschaffen.[233]

---

verwendet der Dresdener Entwurf des BGB in Art. 654 die Formulierung *„auflösen"*. Im ersten Entwurf des BGB wird schließlich dem Werkbesteller ein *Rücktrittsrecht* zugestanden. Selbiges wird dagegen im zweiten Entwurf durch ein *Kündigungsrecht* ersetzt. Eine Begründung hierfür scheint nicht zu existieren, vgl. *Kenter*, Der Vergütungsanspruch des Werkunternehmers, 2000, S. 8.

229 Vgl. *Glöckner*, BauR 1998, 669; MüKo[7]-*Busche*, § 648, Rn. 1; Staudinger[2014]-*Peters / Jacoby*, § 649, Rn. 2.

230 AnwKom[3]-*Raab*, § 649, Rn. 2; BeckOK /BGB[Ed48]-*Voit*, § 648, Rn. 1; JurisPK /BGB[8]-*Diep*, § 648, Rn. 2; MüKo[7]-*Busche*, § 648, Rn. 2; a.A. Soergel[12]-*Teichmann*, § 649, Rn. 1.

231 Vgl. Staudinger[2014]-*Peters /Jacoby*, § 649, Rn. 5.

232 AnwKom[3]-*Raab*, § 649, Rn. 3; Es handelt sich also um den ursprünglichen Werklohn, nicht um eine Entschädigung (*Beigel*, BauR 1997, 782; a.A. Erman[15]-*Schwenker /Rodemann*, § 648, Rn. 6d;). Dies hat zur Folge, dass auch die hierfür bestellten Sicherheiten weiterhin Bestand haben, vgl. BeckOK /BGB[Ed48]-*Voit*, § 648, Rn. 11; *Beigel*, BauR 1997, 782 (783); MüKo[7]-*Busche*, § 648, Rn. 18.
Dabei ist gerade im Rahmen von § 648 BGB streitig, ob allein die Aufrechterhaltung der vertraglich vereinbarten Vergütung tatsächlich einen adäquaten Ausgleich für das jederzeitige Kündigungsrecht des Bestellers bietet. Insbesondere wenn sich der Werkunternehmer von der Erstellung des Werkes Folgeaufträge versprochen hat oder er sein qualifiziertes Personal ohne dieses Projekt nicht halten kann, können ihm Einbußen drohen, welche mit der bloßen Leistung des Werklohnes nicht abzugelten sind. Kritisch etwa: MüKo[7]-*Busche*, § 648, Rn. 3; Soergel[12]-*Teichmann*, § 649, Rn. 2; Staudinger[2014]-*Peters /Jacoby*, § 649, Rn. 7 (*„harte Entscheidung des Gesetzgebers"*).

233 Jauernig[17]-*Mansel*, § 648, Rn. 1; Palandt[78]-*Sprau*, § 648, Rn. 2.

2. Anrechnung

§ 648 S. 2 BGB will erreichen, dass der Werkunternehmer trotz der ausgesprochenen Kündigung dieselbe wirtschaftliche Position erlangt, die er auch bei ordnungsgemäßer Vertragsabwicklung eingenommen hätte. Er soll weder mehr, noch weniger bekommen.[234] Indem § 648 S. 2 1. Hs. BGB dafür sorgt, dass der Werkunternehmer seinen Werklohn erhält, wird eine Schlechterstellung weitgehend vermieden.[235] § 648 S. 2 2. Hs. BGB befasst sich dagegen mit der drohenden Besserstellung infolge der Leistungsbefreiung.[236] Wie bei § 326 Abs. 2 S. 2, § 615 S. 2 BGB geht es hier um die „Anrechnungstrias“: Ersparnisse, tatsächlicher und böswillig unterlassener Zwischenerwerb.[237] Zu den Ersparnissen gehören klassischerweise Material- und Personalkosten.[238] Irrelevant sind die Einsparungen welche im Zuge der Herstellung des Werkes *vor* der Kündigung erzielt wurden.[239] Neben der anderweitigen Verwendung der Arbeitskraft kann auch – über eine analoge Anwendung dieser Vorschrift – die anderweitige Verwendung des *Werkes* angerechnet werden.[240] Der Vergütungsanspruch wird dabei durch die Anrechnung *ipso iure* gemindert.[241] Freilich müssen Einkünfte und Ersparnisse in *kau-*

---

234 *Beigel*, BauR 1997, 782 (783); *Drittler*, BauR 2006, 1215 (1221); *van Gelder*, NJW 1975, 189; MüKo[7]-*Busche*, § 648, Rn. 18; Staudinger[2014]-*Peters /Jacoby*, § 649, Rn. 32.

235 Zur Frage, ob damit sämtliche durch die Kündigung verursachten Nachteile verhindert werden, vgl. Fn. 232. *Peters /Jacoby* sprechen sich dafür aus, Nachteile, welche nicht durch die Vergütung abgedeckt werden, durch einen ergänzenden Aufwendungsersatzanspruch zu ersetzen, *dies.* in Staudinger[2014], § 649, Rn. 34, 53; dem folgend: AnwKom[3]-*Raab*, § 649, Rn. 23. Dafür spricht immerhin, dass der historische Gesetzgeber bei der Schaffung der Norm vornehmlich an handwerkliche Leistungen gedacht hat (Soergel[12]-*Teichmann*, § 649, Rn. 2). Etwaige Nachteile einer Kündigung ließen sich in diesen Fällen durch die vertragliche Vergütung ersetzen. An die o. g. Nachteile einer Kündigung hatte der Gesetzgeber dagegen nicht gedacht. Insoweit besteht eine Regelungslücke, welche im Interesse des Unternehmers zu schließen ist.

236 AnwKom[3]-*Raab*, § 649, Rn. 21; *van Gelder*, NJW 1975, 189 (190); Soergel[12]-*Teichmann*, § 649, Rn. 16.

237 Vgl. AnwKom[3]-*Raab*, § 649, Rn. 3; Staudinger[2014]-*Peters /Jacoby*, § 649, Rn. 38 ff.

238 *Gravenhorst*, aaO (Fn. 169), S. 6; Soergel[12]-*Teichmann*, § 649, Rn. 18; zum Architektenvertrag: *Werner /Siegburg*, BauR 1997, 181 (185).

239 BGH, NJW-RR 1988, 1295 (1296); BeckOK /BGB[Ed48]-*Voit*, § 648, Rn. 18.

240 OLG Hamm, NJW-RR 1992, 889; HK /BGB[10]-*Scheuch*, § 648, Rn. 7; Jauernig[17]-*Mansel*, § 648, Rn. 6; Palandt[78]-*Sprau*, § 648, Rn. 9; Staudinger[2014]-*Peters /Jacoby*, § 649, Rn. 40. Dies setzt natürlich voraus, dass der Besteller auf die Herausgabe des (teilweise) fertiggestellten Werkes verzichtet hat, vgl. BeckOK /BGB[Ed48]-*Voit*, § 648, Rn. 8.

241 Erman[15]-*Schwenker /Rodemann*, § 648, Rn. 6d; MüKo[7]-*Busche*, § 648, Rn. 22.

saler Beziehung zur Leistungsbefreiung stehen.[242] Wäre der Unternehmer etwa in der Lage gewesen, mehrere Aufträge zugleich zu bearbeiten – wovon in der Regel auszugehen ist – braucht er sich die Einkünfte aus den anderen Verträgen nicht gem. § 648 S. 2 2. Hs. BGB anrechnen lassen.[243] Wie schon bei den §§ 326 Abs. 2 S. 2, 615 S. 2 BGB bzw. § 11 Nr. 2 KSchG unterlässt der Schuldner anderweitigen Erwerb auf böswillige Art und Weise, wenn er einen zumutbaren Ersatzauftrag vorsätzlich ausschlägt.[244] Schädigungsabsicht ist nicht erforderlich.[245]

Der Besteller trägt für das Vorliegen etwaiger Anrechnungsposten die Beweislast.[246] Unterdessen zwingt die Rechtsprechung den Werkunternehmer, in diesem Zusammenhang seine Kalkulation aufzudecken (*sekundäre Darlegungslast*).[247]

3. Historische Entwicklung[248]

Das Recht des Bestellers, den Werkvertrag jederzeit und ohne Begründung unter Aufrechterhaltung der Vergütungspflicht zu beenden, wurde bereits vereinzelt im gemeinen Recht anerkannt, mehrheitlich jedoch abgelehnt.[249] Dagegen war das so ausgestaltete Lösungsrecht des Bestellers in Art. 1794 Code Civil, einer Natur-

---

242 OLG Saarbrücken, NZBau 2005, 693 (695); *Beigel*, BauR 1997, 782 (783); *Löwe*, ZfBR 1998, 121 (126); MüKo[7]-*Busche*, § 648, Rn. 24, 27; *Werner /Siegburg*, BauR 1997, 181 (189).

243 JurisPK /BGB[8]-*Diep*, § 648, Rn. 21; MüKo[7]-*Busche*, § 648, Rn. 27; Staudinger[2014]-*Peters /Jacoby*, § 649, Rn. 40.

244 *Beigel*, BauR 1997, 782 (784); MüKo[7]-*Busche*, § 648, Rn. 28; Soergel[12]-*Teichmann*, § 649, Rn. 20; Staudinger[2014]-*Peters /Jacoby*, § 649, Rn. 41, die sich ausdrücklich dafür aussprechen, die Rechtsprechung zur Böswilligkeit iRv. § 615 S. 2 BGB auf § 649 S. 2 2.Hs. BGB a. F. (= § 648 S. 2 2. Hs. BGB n. F.) zu übertragen. Ähnlich: AnwKom[3]-*Raab*, § 649, Rn. 25.

245 HK /BGB[10]-*Scheuch*, § 648, Rn. 7; MüKo[7]-*Busche*, § 648, Rn. 28.

246 BGH, NZBau 2001, 202; BGHZ 131, 362 (365); AnwKom[3]-*Raab*, § 649, Rn. 26; BeckOK /BGB[Ed48]-*Voit*, § 648, Rn. 18; *van Gelder*, NJW 1975, 189 (191); Jauernig[17]-*Mansel*, § 648, Rn. 7; Palandt[78]-*Sprau*, § 649, Rn. 11.

247 BGHZ 143, 79 (82); NJW 1997, 733 (734); BGHZ 131, 362 (365); AnwKom[3]-*Raab*, § 649, Rn. 26; Erman[15]-*Schwenker /Rodemann*, § 648, Rn. 6b; Pauschalen werden dagegen grundsätzlich nicht mehr akzeptiert, vgl. *Schmeel*, MDR 1997, 109 (110); kritisch dazu: Soergel[12]-*Teichmann*, § 649, Rn. 19.
Zu den Neuerungen durch das Forderungssicherungsgesetz vgl. D VI 3.

248 Zur Herkunft des eigentlich wesensfremden „Kündigungsrechts" im Werkvertrag vgl. bereits Fn. 229.

249 Motive II, S. 502; *von Kübel*, aaO (Fn. 94), S. 743; *Döring*, aaO (Fn. 136), S. 19; dafür etwa *Dernburg*, aaO (Fn. 156), § 113 c), unter Verweis auf D 19.2.19.9 (s. o.).

rechtskodifikation, enthalten.[250] Auch in den Zivilgesetzen des 19. Jahrhunderts findet sich diese Regelung wieder.[251] Allerdings erfolgte erst im Gesetzgebungsverfahren zum BGB eine Vereinigung des Grundsatzes der Aufrechterhaltung des Vergütungsanspruchs mit dem Gedanken einer *Anrechnung* der Ersparnisse und anderweitigen Einkünfte des Werkunternehmers.[252] Als Vorbild diente in diesem Zusammenhang § 324 Abs. 1 BGB a. F..[253] Der in § 648 S. 1, 2 1. Hs. BGB enthaltene Gedanke ist somit eher als Frucht der jüngeren Rechtswissenschaft anzusehen.[254]

Zuletzt wurde § 648 BGB durch das Forderungssicherungsgesetz[255] verändert. Diese Novelle soll einen Beitrag zur Verbesserung der Zahlungsmoral leisten.[256] Daher wurde Satz 3 angefügt, welcher eine Beweiserleichterung für den Werkunternehmer darstellt.[257] Schließlich wurde § 649 BGB a. F. durch das Gesetz zur Reform des Bauvertragsrechts vom 28.04.2017 ohne inhaltliche Änderung zu § 648 BGB.

VII. § 650 f. Abs. 5 S. 2 2.Hs. BGB

1. Einleitung

Nach § 631 Abs. 1 2.Alt. BGB schuldet der Besteller dem Werkunternehmer den vereinbarten Werklohn. Allerdings wird der Entgeltanspruch des Unternehmers nicht etwa sofort[258], sondern grundsätzlich erst bei Abnahme des Werkes fällig (§ 641 Abs. 1 BGB). Die darin begründete Vorleistungspflicht des Werk-

250 Dort heißt es: „*Der Besteller kann nach seinem freien Belieben von einem in Bausch und Bogen geschlossenen Vertrage wieder abgehen, mag auch das Werk schon angefangen sein, wenn er den Unternehmer für alle seine Auslagen, für alle seine Arbeiten und für alles, was er bei diesem Unternehmen hätte gewinnen können, entschädigt.*" (Übersetzung nach *Heinsheimer* (u. a.), Code Civil, Bd. 1/2, 1932).

251 So etwa im sächsischen BGB (§ 1252), im Dresdener Entwurf (Art. 654) sowie im schweizerischen Obligationenrecht (Art. 377).

252 Beachte jedoch, dass im gemeinen Recht der Anrechnungsgedanke – über eine entsprechende Anwendung der in D 19.2.19.9 /10 enthaltenen dienstvertraglichen Regelung – bereits vereinzelt im Werkvertrag berücksichtigt wurde, vgl. *Oertmann*, aaO (Fn. 61), S. 35.

253 Motive II, S. 503; vgl. *Kenter*, aaO (Fn. 228), S. 5.

254 Vgl. *von Kübel*, aaO (Fn. 94), S. 745.

255 BGBl. 2008 I, S. 2022.

256 *Von Gehlen*, NZBau 2008, 612.

257 Vgl. hierzu *von Gehlen*, NZBau 2008, 612 (617 f.).

258 Vgl. § 271 Abs. 1 BGB.

unternehmers birgt für diesen ein nicht unerhebliches finanzielles Risiko.[259] Um dieses abzufedern besteht für den Werkunternehmer die Möglichkeit, sich am Bearbeitungsobjekt dinglich abzusichern. So steht dem Werkunternehmer an den beweglichen Sachen des Bestellers, welche zum Zwecke der Werkerstellung in seinen Besitz gelangt sind, nach § 647 BGB ein Werkunternehmerpfandrecht zu. Der Bauunternehmer, der die Werkleistung auf einem fremden Grundstück erbringt und daher besonders gefährdet ist[260], kann zudem nach § 650e BGB die Einräumung einer Sicherungshypothek an dem Baugrundstück des Bestellers verlangen. Allerdings bildet die jeweilige Sicherungsgrundlage zugleich die Schwachstelle in der dinglichen Absicherung des (Bau-)Unternehmers. Erweist sich die bewegliche oder unbewegliche Sache nämlich als nicht verwertbar[261], gewähren auch die beschränkt dinglichen Rechte des Unternehmers daran keinen tragfähigen Schutz gegen das Risiko, dass dieser mit der Vorfinanzierung des Werkes zwangsläufig eingeht.[262] Nutzlos ist der Anspruch aus § 650e BGB schließlich dann, wenn der Besteller nicht Eigentümer des zu bebauenden Grundstücks ist.[263] Dies war letztlich auch der Grund für die Einführung des § 650 f. BGB (= § 648a BGB a. F.) durch das Bauhandwerkersicherungsgesetz.[264] Ziel war es, die vorhandenen Sicherungslücken der §§ 647, 650e BGB zu schließen[265] und dem

259 Allerdings darf nicht übersehen werden, dass das Gesetz dem Unternehmer auch die Möglichkeit gibt, seine Vorleistungspflicht durch die Vereinbarung von Teilabnahmen (§ 641 Abs. 1 S. 2 BGB) oder Abschlagszahlungen (§ 632a BGB) zu entschärfen. Sind Werkunternehmer und Besteller Teil einer Leistungskette ist zudem die Durchgriffsfälligkeit des § 641 Abs. 2 BGB zu berücksichtigen. Die Abhängigkeit des Unternehmers von der Abnahmebereitschaft des Bestellers wird zudem durch § 640 Abs. 1 S. 3 BGB relativiert, der notfalls die erforderliche Abnahme fingiert. Für den Fall, dass der Besteller seine erforderliche Mitwirkung an der Herstellung des Werkes unterlässt, stehen dem Unternehmer ein Ersatzanspruch gem. § 642 BGB sowie – nach Fristablauf – ein Kündigungsrecht iSv. § 643 BGB zu. Zur Absicherung der Vorfinanzierungspflicht des Werkunternehmers vgl. G I 2 a).

260 *Oetker / Maultzsch*, aaO (Fn. 65), § 8, Rn. 293.

261 Dies ist beispielsweise dann der Fall, wenn die Sicherungshypothek hinter vorrangigen Grundpfandrechten anderer Gläubiger zurückstehen muss, vgl. *Oetker / Maultzsch*, aaO (Fn. 65), § 8, Rn. 296; Staudinger[2014]-*Peters / Jacoby*, § 648a, Rn. 1. Insofern als der Anspruch aus §650e BGB erst mit Baubeginn entsteht, ist die Gefahr groß, dass dem Werkunternehmer nur ein nachrangiges Recht am Grundstück eingeräumt werden kann, vgl. Jauernig[17]-*Mansel*, § 650e, Rn. 2.

262 Vgl. Staudinger[2014]-*Peters / Jacoby*, § 648a, Rn. 1.

263 Jauernig[17]-*Mansel*, § 650e, Rn. 5; Palandt[78]-*Sprau*, § 650e, Rn. 5.

264 BGBl. 1993 I, S. 509; BT-Drucks. 12/1836.

265 Vgl. HK / BGB[10]-*Scheuch*, § 650 f., Rn. 1; MüKo[7]-*Busche*, § 650 f., Rn. 2; PWW[13]-*Leupertz / Halfmeier*, § 650 f., Rn. 2; Tonner / Willingmann / Tamm-*Cebulla*, § 648a, Rn. 1.

Bauunternehmer einen einfachen und flexiblen Zugriff auf die (insbesondere zum Bauen bestimmten) Finanzmittel des Bestellers zu eröffnen, selbst wenn dieser nicht Grundstückseigentümer ist.[266]

Anspruchsberechtigt iSv. § 650 f. Abs. 1 BGB sind alle Unternehmer eines Bauwerks, einer Außenanlage oder eines Teils davon. Erfasst werden auch sämtliche Subunternehmer, denen ein entsprechender Anspruch gegenüber dem Hauptunternehmer zusteht.[267] Die zulässige Art der Sicherheitsleistung lässt sich § 232 BGB entnehmen.[268] Nach § 650 f. Abs. 2 S. 1 BGB kann jedoch auch eine Garantie oder ein sonstiges Zahlungsversprechen eines Kreditinstituts oder Kreditversicherers geleistet werden. Die Höhe der zu leistenden Sicherheit richtet sich wiederum nach dem Umfang des Werklohnes.[269]

Leistet der Besteller die erforderliche Sicherheit auch nach Ablauf einer angemessenen Frist nicht, steht dem Unternehmer nach § 650 f. Abs. 5 S. 1 BGB u. a. das Recht zu, den Werkvertrag zu kündigen.[270] Macht der Werkunternehmer unter diesen Voraussetzungen von seinem außerordentlichen Kündigungsrecht Gebrauch, hat er nach § 650 f. Abs. 5 S. 2 1.Hs. BGB gleichwohl einen Anspruch auf die vertraglich geschuldete Vergütung. So soll dem Werkunternehmer durch das vertragswidrige Verhalten des Bestellers kein Nachteil entstehen.[271]

2. Anrechnung

Gem. § 650 f. Abs. 5 S. 2 2.Hs. BGB muss sich der Werkunternehmer jedoch dasjenige auf seinen Vergütungsanspruch anrechnen lassen, was er infolge der Beendigung des Vertrages an Aufwendungen erspart. Als weiterer Anrechnungsposten wird schließlich noch der Erwerb genannt, den der Werkunternehmer durch den anderweitigen Einsatz seiner Arbeitskraft erlangt oder auf dessen Erlangung er böswillig verzichtet hat. Der Wortlaut der Anrechnungsregelung des § 650 f. Abs. 5 S. 2 2.Hs. BGB stimmt indes weitgehend mit jener aus § 648 S. 2 2.

266 BGH, NJW 2004, 1525 (1526); Palandt[78]-*Sprau*, § 650 f., Rn. 1.

267 HK /BGB[10]-*Scheuch*, § 650 f., Rn. 3; Jauernig[17]-*Mansel*, § 650 f., Rn. 3; Tonner / Willingmann /Tamm-*Cebulla*, § 648a, Rn. 5.

268 Jauernig[17]-*Mansel*, § 650 f., Rn. 6; Palandt[69]-*Sprau*, § 650 f., Rn. 10.

269 HK /BGB[10]-*Scheuch*, § 650 f., Rn. 10; Jauernig[17]-*Mansel*, § 650 f., Rn. 6.

270 Dessen ungeachtet besteht für den Unternehmer nunmehr auch die Möglichkeit, den Anspruch aus § 650 f. Abs. 1 BGB einzuklagen und ggf. nach § 887 ZPO zu vollstrecken. Vgl. hierzu: Palandt[78]-*Sprau*, § 650 f., Rn. 19; *Schmitz*, BauR 2009, 714 (715); Staudinger[2014]-*Peters /Jacoby*, § 648a, Rn. 23.

271 Vgl. *von Gehlen*, NZBau 2008, 612 (617); Tonner /Willingmann /Tamm-*Cebulla*, § 648a, Rn. 24.

Hs. BGB überein, sodass auf die dortigen Ausführungen weitgehend verwiesen werden kann.[272] Dies gilt auch für den Sinn und Zweck der Anrechnungsregelung, welcher darin besteht, eine Besserstellung des Werkunternehmers infolge der Leistungsbefreiung zu vermeiden.[273]

3. Historische Entwicklung

Nachdem § 648a BGB a. F. (= § 650 f. BGB n. F.) am 1. Mai 1993 durch das Bauhandwerkersicherungsgesetz in das BGB eingeführt worden war[274] wurde er schon 7 Jahre später durch das Gesetz zur Beschleunigung fälliger Zahlungen[275] im Jahre 2000 neu gestaltet. Doch auch in dieser Fassung verlieh diese Vorschrift dem Werkunternehmer keinen durchsetzbaren Anspruch auf Erbringung der Sicherheitsleistung durch den Besteller.[276] Dies änderte sich erst im Wege der grundlegenden Neugestaltung eines umfangreichen Teils dieser Vorschrift durch das Forderungssicherungsgesetz[277].[278] Auf diesem Wege hielt auch das Kündigungsrecht des Unternehmers mit der Rechtsfolgenregelung nach dem Vorbild des § 648 S. 2, 3 BGB Einzug in § 650 f. Abs. 5 BGB.

VIII. § 74c HGB

1. Nachvertragliches Wettbewerbsverbot

Während seines Beschäftigungsverhältnisses darf der Arbeitnehmer dem Arbeitgeber keine Konkurrenz machen.[279] Darüber hinaus kann der Arbeitgeber ein Interesse daran haben, dass der Arbeitnehmer auch nach Ablauf des Beschäfti-

---

272 Vgl. Palandt[78]-*Sprau*, § 650 f., Rn. 22; Staudinger[2014]-*Peters /Jacoby*, § 648a, Rn. 29 f.; Tonner /Willingmann /Tamm-*Cebulla*, § 648a, Rn. 24. Gleiches gilt für die in § 650 f. Abs. 5 S. 3 bzw. § 648 S. 3 BGB normierte Beweiserleichterung für den Unternehmer.

273 Durch die Synchronisierung der Rechtsfolgen von § 650 f. Abs. 5 S. 2 und § 648 S. 2 BGB soll schließlich auch verhindert werden, dass der Besteller einer drohenden Kündigung des Werkunternehmers zuvorkommt um sich dadurch u. U. einen Vorteil zu verschaffen, vgl. Palandt[78]-*Sprau*, § 650 f., Rn. 22.

274 Vgl. bereits D VII 1.

275 BGBl. 2000 I, S. 330; BT-Drucks. 14/1246.

276 Erman[15]-*Schwenker /Rodemann*, § 650 f., Rn. 2; *Leinemann*, NJW 2008, 3745 (3749); *Oetker /Maultzsch*, aaO (Fn. 65), § 8, Rn. 298 (Fn. 568).

277 BGBl. 2008 I, 2022; BT-Drucks 16/511 und 16/9787.

278 Vgl. hierzu: Palandt[78]-*Sprau*, § 650 f., Rn. 1.

279 Dies ergibt sich für den Handlungsgehilfen bereits aus § 60 HGB. Allerdings erstreckt das BAG das Wettbewerbsverbot während eines Beschäftigungsverhältnisses – als Ausfluss der Treuepflicht – auf alle Arbeitnehmer, vgl. BAG, BB 1971, 86. Dem folgt

gungsverhältnisses in keinem Konkurrenzverhältnis zu ihm tritt. Für diesen Fall können die ehemaligen Vertragsparteien ein nachvertragliches Wettbewerbsverbot vereinbaren.[280] Hierbei handelt es sich um ein *gegenseitiges Schuldverhältnis*: Der Arbeitnehmer schuldet die Unterlassung des Wettbewerbs und der Arbeitgeber die Zahlung einer (angemessenen) Karenzentschädigung.[281] Insofern als solch eine Vereinbarung tief in die Berufsfreiheit des – potentiell schwächeren – Arbeitnehmers eingreift, weisen die §§ 74 ff. HGB eine Reihe von Schutzbestimmungen auf.[282] Dabei sind diese Vorschriften von ihrem Wortlaut her nur auf Handlungsgehilfen iSv. § 59 HGB anwendbar. Aufgrund der vergleichbaren Interessenlage, werden die §§ 74 ff. HGB jedoch *analog* auf alle übrigen Arbeitnehmer angewendet.[283] Seit 2003 wird diese analoge Anwendung durch § 110 S. 2 iVm. § 6 Abs. 2 GewO gestützt. Auf freie Mitarbeiter finden die §§ 74 ff. HGB dagegen keine Anwendung[284], es sei denn, sie sind wirtschaftlich abhängig.[285]

---

der weit überwiegende Teil der Literatur. Streitig ist bloß die rechtliche Grundlage für diese Rechtsfolge. Für eine analoge Anwendung von § 60 HGB: Baumbach / Hopt[38]-*Roth*, § 60, Rn. 1; E/B/J/S[3]-*Boecken*, § 60, Rn. 6; Ensthaler[8]-*Etzel*, § 60, Rn. 1; ErfK[19]-*Oetker*, § 60 HGB, Rn. 2. Für § 242 BGB: HeKo /HGB[7]-*Ruß*, § 60, Rn. 1; MüKo /HGB[4]-*v.Hoyningen-Huene*, § 60, Rn. 9.

280 Erforderlich ist solch eine Vereinbarung deshalb, weil der Arbeitnehmer nach Beendigung des Arbeitsverhältnisses – in den Grenzen der § 3 UWG, §§ 823 I, 826 BGB – grds. das Recht hat, dem ehemaligen Arbeitgeber Konkurrenz zu machen, vgl. Röhricht /v. Westphalen[4]-*Wagner*, § 74, Rn. 2; *Vogelsang*, in: Schaub: Arbeitsrechts-Handbuch[17] (2017), § 55, Rn. 1.

281 BAGE 112, 376 (380); BAG, AP Nr. 49 zu § 74 HGB; NJW 1983, 2896 (2897); *Bengelsdorf*, BB 1983, 905 (907); E/B/J/S[3]-*Boecken*, § 74, Rn. 5; HeKo /HGB[7]-*Ruß*, § 74, Rn. 3; *Hüttl*, AuA 2007, 602; Koller /Kindler /Roth /Morck[8]-*Koller*, §§ 74–75d, Rn. 11; *Vogelsang*, in: Schaub aaO (Fn. 280), § 55, Rn. 30.

282 Baumbach /Hopt[38]-*Roth*, § 74, Rn. 3; E/B/J/S[3]-*Boecken*, § 74, Rn. 2; Koller /Kindler / Roth /Morck[8]-*Koller*, §§ 74–75d, Rn. 2; MüKo /HGB[4]-v. *Hoyningen-Huene*, § 74, Rn. 2.

283 Seit BAGE 22, 125 (133 f.); a.A. noch BAG, AP Nr. 7 zu Art. 12 GG.

284 Gleiches gilt für Organmitglieder juristischer Personen, vgl. BGH, NJW 2002, 1875 (1876); BGHZ 91, 1 (3); Baumbach /Hopt[38]-*Roth*, § 74, Rn. 3; E/B/J/S[3]-*Boecken*, § 74, Rn. 8; MüKo /HGB[4]-*v. Hoyningen-Huene*, § 74, Rn. 9; *Nave*, NJW 2003, 3322 (3323); *Vogelsang*, in: Schaub aaO (Fn. 280), § 55, Rn. 13.

285 BAGE 85, 60 (66); BGH, NJW 2003, 1864 (1865); OLG Düsseldorf, NJW-RR 2005, 119 (120); OLG München, NJW-RR 1998, 393 (394); LAG Köln, NZA-RR 2000, 19 (22); Baumbach /Hopt[38]-*Roth*, § 74, Rn. 3; E/B/J/S[3]-*Boecken*, § 74, Rn. 8; *Nave*, NJW 2003, 3322 (3323); *Speckmann*, in: Saenger /Aderhold /Lenkaitis, Handels- und Gesellschaftsrecht, 2. Aufl. (2011), § 1, Rn. 310.

Weiterhin kommen die §§ 74 ff. HGB nur dann zur Anwendung, wenn das Wettbewerbsverbot *vor* oder *während* des Arbeitsverhältnisses vereinbart wurde.[286] Dagegen finden die Vorschriften auf eine nach Beendigung des Arbeitsverhältnisses gefundene Einigung keine Anwendung.[287]

2. Karenzentschädigung / Anrechnung

§ 74 Abs. 2 HGB sieht, als Ausgleich für die materiellen Einbußen infolge des nachvertraglichen Wettbewerbsverbotes[288], eine Karenzentschädigung für den Arbeitnehmer vor. Dabei werden Vorgaben bzgl. der Dauer und der Höhe der Entschädigung gemacht. Werden diese Voraussetzungen nicht eingehalten, ist das Wettbewerbsverbot nicht rechtsverbindlich. Die Zahlung der Entschädigung stellt dabei die synallagmatische Hauptleistungspflicht des Arbeitgebers in der vertraglichen Vereinbarung eines Wettbewerbsverbotes mit dem Arbeitnehmer dar. Somit handelt es sich gerade nicht um einen Schadensersatzanspruch.[289] Dabei ist die Entschädigung auch dann zu leisten, wenn der Arbeitnehmer, etwa infolge einer Krankheit, überhaupt nicht in der Lage ist, Wettbewerb auszuüben.[290] § 74c HGB schränkt dagegen den Umfang dieser Karenzentschädigung zugunsten des Arbeitgebers ein.[291] Eine weitere Verschärfung zu Lasten des Arbeitnehmers wäre jedoch gem. § 75d HGB unzulässig.[292]

Im Gegensatz zu den vorangegangenen Normen[293] sind die Voraussetzungen für eine Anrechnung des tatsächlichen oder hypothetischen Erwerbs aus einer anderweitigen Beschäftigung des Arbeitnehmers deutlich verschärft.[294] So wird

286 Baumbach / Hopt[38]-*Roth*, § 74, Rn. 4. Dabei genügt es noch, wenn die Vereinbarung im Rahmen der Kündigungsabwicklung bzw. gemeinsamen Aufhebung des Arbeitsverhältnisses geschlossen wird (vgl. BAG, NJW 1995, 151).

287 BAG, AP Nr. 23 zu § 74 HGB; AP Nr. 24 zu § 74 HGB; *Bauer / Diller*, Wettbewerbsverbote[3] (2002), Rn. 51; *Schirner*, AuA 2005, 652 (653).

288 E/B/J/S[3]-*Boecken*, § 74, Rn. 41; MüKo / HGB[4]-*v. Hoyningen-Huene*, § 74c, Rn. 4.

289 E/B/J/S[3]-*Boecken*, § 74, Rn. 41; HeKo / HGB[7]-*Ruß*, § 74, Rn. 3.

290 BAGE 112, 376 (380); BAG, AP Nr. 25 zu § 123 BGB; HeKo / HGB[7]-*Ruß*, § 74, Rn. 3; Koller / Kindler / Roth / Morck[8]-*Koller*, §§ 74–75d, Rn. 9. Eine Ausnahme stellt freilich § 74c Abs. 1 3 HGB dar.

291 MüKo / HGB[4]-*v. Hoyningen-Huene*, § 74c, Rn. 1.

292 Insofern ist § 74c HGB einseitig zwingend, vgl. § 11 KSchG.

293 §§ 326 Abs. 2 S. 2, 537 Abs. 1 S. 2, 615 S. 2, 616 S. 2, 650 f. Abs. 5 S. 2 2.Hs., 648 S. 2 2. Hs. BGB, § 11 KSchG.

294 Dagegen entfällt die Entschädigungspflicht des Arbeitgebers für die Dauer einer vom Arbeitnehmer zu verbüßenden Freiheitsstrafe, gem. § 74c Abs. 1 S. 3 HGB.

der anderweitige Erwerb erst dann angerechnet, wenn er iVm. mit der Karenzentschädigung die bisherige Vergütung um 10 % überschreitet (§ 74c Abs. 1 S. 1 HGB a.E.). Ist der Arbeitnehmer infolge des Wettbewerbsverbotes gezwungen, den Wohnort zu wechseln, steigt die Anrechnungsgrenze gem. § 74c Abs. 1 S. 2 HGB auf 125 % der bisherigen Vergütung.[295] Dabei hat der Gesetzgeber sich auch hier sowohl für die Anrechnung des tatsächlich erlangten Erwerbs als auch für die Anrechnung des hypothetischen Erwerbs aus einer abgelehnten aber zumutbaren Tätigkeit entschieden. Auch hier gilt, dass sich die Erwerbsmöglichkeit gerade durch das zwischen den Parteien vereinbarte Unterlassen ergeben muss.[296] Einkünfte aus einer Nebentätigkeit kommen daher nicht für eine Anrechnung in Betracht.[297] Böswillig handelt der Arbeitnehmer – wie bei §§ 326 Abs. 2 S. 2, 615 S. 2, 650 f. Abs. 5 S. 2 2.Hs., 648 S. 2 2.Hs. BGB und § 11 Nr. 2 KSchG[298] – wenn er eine zumutbare Beschäftigung *vorsätzlich* ablehnt.[299] Bei der Bewertung der Zumutbarkeit ist dabei im Lichte von Art. 12 GG insbesondere auf das Interesse an einem beruflichen Fortkommen des Arbeitnehmers Rücksicht zu nehmen.[300] Weitere, mit den vorangegangenen Normen übereinstimmende, Eckpunkte sind die *ipso iure* Minderung[301] und die Möglichkeit einer Rückforderung nach Bereicherungsrecht bei Überzahlung durch den Arbeitgeber in Unkenntnis eines Anrechnungstatbestandes.[302]

Insofern als es hier nicht um eine Anrechnung geht, stellt diese Vorschrift einen „Fremdkörper" innerhalb von § 74c Abs. 1 HGB dar. Kritisch zur systematischen Stellung dieser Vorschrift auch: E/B/J/S³-*Boecken*, § 74c, Rn. 25.

295 Dabei genügt ein Wohnungswechsel innerhalb der Gemeinde natürlich nicht. Die Begründung eines Zweitwohnsitzes ist dagegen ausreichend, vgl. MüKo /HGB⁴-*v. Hoyningen-Huene*, § 74c, Rn. 21.

296 BAG, NJW 2006, 3227 (3229); E/B/J/S³-*Boecken*, § 74c, Rn. 6; GK⁵-*Weber*, § 74c, Rn. 5; *Gumpert*, BB 1970, 890; *Mayer*, AiB 2005, 433 (435).

297 *Bauer /Diller*, aaO (Fn. 287), Rn. 528; Baumbach /Hopt³⁸-*Roth*, § 74c, Rn. 1.

298 Vgl. E/B/J/S³-*Boecken*, § 74c, Rn. 16.

299 BAG, NJW 1996, 2677; AP Nr. 4 zu § 74c HGB; AP Nr. 1 zu § 74c HGB; Baumbach / Hopt³⁸-*Roth*, § 74c, Rn. 2; *Bengelsdorf*, BB 1983, 905 (908); Röhricht /v. Westphalen⁴-*Wagner*, § 74c, Rn. 15; *Vogelsang*, in: Schaub aaO (Fn. 280), § 55, Rn. 80.

300 BAG, AP Nr. 4 zu § 74c HGB; ErfK¹⁹-*Oetker*, § 74c HGB, Rn. 5; *Grunsky*, Wettbewerbsverbote für Arbeitnehmer, 1981, S. 46; Röhricht /v. Westphalen⁴-*Wagner*, § 74c, Rn. 16.

301 *Bauer /Diller*, aaO (Fn. 287), Rn. 512a; E/B/J/S³-*Boecken*, § 74c, Rn. 24.

302 *Bauer /Diller*, aaO (Fn. 287), Rn. 512a; E/B/J/S³-*Boecken*, § 74c, Rn. 24; HeKo /HGB⁷-*Ruß*, § 74c, Rn. 4.

Bedingt durch die Wortwahl dieser Vorschrift, wonach auf die „fällige Entschädigung" der (fiktive) Ersatzerwerb des Zeitraumes „für den die Entschädigung gezahlt wird", anzurechnen ist, erfolgt – im Gegensatz zu § 615 S. 2 BGB und § 11 KSchG – eine *Anrechnung pro rata temporis.*[303]

Um die Beweissituation des Arbeitgebers iRv. § 74c Abs. 1 HGB zu erleichtern, legt Abs. 2 dieser Vorschrift dem Arbeitnehmer eine Auskunftspflicht auf.[304] Solange letzterer seiner Auskunftspflicht nicht nachkommt, steht dem Arbeitgeber ein Leistungsverweigerungsrecht zu.[305]

3. Historische Entwicklung

Das Allgemeine Deutsche Handelsgesetzbuch (ADHGB) enthielt mit Art. 59 zunächst eine Regelung welche sich ausschließlich mit dem Wettbewerbsverbot für die Dauer der Beschäftigung des Handlungsgehilfen befasste. Für eine entsprechende Vereinbarung *nach* Ablauf des Dienstverhältnisses wies es dagegen keine Regelung auf.[306] Stattdessen versuchte die Rechtsprechung solche

303 BAG, NJW 2006, 3227 (3229); BAGE 91, 56 (62); a. A. noch BAG, AP Nr. 1 zu § 74c HGB; der neuen Rechtsprechung folgen dagegen: *Bauer /Diller*, aaO (Fn. 287), Rn. 561; Baumbach /Hopt[38]-*Roth*, § 74c, Rn. 1; E/B/J/S[3]-*Boecken*, § 74c, Rn. 5; Ensthaler[8]-*Etzel*, §§ 74–75d, Rn. 107; ErfK[19]-*Oetker*, § 74c HGB, Rn. 7; GK[5]-*Weber*, § 74c, Rn. 17; *Hunold*, NZA-RR 2007, 617 (624); MüKo /HGB[4]-*v.Hoyningen-Huene*, § 74c, Rn. 22; Röhricht /v. Westphalen[4]-*Wagner*, § 74c, Rn. 27; *Vogelsang*, in: Schaub aaO (Fn. 280), § 55, Rn. 87.

304 E/B/J/S[3]-*Boecken*, § 74c, Rn. 26.

305 Vgl. die Angaben iRv. § 615 S. 2 BGB. Streitig ist indes, auf welche Rechtsgrundlage die Leistungsverweigerung zu setzen ist. Für § 320 BGB: BAG, AP Nr. 8 zu § 74c HGB; GK[5]-*Weber*, § 74c, Rn. 30; für § 273 Abs. 1 BGB: *Bauer /Diller*, aaO (Fn. 287), Rn. 580; MüKo /HGB[4]-*v.Hoyningen-Huene*, § 74c, Rn. 29; *Vogelsang*, in: Schaub aaO (Fn. 280), § 55, Rn. 88. Für die zuletzt genannte Ansicht spricht, dass die Pflicht zur Karenzentschädigung mit der Pflicht, nicht in Konkurrenz zum Arbeitgeber zu treten im Synallagma steht. Die Auskunftspflicht des Arbeitnehmers ist dagegen nicht Teil dieses Gegenseitigkeitsverhältnisses. Mit dem Fehlen einer synallagmatischen Verbindung ist der Anwendung des § 320 BGB jedoch das tragende Fundament entzogen. Vgl. E/B/J/S[3]-*Boecken*, § 74c, Rn. 28.

306 *Bauer /Diller*, aaO (Fn. 287), Rn. 1; *Gierke /Sandrock*, Handels- und Wirtschaftsrecht[9] (1975), § 24 V 1 b); GK[3]-*Würdinger*, § 74, Anm. 1. Zu beachten ist, dass die Vereinbarung von Wettbewerbsverboten überhaupt erst mit der Einführung der Gewerbefreiheit durch das Gewerbesteueredikt vom 2.11.1810 erforderlich wurde. Vor dieser Einführung war der Arbeitgeber durch den Zunftzwang weitgehend vor

Absprachen anhand des Verdikts der Sittenwidrigkeit zu überprüfen, um diese Regelungslücke zu schließen.[307] Das am 1.1.1900 in Kraft getretene Handelsgesetzbuch (HGB) regelte dagegen in den §§ 74, 75 HGB auch das nachvertragliche Wettbewerbsverbot.[308] Allerdings erwiesen sich diese Regelungen recht schnell als unzureichend.[309] Sie enthielten insbesondere keine zwingende Vorgabe einer Karenzentschädigung als Gegenleistung für die Verpflichtung des Arbeitnehmers, künftig nicht in Wettbewerb zum Arbeitgeber zu treten.[310] Folglich gab es auch noch keine Anrechnungsvorschrift. Das heutige Recht zum nachvertraglichen Wettbewerbsverbot wurde dagegen wesentlich durch die Novelle zum HGB vom 10.06.1914 geprägt.[311] Durch sie wurde § 74 geändert und die §§ 74a bis 75 f. HGB eingefügt.[312] Wichtigste Neuerung war in diesem Zusammenhang die Einführung einer Karenzentschädigung als Voraussetzung für ein wirksames Wettbewerbsverbot.[313] Bei der Schaffung der Anrechnungstatbestände in § 74c Abs. 1 HGB haben dabei Augenscheinlich die §§ 324 Abs. 1 S. 2 [a.F.], 615 S. 2 BGB Pate gestanden, was allein schon am fast identischen Wortlaut erkennbar ist.[314] Obwohl die Kodifikation des Handelsrechts bedeutend früher in Kraft trat, als jene des allgemeinen Zivilrechts[315], wanderte der Gedanke von der Anrechnung zwecks Vermeidung einer Bereicherung vom BGB in das HGB und nicht umgekehrt.[316]

---

unerwünschter Konkurrenz geschützt, vgl. *Wertheimer*, Nachvertragliche Wettbewerbsverbote bei Arbeitsverhältnissen, 1998, S. 7.

307 Vgl. RGZ 20, 106 (108); 31, 97 (99).

308 *Gierke /Sandrock*, aaO (Fn. 306), § 24 V 1 b); *Wertheimer*, aaO (Fn. 306), S. 8.

309 *Gierke /Sandrock*, aaO (Fn. 306), § 24 V 1 b); *Ramrath*, in: FG Sandrock (1995), S. 260.

310 *Bauer /Diller*, aaO (Fn. 287), Rn. 2; *Ramrath*, in: FG Sandrock (1995), S. 269.

311 Vgl. *Bengelsdorf*, BB 1983, 905 (906); GK³-*Würdinger*, § 74, Anm. 1; *Ramrath*, in: FG Sandrock (1995), S. 269.

312 Vgl. *Ramrath*, in: FG Sandrock (1995), S. 260.

313 *Bauer /Diller*, aaO (Fn. 287), Rn. 3; *Wertheimer*, aaO (Fn. 306), S. 10.

314 Vgl. GK⁴-*Konzen/Weber*, § 74c, Rn. 1; GK³-*Würdinger*, § 74c, Anm. 1; Röhricht /v. Westphalen⁴-*Wagner*, § 74c, Rn. 1.

315 Das ADHGB wurde bereits am 31.05.1861 von der Bundesversammlung beschlossen und ist kurz danach in den meisten Ländern des deutschsprachigen Raumes eingeführt, etwa in Preußen (24.06.1861) und Österreich (17.12.1862). Das BGB trat dagegen erst am 01.01.1900 in Kraft.

316 Ohnehin diente die Erstellung eines neuen Handelsgesetzbuches ab 1888 – zumal nicht mehr ausreichend Zeit für eine vollständige Neufassung zur Verfügung stand – (lediglich) der Anpassung an die „große" Zivilrechtskodifikation, dem BGB, vgl. *Schmoeckel*, Rechtsgeschichte der Wirtschaft, 2008, Rn. 165.

IX. § 415 Abs. 2 S. 1 Nr. 1 HGB

1. Voraussetzungen

Bei § 415 HGB handelt es sich um eine Vorschrift, die das Recht des Absenders regelt, den Frachtvertrag, welchen er zuvor mit einem gewerblichen Unternehmer[317] (dem sog. Frachtführer) geschlossen hat, zu kündigen. Wie bei § 648 S. 1 BGB – dem für diese Vorschrift Vorbildcharakter zukommt[318] – ist hierfür keine Pflichtverletzung des Vertragspartners erforderlich.[319] Macht der Absender von diesem Recht Gebrauch, hat der Frachtführer die Wahl:[320] Entweder er verlangt als Ausgleich gem. § 415 Abs. 2 S. 1 Nr. 1 HGB die Fracht, das vereinbarte Standgeld (unter den Voraussetzungen von § 412 Abs. 3 HGB)[321] sowie Aufwendungsersatz abzüglich erlangter Ersparnisse bzw. anderweitiger Einkünfte, oder aber er entscheidet sich gem. § 415 Abs. 2 S. 1 Nr. 2 HGB für ein Drittel der vereinbarten Fracht (sog. *Fautfracht*[322]). Der Unterschied besteht vornehmlich darin, dass der Frachtführer sich wahlweise für einen *konkreten* (Nr. 1) oder *pauschalen* (Nr. 2) Ausgleich für das jederzeitige Kündigungsrecht des Absenders, welches letzterem ein Höchstmaß an Flexibilität gewährt[323], entscheiden kann.[324] Die konkrete Abrechnung iSv. § 415 Abs. 2 S. 1 Nr. 1 BGB stellt dabei für den Frachtführer die wirtschaftlich günstigere Alternative dar. Die pauschale Kündigungsentschädigung iSv. § 415 Abs. 2 S. 1 Nr. 2 BGB entlastet

---

317 Vgl. hierzu *K. Schmidt*, Handelsrecht[5] (1999), § 32 II 2 a).

318 E/B/J-*Gass*, § 415, Rn. 1. Ensthaler[8]-*Bracker /Janßen*, § 415, Rn. 1; HeKo /HGB[7]-*Ruß*, § 415, Rn. 2; *Heuer*, TranspR 1998, 45 (47); *Koller*, TransportR[9] (2016), § 415, Rn. 1; *Müglich*, Transport- und Logistikrecht, 2002, S. 44. Vgl. zudem Art. 12 Abs. 1 S. 1 CMR, § 36 BinnSchG sowie § 580 HGB.

319 Ensthaler[8]-*Bracker /Janßen*, § 415, Rn. 1; *Herber*, NJW 1998, 3297 (3301); *Müglich*, aaO (Fn. 318), S. 43; MüKo /HGB[3]-*Thume*, § 415, Rn. 1; *Ramming*, TranspR 2003, 419 (422 f.).

320 HeKo /HGB[7]-*Ruß*, § 415, Rn. 3; *Herber*, NJW 1998, 3297 (3301). Von der Judikatur noch nicht entschieden ist die Frage, ob die Wahl bindend ist, vgl. BGH, TranspR 2002, 36 (37). Dafür: *Müglich*, aaO (Fn. 318), S. 44.

321 Vgl. Baumbach /Hopt[38]-*Merkt*, § 415, Rn. 2; E/B/J-*Gass*, § 415, Rn. 8; Ensthaler[8]-*Bracker /Janßen*, § 415, Rn. 3.

322 Zu diesem Begriff aus dem Seefrachtrecht vgl. *K. Schmidt*, aaO (Fn. 317), § 32 II 5 b) m. w. N.

323 E/B/J-*Gass*, § 415, Rn. 1; *Herber*, NJW 1998, 3297 (3301); *Müglich*, aaO (Fn. 318), S. 43.

324 MüKo /HGB[3]-*Thume*, § 415, Rn. 9.

den Frachtführer dagegen weitgehend von der Pflicht zur Beweisführung.[325] Die Möglichkeit, beide Ausgleichsvarianten miteinander zu kombinieren, besteht dagegen nicht.[326]

2. Anrechnung

Der in § 415 Abs. 2 S. 1 Nr. 1 HGB kodifizierte Anrechnungsgedanke stellt indes das Äquivalent zu § 648 S. 2 2. Hs. BGB dar.[327] Bezüglich der Art und Weise der Anrechnung sowie der einzelnen Anrechnungstatbestände, kann daher auf die dortigen Ausführungen weitgehend verwiesen werden.[328]

Der Ersatzanspruch aus § 415 Abs. 2 S. 1 Nr. 1 HGB entfällt, wenn die Kündigung des Absenders durch Gründe initiiert wurde, welche der Sphäre des Frachtführers zuzurechnen sind und zudem die Beförderung für den Absender nicht von Interesse ist[329], gem. § 415 Abs. 2 S. 2 2. Hs. BGB.

Für den Fall, dass zum Zeitpunkt der Kündigung bereits Frachtgüter verladen waren, enthält § 415 Abs. 3 HGB weitergehende Regelungen, welche jedoch für die vorliegende Untersuchung jedoch keine besondere Relevanz haben.

3. Historische Entwicklung

§ 415 HGB wurde im Zuge der Umsetzung des Transportrechtsreformgesetzes am 01.07.1998[330] völlig neu gestaltet.[331] Ziel dieses Gesetzesvorhabens war es, die Vorschriften im Fracht-, Speditions- und Lagerrecht zusammenzufassen und in das HGB zu inkorporieren, um auf diese Weise zur Deregulierung und besseren

325 *Knorre /Werdein*, in: Knorre /Demuth /Schmid, Handbuch des Transportrechts, 2. Aufl. (2015), B. I, Rn. 149 f. Dadurch sollen Auseinandersetzungen im Hinblick auf die Höhe des Anspruchs nach Möglichkeit vermieden werden, vgl. *Koller*, aaO (Fn. 318), § 415, Rn. 15.

326 E/B/J-*Gass*, § 415, Rn. 4.

327 *Koller*, aaO (Fn. 318), § 415, Rn. 16; *Müglich*, aaO (Fn. 318), S. 44; MüKo /HGB[3]-*Thume*, § 415, Rn. 14.

328 Etwa im Hinblick auf die Bösgläubigkeit, welche auch hier vornehmlich das vorsätzliche Außerachtlassen eines zumutbaren Ersatzauftrages beinhaltet, vgl. MüKo / HGB[3]-*Thume*, § 415, 16.

329 Etwa wenn der Transport durch einen anderen Frachtführer übernommen wird, vgl. Baumbach /Hopt[38]-*Merkt*, § 415, Rn. 2; Ensthaler[8]-*Bracker /Janßen*, § 415, Rn. 6.

330 BGBl. 1998 I, S. 1588.

331 Vgl. *Herber*, NJW 1998, 3297 (3299). Allgemein zur Entstehungsgeschichte des Transportrechtsreformgesetzes vgl. *Czerwenka*, TranspR 1997, 353; *Niederleithinger*, in: FG Herber (1999), S. 77 ff.; *Thume*, BB 1998, 2117; *ders.*, BB 1997, 585.

Handhabbarkeit der Gesetzesmaterie beizutragen.[332] Gefolgt ist man dabei über weite Strecken dem CMR.[333] Für § 415 HGB hat man jedoch eine Vorschrift aus dem Bürgerlichen Gesetzbuch herangezogen: § 648 BGB (= § 649 BGB a. F.). Dabei wurde der Anwendungsbereich von § 415 Abs. 2 S. 1 Nr. 1 HGB, der auch den Anrechnungsgedanken enthält, im Rahmen des Gesetzgebungsverfahrens nochmals zugunsten des Frachtführers erweitert.[334] Danach entfällt sein Anspruch auf die Fracht, das Standgeld sowie etwaige Aufwendungen nicht automatisch – wie das Anrecht auf die Fautfracht iSv. § 415 Abs. 2 S. 1 Nr. 2 HGB – wenn der Grund für die Kündigung des Absenders aus seiner Sphäre stammt (vgl. § 415 Abs. 2 S. 2 2.Hs. HGB).[335]

Auch bei dieser Norm ergibt sich somit der ungewöhnliche Befund, dass nicht das HGB – als die Kodifikation mit der längeren Geschichte – dem BGB als Vorbild gedient hat, sondern – vice versa – der Anrechnungsgedanke ausgehend vom BGB in das HGB Einzug gehalten hat.[336]

X. Zusammenfassung

1. Einleitung

Im Rahmen einer abschließenden Zusammenfassung soll nun die bereicherungsrechtliche Schnittmenge der besagten Vorschriften herausgearbeitet werden. § 74c HGB nimmt dabei in vielfacher Hinsicht eine Sonderstellung ein, welche später noch zu würdigen ist. Für die folgende Analyse muss er jedoch zunächst außer Betracht bleiben. Die übrigen Vorschriften befassen sich indes praktisch durchgehend mit der Gefahrtragung[337] oder – bis auf § 650 f. Abs. 5 BGB – mit

---

332 *Herber*, NJW 1998, 3297; *Thume*, BB 1998, 2117. Vgl. auch *Niederleithinger*, in: FG Herber (1999), S. 82.

333 *Herber*, NJW 1998, 3297; *Heuer*, TranspR 1998, 45; *Niederleithinger*, in: FG Herber (1999), S. 83.

334 *Czerwenka*, TranspR 1997, 353 (356).

335 Im Kommissionsentwurf hieß es dagegen noch: „*Dem Frachtführer stehen Ansprüche auf Fracht, Standgeld und Aufwendungsersatz nicht zu, wenn die Kündigung auf Gründen beruht, die seinem Risikobereich zuzurechnen sind.*“

336 Vgl. D VIII 3.

337 § 326, § 615, § 616 BGB. Vgl. *Coster-Waltjen*, Jura 2007, 140 (113 f.); MüKo[7]-*Ernst*, § 326, Rn. 2. § 537 BGB kann dagegen nicht als Gefahrtragungsregelung im engeren Sinn bezeichnet werden, da die Pflicht zur Vergütung mit dem tatsächlichen *Gebrauch* der Mietsache nicht im Synallagma steht. Geschuldet wird lediglich die Gebrauchsmöglichkeit (s. o.), vgl. *Coester-Waltjen*, Jura 2007, 140

einem jederzeitigen Kündigungsrecht des Sachgläubigers.[338] Die darin enthaltenen Anrechnungsregelungen dienen dabei stets der Kürzung des Gegenleistungsanspruchs derjenigen Partei, die zuvor daran gehindert wurde, ihre vertragsgemäße Leistungspflicht zu erfüllen. Dies mag zwar für § 537 Abs. 1 BGB nach Gebrauchsüberlassung nicht zutreffen, da der Vermieter damit seine Pflicht erfüllt hat, doch aus der Perspektive der anderen Partei ist unter Wertungsgesichtspunkten der Unterschied zwischen Gebrauchsverhinderung und Nichtannahme (vgl. § 615 BGB) marginal und deshalb auch zu vernachlässigen.[339] Bei einem Großteil der Vorschriften[340] stammt der Auslöser für dieses Leistungsunvermögen nicht aus der Sphäre des Schuldners. Dies gilt insbesondere auch für die Kündigungsvorschriften. Zwar ist es nicht auszuschließen, dass die Kündigung der einen Partei[341] ihre Ursache im Verhalten der anderen hat[342], doch bleibt es dabei dass der unmittelbare Grund für die Leistungsbefreiung die Kündigung selbst ist.[343] Alles andere sind bloß *mittelbare* Faktoren. Folglich ist die Differenzierung zwischen Gefahrtragungs- und Kündigungsvorschriften zumindest unter diesem Blickwinkel von weniger großer Bedeutung.

2. Eingeschränkte Analogiefähigkeit von § 616 S. 2 und § 650 f. Abs. 5 S. 2 2.Hs. BGB

a) § 616 S. 2 BGB

Eine Ausnahme bildet dagegen § 616 BGB.[344] Hier ist es dem Dienstverpflichteten – also dem Schuldner der vertragsspezifischen Leistung – zuzurechnen, dass die vertragstypische Leistung nicht erbracht werden kann. Hintergrund ist, dass bei einer auf Dauer angelegten, persönlichen Leistungspflicht ein Ausfall

---

(Fn. 1). § 11 KSchG enthält dagegen nur den Anrechnungsgedanken und ist stets im Zusammenhang mit § 615 BGB zu beachten.

338 § 648 BGB, § 415 HGB. Zur Sonderstellung von § 650 f. Abs. 5 BGB vgl. D X 2 b).

339 *Wendehorst*, Anspruch und Ausgleich, 1999, § 13 II 2 a); a. A. *Hüffer*, Leistungsstörungen durch Gläubigerhandeln, 1976, S. 32 f..

340 § 326, § 537, § 615, § 648 BGB, § 11 KSchG, § 415 HGB.

341 Gemeint ist der Gläubiger der vertragsspezifischen Leistung.

342 Wobei dann freilich auch eine Kündigung gem. § 314 BGB möglich wäre, vgl. HK / BGB[10]-*Scheuch*, § 648, Rn. 10. Vgl. iÜ. Den Wortlaut von § 415 Abs. 2 S. 2 2.Hs. HGB.

343 Ähnlich *Wendehorst*, die darauf hinweist, dass die Kündigung *„nichts anderes [ist] als die vorzeitig erklärte Weigerung, die Leistung des Unternehmers annehmen zu wollen, die vom Gesetz ausnahmsweise für legitim erklärt wird."*, *dies*., aaO (Fn. 339), § 13 II 1. Ebenso: *Kohler*, BR, Bd. 2/1, 1906, S. 205.

344 Zu § 650 f. Abs. 5 S. 2 2.Hs. BGB vgl. D X 2 b).

derselben aus persönlichen Gründen des Schuldners – früher oder später – fast schon vorprogrammiert ist.[345] Umgekehrt bildet das Einkommen aus einem Dienstverhältnis regelmäßig die materielle Existenzgrundlage für den Dienstverpflichteten.[346] Dieser besonderen Situation des Dienstvertragsrechts will § 616 BGB Rechnung tragen, indem er dem Arbeitnehmer die Vergütung bei *kurzfristigen* Unterbrechungen sichert. Was an Übereinstimmung mit den übrigen Vorschriften bleibt, ist das Bestreben der Anrechnungsvorschrift, eine Besserstellung des Schuldners zu Lasten des Gläubigers infolge der Leistungsbefreiung zu verhindern.[347] Getragen wird die Anrechnung in § 616 S. 2 BGB jedoch auch noch von einem weiteren Gedanken. So trägt nämlich der Dienstberechtigte durch seine Beiträge zur Sozialversicherung des Dienstverpflichteten indirekt den Ersatzerwerb des letzteren. Folglich soll eine Anrechnung nicht nur verhindern, dass der Arbeitnehmer zweimal „kassiert", sondern auch, dass der Arbeitgeber nicht ein zweites Mal „zur Kasse gebeten wird".[348] Die in den meisten anderen Anrechnungsvorschriften normierte *Anrechnungstrias* (Ersparnisse, tatsächlicher bzw. hypothetischer Ersatzerwerb) taucht dagegen nicht in § 616 S. 2 BGB auf. Davon abgesehen sollte man, angesichts der speziellen Wertungen, denen § 616 BGB Rechnung trägt, mit einer entsprechenden Anwendung dieser Vorschrift außerhalb des Dienstvertrages zurückhaltend sein.[349]

b) § 650 f. Abs. 5 S. 2 2.Hs. BGB

Im Gegensatz zu den beiden anderen Kündigungsvorschriften, § 648 BGB und § 415 HGB, ist es auch in § 650 f. Abs. 5 BGB der Sachschuldner, der die Kündigung erklärt und damit selbst den Auslöser für die Nichterbringung der eigenen Leistung liefert. Da er nach § 650 f. Abs. 5 S. 2 1.Hs. BGB gleichwohl die vereinbarte Gegenleistung erhält, scheint auf den ersten Blick ein Näheverhält-

---

345 Vgl. D V 1.

346 Vgl. D V 1.

347 Die Distanz zwischen § 616 BGB und den übrigen Anrechnungsvorschriften des BGB zeigt sich im Übrigen auch in der Genesis dieser Vorschrift. So war ein in seinem Umfang vergleichbarer Anspruch des Arbeitnehmers im römischen und später im gemeinen Recht nicht anerkannt, vgl. D V 3.

348 *Wendehorst*, aaO (Fn. 339), § 13 II 2 a).

349 Ähnlich bereits *Ernst*, Das Wegerisiko, 1992, S. 81. Insofern als in der vorliegenden Untersuchung die gesamtanaloge Anwendung der vertraglichen Anrechnungsvorschriften erwogen wird und es daher darauf ankommt, dass diese Normen in hohem Maße kohärent sind, dürfte sich § 616 S. 2 BGB für diesen Methodenschluss als ungeeignet erweisen.

nis zu § 616 BGB zu bestehen. Der entscheidende Unterschied besteht jedoch darin, dass der Werkunternehmer erst durch die Vertragsverletzung der anderen Partei, welche sich entgegen § 650 f. Abs. 1 S. 1 BGB weigert, eine Sicherheit für die Werklohnforderung zu stellen, zu diesem Schritt gedrängt wird. Wenngleich der Besteller durch sein Verhalten erst die Rechtfertigungsgrundlage für die außerordentliche Kündigung des Vertrages liefert, ist es doch der Werkunternehmer, der die Entscheidung fällt, von diesem Gestaltungsrecht Gebrauch zu machen.[350] Daneben hätte nunmehr auch die Alternative bestanden, den Anspruch aus § 650 f. Abs. 1 S. 1 BGB einzuklagen und nach § 887 ZPO zu vollstrecken.[351] Ferner hätte nach § 650 f. Abs. 5 S. 1 1.Alt. BGB die Möglichkeit bestanden, die Werkleistung zu verweigern, bis die geforderte Sicherheit gestellt ist. Die Kündigung des Vertrages stellt somit nur eine mögliche Option des Werkunternehmers dar um auf das vertragswidrige Verhalten des Bestellers zu reagieren. Die Kündigung ist somit nicht der letzte Schritt in einem vom Besteller in Gang gesetzten Automatismus sondern beruht vielmehr auf einer freien Willensentscheidung des Unternehmers. Aber selbst wenn man auf die mittelbare Ursache in Gestalt der vom Besteller nicht gestellten Sicherheit abstellt, wird die Übereinstimmung mit den übrigen Anrechnungsvorschriften nicht größer. So deutet der Umstand, dass dem Bauunternehmer durch § 650 f. Abs. 5 S. 1 1.Alt. BGB ausdrücklich ein Leistungsverweigerungsrecht zugestanden wird, darauf hin, dass die Pflicht zur Stellung einer Sicherheit nicht mit der Pflicht des Werkunternehmers zur Erstellung des Werkes im Synallagma steht. Andernfalls stünde dem Unternehmer (auch ohne vorherige Fristsetzung) bereits nach § 320 BGB die Möglichkeit zu, die Leistung über die Einrede des nicht erfüllten Vertrages zu verweigern. Folglich hat der Besteller noch nicht einmal eine Hauptleistungspflicht sondern nur eine Nebenleistungspflicht verletzt.[352] Außerdem hat er nicht die Pflicht seines Vertragspartners vereitelt sondern seine eigene nicht fristgerecht erbracht.

350 Entsprechend kam es auch bei § 648 BGB und § 415 HGB nur darauf an, wer die Kündigung erklärt und damit den *unmittelbaren* Anlass für die Nichterbringung der Leistung des Sachschuldners geliefert hat, vgl. D X 1.

351 Dies setzt freilich voraus, dass die am 01.01.2009 in Kraft getretene Neufassung des § 648a BGB a. F. (= § 650 f. BGB n. F.) überhaupt intertemporal anwendbar ist. Vgl. hierzu: Palandt[78]-*Sprau*, § 650 f., Rn. 2. Zur Genese des § 650 f. BGB vgl. D VII 3.

352 So stehen die Hauptleistungspflichten bei einem gegenseitigen Vertrag stets im Synallagma, vgl. *Brox /Walker*, SAT[42] (2018), § 2, Rn. 7; § 3, Rn. 2. Zur Einordnung der Pflicht aus § 648a Abs. 1 BGB a. F. (= § 650 f. Abs. 1 BGB n. F.) als Nebenleistungspflicht vgl. *Schmitz*, BauR 2009, 714.

Zwar lässt sich nicht leugnen, dass die Anrechnung nach § 650 f. Abs. 5 S. 2 2. Hs. BGB der Verwirklichung des Bereicherungsverbotes im Vertragsrecht dient. Hierfür spricht nicht zuletzt der mit § 648 S. 2 2.Hs. BGB weitgehend übereinstimmende Wortlaut der Anrechnungsbestimmung. Die Rahmenbedingungen sind jedoch nicht mit denen von § 648 BGB, § 415 HGB vergleichbar. Die inhaltliche Schnittmenge ist somit zu gering, um auch diese Norm in den (engeren) Kreis der analogiefähigen Anrechnungsvorschriften aufzunehmen. Der § 648 S. 2 BGB ähnelnde Wortlaut des § 650 f. Abs. 5 S. 2 BGB dient letztlich dazu, zu verhindern, dass der Besteller versucht, durch die Ausübung seines freien Kündigungsrechtes die Rechtsfolgen des § 650 f. Abs. 5 BGB zu unterlaufen.[353] Er steht einer unterschiedlichen Bewertung der beiden Vorschriften insoweit also nicht entgegen.

3. Bedeutung der Anrechnungsvorschriften

Die Anrechnungsvorschriften versuchen unterdessen der janusköpfigen Folge der Leistungsbefreiung des Schuldners Rechnung zu tragen.[354] Der normalerweise dadurch eintretende Verlust des Anspruchs auf die Gegenleistung als Konsequenz des Grundsatzes vom *konditionellen Synallagma*[355] wird durch seine Aufrechterhaltung aufgefangen. Allerdings drohen bei einer Leistungsbefreiung des Schuldners nicht nur negative Konsequenzen. Vielmehr entstehen Einsparungseffekte oder es eröffnen sich anderweitige Verdienstmöglichkeiten. Nun erscheint es jedoch unbillig, einerseits dem Gläubiger die negativen Folgen der Leistungsbefreiung aufzubürden, indem man ihn weiterhin verpflichtet, die Vergütung zu entrichten, ohne dafür eine adäquate Gegenleistung zu erhalten, andererseits aber die positiven Folgen der Leistungsbefreiung dem Schuldner zu überlassen. Zwar erlangt der Schuldner den Zwischenverdienst durch den Einsatz *seiner* Arbeitskraft[356] bzw. *seiner* Sachen[357][358], doch hätte ihre Verwer-

353 Vgl. bereits Fn. 279.

354 Vgl. BGHZ 60, 353 (358).
Beachte: Bei § 537 Abs. 1 BGB kann *nach* Gebrauchsüberlassung nicht von einer „Leistungsbefreiung" des Vermieters gesprochen werden. Gleichwohl besteht unter Wertungsgesichtspunkten kein wesentlicher Unterschied zu den übrigen Vorschriften, da auch hier die Möglichkeit besteht, dass der Vermieter sich auf der Grundlage des ungenutzten Mietobjekts auf Kosten des Mieters bereichern kann, vgl. *Wendehorst*, aaO (Fn. 339), § 13 II 2 a).

355 Vgl. D I 1.

356 Vgl. § 326 Abs. 2 S. 2, § 615 S. 2, § 650 f. Abs. 5 S. 2 2.Hs., § 648 S. 2 2. Hs. BGB.

357 Vgl. § 527 Abs. 1 S. 2 BGB.

358 Etwa im Gegensatz zu § 816 Abs. 1 S. 1 BGB.

tung – bei störungsfreier Vertragsabwicklung – eigentlich dem ursprünglichen Gläubiger zugestanden.[359] Würden dem Schuldner nun diese Vorteile belassen, hätte dieser sich *unbilligerweise auf Kosten des Gläubigers bereichert.*[360] An dieser Stelle kommen die Anrechnungsvorschriften „ins Spiel“. Sie schöpfen das, was dem Schuldner – über das vertraglich vorgegebene Maß – an Gewinn zukommen würde, wieder ab. Dass es dabei ausschließlich um diese Gewinnspanne geht, davon zeugt bereits das in den einzelnen Vorschriften vorgesehene *strenge Kausalitätserfordernis*: So werden nur solche Ersparnisse und Einkünfte angerechnet, welche *kausal* durch die Leistungsbefreiung des Schuldners ermöglicht wurden.[361] Dies geht einher mit der eingangs erwähnten Deutung des Bereicherungsverbotes: Nicht jede Form der Bereicherung ist „verboten“, sondern nur die *ungerechtfertigte.*[362] Andernfalls wäre der Schuldner der vertragsspezifischen Leistung auch gar nicht auf Kosten des Gläubigers bereichert. Rechtstechnisch wird die Durchsetzung des Bereicherungsverbotes dadurch erreicht, dass der Anspruch des Schuldners auf die Gegenleistung *ipso iure* gekürzt wird.[363] Das aber der Bereicherungsgedanke zwar die breiteste, gleichwohl aber nicht die einzige Stützte für die Anrechnungsvorschriften ist, zeigt der Umstand, dass nicht nur das tatsächlich Erworbene angerechnet wird, sondern auch das, was der Schuldner zu erwerben böswillig unterlassen hat. In diesen Fällen fehlt eine real vorhandene Vermögensmehrung des Schuldners.[364] Durch eine Anrechnung dieses (fiktiven) Betrages steht der Schuldner somit im Ergebnis *schlechter*, als bei ordnungsgemäßer Vertragsdurchführung. Dies mag für sich nicht mit dem Bereicherungsgedanken zu rechtfertigen sein.[365] Vielmehr geht es darum, ein Verhalten des Schuldners, welches wider Treu und Glauben ist, zu sanktionieren.[366] Dafür spricht, dass nicht jede hypothetische Erwerbsmöglichkeit des Schuldners einen abzugsfähigen Posten darstellt. Hinzu kommt vielmehr, dass der Schuldner

---

359 *Oertmann*, aaO (Fn. 62), S. 63.

360 Vgl. *Oertmann*, aaO (Fn. 62), S. 61. Dieser weist auf S. 63 darauf hin, dass die Rechtsordnung solch ein Ergebnis niemals dulden dürfe, wenn sie *„beiden Teilen gleiches Licht und gleichen Schatten zuerkennen will.“*

361 Vgl. HK /KSchG^{2}-*Fiebig*, § 11, Rn. 30.

362 Vgl. C I.

363 Vgl. C I 2.

364 Allenfalls könnte man dem Schuldner unterstellen, dass er infolge der Leistungsbefreiung um eine anderweitige Erwerbsmöglichkeit bereichert worden sei, diese aber nicht verwertet habe, obwohl es wirtschaftlich geboten gewesen wäre (vgl. hierzu den Rechtsgedanken von § 347 Abs. 1 S. 1, § 987 Abs. 2 BGB).

365 Vgl. Staudinger^{2016}-*Richardi /Fischinger*, § 615, Rn. 168.

366 Motive II, S. 209; Staudinger^{2016}-*Richardi /Fischinger*, § 615, Rn. 168.

böswillig agiert hat. Freilich ist dieses Merkmal im Laufe der Zeit aufgeweicht worden, indem auf eine konkrete Schädigungsabsicht des Schuldners verzichtet wurde.[367] Auf diese Weise wird seine Privatautonomie weiter eingeschränkt. Dass der böswillig unterlassene Erwerb nicht von § 537 Abs. 1 S. 2 BGB erfasst wird, hat wiederum mit der besonderen Eigenart des Mietvertrages zu tun. Insofern als diese Vorschrift im „allgemeinen Teil" des Mietrechts steht, erstreckt sie sich auch auf die Wohnraummiete.[368] Hier wollte man jedoch vermeiden, dass der Vermieter über eine drohende Anrechnung gezwungen wird, eine Immobilie, welche einen nicht unbedeutenden Wert hat, Personen zu überlassen, zu denen kein besonderes Vertrauensverhältnis besteht. Besonders brisant wird es, wenn der Vermieter einen Teil seines eigenen Wohnhauses vermietet und damit ihm fremde Menschen nah an seine engere persönliche Sphäre herankommen lässt.[369] Es bleibt festzuhalten, dass die Anrechnung böswillig unterlassener Einkünfte nicht primär den Bereicherungsgedanken widerspiegelt und somit für die weitere Untersuchung von weniger großer Bedeutung ist.

4. Historischer Hintergrund

Die historische Analyse der Anrechnungsvorschriften offenbart, dass das vertragliche Bereicherungsverbot seine Wurzeln im Dienstvertragsrecht hat. Dass diese Wurzeln bis zum römischen Recht zurückreichen, lässt sich durch aussagekräftige Digestenstellen nachweisen.[370] Dass er gerade dort aufkam, ist sicherlich kein Zufall: So hat auch der Anspruch auf den Annahmeverzugslohn, so wie er heute in § 615 S. 1 BGB normiert ist, dort seinen Ursprung. Dies zeigt zugleich, dass die Ausnahmeregelung vom konditionellen Synallagma einerseits und die Anrechnung andererseits eng miteinander verknüpft sind (s. o.).[371] Zugleich sind sie Ausdruck der spezifischen wirtschaftlichen Verhältnisse, in denen ein Dienstver-

---

367 Anders noch: RAG, ARS 30, 113 (116) im Einklang mit dem historischen Gesetzgeber, vgl. Motive II, S. 209.

368 Vgl. D II 1.

369 Vgl. *Esser / Weyers*, SchuldR, Bd. 2/1, 8. Aufl. (1998), § 16 II 2.

370 Vgl. nur D 19.2.19.9 sowie D 19.2.19.10, wo freilich noch nicht (explizit) auf die Methode der Anrechnung zurückgegriffen wird. Ferner war innerhalb der gemeinrechtlichen Literatur streitig, ob die Digestenstellen dem Dienstverpflichteten einen Schadensersatz- oder aber einen vertraglichen Erfüllungsanspruch gewähren. Die herrschende Ansicht sprach sich jedoch für den Erfüllungsanspruch aus, vgl. *Decker*, aaO (Fn. 20), S. 33 (m. w. N.); *Windscheid*, heidelb. krit. ZeitschR f. d. ges. Rechtswissenschaft, Bd. 2, 106 (138).

371 Vgl. auch *Kühn*, aaO (Fn. 149), S. 136.

pflichteter lebt.[372] Sein Anspruch auf die Gegenleistung, ohne die er seine Existenz in einer arbeitsteiligen Wirtschaftsordnung mit Geld als Tauschmittel wohl kaum sichern kann, muss vor Einflüssen außerhalb seiner Sphäre geschützt werden. Umgekehrt muss der Dienstberechtigte davor bewahrt werden, dass der Dienstverpflichtete diese Regelung zu seinem Nachteil missbraucht.

Dies bedeutet jedoch nicht, dass die Anrechnung in Verbindung mit dem Annahmeverzugslohn erstmalig im BGB *kodifiziert* wurde. Vielmehr findet sie sich bereits in zahlreichen Gesetzeswerken des 19. und zum Teil auch des 18. Jahrhunderts wieder.[373] Im Zuge der Schaffung des BGB diffundierte der Anrechnungsgedanke dann in andere Vertragstypen und wurde auch dort als Korrektiv derjenigen Vorschriften eingesetzt, welche den Gegenleistungsanspruch des (Sach-)Schuldners der vertragsspezifischen Leistung aufrechterhielten.[374] Gemein war diesen Vertragsarten, dass sie in der Regel eine lange Laufzeit aufwiesen und ihnen damit eine besondere Anfälligkeit für Störungen, welche die Leistungsfähigkeit des Schuldners bzw. die Verwendungsmöglichkeit durch den Gläubiger negativ beeinflussen, immanent war. Zwar dient die Aufrechterhaltung der Vergütung in § 648 S. 2 1. Hs. BGB als Ausgleich für das Recht des Werkbestellers jederzeit zu *kündigen*, doch wird er von seinem Kündigungsrecht regelmäßig erst dann Gebrauch machen, wenn die Erlangung des Werkes für ihn nicht mehr sinnvoll ist. Die (unvorhersehbaren) Umstände die dazu führen mögen indes mit jenen die in § 615 und § 537 BGB zum Annahmeverzug bzw. Nichtgebrauch führen, vergleichbar sein.[375] Die Übertragung der Anrechnung vom Dienst- auf den Miet- und Werkvertrag wurde – abgesehen von der vergleichbaren Interessenlage – dadurch erleichtert, dass sowohl im römischen als auch später im gemeinen Recht der heutige Dienstvertrag als „Dienstmiete" gemeinsam mit der Sachmiete und dem Werkvertrag Teil des römischen Kontraktstypus der *locatio conductio* war.[376] Wenn-

372 Vgl. bereits die Angaben zu § 616 BGB. Siehe außerdem: *Thiele*, AcP 167 (1967), 193 (217 f.).

373 I. 11. § 912 PrALR, § 163 preuß GesO, Art. 625 Dresdener Entwurf, § 1239 sächsisches BGB, Art. 222 hessischer Entwurf und Art. 498 bayerischer Entwurf.

374 Dieser Prozess hatte seinen Ursprung bereits im gemeinen Recht, vgl. D I 4.

375 Ebenso: *Wendehorst*, aaO (Fn. 339), § 13 II 1 („*regelwidrig und unerwünscht*[es]" Ereignis).

376 *Kaser/Knütel/Lohsse*, aaO (Fn. 47), § 42, Rn. 1; *Honsell*, aaO (Fn. 57), § 48; für das gemeine Recht: *Windscheid/Kipp*, aaO (Fn. 94), S. 717 ff. Dementsprechend auch die Unterscheidung innerhalb der *locatio conductio* zwischen der *locatio conductio rei* (Miete und Pacht), der *locatio conductio operarum* (Dienstvertrag) und der *locatio conductio operis* (Werkvertrag), vgl. *Honsell*, aaO (Fn. 57), § 48.
Somit verwundert es auch nicht, dass diese Ausdehnung der ursprünglich dienstvertraglichen Wertung ihren Anfang bereits im gemeinen Recht genommen hat.

gleich die Anrechnungsvorschriften im Rahmen der Schaffung des BGB bereits vereinzelt in das besondere Schuldrecht inkorporiert wurden, entschied sich der historische Gesetzgeber zugleich mit § 324 BGB a. F. (= § 326 Abs. 2 BGB) für eine Gefahrtragungsregelung im allgemeinen Teil des Schuldrechts, welche gleichfalls den Anrechnungsgedanken in sich trug. Durch dieses Tor konnte schließlich der in der Anrechnung verkörperte Bereicherungsgedanke auf sämtliche gegenseitige Verträge des BGB ausstrahlen. Freilich war dies nur dann möglich, wenn die besonderen Voraussetzungen von § 324 BGB a. F., welche im Vergleich zu den korrespondierenden Vorschriften im besonderen Teil des Schuldrechts strenger sind[377], vorlagen. Dafür, dass der historische Gesetzgeber bereits zu jener Zeit davon ausgegangen ist, dass hinter den Anrechnungsvorschriften der Bereicherungsgedanke steckt, spricht, dass er in den Motiven zur Gesetzgebung hervorhob, dass eine Anrechnung des Ersatzerwerbs der „*Billigkeit*“ entspreche.[378] Die Verhinderung (bzw. Rückgängigmachung) einer Vermögensmehrung aus Gründen der Billigkeit bildet jedoch gerade den Kern des Bereicherungsgedankens.[379]

Erst nach dem In-Kraft-Treten des BGB wurden die vergleichbaren Anrechnungsvorschriften in § 11 KSchG[380] bzw. § 415 Abs. 2 S. 1 Nr. 1 HGB geschaffen. Wenngleich die Vereinheitlichung des Handelsrechts zeitlich vor der Schaffung eines einheitlichen Bürgerlichen Gesetzbuches anzusiedeln ist, kann eine Vorbildwirkung an dieser Stelle daher ausgeschlossen werden.[381]

5. § 74c HGB

§ 74c HGB lässt sich dagegen in den beschriebenen Normenkontext *nicht* integrieren. Ging es bislang stets darum, dass die Gegenleistung aufrecht erhalten wird, *obwohl* die Leistungspflicht des Schuldners nicht mehr besteht (bzw. die

---

377 So setzte § 324 Abs. 1 S. 1 BGB a. F. – wie § 326 Abs. 2 S. 1 1.Alt. BGB – Unmöglichkeit der Leistung sowie ein Vertretenmüssen des Gläubigers voraus. Bemerkenswert ist, dass diese Voraussetzungen im Zuge der Schuldrechtsmodernisierung nochmals verschärft wurden, vgl. Fn. 15. § 326 Abs. 2 S. 1 2.Alt. BGB (= § 324 Abs. 2 BGB a. F.) setzt dagegen – neben der Unmöglichkeit – voraus, dass der Gläubiger zum Zeitpunkt des Untergangs bereits im Annahmeverzug war und der Schuldner diesen Umstand nicht zu vertreten hat.

378 Zu § 324 BGB a. F. (= § 326 Abs. 2 BGB): Motive II, 209; zu § 552 BGB a. F. (=§ 537 BGB): Motive II, S. 400. Sowohl im Rahmen von § 615 BGB (Motive II, S. 463) als auch von § 648 BGB = § 649 BGB a. F. (Motive II, S. 503) wird auf § 324 BGB a. F. verwiesen.

379 Vgl. C I.

380 Beachte hier zunächst die weitgehend wortgleiche Vorschrift in § 9 KSchG 1951.

381 Vgl. D VIII 3 und IX 3.

erbrachte Leistung nicht genutzt werden kann)[382], handelt es sich bei § 74c HGB um eine gleitende Begrenzung der Höhe einer vereinbarten Karenzentschädigung als Gegenleistung für das Unterlassen nachvertraglichen Wettbewerbs.[383] Die synallagmatische Verbindung von Leistung und Gegenleistung ist völlig intakt. Das bedeutet, dass die Vergütung des ehemaligen Arbeitnehmers auf die angerechnet werden soll nicht trotz der eigenen Nichtleistung, sondern, *vice versa*, als Entgelt für das vertraglich geschuldete Unterlassen erfolgt.[384] Tatsächlich können die Parteien – zugunsten des Arbeitnehmers – auch eine ganz andere Vergütungslösung vereinbaren, denn § 74c HGB ist lediglich *einseitig* zwingend.[385] Ausgangspunkt für diesen gegenseitigen Vertrag[386] ist der jeweils *freie Wille* der beteiligten Parteien. Wie weit sich also jeweils eine Partei zu Lasten der anderen bereichern kann, hängt einzig von der *freiwilligen – und im Rahmen der Privatautonomie – geschlossenen Vereinbarung* ab. Folglich kann jedoch die daraus entstandene „Bereicherung" einer Partei – im Rahmen von § 138 BGB – niemals „unbillig" sein. Freilich befindet sich der Arbeitnehmer bei Abschluss eines Wettbewerbsverbotes während des ursprünglichen Beschäftigungsverhältnisses in der schlechteren Ausgangsposition, doch wird dies durch die §§ 74 ff. HGB wieder ausgeglichen.[387] Durch die Anrechnung soll der ehemalige Arbeitgeber, der um die Vereinbarung einer Karenzentschädigung nicht umhin kommt, entlastet, weniger aber eine Bereicherung des potentiellen Konkurrenten verhindert werden.[388] Letztere ist immerhin Ausdruck des freiwillig vereinbarten Leistungsaustauschs (s. o.). Hintergrund ist der Gedanke, dass der ehemalige Arbeitnehmer für seine schwindenden Erwerbsmöglichkeiten alimentiert werden soll. Diese Unterstützung fällt nach und nach weg, je mehr sich die wirtschaftliche Lage des Vertragspartners aufgrund des tatsächlichen oder hypothetischen Einsatzes

---

382 Zur Sonderstellung des § 537 BGB vgl. D X 1.

383 Zur synallagmatischen Verknüpfung der Verpflichtung, dem ehemaligen Arbeitgeber keine Konkurrenz zu machen mit der Karenzentschädigung iSv. § 74 Abs. 2 HGB vgl. D VIII 1.

384 *Bauer /Diller*, aaO (Fn. 287), Rn. 511, der von einem „*Systembruch*" spricht.

385 *Vogelsang*, in: Schaub, aaO (Fn. 280), § 55, Rn. 51.

386 Vgl. D VIII 1.

387 Vgl. Röhricht /v. Westphalen[4]-*Wagner*, § 74, Rn. 1.

388 A. A. BAGE 19, 194 (199). Dagegen scheint die Darstellung bei Staudinger[2017]-*Schiemann*, § 249, Rn. 134 für diese Einschätzung zu sprechen. So lässt er § 74c HGB bei der Aufzählung der vertraglichen Anrechnungsvorschriften im Rahmen seiner Darstellung der Vorteilsausgleichung – wo es mitunter gleichfalls um die Anrechnung von Vorteilen zur Verhinderung einer ungerechtfertigten Bereicherung geht – unerwähnt.

seiner Arbeitskraft bessert. Gegen eine zentrale Verankerung des Bereicherungsverbotes in § 74c Abs. 1 HGB spricht mitunter auch die Tatsache, dass nicht jedes Einkommen aus einer anderweitigen Verwendung der Arbeitskraft angerechnet wird. Strenggenommen ist nämlich der Arbeitnehmer auch unterhalb der von § 74c Abs. 1 HGB statuierten Anrechnungsschwelle „bereichert". Zudem erfolgt die Anrechnung im Rahmen von § 74c HGB – im Gegensatz zu § 615 BGB bzw. § 11 KSchG – nicht im Wege einer Gesamtberechnung, sondern *pro rata temporis*.[389] Diese Anrechnungsmethode vermag jedoch auf bestimmte Zeitabschnitte beschränkte, dafür aber besonders hohe Ersatzverdienste des Arbeitnehmers nicht vollumfänglich abzuschöpfen. Die Verwirklichung des Bereicherungsgedankens kann somit auch nicht primäres Ziel des historischen Gesetzgebers gewesen sein. Auch die zum Teil behauptete Nähe von § 74c HGB zur Vorteilsausgleichung[390] ist nicht nachvollziehbar. Den ehemaligen Arbeitnehmer trifft kein unerwartetes „Unglück", welches ihn daran hindert, eine Leistung zu erbringen und welches neben negativen eben auch positive Konsequenzen in sich trägt, die es nun zu verteilen gilt. Der Arbeitnehmer erbringt eine *Leistung*, welche eben in einem *Unterlassen* besteht (vgl. § 241 Abs. 1 S. 2 BGB). Diese Leistung kann vom Gläubiger auch ohne weiteres angenommen und genutzt werden.[391] Die Karenzentschädigung wird ausschließlich hierfür geschuldet. Es bleibt somit festzuhalten: Die Anrechnung ist hier kein Korrektiv, um unbillige Ergebnisse zu verhindern (welche es ohnehin nicht gibt!), sondern selbst Bestandteil der Vergütungslösung zugunsten des ehemaligen Arbeitnehmers.

Damit ist die Schnittmenge mit den übrigen Anrechnungsvorschriften für § 74c Abs. 1 HGB zu klein, um selbst Teil einer gesamtanalogen Anwendung auf andere Problemkreise im Vertragsrecht zu sein.[392]

6. Vorläufiges Ergebnis

Die vorstehenden Ausführungen bestätigen, dass die Anrechnungsvorschriften übereinstimmend den Bereicherungsgedanken in sich tragen.[393]

---

389 Vgl. D VIII 2.

390 BGHZ 60, 353 (358).

391 Im Gegensatz zu § 537 BGB.

392 Vgl. auch *Wendehorst*, aaO (Fn. 339), § 13 II (Fn. 71).

393 In ähnlicher Weise hat bereits der BGH festgestellt, dass den Normen ein einheitliches Prinzip zugrunde liegt. Allerdings bezog er sich hierbei auf den Gedanken der *Vorteilsausgleichung*. Zudem wurde auch § 74c Abs. 1 HGB in den Kontext der Normen aufgenommen, vgl. BGHZ 60, 353 (358). Eine eingehendere Auseinandersetzung mit diesem Urteil erfolgt sogleich (E II).

Dafür spricht nicht zuletzt die Tatsache, dass die Anrechnungsvorschriften selbst *keine* Anspruchsgrundlage darstellen.[394] Wenn also der Schuldner der vertragsspezifischen Leistung etwa durch die anderweitige Verwendung seiner durch die Leistungsbefreiung verfügbaren Arbeitskraft mehr erlangt hat, als ihm der Gläubiger vertraglich an Vergütung schuldet[395], muss er den überschießenden Betrag nicht an den Gläubiger abführen. Dahinter kann nur die Erwägung stecken, dass in solch einem Fall der Schuldner eben nicht *auf Kosten des Gläubigers* bereichert ist.[396] So ist nämlich der vom Gläubiger geschuldete Betrag durch die Einkünfte des Schuldners über die Anrechnung vollkommen aufgezehrt worden, sodass ersterer von seiner Zahlungspflicht befreit ist. Alle weiteren Einkünfte des Schuldners gehen folglich nicht mehr zu Lasten des Gläubigers, weil sie nicht mehr seinen Rechtskreis berühren. Die Bereicherung des Schuldners geht also nicht mehr auf seine Kosten.

Darüber hinaus dienen die Anrechnungsvorschriften – bis auf § 74c Abs. 1 HGB – lediglich als Korrektiv im Rahmen der Aufrechterhaltung des Anspruchs

---

Dieser Bereicherungsgedanke entspricht zugleich der von *Cicero* aufgestellten „*formula*" (De officiis, 3. Buch, Nr. 21 – vgl. C II 1). Diese verbietet, dass jemand in der Absicht sich zu bereichern, einem anderen etwas in unzulässiger Weise *entzieht*. Indem Vorteile, welche dem Gläubiger und nicht dem Schuldner gebühren, angerechnet werden, wird gerade verhindert, dass der Schuldner durch die Geltendmachung der vollumfänglichen Gegenleistung dem Gläubiger einen Betrag *entzieht*, welcher ihm – zumindest in dieser Höhe – so nicht zusteht. Dabei setzt die Anrechnung zeitlich früher an, als das Bereicherungsrecht in den §§ 812 ff. BGB. Letzteres dient dazu, eine bereits entstandene (ungerechtfertigte) Bereicherung wieder *rückgängig* zu machen (vgl. C I 2).

Im Übrigen soll nicht unerwähnt bleiben, dass zwischen den vertraglichen Anrechnungsvorschriften auch in den übrigen Eckpunkten Übereinstimmung herrscht. So ist sich das Schrifttum zu den jeweiligen Vorschriften darüber einig, dass es sich bei der Anrechnung nicht um eine Aufrechnung handelt. Stattdessen führe sie zu einer *ipso-iure*-Minderung des Gegenleistungsanspruchs. Auch in der Bewertung der Beweislastverteilung zwischen Schuldner und Gläubiger kommen die Erläuterungen der jeweiligen Vorschriften zu weitgehend kongruenten Ergebnissen. Diese Übereinstimmung in den äußeren Merkmalen der Anrechnungsvorschriften bestärkt die Vermutung, dass ihnen ein gemeinsamer Grundgedanke innewohnt.

394 Vgl. D I 3 b).

395 Grundlage für die Bestimmung dieses Befundes ist dabei die Methode der *Gesamtberechnung*.

396 *Wendehorst*, aaO (Fn. 339), § 13 II 2 a) (Fn. 92). Schließlich darf sich auch der Gläubiger durch die Leistungsbefreiung des Schuldners nicht in unbilliger Weise auf dessen Kosten bereichern.

auf die Gegenleistung, in Fällen, wo die strenge Einhaltung der *„ökonomisch egoistische[n] Handlungsmaxime“*[397] des *do ut des* nicht sachgerecht erscheint.[398] Insofern als diese Anrechnungsvorschriften in den verschiedensten Vertragsarten vorkommen und überdies auch im allgemeinen Teil des Schuldrechts vertreten sind, kann die (vorsichtige) Schlussfolgerung gezogen werden, dass der Bereicherungsgedanke einen Wertungsgesichtspunkt darstellt, der auch dem Vertragsrecht immanent ist. Wenngleich sich die genannten Normen des Vertragsrechts – neben anderen[399] – noch unter dem etwas vagen Bereicherungsgedanken zusammenfassen lassen, ist jedoch auch klar geworden, dass sich hinter diesen Vorschriften zum Teil divergierende Wertungen verbergen. Dies macht eine weitergehende Differenzierung erforderlich. So spielt in § 74c HGB der Bereicherungsgedanke nur eine untergeordnete Rolle. Bei § 616 BGB handelt es sich schließlich um eine Besonderheit des Dienstvertragsrechts und um eine Ausnahme des Grundsatzes, dass niemand aus seinem eigenen vertragswidrigen Verhalten einen Vorteil ziehen darf.[400] Die darin verarbeitete Anrechnungsvorschrift eignet sich folglich nicht für eine (entsprechende) Verwendung außerhalb des Dienstvertragsrechts.[401] Eine Zwitterstellung zwischen § 616 BGB und § 648 bzw. § 415 HGB nimmt schließlich § 650 f. Abs. 5 BGB ein. Zwar ist es auch hier der Sachschuldner, der selbst für den Ausfall seiner Leistungspflicht verantwortlich ist, doch liegt es am vertragswidrigen Verhalten des Gläubigers, dass er gleichwohl seine Gegenleistung unter Anrechnung der Ersparnisse und anderweitiger Erwerbsmöglichkeiten erhält. Es verbleibt somit ein „Kern“ von Vorschriften, welcher für eine Gesamtanalogie tatsächlich in Frage kommt: §§ 326 Abs. 2 S. 2, 537 Abs. 1 S. 2, 615 S. 2, 648 S. 2 2. Hs. BGB, § 11 KSchG, § 415 Abs. 2 S. 1 Nr. 1 HGB.

Dabei kann vor einer inflationären Anwendung des Bereicherungsgedankens über eine unkritische Gesamtanalogie der Anrechnungsvorschriften nur gewarnt werden.[402] Sie ist vielmehr nur dort zulässig, wo sie einerseits auf eine vergleich-

---

397 *Picker*, in GS Hofmeister (1996), S. 551.

398 Dies gilt selbst für § 11 KSchG, welcher stets im Zusammenhang mit § 615 S. 1 BGB zu sehen ist.

399 Etwa § 285 BGB (vgl. A).

400 Vgl. *Sandrock*, Anm. z. BGH, JR 1969, 419 (421).

401 Vgl. D X 2 a).

402 Ob jedoch ein Umkehrschluss aus dem Schrifttum zur Vorteilsausgleichung, welches sich naturgemäß nur zu Schadensersatzansprüchen äußert tatsächlich zu dem von *Wendehorst* nahegelegten Schluss führt, dass ein den Anrechnungsvorschriften immanentes weiterreichendes Prinzip mehrheitlich abgelehnt wird, ist äußerst fraglich, vgl. *dies.*, aaO (Fn. 339), § 13 II 1 b).

bare Interessenkonstellation trifft und andererseits sichergestellt ist, dass sie vertragsspezifische Wertungen innerhalb der einschlägigen Vorschriften nicht unterläuft.[403] So mag das Bereicherungsverbot zwar eine bedeutende, gewiss aber nicht die einzig relevante Wertung im Vertragsrecht sein.[404] Unter anderem gilt – ganz dem Gleichnis des *Chrysippos* entsprechend[405] – immer noch der von der Privatautonomie getragene Grundsatz, dass jede Vertragspartei berechtigt ist, ihren Vorteil in der geschlossenen Vereinbarung zu suchen und sich auf diese Weise zu „bereichern".

---

403 Zu den methodischen Voraussetzungen einer Gesamtanalogie sogleich (E). Ähnlich bereits der BGH, der bzgl. der Anwendung der Vorteilsausgleichung im Vertragsrecht anmerkt: „*Freilich darf nicht übersehen werden, dass es sich hierbei um vertraglich begründete Ansprüche handelt, deren Inhalt vor allem durch die getroffenen Vereinbarungen bestimmt wird. Der Vorteilsausgleichung sind daher regelmäßig nur diejenigen Vorteile zugänglich, die der Auftraggeber allein durch die Gewährleistung außerhalb ohnehin bestehender vertraglicher Verpflichtungen des Auftragnehmers erlangt.*", BGH, NJW 1984, 2457 (2458). Zur Zurückhaltung bzgl. der Anwendung der Vorteilsausgleichung im Vertragsrecht mahnt auch *Allmendinger*, EWiR 2008, 23 (24), Anm. z. BGH, BGH, NJW 2007, 2401. Zur Kritik hinsichtlich der Anwendung des Gedankens der Vorteilsausgleichung im Vertragsrecht vgl. E I 2 a) bb) (2).

404 Beachtenswert ist in diesem Zusammenhang die Bemerkung von *Larenz*, dass ein im Rahmen der Gesamtanalogie den Normen abgerungener allgemeiner Rechtsgedanke durch ein „gegenläufiges Rechtsprinzip" auch wieder beschränkt werden kann, *ders.*, Methodenlehre der Rechtswissenschaft[6] (1991), S. 385.

405 Vgl. C II 1.

E. Die Methodischen Grundlagen für eine erweiterte Anwendung des vertraglichen Bereicherungsverbotes

I. Grundlagen für eine Gesamtanalogie

Nachdem nun ausführlich analysiert wurde, auf welche Weise das Bereicherungsverbot in den §§ 326 Abs. 2 S. 2, 537 Abs. 1 S. 2, 615 S. 2, 616 S. 2, 648 S. 2 2. Hs. BGB bzw. § 11 KSchG, §§ 74c, 415 Abs. 2 S. 1 Nr. 1 HGB umgesetzt worden ist und eine inhaltliche Schnittmenge eines (überwiegenden) Teils dieser Vorschriften bestimmt werden konnte, fragt sich nun, inwieweit dieser konkretisierte (vertragliche) Bereicherungsgedanke im Wege einer Gesamtanalogie der in Frage kommenden Normen auf andere Problemkreise im Vertragsrecht übertragen werden kann.

Hierfür ist zunächst zu prüfen, ob eine gesamtanaloge Anwendung der o. g. Normen methodisch überhaupt zulässig ist. Die analoge Anwendung einer oder mehrerer Normen ist Bestandteil der Rechtsfortbildung. Sie kommt immer dann in Betracht, wenn eine rechtliche Fragestellung durch die Auslegung des Gesetzes nicht zufriedenstellend gelöst werden kann.[1] Kennzeichnend für eine Rechtsfortbildung ist, dass die Grenze des Wortlauts einer oder mehrerer Normen überwunden wird.[2] Geschieht diese Rechtsfortbildung noch innerhalb des Telos der Norm, spricht man von einer *gesetzesimmanenten* Rechtsfortbildung. Versucht man dagegen, die der Norm zugrundeliegende Idee auch an gänzlich verschiedenen Bereichen innerhalb der Privatrechtsordnung fruchtbar zu machen, handelt es

---

1 *Engisch*, Einführung in das juristische Denken[10] (2005), S. 181; *Enneccerus /Nipperdey*, AT[15] (1959), § 58 I 1 (S. 337); *Larenz*, Methodenlehre der Rechtswissenschaft[6] (1991), S. 366; *Röhl /Röhl*, Allgemeine Rechtslehre[3] (2008), S. 633.
Freilich ist die Abgrenzung zwischen (extensiver) Gesetzesauslegung und Rechtsfortbildung nicht immer einfach. Gleichwohl kommt ihr – insbesondere im Strafrecht, aufgrund des dort geltenden Analogieverbotes zu Lasten des Täters (vgl. Art. 103 Abs. 2 GG /§ 1 StGB) – eine besondere Bedeutung zu, vgl. *Engisch*, in: FS Sauer (1949), S. 88; *Enneccerus /Nipperdey*, AT[15] (1959), § 58 II 2 (S. 340); *Röhl /Röhl*, ebenda, S. 636; *Rüthers*, ZRP 2008, 48 (49); *ders.*, JZ 2002, 365 (366); Staudinger[2018]-*Honsell*, Einl. BGB, Rn. 157; *Wenzel*, NJW 2008, 345 (346); *Zippelius*, Juristische Methodenlehre[10] (2006), S. 72.

2 *Larenz*, aaO (Fn. 1), S. 366; *Zippelius*, aaO (Fn. 1), S. 72.

sich um *gesetzesübersteigende* Rechtsfortbildung.[3] Für diese letzte, umfangreichste Form der Rechtsfortbildung müssen freilich „schwerwiegende Gründe" vorliegen.[4] Indes ist dieser Umgang mit den Gesetzen keineswegs verfassungswidrig.[5] Zwar ist die Judikative gem. Art. 20 Abs. 3 GG an „*Gesetz* und Recht" gebunden bzw. der Richter gem. Art. 97 Abs. 1 GG dem „*Gesetze* unterworfen"[6], doch ist allgemein anerkannt, dass das Recht zur Auslegung und Fortbildung der Gesetze dadurch (zumindest im Grundsatz) nicht beeinträchtigt wird.[7] Gleichwohl muss

---

3 *Bork*, AT[4] (2016), Rn. 148 f.; *Larenz*, aaO (Fn. 1), S. 366; PWW[13]-*Prütting*, Einl. BGB, Rn. 43.

4 *Bork*, AT[4] (2016), Rn. 149; *Larenz*, aaO (Fn. 1), S. 367.

5 Anders noch *Montesquieu* und seine Auffassung von der Stellung des Richters als „Mund des Gesetzes" (*la bouche, qui prononce les paroles de la loi*), zitiert nach: *Wenzel*, NJW 2008, 345.

6 Indem Art. 97 Abs. 1 GG deutlich macht, dass der Richter *ausschließlich* dem Gesetz unterworfen ist, stellt er zugleich dessen Unabhängigkeit sicher, vgl. *Willutzki*, ZRP 2008, 264 (266).

7 BVerfG, NJW 2000, 3635 (3636); AnwKom[3]-*Looschelders*, Anh. z. § 133, Rn. 38; HK / GG[9]-*Hömig*, Art. 97, Rn. 9; *Enneccerus /Nipperdey*, AT[15] (1959), § 58 II 3 (S. 341); *Larenz*, aaO (Fn. 1), S. 368 f.; Palandt[78]-*Grüneberg*, Einl. BGB, Rn. 54; *Pawlowski*, Methodenlehre für Juristen[3] (1999), Rn. 454; *Rüthers*, JZ 2002, 365; *Schneider*, JA 2008, 174 (175); *Schwintowski*, Juristische Methodenlehre, 2005, S. 84 f.; *Zippelius*, aaO (Fn. 1), S. 66 f., 82 ff. Darüber, dass der Richter zur Fortbildung des Gesetzes berechtigt ist, herrscht bereits seit Überwindung der Begriffsjurisprudenz allgemeiner Konsens, vgl. Palandt[78]-*Grüneberg*, Einl. BGB, Rn. 54.
Davon ungeachtet wird jüngst wieder mit besonderer Heftigkeit über die Stellung des Richters im Spannungsfeld zwischen Gesetzesbindung einerseits und dem Erfordernis das Recht auszulegen und fortzubilden andererseits diskutiert. So tritt etwa *Rüthers* – unter Ablehnung der „objektiven" Auslegungsmethode – für eine strikte Bindung des Richters an die bestehenden Gesetze ein, *ders.*, JZ 2008, 446 ff., *ders.*, ZRP 2008, 48; *ders.*, JZ 2006, 958 ff., 53 ff. (Vgl. S. 56: „*Methodenfragen sind Machtfragen und damit Verfassungsfragen. Die angeblich objektive Methode fördert den Verfassungswandel vom Rechtsstaat zum Richterstaat. Diese Tatsache wird gern übersehen oder geleugnet.*"), *ders.*, JZ 2002, 365 ff. Andere gestehen dem Richter dagegen größere Freiheiten in der Rechtsfindung zu, vgl. *Bitter /Rauhut*, JuS 2009, 289 (298); *Hassemer*, ZRP 2007, 213; *Hirsch*, ZRP 2006, 161 (Vergleicht das Verhältnis des Richters zum Gesetz plakativ mit jenem des Pianisten zu seinem Stück); *Kirchhof*, NJW 1986, 2275 (Vgl. S. 2280: „*Rechtsetzen ist dem Parlament, Richten dem Richter vorbehalten. Rechtsstaat ist mehr als Gesetzesstaat. Demokratie ist mehr als parlamentarischer Mehrheitsentscheid.*"); *Kriele*, ZRP 2008, 51. Auch *Grüneberg* betont, dass Gesetze aufgrund der Vielschichtigkeit sowie der Wandelbarkeit der Lebensverhältnisse notwendigerweise lückenhaft sind, der Richter aber die Pflicht hat, den konkreten Fall zu entscheiden, weshalb das Instrument der Rechtsfortbildung für ihn obligat ist, Palandt[78]-*ders.*, Einl. BGB, Rn. 54.

die Rechtsfortbildung – will sie gleichfalls zum „Recht" iSv. Art. 20 Abs. 3 GG gehören – auf ein tragfähiges methodisches Fundament gestellt werden.[8]

1) Allgemeine Voraussetzungen für eine analoge Anwendung

a) Positive Voraussetzungen

aa) (Planwidrige) Lücke im Gesetz

Erste Voraussetzung für die Rechtsfortbildung ist eine „Lücke" im Gesetz.[9] Eine solche „Lücke" liegt freilich immer dann vor, wenn das Gesetz sich zu einer bestimmten juristischen Fragestellung ausschweigt (sog. „*offene* Lücke")[10]. Allerdings ist das Gesetz auch dann „lückenhaft", wenn zwar der Wortlaut der Norm, nicht aber ihr *Telos* sich auf eine bestimmte Fallkonstellation erstreckt (sog. „*verdeckte* Lücke")[11].[12]

Während für die zuletzt genannte Situation eine teleologische Reduktion der Norm in Betracht kommt[13], ist für die analoge Anwendung einer Vorschrift eine Gesetzeslücke im Sinne der ersten Variante erforderlich.[14] Maßgebend für die Beurteilung der Frage, ob eine so geartete „Lücke" im Gesetz vorliegt, ist der „Plan" des Gesetzgebers, welcher zunächst historisch und

---

8 *Larenz*, aaO (Fn. 1), S. 369.

9 *Canaris*, Die Feststellung von Lücken im Gesetz, 1964, S. 25; *F. Bydlinski*, Juristische Methodenlehre und Rechtsbegriff[2] (1991), S. 472; PWW[13]-*Prütting*, Einl. BGB, Rn. 43; *Rüthers*, ZRP 2008, 48 (49); *Würdinger /Bergmeister*, Jura 2007, 15 (17); *Zippelius*, aaO (Fn. 1), S. 64; skeptisch: *Pawlowski*, aaO (Fn. 7), Rn. 475.
Diese Gesetzeslücke ist zu unterscheiden vom sog. rechtsfreien Raum, welcher etwa alltägliche Umgangsformen umschließt, vgl. *Enneccerus /Nipperdey*, AT[15] (1959), § 58 I (Fn. 4).
Freilich darf die Bindung an das Gesetz nicht dadurch ausgehebelt werden, dass eine – tatsächlich nicht bestehende – „Lücke" dort angenommen wird, wo man mit dem Ergebnis einer (eindeutigen) gesetzlichen Wertung nicht einverstanden ist, vgl. *Rüthers*, JZ 2002, 365 (366).

10 Zum Begriff vgl. *Brox /Walker*, AT[41] (2017), Rn. 68; *Canaris*, aaO (Fn. 9), S. 136 f.; *Köhler*, AT[42] (2018), § 4, Rn. 23; *Larenz*, aaO (Fn. 1), S. 377; *Wank*, Die Auslegung von Gesetzen[4] (2008), S. 80.

11 Zum Begriff vgl. *Brox /Walker*, AT[41] (2017), Rn. 69; *F. Bydlinski*, aaO (Fn. 9), S. 480; *Canaris*, aaO (Fn. 9), S. 136 f.; *Larenz*, aaO (Fn. 1), S. 377; dagegen spricht *Engisch* von „Fehlern" im Gesetz, *ders.*, aaO (Fn. 1), S. 177.

12 *F. Bydlinski*, aaO (Fn. 9), S. 480; *Larenz*, aaO (Fn. 1), S. 370 f.

13 *F. Bydlinski*, aaO (Fn. 9), S. 480; *Engisch*, aaO (Fn. 1), S. 184 (Fn. 20); *Larenz*, aaO (Fn. 1), S. 391 ff.

14 *Engisch*, aaO (Fn. 1), S. 181; *Larenz*, aaO (Fn. 1), S. 381; *Wenzel*, NJW 2008, 345 (346).

teleologisch[15] auszulegen ist.[16] Erst wenn die Regelungslücke *planwidrig*, also nicht im Sinn des Gesetzgebers war, besteht hinreichend Raum für eine Rechtsfortbildung.[17] Ursächlich hierfür mag zum einen der Umstand sein, dass der Gesetzgeber die besagte Fallkonstellation schlicht übersehen hat (*primäre Lücke*).[18] Ebenso ist es jedoch möglich, dass sich diese Lücke erst nachträglich dadurch entwickelt hat, dass sich die äußeren Rahmenbedingungen, in welchen sich der historische Gesetzgeber befunden hat, verändert haben (*sekundäre Lücke*).[19] Die Analogie selbst ist wiederum dadurch gekennzeichnet, dass eine im Gesetz kodifizierte Regel genutzt wird, um die „offene" Lücke inhaltlich zu *schließen*.[20] Auf diese Weise wird eine Norm, über ihren vom Wortlaut bestimmten Anwendungsbereich hinaus, auf eine Fallkonstellation angewendet, welche bislang (planwidrig) vom Gesetz nicht berücksichtigt wurde.[21]

bb) Vergleichbare Interessenlage

Gerechtfertigt ist diese Übertragung der Rechtsfolge deshalb, weil die Fallkonstellationen, die vom Wortlaut der Norm erfasst werden, ihr „Wertefundament" bereits mit jener Konstellation teilen, welche Gegenstand der analogen Anwendung ist.[22] Weist dagegen die Konstellation, auf die die Rechtsfolge analog angewendet werden soll eine wesentliche Besonderheit auf, scheidet eine ana-

---

15 Neben den tatsächlich geäußerten Absichten des historischen Gesetzgebers sind auch *objektive* Gesetzeszwecke und Prinzipien zu berücksichtigen, vgl. *Engisch*, aaO (Fn. 1), S. 186 f.; *Larenz*, aaO (Fn. 1), S. 374.

16 *Canaris*, aaO (Fn. 9), S. 32 f.; *Larenz*, aaO (Fn. 1), S. 373; Palandt[78]-*Grüneberg*, Einl. BGB, Rn. 55; *Schwintowski*, aaO (Fn. 7), S. 83.

17 *Bitter /Rauhut*, JuS 2009, 289 (297); *Engisch*, aaO (Fn. 1), S. 182 f.; Palandt[78]-*Grüneberg*, Einl. BGB, Rn. 48.

18 *Bitter /Rauhut*, JuS 2009, 289 (297); *Bork*, AT[4] (2016), Rn. 144; *Brox /Walker*, AT[41] (2017), Rn. 65; Palandt[78]-*Grüneberg*, Einl. BGB, Rn. 55.

19 *Bork*, AT[4] (2016), Rn. 144; *Brox /Walker*, AT[41] (2017), Rn. 65; Palandt[78]-*Grüneberg*, Einl. BGB, Rn. 55; PWW[13]-*Prütting*, Einl. BGB, Rn. 43.

20 *Engisch*, in: FS Sauer (1949), S. 88.

21 *F. Bydlinski*, aaO (Fn. 9), S. 475; *Larenz*, aaO (Fn. 1), S. 381; *Sauer*, Juristische Methodenlehre, 1940 (Nachdruck 1970), S. 308; Staudinger[2018]-*Honsell*, Einl. BGB, Rn. 156.

22 *Enneccerus /Nipperdey*, AT[15] (1959), § 58 II 1 (S. 339); *Larenz*, aaO (Fn. 1), S. 381; *Sauer*, aaO (Fn. 21), S. 305, 308; *Würdinger /Bergmeister*, Jura 2007, 15 (17);. *Zippelius* weist indes darauf hin, dass durch eine Analogie der verfassungsrechtlich verankerte Gleichheitsgrundsatz verwirklicht wird, *ders.*, aaO (Fn. 1), S. 68. Ebenso: *Canaris*, aaO (Fn. 9), S. 25; *Köhler*, AT[42] (2018), § 4, Rn. 23; *Schneider*, JA 2008, 174 (175); *Würdinger*, JuS 2008, 949 (950).

loge Anwendung mangels vergleichbarer Interessenlage aus. Stattdessen würde ein Umkehrschluss (*argumentum e contrario*) aus der genannten Besonderheit u. U. gar ein Argument für die divergierende Rechtsfolge bieten.[23] Ab wann ein Unterschied wesentlich ist, unterliegt wiederum der wertenden Einschätzung des Rechtsanwenders.[24]

cc) Zwischenergebnis

Ob tatsächlich eine planwidrige Regelungslücke und eine vergleichbare Interessenlage vorliegen, kann naturgemäß nur anhand des jeweiligen rechtlichen Problemkreises und nicht vorab geklärt werden. Insbesondere bezüglich der Vergleichbarkeit, kommt es auf die individuelle Gewichtung aller Umstände des Einzelfalles an. Er darf weder mit den gesetzlich geregelten Fällen identisch sein (sonst käme die Norm *direkt* zur Anwendung) noch darf er sich allzu sehr von ihnen unterscheiden (sonst fehlt es an einem gemeinsamen Wertefundament als Rechtfertigung für die entsprechende Anwendung).[25] Folglich können diese Fragen lediglich anhand des jeweiligen Problems geklärt werden.

b) Negative Voraussetzungen

Fraglich ist, ob die Qualifizierung einer Norm als Ausnahmevorschrift ihre analoge Anwendung *a priori* ausschließt oder nicht. Zu dieser Frage haben sich verschiedene Standpunkte entwickelt:

aa) Erste Ansicht

Nach einer Ansicht sind Ausnahmevorschriften eng auszulegen („*singularia non sunt extendenda*“[26]) und deshalb erst recht nicht analogiefähig.[27] Die Vertreter dieser Ansicht rekurrieren dabei auf zwei Stellen in den Digesten: D. 40.5.23.3

---

23 *Engisch*, aaO (Fn. 1), S. 191.

24 *F. Bydlinski*, aaO (Fn. 9), S. 477; *Engisch*, aaO (Fn. 1), S. 191 ff.

25 *Larenz*, aaO (Fn. 1), S. 382.

26 „*Sonderbestimmungen dürfen nicht ausgedehnt werden*“, Vgl. *Liebs*, Lateinische Rechtsregeln und Sprichwörter[6] (1998), S. 217 (Nr. 40).

27 EuGH, NJW 2002, 281 (282); BGHZ 82, 149 (151); 82, 145 (148); 80, 384 (388); 68, 43 (44 f.); RGZ 153, 1 (23); *Schneider*, JA 2008, 174 (177); mit Einschränkungen auch *Muscheler*, in: FS Krause (2001), S. 159 f.
In anderen Ländern ist dieser Grundsatz sogar positiv normiert: vgl. Art. 14 Disposizioni preliminari zum Codice Civile, Art. 4 Abs. 2 spanischer Código Civil, Art. 11 portugiesischer Código Civil (zitiert nach *Kramer*, Juristische Methodenlehre[3] (2010), S. 205 (Fn. 639)).

und D. 41.2.44.1.[28] Inhaltlich wird diese „Regel" getragen von der Erwägung, dass andernfalls die Ausnahmevorschriften aufgrund ihrer extensiven Anwendung zum Grundsatz würden, was dem Willen des Gesetzgebers widerspräche.[29] Dem wird jedoch entgegengehalten, dass Änderungen innerhalb oder außerhalb des Gesellschaft dazu führen können, dass in der praktischen Rechtsanwendung der Ausnahmevorschrift eine größere Bedeutung zukommt, als dem Grundsatz („*the exception has eaten up the rule*"[30]). Dieser dynamischen Entwicklung könne man von rechtlicher Seite nicht mit einem starren Analogieverbot begegnen.[31] Davon abgesehen handelt es sich bei der *singularia*-Regel ohnehin um eine *petitio principii*, da die Entscheidung, ob es sich überhaupt um eine Ausnahmevorschrift handelt, selbst eine vollumfängliche Auslegung der Norm voraussetzt.[32]

Legt man diese „Regel" dem weiteren methodischen Vorgehen zugrunde, so ist vorab zu klären, ob es sich bei den Anrechnungsvorschriften[33], welche für eine Gesamtanalogie in Betracht kommen, um Ausnahmevorschriften handelt. Die Normen haben dabei eines gemeinsam: sie schränken den Anspruch des Schuldners auf die Gegenleistung ein.[34] Deshalb ist zunächst zu klären, ob die Aufrechterhaltung des Anspruchs auf die Gegenleistung eher einen Grundsatz oder eine Ausnahme darstellt. Grundsätzlich ergibt sich die Verpflichtung zur Gegenleistung bereits aus dem Pflichtenkanon eines gegenseitigen Vertrages. Dabei stehen die Hauptleistungspflichten eines solchen Vertrages im (konditionellen) *Synallagma*.[35] Diese Verknüpfung hat zur Folge, dass der Anspruch auf die Gegenleistung entfällt, sobald der Gläubiger derselben nicht in der Lage ist, *seine* Hauptleistungspflicht zu erfüllen (vgl. § 326 Abs. 1 S. 1 BGB).[36] Die Aufrechterhaltung des Anspruchs auf die Gegenleistung stellt somit in solch einem

---

28 Vgl. *Liebs*, aaO (Fn. 26), S. 217 Nr. 40.

29 Vgl. *Schneider*, JA 2008, 174 (177), der deshalb der analogen Anwendung von Ausnahmevorschriften mit dem Argument entgegentritt, dass es bereits an einer *planwidrigen* Regelungslücke fehle.

30 Vgl. *Kramer*, aaO (Fn. 27), S. 206.

31 *Kramer*, aaO (Fn. 27), S. 206 f.; *Würdinger*, AcP 206 (2006), 946 (960).

32 *Müller/Christensen*, Juristische Methodik, Bd. 1, 10. Aufl. (2009), Rn. 370; *Schockenhoff*, in: FS Bechtold (2006), S. 426.

33 Zur Erinnerung: Es handelt sich hierbei um §§ 326 Abs. 1 S. 2, 537 Abs. 1 S. 2, 615 S. 2, 648 S. 2 2. Hs. BGB, § 11 KSchG, § 415 Abs. 2 S. 1 Nr. 1 HGB, vgl. D X 6. Wenn in der folgenden Darstellung von „den Anrechnungsvorschriften" gesprochen wird, ist dieser Normenkomplex gemeint.

34 Vgl. D X 1.

35 *Brox/Walker*, SAT[42] (2018), § 3, Rn. 2; *Looschelders*, SAT[14] (2016), Rn. 307.

36 Vgl. auch D I 1.

Fall eine *Ausnahmeregelung* dar. Die Anrechnung von Ersparnissen und anderweitigen Einkünften mindert wiederum den Umfang dieses Anspruchs. Dadurch erhält der Schuldner im Ergebnis nur einen Teil der Gegenleistung. Folglich handelt es sich bei der Anrechnung um eine (partielle) *Rückausnahme*.

Zu einem anderen Ergebnis käme man freilich, wenn man die Aufrechterhaltung der Gegenleistung als Ausprägung des Grundsatzes *pacta sunt servanda* sehen würde.[37] Dies hätte zur Folge, dass die Einschränkung des Umfanges der Gegenleistung über eine Anrechnung als *Ausnahme* von diesem Grundsatz qualifiziert würde. Wäre jedoch die Aufrechterhaltung des Gegenleistungsanspruchs trotz fehlender Leistung des Schuldners Ausdruck des Grundsatzes *pacta sunt servanda*, dann käme dieser Sentenz aus dem kanonischen Recht[38] eine im Grunde unangreifbare Stellung im Privatrecht zu. Davon, das die Pflicht zur Vertragstreue jedoch ihre klaren Grenzen hat, zeugen nicht nur § 313 BGB[39], sondern insbesondere auch die §§ 323 f., 326 Abs. 1, 5 BGB.[40] So endet die Pflicht zur Gegenleistung für gewöhnlich – sei es durch Gestaltungserklärung[41] oder *ipso iure*[42] – soweit der Schuldner seine Leistung nicht oder nicht wie geschuldet erbringt. Im Arbeitsrecht ist die Abhängigkeit von Leistung und Gegenleistung unter der Parömie „*Ohne Arbeit kein Lohn*" bekannt.[43] Das konditionelle Synallagma stellt mithin eine Begrenzung des „*pacta sunt servanda*"-Grundsatzes dar. Erhält also der Gläubiger keine Leistung vom Schuldner, bewirkt das konditionelle Synallagma grundsätzlich den Untergang der Gegenleistung (§ 326 Abs. 1 S. 1 BGB). Damit ist zugleich die Pflicht zur Vertragstreue für den Gläubiger aufgehoben. Folglich kann die ausnahmsweise Aufrechterhaltung seiner Gegenleistungspflicht zumindest nicht mehr einzig auf das Prinzip „*pacta sunt servanda*" gestützt werden. Sie trägt vielmehr dem Umstand Rechnung, dass der Gläubiger selbst die Erfüllung der Leistungspflicht durch den Schuldner vereitelt hat.[44] Dass

---

37 So *Sandrock*, Anm. z. BGH, JR 1969, 419 (421); Staudinger[2014]-*Peters /Jacoby*, § 649, Rn. 7. Dagegen sieht *Söllner* in der Aufrechterhaltung der Vergütungspflicht durch § 615 S. 1 BGB die Verwirklichung des Grundsatzes des Fixschuldcharakters von Arbeitsverhältnissen, *ders.*, AcP 167 (1967), 132 (145).

38 Zu den Ursprüngen des Grundsatzes vgl. *Landau*, in: FS Nörr (2003), S. 457 ff.

39 Vgl. *Fikentscher /Heinemann*, SchuldR[10] (2006), Rn. 237.

40 Vgl. Staudinger /Eckpfeiler[2018]-*Kaiser*, Kap. I, Rn. 70.

41 § 323, § 324 BGB.

42 § 326 Abs. 1 S. 1 BGB.

43 Vgl. D III 2 und V 1.

44 Etwas anderes gilt freilich iRv. § 537 BGB, wenn der Vermieter mit der Gebrauchsüberlassung bereits erfüllt hat.

die Regelung dieser eng begrenzten Ausnahmesituation Ausdruck eines „Grundsatzes" sein soll, überzeugt nicht.[45] Folglich ist die Aufrechterhaltung der Gegenleistungspflicht weiterhin als *Ausnahme* im Schuldrecht anzusehen.[46]

Es bleibt damit bei der eingangs bereits getroffenen Feststellung, dass es sich bei den Anrechnungsvorschriften um *Rückausnahmen* handelt.[47] Fraglich ist jedoch, wie sich eine Rückausnahme in das Grundsatz – Ausnahme –System einordnen lässt.[48] Handelt es sich – wie die Bezeichnung Rückausnahme anzudeuten scheint – erneut um eine Ausnahme[49], oder kann sie, da sie den Anwendungsbereich der Ausnahme einschränkt, wiederum als ein Bestandteil des eigentlichen Grundsatzes gesehen werden?[50] Von ihrem Wertungsgehalt scheint die Rückausnahme jedenfalls dem eigentlichen Grundsatz näher, als der Ausnahme. Würde man zudem die *Singularia*-Regel auf die Rückausnahme anwenden, hätte dies zwangsläufig zur Folge, dass der Anwendungsbereich der eigentlichen Ausnahmeregelung extensiviert wird. Aus der Grundsatzregelung sowie der Rückausnahme ergibt sich jedoch der eindeutige gesetzgeberische Wille, den Anwendungsbereich der Ausnahmeregelung klein zu halten. Eine Anwendung des *Singularia*-Grundsatzes auf die Rückausnahme würde somit dem Willen des Gesetzgebers widersprechen. Folglich ist dieser Schritt auch unter Zugrundelegung dieser Ansicht nicht vertretbar.

---

45 A. A. *Sandrock*, Anm. z. BGH, JR 1969, 419 (421).

46 Für § 615 S. 1 BGB: ErfK[19]-*Preis*, § 615, Rn. 1; HK /BGB[10]-*Schreiber*, § 615, Rn. 1; HWK[8]-*Krause*, § 615, Rn. 2. Für § 616 S. 1 BGB: AnwKom[3]-*Klappstein*, § 616, Rn. 1; BeckOK /BGB[Ed48]-*Fuchs /Baumgärtner*, § 616, Rn. 1; Soergel[12]-*Kraft*, § 616, Rn. 2; Staudinger[2016]-*Oetker*, § 616, Rn. 18; StuKo /ArbR[4]-*Rolfs*, § 616, Rn. 1.
Dagegen ist im Mietrecht die „Aufrechterhaltung" der Gegenleistung bei erfolgter Gebrauchsüberlassung eine Selbstverständlichkeit, da der Vermieter damit zugleich seine Pflicht aus § 535 Abs. 1 S. 1 BGB erfüllt hat.

47 Etwas anderes dürfte lediglich für § 537 Abs. 1 S. 1 BGB gelten, falls der Mieter das Mietobjekt nach Gebrauchsüberlassung nicht nutzen kann. In diesem Fall stellt die Pflicht zur Erbringung der Gegenleistung nicht die Ausnahme, sondern den Grundsatz dar. Folglich handelt es sich bei der Anrechnung um eine Ausnahmeregelung.

48 Diese Frage wird bereits bei *Engisch*, aaO (Fn. 1), S. 132; *Kramer*, aaO (Fn. 27), S. 186 f.; *Mayer-Maly*, in: Starck, Rangordnung der Gesetze, 1995, S. 141 aufgeworfen. Allerdings halten die genannten Autoren es für nicht erforderlich, diese Frage auch zu beantworten. Stattdessen wählen sie dieses Zuordnungsproblem exemplarisch als Argument gegen die *Singularia*-Regel aus (sog *Relativitätsargument*, vgl. *Muscheler*, in: FS Kruse (2001), S. 146).

49 Vgl. *Mayer-Maly*, in: Starck, aaO (Fn. 48), S. 141.

50 Vgl. *Engisch*, aaO (Fn. 1), S. 132 f., der davon spricht, dass die Unterausnahme „*im gewissen Sinne*" wieder zur Regel zurückkehre.

Im Ergebnis bleibt festzuhalten, dass nach dieser Ansicht die Anrechnungsvorschriften, als *Rückausnahmen*, grundsätzlich analogiefähig sind.[51]

bb) Zweite Ansicht

Die Vertreter der Gegenansicht lehnen schließlich das Analogieverbot für Ausnahmevorschriften ab.[52] Stattdessen könne sich – im Einzelfall – ein solches Verbot allenfalls aus Gründen der Rechtssicherheit ergeben, wenn etwa der Gesetzgeber ausdrücklich bzw. hinreichend deutlich zum Ausdruck gebracht hat, dass die Rechtsfolge nur für die im Tatbestand normierten Fälle eintreten soll (vgl. Art. 103 Abs. 2 GG bzw. § 1 StGB).[53]

Insofern als der Gesetzgeber sich weder ausdrücklich noch konkludent gegen eine analoge Anwendung der Anrechnungsvorschriften ausgesprochen hat, kann auch nach dieser Ansicht ihre Analogiefähigkeit bejaht werden.

cc) Zwischenergebnis

Weil nach beiden Ansichten die analoge Anwendung der Anrechnungsvorschriften nicht von vornherein ausgeschlossen ist, kann ein weiterer Streitentscheid dahinstehen.[54]

2. Besondere Voraussetzungen für eine Gesamtanalogie[55]

Eine Gesamtanalogie unterscheidet sich von der Einzelanalogie dadurch, dass gleich mehrere gesetzliche Bestimmungen an ihr beteiligt sind. Obwohl diese Normen tatbestandlich voneinander abweichen, stimmen sie auf der Rechtsfol-

---

51 Dies gilt freilich nicht für § 537 Abs. 1 S. 2 BGB, sofern eine Gebrauchsüberlassung durch den Vermieter bereits stattgefunden hat. In diesem Fall würde nämlich die Anrechnungsregelung – als Ausnahmevorschrift – unter das Analogieverbot dieser Ansicht fallen.

52 BAGE 18, 159 (161 f.); 2, 91 (94); *Canaris*, aaO (Fn. 9), S. 181 („*Kaum eine verfehlte Regel hat soviel Unheil gestiftet wie die Behauptung, Ausnahmevorschriften seien ihrem Wesen nach einer Analogie unzugänglich*“); *Engisch*, aaO (Fn. 1), S. 196; *Kramer*, aaO (Fn. 27), S. 206 f.; *Larenz*, aaO (Fn. 1), S. 355; MüKo[8]-*Säcker*, Einl., Rn. 121; *Schockenhoff*, in: FS Bechtold (2006), S. 427; *Weinsheimer*, NJW 1959, 566; *Würdinger*, JuS 2008, 949, *Würdinger/Bergmeister*, Jura 2007, 15 (16); *Würdinger*, AcP 206 (2006), 946 (967).

53 *Würdinger*, AcP 206 (2006), 946 (955).

54 Sollte im Rahmen von § 537 Abs. 1 S. 2 BGB ein Streitentscheid erforderlich sein, ist die erste Ansicht aufgrund der bereits genannten Einwände abzulehnen. Folglich steht auch diese Vorschrift für eine entsprechende Anwendung bereit.

55 Teilweise wird auch der Begriff „Rechtsanalogie“ verwendet, vgl. *Brox/Walker*, AT[41] (2017), 67; *F. Bydlinski*, aaO (Fn. 9), S. 478; *Enneccerus/Nipperdey*, AT[15] (1959),

genseite weitgehend überein. Diesen Normen wird anschließend ein *„allgemeiner Rechtsgrundsatz"* entnommen, welcher genutzt wird, um eine „offene Lücke" im Gesetz zu schließen.[56] Freilich ist eine gesamtanaloge Anwendung eines solchen Rechtsgrundsatzes nur dann möglich, wenn die ungeregelte Fallkonstellation wertungsmäßig mit dem ausgewählten Kreis der anzuwendenden Vorschriften übereinstimmt.[57] Der allgemeine Rechtsgrundsatz wird wiederum im Wege der Induktion aus der gemeinsamen *„ratio legis"* der an der Gesamtanalogie beteiligten Normen gewonnen.[58] Nachdem man das den Normen gemeinsame Prinzip destilliert hat ist in einem weiteren Schritt zu überlegen, inwieweit eine Übertragung auf die ungeregelte – aber unter Wertungsgesichtspunkten vergleichbare – Konstellation mit anderen Prinzipien des Privatrechts vereinbar ist.[59]

3. Übertragung auf den vorliegenden Normkreis

Wenngleich der zweite Schritt wiederum nur im Zusammenhang mit dem jeweiligen Problemkreis getan werden kann, ist eine Feststellung des „allgemeinen Rechtsgrundsatzes" welcher den an der Gesamtanalogie beteiligten Normen immanent ist, vorab möglich. Freilich genügt der allgemeine Verweis auf den Bereicherungsgedanken oder gar auf die Billigkeit, welche durch die Anrechnungsvorschriften zum Ausdruck kommt, nicht aus. Solch „metajuristische"

---

§ 58 II 1 b) (S. 340); *Röhl /Röhl*, aaO (Fn. 1), S. 634. Kritisch gegenüber diesem Begriff, da auch die Gesetzesanalogie, als begriffliches Gegenstück, die Anwendung einer Rechtsnorm beinhaltet: *Canaris*, aaO (Fn. 9), S. 98 (Fn. 136); *Larenz*, aaO (Fn. 1), S. 383 (Fn. 34). Dagegen stellt *Sauer* die Zuordnung dieser methodischen Vorgehensweise zur Analogie gänzlich in Frage, *ders.*, aaO (Fn. 16), S. 310; kritisch auch: *Canaris*, ebenda, S. 98.

56 *Engisch*, aaO (Fn. 1), S. 194 f.; *Larenz*, aaO (Fn. 1), S. 384; Palandt[78]-*Grüneberg*, Einl. BGB, Rn. 48; *Würdinger /Bergmeister*, Jura 2007, 15 (22).

57 *Larenz*, aaO (Fn. 1), S. 384.

58 Vgl. *F. Bydlinski*, aaO (Fn. 9), S. 478; *Engisch*, aaO (Fn. 1), S. 195 (mit dem in Fn. 40 enthaltenen Hinweis, dass dem Prozess einer analogen Anwendung eine Induktion innewohnt und sich deshalb Analogie und Induktion nicht gegenseitig ausschließen); a. A. *Canaris*, aaO (Fn. 9), S. 98 f.); *Enneccerus /Nipperdey*, AT[15] (1959), § 58 II 1 b) (S. 340); *Larenz*, aaO (Fn. 1), S. 384. Letztere betrachten die Analogie als Schluss vom Besonderen auf das Besondere. Tatsächlich wird im Rahmen einer analogen Anwendung jedoch zunächst aus der in Betracht kommenden Vorschrift ein allgemeiner Rechtsgedanke abstrahiert (Induktion), um diesen dann auf die besondere Fallkonstellation zu übertragen (Deduktion), vgl. *Engisch*, ebenda, S. 189. Zur Bedeutung der *ratio legis* für die Rechtsfortbildung vgl. BVerfG, NJW 2000, 3635 (3636).

59 Vgl. *Larenz*, aaO (Fn. 1), S. 385.

Grundsätze mögen den Analogieschluss zusätzlich verstärken, können ihn jedoch keinesfalls allein begründen. Hierfür sind sie zu unscharf.[60] Bei der Suche nach einem „allgemeinen Rechtsgrundsatz" darf sich der Fokus auch nicht vorschnell auf die bloßen Anrechnungsvorschriften verengen. Sie selbst stellen nämlich jeweils nur ein *Korrektiv* für die Aufrechterhaltung der Gegenleistungspflicht des Gläubigers[61] dar.[62] Ein solches Korrektiv kann jedoch niemals einen vollständig autark anzuwendenden Rechtsgedanken darstellen. Dies schränkt die Möglichkeit eines Analogieschlusses weiter ein. So muss die Problemkonstellation, auf die der „allgemeine Rechtsgedanke" entsprechend angewendet werden soll, mit der in § 326 Abs. 2 S. 1, § 537 Abs. 1 S. 1, § 615 S. 1, § 648 S. 1 und S. 2 1. Hs. BGB, § 415 Abs. 2 S. 1 Nr. 1 1. Hs. HGB geregelten (weitgehend) vergleichbar sein.[63] Nur dann mag ein „Andocken" des vertraglichen Bereicherungsverbotes gelingen. Dieser Gesichtspunkt muss somit in die Herausarbeitung eines „allgemeinen Rechtsgrundsatzes" einfließen. Auf der Grundlage der Erkenntnisse, welche aus dem Vergleich der Anrechnungsvorschriften gewonnen wurden[64], lässt sich folgender „allgemeiner Rechtsgrundsatz" als Grundlage für eine gesamtanaloge Anwendung formulieren:

> **Wird der vertragliche Leistungsaustausch aus der Sphäre des einen gestört, gebührt dem anderen nicht mehr als der vertraglich vereinbarte Mehrwert (positives Interesse).**[65]

---

60 *Wenzel*, NJW 2008, 345 (348). Vergleiche in diesem Zusammenhang auch die Auseinandersetzung von *Savigny* mit dem Bereicherungsgedanken, welcher ihm – so wie er in D 12.6.14 und D 50.17.206 normiert war – zu unbestimmt erschien (C II 5).

61 Gemeint ist – wie auch in den vorstehenden Ausführungen, sofern nicht ausdrücklich etwas anderes erwähnt wurde – der Gläubiger der vertragsspezifischen Leistung.

62 Vgl. D X 4.

63 § 11 KSchG lehnt sich in dieser Hinsicht in der Regel an § 615 BGB an, vgl. D IV 2.

64 Vgl. D X 6.

65 *Dehnen* schreibt: „*Diesen Vorschriften* [gemeint waren die §§ 324 Abs. 1 S. 2, 552 S. 2, 615 S. 2, 649 S. 2 BGB a. F.] *lässt sich der gemeinsame, allgemeine Rechtsgedanke entnehmen, dass der Schuldner bei einer aus der Sphäre des Gläubigers stammenden Störung der „normalen", ordnungsgemäßen Vertragsabwicklung (...) keinen Nachteil erleiden, aber auch keinen Vorteil aus der Störung erzielen soll.*", *ders.*, Zu den Voraussetzungen eines allgemeinen zivilrechtlichen Anspruchs auf Kostenersatz bei Selbstvornahme, 1997, S. 132. Zu einem vergleichbaren Ergebnis kommt auch *Rieble*, der den Rechtsgedanken wie folgt formuliert: „*der Schuldner [solle] an einer vom Gläubiger zu vertretenden Leistungsstörung nicht profitieren*", *ders.*, DB 1989, 1759 ((1761). Ganz ähnlich schreibt auch *Sandrock*: „*Der vertragstreue Teil soll immer nur das positive Interesse, d. h. soviel erhalten, wie er bei ordnungsgemäßer oder nach den – nicht Vertragsinhalt gewordenen –*

a) *Stellung von § 616 und § 650 f. Abs. 5 BGB*

Insofern als die Person, welche den vertraglichen Mehrwert erhält verschieden ist von derjenigen, die den Leistungsaustausch gestört hat, fallen § 616 und § 650 f. Abs. 5 BGB aus dem Kreis der Vorschriften, welche den Bereicherungsgedanken in sich tragen *und* für eine Gesamtanalogie in Betracht kommen, heraus. § 616 BGB ist – als Ausdruck von Humanität[66] – nur als finanzielle Absicherung des Dienstverpflichteten gedacht und trägt somit dem besonderen sozialen Abhängigkeitsverhältnis im Arbeitsrecht Rechnung.[67] Von den übrigen Anrechnungsvorschriften des besonderen Schuldrechts unterscheidet sich § 616 BGB zudem dadurch, dass er nicht mit dem „Öl des römischen Rechts gesalbt" ist.[68] Dies gilt schließlich auch für § 650 f. Abs. 5 BGB, der jüngsten Anrechnungsvorschrift, welche erst am 01.01.2009 – als § 648a BGB a. F. – in Kraft getreten ist und dabei dem Bedürfnis nach einer effizienten Absicherung des vorleistungspflichtigen Bauunternehmers im Werkvertragsrecht nachzukommen versucht.[69]

b) *Störung des Leistungsaustauschs*

Eine Störung des Leistungsaustauschs[70] liegt unterdessen nicht nur vor, wenn der Schuldner daran gehindert wird, seine Leistung zu erbringen, sondern auch dann, wenn der Gläubiger die von seinem Vertragspartner bereitgestellte Leistung nicht nutzen kann (vgl. § 537 BGB).[71]

c) *Vertraglich vereinbarter Mehrwert*

Unter dem vertraglich vereinbarten Mehrwert ist der materielle Vermögenszuwachs zu verstehen, den die Partei, der nicht die Störung des Leistungsaustausches zugerechnet werden kann, bei regulärer Vertragsabwicklung erhalten

---

Vorstellungen der Parteien entsprechender Durchführung des Vertrages erhalten hätte. Ein „Mehr" muss er sich insoweit auf die Leistung seines Partners anrechnen lassen, als dieser aus der Durchführung des Vertrages einen Verlust erleiden würde.", ders., Anm. z. BGH, JR 1969, 419 (422).

66 Vgl. D V 3.

67 Vgl. D X 2 a). Siehe auch § 1 BUrlG (vgl. *Söllner*, AcP 167 (1967), 132 (137)).

68 Vgl. D V 3.

69 Vgl. im Übrigen die Erläuterungen unter D X 2 b).

70 Zum Begriff vgl. bereits *Wendehorst*, Anspruch und Ausgleich, 1999, § 13 II (S. 450).

71 Auf den Umstand, dass es aus der Sicht des Gläubigers im Grunde einerlei ist, ob ihm gegenüber eine Leistung nicht erbracht, oder eine bereits erbrachte Leistung von ihm nicht genutzt werden kann, wurde bereits hingewiesen, vgl. D X 1.

hätte, sprich der vertraglich bezweckte Leistungserfolg[72] (sog. positives Vertragsinteresse)[73]. Die Grundlage dürfte hierfür in der Regel ein Geldbetrag sein, welcher in seiner Höhe der vereinbarten *Vergütung* entspricht. Ursprüngliche „Quelle“ für diesen Vermögenszuwachs war die Partei, aus deren Sphäre die Störung des Leistungsaustausches hervorgegangen ist. Die Normen stellen klar, dass ihrem Vertragspartner – trotz der Störung – auch weiterhin nicht weniger als diese Summe gebührt. Das so nicht vorhergesehene Ereignis, welches die Vertragsabwicklung behindert hat, hat somit zumindest keinen negativen Einfluss auf den damit zusammenhängenden Vermögenszuwachs der Partei, der selbiges jedenfalls nicht unmittelbar zugerechnet werden kann.[74] Der materielle Schutz der unbeteiligten Partei wird durch die Zusicherung dieses Betrages gewährleistet. Diese Absicherung ist insbesondere bei solchen Schuldverhältnissen von Bedeutung, welche auf lange Sicht angelegt sind[75] und deshalb einerseits eine besondere Störanfälligkeit für die Abwicklung der Leistungen aufweisen und die andererseits oft eine nicht unerhebliche wirtschaftliche und soziale Bedeutung für die beteiligten Vertragsparteien haben.[76] Die Zusicherung dieses Betrages bedeutet jedoch nicht, dass dieser immer noch durch dieselbe „Quelle“ gespeist wird. So verlangt das *Bereicherungsverbot*, dass andere „Quellen“, in Gestalt von *Ersparnissen*[77] und *anderweitigen Einkünften*[78], welche sich für die unbeteiligte Partei aufgrund des gestörten Leistungsaustausches erschlossen haben, bei der Zusam-

72 *Bühl*, BauR 1985, 502.

73 Vgl. *Becker*, JW 1912, 976 (977); *Sandrock*, Anm. z. BGH, JR 1969, 419 (422).

74 Vgl. *Oertmann*, Vorteilsausgleichung, 1901, S. 63.

75 Gemeint sind nicht nur klassische Dauerschuldverhältnisse wie der Dienst- und Mietvertrag, sondern auch jene, die den Dauerschuldverhältnissen regelmäßig gleichgesetzt werden können, wie etwa der Werkvertrag.
Gestützt wird diese These nicht zuletzt durch die historische Analyse des vertraglichen Bereicherungsverbotes. So hat sich selbiges – im Zusammenspiel mit der Aufrechterhaltung der Gegenleistungspflicht bei unerwarteter Störung des Leistungsaustausches aus der Sphäre der anderen Partei – ursprünglich im Dienstvertragsrecht entwickelt, vgl. D X 4.

76 Vgl. D X 4.

77 Zwar enthält § 11 KSchG dieses Anrechnungskriterium nicht ausdrücklich, doch ist es ohnehin nicht fernliegend selbiges in die Vorschrift – zur Verwirklichung verfassungsrechtlicher Vorgaben aus Art. 3 GG sowie des Bereicherungsgedankens – hineinzulesen, vgl. D IV 3.

78 Insbesondere durch Einsatz der eigenen *Arbeitskraft*, aber auch – wie im Mietrecht – durch anderweitige Verwertung des *Vertragsgegenstandes*.

mensetzung dieses Betrages berücksichtigt werden.[79] Würde sich der Schuldner der vertragsspezifischen Leistung die Einkünfte dieser neuen „Quellen" zueignen und gleichzeitig die volle Gegenleistung vom Gläubiger verlangen, hätte ersterer sich anlässlich der Abwicklungsstörung zu Lasten des letzteren bereichert.[80] Die Anrechnungsvorschriften installieren zugunsten des Gläubigers ein klares Subsidiaritätsprinzip bei der Bestimmung der Zusammensetzung des dem Schuldner gebührenden Mehrwerts. So sind grundsätzlich zunächst alle anderweitigen Ersparnisse und Einkünfte anzurechnen, bevor der restliche Betrag seitens des Gläubigers aufgefüllt wird. Sollten die sonstigen Einnahmen des Schuldners diesem Betrag entsprechen oder ihn sogar übersteigen, ist der Gläubiger gar von seiner Gegenleistungspflicht befreit.

Dass der vertraglich vorgegebene „Mehrwert" dem Schuldner der vertragsspezifischen Leistung „*gebührt*" schließt indes nicht völlig aus, dass diesem unter Umständen ein noch größerer Betrag zukommt. Dies ist jedoch angesichts der gerade gewonnenen Erkenntnisse nur dann der Fall, wenn er aufgrund der Störung des Leistungsaustausches in der Lage ist, Einkünfte zu erzielen, welche die Vergütung des ursprünglichen Gläubigers summenmäßig übersteigen. In diesem Fall wäre letzterer von seiner Gegenleistungspflicht befreit (s. o.). Darüber hinaus gibt es aber auch keinen hinreichenden Grund, warum etwaige Mehreinnahmen des Schuldners rechtlich dem Gläubiger zugewiesen wären.[81] Daraus folgt, dass

---

79 Die Anrechnung des böswillig unterlassenen Erwerbs muss an dieser Stelle außer Betracht bleiben (zumal ihn § 537 Abs. 1 S. 2 BGB auch gar nicht vorsieht). Dies ist insofern möglich, als er ohnehin nicht originär vom Bereicherungsgedanken getragen wird, vgl. D X 3.

80 Vgl. D X 3. Siehe auch *Becker*, JW 1912, 976 (977).

81 Anders mag dagegen die Wertung bei § 816 Abs. 1 S. 1 BGB sein. Hier hat der Bereicherungsschuldner nach h.M. die erlangte Gegenleistung *einschließlich des Gewinns* herauszugeben (BGHZ 29, 157 (159); BGH, WM 1975, 1179 (1180 f.); Jauernig[17]-*Stadler*, § 816, Rn. 8; Palandt[78]-*Sprau*, § 816, Rn. 10; a.A. *Medicus /Lorenz*, SBT[18] (2018), § 64, Rn. 11). Allerdings unterscheiden sich die Anrechnungsvorschriften signifikant von der hier genannten Bereicherungsvorschrift. Zunächst einmal stützt die h.M. die Pflicht zur Herausgabe des erlangten Gewinns maßgeblich auf den Wortlaut von § 816 Abs. 1 S. 1 BGB (vgl. BGHZ 29, 157 (159)). So spricht allein die Semantik der Wendung „so ist er…zur Herausgabe des durch die Verfügung *erlangten* verpflichtet." dafür, nicht nur den Wert des Gegenstandes, sondern auch den damit erzielten Gewinn herauszugeben (*Brox /Walker*, SBT[41] (2017), § 42, Rn. 22; Palandt[78]-*Sprau*, § 816, Rn. 10; a.A. *Medicus / Lorenz*, SBT[18] (2018), § 64, Rn. 10 mit dem Hinweis, dass der Bereicherungsschuldner den Kaufpreis nicht durch die eigene Verfügung erlangt habe, sondern durch die des Käufers.) Dagegen ist in den §§ 326 Abs. 2 S. 2, 537 Abs. 1 S. 2, 615 S. 2, 648 S. 2 BGB,

der Schuldner in diesen Fällen – über die Grenze des vertraglich vereinbarten Mehrwertes hinaus – auch nicht *auf Kosten des Gläubigers* bereichert ist.[82]

d) Übereinstimmende Wertungen im Privatrecht

Der den §§ 326, 537, 615 (ggf. iVm. § 11 KSchG), 648 BGB, § 415 HGB immanente Gedanke, dass bei der Störung des vertraglichen Leistungsaustauschs aus der Sphäre des einen, dem anderen der vertraglich vereinbarte Mehrwert gebührt, nicht mehr, findet sich möglicherweise auch an anderer Stelle des BGB.

aa) § 122 BGB

In Betracht kommt dabei § 122 BGB. Diese Norm gewährt dem Anfechtungsgegner die Möglichkeit, vom Anfechtungsberechtigten – verschuldensunabhängig[83] – den Ersatz des Vertrauensschadens zu verlangen. Freilich ist der Vertrauensschaden in der Regel nicht kongruent mit dem positiven Interesse, doch bildet letzteres die absolute *Obergrenze* für den Umfang des Ersatzanspruchs.[84] Werden etwa vertragliche Schuldverhältnisse wegen eines Irrtums iSv. §§ 119, 120 BGB wirksam angefochten, wird der rechtsgeschäftlich vereinbarte Leistungsaustausch aus der Sphäre des Anfechtungsberechtigten gestört. Dem Anfechtungsgegner iSv. § 143 Abs. 2 1. Hs. BGB gebührt aufgrund dieser Störung

---

§ 415 Abs. 2 S. 1 Nr. 1 HGB lediglich von einer „Anrechnung" die Rede. Selbige ist jedoch dann nicht mehr möglich, wenn der Schuldner der vertragsspezifischen Leistung, etwa durch eine anderweitige Verwertung seiner Arbeitskraft mehr einnimmt, als er vom ursprünglichen Gläubiger als vertragliche Gegenleistung erhalten hätte (s. o.). Eine *Herausgabe* anderweitiger Einkünfte und Ersparnisse erwähnen die Vorschriften dagegen nicht. Hinzu kommt, dass die Rechtsfolgen des § 816 Abs. 1 S. 1 BGB denjenigen treffen, der über einen fremden Gegenstand als Nichtberechtigter verfügt hat. Bei den Anrechnungsvorschriften geht es jedoch darum, dass der Schuldner der vertragsspezifischen Leistung *seine* Arbeitskraft bzw. *seine* Mietsache (§ 537 Abs. 1 S. 2 BGB) anderweitig verwertet. Es wäre somit methodisch nicht zulässig, die Anrechnungsvorschriften über eine extensive Auslegung in Anspruchsgrundlagen umzuwandeln, mit deren Hilfe der Gläubiger den Mehrerlös des Schuldners abschöpft.

82 Vgl. D X 3.

83 *Bork*, AT[4] (2016), Rn. 932; *Larenz /Wolf*, AT[9] (2004), § 36, Rn. 114; *Mankowski*, Beseitigungsrechte, 2003, S. 542.

84 Vgl. Jauernig[17]-*Mansel*, § 122, Rn. 3. Anders dagegen beim konkurrierenden Anspruch aus culpa in contrahendo, gem. §§ 311 Abs. 2, 280 Abs. 1, 241 Abs. 2 BGB. Hier geht es gleichfalls um den Ersatz des Vertrauensschadens. Allerdings wird er nicht durch das positive Interesse begrenzt, vgl. Jauernig[17]-*Stadler*, § 311, Rn. 54.

jedoch nicht mehr, als er bei regulärer Abwicklung des Vertrages erhalten hätte.[85] Das bedeutet, dass sich auch hier das Gesetz einer Bereicherung des Unbeteiligten über das vertraglich vereinbarte Maß hinaus, entgegenstellt.[86] Eine weitere Übereinstimmung besteht darin, dass auch bei § 122 BGB der *Sphärengedanke* eine entscheidende Rolle spielt.[87] So stammt die Möglichkeit, einen Irrtum zu vermeiden oder rechtzeitig zu entdecken einzig aus der Risikosphäre des späteren Anfechtungsberechtigten.[88]

bb) § 645 Abs. 1 S. 1 BGB

Auf der Tatbestandsseite sind sich § 645 Abs. 1 S. 1 BGB und §§ 326 Abs. 2, 537, 615 (ggf. iVm. § 11 KSchG), 648 BGB, § 415 HGB nicht unähnlich. So setzt auch § 645 Abs. 1 S. 1 BGB voraus, dass der Gläubiger der vertragsspezifischen Leistung die vereinbarte Erbringung derselben durch den Schuldner stört. Ursächlich hierfür ist entweder die Erbringung eines fehlerhaften Substrats oder die Erteilung einer fehlerhaften Anweisung durch den Besteller. Auch hier handelt es sich wieder um eine Vertragsart, welche zwar nicht *unmittelbar* zur Gruppe der Dauerschuldverhältnisse zu rechnen ist, diesen jedoch aufgrund der für gewöhnlich langen Laufzeit weitgehend gleichgestellt werden kann[89], wovon mitunter die in den §§ 643, 648 BGB geregelten „Kündigungsrechte" zeugen.[90] Ein deutlicher Unterschied zwischen § 645 Abs. 1 S. 1 BGB und den vertraglichen Anrechnungsvorschriften ist dagegen auf der Rechtsfolgenseite auszumachen. Während letztere für den Schuldner den Erhalt des vertraglich vereinbarten Mehrwertes vorsehen, kann der Werkunternehmer lediglich einen Teil der Vergütung und den Ersatz

---

85 *Giesen*, AT² (1995), Rn. 256; HK/BGB¹⁰-*Dörner*, § 122, Rn. 3; *Larenz/Wolf*, AT⁹ (2004), § 36, Rn. 120; *Mankowski*, aaO (Fn. 83), S. 550.

86 *Mankowski*, aaO (Fn. 83), S. 550; *E. Schmidt/Brüggemeier*, Grundkurs Zivilrecht⁷ (2006), Rn. 209.

87 *Bork*, AT⁴ (2016), Rn. 932; *Canaris*, Vertrauenshaftung, 1971, § 38 III 5 (S. 486); *Mankowski*, aaO (Fn. 83), S. 543; MüKo⁸-*Armbrüster*, § 122, Rn. 3. Dagegen stellt ein Teil der Literatur heute immer noch auf das *Veranlasserprinzip* zur Erklärung von § 122 BGB ab, vgl. HK/BGB¹⁰-*Dörner*, § 122, Rn. 1; PWW¹³-*Ahrens*, § 122, Rn. 1. Mit *Flume* ist jedoch dagegen einzuwenden, dass die bloße „Veranlassung" durch den Anfechtungsberechtigten nicht ausreichen kann, um dessen Schadensersatzpflicht zu rechtfertigen, *ders.*, AT, Bd. 2, 3. Aufl. (1979), § 21 7 (S. 423).

88 MüKo⁸-*Armbrüster*, § 122, Rn. 3; ähnlich auch: *Canaris*, in: FS BGH (2000), S. 171, *ders.*, aaO (Fn. 87), § 38 III 5 (S. 486).

89 *Hüffer*, Leistungsstörungen durch Gläubigerhandeln, 1976, S. 33.

90 Vgl. D VI 1.

seiner Auslagen verlangen.[91] Die Geltendmachung des entgangenen Gewinns für die noch nicht erbrachte Leistung kann dagegen nicht auf § 645 Abs. 1 BGB gestützt werden.[92] Dafür ist es dem Besteller nicht möglich, Ersparnisse oder anderweitige Einkünfte des Werkunternehmers anzurechnen. Gleichwohl steht die Divergenz in der Rechtsfolge einer Vergleichbarkeit von § 645 Abs. 1 BGB mit den vertraglichen Anrechnungsvorschriften nicht im Wege.[93] So ist die in § 645 Abs. 1 S. 1 BGB normierte Beschränkung des Gegenleistungsanspruchs des Schuldners lediglich als Reminiszenz an die Erfolgsbezogenheit des Werkvertrages zu sehen. Dieser Erfolgsbezogenheit läuft es nämlich grundsätzlich zuwider, wenn der Werkunternehmer bereits vor *Abnahme* einen Vergütungsanspruch erhält.[94] Dessen ungeachtet wollte man ihn – „aus Billigkeitsrücksichten"[95] – auch nicht schutzlos lassen, für den Fall, dass eine vertragsgemäße Herstellung des Werkes durch den Besteller vereitelt wird.[96] § 645 Abs. 1 S. 1 BGB stellt daher einen „salomonischen" Kompromiss dar, der darin besteht, dass der Unternehmer einerseits nicht leer ausgeht, andererseits aber auch nicht so wie bei ordnungsgemäßer Erfüllung vergütet wird.[97]

Insofern als der Anspruch des Werkunternehmers gem. § 645 Abs. 1 S. 1 BGB von vornherein auf einen entsprechenden Teil der Gegenleistung beschränkt ist, besteht auch nicht die Gefahr, dass er sich anlässlich der Behinderung des Leistungsaustauschs durch den Besteller und etwaigen, damit zusammenhängenden Einsparungen und Erwerbsmöglichkeiten, auf Kosten des letzteren bereichert.

---

91 Auf diesen Unterschied weisen hin: *Beuthien*, Zweckerreichung und Zweckstörung, 1969, S. 128 (Fn. 221); *Medicus /Petersen*, BR[26] (2017), Rn. 269; Staudinger[2014]-*Peters / Jacoby*, § 645, Rn. 1.

92 MüKo[7]-*Busche*, § 645, Rn. 11. Allerdings besteht nach § 645 Abs. 2 BGB noch Raum für weitergehende Schadensersatzansprüche.

93 Vgl. *Picker*, JZ 1985, 693 (695).

94 Vgl. OLG Hamm, BauR 1980, 576 f.; *Kapellmann*, BauR 1992, 433 (437).

95 Motive II, S. 500; *Jakobs /Schubert*, Die Beratung des BGB, Bd. 2, 1980, S. 902. Vgl. auch *Koller*, Die Risikozurechnung bei Vertragsstörungen in Austauschverträgen, 1979, S. 157; Soergel[12]-*Teichmann*, § 645, Rn. 1.

96 *Picker* bezeichnet diese Vorschrift daher als dogmenwidrigen „*Durchbruch eines übermächtigen Gerechtigkeitspostulats*", *ders.*, JZ 1985, 693 (695).

97 *Picker*, JZ 1985, 693 (703). Vgl. auch *Köhler*, Unmöglichkeit und Geschäftsgrundlage, 1971, S. 37. Dagegen wurde in der 1. Kommission noch erwogen, eine Rechtsfolge zu wählen, welche mit jenen in den §§ 326 Abs. 2, 537, 615, 648 BGB vergleichbar war (einschl. Anrechnungsregelung). Allerdings wurde dieser Ansatz als zu weitgehende Begünstigung des Werkunternehmers abgelehnt, vgl. *Jakobs /Schubert*, aaO (Fn. 95), 902; Staudinger[2014]-*Peters /Jacoby*, § 645, Rn. 2.

Folglich bestand auch keine Notwendigkeit für eine Anrechnungsvorschrift.[98] Somit kann auch der Bereicherungsgedanke nicht als Bindeglied zwischen § 645 Abs. 1 S. 1 BGB und den eingangs erwähnten Vertragsvorschriften gesehen werden. Allerdings sind sie durch den *Sphärengedanken* miteinander verbunden.[99] So hat der Gläubiger der vertragsspezifischen Leistung jeweils für Störungen aus seiner Verantwortungssphäre einzustehen.[100] § 645 Abs. 1 S. 1 BGB beschränkt jedoch die Haftung des Bestellers auf die Lieferung fehlerhafter Stoffe oder die Erteilung von leistungshindernden Anweisungen. In konsequenter Fortentwicklung dieses Sphärengedankens wird von einem Teil des Schrifttums eine analoge Anwendung von § 645 Abs. 1 S. 1 BGB auf alle übrigen Leistungserschwerungen aus der Sphäre des Bestellers gefordert (sog. *Sphärentheorie*).[101] Die herrschende Ansicht lehnt dagegen diesen pauschalen Ansatz ab und spricht sich allenfalls für eine punktuelle Analogie aus.[102] Hierfür spricht insbesondere der eindeutige Wille des Gesetzgebers, der die Preisgefahr[103] nur in wenigen Ausnahmefällen bereits vor Abnahme des Werkes – anteilig – auf den Besteller übergehen lassen wollte.[104] Zu Recht fürchtete man bereits zu jener Zeit, dass der Grundsatz der Erfolgsbezogenheit, welcher dem Werkvertrag zu eigen ist, sonst zu sehr eingeschränkt werden könnte.[105]

---

98 Vgl. *Jakobs /Schubert*, aaO (Fn. 95), S. 902.

99 Das § 645 Abs. 1 BGB den Sphärengedanken enthält bestätigen: *Köhler*, aaO (Fn. 97), S. 42; *Molitor*, SBT[7] (1965), § 11 III (S. 90 f.).

100 *Erman*, JZ 1965, 657 (660); *Larenz*, SchuldR, Bd. 2/1, 13. Aufl. (1986), § 53 III a) (S. 368).

101 *Enneccerus /Lehmann*, SchuldR[15], Bd. 2 (1958), § 153 II 1 a (S. 657); *Esser /Schmidt*, SchuldR, Bd. 1/2, 8. Aufl. (2000), § 23 III 1 a) (S. 31); *Heck*, Grundriß des Schuldrechts, 1929 (Nachdruck 1958), S. 348; *Söllner*, AcP 167 (1967), S. 132 (142 f.).

102 OLG München, NJW-RR 1992, 348; OLG Hamm, BauR 1980, 576; *Eckert*, SBT[2] (2005), Rn. 856; *Erman*, JZ 1965, 657 (660); Erman[15]-*Schwenker /Rodemann*, § 645, Rn. 11; Jauernig[17]-*Mansel*, §§ 644, 645, Rn. 10; *Köhler*, aaO (Fn. 97), S. 39; MüKo[7]-*Busche*, § 645, Rn. 15; *Nassauer*, „Sphärentheorien" zu Regelungen der Gefahrtragungshaftung, 1978, S. 181; *Oetker /Maultzsch*, Vertragliche Schuldverhältnisse[5] (2018), § 8, Rn. 224; Palandt[78]-*Sprau*, § 645, Rn. 9; *Picker*, JZ 1985, 693 (694); RGRK[12]-*Glanzmann*, § 645, Rn. 4; Soergel[12]-*Teichmann*, § 645, Rn. 14.

103 Das es sich bei § 645 BGB um eine – in ihrer Rechtsfolge beschränkte – Gefahrtragungsregelung handelt betont auch *Köhler*, aaO (Fn. 97), S. 36 mwN.

104 OLG Hamm, BauR 1980, 576; *Erman*, JZ 1965, 657 (660); *Nassauer*, aaO (Fn. 102), S. 178; Soergel[12]-*Teichmann*, § 645, Rn. 2.

105 *Mugdan*, Bd. 2, 1899, S. 935.

Trotz alledem bleibt die Erkenntnis, dass hinter § 645 Abs. 1 S. 1 BGB und den §§ 326 Abs. 2, 537, 615 (ggf. iVm. § 11 KSchG), 648 BGB, § 415 HGB ein *„homogenes Prinzip"* steckt.[106]

II. Erste Ansätze in der Praxis

Schließlich soll untersucht werden, welche Ansätze für eine gesamtanaloge Anwendung der vertraglichen Anrechnungsvorschriften bereits in der Praxis existieren.

1. BGH, JR 1969, 419

Eine Auseinandersetzung des BGH mit dem gemeinsamen Rechtsgedanken der vertraglichen Anrechnungsvorschriften findet sich zunächst in einer Entscheidung zum Ausgleichsanspruch des Handelsvertreters aus § 89b HGB.[107]

a) Einleitung

§ 89b HGB gewährt dem Handelsvertreter, nach Beendigung seines Vertragsverhältnisses, einen Ausgleichsanspruch gegen den Unternehmer. Hintergrund ist, dass der Unternehmer über die Dauer des Vertragsverhältnisses hinaus vom Kundenstamm, den der Handelsvertreter aufgebaut hat, profitiert.[108] Der Anspruch des Handelsvertreters ist somit ein der Billigkeit entsprechender „verlängerter Ausgleichsanspruch".[109] Für den Unternehmer stellt diese Ausgleichspflicht eine nicht unerhebliche wirtschaftliche Belastung dar.[110] Folglich überträgt er die Ausgleichspflicht häufig auf den neuen Handelsvertreter, welcher seinem Vorgänger nachfolgt.[111] Dieses Vorgehen wird von Rechtsprechung[112] und Literatur[113] im Grundsatz gebilligt, da *auch* der Nachfolger von der Arbeit seines Vorgängers

106 Vgl. *Picker*, JZ 1985, 693 (703).

107 BGH, JR 1969, 419 = MDR 1968, 917.

108 HeKo /HGB[7]-*Ruß*, § 89b, Rn. 1; Koller /Kindler /Roth /Morck[8]-*Roth*, § 89b, Rn. 1; *Pinto-Monteiro*, in: FS Canaris (2007), S. 333; *v. Westphalen*, DB 1984, 2392 (2394).

109 *Matthies*, DB 1986, 2063; *Pinto-Monteiro*, in: FS Canaris (2007), S. 333.

110 Vgl. *Schröder*, DB 1969, 291.

111 Ensthaler[8]-*Genzow*, § 89b, Rn. 102; *Kiene*, NJW 2006, 2007 (2009).

112 BGH, JR 1969, 419; MDR 1967, 914.

113 E/B/J/S[3]-*Löwisch*, § 89b, Rn. 20; GK[5]-*Emde*, § 89b, Rn. 245; *Hermann*, BB 1971, 200 (201); *Kiene*, NJW 2006, 2007 (2009); *ders.*, VersR 2006, 1024 (1027); *Küstner*, BB 1972, 1300 (1304); *Schröder*, DB 1969, 291.

profitiert.[114] Der neue Handelsvertreter kann gut mit dieser Vereinbarung leben, soweit seine Einkünfte aus dieser Tätigkeit die Ausgleichssumme übersteigen.[115] Problematisch wird es jedoch dann, wenn der Handelsvertreter bereits nach kurzer Zeit wieder aus dem Vertragsverhältnis mit dem Unternehmer ausscheidet.[116] Hier stellt sich die Frage, inwieweit er noch an seine Verpflichtung zur Zahlung der Ausgleichssumme gebunden ist. Vielfach wird es in solch einer Situation möglich sein, den freigewordenen Handelsvertreter über § 313 BGB ganz oder teilweise von seiner Ausgleichsverpflichtung zu entbinden.[117] So stellt die Vorstellung, dass sich die Ausgleichsverpflichtung des nachfolgenden Handelsvertreters durch eine entsprechend lange Laufzeit des Vertrages amortisiert, eine wesentliche Geschäftsgrundlage dar.[118]

In einer vergleichbaren Situation befand sich schließlich auch der Handelsvertreter in dem Fall, den der BGH zu entscheiden hatte. Allerdings hatte der Handelsvertreter freiwillig den Vertrag mit dem Unternehmer beendet. Insofern als er also den Wegfall der Geschäftsgrundlage selbst herbeigeführt hatte, konnte ihm über das heute in § 313 BGB kodifizierte Rechtsinstitut nicht geholfen werden.[119] Um den Anspruch des Unternehmers zu mindern machte der Handelsvertreter geltend, dass durch sein vorzeitiges Ausscheiden der Unternehmer die Möglichkeit erlangt habe, entsprechende Zahlungen aus der Abwälzungsvereinbarung mit seinen Nachfolgern zu erhalten. Diese durch ihn ermöglichten Einnahmen müsse sich der Unternehmer anrechnen lassen.

Das Gericht sah in der Tatsache, dass der zwischen dem klagenden Unternehmer und dem beklagten Handelsvertreter geschlossene Vertrag keine Angaben darüber machte, was mit der vereinbarten Ausgleichsvergütung für den Fall einer

---

114 Üblich sind drei verschiedene Gestaltungsarten (vgl. GK[5]-*Emde*, § 89b, Rn. 245; *Kiene*, NJW 2006, 2007 (2009)): Der neue Handelsvertreter kann einmal die Ausgleichssumme direkt an seinen Vorgänger zahlen, wodurch zugleich die Verbindlichkeit des Unternehmers getilgt wird. Eine andere Möglichkeit besteht darin, dass die Summe vom Unternehmer an den Vorgänger gezahlt wird und diese Leistung durch den Nachfolger über eine Einmalzahlung refinanziert wird. Schließlich kann die Ausgleichszahlung des Unternehmers auch über eine Provisionsminderung gegenüber dem nachfolgenden Handelsvertreter ausgeglichen werden.

115 Vgl. Ensthaler[8]-*Genzow*, § 89b, Rn. 102.

116 Vgl. hierzu im Einzelnen *Matthies*, DB 1986, 2063.

117 Vgl. GK[5]-*Emde*, § 89b, Rn. 258, 268; *Sandrock*, Anm. z. BGH, JR 1969, 419 (420). Zur Kündigung vor Amortisation der Einstandszahlung des Handelsvertreters vgl. OLG Düsseldorf, Urt. v. 07.07.2000–16 U 186/99 (erhältlich in juris).

118 GK[5]-*Emde*, § 89b, Rn. 268; *Sandrock*, Anm. z. BGH, JR 1969, 419 (420).

119 Vgl. BGHZ 161, 91 (104 f.); BGH, NJW 1995, 2031; HK/BGB[10]-*Schulze*, § 313, Rn. 16; Palandt[78]-*Grüneberg*, § 313, Rn. 22; *Sandrock*, Anm. z. BGH, JR 1969, 419 (420).

vorzeitigen Vertragsauflösung geschehen solle, eine Lücke.[120] Diese Lücke – so der BGH – könne nur über eine ergänzende Vertragsauslegung geschlossen werden.[121] Nun könne die übernommene Zahlungsverpflichtung des Handelsvertreters nicht einfach entfallen, da er durch seine Kündigung selbst den Grund dafür geschaffen hatte, dass sich die dadurch in Kauf genommene Vermögensminderung nicht wieder amortisiert.[122] Umgekehrt solle der Unternehmer aus diesem Umstand aber auch keinen Gewinn ziehen, indem er sich neben der Ausgleichszahlung des beklagten Handelsvertreters auch noch diejenige seines Nachfolgers aneignet. Folglich müssten die Zahlungen der Nachfolger des Beklagten im Rahmen der Lückenschließung berücksichtigt werden. Ihre Anrechnung auf den Zahlungsanspruch entspreche dabei dem „Rechtsgedanken" von § 324 und § 615 BGB a. F..[123]

b) Analyse

Zunächst einmal ist es bemerkenswert, dass sich der BGH der Ansicht des Berufungsgerichts angeschlossen hat, die Zahlungen der Nachfolger des Beklagten nicht im Wege der Vorteilsausgleichung anzurechnen. Vielmehr wird festgestellt, dass die Vorteilsausgleichung als Institut des Schadensrechts – zumindest im Grundsatz – nicht auf Erfüllungsansprüche übertragen werden könne.[124] Knapp fünf Jahre später wird der gleiche Zivilsenat kein Problem darin sehen, den „Rechtsgedanken der Vorteilsausgleichung" auf vertragliche Erfüllungsansprüche zu übertragen.[125]

Als Alternative zur Vorteilsausgleichung will der BGH die §§ 324, 615 BGB a. F. für eine ergänzende Vertragsauslegung fruchtbar machen. Die anderen vertraglichen Anrechnungsvorschriften werden dagegen nicht erwähnt. Darauf, dass der BGH diese nicht gesehen hat, oder es gar indirekt bestreitet, dass sie gleichfalls einen solchen (bzw. vergleichbaren) Rechtsgedanken in sich tragen, kann jedoch keinesfalls geschlossen werden. Vielmehr behauptet das Gericht, dass der Rechtsgedanke „u. a." in § 324 Abs. 1 S. 2 BGB a. F. enthalten sei. Angesichts der Tatsache, dass das Vertragsverhältnis vorzeitig durch eine Partei beendet wurde, hätte jedoch zumindest eine ausdrückliche Nennung von § 648 S. 2 2. Hs. BGB (bzw. § 649 S. 2 2.Hs. BGB a. F.) nahe gelegen.[126]

---

120 BGH, JR 1969, 419 (420).
121 BGH, JR 1969, 419 (420).
122 BGH, JR 1969, 419 (420).
123 BGH, JR 1969, 419 (420).
124 BGH, JR 1969, 419 (420).
125 BGHZ 60, 353 (358) (ausführlich hierzu noch später, vgl. E II 2).
126 Ebenso *Sandrock*, Anm. z. BGH, JR 1969, 419 (422). Die Nennung von § 415 HGB wäre dagegen nicht möglich gewesen (vgl. E I 2 a) bb) (1)).

Schließlich glaubt der BGH, dass hinter den §§ 324 Abs. 1 S. 2, 615 S. 2 BGB a. F. einander ähnelnde, letztlich jedoch verschiedene Rechtsgedanken stecken.[127] Inwieweit sich beide Rechtsgedanken im Einzelnen voneinander unterscheiden, wird dagegen nicht erläutert.

Wenngleich der BGH noch vieles im Unklaren lässt[128], so tritt seine Absicht umso klarer hervor: der Unternehmer soll sich anlässlich der vorzeitigen Beendigung des Kontrakts durch seinen Vertragspartner nicht auch noch zu Lasten des letzteren bereichern.[129] Es gilt also eine *ungerechtfertigte Bereicherung* über eine Anrechnung zu verhindern. Folglich will der BGH dem Bereicherungsverbot im Zusammenhang mit einem vertraglichen Erfüllungsanspruch zur Durchsetzung verhelfen. Der Rekurs auf einen Teil der Anrechnungsvorschriften ist daher durchaus folgerichtig.

Es fragt sich allerdings, ob es methodisch überzeugend ist, dass gefundene Ergebnis auf eine ergänzende Vertragsauslegung iSv. § 157 BGB zu stützen. Eine Alternative wäre möglicherweise gewesen, die §§ 324 Abs. 1 S. 2, 615 S. 2 BGB a. F. im Wege der Rechtsfortbildung *analog* auf den vorliegenden Fall anzuwenden. Die Klärung dieser Frage hängt indes maßgeblich von dem Verhältnis zwischen ergänzender Vertragsauslegung und Rechtsfortbildung ab.[130] Hierzu haben sich unterschiedliche Ansichten entwickelt.[131]

---

127 BGH, JR 1969, 419 (420).

128 Namentlich den tatsächlichen Kreis der Vorschriften, die einen der genannten Rechtsgedanken enthalten; ferner wie sich die Rechtsgedanken der § 324 und § 615 BGB voneinander unterscheiden.

129 Auch *Sandrock* kommt zu dem Schluss, dass *„die vertragstreue Partei nicht auf Kosten der vertragswidrig handelnden oder säumig gewordenen Partei sich bereichern [soll] oder faulenzen"* darf, *ders.*, Anm. z. BGH, NJW 1969, 419 (421).

130 So dienen auch die gesetzlichen Vorschriften dazu, Lücken in der vertraglichen Vereinbarung zwischen den Parteien zu schließen (Soergel[13]-*Wolf*, § 157, Rn. 109). Sind diese gesetzlichen Vorschriften selbst lückenhaft, müssen sie über die Instrumente der Rechtsfortbildung, namentlich Analogie oder teleologische Reduktion, entsprechend angepasst werden (*Larenz*, NJW 1963, 737).
Unterdessen wird das Alternativverhältnis zwischen ergänzender Vertragsauslegung und Rechtsfortbildung von einem Teil der Literatur geleugnet, vgl. *Henckel*, AcP 159 (1960/61), 106 (121 ff.); MüKo[8]-*Busche*, § 157, Rn. 28 mwN. Dagegen spricht jedoch, dass sich die ergänzende Vertragsauslegung stets am *konkreten Rechtsgeschäft* orientiert, während für die Rechtsfortbildung ein *„abstrakt-generalisierender Maßstab"* maßgeblich ist, vgl. AnwKom[3]-*Looschelders*, § 157, Rn. 23; *Flume*, AT, Bd. 2, 3. Aufl. (1979), § 16 4 b) (S. 324).

131 Einen Überblick über die Entwicklung der verschiedenen Ansichten liefert *Stoffels*, Gesetzlich nicht geregelte Schuldverträge, 2001, S. 89 f.

aa) Erster Ansatz

Einer Ansicht zufolge hat die ergänzende Vertragsauslegung stets Vorrang gegenüber der Anwendung des dispositiven Rechts.[132] Folglich kommt auch eine etwaige Fortbildung des dispositiven Rechts allenfalls subsidiär zur Geltung.

Folgt man dieser Ansicht, ist das Vorgehen des BGH nicht weiter zu beanstanden (s. o.).

bb) Zweiter Ansatz

Die Gegenansicht räumt der Anwendung des dispositiven Rechts Vorrang gegenüber der ergänzenden Vertragsauslegung ein.[133] Vereinzelt wird auch eine Einschränkung dieses Grundsatzes für den Fall befürwortet, in welchem sich aus dem Parteiwillen oder der Gesetzesnorm[134] etwas Gegenteiliges ergibt.[135]

Freilich sagt diese Rangfolge noch nichts Konkretes über das Verhältnis zwischen ergänzender Vertragsauslegung und Rechtsfortbildung aus. Im Kern geht es um die Frage, ob die vorrangige Anwendung des dispositiven Rechts auch dessen Fortbildung mit einschließt. Diese Frage wird in den Ausführungen der

---

132 RGZ 131, 343 (351); 80, 27 (28); 5, 146 (149); ROHGE 22, 361 (371); *Cziupka*, JuS 2009, 103 (105 f.). Kritisch dagegen von *Tuhr*, AT, Bd. 2/1, 1914 (Nachdruck 1957), S. 546 (Fn. 61).

133 BGHZ 158, 201 (206); 137, 153 (157); BGH, NJW 1982, 2190 (2191); BGHZ 77, 301 (304); 40, 91 (103); – Gleichwohl kann nicht von einer *ständigen* Rechtsprechung gesprochen werden, da der BGH vereinzelt, wie im vorliegenden Fall auch, der ergänzenden Vertragsauslegung den Vorzug vor dem dispositiven Recht gibt, vgl. BGHZ 92, 363 (370). Schließlich räumt auch ein großer Teil der Literatur dem dispositiven Recht Vorrang ein, vgl. BeckOK /BGB[Ed48]-*Wendtland*, § 157, Rn. 38; *Bork*, AT[4] (2016), Rn. 534; *Ehricke*, RabelsZ 60 (1996), 661 (683); *Fikentscher /Heinemann*, SchuldR[10] (2006), Rn. 158; *Flume*, AT, Bd. 2, 3. Aufl. (1979), § 16 4 a) (S. 321); *Kötz*, in: FS Zeuner (1994), S. 231; *Medicus /Petersen*, AT[11] (2016), Rn. 341, 344; Palandt[78]-*Ellenberger*, § 157, Rn. 4; Staudinger[2015]-*Roth*, § 157, Rn. 23.
Noch weiter geht *Pilz*, der eine ergänzende Vertragsauslegung ablehnt und stattdessen die Vertragslücken ausschließlich durch Anwendung und Fortbildung dispositiven Rechts zu schließen versucht, *ders.*, Richterliche Vertragsergänzung und Vertragsabänderung, 1963, S. 26.

134 Hier geht es um Normen, welche ersichtlich nur dann zur Anwendung kommen sollen, wenn sich wirklich kein Hinweis auf eine anderslautende Regelung ergibt. Als Beispiel wird oftmals § 426 Abs. 1 S. 1 BGB herangezogen: *„Die Gesamtschuldner sind im Verhältnis zueinander zu gleichen Anteilen verpflichtet, soweit nicht ein anderes bestimmt ist.“*. *Medicus /Petersen* sprechen von *„höchst subsidiären“* Normen, *dies.*, AT[11] (2016), Rn. 341.

135 Beck /OK[Ed48]-*Wendtland*, § 157, Rn. 39; *Medicus /Petersen*, AT[11] (2016), Rn. 341.

Anhänger dieser Ansicht vielfach offen gelassen. Andere bejahen dagegen auch die Vorrangigkeit der Fortbildung dispositiven Rechts gegenüber der ergänzenden Vertragsauslegung.[136]

Versteht man den Vorrang des dispositiven Rechts in diesem erweiterten Sinne, hätte der BGH, statt auf die ergänzende Vertragsauslegung zurückzugreifen, die genannten Anrechnungsvorschriften aus dem BGB *analog* anwenden sollen, um die ausgemachte Lücke im Vertrag zwischen dem Unternehmer und dem Handelsvertreter zu schließen.

cc) Dritter Ansatz

Schließlich will ein Teil der Literatur weder der ergänzenden Vertragsauslegung noch dem dispositiven Recht pauschal Vorrang einräumen.[137] Vielmehr wird anhand der Umstände des Einzelfalls differenziert. Die Differenzierungskriterien sind freilich umstritten.

(1) Erste Unteransicht

Nach einer Ansicht[138] kommt es darauf an, ob die Vertragsart gesetzlich geregelt ist. Für den Fall, dass dies nicht zutrifft, kommt hiernach nur die ergänzende Vertragsauslegung in Betracht. Finden sich dagegen gesetzliche Regelungen für den eingegangenen Vertragstypus, so kommt es weiterhin darauf an, ob sich die zwischen den Parteien erzielte Einigung noch innerhalb des Erwartungshorizontes des Gesetzgebers befindet. Ist dies der Fall, kommt für den Richter lediglich die Lückenschließung unter Zuhilfenahme des dispositiven Rechts in Betracht. Sollte dieses selbst eine Lücke aufweisen, ist diese im Wege der Rechtsfortbildung zu schließen. Handelt es sich dagegen um eine völlig atypische Vereinbarung, kommt wiederum die ergänzende Vertragsauslegung iSv. § 157 BGB zur Anwendung.

Der Handelsvertretervertrag ist in den §§ 84 ff. HGB geregelt.[139] Die Anwendung der ergänzenden Vertragsauslegung ist somit zunächst einmal nicht zwingend. Ein unmittelbarer Rückgriff auf das dispositive Recht wird jedoch dadurch erschwert, dass dieses keine Vorschriften über eine etwaige Abwälzungsvereinbarung enthält. Gleichwohl würden sich die §§ 324 Abs. 1 S. 2, 615 S. 2 BGB a. F., welche dazu dienen, eine ungerechtfertigte Bereicherung im Vertragsrecht abzuschöpfen,

---

136 So ausdrücklich: *Kötz*, in: FS Zeuner (1994), S. 231; Staudinger[2015]-*Roth*, § 157, Rn. 23.

137 *Larenz /Wolf*, AT[9] (2004), § 28, Rn. 109 /§ 33, Rn. 9.

138 *Larenz*, aaO (Fn. 1), S. 301; *ders.*, NJW 1963, 737 (740 f.); *Larenz /Wolf*, AT[9] (2004), § 28, Rn. 111 /§ 33, Rn. 9; *Pawlowski*, AT[7] (2003), Rn. 519.

139 Einen Überblick über die Gesetzessystematik liefert E/B/J/S[3]-*Löwisch*, Vor §§ 84 ff., Rn. 5.

für eine entsprechende Anwendung anbieten.[140] Fraglich ist nun, ob die vertragliche Vereinbarung zwischen dem Handelsvertreter und dem Unternehmer von dem Regeltypus der §§ 324, 615 BGB a. F. wesentlich abweicht.[141] Die §§ 324, 615 BGB a. F. enthalten – wie ihre inhaltlich nicht in hier relevanter Weise veränderten Nachfolgevorschriften – den Grundsatz, dass wenn der Leistungsaustausch aus der Sphäre des einen gestört wird, der andere den vertraglich vereinbarten Mehrwert erhält und nicht mehr.[142] Bei dem vorliegenden Handelsvertretervertrag handelt es sich um einen gegenseitigen Kontrakt. Der Leistungsaustausch wurde aus der Sphäre des Handelsvertreters in der Weise gestört, dass er den Vertrag plötzlich beendete.[143] Nun ist jedoch kein Grund ersichtlich, warum dem Unternehmer nicht weiterhin die vertraglich vereinbarte Summe für die Zahlung des Ausgleichs iSv. §89b HGB an den Vorgänger des kündigenden Handelsvertreters verbleiben sollte.[144] Es ist jedoch ebenso wenig einzusehen, warum sich der Unternehmer auf diese Leistung des Handelsvertreters nicht die Zahlungen anrechnen lassen sollte, die er aufgrund der frühen Kündigung von den Nachfolgern desselben erhält.[145] Der Handelsvertretervertrag weicht somit in keiner Weise von dem Regeltypus der vertraglichen Anrechnungsvorschriften ab. Folglich sind diese Vorschriften auch nach dieser Ansicht zum Zwecke der Lückenfüllung entsprechend auf den Vertrag zwischen dem Unternehmer und dem Handelsvertreter anzuwenden. Ein Rückgriff auf die ergänzende Vertragsauslegung ist nicht erforderlich.

(2) Zweite Unteransicht

In Anlehnung an die vorherige Ansicht hat sich eine weitere Meinung herausgebildet.[146] Sie stellt ausschließlich auf den Sachverhalt bzw. seine rechtsgeschäftliche Regelung durch die Parteien ab. Ist eines von beiden atypisch, kommt nur

140 Darüber hinaus würde von den vertraglichen Anrechnungsvorschriften zumindest noch § 648 S. 2 2. Hs. BGB für eine analoge Anwendung in Betracht kommen (s. o.).

141 Vgl. *Larenz*, aaO (Fn. 1), S. 301; *Pawlowski*, AT[7] (2003), Rn. 519.

142 Vgl. E I 1 c).

143 Vgl. hier insbesondere die Parallele zu § 648 S. 2 2. Hs. BGB (s. o.).

144 BGH, JR 1969, 419 (420).

145 BGH, JR 1969, 419 (420).

146 *Brox / Walker*, AT[41] (2017), Rn. 138; *Sandrock*, Zur ergänzenden Vertragsauslegung im materiellen und internationalen Schuldvertragsrecht, 1966, S. 85 f.; ähnlich: Soergel[13]-*Wolf*, § 157, Rn. 113. Widersprüchlich dagegen *Köhler*, der sich zunächst für diese Ansicht auszusprechen scheint (*ders.*, AT[42] (2018), § 9, Rn. 17 f.) und anschließend doch grds. den Vorrang des dispositiven Rechts behauptet (*ders.*, AT[42] (2018), § 9, Rn. 19).

ergänzende Vertragsauslegung in Betracht.[147] Dagegen seien typische und immer wiederkehrende Fallkonstellationen im Wege der Rechtsfortbildung zu regeln.[148]

Weder die rechtsgeschäftliche Abwälzungsvereinbarung, noch die Tatsache, dass der Handelsvertreter den Kontrakt mit dem Unternehmer frühzeitig aufkündigt sind in irgendeiner Weise ungewöhnlich. Zwar geht der Gesetzgeber in § 89b HGB davon aus, dass der *Unternehmer* und nicht der Nachfolger des ausscheidenden Handelsvertreters die Ausgleichszahlung leistet, doch hat er dabei die Möglichkeit, dass der Unternehmer diese Zahlungsverpflichtung in entsprechender Weise abwälzt, ausdrücklich gesehen.[149] Wenngleich eine gesetzliche Normierung nicht stattfand, ist die rechtsgeschäftliche Verankerung einer Abwälzungsvereinbarung im Handelsvertretervertrag mittlerweile längst ein „*Handelsbrauch*".[150] Die Fallkonstellation, über die der BGH zu urteilen hatte, war somit nicht singulär, sondern kann tatsächlich in ähnlicher Weise immer wieder auftauchen. Folglich eignet sich auch nach dieser Ansicht das Instrument der Rechtsfortbildung eher, als eine ergänzende Vertragsauslegung.[151]

dd) Stellungnahme

Für die erste Ansicht spricht, dass sie die Privatautonomie der Parteien bestmöglich zur Geltung bringen will.[152] Dagegen ist jedoch einzuwenden, dass der

---

147 A.A. *Lüderitz*, AcP 171 (1971), 160 (165).

148 Problematisch ist allerdings, dass ein Rechtsgeschäft sowohl typische wie auch atypische Elemente enthalten kann, vgl. Erman[15]-*Armbrüster*, § 157, Rn. 15.

149 *Kiene*, VersR 2006, 1024 (1027).

150 *Kiene*, NJW 2006, 2007 (2009).

151 A.A. *Sandrock*, Anm. z. BGH, JR 1969, 419 (422). Dieser gibt zwar zu, dass eine Abwälzungsvereinbarung beim Handelsvertretervertrag typisch ist, doch stellt er zugleich die Behauptung auf, dass der Umstand der vorzeitigen Kündigung zu speziell ist, als dass man ihn einheitlich über eine Rechtsfortbildung lösen könne. Hier verkennt der Autor jedoch, dass auch eine analoge Anwendung einer oder mehrerer Normen nur dann möglich ist, wenn eine vergleichbare Interessenlage vorliegt (vgl. E I 1 a bb)). Ob dies der Fall ist, muss freilich von Fall zu Fall neu festgestellt werden. Das dabei kein Sachverhalt dem anderen bis ins Detail gleicht, bedarf keiner näheren Erläuterung. Ist etwa der Unternehmer für die Störung des Leistungsaustausches verantwortlich, besteht kein einheitliches Wertefundament mit den vertraglichen Anrechnungsvorschriften. Der Einwand *Sandrocks*, dass sich aus der jeweiligen vertraglichen Vereinbarung auch eine abweichende Risikoverteilung ergeben kann, mag zutreffen, doch ist dann bereits fraglich, ob der Kontrakt tatsächlich eine für den Rechtsanwender zu schließende Lücke enthält.

152 Vgl. HKK-*Vogenauer*, §§ 133, 157, Rn. 101. *Cziupka*, JuS 2009, 103 (105) spricht in diesem Zusammenhang von „*individualisierender Gerechtigkeit*".

Übergang von ergänzender Vertragsauslegung zur Rechtsfortbildung oftmals verschwimmt.[153] Außerdem besteht die Gefahr, dass die Wertungen des dispositiven Rechts unterlaufen werden.[154] Vielmehr ist es im Grunde die *ureigene Aufgabe* des dispositiven Rechts, die Vertragsparteien von der Vorsorge für jede denkbare Konstellation zu entlasten.[155] Enthält der Kontrakt eine Lücke, so kann deren Schließung somit dem hierfür vorgesehenen dispositiven Recht überantwortet werden.[156] Die erste Ansicht ist daher abzulehnen.

Die übrigen Ansichten kommen zu dem Ergebnis, dass der BGH der Rechtsfortbildung in Gestalt einer analogen Anwendung von §§ 324, 615 BGB a. F. (bzw. § 649 BGB a. F.) den Vorzug hätte geben müssen.[157] Dieser Schritt liegt auch insofern nahe, als der BGH bereits die erforderliche Vorarbeit für eine Analogie geleistet hat. Er stellte fest, dass der Vertrag eine Lücke enthielt, welche auch nicht unmittelbar durch dispositives Recht geschlossen werden konnte. Damit war zugleich eine *primäre Gesetzeslücke*[158] ausgemacht. Ferner hat er die Behauptung aufgestellt, dass die §§ 324 Abs. 1 S. 2, 615 S. 2 BGB a. F. vergleichbare Rechtsgedanken enthielten. Tatsächlich dürfte es sich um einen *einheitlichen* Rechtsgedanken handeln. Aber selbst wenn man die Position des BGH einnimmt und hinter den Normen verschiedene Rechtsgedanken vermutet – wobei der BGH ihren Unterschied nicht näher erläutert hat – so kann die Diskrepanz nicht so bedeutend sein, dass sie einer (gesamt-)analogen Anwendung der jeweiligen Vorschriften entgegenstünde, zumal im Hinblick auf die zu schließende Lücke eine vergleichbare Interessenlage bestand. Es ist zu vermuten, dass sich der BGH nicht gleich durch eine entsprechende Rechtsfortbildung binden wollte. So ist es nicht unüblich, dass die Gerichte zunächst auf die ergänzende Vertragsauslegung zurückgreifen, um sich auch für künftige Entscheidungen alle denkbaren Optionen offen zu halten[159], zumal die richterliche Rechtsfortbildung einen höheren

---

153 Dies muss dann auch *Cziupka* zugeben, *ders.*, JuS 2009, 103 (106).

154 HKK-*Vogenauer*, §§ 133, 157, Rn. 101; Jauernig[17]-*Mansel*, § 157, Rn. 3; *Larenz / Wolf*, AT[9] (2004), § 28, Rn. 109 /§ 33, Rn. 9; Palandt[78]-*Ellenberger*, § 157, Rn. 4; Staudinger[2015]-*Roth*, § 157, Rn. 23.

155 BeckOK /BGB[Ed48]-*Wendtland*, § 157, Rn. 38.

156 So ähnlich bereits Art. 150 Dresdener Entwurf: „*Ein Vertrag verpflichtet den Vertragsschließenden nicht nur zu Dem, was er versprochen hat, sondern auch zu Dem, was sich nach Gesetz oder Herkommen aus der Natur des Vertrages ergiebt, sofern nicht eine Ausnahme hiervon vereinbart worden ist.*“

157 Dass die Voraussetzungen für eine analoge Anwendung dieser Normen vorliegen haben bereits die Erläuterungen in E I 1/2 ergeben.

158 Zum Begriff vgl. E I 1 a) aa).

159 *Henckel*, AcP 159 (1960), 106 (123); *Stoffels*, aaO (Fn. 131), S. 322. Vgl. auch *Flume*, AT, Bd. 2, 3. Aufl. (1979), § 16 4 b) (S. 325).

Begründungsaufwand erfordert.[160] Leider hat dies jedoch allzu oft zur Folge, dass unter dem Deckmantel der ergänzenden Vertragsauslegung richterliche Rechtsfortbildung betrieben wird.[161] Das Ergebnis mag für die Prozessbeteiligten gleich sein, schafft auf Dauer jedoch Rechtsunsicherheit.[162] Der Richter wird dadurch schnell zum Herrn des Rechtsverhältnisses zwischen den Parteien und aus Privatautonomie wird Gängelung durch den Richter.[163]

2. BGHZ 60, 353

a) Einleitung

Ein weiteres Urteil zu dem gemeinsamen Rechtsgedanken der §§ 326 Abs. 2, 537 Abs. 1, 615, 648 BGB fällte der BGH einige Jahre später, am 16.04.1973.[164] Der Entscheidung lag dabei folgender Sachverhalt zugrunde:

Der Beklagte sicherte dem Kläger vertraglich die Erbringung verschiedener Ingenieurleistungen zu. Dabei wurden die „Vertragsbestimmungen der Gebührenordnung der Ingenieure (GOI) vom 3.4.1956" ausdrücklich in die Vertragsabrede inkorporiert. Sie lauteten u. a.:

---

160 *Stoffels*, aaO (Fn. 131), S. 321.

161 HKK-*Vogenauer*, §§ 133, 157, Rn. 106.

162 *Medicus /Petersen*, AT[11] (2016), Rn. 344.

163 *Medicus /Petersen*, AT[11] (2016), Rn. 344. Die aus Art. 3 GG erwachsende Pflicht zur Gleichbehandlung vergleichbarer Interessenlagen kann eben am besten durch eine Analogie der betreffenden Vorschriften verwirklicht werden.

164 BGHZ 60, 353 ff. Freilich bezog sich der BGH zu jener Zeit bzgl. § 326 Abs. 2 S. 2 und § 537 Abs. 1 S. 2 BGB auf die inhaltlich nur geringfügig veränderten Vorgängernormen: §§ 324 Abs. 1 S. 2, 552 S. 2 BGB a. F. Vgl. hierzu: D I 4 und D II 4.
Einen ähnlichen Fall hatte der VII. Zivilsenat auch knapp 3 Jahre zuvor zu entscheiden (BGHZ 54, 106). In seinem Urteil vom 04.06.1970 erachtete er § 17 I der „Allgemeinen Gebührenordnung für die wirtschaftsprüfenden sowie wirtschafts- und steuerberatenden Berufe (ALLGO)" für missbräuchlich, weil er dem Auftragnehmer nach der Kündigung die volle Vergütung zuspricht, ohne eine Abzugsmöglichkeit zu beinhalten. Auf die Vorteilsausgleichung wird dabei noch nicht eingegangen. Allerdings werden bereits die vertraglichen Anrechnungsvorschriften in § 615 und § 648 BGB genannt. Ihnen kommt insoweit eine „*Leitbildfunktion*" (vgl. Palandt[34]-*Heinrichs*, Vor § 145, D d)) zu, als sie durch ihre Abschöpfung einer ungerechtfertigten Bereicherung zu einem billigen Ausgleich der beiderseitigen Interessen kommen. Eine Regelung (wie § 17 ALLGO), die solch eine Anrechnungsmöglichkeit nicht enthalte, „*widerspricht der Billigkeit und stellt eine missbräuchliche Verfolgung einseitiger Interessen des einen Vertragspartners auf Kosten des anderen dar…*", vgl. BGHZ 54, 106 (111).

„§ 16 Der Auftraggeber und der Ingenieur können den Vertrag nur aus wichtigem Grund kündigen, und zwar ohne Einhaltung einer Kündigungsfrist.

§ 17 (I) Kündigt der Auftraggeber aus einem Grunde, den der Ingenieur nicht zu vertreten hat, so behält der Ingenieur den Anspruch auf die vertragliche Leistung; er muß sich jedoch dasjenige anrechnen lassen, was er infolge Auflösung des Vertrages an Aufwendungen erspart oder durch anderweitige Verwendung seiner Arbeitskraft erwirbt oder zu erwerben böswillig unterlässt.

(II) Kündigt der Auftraggeber aus einem Grunde, den der Ingenieur zu vertreten hat, so kann der Ingenieur Vergütung für seine bisherigen Leistungen verlangen.

§ 18 (I) Kündigt der Ingenieur aus einem Grunde, den der Auftraggeber zu vertreten hat, so behält der Ingenieur den Anspruch auf die vertragliche Vergütung.

(II) Wird der Vertrag aus einem Grunde gekündigt, den weder der Ingenieur noch der Auftraggeber zu vertreten hat, so kann der Ingenieur Vergütung für seine bisherigen Leistungen verlangen; das gleiche gilt, wenn der Ingenieur aus einem von ihm zu vertretenden Grunde kündigt, es sei denn, dass seine bisherigen Leistungen für den Auftraggeber kein Interesse haben."

Nachdem der Auftraggeber dem Ingenieur ein betrugsgleiches Verhalten vorwarf, kündigte letzterer das Vertragsverhältnis fristlos. Der Auftraggeber verlangt nun klageweise den Teil des bereits an den Ingenieur gezahlten Honorars zurück, für den er von diesem keine entsprechende Gegenleistung erhalten hat. Der Beklagte beruft sich dagegen auf § 18 Abs. 1 GOI, wonach der Ingenieur, wenn er aus einem Grunde kündigt, den der Auftraggeber zu vertreten habe, den Anspruch auf die volle vertragliche Vergütung behalten soll.

Nach der Feststellung, dass es sich bei den einbezogenen Vorschriften der GOI um allgemeine Geschäftsbedingungen handelt, unterzieht der BGH § 18 Abs. 1 GOI einer Inhaltskontrolle.[165] Im Ergebnis stellt das Gericht eine unangemessene Benachteiligung des Auftraggebers fest, da diese Vorschrift – im Gegensatz zu § 17 Abs. 1 GOI – keine Anrechnung von Vorteilen vorsieht, welche der Ingenieur aus der vorzeitigen Auflösung des Vertragsverhältnisses gezogen hat.[166] Dabei sieht der BGH in der Aufrechterhaltung des Erfüllungsanspruchs des Ingenieurs gem. § 18 Abs. 1 GOI ein Äquivalent zum – dadurch

165 In Ermangelung besonderer gesetzlicher Vorschriften musste eine Inhaltskontrolle von AGBs zu jener Zeit noch auf § 242 BGB gestützt werden und bestand vornehmlich aus Richterrecht (vgl. BGHZ 60, 353 (355 f.); BGH, NJW 1972, 1227; NJW 1970, 29; BGHZ 54, 106; 52, 61; BGH, NJW 1965, 246; BGHZ 41, 151; 22, 90; Palandt[34]-*Heinrichs*, Vor § 145, D b) bb)). Dagegen würde sich in heutiger Zeit die Inhaltskontrolle nach den §§ 307 ff. BGB richten.

166 BGHZ 60, 353 (356 f.).

überflüssig gewordenen – Schadensersatzanspruch aus positiver Vertragsverletzung.[167] Wenn sich nun im Schadensrecht über die Figur der Vorteilsanrechnung positive Folgen, welche mit dem anspruchsauslösenden Moment kausal verknüpft sind, bei der Bestimmung der Anspruchshöhe mindernd auswirken[168], müsse gleiches auch hinsichtlich der Höhe des korrespondierenden Erfüllungsanspruchs des Ingenieurs gelten. Deshalb sei eine Anrechnung von Ersparnissen und anderweitigen Einkünften – wie sie im Übrigen in § 17 Abs. 1 GOI vorgesehen ist – (auch) im Rahmen von § 18 Abs. 1 GOI geboten.[169] Zur Bekräftigung dieses Ansatzes führt der BGH an, dass der Gedanke der Vorteilsausgleichung[170] auch außerhalb des Schadensrechts vorkommt. Als Beleg werden die §§ 324 Abs. 1 S. 2 (= 326 Abs. 2 S. 2 BGB n. F.[171]), 552 S. 2 (= 537 Abs. 1 S. 2 BGB n. F.), 615 S. 2, 616 Abs. 1 S. 2, 642 Abs. 2, 648 S. 2 2. Hs. BGB und § 74c Abs. 1 S. 1 HGB genannt.

b) *Analyse*

aa) *Umfang der genannten Vorschriften*

Insofern als § 415 HGB seine heutige Fassung erst durch das Transportrechtsreformgesetz vom 01.07.1998 erlangt hat[172], konnte ein Verweis des Gerichts auf diese Vorschrift, welche dem genannten § 648 S. 2 BGB ähnlich ist, auch nicht erwartet werden. Dagegen ist der Verweis auf § 74c Abs. 1 HGB aus den bereits genannten Gründen abzulehnen.[173] Diese Norm wird dann auch in einer späteren Entscheidung des BGH, in welcher erneut auf die Anrechnungsvorschriften des Vertragsrechts im Zusammenhang mit der Erläuterung der Vorteilsausgleichung Bezug genommen wird, nicht mehr ausdrücklich angesprochen.[174]

---

167 BGHZ 60, 353 (358).

168 Vgl. *Medicus /Lorenz*, SAT[21] (2015), Rn. 689 ff.

169 BGHZ 60, 353 (358).

170 Einen Überblick über den Gedanken der Vorteilsausgleichung liefert: *Lange*, JuS 1978, 649. Zu den Anfängen der Entwicklung der Vorteilsausgleichung vgl. *Esser*, MDR 1957, 522.

171 *Brox /Walker* sehen in § 326 Abs. 2 S. 2 BGB gleichfalls den Gedanken der Vorteilsausgleichung, *dies.*, SAT[42] (2018), § 22, Rn. 42.

172 Vgl. D IX 3.

173 Vgl. D X 5.

174 BGHZ 91, 206 (210).

bb) Verweis auf die Vorteilsausgleichung

Darüber hinaus ist fraglich, ob hinsichtlich der übrigen Vorschriften ein Rekurs auf die *Vorteilsausgleichung* überzeugt.[175] Der Einwand, dass es sich bei der Vorteilsausgleichung um ein *Institut des Schadensrechts* handele[176] und somit nicht mit jenen Vorschriften im Zusammenhang gesehen werden könne, welche sich auf den *vertraglichen Erfüllungsanspruch* berufen, ist sicherlich etwas voreilig. So vermag die Tatsache, dass die Vorteilsausgleichung in einem anderen Teil der Privatrechtsordnung verwurzelt ist, nicht auszuschließen, dass eine Verwandtschaft „im Geiste" existiert.[177] Die Vorteilsausgleichung und die entsprechenden Anrechnungsvorschriften im Vertragsrecht sind nämlich über den *Bereicherungsgedanken* miteinander verbunden.[178] Dass die Anrechnung von Vermögensvor-

---

175 Vgl. in diesem Zusammenhang auch die bereits erfolgte Abgrenzung zwischen dem schadensrechtlichen und dem vertraglichen Bereicherungsverbot in C I 2.

176 Vgl. *Cantzler*, AcP 156 (1957), 29 (31); *Henke*, in: FS Hagen (1999), S. 372; *Schur*, JuS 2006, 673 (676); *Thiele*, AcP 167 (1967), S. 193 (200); *Thüsing*, Wertende Schadensberechnung, 2001, S. 8 („*Die Vorteilsausgleichung ist Bestandteil des Schadensrechts*").

177 Dieses Näheverhältnis erkennen bereits: *Decker*, Die Vorteilsanrechnung beim Erfüllungsanspruche nach dem Bürgerlichen Gesetzbuche, 1906, S. 29 f. („*inniger Zusammenhang*"); *Oertmann*, aaO (Fn. 74), S. 42. Dagegen lässt *Henke* diesen Aspekt völlig unbeachtet, *ders.*, in: FS Hagen (1999), S. 372.

178 So ausdrücklich: *Miller*, Die Entwicklung der Vorteilsausgleichung, 1929, S. 13 f.; *Gsell*, ZIP 2005, 922 (924 iVm. Fn. 23 und 25). Hinsichtlich der Vorteilsausgleichung sei hier nur exemplarisch die Darstellung von *Baur* herangezogen: „*Das Schadensereignis soll nicht zu einer Bereicherung des Geschädigten führen.*", *ders.*, JW 1937, 1463; ähnlich: *Fischer*, Der Schaden nach dem Bürgerlichen Gesetzbuche, 1903, S. 219; *Gähler*, JW 1938, 428. Vgl. zudem *Armbrüster*, JuS 2007, 411 (417): „*Ihr* [der Vorteilsausgleichung] *liegt der Gedanke zugrunde, dass die §§ 249 ff. BGB einen Schadensausgleich gewährleisten, nicht aber eine wirtschaftliche Besserstellung des Geschädigten im Vergleich zu seiner Lage ohne das schädigende Ereignis bewirken wollen.*"; *Poelmann*, Der Gedanke der Vorteilsausgleichung, 1939, S. 15: „*Eine gewisse Ähnlichkeit besteht hingegen mit dem Tatbestand der ungerechtfertigten Bereicherung*"; *Rudloff*, in: FS v. Hippel (1967), S. 428; *Wagner*, in: E. Lorenz, Karlsruher Forum 2006, S. 13: „*Das auf das Bereicherungsverbot zugeschnittene Prinzip der Vorteilsausgleichung…*". Zum Sinn und Zweck der vertraglichen Anrechnungsvorschriften äußert sich dagegen *Becker*, JW 1912, 976 (977): „*Wesen und Zweck der Anrechnungsbestimmung der §§ 324, 615, 616, 649 BGB, § 133c Abs. 2 GewO ist also, eine ungerechtfertigte Bereicherung des von der Leistung befreiten Teils zu verhüten.*"
Darüber hinaus sind die Anrechnungsvorschriften mit der Vorteilsausgleichung auch über gemeinsame äußere Merkmale miteinander verbunden. So bedarf es etwa – im Gegensatz zur Aufrechnung – keiner Gestaltungserklärung für eine Anrechnung entsprechender Vorteile (für die Vorteilsausgleichung vgl. RGRK[12]-*Steffen*, § 823, Rn. 481).

teilen, welche durch das Verletzungsereignis verursacht wurden, der Grundsatz ist und die Nichtanrechnung folglich die Ausnahme, ergibt sich bereits aus einer eindeutigen Stellungnahme des historischen Gesetzgebers.[179]

(1) Das Verständnis vom Bereicherungsverbot im Schadensrecht

Gleichwohl wird gelegentlich behauptet, dass das Bereicherungsverbot als dogmatisches Fundament für die Vorteilsausgleichung nicht fruchtbar gemacht werden könne, da es dem Grunde nach jedwede Form der Bereicherung verbiete.[180] Dagegen komme es bei der Vorteilsausgleichung auf eine *individuelle Gewichtung* des für eine Anrechnung ins Auge gefassten Vorteils an.[181] *Medicus* nimmt gar an, dass das schadensrechtliche Bereicherungsverbot durch die Vorteilsausgleichung durchbrochen werde, da letztere dem Geschädigten u. U. auch Vorteile belasse.[182]

---

179 Motive II, S. 19: „*...daß, wenn aus einer und derselben Maßregel oder aus einem Komplexe von Maßregeln, für welche dieselbe Person einzustehen hat, schädliche und nützliche Folgen entstanden sind, diese nicht voneinander getrennt werden dürfen, sondern auf das Gesamtresultat gesehen werden muss.*“; vgl. zudem *Esser /Schmidt*, SchuldR, Bd. 1/2, 8. Aufl. (2000), § 33 V (S. 248); *Fischer*, aaO (Fn. 178), S. 219; Staudinger[2017]-*Schiemann*, § 249, Rn. 132; a.A. MüKo[7]-*Oetker*, § 249, Rn. 231.

180 MüKo[7]-*Oetker*, § 249, Rn. 238; *Thiele*, AcP 167 (1967), 193 (197) („*formales Prinzip ohne Wertungsgehalt*“); *Wendehorst*, aaO (Fn. 70), § 3 II 2 a) (S. 138) („*reines Schlagwort*“); a. A. RGZ 93, 144 (145); *Enneccerus /Kipp /Wolff*, BR, Bd. 1/2, 8. Bearb. (1922), § 237 II (S. 43); *Fikentscher /Heinemann*, SchuldR[10] (2006), Rn. 703; *Larenz*, SchuldR, Bd. 1, 14. Aufl. (1987), § 30 II (S. 531); RGRK[12]-*Steffen*, § 823, Rn. 481. Vgl. zudem HKK-*Jansen*, §§ 249–253, 255, Rn. 61 (Bereicherungsverbot als „*fast allgemein anerkannte fundamentale Wertung des Schadensrechts*“). Ähnlich: *Lange*, Schadensersatz[2] (1990), Einl. III 2 (S. 9) („*Leitlinie*“). Von der allgemeinen Anerkennung des Bereicherungsverbotes im Schadensrecht zeugt auch, dass es mittlerweile die Rechtsetzung beeinflusst hat (vgl. § 249 Abs. 2 S. 2 BGB). Zudem hat der BGH das Bereicherungsverbot unlängst zum Bestandteil des ordre public iSv. Art. 6 EGBGB erklärt, vgl. BGHZ 118, 312 (338). Zur zentralen Bedeutung der Gewinnabwehr („*réparation intégrale*“) im französischen Schadensrecht vgl. *Thüsing*, aaO (Fn. 176), S. 256. Völlig unterschätzt wird dagegen die Bedeutung des Bereicherungsverbotes bei *Diederichsen*, Karlsruher Forum 1985: Grenzen richterlicher Rechtsfortbildung, S. 18 („*Das Prinzip ist aber im Laufe der Zeit durch so viele Ausnahmen durchlöchert, dass ihm kaum noch eine Wertungsfunktion zukommt. Es hat praktisch abgedankt.*“); *Schnell*, Die nachträgliche Unmöglichkeit der Naturalrestitution, 2006, S. 161 ff.

181 *Baur*, JW 1937, 1463; *Henke*, in: FS Hagen (1999), S. 407 f.; *Lange /Schiemann*, Schadensersatz[3] (2003), § 9 I 1 (S. 486); *Looschelders*, SAT[14] (2016), Rn. 1011; *Medicus / Petersen*, BR[26] (2017), Rn. 854; Palandt[78]-*Grüneberg*, Vor § 249, Rn. 70; Staudinger / Eckpfeiler[2018]-*Vieweg*, Kap. J, Rn. 97; *Thiele*, AcP 167 (1967), 196 (240).

182 *Ders.*, in: E. Lorenz, aaO (Fn. 178), S. 142.

(2) Kritische Überprüfung dieses Verständnisses aus historischer Sicht

Wäre die genannte Charakterisierung des Bereicherungsverbotes zutreffend, handelte es sich tatsächlich um eine bloße axiomische Banalität, welche in ihrer Einfachheit wohl kaum die Jahrhunderte vom römischen Reich[183] bis zur heutigen Privatrechtsordnung überdauert hätte und sich im Übrigen nur schwer mit dem Grundgesetz vereinbaren ließe.[184] Eine solch einseitige Wiedergabe des Bereicherungsverbotes ist jedoch kaum mit seinen historischen Wurzeln zu vereinbaren, auf welche die schadensrechtliche Literatur auch nur vereinzelt eingeht. So wird mitunter auf D 50.17.206 verwiesen.[185] Allerdings hat die anfängliche Untersuchung des historischen Ursprungs des Bereicherungsverbotes ergeben, dass seine Wurzeln viel tiefer reichen, als bis zu der besagten Digestenstelle. Betrachtet man die ursprüngliche Idee eines Bereicherungsverbotes – zu Recht – als Bestandteil der stoischen Ethik[186], so stellt die heutige Schlussfolgerung, dass durch das (schadensrechtliche) Bereicherungsverbot *jede* Form der Bereicherung verboten sei, eine – zumindest aus historischer Sicht – unzulässige Verkürzung des eigentlichen Bereicherungsgedankens dar.[187] Vielmehr heißt es im Werk *Ciceros*, durch welches das Bereicherungsverbot der Stoa indirekt überliefert ist[188]: *„es hat ein jeder seinem eigenen Nutzen, soweit das ohne Unrecht gegen den Mitmenschen geschieht, zu dienen“*.[189] Das antike Bereicherungsverbot kann daher nicht als Verbot *jeglicher* Bereicherung verstanden werden. Bei solch einer Auslegung hätte es für eine Wirtschaftsordnung, welche bereits ab dem 3. Jahrhundert v. Chr. wesentlich durch „Handel, Gewerbe und Geldverkehr“ geprägt war[190], auch keinen praktischen Nutzen gehabt und wäre später kaum in den Digesten

183 Vgl. D 50.17.206 – auf diese Stelle wird etwa bei Staudinger[2017]-*Schiemann*, Vor § 249, Rn. 2 verwiesen. Vgl. ebenso D 12.6.14.

184 Vgl. bereits C I. So schützt Art. 2 Abs. 1 GG beispielsweise die Verhaltensfreiheit auf wirtschaftlichem Gebiet, vgl. BVerfG, NJW 1961, 1395; BeckOK /GG[Ed1]-*Lang*, Art. 2, Rn. 6. Es ist somit grds. erlaubt, auf Kosten eines anderen einen Gewinn zu machen. Folglich wäre ein so verstandenes Bereicherungsverbot – zumindest im Vertragsrecht – mit den marktwirtschaftlichen Rahmenbedingungen für eine Wettbewerbswirtschaft nicht vereinbar, vgl. *F. Bydlinski*, System und Prinzipien des Privatrechts, 1996, S. 234.

185 Staudinger[2017]-*Schiemann*, Vor § 249, Rn. 2.

186 Vgl. C II 1.

187 In diese Richtung geht auch die Kritik des BGH, der davor warnt, das Bereicherungsverbot *„schematisch anzuwenden“*., vgl. BGH, NJW 2004, 2526 (2529).

188 Vgl. C II 1.

189 *Cicero*, De officiis, 3. Buch, Nr. 42.

190 *Kaser /Knütel /Lohsse*, Römisches Privatrecht[21] (2017), § 1, Rn. 6.

kodifiziert worden. Ein sinnvoller Grund, dieses traditionelle und sowohl im Bereicherungs- als auch im Vertragsrecht immer noch präsente Verständnis vom Bereicherungsverbot zu verkürzen, findet sich in der Literatur des Schadensrechts indes nicht. Nach dem hier vorzuziehenden Verständnis vom Bereicherungsverbot ist daher nicht *jede* Form der Gewinnanhäufung untersagt, sondern nur die *ungerechtfertigte.*[191] Wann eine Bereicherung ungerechtfertigt ist, richtet sich wiederum nach *Billigkeitsgesichtspunkten*. Eine Billigkeitsentscheidung versucht eine interessen*gerechte* Lösung anhand der Umstände des Einzelfalls anzubieten.[192] (Ausgleichende) Gerechtigkeit kann jedoch niemals durch blinde, gleichsam mathematische Abschöpfung von Vermögenszuwächsen erfolgen, sondern setzt jedes Mal eine Wertentscheidung voraus.[193]

(3) Bedeutung für das Verhältnis der Vorteilsausgleichung zu den vertraglichen Anrechnungsvorschriften

Aus dieser Perspektive erscheint der Abstand zu dem Grundsatz der Vorteilsausgleichung plötzlich nicht mehr so gewaltig. Er wird sogar noch enger, wenn man die Feststellung des BGH berücksichtigt, dass *„dem Gebot der Vorteilsausgleichung"* der *„Billigkeitsgedanke"* innewohne.[194] Zudem sei – so der BGH – die Vorteilsausgleichung auf das *„Gerechtigkeitsgebot"* zurückzuführen. Der (ausgleichenden) Gerechtigkeit dient aber auch der Bereicherungsgedanke.[195]

---

191 Eine Gleichsetzung des Bereicherungsverbotes mit der – rein rechnerischen – Differenzhypothese, wie sie sich etwa bei MüKo[7]-*Oetker*, § 249, Rn. 238 findet, würde sich somit unter diesem Blickwinkel verbieten.

192 Vgl. C I.

193 Das bedeutet freilich nicht, dass man die Entscheidung, was gerecht ist und was nicht, dem freien Ermessen des Richters überlässt. Umgekehrt wird es kaum ein Gericht geben, welches seine Entscheidung ausschließlich auf den „Bereicherungsgedanken" stützt. Auch im Interesse der Rechtssicherheit ist es vielmehr erforderlich, gesetzliche Wertungen zu finden, welche das im Lichte des Bereicherungsgedankens gefundene Ergebnis stützen. Als seit Jahrhunderten überlieferte „Leitlinie" ist das Bereicherungsverbot jedenfalls unverzichtbar. Vgl. iÜ. Die Hinweise unter C I.

194 BGHZ 60, 353 (359). Von Seite 358 bis 361 taucht das Wort Billigkeit fünf Mal auf! Das auch die Entscheidungen des Reichsgerichts zur Vorteilsausgleichung vom Billigkeitsgedanken getragen wurden betont: *Bauer-Mengelberg*, Vorteilsausgleichung, 1929, S. 18 f.

195 So ausdrücklich: *Feenstra*, Vortrag über „Die ungerechtfertigte Bereicherung in dogmengeschichtlicher Sicht" an der Universität Ankara, abrufbar unter: http://auhf.ankara.edu.tr/dergiler/auhfd-arsiv/AUHF-1972-29-01-02/AUHF-1972-29-01-02-Feenstra.pdf (zuletzt eingesehen am 08.11.2010); Vgl. zudem C I 1. Siehe ferner: *F. Bydlinski*, aaO (Fn. 184), S. 235.

Fraglich ist jedoch, ob diese Gemeinsamkeit tatsächlich ausreicht, um – wie der BGH – aus den Anrechnungsvorschriften des Vertragsrechts „den Gedanken der Vorteilsausgleichung" herauszulesen.[196] Was diese Vorgehensweise problematisch macht ist, dass auf diese Weise der aufrecht erhaltene vertragliche Erfüllungsanspruch in die Nähe eines Schadensersatzanspruchs gerückt wird, wenn in der Anrechnung von Ersparnissen und Ersatzeinkünften das schadensrechtliche Institut der Vorteilsausgleichung wiedererkannt wird.[197] Eine solche Deutung wird unterdessen von der herrschenden Literatur – welche die Anwendung der Schadensminderungspflicht aus § 254 Abs. 2 S. 1 BGB auf die Vertragsvorschriften ablehnt[198] – *nicht* getragen.[199] Gegen ein solches Verständnis spricht allein schon der Wortlaut der meisten Vorschriften. So heißt es etwa bei § 326 Abs. 2 S. 1 BGB, dass der Schuldner seinen Anspruch auf die Gegenleistung „*behält*". Nach § 615 S. 1 und § 648 S. 2 1. Hs. BGB kann der Dienstverpflichtete die „*vereinbarte Vergütung*" verlangen. Es wird also deutlich, dass es jeweils um die Aufrechterhaltung des vertraglichen Primäranspruches geht. Umgekehrt hat der Gesetzgeber in einer anderen Vorschrift des Vertragsrechts – § 642 BGB – ausdrücklich von einem Entschädigungsanspruch gesprochen. Davon abgesehen setzt ein Schadensersatzanspruch normalerweise ein Verschulden des Anspruchsgegners voraus. Bei § 326 Abs. 2 S. 1 2.Alt., § 537 § 615, § 616, § 648 BGB kommt es jedoch gerade nicht auf ein Vertretenmüssen des Gläubigers an.[200]

cc) Zwischenergebnis

Es bleibt festzuhalten, dass die Erkenntnis des BGH, den vertraglichen Anrechnungsvorschriften sei der Gedanke der Vorteilsausgleichung immanent, lediglich *cum grano salis* zu verstehen ist. Sie ist also insoweit richtig, als auf die im Kern bestehende Verbindung zwischen beiden Elementen über den Bereicherungs-

---

196 BGHZ 60, 353 (358); a. A. *Miller*, aaO (Fn. 178), S. 15. Ähnlich unkritisch in der Verwendung des Begriffs „Vorteilsausgleichung" im Zusammenhang mit den vertraglichen Anrechnungsvorschriften: *Rother*, AcP 170 (1970), 453 (456); Staudinger / Eckpfeiler[2018]-*Vieweg*, Kap. J, Rn. 95.

197 Vgl. *Decker*, aaO (Fn. 177), S. 30. Dieser vom BGH erweckte Eindruck wird überdies dadurch verstärkt, dass er unmittelbar nach dieser Feststellung auf die Schadensminderungspflicht aus § 254 Abs. 2 BGB Bezug nimmt, vgl. BGHZ 60, 353 (358).

198 Vgl. hierzu die Hinweise bei D II 3 (Fn. 77) und D III 2.

199 So ausdrücklich: *Becker*, JW 1912, 976; *Rumpf*, Das Synallagma im Dauerschuldverhältnis, 2003, S. 164; für den Dienstvertrag: *Bonn*, Die Fälle der Anrechnung im Dienstvertrag nach BGB und GewO, 1905, S. 81. Vgl. auch Staudinger[2017]-*Schiemann*, § 249, Rn. 134.

200 Vgl. *Bonn*, aaO (Fn. 199), S. 82; *Oertmann*, aaO (Fn. 74), S. 38.

gedanken hingewiesen wird.[201] Somit ist auch die Schlussfolgerung, dass die vertraglichen Anrechnungsvorschriften mit dem Bereicherungsgedanken gesalbt sind, höchstrichterlich bestätigt. Als Nachweis dafür, dass dem BGH durch diese Schlussfolgerung nichts „in den Mund gelegt" wird, was dieser so nicht feststellen wollte, sei folgender Satz aus dem Urteil ausdrücklich zitiert:

> *„Der Geschädigte soll nicht in unangemessener Weise zu Lasten des Schädigers besser gestellt werden (...)."*[202]

Dem sei das von F. Bydlinski postulierte „allgemeine Bereicherungsprinzip" gegenübergestellt:

> *„Niemand darf sich ungerechtfertigt (...) ‚auf fremde Kosten bereichern."*[203]

Der vom BGH geäußerte Satz diente der Charakterisierung der Vorteilsausgleichung. Unmittelbar danach verweist das Gericht darauf, dass der soeben beschriebene Gedanke der „Vorteilsausgleichung" auch in den vertraglichen Anrechnungsvorschriften zum Ausdruck komme.[204] Dass in den Ausführungen des BGH der Bereicherungsgedanke mitschwingt, kann somit nur noch schwerlich bestritten werden. Allerdings nutzt der BGH seine Feststellung lediglich, um den Verstoß von § 18 Abs. 1 GOI gegen § 242 BGB zu begründen. Im Ergebnis liest der BGH im Wege ergänzender Auslegung nach § 157 BGB die Anrechnungsregelung von § 17 Abs. 1 GOI in § 18 Abs. 1 GOI hinein.[205] Inhaltlich stimmt die Anrechnungsanordnung mit den korrespondierenden Vorschriften im Vertragsrecht überein. Es bleibt somit festzuhalten, dass der BGH zwar das den vertraglichen Anrechnungsvorschriften immanente Bereicherungsverbot durch einen Verweis auf die verwandte Vorteilsausgleichung unterstrichen hat, weitere Schritte in Richtung einer gesamtanalogen Anwendung des diesen Vorschriften innewohnenden Prinzips jedoch unterblieben sind.[206] Hierfür hätte indes ein

---

201 So auch *Gsell*, JuS 2006, 203 (204 f.); *dies.*, ZIP 2005, 922 (924 iVm. Fn. 23 und 25); *dies.*, NJW 2003, 1969 (1971). Ungenau ist dagegen weiterhin die Darstellung bei *Brox / Walker*, die in § 326 Abs. 2 S. 2 BGB nicht den Bereicherungsgedanken sehen, sondern die Vorteilsausgleichung, *dies.*, SAT[42] (2018), § 22, Rn. 42.

202 BGHZ 60, 353 (358).

203 *F. Bydlinski*, aaO (Fn. 184), S. 235.

204 BGHZ 60, 353 (358).

205 BGHZ 60, 353 (362).

206 Zum Verhältnis von ergänzender Vertragsauslegung und Rechtsfortbildung vgl. bereits E II 1 b). Eine gesamtanaloge Anwendung der vertraglichen Anrechnungsvorschriften hätte – wie in der vorangegangenen Entscheidung (E I 1) – wohl auch hier nahegelegen.

allgemeiner Verweis auf die Vorteilsausgleichung bzw. das Bereicherungsverbot auch nicht ausgereicht (s. o.). Gleichwohl ist ein weiterer Schritt zu einer Verallgemeinerung der in den vertraglichen Anrechnungsvorschriften enthaltenen Regelungen vor dem Hintergrund einer vergleichbaren Interessenkonstellation durch den BGH getan worden.[207]

c) Folgen für die Praxis

aa) Rechtsprechung des BGH

Die Deutung des BGH, dass sich in den vertraglichen Anrechnungsvorschriften der Gedanke der Vorteilsausgleichung wiederfindet, wird gut 11 Jahre später erneut in einer höchstrichterlichen Entscheidung zum werkvertraglichen Gewährleistungsrecht aufgegriffen.[208] Es fällt jedoch auf, dass der BGH seine anfängliche These, dass die vertraglichen Anrechnungsvorschriften den Gedanken der Vorteilsausgleichung enthielten[209], zumindest in der Schärfe nicht mehr vertritt. Stattdessen sei die Vorteilsausgleichung lediglich über den Gerechtigkeitsgedanken, welcher auf § 242 BGB zurückgeführt wird, mit den Anrechnungsvorschriften verbunden.[210] Reduziert man gemeinsam mit dem BGH die Schnittmenge der Anrechnungsvorschriften mit der Vorteilsausgleichung auf die Kürzung von Vorteilen zur Verwirklichung der Gerechtigkeit (oder Billigkeit), kristallisiert sich auf diese Weise wieder der Bereicherungsgedanke heraus.

Nach einer jüngeren Entscheidung des BGH[211] will dieser den in der Vorteilsausgleichung steckenden Rechtsgedanken nutzen, um Steuervorteile des Anlegers im Rahmen der Rückabwicklung eines nach § 1 HWiG widerrufenen Darlehensvertrages, welcher mit einem finanzierten Fondsanteilserwerb ein

---

207 Mit dem gleichen Ergebnis schließt *Wendehorst* die Analyse dieses Urteils, *dies*, aaO (Fn. 70), § 13 II 1 b) (S. 454). Ob eine gesamtanaloge Anwendung der vertraglichen Anrechnungsvorschriften im Ergebnis Erfolg gehabt hätte, ist freilich eine andere Frage. Dagegen spricht, dass es der Ingenieur und spätere Bereicherungsschuldner selbst war, der durch seine Kündigung den vertraglichen Leistungsaustausch gestört hat. Insoweit gleicht diese Konstellation eher der in § 650 f. Abs. 5 S. 2 BGB kodifizierten Interessenlage.

208 BGHZ 91, 206.

209 So noch bei BGHZ 60, 353 (358).

210 BGHZ 91, 206 (210).

211 BGHZ 172, 147 (153) = ZfIR 2007, 716. Dieser Entscheidung folgend: OLG Frankfurt, Urt. v. 26.09.2007–23 U 101/06 (erhältlich in juris).

verbundenes Geschäft iSv. § 9 VerbrKrG darstellt, anzurechnen.[212] Angerechnet werden die Steuervorteile auf den *Rückforderungsanspruch* des Anlegers aus § 3 Abs. 1 S. 1 HWiG.[213] Voraussetzung ist allerdings, dass den Steuervorteilen kein Nachzahlungsanspruch der Finanzbehörden gegenübersteht.[214] Damit stellt sich der XI. Senat des BGH gegen die bisherige Rechtsprechung des II. Senats. Letzterer hatte den Anwendungsbereich der Vorteilsausgleichung in diesem Zusammenhang strikt auf etwaige Schadensersatzansprüche begrenzt.[215] Da jedoch der II. Senat auf Anfrage des XI. Senats an seiner bisherigen Entscheidungspraxis nicht mehr festhält, ist die Anrufung des Großen Senats für Zivilsachen gem. § 132 GVG entbehrlich.[216] Auffallend ist auch bei dieser Entscheidung, dass der BGH erneut eine *unmittelbare* Anwendung der Vorteilsausgleichung im Vertragsrecht scheut. Stattdessen stellt er zunächst klar, dass die Vorteilsausgleichung ein Institut des Schadensrechts sei.[217] Anschließend stellt der BGH heraus, dass diesem Rechtsinstitut der Gedanke immanent sei, dass Nachteile zwar auszugleichen, eine Gewinnerzielung des Geschädigten jedoch zu vermeiden seien.[218] Der zweite Teil dieses Gedankens ist jedoch nichts anderes als der Grundsatz vom Bereicherungsverbot. Dabei vermeidet der BGH, die Anrechnung der Steuervorteile einzig auf den Gedanken der Vorteilsausgleichung zu stützen. Stattdessen entscheidet er sich für eine analoge Anwendung von § 3 Abs. 3 HWiG.[219] Der Telos dieser Vorschrift besteht darin, eine Bereicherung des Verbrauchers aus dem widerrufenen Vertrag auf Kosten des Vertragspart-

---

212 So ist die Bank im vorliegenden Fall infolge des wirksamen Widerrufs verpflichtet, auf das Darlehen geleistete Zahlungen des Darlehensnehmers gegen Abtretung der Immobilienfondsbeteiligung zurückzuerstatten. Ferner ist die zur Sicherheit für das Darlehen abgetretene Lebensversicherung rückabzutreten, vgl. BGH, NJW 2007, 2401 (2402). Kritisch gegenüber der „entsprechenden Anwendung" des gesetzlich nicht geregelten „Rechtsgedankens der Vorteilsausgleichung": *Früh*, Die „Sowieso-Kosten", 1991, S. 64 f.

213 BGH, NJW 2007, 2401 (2403). Zur mittlerweile neuen Rechtslage, wonach Erträgnisse der Beteiligung (einschließlich Steuervorteile) dem Verbraucher verbleiben vgl. MüKo[7]-*Habersack*, § 358, Rn. 85.

214 BGH, NJW 2007, 2401 (2403).

215 BGH, NJW-RR 2005, 1073 (1074); BGHZ 159, 280 (294); BGH, WM 2004, 1527 (1529).

216 BGH, NJW 2007, 2401 (2403).

217 BGH, NJW 2007, 2401 (2403). Vgl. auch die weiteren Hinweise in Fn. 58.

218 BGH, NJW 2007, 2401 (2403).

219 BGH, NJW 2007, 2401 (2403).

ners zu verhindern.[220] Voraussetzung für eine analoge Anwendung ist indes eine vergleichbare Interessenlage.[221] Eine solche hat das Gericht offenbar im Hinblick auf die erzielten Steuervorteile angenommen.[222] Folglich ging es dem BGH im Einzelnen um die Abschöpfung einer ungerechtfertigten Bereicherung des Anlegers. Dieser dürfe nach der Rückabwicklung nicht besser stehen.[223] Es wäre somit präziser gewesen, wenn der BGH sich bei der Begründung seiner Analogie ausdrücklich auf das Bereicherungsverbot berufen hätte.[224] Freilich wäre dann auch die Frage, ob auf diese Weise nicht die Wertungen des in den §§ 812 ff. BGB kodifizierten Bereicherungsrechts unterlaufen werden, schärfer in das Auge des Betrachters getreten.[225] So äußerte sich der BGH jüngst ablehnend gegenüber der Anwendung der Vorteilsausgleichung auf einen Bereicherungsanspruch des Fondsanlegers aus § 813 Abs. 1 S. 1 iVm. § 812 Abs. 1 S. 1 BGB, welcher auf die Rückzahlung der zur Tilgung des Darlehens erbrachten Leistungen gerichtet war.[226] Etwaige Steuervorteile des Anlegers können somit nicht auf diesem Wege in Rechnung gestellt werden.

---

220 So ausdrücklich: *Werner /Machunsky*, § 3 HWiG, Rn. 38. Zur Konzeption von § 3 Abs. 1 S. 1 HWiG als besonders ausgestalteter Bereicherungsanspruch vgl. BGHZ 167, 252 (261); 131, 82 (87).

221 Vgl. E I 1 a) bb).

222 Hahn stützt indes die Anwendung der Vorteilsausgleichung mit dem Argument, dass bei einem Schadensersatzanspruch des Anlegers aus culpa in contrahendo, wegen einer arglistigen Täuschung oder zivilrechtlichen Prospekthaftung, die Steuervorteile ohnehin über eine Vorteilsausgleichung anzurechnen seien. Selbige dürften einem Anleger welcher lediglich von seinem Widerrufsrecht Gebrauch macht, nicht verbleiben, vgl. *Hahn*, Anm. z. BGH, ZfIR 2007, 716. Allerdings lässt *Hahn* unerwähnt, warum er hierfür – gemeinsam mit dem BGH – ausgerechnet die Vorteilsausgleichung fruchtbar machen will.

223 *Geisler*, jurisPR-BGHZivilR 9/2008, Anm. 1, Anm. z. BGH, NJW 2008, 845.

224 Dass es sich dem Grunde nach um die Frage einer ungerechtfertigten Bereicherung handelt, erkennt auch: *Allmendinger*, EWiR 2008, 23 (24), Anm. z. BGH, NJW 2007, 2401. Unkritisch dagegen: *Geisler*, jurisPR-BGHZivilR 28/2007, Anm.1, Anm. z. BGH, NJW 2007, 2401.

225 So steht etwa *Allmendinger* in dieser Frage dem BGH äußerst kritisch gegenüber, *ders.*, EWiR 2008, 23 (24), Anm. z. BGH, NJW 2007, 2401. Dagegen scheint *Geisler* die Anwendung der „Vorteilsausgleichung" ausdrücklich zu begrüßen, *ders.*, jurisPR-BGHZivilR 28/2007, Anm.1, Anm. z. BGH, NJW 2007, 2401.

226 BGHZ 174, 334 (343 f.); a. A. wohl *Geisler*, jurisPR-BGHZivilR 9/2008, Anm. 1, Anm. z. BGH, NJW 2008, 845.
So war in diesem Fall die der Treuhänderin erteilte Vollmacht wegen Verstoßes gegen das Rechtsberatungsgesetz nichtig. Folglich wurde die Klägerin bei Abschluss

bb) Rechtsprechung des BAG

Schließlich hat auch das BAG im Hinblick auf § 615 S. 2 BGB den Gedanken der Vorteilsausgleichung wieder aufgegriffen.[227] Zur Begründung dieser These bezieht sich das BAG – zu Unrecht[228] – auf *Oertmann* (Vorteilsausgleichung, S. 36). Dieser hat die unmittelbare Anwendung der Vorteilsausgleichung auf diese Vertragsvorschriften abgelehnt.[229] Zwar gibt er später zu, dass Anrechnungsvorschriften und Vorteilsausgleichung nahe verwandt seien[230], mehr aber auch nicht. Leider liefert das BAG auch keine Erklärung dafür, warum ein schadensrechtliches Institut in eine Anrechnungsvorschrift hineininterpretiert wird, obwohl überhaupt kein Schaden vorliegt. Die Tatsache, dass der Gegenleistungsanspruch des Schuldners aufrechterhalten wird, verhindert gerade den Eintritt eines Schadens. Zudem kann der Gegenleistungsanspruch selbst auch nicht als Ersatzanspruch qualifiziert werden (s. o.). Wenn aber die Vorteilsausgleichung im Schadensrecht nur dann

---

des Kaufvertrages nicht wirksam vertreten. Insofern als Darlehens- und Kaufvertrag ein verbundenes Geschäft darstellten, hätte die Klägerin weitere Zahlungen zur Tilgung des Kredites gem. § 9 Abs. 1, 3 S. 1, Abs. 4 VerbrKrG verweigern können. Eine Rückforderung bereits geleisteter Beträge wäre auf diesem Wege jedoch nicht möglich gewesen. Gleichwohl sieht der BGH die Möglichkeit eines Rückforderungsdurchgriffs auf der Grundlage von § 813 Abs. 1 S. 1 BGB.

227 BAGE 74, 28 (34 f.) = SAE 1994, 232 mit zust. Anm. v. *Schaub*, EWiR 1993, 1173 (1174).
Als Beispiel, wie groß im Grunde die Unsicherheit in der Handhabung der Vorteilsausgleichung im Vertragsrecht ist, mag die Schilderung bei *Kühn* herangezogen werden, *ders.*, Zur Methode der Anrechnung anderweitigen Erwerbs nach § 615 Satz 2 BGB, 2008, S. 90. Zunächst wird dort behauptet, die Anrechnung nach § 615 S. 2 BGB sei ein *„Fall der Vorteilsausgleichung"* (S. 90). Wenige Sätze später geht es bloß noch um die *„Nähe* [der Vorteilsausgleichung] *zur Anrechnung nach § 615 S. 2 2.Alt. BGB"*. Die Darstellung endet mit der Feststellung, dass das Fehlen einer Gestaltungserklärung eine weitere *„Parallele zwischen beiden Rechtsinstituten (sic!) darstellt."*. Die anfangs vom Autor vertretene Gleichsetzung von Vorteilsausgleichung und Anrechnung wurde somit nicht durchgehalten.

228 Ebenso *Danne*, Anm. z. BAG, SAE 1994, 232 (239).

229 *Oertmann*, aaO (Fn. 74), S. 42 *„Erblicken wir somit in den besprochenen Bestimmungen des BGB (…) überall keine Schadensersatzansprüche, so kann auch die in ihnen angeordnete Anrechnung gewisser erlangter Vorteile nicht als Anwendung der wahren compensatio lucri cum damno anerkannt werden."*. Ebenso: *Bonn*, aaO (Fn. 199), S. 81.

230 *Oertmann*, aaO (Fn. 74), S. 42. Dem folgend: *Bauer-Mengelberg*, aaO (Fn. 194), S. 13 (Fn. 15); *Becker*, JW 1912, 976. Ähnlich auch: *Bonn*, aaO (Fn. 199), S. 82.

zur Anwendung kommt, wenn ein Schaden vorliegt[231], warum sollte dies dann hier anders sein? Im Kern geht es bei den vertraglichen Anrechnungsvorschriften nur um die Abschöpfung einer so nicht zulässigen Bereicherung.[232] Hinzu kommt, dass die Übertragung der Vorteilsausgleichung auf das Vertragsrecht für letzteres keinen besonderen Nutzen darstellt. So sind die Kriterien der Vorteilsausgleichung immer noch umstritten und vage.[233] Zwar haben sich im Schadensrecht diverse Fallgruppen zur Ausfüllung dieser Begriffsschalen entwickelt[234], doch lassen sich diese nur punktuell auf die Anrechnung von Vorteilen auf vertragliche Erfüllungsansprüche übertragen.[235] Dessen ungeachtet ist der Umweg über das Schadensrecht nicht nur dogmatisch fragwürdig, sondern auch überflüssig, da die vertraglichen Anrechnungsvorschriften eine eigenständige, vertragsimmanente bereicherungsrechtliche Wertung enthalten.

3. Zusammenfassung

Durchsucht man die umfangreiche Rechtsprechung des BGH in Zivilsachen nach Entscheidungen, in denen typische Problemkonstellationen des Privatrechts über eine gesamtanaloge Anwendung der vertraglichen Anrechnungsvorschriften gelöst wurden, fällt das Ergebnis ernüchternd aus. So konnte sich das Gericht nicht

---

231 So ausdrücklich: *Werner*, NJW 1955, 20 (21). Vgl. auch *Thüsing*, aaO (Fn. 176), S. 8 („*Jede Aussage zur Vorteilsausgleichung ist daher untrennbar verbunden mit dem Verständnis dessen, was Schaden ausmacht.*").

232 Vgl. D X 6.

233 So wird verlangt, dass die Anrechnung dem Geschädigten *zumutbar* ist, dem *Zweck* des Schadensersatzes *entspricht* sowie den Schädiger *nicht unbillig entlastet*, vgl. *Medicus /Lorenz*, SAT[21] (2015), Rn. 689; *Rudloff*, in: FS v. Hippel (1967), S. 427; *Schur*, JuS 2006, 673 (676); *Pastor*, in: Werner /Pastor, Der Bauprozess[16] (2018), Rn. 2948; kritisch dagegen: *Esser /Schmidt*, SchuldR, Bd. 1/2, 8. Aufl. (2000), § 33 V 3 (S. 252) („*Allerweltsformel*"); *Schiemann*, NJW 2007, 3037 (3039); Staudinger[2017]-*Schiemann*, § 249, Rn. 140 („*Leerformel*"). Umstritten ist auch, ob die Adäquanz ein taugliches Merkmal für die Anrechnung von Vorteilen ist. Dafür: BGH, NJW 1990, 1360; NJW 1983, 2137; BGHZ 49, 56 (61 f.); *Thüsing*, aaO (Fn. 176), S. 439; *Wendehorst*, aaO (Fn. 70), S. 34. Dagegen: MüKo[7]-*Oetker*, § 249, Rn. 237; RGRK[12]-*Steffen*, § 823, Rn. 482; Staudinger[2017]-*Schiemann*, § 249, Rn. 139 jew. m. w. N.

234 Einen Überblick über die verschiedenen Fallgruppen geben mitunter *Medicus / Petersen*, BR[26] (2017), Rn. 856 ff. Vgl. auch Jauernig[17]-*Teichmann*, Vor §§ 249–253, Rn. 37.

235 Dass eine Übertragung der Fallgruppen aufgrund des recht eindeutigen Wortlauts der vertraglichen Anrechnungsvorschriften auch gar nicht erforderlich ist, sei dahingestellt.

in einem Fall zu diesem Schritt durchringen. Dies darf jedoch keinesfalls zu dem Schluss verleiten, dass dieses methodische Vorgehen a priori fernliegend, vielleicht sogar unzulässig ist. Vielmehr ist man nach der eingehenden Analyse der beiden Entscheidungen des BGH[236] geneigt, eine gegenteilige Schlussfolgerung zu befürworten. Schiebt man den Umstand beiseite, dass sich das Gericht jedes Mal für den „bequemen" Weg entschieden hat, dass angestrebte Ergebnis ganz unverbindlich über eine ergänzende Vertragsauslegung nach § 157 BGB zu finden, offenbart sich dem aufmerksamen Leser der Urteile, dass dem Grunde nach alle Voraussetzungen für eine gesamtanaloge Anwendung der vertraglichen Anrechnungsvorschriften – mit jeweils positivem Ergebnis – vom BGH angesprochen wurden.

Zunächst hat der BGH festgestellt, dass auch bei einem dem Grunde nach wirksamen Vertrag[237], im Falle einer Störung des Leistungsaustauschs[238], es unbillig sein kann, wenn hierdurch zugunsten der einen und zu Lasten der anderen Partei Bereicherungen entstehen, welche über das positive Vertragsinteresse hinausgehen.[239]

In beiden Fällen konnte sich der BGH nicht auf eine unmittelbar einschlägige Norm des dispositiven Rechts berufen, um diese „ungerechtfertigte Bereicherung" zu verhindern bzw. abzuschöpfen.

Schließlich hat der BGH in den jeweiligen Entscheidungen erkannt, dass es Vorschriften im Vertragsrecht gibt, welche den Zweck haben, so geartete Bereicherungen über eine Anrechnung zu verhindern.

Der BGH konstatierte somit in beiden Urteilen sowohl das Vorliegen einer planwidrigen Regelungslücke als auch das Vorhandensein von Normen, welche eine vergleichbare Interessenlage stützen. Gleichwohl hat er sich in beiden Situationen aus den bereits genannten Gründen für eine ergänzende Vertragsauslegung iSv. § 157 BGB entschieden.

Für die vorliegende Untersuchung bedeutet dies, dass die gesamtanaloge Anwendung vertraglicher Anrechnungsvorschriften nicht bloß ein juristisches Glas-

236 BGH, JR 1969, 419 (vgl. E II 1) und BGHZ 60, 353 (vgl. E II 2).

237 Dies hat zur Folge, dass Ansprüche aus Bereicherungsrecht regelmäßig nicht in Betracht kommen.

238 Diese Störung wurde in beiden Fällen durch eine Kündigung verursacht.

239 Im ersten Fall geht es um Zahlungen der Nachfolger des kündigenden Handelsvertreters an den Unternehmer und im zweiten um Ersparnisse bzw. anderweitige Einkünfte des kündigenden Ingenieurs. Diese Vermögensmehrungen hätten, bei einer Erfüllung der vertraglichen Pflicht durch die eine Partei, dazu geführt, dass die andere Partei aufgrund dieser Störung des Leistungsaustauschs besser dasteht, als bei regulärer Vertragsabwicklung.

perlenspiel darstellt, sondern es durchaus Fallkonstellationen gibt, in denen ein solches methodisches Vorgehen zumindest erwägenswert erscheint.[240] So deutet insbesondere der vielfach unternommene Versuch von Rechtsprechung und Literatur, die schadensrechtliche Lehre der Vorteilsausgleichung auf vertragliche Erfüllungs- bzw. Nacherfüllungsansprüche zu übertragen, darauf hin, dass es an einem scharf konturierten, vertragsimmanenten Bereicherungskorrektiv bislang mangelte hat. Ob es indes weitere Problemfelder innerhalb des Vertragsrechts gibt, in denen eine Anwendung des vertraglichen Bereicherungsverbotes in Betracht kommt und ob es sich dort jeweils durchzusetzen vermag, soll im zweiten Teil dieser Arbeit näher untersucht werden.

240 Vgl. auch die reichhaltige Judikatur zur Selbstvornahme im Kaufrecht, wo man sich gleichfalls mit einer analogen Anwendung von § 326 Abs. 2 S. 2 BGB zur Abschöpfung der ersparten Nacherfüllungskosten iSv. § 439 Abs. 2 BGB auseinandersetzt: BGH, NJW 2006, 988 = EWiR 2006, 611; NJW 2005, 3211; BGHZ 162, 219 = BGH, NJW 2005, 1348 = JZ 2005, 571 = EWiR 2005, 497 = BauR 2005, 1021 = DB 2005, 997; OLG Celle, NJOZ 2005, 2025; LG Bielefeld, ZGS 2005, 79; LG Gießen, NJW 2004, 2906; LG Aachen, DAR 2004, 452 (453); AG Nürtingen, ZfSch 2004, 513; AG Menden, NJW 2004, 2171; AG Daun, ZGS 2003, 397; AG Kempen, DAR 2004, 34 = MDR 2003, 1406 = EWiR 2004, 325. Eine eingehende Auseinandersetzung mit diesem Problemkreis erfolgt sogleich.

2. Teil
Die praktische Anwendung des vertraglichen Bereicherungsverbotes

Wie bereits erwähnt, stellt das Bereicherungsverbot innerhalb des Vertragsrechts bei weitem nicht die einzige Wertung dar. Erwägt man also die entsprechende Anwendung der vertraglichen Anrechnungsvorschriften, muss dieser Schritt zwingend eine sorgfältige Abwägung mit den allgemeinen und besonderen Wertungen im Vertragsrecht beinhalten.[1] Bei welchem Vertrags*typus* das zu lösende Problem eingebettet ist, vermag für diese Frage von nicht unerheblicher Bedeutung sein, stellt dieser doch einen individuellen „Organismus"[2] verschiedener Rechte und Pflichten dar.

1 Vgl. in diesem Zusammenhang auch die Ausführungen von *Larenz* zur Gesamtanalogie, *ders*. Methodenlehre der Rechtswissenschaft[6] (1991), S. 385 (vgl. bereits D X 6).
2 Vgl. *Pilz*, Richterliche Vertragsergänzung und Vertragsabänderung, 1963, S. 64 ff.

F. Kaufvertrag

I. (Normal-)Typus[1]

Der „*Grundtypus des Kaufs*" ist in den §§ 433 ff. BGB geregelt.[2] In systematischer Hinsicht findet sich hier der Ausgangspunkt für eine Charakterisierung des Kaufvertrages. Die typischen (Hauptleistungs-)Pflichten der Vertragsparteien werden dabei gleich in § 433 BGB behandelt.[3]

1. Wirtschaftliche Bedeutung

Insofern als es sich um das mit Abstand bedeutendste Schuldverhältnis für den Güterumsatz in einer Geldwirtschaft handelt[4], leitet es zu Recht den Besonderen Teil des Schuldrechts ein.[5] Als Mittel zur eigenverantwortlichen Bedarfsdeckung

---

1 Zum Begriff des Typus vgl. *Larenz*, aaO (Fn. 1), S. 461 ff. Zur Geschichte und Konstruktion der Vertragstypen im Schuldrecht vgl. *Charmatz*, Vertragstypen, 1937 (Nachdruck 1968), S. 1 ff. Da es bei der Zuordnung zu einem bestimmten Vertragstypus nicht darauf ankommt, ob ein abschließender Katalog von Voraussetzungen erfüllt ist, sondern ob (bei wertender Gesamtbetrachtung) bestimmte prägende (oder mit anderen Worten: typische) Merkmale erkennbar sind, soll es in der vorliegenden Darstellung gerade auf die Herausstellung der letzteren ankommen. Zur Abgrenzung von Begriff und Typus vgl. *Oechsler*, Vertragliche Schuldverhältnisse[2] (2007), Rn. 15. Kritisch gegenüber dem durch § 476 Abs. 1 1 BGB wieder eingeführten Typenzwang im Vertragsrecht: Staudinger /Eckpfeiler[2018]-*Oechsler*, Kap. M, Rn. 15.

2 *Esser /Weyers*, SchuldR, Bd. 2/1, 8. Aufl. (1998), § 2 I (S. 4); *Grunewald*, Kaufrecht, 2006, § 1, Rn. 1; *Looschelders*, SBT[11] (2016), Rn. 19.
(Spezial-)Gesetzlich geregelte Sonderformen des Kaufvertrages sind der Kauf auf Probe (§§ 454 f. BGB), der Wiederkauf (§§ 456 ff. BGB), der Vorkauf (§§ 463 ff. BGB), der Erbschaftskauf (§§ 2371 ff. BGB) und der Handelskauf (§§ 373 ff. BGB).

3 Vgl. Staudinger[2013]-*Beckmann*, Vor § 433, Rn. 2.

4 *Heck*, Grundriß des Schuldrechts, 1929 (Nachdruck 1958), S. 249; *Klunzinger*, BR[16] (2013), Vor § 46 (S. 433); *Larenz*, SchuldR, Bd. 2/1, 13. Aufl. (1986), § 39 I (S. 6); *Looschelders*, SBT[11] (2016), Rn. 15; *Löwisch*, Vertragliche Schuldverhältnisse, 2. Aufl. (1988), S. 6; *Schlechtriem*, SBT[6] (2003), Rn. 2.

5 Staudinger /Eckpfeiler[2018]-*Beckmann*, Kap. N, Rn. 1. Hinzu kommt, dass der Kaufvertrag im BGB verhältnismäßig ausführlich geregelt ist, während der Tauschvertrag, welcher in der heutigen Wirtschaft kaum noch eine Rolle spielt, lediglich mit einer Norm bedacht wird (§ 480 BGB). Zum alten Recht bereits *Larenz*, SchuldR, Bd. 2/1, 13. Aufl. (1986), § 39 I (S. 6).

der Bürger ist der Kaufvertrag in einer auf Arbeitsteilung aufgebauten Wirtschaftsordnung nicht mehr wegzudenken.[6] Freilich ist die Vormachtstellung des Kaufvertrages insbesondere im Verhältnis zum Tauschvertrag nicht unangreifbar. So steigt die Bedeutung des letzteren im Vergleich zum ersteren im Fall einer krisenhaften Inflation u. U. wieder sprunghaft an.[7] Der Einsatz von Geld zur Abkürzung des Gütertausches vermag somit nur in halbwegs stabilen volkswirtschaftlichen Verhältnissen von Vorteil sein.

Wie bei allen Austauschverträgen trifft auch beim Kaufvertrag den Erwerber (grundsätzlich) das Risiko der wirtschaftlichen Verwertbarkeit des Vertragsgegenstandes.[8] Erfüllen sich die mit dem Vertragsschluss verfolgten Motive für ihn nicht, bestehen keine weiteren Ansprüche. Selbst § 313 BGB vermag hier höchstens in eng begrenzten Ausnahmen zu helfen, da bei der Frage, ob es dem Käufer zuzumuten ist, am Vertrag festzuhalten, die vertragliche und gesetzliche Risikozuweisung eine entscheidende Rolle spielt.[9] Spiegelbildlich hierzu ist jedoch die Möglichkeit des Käufers zu sehen, als Einziger von einer nachträglichen Wertsteigerung der Kaufsache zu profitieren. Der Verkäufer hat dagegen – abgesehen von einer Anfechtung gem. § 119 Abs. 2 BGB – keine Möglichkeit mehr, an diesem Wertzuwachs zu partizipieren.[10] Ferner trifft den Verkäufer – wie bei allen Verträgen, in denen der Erbringer der vertragsspezifischen Leistung mit Geld vergütet wird – das Risiko einer Geldentwertung.[11] Nicht zu unterschätzen ist schließlich, dass der Verkäufer, durch das mittlerweile gesetzlich normierte Recht des Käufers auf Nacherfüllung, gem. § 439 Abs. 2 BGB die mitunter unwirtschaftlichen Kosten für die Beseitigung eines Mangels – in den Grenzen der §§ 439 Abs. 4, 275 Abs. 2 BGB – zu tragen hat.[12]

---

6 *Fikentscher /Heinemann*, SchuldR[10] (2006), Rn. 800.

7 Vgl. *Larenz*, SchuldR, Bd. 2/1, 13. Aufl. (1986), § 39 I (S. 6); Staudinger[2013]-*Schermaier*, § 480, Rn. 4.

8 Jauernig[17]-*Stadler*, § 313, Rn. 22; *Looschelders*, SAT[14] (2016), Rn. 756; *Medicus /Lorenz*, SAT[21] (2015), Rn. 570; *Schlechtriem /Schmidt-Kessel*, SAT[6] (2005), Rn. 117; Soergel[12]-*Huber*, Vor § 433, Rn. 6.

9 Erman[15]-*Böttcher*, § 313, Rn. 19; HK /BGB[10]-*Schulze*, § 313, Rn. 16; *Medicus /Lorenz*, SAT[21] (2015), Rn. 570.

10 Soergel[12]-*Huber*, Vor § 433, Rn. 9. Eine Anfechtung nach § 119 Abs. 2 BGB kommt freilich nur dann in Betracht, wenn sich der Irrrtum auf *wertbildende* Faktoren bezieht.

11 HK /BGB[10]-*Schulze*, § 313, Rn. 16; *Looschelders*, SAT[14] (2016), Rn. 756.

12 *S. Lorenz*, NJW 2006, 1175 (1176).

2. Gemeinschaftsrechtlicher Hintergrund

Im Rahmen der Auseinandersetzung mit den §§ 433 ff. BGB ist stets zu beachten, dass die Vorschriften des bürgerlich-rechtlichen Kaufs im Zuge der Umsetzung der Verbrauchsgüterkaufrichtlinie[13] durch das Gesetz zur Modernisierung des Schuldrechts[14] novelliert wurden.[15] Zuvor war das Kaufrecht des BGB noch stark vom rezipierten römischen Recht bestimmt[16], wobei das darin zum Ausdruck kommende Wirtschaftsmodell bereits zum Zeitpunkt des Inkrafttretens des BGB einen starken Kontrast zu den realen Verhältnissen bildete, welche deutlich von der voranschreitenden Industrialisierung geprägt waren.[17] Das neue Kaufrecht ist dagegen – in Abkehr zu den sog. *„aedilizischen Rechtsbehelfen"* der §§ 459 ff. BGB a. F. – eng mit dem Leistungsstörungsrecht des Allgemeinen Schuldrechts

---

13 RL 1999/44/EG vom 25.05.1999, ABlEG L 171, S. 12 ff. Zur Genese dieser Richtlinie vgl. MüKo[7]-*S. Lorenz*, Vor §§ 474 ff., Rn. 1.

14 BGBl. 2001 I, S. 3138; BT-Drucks. 14/6040.

15 *Berger*, JZ 2004, 276 (278); *Looschelders*, SBT[11] (2016), Rn. 16; Staudinger[2013]-*Beckmann*, Vor § 433, Rn. 1. Dass im Zuge der Umsetzung der Verbrauchsgüterkaufrichtlinie das *gesamte* Schuldrecht reformiert wurde (sog. „große Lösung"), kritisieren u. a. *Knütel*, NJW 2001, 2519 (*„Ruinierung des Schuldrechts"*) und *Lobinger*, GPR 2008, 262 (278).

16 *Dauner-Lieb /Dötsch*, NZBau 2004, 233 (236); *Esser /Weyers*, SchuldR, Bd. 2/1, 8. Aufl. (1998), § 2 II 1 b) (S. 6); *Tonner*, Vertragliche Schuldverhältnisse[2] (2010), § 5, Rn. 1.

17 *Esser /Weyers*, SchuldR, Bd. 2/1, 8. Aufl. (1998), § 2 II 1 c) (S. 6 f.); *Tonner*, aaO (Fn. 18), § 5, Rn. 1 f. Letzterer weist etwa darauf hin, dass im alten Rom überwiegend mit Agrarprodukten, Vieh und Sklaven gehandelt wurde. Nachbesserungsansprüche wären hier nicht sinnvoll gewesen, weshalb die aedilizischen Rechtsbehelfe absolut ausreichend waren. Im Zeitalter industrieller Massenproduktion, wo fehlerhafte Produkte oftmals mit nur geringem Aufwand zu reparieren seien, mache der Ausschluss von Nachbesserungsansprüchen dagegen keinen Sinn mehr. Dass es dem europäischen Gesetzgeber beim Erlass der Verbrauchsgüterkaufrichtlinie gerade um diese Annäherung an die Realitäten der industriellen Massenproduktion ging, vermutet auch *Lobinger*, GPR 2008, 262 (277). Vgl. in diesem Zusammenhang die Kommissionsbegründung zur Verbrauchsgüterkaufrichtlinie, Dok. KOM (95) 520 endg. = ZIP 1996, 1845 (1846) sowie *Kandler*, Kauf und Nacherfüllung, 2004, S. 318. Dagegen wendet *Braun* ein, dass der Verkäufer einer Speziessache vor der Schuldrechtsmodernisierung noch das sein konnte, was er ursprünglich sein wollte: ein Händler, der zwar bei Schlechtleistung nicht die volle Gegenleistung erhält, andererseits aber auch keinen Reparaturbetrieb unterhalten muss, *ders.*, ZGS 2006, 328. Dass die Einführung eines vorrangigen Nacherfüllungsrechts des Verkäufers den Käuferinteressen idR. nicht entgegenkomme, bemerken *Dauner-Lieb*, AnwBl. 2006, 430 (431); *Brömmelmeyer*, JZ 2006, 493 f. (*„Danaergeschenk"*). Anders urteilt dagegen der Gesetzgeber, vgl. BT-Drucks. 14/6040, S. 89.

verzahnt worden.[18] Dabei führt insbesondere die neu geschaffene Möglichkeit des Verkäufers, sich den Kaufpreis durch eine zweite Andienung (doch noch) zu verdienen (vgl. §§ 281 Abs. 1 S. 1, 323 Abs. 1 BGB), zu einer Typus-Veränderung des Kaufvertrages und zugleich zu einer Annäherung an den Werkvertrag.[19] Denn die Nacherfüllungspflicht ist keine bloße Verschaffungs-, sondern eine Herstellungspflicht, wie man sie bislang nur vom Werkvertragsrecht kannte.[20] Das Ziel der Vertragserhaltung und dessen korrekter Abwicklung genießt somit klare Priorität.[21] Allerdings hat diese Entwicklung zur Folge, dass der Kaufvertrag, der bislang nur ein punktuelles Austauschverhältnis geschaffen hat, nun auch Charakterzüge eines Dauerschuldverhältnisses aufweist.[22] Durch das Nacherfüllungsrecht des Käufers wird der Verkäufer *„über den gesamten Gewährleistungszeitraum hinweg in eine Art Rufbereitschaft versetzt“*.[23] Dessen ungeachtet sollte nicht verkannt werden, dass der Nacherfüllungsanspruch auch schon vor der Schuldrechtsmodernisierung dem Kaufrecht keineswegs fremd war.[24] So regelte § 476a BGB a. F. die Kostenfolge bei vereinbarter Nachbesserung, während § 480 Abs. 1 BGB a. F. dem Gattungskäufer einen Nachlieferungsanspruch an die Hand gab.

Freilich führt die auf dem Gemeinschaftsrecht fußende Neuregelung des Kaufrechts einerseits dazu, dass im Anwendungsbereich des Verbrauchsgüterkaufs iSv. § 474 Abs. 1 BGB der im Schuldrecht vorherrschende *dispositive* Charakter des Rechts[25] aufgehoben wird.[26] Andererseits sind die Vorgaben der Richtlinie

---

18 *Dauner-Lieb / Dötsch*, NZM 2004, 641 (645); *Oetker / Maultzsch*, Vertragliche Schuldverhältnisse[5] (2018), § 2, Rn. 2; *Rolland*, in: Haas / Medicus / Rolland (u. a.), Das neue Schuldrecht, 2002, S. 13; *Tröger*, JuS 2005, 503.

19 *Dauner-Lieb / Dötsch*, NZM 2004, 641 (645); *dies.*, ZGS 2003, 455 (457); *Dötsch*, MDR 2004, 975 (978); *Kandler*, aaO (Fn. 19), S. 319; *Katzenstein*, ZGS 2004, 300 (301); *ders.*, ZGS 2004, 144 (146); *S. Lorenz*, NJW 2005, 1321 (1323) *Oechsler*, NJW 2004, 1825 (1826). Freilich darf das „Recht zur zweiten Andienung“ nicht dahingehend missverstanden werden, dass der Verkäufer verpflichtet wäre, im Rahmen der Nacherfüllung stets neuwertige Ersatzteile zu verarbeiten bzw. eine absolut neuwertige Kaufsache nachzuliefern. Vgl. dazu F III 2 e).

20 *Katzenstein*, ZGS 2004, 349 (351) (Fn. 18).

21 *Bruns*, NZV 2006, 640.

22 *Dauner-Lieb*, ZGS 2005, 169 (171) (Fn. 21).

23 *Bruns*, NZV 2006, 640.

24 Auf diesen Umstand weist auch *Brömmelmeyer*, JZ 2006, 493 (Fn. 2) hin.

25 *Klunzinger*, BR[16] (2013), § 45 II (S. 426); *Larenz / Wolf*, AT[9] (2004), § 3, Rn. 97; *Tonner*, aaO (Fn. 18), § 2, Rn. 7.

26 Vgl. *Grunewald*, aaO (Fn. 4), § 1, Rn. 1; MüKo[7]-*H. P. Westermann*, Vor § 433, Rn. 1; Staudinger[2013]-*Beckmann*, Vor § 433, Rn. 2. Kritisch gegenüber dem immer größer

zwingend bei der Auslegung der kaufrechtlichen Vorschriften zu beachten.[27] Diese Pflicht zur richtlinienkonformen Auslegung besteht nicht nur im genuinen Anwendungsbereich der Verbrauchsgüterkaufrichtlinie, sondern – angesichts der Tatsache, dass der deutsche Gesetzgeber selbige überschießend umgesetzt hat[28] – auch darüber hinaus, für das gesamte Kaufrecht.[29] Zwar kann es hierfür, aufgrund des Gebotes der begrenzten Einzelermächtigung, keine gemeinschaftsrechtliche Vorgabe geben[30], doch wird man nur so dem Willen des *nationalen* Gesetzgebers gerecht, der die Regelungen der Richtlinie auch auf Sachverhalte übertragen wollte, welche nicht von ihrem Anwendungsbereich erfasst sind.[31] Davon abgesehen

---

werdenden Anteil zwingenden Rechts im BGB: Staudinger /Eckpfeiler[2018]-*Honsell*, Kap. A, Rn. 44 ff. Zur Kritik an der zunehmenden Beschränkung der Privatautonomie durch die Regelungen der Schuldrechtsreform vgl. auch *Picker*, JZ 2003, 1035 ff.

27 Zur strittigen Frage, ob sich das Gebot zur richtlinienkonformen Auslegung aus dem Gemeinschaftsrecht oder dem nationalen Recht ergibt vgl. *Heiderhoff*, Gemeinschaftsprivatrecht[2] (2007), S. 53. Allgemein zur richtlinienkonformen Auslegung: *Bitter / Rauhut*, JuS 2009, 289 (296).

28 Vgl. *Heiderhoff*, aaO (Fn. 29), S. 41; *Langenbucher*, in: Langenbucher, Europarechtliche Bezüge des Privatrechts, 2. Aufl. (2008), § 1, Rn. 23.

29 AnwKom[3]-*Büdenbender*, § 433, Rn. 12; *Bärenz*, DB 2003, 375 (376); *Berger*, JZ 2004, 276 (278); *Canaris*, in: E. Lorenz, Karlsruher Forum 2002, S. 146; *Grigoleit /Herresthal*, JZ 2003, 118 (119); *Grunewald*, aaO (Fn. 4), § 1, Rn. 27; *Heiderhoff*, aaO (Fn. 29), S. 56; *Langenbucher*, in: Langenbucher, aaO (Fn. 30), § 1, Rn. 111; *S. Lorenz*, in: E. Lorenz, Karlsruher Forum 2005, S. 99; *ders.*, Neues Leistungsstörungs- und Kaufrecht: Eine Zwischenbilanz, 2004, S. 16 f.; MüKo[7]-*S. Lorenz*, Vor §§ 474 ff., Rn. 4; *Schulze*, in: Schulze, Auslegung europäischen Privatrechts und angeglichenen Rechts, 1999, S. 18; *Tonner*, aaO (Fn. 18), § 5, Rn. 16; (nunmehr) zurückhaltender: *Canaris*, JZ 2003, 831 (837); *Looschelders*, SBT[11] (2016), 18; *Mayer /Schürnbrand*, JZ 2004, 545 (551) (jederzeit widerlegliche Vermutung); a. A. *Hennrichs*, ZGR 1997, 66 (76 ff., 82).

30 *Mayer /Schürnbrand*, JZ 2004, 545 (548). Davon zu scheiden ist die Frage, ob bei Auslegungsfragen im überschießenden Teil des nationalen Rechts der EuGH im Wege des Vorabentscheidungsverfahrens angerufen werden kann. Dafür: *Langenbucher*, in: Langenbucher, aaO (Fn. 30), § 1, Rn. 24; *S. Lorenz*, in: E. Lorenz, Karlsruher Forum 2005, S. 101 f.; *Schulze*, in: Schulze, aaO (Fn. 31), S. 18 f.; *Tonner*, aaO (Fn. 18), § 5, Rn. 16. Dagegen: AnwKom[3]-*Büdenbender*, § 433, Rn. 12.

31 AnwKom[3]-*Büdenbender*, § 433, Rn. 12; *Bärenz*, DB 2003, 375; *Grunewald*, aaO (Fn. 4), § 1, Rn. 27; *Heiderhoff*, aaO (Fn. 29), S. 57; *Schulze*, in: Schulze, aaO (Fn. 31), S. 18. Kritisch gegenüber diesem Argument: *Mayer /Schürnbrand*, JZ 20047, 545 (551). Dagegen weist *Langenbucher* zu Recht darauf hin, dass dem Willen des Gesetzgebers gerade bei jüngeren Gesetzeswerken eine besondere Bedeutung zukommt, *dies*, in: Langenbucher, aaO (Fn. 30), § 1, Rn. 111.

wäre eine gespaltene Auslegung der jeweiligen Normen unpraktikabel.[32] Bei der richtlinienkonformen Auslegung des deutschen Kaufrechts darf wiederum nicht aus den Augen gelassen werden, dass sich die „Väter" der Verbrauchsgüterkaufrichtlinie stark am UN-Kaufrecht orientiert haben.[33]

Schließlich sind auch noch andere Richtlinien von nicht zu unterschätzender Bedeutung für den Kaufvertrag. Dies liegt insbesondere daran, dass der Abschluss eines solchen Kontrakts auf der Grundlage *verschiedenster Vertriebsformen* angebahnt wird. So kann es etwa im Internet oder am Telefon, aber auch an der Haustür des Verbrauchers, sowie seinem Arbeitsplatz oder an öffentlichen Orten zu einer Vertragsschlusssituation kommen. Zum Schutz der potentiell schwächeren bzw. überforderten Vertragspartei sind daher weitere Richtlinien erlassen worden[34], welche durch Vorschriften im allgemeinen Teil des Schuldrechts umgesetzt wurden.[35] Gleichwohl vermag der Standort dieser Umsetzungsvorschriften im Gesetz nicht darüber hinwegtäuschen, dass sie vornehmlich im Hinblick auf den Kaufvertrag geschaffen wurden. Hinzu kommt, dass Kaufverträge nicht selten von etwaigen Finanzierungsabreden flankiert werden.[36] Auf diese Weise gerät die Kaufabrede in den Anwendungsbereich der Verbraucherkreditrichtlinie.[37]

32 *Grunewald*, aaO (Fn. 4), § 1, Rn. 27; *Mayer /Schürnbrand*, JZ 2004, 545 (551).

33 *Dauner-Lieb /Arnold*, in: FS Hadding (2004), S. 31; *Heiderhoff*, aaO (Fn. 29), S. 178; *Jud*, Jb.J.ZivRWiss. 2001, 205 (208); MüKo[7]-*S. Lorenz*, Vor §§ 474 ff., Rn. 8; *Schlechtriem*, in: Ernst /Zimmermann, Zivilrechtswissenschaft und Schuldrechtsreform, 2001, S. 209; *Schroeter*, AcP 207 (2007), 28 (30); *Tonner*, aaO (Fn. 18), § 5, Rn. 11.

34 Etwa die Haustürwiderrufsrichtlinie (RL 85/577/EG vom 20.12.1985, ABlEG L 372, S. 31), Fernabsatzrichtlinie (RL 97/7/EG vom 20.05.1997, ABlEG L 144, S. 19) oder die E-Commerce-Richtlinie (RL 2000/31/EG vom 08.06.2000, ABlEG L 178, S. 1). Zu beachten ist jedoch, dass die zuletzt genannte Richtlinie nicht ausschließlich für „*B2C*" (Business-to-Consumer) – Geschäfte gilt. Zum Anwendungsbereich vgl. HK / BGB[10]-*Schulte-Nölke*, § 312i, Rn. 6.

35 Gemeint sind hier insbesondere die Vorschriften des 2. Untertitels („Besondere Vertriebsformen"), des 1. Titels vom 3. Abschnitt des Schuldrechts (§§ 312 ff. BGB).

36 MüKo[7]-*H. P. Westermann*, Vor § 433, Rn. 10.

37 RL 87/102/EWG vom 22.12.1986, ABlEG L 42, S. 48 (zuletzt geändert durch die RL 98/7/EG vom 16.02.1998, ABlEG L 101, S. 17). Bei den Umsetzungsvorschriften sind insbesondere die §§ 358 f., 499 ff. BGB zu beachten. Zu den jüngsten Neuerungen im Verbraucherdarlehensrecht – etwa der Aufhebung der RL 87/102/EWG durch die RL 2008/48/EG vom 23.04.2008, ABlEG L 133, S. 66 – vgl. *Schürnbrand*, ZBB 2008, 383.

3. Abgrenzung zu anderen Vertragstypen

Das wohl prägendste Merkmal des Kaufvertrages ist, dass er die Verpflichtung enthält, die Verfügungsgewalt über den Vertragsgegenstand *(endgültig)* auf den Käufer übergehen zu lassen.[38] Dagegen sehen Miete und Pacht nur eine Gebrauchsüberlassung auf Zeit vor.[39] Ebenso wenig sieht der reine Werkvertrag[40] zwingend die endgültige Übertragung von Sachen oder Rechten vor.[41] Dies gilt insbesondere für dienstleistungsorientierte Werkverträge (vgl. § 631 Abs. 2 2.Alt. BGB). Aber auch bei Sach-Werkverträgen (vgl. § 631 Abs. 2 1.Alt. BGB), welche die Reparatur oder die Erstellung eines Bauwerkes zum Gegenstand haben[42], besteht regelmäßig kein Bedürfnis zu einer Eigentumsübertragung.[43] Der Kaufvertrag gehört somit, neben der Schenkung und dem Tauschvertrag, zur Gruppe der *Veräußerungsverträge*.[44] Um den Kaufvertrag von Schenkungs- und Tauschvertrag abzugrenzen, ist jedoch eine weitere Präzisierung erforderlich. Durch ihre Entgeltlichkeit unterscheiden sich Kauf- und Tauschvertrag zunächst von der Schenkung.[45] Im Gegensatz zum Tausch wird beim Kaufvertrag die Ware

---

38 *Grunewald*, aaO (Fn. 4), § 3, Rn. 1; *Klunzinger*, BR[16] (2013), Vor § 46 (S. 433); *Schlechtriem*, SBT[6] (2003), Rn. 18. Allgemein zur Bedeutung der vertragsspezifischen Leistung zur Abgrenzung der verschiedenen Typen von Schuldverhältnissen *Larenz*, SchuldR, Bd. 2/1, 13. Aufl. 1986, § 38 (S. 1); *Oetker /Maultzsch*, aaO (Fn. 20), § 1, Rn. 15.

39 *Grunewald*, aaO (Fn. 4), § 3, Rn. 7; *Heck*, aaO (Fn. 6), § 81 (S. 251); MüKo[7]-*H. P. Westermann*, Vor § 433, Rn. 22; Staudinger /Eckpfeiler[2018]-*Beckmann*, Kap. N, Rn. 15.

40 Verpflichtet sich dagegen der Werkunternehmer eine *bewegliche Sache* selbst *herzustellen oder zu erzeugen*, handelt es sich um einen *Werklieferungsvertrag*, auf den über § 651 BGB Kaufrecht zur Anwendung kommt.

41 *Büdenbender*, JuS 2001, 625 (626); *Looschelders*, SBT[11] (2016), Rn. 625 f.; *Schlechtriem*, SBT[6] (2003), Rn. 18.

42 Vgl. §§ 946, 94 BGB.

43 *Büdenbender*, JuS 2001, 625 (626); *Medicus*, JuS 1992, 273. Das bedeutet freilich nicht, dass den Werkunternehmer nie die Pflicht zur Verfügung über eine Sache oder ein Recht trifft (vgl. nur Jauernig[17]-*Mansel*, § 631, Rn. 8). Die Verfügungspflicht kann eben nur nicht als charakteristisches Merkmal eines Werkvertrages angesehen werden. Gleiches gilt für den Dienstvertrag.
Dessen ungeachtet haben sich Kauf- und Werkvertrag durch die Schuldrechtsreform weiter angenähert, vgl. *Fikentscher /Heinemann*, SchuldR[10] (2006), Rn. 1191.

44 *Esser /Weyers*, SchuldR, Bd. 2/1, 8. Aufl. (1998), § 1 1 (S. 1); *Klunzinger*, BR[16] (2013), Vor § 46 (S. 433); *Looschelders*, SBT[11] (2016), Rn. 3; *Oetker /Maultzsch*, aaO (Fn. 20), § 1, Rn. 19; Staudinger /Eckpfeiler[2018]-*Beckmann*, Kap. N, Rn. 5.

45 MüKo[7]-*H. P. Westermann*, Vor § 433, Rn. 15; *Oetker /Maultzsch*, aaO (Fn. 20), § 1, Rn. 19. Die überwiegende Ähnlichkeit von Kauf- und Tauschvertrag hat sich der Gesetzgeber dadurch zu Nutze gemacht, dass er auf eine gesonderte Regelung des

jedoch ausschließlich gegen Geld umgesetzt. Der Verkäufer lässt sich somit die Übertragung der Verfügungsmacht von dem Käufer durch einen vereinbarten Geldbetrag vergüten.[46] Aufgrund der synallagmatischen Verknüpfung der beiden Hauptleistungspflichten handelt es sich um einen *gegenseitigen Vertrag* („*Ware gegen Geld*").[47] Dass der Hauptleistungspflicht des Käufers, den Kaufpreis zu entrichten, nicht die gleiche Bedeutung für die Charakterisierung des Kaufvertrages zukommt, wie der Hauptleistungspflicht des Verkäufers liegt vordergründig daran, dass ein überwiegender Teil der anderen gegenseitigen Verträge, welche im BGB geregelt sind, gleichfalls eine solche Vergütungspflicht vorsehen. Als Abgrenzungskriterium ist sie daher denkbar ungeeignet. Unterstrichen wird diese Einschätzung durch den *pauschalen Verweis* in § 480 BGB auf die Vorschriften des Kaufrechts zur Regelung des Tauschvertrages.[48] Offensichtlich vermag die Art des Entgelts für die endgültige Übertragung der Verfügungsgewalt über den Vertragsgegenstand keinen fundamentalen Einfluss auf die Interessen- und Risikoverteilung zwischen den Parteien zu haben, so dass beide Verträge – zumindest im Grundsatz[49] – durch den gleichen Vorschriftenkanon geregelt werden können.[50]

Bei einem Dienstvertrag bzw. Auftrag kann der Dienstverpflichtete bzw. Auftragnehmer die geschuldete Leistung im Zweifel nur persönlich erbringen (vgl. § 613 S. 1 bzw. § 664 Abs. 1 S. 1 BGB). Umgekehrt ist es dem Dienstberechtigten bzw. Auftraggeber im Zweifel untersagt, den Anspruch auf die Leistung auf einen Dritten zu übertragen (vgl. § 613 S. 2 bzw. § 664 Abs. 2 BGB). Der Grund für diese Regelungen ist darin zu sehen, dass zwischen den Vertragsparteien gewöhnlich ein besonderes *persönliches Vertrauensverhältnis* besteht, welches nicht durch etwaige Substitutionen unterminiert werden sollte.[51] Im Kaufrecht sucht man vergleichbare Regelungen jedoch vergebens. Stattdessen sieht § 433 Abs. 1 1

Tauschvertrages weitgehend verzichtet und stattdessen in § 480 BGB einen pauschalen Verweis auf die Vorschriften des Kaufrechts ausgesprochen hat.

46 *Grunewald*, aaO (Fn. 4), § 3, Rn. 2.

47 *Klunzinger*, BR[16] (2013), Vor § 46 (S. 433); *Larenz*, SchuldR, Bd. 2/1, 13. Aufl. (1986), § 39 I (S. 6); *Medicus /Lorenz*, SBT[18] (2018), § 1, Rn. 4; Soergel[12]-*Huber*, Vor § 433, Rn. 1.

48 Dieser kann mit der – zurzeit – geringen wirtschaftlichen Bedeutung des Tauschvertrags allein nicht gerechtfertigt werden.

49 Dagegen wird der pauschale Verweis auf das Kaufrecht in § 480 BGB von einem Teil der Literatur kritisch gesehen, vgl. BeckOK /BGB[Ed48]-*Gehrlein*, § 480, Rn. 7; MüKo[7]-*H. P. Westermann*, § 480, Rn. 6; Staudinger[2013]-*Schermaier*, § 480, Rn. 16.

50 Hinweise auf den geringen Unterschied zwischen Kauf und Tausch finden sich auch bei *Esser /Weyers*, SchuldR, Bd. 2/1, 8. Aufl. (1998), § 10 4 (S. 114).

51 Motive II, S. 531; MüKo[7]-*Schäfer*, § 664, Rn. 1.

BGB lediglich vor, dass der Verkäufer dem Käufer das Eigentum an der Kaufsache zu *verschaffen* hat. Daraus folgt, dass er nicht selbst Eigentümer der Ware sein muss.[52] Darüber hinaus steht es den Vertragsparteien frei, vorbehaltlich anderslautender vertraglicher Abreden, ihre Ansprüche an Dritte abzutreten. Dies lässt darauf schließen, dass das persönliche Vertrauensverhältnis zwischen den Vertragsparteien im Kaufrecht keinen mit dem Dienstvertrag bzw. Auftrag vergleichbaren Stellenwert hat. Der Grund hierfür mag zumindest auch darin liegen, dass der Kaufvertrag – in der Regel – nur von kurzer Dauer ist. So können die in ihm getroffenen Verpflichtungen meistens durch einen kurzfristigen und einmaligen – weil endgültigen – Leistungsaustausch erfüllt und damit nach § 362 Abs. 1 BGB zum Erlöschen gebracht werden.[53] Der Umstand, dass es sich bei dem Kaufgegenstand vielfach um ein bereits fertiges Produkt handelt, dürfte gleichfalls die Zeitspanne des Vertrages verkürzen.[54]

II. Bereicherung durch Selbstvornahme

Ein Problem im Kaufrecht, um dessen Lösung bereits seit vielen Jahren gerungen wird[55], ist die (unberechtigte)[56] Selbstvornahme durch den Käufer.

---

52 Erman[15]-*Grunewald*, § 433, Rn. 18; *Grunewald*, aaO (Fn. 4), § 6, Rn. 5; MüKo[7]-*H. P. Westermann*, § 433, Rn. 49.

53 *Medicus /Lorenz*, SBT[18] (2018), § 1, Rn. 8.

54 Vgl. Staudinger /Eckpfeiler[2018]-*Beckmann*, Kap. N, Rn. 16. Vgl. jedoch § 650 BGB.

55 Das die Diskussion um die Rechtsfolge der (unberechtigten) Selbstvornahme im Kaufrecht keineswegs mit dem Urteil des BGH vom 23.02.2005 (BGHZ 162, 219) ein zufriedenstellendes Ende gefunden hat, belegen u. a. die seither veröffentlichten Beiträge von: *Braun*, ZGS 2006, 328; *Brömmelmeyer*, JZ 2006, 493; *Lamprecht*, ZGS 2005, 266; *Lerach*, JuS 2008, 953. Auch *Dauner-Lieb* bemerkt in diesem Zusammenhang, dass *„der Argumentationshaushalt noch nicht wirklich ausgeschöpft"* sei, *dies.*, AnwBl. 2006, 430 (434). Dies entspricht auch der Einschätzung von *Tettinger*, ZGS 2006, 96 (101) (Fn. 39). Zur Selbstvornahme im Werkvertragsrecht vgl. G II.

56 Neben der unberechtigten Selbstvornahme, um die es im Folgenden geht, gibt es noch die *berechtigte*. Diese zeichnet sich dadurch aus, dass der Käufer dem Verkäufer bereits vergeblich eine Frist für die Beseitigung eines Sachmangels gesetzt hat oder aber eine Fristsetzung gem. §§ 281 Abs. 2, 440 BGB entbehrlich war. In diesem Fall ist er berechtigt, den Mangel selbst zu beseitigen und die Aufwendungen hierfür unter den Voraussetzungen von §§ 437 Nr. 3, 280 Abs. 1, 3 iVm. 281 BGB gegenüber dem Verkäufer geltend zu machen, vgl. *Arnold*, MDR 2005, 661 (662); *Ball*, NZV 2004, 217 (227); *Dauner-Lieb*, AnwBl. 2006, 430 (433); *dies.*, ZGS 2005, 169 (171); *dies.*, AnwBl. 2004, 597 (598); *Dauner-Lieb /Arnold*, ZGS 2005, 10; *Dauner-Lieb /Dötsch*, NZM 2004, 641 (645) (Fn. 46); *dies.*, ZGS 2003, 455 (Fn. 1); *dies.*, ZGS 2003, 250 (251); *Dötsch*,

1. Problem

Hinter diesem Problem steckt typischerweise folgender Fall[57]: Der Käufer erwirbt vom Verkäufer eine Sache, welche bereits bei Gefahrübergang mangelhaft ist. Nachdem der Mangel entdeckt wurde, beseitigt der Käufer den Mangel selbst (oder durch einen Dritten), ohne sich zuvor an den Verkäufer zu wenden. Anschließend verlangt er vom Verkäufer Ersatz der für die Mangelbeseitigung angefallenen Kosten.[58]

Aus rechtlicher Sicht ist dieses Vorgehen des Käufers äußerst problematisch.[59] Aus den §§ 281 Abs. 1 S. 1 bzw. 323 Abs. 1 BGB[60] ergibt sich nämlich *mittelbar*,

---

MDR 2004, 975; *Ebert*, NJW 2004, 1761 (1762); *Grunewald*, aaO (Fn. 4), § 9, Rn. 59; *Katzenstein*, ZGS 2004, 144 (145); *ders.*, ZGS 2004, 300 (301) (Fn. 2); *Schroeter*, JR 2004, 441 (443); *Schürholz*, Die Nacherfüllung im neuen Kaufrecht, 2005, S. 71. Dies setzt freilich ein *Vertretenmüssen* des Verkäufers voraus. Dagegen spricht sich ein Teil der Literatur für einen verschuldensunabhängigen Aufwendungsersatzanspruch des Käufers nach Fristablauf aus. Gestützt wird diese Forderung auf eine analoge Anwendung von § 637 BGB, vgl. *Peters*, JR 2004, 353 (355). A. A. jedoch: Anwkom[3]-*Büdenbender*, § 437, Rn. 101; *Arnold*, ZIP 2004, 2412; *Ebert*, NJW 2004, 1761 (1762).

57 Vgl. *P. Bydlinski*, ZGS 2005, 129 (130); *Looschelders*, JA 2007, 673 (674). Auf die verschiedenen Beweggründe, die es für eine Selbstvornahme geben kann, weist *Lamprecht* hin, der eine Unterteilung in *unbewusste* Selbstvornahme, *irrtümliche* Selbstvornahme, *fremdnützige* Selbstvornahme und *anmaßende* Selbstvornahme vornimmt, *ders.*, ZGS 2005, 266 (267 f.).

58 Wenn im Folgenden von der „unberechtigten" Selbstvornahme die Rede ist, so darf dies freilich nicht darüber hinwegtäuschen, dass der Käufer bei Gefahrübergang idR. Eigentum an der Kaufsache erworben hat und deshalb selbstverständlich nach § 903 S. 1 BGB befugt ist, selbige zu reparieren bzw. ihre Reparatur durch einen Dritten zu veranlassen. Streitig ist allein die Frage, ob er anschließend einen Ersatzanspruch gegenüber dem Verkäufer geltend machen kann, vgl. *von Hertzberg*, in: FS U. Huber (2006), S. 352; *Skamel*, Nacherfüllung beim Sachkauf, 2008, S. 171.

59 Zur Selbstvornahme nach altem Recht und der dort von der Rechtsprechung favorisierten Lösung über eine analoge Anwendung von § 633 Abs. 3 BGB a. F. vgl. *Peters*, JR 2004, 353.

60 Dagegen ergibt sich der Vorrang der Nacherfüllung *nicht* zwingend aus der Reihenfolge der Rechtsbehelfe in § 437 BGB, vgl. LG Aachen, DAR 2004, 452 (453); *Artz*, in: FS Blank (2006), S. 6; *S. Lorenz*, NJW 2006, 1175 (1176); *ders.*, in: E. Lorenz, Karlsruher Forum 2005, S. 114; *ders.*, Anm. z. AG Daun, ZGS 2003, 397 (398); *ders.*, NJW 2003, 1417; *ders.*, NJW 2002, 2497 (2499); *Schroeter*, AcP 207 (2007), 28 (31); *ders.*, JR 2004, 441 (442); *Tonner / Crellwitz / Echtermeyer*, in: Micklitz / Pfeiffer / Tonner (u. a.), Schuldrechtsreform und Verbraucherschutz, 2001, S. 321; a. A. MüKo[7]-*H. P. Westermann*, § 437, Rn. 4; *ders.*, NJW 2002, 241 (248).

dass er dem Verkäufer grundsätzlich[61] eine Frist setzen muss, damit dieser die Möglichkeit hat, den Mangel durch Nacherfüllung selbst zu beseitigen.[62] Erst wenn eine Nacherfüllung gescheitert ist, oder vom Schuldner abgelehnt wird, kann der Käufer von seinem Recht auf Rücktritt und /oder Schadensersatz statt der Leistung Gebrauch machen.

2. Bisherige Lösungsansätze…

Fraglich ist, welche Rechte dem Käufer – der oftmals in Unkenntnis dieser Rechtslage gehandelt hat – im o. g. Fall noch verbleiben. Hierzu werden verschiedene Ansichten vertreten.[63]

a) …aus dem allgemeinen Schuldrecht

aa) § 326 Abs. 2 S. 2 BGB (analog)

Nach einer Ansicht wird die Pflicht des Verkäufers aus § 433 Abs. 1 S. 2 BGB durch die Mangelbeseitigung des Käufers nachträglich unmöglich, iSv. § 275 Abs. 1 BGB.[64] Gem. § 326 Abs. 1 S. 2 BGB schulde der Käufer jedoch weiterhin die volle

---

61 Zu den Ausnahmen vgl. §§ 281 Abs. 2, 323 Abs. 2, 440 S. 1 BGB.

62 Dagegen hatte der Käufer nach altem Recht noch die Möglichkeit, den bestehenden Vertrag bei einem Sachmangel sofort(!) durch Wandelung aufzulösen, vgl. *Esser / Weyers*, SchuldR, Bd. 2/1, 8. Aufl. (1998), § 5 I 1 (S. 30 f.); *Larenz*, SchuldR, Bd. 2/1, 13. Aufl. (1986), § 41 II (S. 51).

63 Zum Problem der Selbstvornahme im österreichischen Recht vgl. *Bollenberger*, Das stellvertretende Commodum, 1999, S. 225 ff., der sich für eine Anrechnung der ersparten Aufwendungen des Schuldners ausspricht (S. 227).

64 *S. Lorenz*, aaO (Fn. 31), S. 23; *ders.*, Anm. z. AG Daun, ZGS 2003, 397 (398); *ders.*, NJW 2003, 1417 (1418). Zu einem ähnlichen Ergebnis kommt *Katzenstein*, indem er der Mangelbeseitigung durch den Gläubiger die Erfüllungswirkung abspricht. Die dadurch entstehende *Zweckerreichung* bewirke gleichfalls einen Ausschluss nach § 275 Abs. 1 BGB, *ders.*, ZGS 2004, 349 (355); *ders.*, ZGS 2004, 144 (145). Ebenso: *Bressler*, NJW 2004, 3382 (3383); *Dauner-Lieb /Dötsch*, ZGS 2003, 455 (456); *dies.*, ZGS 2003, 250 (Fn. 4); *Herresthal /Riehm*, NJW 2005, 1457; PWW[13]-*Schmidt-Kessel /Kramme*, § 275, Rn. 12; *Tonner /Wiese*, BB 2005, 903 (905) (*Wiese*); zum (alten) Werkvertragsrecht vgl. *Seidel*, JZ 1991, 391 (392). Bei Gattungskäufen beschränkt *Katzenstein* die Unmöglichkeit auf die Nachbesserung, *ders.*, ZGS 2005, 184 (189); in diesem Sinne auch BVerfG, ZGS 2006, 470 (472); *Grunewald*, aaO (Fn. 4), § 9, Rn. 60. Der Nachlieferungsanspruch des Käufers sei jedoch im Falle der Selbstvornahme gem. § 242 BGB ausgeschlossen, vgl. *Katzenstein*, ZGS 2005, 184 (191). Den entgegengesetzten Weg beschreitet *Oechsler* indem er annimmt, dass durch die Selbstvornahme des Käufers die Pflicht zur mangelfreien Leistung iSv. § 433 Abs. 1 S. 2 BGB erfüllt wird, *ders.*, aaO (Fn. 3), Rn. 148; *ders.*,

Gegenleistung.[65] Hinzu komme, dass er selbst die nachträgliche Unmöglichkeit herbeigeführt habe, weshalb die Geltendmachung von Rücktritt und Minderung[66] durch den Verweis in § 326 Abs. 5 auf § 323 Abs. 6 1. Var BGB ausgeschlossen sei.[67] Auch ein Anspruch aus §§ 280 Abs. 1, 3 iVm 283 BGB scheitere daran, dass der Verkäufer die nachträgliche Unmöglichkeit nicht zu vertreten habe und daher die Vermutung aus § 280 Abs. 1 S. 2 BGB widerlegen könne.[68] Nun sei diese Rechtsfolge auch im Grundsatz gerechtfertigt, da der Käufer dem Verkäufer das Recht genommen habe, sich über eine zweite Andienung den Kaufpreis doch noch zu verdienen[69], doch sei damit *nicht* zu rechtfertigen, dass der Verkäufer auch noch den Betrag behalten darf, den er ohne die Selbstvornahme des Käufers für eine Nacherfüllung gem. § 439 Abs. 2 BGB hätte ausgeben müssen.[70] Vielmehr sei ein Widerspruch darin zu erkennen, dass der Schuldner sich im Rahmen von § 326 Abs. 2 BGB bei vom Gläubiger weit überwiegend zu vertretener Unmöglichkeit – quasi im Gegenzug für die Aufrechterhaltung seines Gegenleis-

---

NJW 2004, 1825 (1826). Dem folgend: LG Bielefeld, ZGS 2005, 79 (80); Staudinger / Eckpfeiler[2018]-*Kaiser*, Kap. I, Rn. 62. Eine eingehende Auseinandersetzung mit den verschiedenen Ansätzen folgt sogleich (F II 4 a) aa)).

65 *Ebert*, NJW 2004, 1761 (1762); *S. Lorenz*, NJW 2003, 1417 (1418).

66 Der Ausschluss der Minderung ergibt sich aus der Tatsache, dass sie bezüglich ihrer Voraussetzungen an das Rücktrittsrecht gebunden ist, vgl. § 441 Abs. 1 BGB („*Statt zurückzutreten…*").

67 *Ebert*, NJW 2004, 1761 (1762); *Gsell*, ZIP 2005, 922 (924); *Katzenstein*, ZGS 2004, 349 (350); *S. Lorenz*, NJW 2006, 1175 (1179); *ders.*, in: E. Lorenz, Karlsruher Forum 2005, S. 115; *ders.*, NJW 2005, 1889 (1895); *ders.*, aaO (Fn. 31), S. 24; *ders.*, NJW 2003, 1417 (1418). Vgl. auch OLG München, ZGS 2007, 80. Insofern als nach dieser Ansicht die Leistungspflicht des Verkäufers nachträglich *unmöglich* geworden ist, ist § 323 Abs. 1 BGB tatbestandlich nicht unmittelbar einschlägig, weshalb auch kein gesetzliches Rücktrittsrecht auf dieser Grundlage hergeleitet werden kann, vgl. *S. Lorenz*, Anm. z. AG Daun, ZGS 2003, 397 (398) (Fn. 5). Gleichwohl kommt die Vorschrift durch den in § 326 Abs. 5 BGB ausgesprochenen Verweis – mittelbar – zur Geltung.

68 *Gsell*, ZIP 2005, 922 (924); *Herresthal/Riehm*, NJW 2005, 1457; *P. Huber/Bach*, SBT 1[5] (2016), Rn. 303; *S. Lorenz*, in: E. Lorenz, Karlsruher Forum 2005, S. 115; *ders.*, Anm. z. AG Daun, ZGS 2003, 397 (398); *ders.*, NJW 2003, 1417 (1418). *Braun* hält dagegen allenfalls §§ 280 Abs. 1, 3 iVm. 281 BGB für einschlägig. Allerdings lässt er diesen Schadensersatzanspruch an der mangelnden Fristsetzung des Käufers scheitern, weshalb er im Ergebnis wieder mit *S. Lorenz* übereinstimmt, *ders.*, ZGS 2004, 423 (427).

69 *S. Lorenz*, NJW 2003, 1417 (1418). Jedoch genügt die Beschaffung eines Ersatzteils durch den Käufer noch nicht, um das Nacherfüllungsrecht des Verkäufers zu vereiteln, vgl. BVerfG, ZGS 2006, 470 (472 f.).

70 *Katzenstein*, ZGS 2004, 349 (353); *S. Lorenz*, NJW 2005, 1889 (1895).

tungsanspruchs – etwaige Ersparnisse anrechnen lassen müsse, während dies für den Schuldner iRv. § 326 Abs. 1 S. 2 BGB bei entsprechendem Gläubigerhandeln nicht gelte, da § 326 Abs. 5 BGB lediglich auf § 323 Abs. 6 BGB verweise, der vom Inhalt zwar dem § 326 Abs. 2 S. 1 BGB entspreche, jedoch nicht die Anrechnungsvorschrift iSv. § 326 Abs. 2 S. 2 BGB enthalte.[71] Ein Teil dieser Ansicht[72] folgert daraus, dass im Falle einer Selbstvornahme durch den Käufer eine planwidrige Regelungslücke hinsichtlich der Anrechnung etwaiger Einsparungen des Verkäufers vorliege, welche aufgrund der vergleichbaren Interessenlage über eine analoge Anwendung[73] von § 326 Abs. 2 S. 2 BGB zu schließen sei. Vergleichbar seien beide Interessenlagen deshalb, weil § 326 Abs. 1 S. 2 BGB lediglich dazu diene, dem Käufer das *ius variandi* zwischen Rücktritt und Minderung zu erhalten. Dagegen wolle man hierdurch keine Abkehr von den Grundsätzen des Unmöglichkeitsrechts erreichen.[74]

Ein anderer Teil dieser Ansicht[75] spricht sich dagegen für eine *direkte* Anwendung von § 326 Abs. 2 S. 2 BGB aus. § 326 Abs. 1 S. 2 stehe der Anwendung von § 326 Abs. 2 S. 1 1. Alt. BGB – dessen Voraussetzungen gleichfalls vorlägen[76] –

---

71 *S. Lorenz*, NJW 2003, 1417 (1419).

72 *Braun*, ZGS 2004, 423 (428); *Brömmelmeyer*, JZ 2006, 493 (495); *P. Bydlinski*, ZGS 2005, 129 (131); *Kiehnle*, JA 2007, 15 (18); *Oetker /Maultzsch*, aaO (Fn. 20), § 2, Rn. 253; Staudinger[2015]-*Schwarze*, § 326, C99; *Tonner /Wiese*, BB 2005, 903 (908) (*Wiese*); *Ulrici*, Jura 2005, 612 (614). Noch unentschlossen: *S. Lorenz*, NJW 2003, 1417 (1419), der später selbst einräumt, in der Frage der analogen oder direkten Anwendung von § 326 Abs. 2 S. 2 BGB „*ein bisschen hin und her geirrlichtert*" zu haben, *ders.*, in: E. Lorenz, Karlsruher Forum 2005, S. 176. Dagegen lehnt *Katzenstein* die analoge Anwendung von § 326 Abs. 2 S. 2 BGB mit dem Argument ab, dass es an einer planwidrigen Regelungslücke fehle, da die Herausgabe der ersparten Nacherfüllungskosten ebenso gut über die §§ 812 ff. BGB verlangt werden könne, *ders.*, ZGS 2005, 184 (192) (Fn. 84). Eine analoge Anwendung von § 326 Abs. 2 S. 2 BGB bei vom Gläubiger zu vertretender Unmöglichkeit der Nachbesserung wird jüngst auch vom OLG München (ZGS 2007, 80) vertreten.

73 Zu den Voraussetzungen einer analogen Anwendung vgl. E I 1.

74 *S. Lorenz*, NJW 2003, 1417 (1419); *Ulrici*, Jura 2005, 612 (614).

75 *Bilir*, Die Nacherfüllungsansprüche des Käufers im neuen Recht, 2005, S. 84; *Ebert*, NJW 2004, 1761 (1763); *Fikentscher /Heinemann*, SchuldR[10] (2006), Rn. 861; *Herresthal /Riehm*, NJW 2005, 1457 (1460 f.); *Katzenstein*, ZGS 2005, 184 (193); *ders.*, ZGS 2004, 349 (351); *ders.*, ZGS 2004, 144 (145) (Fn. 13); *S. Lorenz*, NJW 2006, 1175 (1179); *ders.*, NJW 2005, 1321 (1322); *ders.*, aaO (Fn. 31), S. 24; *Musielak /Hau*, ExK BGB[3] (2014), Rn. 155 f.; PWW[13]-*Schmidt-Kessel /Kramme*, § 275, Rn. 12; *Schollmeyer /Utlu*, Jura 2009, 721 (730); *Teichmann*, Vertragliches Schuldrecht[4] (2008), Rn. 366.

76 Vgl. *Ebert*, NJW 2004, 1761 (1763).

nicht entgegen.[77] So könne § 326 Abs. 2 S. 1 BGB durchaus als „*allgemeine Anordnung eines endgültigen Fortbestands der Gegenleistungspflicht*" verstanden werden, welche eben auch die qualitative Unmöglichkeit erfasse.[78] Denn § 326 Abs. 1 S. 2 BGB diene lediglich dem Schutz des *ius variandi* des Käufers (s. o.). Jedoch sei dessen Recht auf Rücktritt oder Minderung wegen § 323 Abs. 6 1. Var BGB ohnehin ausgeschlossen.[79]

Im Ergebnis stimmen beide Teilansichten darin überein, dass sich der Verkäufer die ersparten Nacherfüllungsaufwendungen iSv. § 439 Abs. 2 gem. § 326 Abs. 2 S. 2 BGB (analog) anrechnen lassen müsse.[80] Wurde der Kaufpreis bereits vollständig gezahlt, habe der Käufer einen Erstattungsanspruch aus §§ 326 Abs. 4 iVm. 346 ff. BGB (analog).[81] Europarechtlich wird dieser Ansatz im Übrigen für unbedenklich gehalten, da die Verbrauchsgüterkaufrichtlinie[82] zwar in Art. 3 Abs. 3, Abs. 5 eine vorrangige Nacherfüllung vorsehe, in Art. 8 Abs. 2 jedoch strengere Bestimmungen zum Schutze des Verbrauchers zulasse.[83]

---

77 *Musielak /Hau*, ExK BGB[3] (2014), Rn. 153. Dagegen spricht allerdings der Bericht des Rechtsausschusses des Bundestages, Nachw. bei *Canaris*, Schuldrechtsmodernisierung 2002, 2002, S. 1094 f. Für einen Vorrang von § 326 Abs. 1 S. 2 BGB sprechen sich auch HK /BGB[10]-*Saenger*, § 437, Rn. 16; *Oetker /Maultzsch*, aaO (Fn. 20), § 2, Rn. 252 (Fn. 583); *Schroeter*, JR 2004, 441 (444) und *Ulrici*, Jura 2005, 612 (614) aus.

78 *Gsell*, ZIP 2005, 922 (925).

79 Vgl. *Katzenstein*, ZGS 2004, 144 (145).

80 *Artz*, in: FS Blank (2006), S. 22; *Bilir*, aaO (Fn. 77), S. 84; *Braun*, ZGS 2006, 328 (329); *ders.*, ZGS 2004, 423 (428); *Brömmelmeyer*, JZ 2006, 493 (495); *P. Bydlinski*, ZGS 2005, 129 (131); *Fikentscher /Heinemann*, SchuldR[10] (2006), Rn. 861; *Gsell*, ZIP 2005, 922 (928); *Herresthal / Riehm*, NJW 2005, 1457 (1461); *Katzenstein*, ZGS 2005, 305 (306); *ders.*, ZGS 2005, 184 (193); *ders.*, ZGS 2004, 349 (351); *ders.*, ZGS 2004, 300 (308); *Kiehnle*, JA 2007, 15 (18); *S. Lorenz*, NJW 2006, 1175 (1179); *ders.*, NJW 2005, 1321 (1322); *ders.*, NJW 2003, 1417 (1419); *Musielak /Hau*, ExK BGB[3] (2014), Rn. 155 f.; *Oetker /Maultzsch*, aaO (Fn. 20), § 2, Rn. 253; PWW[13]-*Schmidt-Kessel /Kramme*, § 275, Rn. 12; *Schollmeyer /Utlu*, Jura 2009, 721 (730); *Schwarze*, Das Recht der Leistungsstörungen, 2008, § 37, Rn. 43; Staudinger[2015]-*Schwarze*, § 326, C99; *Teichmann*, aaO (Fn. 77), Rn. 366; *Tonner /Wiese*, BB 2005, 903 (908) (*Wiese*); *Ulrici*, Jura 2005, 612 (614). Vgl. auch OLG München, ZGS 2007, 80. Zum alten Recht vgl. OLG Stuttgart, NJW 1987, 721 (722) (§ 324 Abs. 1 S. 2 BGB a. F. analog).

81 Vgl. *Braun*, ZGS 2004, 423 (428); *Herresthal /Riehm*, NJW 2005, 1457 (1461); *Katzenstein*, ZGS 2005, 184 (193); *S. Lorenz*, NJW 2006, 1175 (1179); *ders.*, NJW 2003, 1417 (1419) (Wobei *S. Lorenz* auf die Frage, ob § 326 Abs. 4 BGB nun direkt oder analog anzuwenden ist, nicht weiter eingeht); *Teichmann*, aaO (Fn. 77), Rn. 366; *Ulrici*, Jura 2005, 612 (614).

82 RL 1999/44/EG vom 25.05.1999, ABlEG L 171, S. 12 ff.

83 Vgl. *Braun*, ZGS 2006, 328 (Fn. 6); *S. Lorenz*, in: E. Lorenz, Karlsruher Forum 2005, S. 114. Dass insoweit der von S. Lorenz begründete Ansatz nicht richtlinienwidrig ist, müssen auch *Dauner-Lieb /Arnold* einräumen, *dies.*, ZGS 2005, 10 (13).

bb) § 347 Abs. 2 S. 1 BGB

Die Vertreter dieser Ansicht[84] gehen (grundsätzlich) zunächst davon aus, dass durch die eigenmächtige[85] Mangelbeseitigung des Käufers zwar die Nachbesserung, nicht aber die Nachlieferung durch den Verkäufer unmöglich geworden sei, solange das Leistungsinteresse des Käufers dadurch befriedigt werden könne.[86] Liefere der Verkäufer nach, könne er gem. § 439 Abs. 5 unter den Voraussetzungen der §§ 346 ff. BGB die Herausgabe der zuerst geleisteten Sache verlangen. In diesem Fall könne der Käufer die angefallenen Reparaturkosten gem. §§ 439 Abs. 5 iVm. 347 Abs. 2 S. 1 BGB als notwendige Verwendungen auf die Kaufsache gegenüber dem Verkäufer geltend machen.[87] „Denkbar" sei, die Höhe der Verwendungen auf die Kosten zu beschränken, die der Verkäufer durch die Befreiung von der Reparatur erspart hat.[88] In diesem Fall stimmt diese Ansicht auf der Rechtsfolgenseite mit dem zuerst beschriebenen Lösungsansatz überein.

cc) §§ 280 Abs. 1, 311 Abs. 2, 241 Abs. 2 BGB

Eine weitere Ansicht[89] will dem Käufer einen Anspruch aus §§ 280 Abs. 1, 311 Abs. 2, 241 Abs. 2 BGB (*culpa in contrahendo*), gerichtet auf den Ersatz der Mangelbeseitigungskosten, gegenüber dem Verkäufer an die Hand geben, sofern letzterer ihn nicht hinreichend über das mit der Selbstvornahme verbundene Kostenrisiko aufgeklärt habe. Eine solche Belehrungspflicht lasse sich aus § 242 BGB herleiten. Im Hintergrund steht die Überzeugung, dass der Verkäufer in der Regel besser über den Vorrang der Nacherfüllung und die rechtlichen Folgen

---

Unterdessen wäre aber auch die Versagung von § 326 Abs. 2 S. 2 BGB im Kontext mit dem Verlust sonstiger Mängelrechte des Käufers mit der Verbrauchsgüterkaufrichtlinie vereinbar, vgl. *Gsell*, ZIP 2005, 922 (928).

84 *Lamprecht*, ZGS 2005, 266 (273); *Lerach*, JuS 2008, 953 ff.

85 Kritisch gegenüber dieser Terminologie: *Janz*, Die Rechte des Käufers bei eigener Mängelbeseitigung nach Ablauf der Nachfrist, 2008, S. 14 (Fn. 8). Wenn man jedoch unterstellt, dass der Verkäufer ein Recht zur zweiten Andienung hat (hierzu später noch ausführlich, F II 3 b) aa) (1)), dann kann das Vorgehen des Käufers durchaus als „*eigenmächtig*" qualifiziert werden. Auffällig ist, dass gerade die Verfechter der ersatzbegründenden Auffassungen versuchen, das Verhalten des Käufers sprachlich abzumildern, indem sie die von ihm veranlasste Mangelbeseitigung als „*voreilig*" und nicht mehr länger als „*unberechtigt*" oder gar „*eigenmächtig*" bezeichnen (so etwa *P. Bydlinski*, ZGS 2005, 129; *Gsell*, ZIP 2005, 922).

86 *Lerach*, JuS 2008, 953 (954).

87 *Lerach*, JuS 2008, 953 (955).

88 *Lerach*, JuS 2008, 953 (955) (Fn. 23).

89 *Brömmelmeyer*, JZ 2006, 493 (498).

einer unberechtigten Selbstvornahme des Käufers aufgeklärt sei und das damit ein Informationsgefälle bestehe. Da er auf die Rechtsgüter des Käufers Rücksicht zu nehmen habe, sei der Verkäufer verpflichtet, ihn auf diese Gefahr hinzuweisen.[90] Einschränkend wird erwähnt, dass die Informationspflicht des Verkäufers und das damit verbundene Haftungsrisiko nur im Falle eines Verbrauchsgüterkaufs (vgl. § 474 Abs. 1 BGB) zum Tragen komme.[91] Auf diese Weise wird dem Umstand Rechnung getragen, dass der (unwissende) Verbraucher gleichsam als Verkäufer auftreten kann. In diesem Fall soll ihm eine Haftung aus c.i.c. für die unterlassene Weitergabe (oftmals nicht vorhandenen) Wissens erspart bleiben.

b) …aus dem Werkvertragsrecht (§ 637 BGB analog)

Vereinzelt wird gar eine analoge Anwendung von § 637 BGB zur Liquidierung der Mangelbeseitigungskosten des Käufers gefordert.[92] Begründet wird die entsprechende Anwendung dieser Norm insbesondere damit, dass auch im alten Kaufrecht die analoge Anwendung der werkvertraglichen Selbstvornahmeregelung im Falle einer eigenmächtigen Mangelbeseitigung des Käufers höchstrichterlich anerkannt gewesen sei.[93] Es wird ferner vermutet, dass der Gesetzgeber im Rahmen der Schuldrechtsmodernisierung diese gefestigte Rechtsprechung übersehen habe. Insofern als der nun geltende Wortlaut des § 437 BGB auf diesem Irrtum beruhe, stehe dieser einer entsprechenden Rechtsfortbildung nicht entgegen.[94] Im Gegensatz zur (analogen) Anwendung von § 326 Abs. 2 S. 2 BGB werde auch nicht die „*Erziehungsfunktion*“ des in §§ 281 Abs. 1 S. 1, 323 Abs. 1 BGB normierten Fristsetzungserfordernisses unterlaufen, da § 637 Abs. 1 BGB den Besteller grds. ebenfalls dazu verpflichte, vom Werkunternehmer zunächst die Nacherfüllung zu verlangen.[95]

---

90 *Brömmelmeyer*, JZ 2006, 493 (498).

91 *Brömmelmeyer*, JZ 2006, 493 (498).

92 *Peters*, JR 2004, 353 (354). Für eine Ausgestaltung der Selbstvornahme nach werkvertraglichem Vorbild de lege ferenda: *Artz*, in: FS Blank (2006), S. 21 f.

93 *Peters*, JR 2004, 353 mit Verweis auf BGH, NJW 1991, 1882 (1883); NJW 1990, 901; NJW 1976, 234 (235).

94 *Peters*, JR 2004, 353 (354).

95 *Peters*, JR 2004, 353 (355) (Fn. 17). Im Falle der eigenmächtigen Selbstvornahme kommt nach dieser Ansicht nur dann ein Ersatzanspruch des Käufers in Betracht, wenn ausnahmsweise einer der in § 637 Abs. 2 S. 2 BGB normierten Befreiungstatbestände eingreift, die den Besteller (bzw. Käufer) zur sofortigen Mangelbeseitigung berechtigen.

c) ...*außerhalb des Vertragsrechts*

aa) *§§ 677 ff. BGB*

Eine andere Ansicht will dem zur (unberechtigten) Selbstvornahme greifenden Käufer einen Anspruch gegen den Verkäufer nach den Regeln der Geschäftsführung ohne Auftrag (§§ 677 ff. BGB) verschaffen.[96] Insofern als die Nacherfüllung dem Verkäufer obliege[97], sei die Selbstvornahme ein *fremdes* Geschäft, welches *ohne Auftrag oder sonstige Berechtigung* vom Käufer getätigt werde.[98] Ferner wird ein Fremdgeschäftsführungswille für den Fall bejaht, dass der Käufer das Vorliegen eines Sachmangels erkennt und diesen mit der Absicht beseitigt, die hierfür angefallenen Kosten anschließend beim Verkäufer zu liquidieren.[99] Dass die Selbstbeseitigung des Mangels mit dem Interesse und dem Willen des Verkäufers iSv. § 683 S. 1 BGB vereinbar sei, wird von den Vertretern dieser Ansicht gar nicht erst behauptet.[100] Stattdessen wird dem durch § 684 S. 1 BGB für die unberechtigte GoA ausgesprochenen Rechtsfolgenverweis[101] auf das Bereicherungsrecht gefolgt.[102] Bei der Bestimmung des Anspruchsumfanges seien die *Grundsätze der aufgedrängten Bereicherung*[103] zu beachten.[104] Dies habe zur Folge, dass der Verkäufer lediglich seine ersparten Aufwendungen herausgeben müsse.[105] Damit stimmt diese Ansicht im Ergebnis mit der ersten Ansicht überein.

---

96 LG Bielefeld, ZGS 2005, 79 (80); *Brömmelmeyer*, JZ 2006, 493 (495); Erman[15]-*Grunewald*, § 439, Rn. 14; *dies*, aaO (Fn. 4), § 9, Rn. 61; *Oechsler*, aaO (Fn. 3), Rn. 148; *ders.*, NJW 2004, 1825 (1826); Staudinger /Eckpfeiler[2018]-*Kaiser*, Kap. I, Rn. 62.

97 Vgl. nur § 439 Abs. 2 BGB.

98 LG Bielefeld, ZGS 2005, 79 (80); *Oechsler*, aaO (Fn. 3), Rn. 148; *ders.*, NJW 2004, 1825 (1826).

99 LG Bielefeld, ZGS 2005, 79 (80); *J. W. Flume*, Jura 2006, 86 (90); *Oechsler*, aaO (Fn. 3), Rn. 148; *ders.*, NJW 2004, 1825 (1826 f.).

100 Dagegen scheint *Katzenstein* die Möglichkeit, dass die Voraussetzungen einer berechtigten GoA im Falle der Selbstvornahme vorliegen könnten, in Betracht zu ziehen, *ders.*, ZGS 2004, 300 (305) (Fn. 33).

101 BGH, WM 1976, 1056 (1060); OLG Hamm, NJW 1974, 951 (952); NJW-RR 1991, 1303 (1304); Palandt[78]-*Sprau*, § 684, Rn. 1; a. A. BeckOK /BGB[Ed48]-*Wendehorst*, § 812, Rn. 36; *Fikentscher /Heinemann*, SchuldR[10] (2006), Rn. 1280 /1487; Staudinger[2007]-*S. Lorenz*, Vor §§ 812 ff., Rn. 46 (Rechtsgrundverweis).

102 LG Bielefeld, ZGS 2005, 79 (80); *Brömmelmeyer*, JZ 2006, 493 (495); *Grunewald*, aaO (Fn. 4), § 9, Rn. 61; *Oechsler*, NJW 2004, 1825 (1826).

103 Zur rechtlichen Behandlung einer aufgedrängten – ungewollten – Bereicherung gibt es verschiedene Ansätze. Vgl. hierzu F III 3 c).

104 LG Bielefeld, ZGS 2005, 79 (80); Erman[15]-*Grunewald*, § 439, Rn. 14; *J. W. Flume*, Jura 2006, 86 (90); *Oechsler*, NJW 2004, 1825 (1826 f.).

105 LG Bielefeld, ZGS 2005, 79 (80); *Oechsler*, NJW 2004, 1825 (1827).

bb) §§ 812 ff. BGB

Schließlich spricht sich ein Teil der Literatur[106] für einen Bereicherungsausgleich zwischen Käufer und Verkäufer aus. So sei der Verkäufer durch die (unberechtigte) Selbstvornahme des Käufers von seiner Verpflichtung zur Nacherfüllung befreit und habe deshalb „*etwas*“ erlangt.[107] Diese Befreiung von einer Verbindlichkeit sei jedoch nur eine aus § 275 Abs. 1 BGB folgende, mittelbare – und so vom Käufer auch nicht bezweckte – Konsequenz der veranlassten Mängelbeseitigung. Folglich könne auch keine Leistung desselben vorliegen, weshalb der Verkäufer „*in sonstiger Weise*“ bereichert sei.[108] Insofern als die Befreiung von der Nacherfüllungsverpflichtung erst durch den Vermögenseinsatz des Käufers bewirkt worden sei, erfolge die Bereicherung auch „*auf Kosten*“ des letzteren.[109] Weil das Kaufrecht den Gläubiger der vertragsspezifischen Leistung gerade nicht zur Nacherfüllung verpflichte, könne die Selbstvornahme desselben auch nicht vom Vertrag gedeckt sein. Damit liege auch „*kein Rechtsgrund*“ für die Bereicherung des Verkäufers vor.[110] Auf diese Weise kommen die Vertreter dieser Ansicht zu dem Ergebnis, dass alle Voraussetzungen für eine *Rückgriffskondiktion* iSv. § 812 Abs. 1 S. 1 2. Alt. BGB gegeben seien.[111] Wie bei der vorangegangenen Ansicht seien auch hier bei der Bestimmung des Anspruchsumfangs die *Grundsätze der aufgedrängten Bereicherung* zu beachten.[112] Dies führt dazu, dass sich diese Ansicht im Ergebnis mit dem zuvor genannten Ansatz deckt.

---

106 Erman[15]-*Grunewald*, § 439, Rn. 14; *dies.*, aaO (Fn. 4), § 9, Rn. 61; *Katzenstein*, ZGS 2005, 305; *ders.*, ZGS 2005, 184 (191); *ders.*, ZGS 2004, 349 (351); *ders.*, ZGS 2004, 300 (305); *Lamprecht*, ZGS 2005, 266 (273); *Oechsler*, aaO (Fn. 3), Rn. 148; *Petersen*, Exam-Rep Allgemeines Schuldrecht[8] (2017), Rn. 252; Staudinger /Eckpfeiler[2018]-*Kaiser*, Kap. I, Rn. 62.

107 *Katzenstein*, ZGS 2005, 184 (186); *ders.*, ZGS 2004, 144 (148); *Kiehnle*, JA 2007, 15 (18); *Oechsler*, aaO (Fn. 3), Rn. 148; *Petersen*, aaO (Fn. 108), Rn. 252. Etwas anderes gelte lediglich für den Fall einer Ersatzbeschaffung des Käufers beim Gattungskauf, vgl. *Katzenstein*, ZGS 2005, 184 (193).

108 *Katzenstein*, ZGS 2004, 144 (148); *Kiehnle*, JA 2007, 15 (18); *Petersen*, aaO (Fn. 108), Rn. 252.

109 *Katzenstein*, ZGS 2004, 144 (148); *Kiehnle*, JA 2007, 15 (18).

110 *Katzenstein*, ZGS 2004, 349 (350); *ders.*, ZGS 2004, 144 (149); *Kiehnle*, JA 2007, 15 (18); a. A. *Ulrici*, Jura 2005, 612 (616).

111 *Katzenstein*, ZGS 2004, 144 (148) (Fn. 37); *Oechsler*, aaO (Fn. 3), Rn. 148; *Petersen*, aaO (Fn. 108), Rn. 252.

112 Erman[15]-*Grunewald*, § 439, Rn. 14; *Katzenstein*, ZGS 2005, 305 (309) (Fn. 57); *ders.*, ZGS 2004, 300 (307); *Petersen*, aaO (Fn. 108), Rn. 252.

d) Ablehnende Auffassung

In der Analyse der juristischen Ausgangslage bei einer unberechtigten Selbstvornahme des Käufers, gehen die Vertreter dieser Ansicht[113] weitgehend konform mit denjenigen Stimmen, welche dem Käufer einen Ersatzanspruch zugestehen wollen.[114] Dass der Käufer durch die eigens vorgenommene oder veranlasste Mängelbeseitigung, ohne zuvor dem Verkäufer eine diesbezügliche Frist gesetzt zu haben – zumindest im Ergebnis – seine in § 437 Nr. 2 und 3 BGB verbrieften

---

113 BGH, NJW 2010, 1448 f.; NJW 2007, 1534 (1535); NJW 2006, 1195 (1196); NJW 2006, 988 (989) = EWiR 2006, 611 (612); NJW 2005, 3211 (3212); BGHZ 162, 219 (221) = BGH, NJW 2005, 1348 (1349) = JZ 2005, 571 (572) = EWiR 2005, 497 = BauR 2005, 1021 (1022) = DB 2005, 997 (998); OLG Celle, NJOZ 2005, 2025 (2028); LG Gießen, NJW 2004, 2906 (2907); LG Aachen, DAR 2004, 452 (453); AG Nürtingen, ZfS 2004, 513 (514); AG Kempen, DAR 2004, 34 = MDR 2003, 1406 = EWiR 2004, 325; AG Daun, ZGS 2003, 397 (398); AnwKom[3]-*Büdenbender*, § 437, Rn. 101; *Arnold*, MDR 2005, 661; *ders.*, ZIP 2004, 2412 (2415); *Ball*, NZV 2004, 217 (227); *Brox / Walker*, SBT[41] (2017), § 4, Rn. 40a; *Brüggemeier*, WM 2002, 1376 (1379); *Dauner-Lieb*, ZGS 2005, 169 (173); *dies.*, AnwBl. 2004, 597 (599 iVm Fn. 25); *Dauner-Lieb / Arnold*, ZGS 2005, 10; *Dauner-Lieb /Dötsch*, NZM 2004, 641 (645); *dies.*, NZBau 2004, 233 (236); *dies.*, ZGS 2003, 455 (457); *dies.*, ZGS 2003, 250 (252); *Diehl*, Anm. z. AG Nürtingen, ZfS 2004, 513 (515); *Dötsch*, MDR 2004, 975 (979); *ders.*, Anm. z. AG Kempen, DAR 2004, 34 (35); *ders.*, Anm. z. AG Kempen, MDR 2003, 1406 (1407); *Eckert*, SBT[2] (2005), Rn. 148 f.; *Eckert /Maifeld /Matthiessen*, Handbuch des Kaufrechts, 2007, Rn. 626; *J. W. Flume*, Jura 2006, 86 (90); *von Hertzberg*, in: FS U. Huber (2006), S. 352; *Hirsch*, SBT, 2007, Rn. 59; HK /BGB[10]-*Saenger*, § 437, Rn. 16; *Janz*, aaO (Fn. 87), S. 15 f.; *Keil*, Anm. z. BGH, EWiR 2005, 497 (498); *Kniffka*, Anm. z. BGH, BauR 2005, 1021 (1025); *Looschelders*, SBT[11] (2016), Rn. 98; *ders.*, JA 2007, 673 (674); MüKo[7]-*H. P. Westermann*, § 439, Rn. 11; Palandt[78]-*Grüneberg*, § 326, Rn. 13; PWW[13]-*D. Schmidt*, § 437, Rn. 9; *Reinicke /Tiedtke*, Kaufrecht[8] (2009), Rn. 416; *Schroeter*, AcP 207 (2007), 28 (59); *ders.*, JR 2004, 441; *Schürholz*, aaO (Fn. 58), S. 72; *Skamel*, aaO (Fn. 60), S. 189; *Sutschet*, Anm. z. BGH, JZ 2005, 571 (575); *Tiedtke*, JZ 2008, 395 (401); *ders.*, Anm. z. BGH, EWiR 2006, 611; *Tiedtke /Schmitt*, 40 Probleme aus dem BGB Kaufrecht, 2005, S. 156; *Wenzel*, Anm. z. BGH, DB 2005, 997 (1000); *ders.*, DB 2003, 1887 (1893). Zum alten Recht bereits: *U. Huber*, Leistungsstörungen, Bd. 2, 1999, § 49 III 3 (S. 529 ff.).
An anderer Stelle weist der BGH sogar darauf hin, dass ein verschuldensunabhängiges und nicht fristgebundenes Selbstvornahmerecht des Käufers mit den „Grundgedanken" des Kaufrechts nicht zu vereinbaren sei und das deshalb auch ein *vertraglich vereinbartes* Selbstvornahmerecht – sofern es der AGB-Kontrolle unterliegt – gem. § 307 Abs. 1 S. 1, Abs. 2 Nr. 1 BGB unwirksam ist, vgl. BGHZ 164, 196 (209).

114 Vgl. MüKo[7]-*H. P. Westermann*, § 439, Rn. 11.

Gewährleistungsrechte, gerichtet auf Rücktritt bzw. Minderung[115] und Schadensersatz statt der Leistung[116] zunichtemache, wird praktisch kaum angezweifelt.[117] Der maßgebliche Unterschied zu den vorangegangenen Auffassungen besteht jedoch darin, dass das Bemühen, dem Käufer gleichwohl einen Ausgleichsanspruch zuzubilligen, entschieden abgelehnt wird.[118] Nur so könne man dem Willen des demokratisch legitimierten Gesetzgebers gerecht werden.[119] Dieser habe sich ausdrücklich *gegen* ein Selbstvornahmerecht des Käufers und *für* ein (vorrangiges)

---

115 Dabei gibt es freilich wieder ganz verschiedene Begründungen für einen Ausschluss des Rücktritts (und damit auch der Minderung). So wird z. T. von einer weit überwiegenden Verantwortlichkeit des Gläubigers für den Rücktrittsgrund ausgegangen, vgl. *Dauner-Lieb /Dötsch*, ZGS 2003, 250; *Eckert*, SBT[2] (2005), Rn. 145; *Skamel*, aaO (Fn. 60), S. 174. Andere führen den Ausschluss des Rücktritts und der Minderung auf den Grundsatz *vernire contra factum proprium* zurück, vgl. MüKo[7]-*H. P. Westermann*, § 439, Rn. 11; Palandt[78]-*Grüneberg*, § 323, Rn. 29. Wieder andere behaupten, dass durch die Selbstvornahme der Mangel entfallen sei und aus diesem Grunde ein Rücktritt bzw. eine Minderung nicht in Betracht käme, vgl. *Arnold*, MDR 2005, 661 (662); *Dauner-Lieb /Arnold*, in: FS Hadding (2004), S. 28 (Fn. 16); *Schroeter*, JR 2004, 441 (442 f.). Schließlich wird z. T. auch die fehlende Fristsetzung durch den Käufer als Grund für einen Ausschluss von Rücktritt und Minderung angegeben, vgl. BGH, NJW 2006, 1195 (1196); BGHZ 162, 219 (221); AG Kempen, DAR 2004, 34. Die zuletzt genannte Ansicht ist jedoch insofern problematisch als die Verbrauchsgüterkaufrichtlinie keine Fristsetzung *durch den Käufer* vorsieht (Art. 3 Abs. 5 Sp. 2 fordert lediglich, dass vor einem Rücktritt eine angemessene Frist verstrichen sein muss, nicht jedoch, dass der *Käufer* seinem Vertragspartner diese Frist zu setzen hat). Ein Teil der Literatur lehnt daher das in § 323 Abs. 1 BGB normierte Fristsetzungserfordernis für den Käufer als richtlinienwidrig ab, vgl. *Dauner-Lieb*, AnwBl. 2006, 430 (432); *Dötsch*, Anm. z. AG Kempen, MDR 2003, 1406 (1407); MüKo[7]-*S. Lorenz*, Vor §§ 474 ff., Rn. 21a.

116 AG Nürtingen, ZfS 2004, 513 (514); AG Daun, ZGS 2003, 397 (398); *Ball*, NZV 2004, 217 (227); *Dauner-Lieb /Dötsch*, NZBau 2004, 233 (236); *dies.*, ZGS 2003, 250; *Diehl*, Anm. z. AG Nürtingen, ZfS 2004, 513 (515); *Dötsch*, MDR 2004, 975 (976); *Eckert*, SBT[2] 82005), Rn. 145; MüKo[7]-*H. P. Westermann*, § 439, Rn. 11.

117 Zu den Einzelheiten vgl. F II 2 a).

118 So bereits *Gursky*, welcher sich rigoros gegen eine Entschädigung eines Gläubigers, der die geschuldete (vertretbare) Handlung selbst vornahm, aussprach, *ders.*, NJW 1971, 782 (787). Dagegen will *U. Huber* eine Ausnahme machen, soweit die Voraussetzungen einer berechtigten Geschäftsführung ohne Auftrag vorliegen, *ders.*, aaO (Fn. 115), § 49 IV (S. 533).

119 Folglich werfen *Dauner-Lieb /Dötsch* den Vertretern der Gegenansichten „*einen offenen Ungehorsam gegen die Entscheidung des demokratisch legitimierten Gesetzgebers*“ vor, *dies.*, ZGS 2003, 455 (458).

Nacherfüllungsrecht des Verkäufers entschieden.[120] Herauszulesen sei diese eindeutige Haltung zum einen aus einem Umkehrschluss zu § 637 BGB, welcher dem Werkbesteller – unter bestimmten Voraussetzungen[121] – ein entsprechendes Selbstvornahmerecht einräume[122], und zum anderen aus der Gesetzesbegründung.[123] Gestützt wird dieses Ergebnis durch eine vergleichende Heranziehung der

---

120 *Brox /Walker*, SBT[41] (2017), § 4, Rn. 40a.

121 Außer in den in § 637 Abs. 2 BGB genannten Fällen ist grundsätzlich eine Fristsetzung des Werkbestellers erforderlich, weshalb der Unterschied zu §§ 280 Abs. 1, 3 iVm. 281 BGB, einer im Kaufrecht durchaus anwendbaren Anspruchsgrundlage für den Ersatz von Aufwendungen für eine (berechtigte) Selbstvornahme (vgl. Fn. 60), nicht mehr sonderlich groß erscheint, vgl. *Ebert*, NJW 2004, 1761 (1762).

122 OLG Celle, NJOZ 2005, 2025 (2029); LG Gießen, NJW 2004, 2906 (2907); AG Kempen, DAR 2004, 34 = MDR 2003, 1406 = EWiR 2004, 325; *Dauner-Lieb /Arnold*, ZGS 2005, 10; *Dauner-Lieb /Dötsch*, NZM 2004, 641 /645); *dies.*, NZBau 2004, 233 (236); *dies.*, ZGS 2003, 455 (457); *dies.*, ZGS 2003, 250 (251); *Dötsch*, MDR 2004, 975 (977); *Schroeter*, JR 2004, 441 (443); *Tonner*, VuR 2005, 207 (209); *Wenzel*, DB 2003, 1887 (1893).
Im Übrigen wird darauf hingewiesen, dass ein Selbstvornahmerecht des Käufers bzw. eine Ersparnisanrechnung iSv. § 326 Abs. 2 in der abschließenden Auflistung der Rechtsbehelfe des Käufers in § 437 BGB hätte aufgeführt werden müssen, vgl. *Schroeter*, JR 2004, 441 (443).

123 So BGHZ 162, 219 (225) = BGH, NJW 2005, 1348 (1349) = JZ 2005, 571 (573) = EWiR 2005, 497 (498) = BauR 2005, 1021 (1023) = DB 2005, 997 (999); OLG Celle, NJOZ 2005, 2025 (2029); *Dauner-Lieb*, ZGS 2005, 169 (170); *Dauner-Lieb /Arnold*, ZGS 2005, 10; *Dauner-Lieb /Dötsch*, ZGS 2003, 455 (457); *dies.*, ZGS 2003, 250 (251); *Dötsch*, Anm. z. AG Kempen, DAR 2004, 34 (35); *ders.*, Anm. z. AG Kempen, MDR 2003, 1406 (1407); *Keil*, Anm. z. BGH, EWiR 2005, 497 (498); MüKo[7]-*H. P. Westermann*, § 439, Rn. 11; *Tonner /Wiese*, BB 2005, 903 (904) (*Tonner*); *Tonner*, VuR 2005, 207 (209); *ders.*, aaO (Fn. 18), § 8, Rn. 25, welche allesamt auf BT-Drucks. 14/6040, S. 229 verweisen, wo es heißt: „*Auch wenn der Entwurf in § 439 RE die Nacherfüllung im Kaufvertragsrecht allgemein einführt, verbleiben weiterhin Unterschiede zum Werkvertragsrecht (...). Vor allem aber hat nur der Besteller ein Selbstvornahmerecht, wohingegen dem Käufer ein solches Recht nicht zusteht.*“ Vgl. auch BT-Drucks. 14/6857, S, 26: „*Das Selbstvornahmerecht des § 637 BGB-E wäre für bereits fertig gestellte Häuser und Wohnungen nicht von besonderer Bedeutung; den Interessen des Käufers wird auch durch die übrigen Rechtsbehelfe genügend entsprochen.*“ Zu der Einschätzung, dass der Käufer nicht auch noch durch ein gesondertes Selbstvornahmerecht geschützt werden müsse, da er ja die Möglichkeit habe, seine Aufwendungen über eine Minderung des Kaufpreises oder Schadensersatz zu liquidieren, kommt auch die Schuldrechtskommission, vgl. BMJ (Hrsg.), Abschlussbericht der Kommission zur Überarbeitung des Schuldrechts, 1992, S. 213 f. Das man trotz der Annäherung an

ständigen Rechtsprechung des BGH zum (alten) Werkvertragsrecht.[124] Dort hatte man dem Besteller im Falle einer (unberechtigten) Selbstvornahme gleichfalls den Rückgriff auf § 324 Abs. 1 S. 2 BGB a. F. (= § 326 Abs. 2 S. 2 BGB)[125], bzw. den Vorschriften der Geschäftsführung ohne Auftrag sowie des Bereicherungsrechts verwehrt.[126]

Die Vertreter dieser Ansicht ziehen aus der Rechtsprechung des BGH zum (alten) Werkvertragsrecht eine Art Erst-Recht-Schluss:[127] Wenn schon dem Sachgläubiger im Werkvertragsrecht kein Ersatzanspruch bei unberechtigter Selbstvornahme zugestanden werde, obwohl dort ein (verschuldensunabhängiges) Selbstvornahmerecht ausdrücklich verankert worden sei (vgl. § 633 Abs. 2 BGB a. F. = § 637 BGB n. F., § 13 Nr. 5 Abs. 2 VOB/B), dann müsse dies erst recht für das Kaufrecht gelten, welches keine entsprechende Norm enthalte, zumal sich die Argumente, die gegen einen solchen Ersatzanspruch sprechen, ohne Weiteres auf das Kaufrecht übertragen lassen.[128]

---

das Werkvertragsrecht auf die ausdrückliche Regelung eines Selbstvornahmerechts des Käufers verzichtet hat, ist auch dem Schrifttum, welches den Reformprozess begleitet hat, nicht verborgen geblieben, vgl. die kritische Stellungnahme von *Tonner*, VuR 2001, 87 (90).

124 Vgl. BGHZ 162, 219 (228 f.) = BGH, NJW 2005, 1348 (1350) = JZ 2005, 571 (574) = BauR 2005, 1021 (1024) = DB 2005, 997 (1000); AG Nürtingen, ZfS 2004, 513 (514); *Dauner-Lieb /Dötsch*, ZGS 2003, 455 (457); *Dötsch*, MDR 2004, 975 (977).

125 So aber *Rieble*, DB 1989, 1759 (1761); *Seidel*, JZ 1991, 391 (394). A. A. *U. Huber*, aaO (Fn. 115), § 49 III 1 (S. 525).

126 BGHZ 96, 221 (230); 92, 123 (125); BGH, WM 1978, 953 (954); BauR 1977, 350 (351); WM 1972, 1025 (1026); NJW 1968, 43; BGHZ 46, 242 (246); BGH, NJW 1966, 39 (40); OLG Düsseldorf, NJW-RR 1993, 1110 (1111). Anfangs hatte der BGH dem Werkbesteller dagegen noch bei unberechtigter Selbstvornahme einen Bereicherungsanspruch gewährt, vgl. BGH, BB 1961, 430.
Indes hat sich ein Großteil des (werkvertraglichen) Schrifttums der nunmehr ständigen Rechtsprechung des BGH angeschlossen, vgl. *U. Huber*, aaO (Fn. 115), § 49 III 1 (S. 522 f.), der jedoch einen Aufwendungsersatzanspruch des Bestellers ausnahmsweise für möglich hält, soweit die Voraussetzungen der berechtigten GoA vorliegen; Nicklisch /Weick /Jansen /Seibel[4]-*Moufang /Koos*, § 13 VOB/B, Rn. 350; RGRK[12]-*Glanzmann*, § 633, Rn. 34. Zum neuen Recht bereits: Ganten /Jagenburg / Motzke[2]-*Kohler*, § 13 Nr. 5 VOB/B, Rn. 79. A. A. Soergel[12]-*Teichmann*, § 633, Rn. 30.

127 So ausdrücklich: *Dauner-Lieb /Dötsch*, NZBau 2004, 233 (236); *Dötsch*, Anm. z. AG Kempen, DAR 2004, 34 (35); *ders.*, Anm. z. AG Kempen, MDR 2003, 1406 (1408); *Tiedtke /Schmitt*, aaO (Fn. 115), S. 157.

128 *Arnold*, MDR 2005, 661 (662); *Dauner-Lieb /Dötsch*, NZBau 2004, 233 (236); *dies.*, ZGS 2003, 455 (458); *dies.*, ZGS 2003, 250 (252); *Dötsch*, MDR 2004, 975 (978);

3. Stellungnahme

Die Anzahl der Beiträge, welche Rechtswissenschaft und Rechtsprechung zum Problem der unberechtigten Selbstvornahme des Käufers beigesteuert haben, ist erdrückend. Bei ihrer eingehenden Untersuchung fällt jedoch auf, dass ihnen im Kern ein stetig wiederkehrendes, für die jeweilige Ansicht geradezu typisches Argumentationsmuster zugrunde liegt. Was sich in der rechtlichen Verankerung der jeweiligen Unteransicht unterscheidet, basiert im Grunde auf oftmals gleichen Absichten und Argumenten.

Nicht minder bemerkenswert ist, dass sich die Vertreter der scheinbar unversöhnlich gegenüberstehenden Ansichten, in ihrer Bewertung der rechtlichen Ausgangslage nach einer unberechtigten Selbstvornahme des Käufers, im Ergebnis weitgehend einig sind.[129] Im Hinblick auf die daraus zu ziehenden *Schlussfolgerungen*, driften die Meinungen jedoch scherenartig auseinander.

Dahinter stecken (nur) zwei konträre Absichten: Entweder man gewährt dem Käufer die Möglichkeit, zumindest einen Teil seiner Mangelbeseitigungskosten beim Verkäufer zu liquidieren[130], oder nicht.[131]

Die Entscheidung, welcher Seite man sich letztlich anschließt, hängt von der Richtigkeit und „Zugkraft" der jeweiligen Argumente ab. Sie sollen daher ins Zentrum der nachfolgenden Stellungnahme gerückt werden.

a) Ersatzbegründende Auffassungen

aa) Das Gerechtigkeitsargument

Ganz im Sinne des Lincolnschen Aphorismus *„Nichts ist geregelt, was nicht gerecht geregelt ist"*[132], wird von zahlreichen Vertretern der ersatzbegründenden Ansichten versucht, die sich unmittelbar aus den kaufrechtlichen Gewährleistungsvorschriften ergebende „Rechtlosigkeit" des Käufers im Falle einer unberechtigten Selbstvornahme, als ungerecht zu brandmarken.[133] Insbesondere scheint der Um-

---

Mankowski, Anm. z. AG Kempen, EWiR 2004, 325 (326). Indes spricht sich *Schroeter* gegen eine Fruchtbarmachung der Rechtsprechung zum alten Werkvertragsrecht für die Selbstvornahmeproblematik im Kaufrecht aus, *ders.*, JR 2004, 441 (443) (Fn. 38).

129 Vgl. F II 2 d).

130 Vgl. F II 2 a) – c).

131 Vgl. F II 2 d).

132 *Abraham Lincoln* (1809–1865, 16. Präsident der Vereinigten Staaten), zitiert nach: *Mörtenhummer /Mörtenhummer*, Zitate im Management, 2008, S. 73.

133 *Braun*, ZGS 2006, 328; *P. Bydlinski*, ZGS 2005, 129 (130); *Katzenstein*, ZGS 2004, 300 (303).

stand, dass der schlechtleistende Verkäufer den vollen Kaufpreis erhält und auch noch die Nacherfüllungskosten einspart, vor diesem Hintergrund unerträglich zu sein.[134] Im Vergleich zur früheren Rechtslage, wo der Käufer einer mangelhaften Speziessache sofort hätte zurücktreten oder mindern können[135], sei dieser durch die Einführung der vorrangigen Nacherfüllung bereits hinreichend belastet.[136] Zudem wende sich der juristische Laie in der Regel nicht wissentlich gegen das Gesetz. Oftmals traue er dem Verkäufer – der für gewöhnlich nicht der Produzent der Sache ist – die Beseitigung des Mangels nicht zu und wende sich deshalb – in Unkenntnis der gegenwärtigen Rechtslage – zu diesem Zweck an einen „Fachmann".[137] Der dadurch schuldlos in die Haftungsfalle geratene Käufer könne doch nicht schutzlos gelassen werden.[138]

In der Tat erscheint es unbillig, dass der Verkäufer materiellen Nutzen aus einem naheliegenden Rechtsirrtum des Käufers zieht, zumal er durch seine Schlechtleistung den Anstoß für diese Entwicklung geliefert hat. Zwar gilt immer noch der Grundsatz „*Ius civile scriptum est vigilantibus*"[139], doch wird selbst der „wache" juristische Laie durch einen Blick in die §§ 433 ff. BGB nicht über den Vorrang des Nacherfüllungsrechts belehrt. Dieser findet sich vielmehr „versteckt" in den §§ 281 Abs. 1 S. 1, 323 Abs. 1 BGB.[140] Gerade vor dem Hintergrund der enormen wirtschaftlichen Bedeutung des Kaufvertrages[141] erscheint diese Intransparenz des Kaufrechts bedenklich. Ob man jedoch tatsächlich von einer „ungerechtfertigten Bereicherung" des Verkäufers sprechen kann, der bei einer eigenmächtigen Mängelbeseitigung des Käufers nicht durch die §§ 437 ff. BGB gezwungen wird, seine ersparten Nacherfüllungskosten, welche er normalerweise nach § 439 Abs. 2 BGB zu tragen gehabt hätte, an den Käufer herauszugeben, ist fraglich. Immerhin handelt es sich bei dem Fristsetzungserfordernis der §§ 281 Abs. 1 S. 1, 323 Abs. 1 BGB um eine Obliegenheit des Käufers und es ist nicht ungewöhnlich, dass der Verkäufer bei einer Obliegenheitsverletzung seines Vertragspartners besser dasteht, als bei regulärer Vertragsabwicklung.[142] Andernfalls bestünde für den Käufer

134 *Oechsler*, NJW 2004, 1825 (1826); *Schwarze*, aaO (Fn. 82), § 37, Rn. 43.
135 Vgl. *Braun*, ZGS 2006, 328.
136 *S. Lorenz*, NJW 2006, 1175 (1176).
137 Vgl. *Schulte-Nölke*, ZGS 2005, 281.
138 *Oechsler*, aaO (Fn. 3), Rn. 148.
139 „*Das Privatrecht ist für die Wachsamen geschrieben.*", D 42,8,24 a.E. (Übersetzung nach: *Liebs*, Lateinische Rechtsregeln und Sprichwörter[6] (1998), S. 105 (Nr. 179)).
140 *P. Bydlinski*, ZGS 2005, 129 (130) (Fn. 13). Vgl. auch F II 1.
141 Vgl. F I 1.
142 Vgl. § 377 Abs. 2 HGB.

auch überhaupt keine Veranlassung, diese Obliegenheit zu beachten.[143] Seine Ansprüche – mögen sie auch billig und gerecht sein – kann man eben erst dann durchsetzen, wenn die *Tatbestandsvoraussetzungen* der einschlägigen Anspruchsgrundlage (hier §§ 280 Abs. 1, 3 iVm. 281 BGB) *vorliegen.*[144] Zwar ist das Fristsetzungserfordernis nicht durch die Verbrauchsgüterkaufrichtlinie vorgegeben und seine Legitimität im Lichte des Gemeinschaftsrechts daher zweifelhaft[145], doch ist zumindest das Erfordernis, den Verkäufer zunächst zur zweiten Andienung aufzufordern (Primat der Nacherfüllung), in der Richtlinie verankert.[146]

Jedenfalls ginge es zu weit, dem Verkäufer auch noch eine schadensersatzbewehrte Aufklärungspflicht hinsichtlich der Risiken einer unberechtigten Selbstvornahme des Käufers aufzubürden.[147] Abgesehen von der Rechtsunsicherheit, welche zwangsläufig mit einer auf § 242 BGB gestützten Aufklärungspflicht verbunden ist, würde damit der Verkäufer für die Versäumnisse des nationalen Gesetzgebers „bestraft". Insbesondere im Fernabsatzbereich würden die überbordenden Aufklärungspflichten des Unternehmers auf diese Weise noch weiter ausgedehnt und damit ein signifikanter Standortnachteil für Deutschland geschaffen.[148] Diese Ansicht ist daher abzulehnen.

bb) Das Abschöpfungsargument

Es scheint, als sei das Abschöpfungsargument – neben dem Gerechtigkeitsargument – die wichtigste Stütze für diejenigen ersatzbegründenden Auffassungen, welche sich für eine (entsprechende) Anwendung von § 326 Abs. 2 S. 2, § 347 Abs. 2 S. 1 bzw. §§ 677, 812 BGB aussprechen. So wird fast mantra-artig betont, dass es ja nicht darum gehe, die Mangelbeseitigungskosten des *Käufers* zu ersetzen, sondern die ersparten Nacherfüllungskosten des *Verkäufers* abzuschöpfen.[149]

---

143 Vgl. *U. Huber*, aaO (Fn. 115), § 49 III 1 (S. 525).

144 *Dauner-Lieb*, ZGS 2005, 169 (170).

145 Vgl. hierzu Fn. 117.

146 Vgl. F II 3 b) aa) (1).

147 So aber die in F II 2 a) cc) dargestellte Meinung.

148 Auf dieses Risiko wird in einem ähnlichen Zusammenhang auch bei *Dauner-Lieb / Arnold*, ZGS 2005, 10 (13) hingewiesen.

149 Für § 326 Abs. 2 S. 2 BGB (analog): *Artz*, in: FS Blank (2006), S. 16 ff.; *Braun*, ZGS 2006, 328 (329); *ders.*, ZGS 2004, 423 (428); *P. Bydlinski*, ZGS 2005, 129 (130); *Ebert*, NJW 2004, 1761 (1763 f.); *Herresthal/Riehm*, NJW 2005, 1457 (1458 f.); *S. Lorenz*, in: E. Lorenz, Karlsruher Forum 2005, S. 116; *Mankowski*, Anm. z. AG Kempen, EWiR 2004, 325 (326); *Oetker/Maultzsch*, aaO (Fn. 20), § 2, Rn. 253; *Ulrici*, Jura 2005, 612 (614). Für §§ 684, 818 BGB: *Oechsler*, NJW 2004, 1825 (1826). Für §§ 812 Abs. 1 S. 1 2.Alt., 818 BGB: *Katzenstein*, ZGS 2004, 300 (303).

Freilich müssen die Anhänger der Ansichten, die eine Lösung der Selbstvornahmeproblematik über die (unberechtigte) GoA bzw. das Bereicherungsrecht befürworten, hierfür den Umweg über die *Lehre von der aufgedrängten Bereicherung* gehen. Jedenfalls steckt hinter dieser feinsinnigen Unterscheidung die Absicht, das Erosionsargument[150] der ablehnenden Ansicht zu entkräften.[151] So wolle man dem Käufer kein Selbstvornahmerecht an die Hand geben, welches aufgrund des fehlenden Fristsetzungserfordernisses sogar das gesetzlich geregelte im Werkvertragsrecht übertreffen würde.[152] Stattdessen gehe es lediglich darum zu verhindern, dass der Verkäufer das Geld, welches er gem. § 439 Abs. 2 BGB für die Nacherfüllung hätte ausgeben müssen, behalten darf.

Das Abschöpfungsargument überzeugt nicht. Zwar ist zuzugeben, dass es sich bei den Aufwendungen des Käufers und den Ersparnissen des Verkäufers um rechtlich verschiedene Beträge handelt[153], doch ist der Zusammenhang zwischen ihnen unverkennbar. Gibt der eine Geld für die Mangelbeseitigung aus, spart der andere dadurch Geld ein. Zudem verstellt dieses Argument den Blick auf den eigentlichen Kern des Selbstvornahmeproblems.[154] So geht es im Grunde um die Frage, wem die Vermögensaufwendungen, welche zur Beseitigung des Mangels erforderlich waren, übertragen werden, dem eigenmächtig handelnden Käufer oder dem schlechtleistenden Verkäufer.[155] Nach der ablehnenden Ansicht treffen den Verkäufer diese Aufwendungen nur unter den Voraussetzungen der §§ 280 Abs. 1, 3 iVm. 281 BGB (sog. *berechtigte Selbstvornahme*). Weil diese nicht vorlägen, habe sie der *Käufer* zu tragen. Die anderen Ansichten wollen

150 Dazu sogleich unter F II 3 b) aa).

151 Vgl. *Dötsch*, MDR 2004, 975 (978).

152 Vgl. BGHZ 162, 219 (226); OLG Celle, NJOZ 2005, 2025 (2029); *Artz*, in: FS Blank (2006), S. 5; *Schroeter*, JR 2004, 441 (443).

153 Insoweit auch der BGHZ 162, 219 (225 f.).

154 Auch der Gesetzgeber scheint sich nicht auf die feinsinnige Unterscheidung zwischen Aufwendungen des Käufers und den Ersparnissen des Verkäufers einzulassen. So stellt er klar, dass dem Käufer kein (ausdrückliches) Selbstvornahmerecht zusteht (vgl. BT-Drucks. 14/6040, S. 229). Erst die Anhänger des Abschöpfungsargumentes ziehen daraus die Schlussfolgerung, dass sich die Ablehnung des Gesetzgebers ausschließlich auf einen Aufwendungsersatzanspruch des Käufers beschränke (so insbesondere: *Herresthal /Riehm*, NJW 2005, 1457 (1460); *S. Lorenz*, NJW 2005, 1321 (1322) (Fn. 11)). Dagegen wird diese sehr einseitige Deutung von *Tonner* kritisiert, *ders.*, VuR 2005, 207 (209). In der Tat scheint hier einer der wunden Punkte in der Argumentation der ersatzbegründenden Auffassungen zu liegen.

155 Dies scheint auch der BGH erkannt zu haben, vgl. BGHZ 162, 219 (226).

dagegen den *Verkäufer* mit diesen Aufwendungen belasten. Jedoch scheint es, als scheuten sie es, dies so deutlich zu sagen. Stattdessen, so wird betont, gehe es (lediglich) darum, eine „ungerechtfertigte Bereicherung" des Verkäufers abzuschöpfen.[156] Zudem seien die Ersparnisse des Verkäufers geringer als die Aufwendungen des Käufers.[157] Folglich bekomme letzterer allenfalls einen Teil seiner eigenen Aufwendungen vergütet. Hieraus hat sich anschließend eine äußerst unfruchtbare Debatte darüber entwickelt, ob der Verkäufer tatsächlich den Mangel günstiger beseitigen könne als der Käufer.[158] Die Grenzen einer wissenschaftlich-abstrakten Auseinandersetzung mit diesem Problem waren an dieser Stelle bereits längst verlassen. So kann die Frage, wer von den beiden Parteien in der Lage ist die Mangelbeseitigung günstiger durchzuführen, nur anhand des konkreten Einzelfalls geklärt werden. Für eine theoretische Auseinandersetzung mit dem Problem der Selbstvornahme kann dieser Aspekt folglich auch keine Rolle spielen. Davon abgesehen hätte daraus ohnehin kein brauchbares Argument für die Verfechter der ersatzbegründenden Ansichten werden können. Denn wenn man tatsächlich der Ansicht ist, dass das Gesetz dem *Käufer* und nicht dem Verkäufer die Aufwendungen für die eigenmächtige Mangelbeseitigung zuordnen wollte, dann spielt es überhaupt keine Rolle, ob die *Lex-lata* vollständig, durch einen Aufwendungsersatz des Käufers oder nur teilweise durch eine Anrechnung der ersparten Aufwendungen, des Verkäufers, unterlaufen wird.[159] In jedem Fall wäre es unzulässig. Völlig zu Recht hat der BGH daher in seiner ersten Entscheidung das Abschöpfungsargument zurück-

---

156 Vgl. Fn. 72.

157 *Gsell*, ZIP 2005, 922 (924); *Oetker /Maultzsch*, aaO (Fn. 20), § 2, Rn. 253; *Schwarze*, aaO (Fn. 82), § 37, Rn. 43.

158 Kritisch gegenüber dieser in der Tat recht gewagten These: *Dauner-Lieb /Arnold*, ZGS 2005, 10 f.; *Dauner-Lieb /Dötsch*, ZGS 2003, 455 (456); *Dötsch*, MDR 2004, 975 (978). Ebenso scheint der Gesetzgeber die Einschätzung, der Verkäufer werde regelmäßig in der Lage sein, den Mangel günstiger zu beseitigen, *nicht* zu teilen, vgl. BT-Drucks. 14/6857, S. 27 (Stellungnahme des Bundesrates) und S. 61 (Stellungnahme der Bundesregierung). So ist der gewerbliche Verkäufer, der idR. nicht Hersteller der Ware ist, selbst gezwungen, sie bei einem Dritten reparieren zu lassen. Eine Entlastung mag hier nur der Unternehmerregress schaffen (vgl. § 478 f. BGB). Auf Privatverkäufe ist die o. g. These ohnehin nicht anwendbar.
Dass die Nacherfüllung für den Verkäufer, der keine Reparaturwerkstatt unterhält, gleichfalls eine enorme Kostenlast bedeuten kann, wird auch im Abschlussbericht der Kommission zur Überarbeitung des Schuldrechts, 1992, S. 213 festgestellt.

159 Vgl. OLG Celle, NJOZ 2005, 2025 (2029); AnwKom[3]-*Büdenbender*, § 437, Rn. 101; *Lamprecht*, ZGS 2005, 266 (271).

gewiesen.[160] Es soll auch in der vorliegenden Untersuchung der Frage, ob dem Käufer ein Ersatzanspruch in dieser Sache zusteht, keine weitere Verwendung finden.

b) Ablehnende Auffassung

aa) Das Erosionsargument

Hauptargument der ablehnenden Auffassung ist, dass sich die Kostentragungspflicht des Käufers bei eigenmächtiger Mangelbeseitigung aus dem Gesetz ergebe. Jede Form von Rückgriff gegenüber dem Verkäufer würde somit die gesetzlichen Wertungen erodieren.

(1) Vorrang der Nacherfüllung

Zunächst wird behauptet, dass die ersatzbegründenden Auffassungen den Vorrang der Nacherfüllung – also das *Recht des Verkäufers zur zweiten Andienung*[161] – unterlaufen würden.[162] Dieser Vorrang ist bereits in der Verbrauchs-

---

160 Er erkennt zwar an, dass es einen *rechtlichen* Unterschied zwischen den beiden Beträgen gibt (vgl. Fn. 157), macht aber auch deutlich, das *im Ergebnis* (also bei *wirtschaftlicher* Betrachtungsweise) die Berücksichtigung der Ersparnisse des Verkäufers zu einem faktischen Selbstvornahmerecht des Käufers führt, vgl. BGHZ 162, 219 (226); ebenso: AnwKom[3]-*Büdenbender*, § 437, Rn. 102 f.; *Tonner*, VuR 2005, 207 (209).

161 AnwKom[3]-*Büdenbender*, § 437, Rn. 101; *Brox /Walker*, SBT[41] (2017), § 4, Rn. 40; *Büdenbender*, AcP 205 (2005), 386 (391); *Hoffmann*, ZRP 2001, 347 (349); *P. Huber*, NJW 2002, 1004 (1005); *Jacobs*, in: Dauner-Lieb /Konzen /Schmidt, Das neue Schuldrecht in der Praxis, 2003, S. 371; Jauernig[17]-*Berger*, § 439, Rn. 4; *Jud*, Jb.J.ZivRWiss. 2001, 205 (209); *Lorenz /Riehm*, SchuldR, 2002, Rn. 504; *Medicus / Petersen*, BR[26] (2017), Rn. 290; *Muthorst*, ZGS 2006, 90 (94); *Petersen*, Jura 2002, 461 (462); PWW[13]-*D. Schmidt*, § 439, Rn. 1; *Schroeter*, AcP 207 (2007), 28 (34); *Schubel*, JuS 2002, 313 (317); *Skamel*, aaO (Fn. 60), S. 228 f.; Staudinger[2013]-*Matusche-Beckmann*, § 439, Rn. 5; *Tonner*, aaO (Fn. 18), § 5, Rn. 11. Vgl. auch *Picker*, in: FS H. P. Westermann (2008), S. 605 („*Gewährleistungsrecht*" des Verkäufers; „*Ersetzungsbefugnis*"). Dagegen wird von einigen Stimmen der Literatur ein „Recht" des Verkäufers auf Nacherfüllung abgestritten: *Jud*, JuS 2004, 841 (843/844); *S. Lorenz*, NJW 2006, 1175 (1176); *ders.*, NJW 2005, 1321 (1322); *Oetker /Maultzsch*, aaO (Fn. 20), § 2, Rn. 262; *Schollmeyer /Utlu*, Jura 2009, 721 (722); Staudinger /Eckpfeiler[2018]-*Kaiser*, Kap. I, Rn. 61. Stattdessen handele es sich um eine *Obliegenheit* des Käufers, dem Verkäufer über eine Fristsetzung eine zweite „Erfüllungschance" zu geben.

162 BGH, NJW 2005, 3211 (3212); NJW 2005, 1348 (1349); LG Gießen, NJW 2004, 2906 (2907); AG Nürtingen, ZfS 2004, 513 (514); AnwKom[3]-*Büdenbender*, § 437, Rn. 101;

güterkaufrichtlinie angelegt (vgl. Art. 3 Abs. 3, 5 sowie die Erwägungsgründe Nr. 10 und 11).[163] Der deutsche Gesetzgeber hat ihn *willentlich* für das gesamte Kaufrecht übernommen.[164] Durch das Recht zur zweiten Andienung sollte der Grundsatz „*pacta sunt servanda*" gestärkt werden.[165] Allerdings gilt dieser Vorrang der Nacherfüllung nicht absolut.[166] So hat der deutsche Gesetzgeber von seinem durch Art. 8 Abs. 2 der Verbrauchsgüterkaufrichtlinie normierten Spielraum Gebrauch gemacht und in § 323 Abs. 2 BGB Ausnahmetatbestände normiert.[167] Eine Parallelvorschrift findet sich für die in Art. 8 Abs. 1 der Verbrauchsgüterkauf-

---

Dauner-Lieb /Arnold, ZGS 2005, 10 (13); *Looschelders*, SBT[11] (2016), Rn. 98; *Schürholz*, aaO (Fn. 58), S. 72; *Reinicke /Tiedtke*, aaO (Fn. 115), Rn. 416.

163 Vgl. BT-Drucks. 14/6040, S. 222; *Gsell*, JZ 2001, 65 (67); *Haas*, in: Haas /Medicus / Rolland (u. a.), aaO (Fn. 20), S. 198; *Honsell*, JZ 2001, 278 (279); *Huber /Faust*, Schuldrechtsmodernisierung, 2002, 13. Kap., Rn. 8; *Jacobs*, in: Dauner-Lieb /Konzen / Schmidt, aaO (Fn. 163), S. 386; *Katzenstein*, ZGS 2004, 349 (352); *Schlechtriem*, in: Ernst /Zimmermann, aaO (Fn. 35), S. 209; *Schulze /Schulte-Nölke*, in: Schulze / Schulte-Nölke, Die Schuldrechtsreform vor dem Hintergrund des Gemeinschaftsrechts, 2001, S. 14; *Schürholz*, aaO (Fn. 58), S. 243; *Tonner*, aaO (Fn. 18), § 5, Rn. 11; *Tonner /Crellwitz /Echtermeyer*, in: Micklitz /Pfeiffer /Tonner (u. a.), aaO (Fn. 62), S. 323. Anders dagegen noch der Kommissionsentwurf, der dem Käufer die Wahl zwischen den verschiedenen Rechtsbehelfen ließ, vgl. Kommissionsbegründung zur Verbrauchsgüterkaufrichtlinie, Dok. KOM (95) 520 endg. = ZIP 1996, 1845 (1850); *Jud*, Jb.J.ZivRWiss. 2001, 205 (208); *Kandler*, aaO (Fn. 19), S. 290. Dagegen kann sich der Verkäufer im UN-Kaufrecht nur unter bestimmten Voraussetzungen auf sein „Recht zur zweiten Andienung" iSv. Art. 46, 48 CISG berufen, vgl. *Magnus*, in: Grundmann /Medicus /Rolland, Europäisches Kaufgewährleistungsrecht, 2000, S. 88 f.; MüKo[7]-*P. Huber*, Art. 48, Rn. 1.

164 Art. 8 Abs. 2 der Verbrauchsgüterkaufrichtlinie hätte es dem Gesetzgeber auch ermöglicht, dem Verbraucher ein sofortiges Rücktritts- oder Minderungsrecht an die Hand zu geben. Der Gesetzgeber hat sich jedoch augenscheinlich für ein vorrangiges Nacherfüllungsrecht des Verkäufers entschieden, vgl. Reg.-Begr., in: *Canaris*, aaO (Fn. 79), S. 826 ff. Ebenso: BVerfG, ZGS 2006, 470 (473); *Schubel*, JuS 2002, 313 (317).

165 *Ebert*, NJW 2004, 1761 (1763); *von Hertzberg*, in: FS U. Huber (2006), S. 353; *Jacobs*, in: Dauner-Lieb /Konzen /Schmidt, aaO (Fn. 163), S. 372; *S. Lorenz*, NJW 2006, 1175; *Lorenz /Riehm*, SchuldR, 2002, Rn. 504. Der gleiche Zweck wird auch mit dem Nacherfüllungsrecht des Verkäufers im UN-Kaufrecht (Art. 46, 48 CISG) verfolgt, vgl. MüKo[7]-*P.Huber*, Art. 48, Rn. 1.

166 *Jacobs*, in: Dauner-Lieb /Konzen /Schmidt, aaO (Fn. 163), S. 387.

167 *Roth*, in: Ernst /Zimmermann, aaO (Fn. 35), S. 243. Art. 3 Abs. 5 Sp. 3 wurde dagegen vollständig in § 440 BGB umgesetzt, vgl. BT-Drucks. 14/6040, S. 223; *Hoffmann*, ZRP 2001, 347 (349). A. A. *Jud*, Jb.J.ZivRWiss. 2001, 205 (218).

richtlinie ausgeklammerten Schadensersatzansprüche in § 281 Abs. 2 BGB.[168] Als weitere Ausnahmevorschrift dient § 440 BGB der Umsetzung von Art. 3 Abs. 5 Sp. 3 der Verbrauchsgüterkaufrichtlinie.[169] Liegt einer dieser Tatbestände vor, kann der Käufer unmittelbar zurücktreten, mindern oder Schadensersatz statt der Leistung fordern, ohne dem Verkäufer vorab die Möglichkeit zur Nacherfüllung zu geben. Indes zeichnet sich die Fallgruppe der *unberechtigten* Selbstvornahme gerade dadurch aus, dass keiner der in §§ 281 Abs. 2, 323 Abs. 2, 440 BGB normierten Ausnahmetatbestände eingreift.

Zuzugeben ist der ablehnenden Auffassung, dass es sich bei dem *zweistufigen Rechtsbehelfssystem* in § 437 BGB um eine fundamentale Wertentscheidung des modernisierten deutschen Kaufrechts handelt[170], welche auch nicht mit dem Abschöpfungsargument entkräftet werden kann.[171] Denn der Gesetzgeber hat sich dafür entschieden, den Vorrang der Nacherfüllung durchzusetzen, indem er die Geltendmachung der in § 437 Nr. 2, 3 BGB genannten Rechtsbehelfe in Gestalt von Rücktritt, Minderung und Schadensersatz statt der Leistung grds. an ein Fristsetzungserfordernis gekoppelt hat (solange die Erbringung der Leistung nicht iSv. § 275 BGB unmöglich ist). Solange der Käufer also dem Verkäufer keine erfolglose Nachfrist gesetzt hat, kommt er auch nicht an die entsprechende Rechtsfolge der §§ 281 Abs. 1, 323 Abs. 1, 441 Abs. 1 BGB. Mit anderen Worten: Der Verkäufer hat *ein Recht auf Naturalerfüllung*, solange keiner der Befreiungstatbestände in § 437 Nr. 2, 3 BGB zu Gunsten des Käufers eingreift.[172] Der Nacherfüllungsanspruch des Käufers ist insoweit als „modifizierter"[173] Er-

---

168 Vgl. auch Erwägungsgrund Nr. 6 der Verbrauchsgüterkaufrichtlinie, sowie die Kommissionsbegründung zur Verbrauchsgüterkaufrichtlinie, Dok. KOM (95) 520 endg. = ZIP 1996, 1845 (1847).

169 Vgl. bereits Fn. 171.

170 Vgl. BT-Drucks. 14/6040, S. 89; *Ebert*, NJW 2004, 1761; *Gruber*, Jb.J.ZivRWiss. 2001, 187 (189); *P. Huber*, NJW 2002, 1004; *Huber /Faust*, aaO (Fn. 165), 2002, 13. Kap., Rn. 9; *Jacobs*, in: Dauner-Lieb /Konzen /Schmidt, aaO (Fn. 163), S. 371; *S. Lorenz*, NJW 2006, 1175; *Schubel*, JuS 2002, 313 (317); *H. P. Westermann*, in: Schulze /Schulte-Nölke, aaO (Fn. 165), S. 123.

171 Zur fehlenden Überzeugungskraft des Abschöpfungsargumentes vgl. bereits F II 3 a) bb).

172 *Skamel*, aaO (Fn. 60), S. 184; *Sutschet*, Anm. z. BGH, JZ 2005, 571 (575).

173 „Modifiziert" ist der Erfüllungsanspruch deshalb, weil nun der Käufer die Wahl zwischen Nachlieferung und Nachbesserung hat, der Verkäufer die Leistung gem. § 439 Abs. 4 BGB verweigern kann und sich die Verjährung nach § 438 BGB richtet, vgl. *Muthorst*, ZGS 2006, 90 (94); *Schollmeyer /Utlu*, Jura 2009, 721 (722).

füllungsanspruch zu sehen.[174] Der Käufer der den Mangel eigenmächtig beseitigt, setzt augenscheinlich keine angemessene Nachfrist. Ebenso wenig greifen die in den §§ 281 Abs. 2, 323 Abs. 2, 440 BGB normierten Ausnahmetatbestände ein (s. o.). Die Tatbestandsvoraussetzungen von §§ 280 Abs. 1, 3 iVm. 281 BGB sind mithin nicht erfüllt. Das Gesetz ordnet für diesen Fall an, dass der Käufer seine Aufwendungen für die Mangelbeseitigung vollumfänglich selbst tragen muss. Überließe man dem Käufer die ersparten Nacherfüllungskosten des Verkäufers, erreichte ersterer, wenn nicht gar vollständig[175] so doch größtenteils den wirtschaftlichen Status, den er normalerweise erst bei Vorliegen der Tatbestandsvoraussetzungen der §§ 280 Abs. 1, 3, 281 BGB erlangt hätte.[176] Der Käufer könnte sich zu einem Zeitpunkt von seiner Bindung an die Naturalerfüllung lösen – und auf diese Weise von der ersten auf die zweite Stufe des Rechtsbehelfssystems springen – den der Gesetzgeber aufgrund der in den §§ 281 Abs. 1 S. 1, 323 Abs. 1 BGB normierten Fristbindung nicht vorgesehen hat.[177] Wenn man bedenkt, dass das Schuldrecht, verglichen mit der Zeitspanne, in der das BGB bereits existiert, erst vor kurzem modernisiert wurde, kann sein Wortlaut und der dahinter steckende *Wille des Gesetzgebers*, der eindeutig auf die Vorrangstellung der Nacherfüllung gerichtet ist, gar nicht hoch genug eingeschätzt werden.[178] Dass die Lösungen der ersatzbegründenden Auffassungen diesen Grundsatz vom Vorrang der Nacherfüllung möglicherweise erodieren, ist somit ein gewichtiges Argument.

Andererseits zeigen die in §§ 281 Abs. 2, 323 Abs. 2, 440 BGB normierten Ausnahmetatbestände, dass der Gesetzgeber den Vorrang der Nacherfüllung nicht absolut gesetzt hat. Selbst wenn also die Ausnahmetatbestände bei einer unberechtigten Selbstvornahme nicht erfüllt sind, so zeigt allein ihre Existenz, dass

---

174 AnwKom³-*Büdenbender*, § 437, Rn. 12; *ders.*, AcP 205 (2005), 386 (412); *Haas*, in: Haas /Medicus /Rolland (u. a.), aaO (Fn. 20), S. 199; *Herresthal /Riehm*, NJW 2005, 1457 (1458); *P. Huber*, NJW 2002, 1004 (1005); *Kandler*, aaO (Fn. 19), S. 327; *S. Lorenz*, NJW 2006, 1175; Palandt⁷⁸-*Weidenkaff*, § 439, Rn. 2; *Schroeter*, AcP 207 (2007), 28 (34); *Sutschet*, Anm. z. BGH, JZ 2005, 571 (575).

175 Vgl. nur OLG Stuttgart, NJW-RR 1987, 721 (722).

176 Vgl. AnwKom³-*Büdenbender*, § 437, Rn. 101.

177 Im Gemeinen Recht etwa war der Gläubiger ausschließlich an seinen Leistungsanspruch gebunden und konnte erst Schadensersatz verlangen, nachdem die gerichtliche Erzwingung der Naturalerfüllung gescheitert war, vgl. *Sutschet*, Anm. z. BGH, JZ 2005, 571 (574); *Würthwein*, Zur Schadensersatzpflicht wegen Vertragsverletzungen im Gemeinen Recht des 19. Jahrhunderts, 1990, S. 69 f.

178 Vgl. *Canaris*, in: E. Lorenz, Karlsruher Forum 2002, S. 144; *Langenbucher*, in: Langenbucher, aaO (Fn. 30), § 1, Rn. 111.

der europäische[179] und erst recht der nationale Gesetzgeber davon ausgegangen sind, dass es nicht immer angemessen sein kann, dem Verkäufer das „*Recht zur zweiten Andienung*" zuzubilligen.[180] Allerdings müssten schon gewichtige Argumente gefunden werden, um den Ausnahmekanon im Hinblick auf den Ersatz der Mangelbeseitigungskosten bei eigenmächtiger Selbstvornahme zu erweitern.

Abzulehnen sind jedenfalls die Ansätze, welche zur Lösung der Selbstvornahmeproblematik auf Wertungen aus dem Recht der gesetzlichen Schuldverhältnisse zurückgreifen. Einem (wirksamen) Kaufvertrag liegt nämlich grundsätzlich die *bewusste, freiwillige Einigung* der Parteien bzgl. des entgeltlichen Übergangs der Verfügungsbefugnis über den Vertragsgegenstand zugrunde.[181] Diese Einigung ist Ausdruck der *Privatautonomie*.[182] Sollten bei diesem punktuellen Austausch von Ware gegen Geld Komplikationen auftreten, enthält das Kaufrecht (iVm. den über § 437 BGB zur Anwendung berufenen Vorschriften des allgemeinen Schuldrechts) entsprechende Regelungen für eine rechtliche Lösung. Diese kommen allerdings nur subsidiär zur Geltung, um etwaigen privatautonom getroffenen Vereinbarungen zwischen den Vertragsparteien Vorrang einzuräumen.[183] Eine Ausnahme wird nur für den Fall gemacht, wo die Vertragsfreiheit durch ein Kräfteungleichgewicht zwischen den Parteien bedroht ist (vgl. § 474 Abs. 1 BGB).[184] Mit den §§ 677 ff., 812 ff. BGB hat der Gesetzgeber jedoch eine Ausgleichsordnung geschaffen, welche unrechtmäßige Vermögenslagen gerade in den Fällen korrigieren will, in denen eine bewusste und freiwillig getroffene, wirksame Vereinbarung zwischen den Parteien – anfänglich oder nachträglich – *fehlt*.[185] Konsequenter-

179 Vgl. nur Art. 3 Abs. 5 Sp. 3 der Verbrauchsgüterkaufrichtlinie.

180 *S. Lorenz*, NJW 2006, 1175 (1176).

181 Vgl. *Brox /Walker*, SBT[41] (2017), § 1, Rn. 3 ff.; *Fikentscher /Heinemann*, SchuldR[10] (2006), Rn. 800 ff.; MüKo[7]-*H. P. Westermann*, Vor §§ 433 ff., Rn. 8 f.; *Reinicke /Tiedtke*, aaO (Fn. 115), Rn. 1 ff. /7 ff.

182 Zum Begriff der Privatautonomie vgl. *Bork*, AT[4] (2016), Rn. 99; *Flume*, AT, Bd. 2, 3. Aufl. (1979), § 1 ff. (S. 1 ff.); *Medicus /Petersen*, AT[11] (2016), Rn. 176 ff..

183 Zur Bedeutung des dispositiven Anteils im Kaufrecht vgl. F I 2.

184 Zur systematischen Stellung der Vorschriften zum Verbrauchsgüterkauf vgl. *Tonner*, aaO (Fn. 18), § 5, Rn. 21; *H. P. Westermann*, NJW 2002, 241 (251).

185 Vgl. *Esser /Weyers*, SchuldR, Bd. 2/2, 8. Aufl. (2000), § 47 (S. 29); *Fikentscher /Heinemann*, SchuldR[10] (2006), Rn. 1259 („*entscheidend ist, dass die Geschäftsführung nicht aufgrund eines bereits bestehenden vertraglichen oder gesetzlichen Rechtsverhältnisses geschieht.*") /Rn. 1534 („*Verträge schaffen Rechtsgründe, causae. §§ 812 ff. setzen fehlende Rechtsgründe voraus*"); *Medicus /Petersen*, BR[26] (2017), Rn. 404 f., 660; *Musielak /Hau*, GK BGB[15] (2017), Rn. 979; *Schlechtriem*, SBT[6] (2003), Rn. 690 („*Das BGB regelt eine Reihe unterschiedlicher „Geschäftsführungen", denen nur ein*

weise wird daher im Recht der GoA sowie im Bereicherungsrecht gerade keine Rücksicht auf vorrangige Parteivereinbarungen genommen. Ebenso wenig wird einem etwaigen Ungleichgewicht im Kräfteverhältnis der Parteien Rechnung getragen. Das Recht der GoA und der ungerechtfertigten Bereicherung geht also von einer völlig anderen (rechtlichen) Prämisse aus, weshalb seine Lösungsinstrumente auch nicht auf die besondere Situation eines privatautonom geschlossenen Veräußerungsvertrages Rücksicht nehmen.[186] Mag die Anwendung der §§ 677 ff., 812 ff. BGB vereinzelt auch zu gerechten Ergebnissen führen[187], so wäre der damit verbundene dogmatische Flurschaden sowie der daraus resultierende Verlust an Rechtssicherheit und vertraglicher Gestaltungsfreiheit ungleich höher. Würde das Überstülpen von Vorschriften aus GoA und Bereicherungsrecht über das Kaufgewährleistungsrecht auf diese Weise Schule machen, wäre man künftig umso eher geneigt, gefundene Ergebnisse im Vertragsrecht aus subjektiven Billigkeitserwägungen heraus auf diese Weise zu korrigieren.[188] Gerade weil der Kaufvertrag jedoch das bedeutendste Schuldverhältnis für den Güterumsatz in einer Geldwirt-

Kriterium gemeinsam ist: Eine schuldrechtliche Beziehung zwischen Geschäftsherr und Geschäftsführer…fehlt.“); Staudinger /Eckpfeiler[2018]-*Auer*, Kap. R, Rn. 6.; Staudinger[2007]-*S. Lorenz*, Vor §§ 812 ff., Rn. 1.
Auch der Einwand, dass die Einsparung der Nacherfüllungskosten durch den Verkäufer nicht auf einer privatautonomen Vereinbarung der Parteien beruht, geht fehl. So haben sich die Parteien über den Abschluss eines Kaufvertrages geeinigt. Sollten sie in diesem Zusammenhang keine Vereinbarung über ein Selbstvornahmerecht des Käufers getroffen haben (zur Zulässigkeit einer solchen Vereinbarung in den AGBs, vgl. BGHZ 164, 196), ist davon auszugehen, dass sie sich für die Anwendung der kaufrechtlichen Vorschriften entschieden haben. Die Ersparnis des Verkäufers beruht wiederum auf ihrer unmittelbaren Anwendung. Selbst *Ulrici* lehnt die Anwendung des Bereicherungsrechts auf die Selbstvornahmeproblematik mit der Begründung ab, dass der Kaufvertrag insoweit den „Rechtsgrund“ für die Ersparten Aufwendungen des Verkäufers bilde, *ders.*, Jura 2005, 612 (616).

186 Vgl. *Wendehorst*, Anspruch und Ausgleich, 1999, § 13 vor I. Auch *Lieb* betont (allerdings in einem anderen Zusammenhang), *„dass die §§ 812 ff. BGB die Besonderheiten des gegenseitigen Vertrages bzw. dessen Rückabwicklung vollständig negiert haben;“*, *ders.*, AcP 209 (2009), 164 (171).

187 Vgl. nur die Entscheidung des LG Bielefeld (ZGS 2005, 79) welche im Ergebnis (!) nicht vom BGH (NJW 2005, 3211 (3212)) beanstandet wurde.

188 *Arnold* befürchtet gar, dass eine Anwendung des Bereicherungsrechts im Vertragsrecht künftig dazu führen würde, dass sich die Gläubiger bei der erstbesten Gelegenheit die vertragliche Leistung woanders beschaffen und anschließend gegenüber den Schuldnern einen Bereicherungsanspruch in Höhe ihrer Ersparnisse geltend machen. Auf diese Weise würde die vertragliche Pflichtenverteilung *„partiell zur Naturalobligation degradiert“* werden, *ders.*, ZIP 2004, 2412 (2415).

schaft ist[189], können hinsichtlich der Klarheit und Verlässlichkeit seiner Rechtsvorschriften grundsätzlich keine Abstriche gemacht werden.

Dessen ungeachtet muss die Anwendung des Bereicherungsrechts schon deshalb abgelehnt werden, weil die Tatbestandsvoraussetzungen von § 812 Abs. 1 S. 1 2. Alt. BGB nicht vollumfänglich erfüllt sind. Wenn nämlich das Kaufgewährleistungsrecht die Kosten für die Mangelbeseitigung *dem Käufer* zuweist, solange die Tatbestandsvoraussetzungen von §§ 437 Nr. 3, 280 Abs. 1, 3 iVm. 281 BGB nicht erfüllt sind, dann kann umgekehrt *der Verkäufer* auch nicht „auf Kosten" des Käufers bereichert sein. Denn das Gesetz, dass dem einen die Aufwendungen für die Mangelbeseitigung zuweist, weist dem anderen spiegelbildlich die Ersparnis zu, die dieser durch die Leistungsbefreiung erlangt.[190]

Selbst wenn man die Frage, ob die Tatbestandsvoraussetzungen von § 812 Abs. 1 S. 1 2.Alt. BGB vorliegen, dahinstehen ließe und stattdessen etwa über den *Rechtsfolgenverweis*[191] des § 684 S. 1 BGB zum Bereicherungsrecht gelangen würde, wäre immer noch zweifelhaft, ob die §§ 818 ff. BGB stets zu sachgerechten Ergebnissen führen. Sieht man in dem vom Verkäufer erlangten „etwas" die Befreiung von der Nacherfüllungsverbindlichkeit (vgl. § 439 Abs. 1 BGB) durch Selbstvornahme[192], kommt eine Herausgabe in natura „wegen der Beschaffenheit des Erlangten" nicht in Betracht.[193] Gem. § 818 Abs. 2 BGB wäre stattdessen Wertersatz zu leisten.[194] Dieser Wertersatzanspruch des Käufers wäre sodann mit dem Kaufpreisanspruch des Verkäufers zu verrechnen. Es fragt sich jedoch, wie mit der vom Verkäufer eingesparten Arbeitskraft, welche für die Beseitigung des Mangels erforderlich gewesen wäre, zu verfahren ist. Nach den §§ 326 Abs. 2 S. 2, 615 S. 2, 648 S. 2 2.Hs. BGB bzw. § 11 Nr. 1 /2 KSchG müsste sich der Schuldner *nur* dasjenige anrechnen lassen, was er *durch* den *anderweitigen Einsatz* seiner Arbeitskraft erlangt hat bzw. hätte erlangen können. Bei der Bestimmung des Wertersatzanspruches nach § 818 Abs. 2 BGB,

189 Zur wirtschaftlichen Bedeutung des Kaufvertrages vgl. die Bemerkungen unter F I 1.

190 *Sutschet*, Anm. z. BGH, JZ 2005, 571 (575); im Ergebnis auch: *Skamel*, aaO (Fn. 60), S. 187; a. A. *Katzenstein*, ZGS 2004, 144 (148); *Kiehnle*, JA 2007, 15 (18).

191 Vgl. F II 2 c) aa).

192 Vgl. Erman[15]-*Buck-Heeb*, § 812, Rn. 8; *Katzenstein*, ZGS 2004, 144 (148); *Loewenheim*, Bereicherungsrecht[3] (2007), S. 19 f.; *Oechsler*, aaO (Fn. 3), Rn. 148; *Petersen*, aaO (Fn, 108), Rn. 252. *Larenz /Canaris* sprechen von einer „Selbsterfüllung", lehnen eine Rückgriffskondiktion für das Werkvertragsrecht jedoch im Ergebnis ab, weil sonst die Wertung des § 633 Abs. 3 BGB a. F. unterlaufen werden könne, *dies.*, SchuldR, Bd. 2/2, 13. Aufl. (1994), § 69 III 3 (S. 194 f.).

193 *Larenz /Canaris*, SchuldR, Bd. 2/2, 13. Aufl. (1994), § 72 III 1 b) (S. 274).

194 Vgl. Erman[15]-*Buck-Heeb*, § 818, Rn. 15; *Gursky*, NJW 1971, 782 (785); *Oechsler*, aaO (Fn. 3), Rn. 148.

wird diese Einschränkung dagegen nicht vorgenommen. Folglich würde sich der Gegenleistungsanspruch des Verkäufers aufgrund der Verrechnung mit dem Wertersatzanspruch des Käufers um den grds. *objektiv* zu bestimmenden Wert seiner ersparten Arbeitskraft vermindern[195], selbst wenn dieser keine Möglichkeit hatte, sie anderweitig gewinnbringend einzusetzen. Dass der Verkäufer in der Regel keine Möglichkeit hat, seine Arbeitskraft anderweitig einzusetzen liegt wiederum schon deshalb auf der Hand, weil der Käufer ihn gar nicht erst über den Mangel der Kaufsache und seine Absicht, diesen selbst zu beseitigen, aufklärt. Im Übrigen ist anzunehmen, dass der Verkäufer seinen Fokus auf die Veräußerung von Waren und nicht auf ihre Reparatur legt, weshalb die Wahrscheinlichkeit, dass er in der betreffenden Zeit eine andere vergleichbare Reparatur hätte durchführen können, äußerst gering ist. Weil die pauschale Berücksichtigung des ersparten Arbeitsaufwandes im Zusammenhang mit der Selbstvornahme den Verkäufer daher in unzulässiger Weise benachteiligt, ist auch der durch § 684 S. 1 bzw. § 812 Abs. 1 S. 1 2.Alt. BGB zur Anwendung berufene Bereicherungsausgleich zwischen den Vertragsparteien abzulehnen.[196] Vorzugswürdig erscheint insoweit die differenzierende Rechtsfolge der §§ 326 Abs. 2 S. 2, 615 S. 2, 648 S. 2 2.Hs. BGB bzw. § 11 Nr. 1/2 KSchG. Freilich könnte auch die Rechtsfolge der §§ 818 ff. BGB nach subjektiven Kriterien modifiziert werden.[197] Es ist jedoch nicht ersichtlich, warum man der Selbstvornahmeproblematik durch die Anwendung einer systemfremden Ausgleichsordnung begegnen sollte, deren Ergebnisse erst noch nach subjektiven Erwägungen modifiziert werden müssten. Auf dieser Grundlage ist das Bemühen um sachgerechte Ergebnisse nicht mit der erforderlichen Rechtssicherheit zu realisieren.

(2) Keine Selbstvornahme

Neben dem Recht des Verkäufers zur zweiten Andienung weist das Kaufgewährleistungsrecht eine weitere Besonderheit auf: Während im Miet- und Werkver-

---

195 Vgl. *Katzenstein*, ZGS 2004, 144 (150). Ähnlich auch *S. Lorenz* zum Bereicherungsausgleich bei Vornahme nicht geschuldeter Schönheitsreparaturen durch den Mieter, *ders.*, NJW 2009, 2576 (2577). Dass die Höhe der Wertersatzpflicht grds. nach objektiven Kriterien zu bestimmen ist, entspricht der herrschenden Meinung, vgl. nur: BGHZ 10, 171 (180); AnwKom[3]-*Linke*, § 818, Rn. 29; *Larenz /Canaris*, SchuldR, Bd. 2/2, 13. Aufl. (1994), § 72 III 2 d) (S. 276); Palandt[78]-*Sprau*, § 818, Rn. 19; *Reuter /Martinek*, Ungerechtfertigte Bereicherung, 1983, § 16 III 3 (S. 568); Staudinger[2007]-*S. Lorenz*, § 818, Rn. 26 f.; a. A. *Esser /Weyers*, SchuldR, Bd. 2/2, 8. Aufl. (2000), § 51 I 4 c) (S. 103); *Koppensteiner /Kramer*, Ungerechtfertigte Bereicherung[2] (1988), S. 168.

196 Vgl. für das Werkvertragsrecht: *Gursky*, NJW 1971, 782 (785).

197 Vgl. hierzu die Ausführungen von *Katzenstein*, ZGS 2004, 144 (150 f.).

tragsrecht der Gläubiger der vertragsspezifischen Leistung ein *ausdrückliches* Recht auf Selbstvornahme hat (vgl. § 536a Abs. 2, § 637 BGB), wird ein solches im Kaufgewährleistungsrecht nicht genannt. Darauf, dass sich der Gesetzgeber bewusst gegen die gesonderte Normierung eines Selbstvornahmerechts des Käufers entschieden hat weist – neben der Gesetzessystematik – auch sein unzweideutig dokumentierter Wille hin.[198]

Gleichwohl ist der Unterschied zwischen dem Kaufrecht auf der einen und dem Miet- und Werkvertragsrecht auf der anderen Seite in dieser Frage nicht so bedeutend, wie es zunächst scheint.[199] Betrachtet man allein die Rechtsfolgenseite der Selbstvornahme, so ist der Unterschied gänzlich verschwunden. So kann auch der Käufer seine mangelhafte Sache selbst reparieren (lassen) und die angefallenen Kosten bei seinem Vertragspartner liquidieren. Sieht man einmal vom Vorschussanspruch des Bestellers ab, bestehen die Unterschiede zur Selbstvornahme im Miet- und Werkvertragsrecht lediglich auf der Tatbestandsseite. So kann der Käufer seinen Anspruch auf Ersatz der Selbstvornahmekosten lediglich auf §§ 280 Abs. 1, 3 iVm. 281 BGB stützen[200], was zusätzlich ein wenn auch vermutetes[201] Verschulden des Verkäufers erfordert.[202] Durch den o. g. Grundsatz vom Vorrang der Nacherfüllung aber hat das notwendige Verschulden einen zweiten Ankerpunkt erhalten.[203] So genügt es für einen Anspruch des Käufers auf Ersatz der Selbstvornahmekosten, wenn der Verkäufer entweder die anfängliche Schlechtleistung oder die erfolglose Nacherfüllung zu vertreten hat.[204] Ferner stehen dem Käufer nicht die Ausnahmetatbestände der §§ 536a Abs. 2 Nr. 2, 637 Abs. 2 BGB, welche zu einer sofortigen Mangelbeseitigung berechtigen, zur Verfügung. In der Regel dürfte der Käufer aber in den dort normierten Fällen auf die §§ 281 Abs. 2, 440 BGB zurückgreifen können und gleichfalls auf eine Nachfristsetzung verzichten.[205] Wie bereits angedeutet dürfte es ihm jedoch nicht möglich sein, vom Verkäufer einen *Vorschuss*

---

198 BT Drucks, 14/6040, S. 229.
199 *Ebert*, NJW 2004, 1761 (1762).
200 *Janz*, aaO (Fn. 87), S. 62.
201 Vgl. § 280 Abs. 1 S. 2 BGB.
202 *Schroeter*, JR 2004, 441 (444).
203 *S. Lorenz*, NJW 2006, 1175 (1176). Dagegen wird dieser Aspekt von *Peters* offenbar völlig verkannt, *ders.*, JR 2004, 353 (354).
204 BeckOK /BGB[Ed48]-*Faust*, § 437, Rn. 110; *Janz*, aaO (Fn. 87), S. 97 f.; *Looschelders*, SAT[14] (2016), Rn. 595; *Medicus /Lorenz*, SAT[21] (2015), Rn. 509; MüKo[7]-*Ernst*, § 281, Rn. 48. Die Gegenansicht stellt ausschließlich auf den Zeitpunkt des Fristablaufs ab, vgl. *Eckert*, SAT[4] (2005), Rn. 536; Palandt[78]-*Grüneberg*, § 281, Rn. 16.
205 Vgl. nur BGH, NJW 2005, 3211 (3212).

für seine Mangelbeseitigungskosten zu verlangen, wie es der Werkbesteller in vergleichbarer Situation tun könnte (vgl. § 637 Abs. 3 BGB).[206]

Die Behauptung, ein Ersatzanspruch des Käufers bei unberechtigter Selbstvornahme unterlaufe die Entscheidung des Gesetzgebers, im Gegensatz zum Miet- und Werkvertragsrecht im Kaufrecht kein Selbstvornahmerecht einzuführen, ist gleich in zweifacher Hinsicht ungenau. Zunächst einmal kann der Gläubiger der vertragsspezifischen Leistung im Miet- bzw. Werkvertragsrecht erst dann zur Mangelbeseitigung schreiten, wenn er zuvor den Schuldner angemahnt bzw. ihm eine angemessene Nachfrist gesetzt hat (§ 536a Abs. 1 Nr. 1, § 637 Abs. 1 BGB). Eine eigenmächtige Beseitigung des Mangels ohne vorherige Inkenntnissetzung des Schuldners ist somit – zumindest im Grundsatz – weder im Kauf- noch im Miet- noch im Werkvertragsrecht anerkannt.[207] In dieser Hinsicht besteht somit überhaupt keine Wertungsdivergenz zwischen den verschiedenen Vertragsarten. Die Prämisse, der Gesetzgeber habe etwas im Miet- und Werkvertragsrecht erlaubt, im Kaufrecht aber offensichtlich nicht, weshalb diese Unterscheidung nicht unterlaufen werden dürfe, ist somit falsch.[208] Unzutreffend ist auch die pauschale Behauptung, der Käufer habe nach der *Lex-lata* kein Recht zur Selbstvornahme.[209]

---

206 Allerdings könnte der Käufer gem. § 887 Abs. 2 ZPO beantragen, den Verkäufer zu einer Vorauszahlung der Mangelbeseitigungskosten zu verurteilen.

207 Vgl. BGHZ 162, 219 (226); *Schroeter*, JR 2004, 441 (443).

208 Auch *Rudolph* weist auf den missverständlichen Wortlaut von § 637 Abs. 1 BGB hin, der zu suggerieren scheint, dass eine Selbstvornahme nur unter den dort genannten Voraussetzungen möglich ist. Tatsächlich geht es jedoch (nur) um die „*Zuordnung der Aufwendungslast*", *ders.*, Die Abgrenzung zwischen Kauf- und Werkvertragsrecht gemäß § 651 BGB, 2009, S. 276 (Fn. 1050). Auch bei Messerschmidt/Voit^3-*Moufang/Koos*, § 637, Rn. 2 heißt es: „*Entgegen dem missverständlichen Wortlaut des § 637 BGB gewährt diese Regelung eigentlich kein „Recht zur Selbstvornahme". (...) Der Regelungsinhalt des § 637 BGB erschöpft sich in der Antwort auf die Frage, wer wann unter welchen Voraussetzungen die Kosten für eine Selbstvornahme zu tragen hat.*"

209 AnwKom^3-*Büdenbender*, § 437, Rn. 101, der zwar erkennt, dass die Mangelbeseitigungskosten des Käufers über §§ 280 Abs. 1, 3 iVm. 281 BGB liquidiert werden können, der dies jedoch lediglich für „*Berechnungsmethoden für Konkretisierungen der dortigen Tatbestandsmerkmale*" hält. Ähnlich auch: *Artz*, in: FS Blank (2006), S. 6; *Herresthal/Riehm*, NJW 2005, 1457 (1460); *Peters*, JR 2004, 353. Dem mag zuzugeben sein, dass weder in den §§ 437 ff. noch in den §§ 280 ff. die ausdrückliche Zusage an den Käufer enthalten ist, den Mangel auf Kosten des Verkäufers beseitigen zu können. Dies ändert jedoch nichts daran, dass der Käufer – der überdies bereits regelmäßig Eigentümer der gekauften Sache sein dürfte – das Recht hat, den vorhandenen Mangel zu beseitigen und die hierfür angefallenen Kosten dem Verkäufer als Schadensersatz statt der Leistung in Rechnung zu stellen. Dieses Ergebnis einfacher

Er hat es.[210] Allerdings muss der Verkäufer, dem zuvor erfolglos eine Nachfrist gesetzt wurde, entweder die Schlechtleistung bei Fälligkeit oder die erfolglose Nacherfüllung zu vertreten haben.[211] Diese rechtliche Ausgangslage enthüllt – anders als es zunächst scheinen mag – keinesfalls einen eindeutigen Willen des Gesetzgebers die Kosten für eine Selbstvornahme stets dem Käufer aufzubürden. Den Anspruch desselben auf Erstattung der Mangelbeseitigungskosten hat der Gesetzgeber im Kaufrecht lediglich an strengere Voraussetzungen geknüpft. Daraus lässt sich allenfalls eine gewisse Tendenz gegen eine allzu großzügige Handhabung von Erstattungsansprüchen bei eigenmächtiger Mangelbeseitigung des Käufers ablesen, um ein durchschlagendes Argument handelt es sich allerdings nicht. Warum jedoch die eher marginalen Unterschiede zwischen §§ 437 Nr. 3, 280 Abs. 1, 3 iVm. 281 BGB einerseits und § 637 BGB andererseits *Peters* dazu veranlassen, die analoge Anwendung von § 637 BGB auf das Kaufrecht zu befürworten, obwohl der Gesetzgeber sich unmissverständlich gegen eine vergleichbare Norm im Kaufrecht ausgesprochen hat[212], bleibt rätselhaft. Dem Gesetzgeber jedenfalls wirft er „*Ignoranz*"[213] und „*Gedankenlosigkeit*"[214] im Hinblick auf die Rechtsprechung zum alten Kaufrecht vor, welche sich vereinzelt für eine analoge Anwendung von § 633 Abs. 3 BGB a. F. (= § 637 BGB n. F.) bei einem vertraglich vereinbarten Nachbesserungsanspruch des Käufers ausgesprochen hatte.[215] Abgesehen davon, dass es sich hierbei um unsachliche Unterstellungen handelt, welche der Autor auch nicht weiter zu belegen vermag, ist seine Schlussfolgerung, § 637 BGB analog auf das Kaufrecht anzuwenden, nicht nachvollziehbar. Zunächst einmal ist es dem demokratisch gewählten Gesetzgeber erlaubt, innerhalb des verfassungsrechtlich vorgegebenen Gestaltungsspielraumes, jede nur denkbare Veränderung am geltenden Recht vorzunehmen.[216] Insbesondere ist er nicht verpflichtet, die

---

Rechtsanwendung gilt selbstverständlich auch dann, wenn in keiner der genannten Normen von Selbstvornahme die Rede ist. Richtig hingegen die Einschätzung von *Schroeter*, JR 2004, 441 (443).

210 Vgl. die sog. *berechtigte* Selbstvornahme.

211 Liegt kein Verschulden des Verkäufers vor, bleibt dem Käufer immer noch die Möglichkeit, seinen Nacherfüllungsanspruch über § 887 ZPO gerichtlich durchzusetzen und auf diese Weise die Mangelbeseitigungskosten beim Verkäufer zu liquidieren.

212 So wird zunächst selbst von *Peters* festgestellt, dass § 437 BGB eine Nummer weniger als § 634 BGB hat, obwohl das Gewährleistungsrecht der beiden Vertragsarten weitgehend identisch aufgebaut ist, *ders*., JR 2004, 353.

213 *Peters*, JR 2004, 353 (354).

214 *Peters*, JR 2004, 353 (355).

215 BGH, NJW 1991, 1882 (1883); NJW 1990, 901; NJW 1976, 234 (235).

216 *S. Lorenz*, in: E. Lorenz, Karlsruher Forum 2005, S. 173.

höchstrichterliche Rechtsprechung zum alten Recht bei der Gestaltung des neuen einfließen zu lassen.[217] Erst recht ist es der Judikative nicht erlaubt, die Nichtberücksichtigung dieser Rechtsprechung durch eine Rechtsfortbildung *contra legem* zu untergraben. Auf diese Weise würde die Gewaltenteilung aufgehoben und die Legislative ihrer Gestaltungsfreiheit beraubt. Kurz: Für die von *Peters* vorgeschlagene Analogie fehlt es somit bereits an einer planwidrigen Regelungslücke. Folglich ist der von ihm vertretene Ansatz entschieden abzulehnen.

(3) Besondere Voraussetzungen der Zwangsvollstreckung (§ 887 ZPO)

Schließlich wird behauptet, dass durch die Vergütung einer eigenmächtigen Mängelbeseitigung des Käufers die besonderen Voraussetzungen für die Zwangsvollstreckung von *vertretbaren Handlungen*[218], welche in § 887 Abs. 1 ZPO normiert sind, unterlaufen werden. Als Voraussetzung ist hierfür ein entsprechender Beschluss des Prozessgerichts im Tatbestand von § 887 Abs. 1 ZPO[219] normiert. Des Weiteren muss ein vollstreckbarer Titel vorliegen.[220]

Wenn man die Funktion von § 887 ZPO dahingehend beschreibt, dass diese Vorschrift die Zwangsvollstreckung zur Erfüllung einer vertretbaren Handlung regelt[221], so könnte man *prima vista* vermuten, dass der Schuldner *gezwungen* wird, die Leistung, zu der er sich verpflichtet hat, zu erbringen. Stattdessen erhält der Gläubiger jedoch einen Geldbetrag, den dieser benötigt, um die vertretbare Handlung *selbst* vorzunehmen[222], oder durch einen *Dritten* vornehmen zu lassen.[223]

---

217 Daraus folgt, dass selbst wenn die Unterstellung von *Peters* zutrifft und der Gesetzgeber die Rechtsprechung zum alten Kaufgewährleistungsrecht außer Acht gelassen hat, eine Analogie trotzdem nicht in Betracht kommt, solange er sich ausdrücklich gegen eine mit § 637 BGB vergleichbare Vorschrift im Kaufrecht entschieden hat.

218 Zur Einordnung der Nachbesserung als *vertretbare* Handlung iSv. § 887 Abs. 1 ZPO vgl. BGH, NJW 1993, 1394; OLG Düsseldorf, NJW-RR 1998, 1768 (1769); HK / ZPO[7]-*Kießling*, § 887, Rn. 10; Musielak /Voit[15]-*Lackmann*, § 887, Rn. 14; *Quadbeck*, MDR 2000, 570 (571 f.); Thomas /Putzo[39]-*Seiler*, § 887, Rn. 2; Zöller[32]-*Seibel*, § 887, Rn. 3; a. A. noch OLG Düsseldorf, NJW-RR 1988, 63. Dagegen dürfte § 887 ZPO wegen Abs. 3 nicht auf die Nachlieferung anwendbar sein.

219 IVm. § 891 ZPO.

220 BGH, NJW 2004, 603 (604); *Baumbach /Lauterbach /Albers /Hartmann*[77], § 887, Rn. 3.

221 *Baumbach /Lauterbach /Albers /Hartmann*[77], § 887, Rn. 1; Zöller[32]-*Seibel*, § 887, Rn. 1.

222 *Baumbach /Lauterbach /Albers /Hartmann*[77], § 887, Rn. 7; *Baur /Stürner /Bruns*, Zwangsvollstreckungsrecht[13] (2006), Rn. 40.9; Stein /Jonas[22]-*Brehm*, § 887, Rn. 40; Wieczorek /Schütze[3]-*Storz*, § 887, Rn. 65; Zöller[32]-*Seibel*, § 887, Rn. 7.

223 Vgl. § 887 Abs. 1 ZPO.

Dem Käufer, der materiell rechtlich einen fälligen und durchsetzbaren Anspruch auf Mangelbeseitigung hat, wird somit im Ergebnis auch (nur) ein Geldbetrag zugestanden. Um diesen Geldbetrag zu erhalten kann er – wie beschrieben – die Vollstreckung seines Nacherfüllungsbegehrens betreiben. Eine andere Möglichkeit bestünde darin, dem Verkäufer eine angemessene Frist für die Mangelbeseitigung zu setzen, bei deren erfolglosem Ablauf den Mangel selbst oder durch einen Dritten beseitigen lassen um anschließend die dabei angefallenen Kosten beim Verkäufer über §§ 280 Abs. 1, 3 iVm. 281 BGB zu liquidieren (und ggf. nach den §§ 803 ff. ZPO zu vollstrecken).[224]

Im Grunde wiederholt sich der Befund, dass der Gesetzgeber die Lösung der Bindung des Sachgläubigers von seinem Naturalleistungsanspruch nur unter ganz bestimmten Voraussetzungen zulässt.[225] Entweder muss dem Schuldner eine Nachfrist gesetzt werden und ein Verschulden desselben vorliegen (§§ 280 Abs. 1, 3 iVm. 281 BGB) oder aber es liegt ein vollstreckbarer Titel über eine vertretbare Handlung des Schuldners sowie ein Beschluss des Prozessgerichts vor (§ 887 Abs. 1 ZPO).[226] Nicht nachvollziehbar ist indes der Hinweis, § 887 ZPO wolle lediglich die Rechtsstellung des Gläubigers verbessern und stehe daher einer weitergehenden Privilegierung nicht im Wege.[227] Bedenkt man, dass § 887 ZPO verhindert, dass der Schuldner zur Vornahme der vertretbaren Handlung – etwa durch Zwangsgeld oder Zwangshaft (vgl. § 888 ZPO)[228] – gezwungen wird und ihm stattdessen (lediglich) eine Geldzahlungspflicht auferlegt wird[229], dann kann die Einschätzung, diese Vorschrift diene Ausschließlich den Interessen des Gläubigers, nicht überzeugen. Hinzu kommt, dass § 887 Abs. 1 ZPO weitere Voraussetzungen enthält, die erfüllt sein müssen, bevor der Gläubiger (endlich) ermächtigt wird, die vertretbare Handlung selbst oder durch einen Dritten vornehmen zu lassen. Kommt der Gläubiger dem Prozessgericht mit der Mangelbeseitigung zuvor, kann er die angefallenen Kosten nicht nachträglich im Vollstreckungsverfahren erstattet

224 Auf diese Alternative zur Umgehung des „umständlichen" Wegs über § 887 ZPO weisen bereits *Dauner-Lieb /Dötsch*, ZGS 2003, 250 (253) hin. Vgl. in diesem Zusammenhang auch die Einschätzung bei *Esser /Weyers*, SchuldR, Bd. 2/1, 8. Aufl. (1998), § 32 II 3 b) (S. 262).

225 Vgl. *Sutschet*, Anm. z. BGH, JZ 2005, 571 (574 f.).

226 *Dauner-Lieb /Dötsch*, ZGS 2003, 250 (253).

227 *Herresthal /Riehm*, NJW 2005, 1457 (1459); *Katzenstein*, ZGS 2004, 300 (306).

228 Sog. Beugezwang, vgl. *Baur /Stürner /Bruns*, aaO (Fn. 224), Fn. 40.11.

229 Sollte es nötig sein, hat der Schuldner freilich Eingriffe des Gläubigers oder eines von diesem beauftragten Dritten in seine Sphäre zu dulden, vgl. *Baur /Stürner /Bruns*, aaO (Fn. 224), Rn. 40.10.

verlangen.[230] Folglich dient diese Vorschrift *auch* dem Schutz des Schuldners.[231] Nimmt man daher die Wertungen des Gesetzgebers ernst, spricht in der Tat vieles dagegen, den Käufer, der den Mangel selbst beseitigt hat, ohne die Voraussetzungen von § 887 Abs. 1 ZPO[232] zu erfüllen, durch die Zubilligung eines wie auch immer gearteten Ersatzanspruches gegen den Schuldner zu entlohnen.[233]

bb) Gefahr prozessualer Benachteiligung

Schließlich gehen auch die Einschätzungen hinsichtlich der Gefahr einer prozessualen Benachteiligung des Verkäufers durch die Selbstvornahme des Käufers stark auseinander. Die Vertreter der ablehnenden Auffassung befürchten, dass wenn der Käufer etwaige Nachbesserungsarbeiten selbst bzw. durch einen von ihm gewählten Dritten ausführen lässt, es dem Verkäufer nicht – oder nur mit unverhältnismäßigen Mitteln – möglich ist, zu prüfen, ob tatsächlich ein Mangel vorlag und welchen Umfang er hatte. Durch dieses fehlende Wissen werde es ihm im Falle einer gerichtlichen Auseinandersetzung mit dem Käufer (fast) unmöglich gemacht, dessen Behauptungen substantiiert zu widerlegen.[234] Die Anhänger der ersatzbegründenden Auffassungen versuchen diese Bedenken vornehmlich dadurch zu entkräften, dass sie darauf verweisen, dass der *Käufer* gem. § 363 BGB mit der Beweisführung belastet sei und das demzufolge etwaige Unklarheiten, die durch die Beseitigung des Mangels entstehen könnten, voll zu seinen Lasten gingen.[235] Zudem sei der Grad der Substantiierungspflicht des

---

230 BGH, NJW-RR 2007, 213 (214); OLG Hamburg, MDR 1973, 768; OLG Hamm, MDR 1972, 615; Musielak /Voit[15]-*Lackmann*, § 887, Rn. 23; Stein /Jonas[22]-*Brehm*, § 887, Rn. 49; *Tonner /Wiese*, BB 2005, 903 (904) (*Tonner*).

231 Ebenso: BGH, NJW-RR 2007, 213 (214); *Gursky*, Anm. z. BGH, JZ 1992, 310 (314); *ders.*, NJW 1971, 782 (786); Musielak /Voit[15]-*Lackmann*, § 887, Rn. 1.

232 Bzw. §§ 280 Abs. 1, 3 iVm. 281 BGB.

233 Vgl. bereits *Gursky*, NJW 1971, 782 (786).

234 BGHZ 162, 219 (228); OLG Celle, NJOZ 2005, 2025 (2029); LG Gießen, NJW 2004, 2906 (2907); *Arnold*, ZIP 2004, 2412 (2415); *Dauner-Lieb /Arnold*, ZGS 2005, 10 (13); *Dötsch*, MDR 2004, 975 (979); *von Hertzberg*, in: FS U. Huber (2006), S. 353; *Skamel*, aaO (Fn. 60), S. 186; *Sutschet*, Anm. z. BGH, JZ 2005, 571 (575 f.); *Tonner*, VuR 2005, 207 (208); *Tonner /Wiese*, BB 2005, 903 (904) (*Tonner*). Allgemein zum Erfordernis eines substantiierten Bestreitens: *Musielak /Voit*, GK ZPO[14] (2018), Rn. 726.

235 LG Bielefeld, ZGS 2005, 79 (81); *Artz*, in: FS Blank (2006), S. 19; *Brömmelmeyer*, JZ 2006, 493 (494); *Ebert*, NJw 2004, 1761 (1764); *Gsell*, ZIP 2005, 922 (926); *Herresthal /Riehm*, NJW 2005, 1457 (1459); *Katzenstein*, ZGS 2004, 349 (354); *Lerach*, JuS 2008, 953 (956); *S. Lorenz*, NJW 2006, 1175 (1179); *ders.*, NJW 2005, 1321 (1322); *ders.*, in: E. Lorenz, Karlsruher Forum 2005, S. 116; *ders.*, aaO (Fn. 31),

Verkäufers abhängig vom Umfang seiner Erkenntnismöglichkeiten.[236] Schließlich wird gar die deutsche Rechtskultur bemüht, der es nicht entspräche, wenn man die Geltendmachung der umstrittenen Ansprüche aufgrund drohender Beweisschwierigkeiten von vornherein ausschlösse.[237]

Dem zuletzt genannten Argument könnte man zunächst einmal entgegenhalten, dass der Anspruch der Parteien eines Zivilprozesses auf ein faires Verfahren (Art. 6 Abs. 1 EMRK)[238] mindestens ebenso gut zur „Rechtskultur" gerechnet werden kann. In Verbindung mit dem allgemeinen Gleichheitssatz aus Art. 3 Abs. 1 GG garantiert dieser Prozessgrundsatz die Waffen- bzw. Chancengleichheit der Prozessparteien.[239] Die Zubilligung etwaiger Ersatzansprüche des Käufers darf daher nicht die prozessualen Verteidigungsmöglichkeiten des Verkäufers schmälern.

Indes lässt es den Betrachter hellhörig werden, wenn die Stimmen, welche vor einer prozessualen Benachteiligung des Verkäufers warnen, vornehmlich den Gerichten der verschiedenen Instanzen zugeordnet werden können.[240] Gerade dort ist man nämlich mit der Würdigung der von den Parteien behaupteten bzw. bestrittenen Tatsachen sowie der vorgelegten Beweise vertraut.[241] Umso erstaunlicher ist es, wenn nun ein Teil der Wissenschaft die Praktiker in diesen Fragen belehren will.[242] Dass die Praxis mit ihren Bedenken nicht ganz Unrecht hat, zeigt sich, wenn man sich das Urteil des OLG Stuttgart vom 06.03.1987 vor Augen führt.[243] Der Kläger hatte vom Beklagten ein Grundstück erworben, welches mit einem Rechtsmangel behaftet war. Er beseitigte diesen und verlangte anschließend Ersatz für seine Aufwendungen. Ein Vorgehen über § 326 BGB a. F. war nicht

---

S. 24; Staudinger /Eckpfeiler[2018]-*Kaiser*, Kap. I, Rn. 61; *Tonner /Wiese*, BB 2005, 903 (905) (*Wiese*); *Ulrici*, Jura 2005, 612 (614).

236 *Tonner /Wiese*, BB 2005, 903 (906) (*Wiese*); *Ulrici*, Jura 2005, 612 (614).

237 *P. Bydlinski*, ZGS 2005, 129 (131); *Katzenstein*, ZGS 2005, 305 (307).

238 Zu diesem Verfahrensgrundsatz vgl. HK /ZPO[7]-*Saenger*, Einf., Rn. 61; MüKo /ZPO[5]-*Rauscher*, Einf., Rn. 255; Musielak /Voit[15]-*Musielak*, Einf., Rn. 29; Thomas /Putzo[39]-*Seiler*, Einf. I, Rn. 27; Zöller[32]-*Vollkommer*, Einf., Rn. 101.

239 EGMR, NJW 1995, 1413; BVerfG, NJW 1979, 1925; BGH, NJW 1999, 352; OLG Zweibrücken, NJW 1998, 167; HK /ZPO[7]-*Saenger*, Einf., Rn. 61; Thomas /Putzo[39]-*Seiler*, Einf. I, Rn. 27.

240 BGHZ 162, 219 (228); OLG Celle, NJOZ 2005, 2025 (2029); LG Gießen, NJW 2004, 2906 (2907).

241 Zum Grundsatz der freien Beweiswürdigung, welcher in § 286 ZPO kodifiziert ist, vgl. *Jauernig /Hess*, ZPO[30] (2011), § 49, Rn. 16; *Lüke*, ZPO[9] (2006), Rn. 266; *Musielak / Voit*, GK ZPO[14] (2018), Rn. 822 ff.; *Schilken*, ZPO[7] (2014), Rn. 392.

242 Ebenso: *Dauner-Lieb*, ZGS 2005, 169 (171).

243 OLG Stuttgart, NJW-RR 1987, 721.

möglich, da er den Beklagten zuvor weder in Verzug gesetzt, noch ihm eine Frist mit Ablehnungsandrohung gesetzt hatte. Allerdings entschied das Gericht, dass der Beklagte nach § 324 Abs. 1 S. 2 BGB a. F. (= § 326 Abs. 2 S. 2 BGB) seine durch das eigenmächtige Vorgehen des Käufers eingesparten Mangelbeseitigungskosten herausgeben muss. Fraglich war nur, wie hoch diese Ersparnisse des Verkäufers tatsächlich waren. Weil sich die Höhe der Aufwendungen des Verkäufers für eine Beseitigung des Rechtsmangels nun nicht mehr empirisch errechnen ließ, blieb nur noch die Vermutung, dass sie sich in der Höhe mit denjenigen des Käufers deckten. Diese Vermutung konnte der Verkäufer nicht substantiiert widerlegen. Folglich erhielt der Käufer seine Aufwendungen für die Beseitigung des Mangels vollumfänglich vom Verkäufer ersetzt. Dieser Fall zeigt sehr anschaulich, wie schwierig es für den Verkäufer ist, substantiiert darzulegen, dass seine hypothetischen Aufwendungen für die Mangelbeseitigung unter den tatsächlichen des Käufers gelegen hätten.[244] Nur vereinzelt dürfte es dem Verkäufer möglich sein, nachzuweisen, dass er aufgrund laufender Geschäftsbeziehungen zu einem Dritten in der Lage gewesen wäre, die Ware zu günstigeren Konditionen zu reparieren.[245] Jedoch könnte der Verkäufer diesen Schritt regelmäßig nur unter Inkaufnahme einer Offenlegung seiner innerbetrieblichen Kalkulation gehen.[246] Letztlich bleibt ihm somit nur die Wahl zwischen „Pest und Cholera".

Allerdings bedeutet dies nicht, dass ein Ersatzanspruch des Käufers aus diesem Grund per se ausgeschlossen wäre. So wird die Verschlechterung der Beweissituation des Verkäufers bei einem Ersatzanspruch aus §§ 437 Nr. 3, 280 Abs. 1, 3 iVm. 281 BGB nach einer (berechtigten) Selbstvornahme des Käufers (bzw. bei einem späteren zufälligen Untergang der Sache)[247] vom Gesetzgeber offenbar akzeptiert.[248] Allerdings müssen schon gewichtige Gründe vorliegen, um dem Verkäufer die Ersatzpflicht in Verbindung mit einer etwaigen Verschlechterung seiner Position vor Gericht zuzumuten.

cc) Rechtsprechung zum alten Werkvertragsrecht

Fraglich ist, inwieweit man zur Lösung der aktuellen Selbstvornahmeproblematik auf die Rechtsprechung zum alten Werkvertragsrecht zurückgreifen kann. Diese hatte sich explizit gegen einen Ersatzanspruch des Bestellers ausgesprochen,

---

244 *U. Huber*, aaO (Fn. 115), § 49 III 3 (S. 531).

245 *P. Bydlinski* spricht gar von einer *„lebensnahen Fallgestaltung"*, *ders.*, ZGS 2005, 129 (130).

246 *Schroeter*, AcP 207 (2007), 28 (61).

247 *Ulrici*, Jura 2005, 612 (614).

248 Vgl. *Dauner-Lieb*, ZGS 2005, 169 (171).

welcher den Mangel am Werk eigenmächtig beseitigt hatte.[249] Zum Teil wird die Heranziehung dieser Judikate strikt abgelehnt.[250] Dagegen ziehen insbesondere die Vertreter der ablehnenden Auffassung eine Parallele zur Rechtsprechung zum alten Werkvertragsrecht.[251]

Die ständige Rechtsprechung des BGH zum alten Werkvertragsrecht kann in der aktuellen Selbstvornahmeproblematik im Kaufrecht nur dann eine ernstzunehmende Rolle spielen, wenn sowohl die zugrundeliegenden Fallgestaltungen als auch die rechtlichen Rahmenbedingungen vergleichbar sind. An der Vergleichbarkeit der Fallkonstellationen besteht zunächst kein Zweifel. So kommt es auch nach Herstellung des Werkes nicht selten vor, dass der Gläubiger desselben etwaige Mängel beseitigt, ohne zuvor den Werkunternehmer zu informieren.[252] Fraglich ist dagegen, inwieweit das neue Kaufrecht mit dem alten Werkvertragsrecht verglichen werden kann. Die erste wesentliche Übereinstimmung ist darin zu sehen, dass auch der Besteller, welcher ein mangelhaftes Werk erhalten hat, zunächst einmal einen Mangelbeseitigungsanspruch als *modifizierten Erfüllungsanspruch* geltend machen konnte (§ 633 Abs. 2 BGB a. F.).[253] Dieser Nacherfüllungsanspruch des Bestellers war gegenüber seinen anderen Gewährleistungsrechten gleichfalls *vorrangig*.[254] Wie im heutigen Kaufrecht wurde die Subsidiarität dadurch gewährleistet, dass er dem Werkunternehmer zunächst eine Nachfrist setzen musste, bevor er die Rückgängigmachung des Vertrages bzw. die Minderung des Werklohnes verlangen konnte (§ 634 Abs. 1 BGB a. F.).[255] Nicht erfasst vom Fristsetzungserfordernis war das Recht des Be-

---

249 Vgl. Fn. 130.

250 *Braun*, ZGS 2006, 328 (330); *Herresthal / Riehm*, NJW 2005, 1457 (1460); *S. Lorenz*, NJW 2005, 1321 (1323); *ders.*, in: E. Lorenz, Karlsruher Forum 2005, S. 117; *ders.*, aaO (Fn. 31), S. 25; *Tonner / Wiese*, BB 2005, 903 (906) (*Wiese*).

251 Allerdings gibt auch *Katzenstein*, als Befürworter eines Ersatzanspruchs für den Käufer zu, dass es sich bei der ablehnenden Rechtsprechung des BGH zum alten Werkvertragsrecht um einen „*zentralen Einwand*" handelt, *ders.*, ZGS 2004, 300 (301); *ders.*, ZGS 2004, 144 (146).

252 Vgl. etwa BGH, BB 1961, 430.

253 *Esser / Weyers*, SchuldR, Bd. 2/1, 8. Aufl. (1998), § 32 II 3 a) (S. 259); *Larenz*, SchuldR, Bd. 2/1, 13. Aufl. (1986), § 53 II a) (S. 350); Staudinger[2000]-*Peters*, § 633, Rn. 166.

254 *Esser / Weyers*, SchuldR, Bd. 2/1, 8. Aufl. (1998), § 32 II 4 (S. 263); *Larenz*, SchuldR, Bd. 2/1, 13. Aufl. (1986), § 53 II a) (S. 348); Staudinger[2000]-*Peters*, § 634, Rn. 1.

255 Hatte der Werkunternehmer die Schlechtleistung zu vertreten, konnte der Besteller – statt der Wandelung oder Minderung – Schadensersatz wegen Nichterfüllung verlangen, gem. § 635 BGB a. F. (vgl. hierzu: *Larenz*, SchuldR, Bd. 2/1, 13. Aufl. (1986), § 53 II a) (S. 348)).

stellers zur Selbstvornahme, welches damals in § 633 Abs. 3 BGB a. F. geregelt war. Gleichwohl musste der Werkunternehmer mit der Mangelbeseitigung in Verzug sein, bevor der Besteller eigenverantwortlich zur Beseitigung des Mangels schreiten konnte. Gem. § 284 Abs. 1 S. 1 BGB a. F. setzte die Inverzugsetzung des Schuldners grds. voraus, dass dieser zuvor vom Gläubiger gemahnt wurde (vgl. § 286 Abs. 1 S. 1 BGB n. F.). Folglich konnte der Besteller nicht zur Mangelbeseitigung schreiten, ohne zuvor den Werkunternehmer entsprechend zu informieren.

Es bleibt festzuhalten, dass nicht nur eine Übereinstimmung hinsichtlich der von den Gerichten zu entscheidenden Lebenssachverhalte besteht, sondern auch eine sehr weit gehende Vergleichbarkeit in der rechtlichen Ausgestaltung zwischen dem alten Werkvertragsrechts auf der einen Seite und dem modernen Kaufrecht auf der anderen.[256] Somit hatten die Richter bereits vor der Schuldrechtsmodernisierung zu klären, ob dem Gläubiger, der den Mangel am Vertragsgegenstand selbst beseitigt hatte ohne zuvor den Schuldner über diesen Umstand zu informieren, ein Ersatzanspruch zusteht, obwohl ihn das Gesetz noch nicht von der Bindung an den Naturalanspruch befreit hatte. Allerdings darf dieser Befund nicht zu voreiligen Schlussfolgerungen hinsichtlich der Berücksichtigung der höchstrichterlichen Rechtsprechung zur Selbstvornahme im (alten) Werkvertragsrecht verleiten. Keinesfalls ist der Rechtsanwender im modernisierten Kaufrecht an diese Rechtsprechungspraxis *gebunden*. Es geht vielmehr darum, zu examinieren, ob die Argumente, auf die die Richter damals ihre Entscheidungen stützten, auch heute noch überzeugen können. Fest steht jedenfalls, dass die Rechtsprechung zum Werkvertrag nicht einfach mit dem Hinweis auf die Verschiedenartigkeit der Vertragstypen und der Schuldrechtsmodernisierung „vom Tisch gefegt“ werden kann.

Zwei Argumente spielen in den Entscheidungen des BGH zum alten Werkvertragsrecht eine zentrale Rolle:

1. Die Vorschriften des werkvertraglichen Gewährleistungsrechts dürfen nicht durch externe Regelungen unterlaufen werden.[257]
2. Die eigenmächtige Mangelbeseitigung des Bestellers führt zu Beweisschwierigkeiten des Werkunternehmers, dem die Möglichkeit genommen wurde,

256 Dieser Befund deckt sich im Übrigen mit der eingangs getroffenen Feststellung, dass sich das Kaufrecht nach der Schuldrechtsmodernisierung dem Werkvertragsrecht angenähert hat, vgl. F I 2.

257 BGH, BauR 1977, 350 (351); NJW 1968, 43; NJW 1966, 39 (40); U. Huber, aaO (Fn. 115), § 49 III 1 (S. 525).

Art und Umfang seiner Schlechtleistung durch eigene Nachforschungen festzustellen.[258]

Der erste Grund korrespondiert mit dem Erosionsargument[259] und auch die zum Ausdruck gebrachte Befürchtung einer prozessualen Benachteiligung des Schuldners aufgrund der fehlenden Möglichkeit, den Mangel selbst zu untersuchen, findet sich in der aktuellen Diskussion wieder.[260] Dass der BGH in ständiger Rechtsprechung zur Selbstvornahme im alten Werkvertragsrecht bereits einen Ersatzanspruch des Gläubigers abgelehnt hat, ist somit kein Argument für sich. Gleichwohl bestätigen die in den Urteilsbegründungen immer wiederkehrenden Argumente die Auffassung, welche einen – wie auch immer gearteten – Ersatzanspruch des Käufers bei eigenmächtiger Selbstvornahme ablehnt.

4. Entsprechende Anwendung des vertraglichen Bereicherungsverbotes

Angesichts der Tatsache, dass die bisherigen Ansätze von Rechtsprechung und Literatur zur Gewährung eines Ersatzanspruchs für die eigenmächtige Beseitigung des Mangels durch den Käufer nicht überzeugen konnten[261] und sich letztlich auch nicht in der Praxis durchzusetzen vermochten[262], ist nun zu klären, ob sich die Selbstvornahmeproblematik nicht durch eine entsprechende Anwendung des *vertraglichen Bereicherungsverbotes* zu Gunsten des Käufers lösen lässt. Dass es zur Lösung der Selbstvornahmeproblematik des Rückgriffs auf einen – auch im Vertragsrecht verankerten – allgemeinen Rechtsgedankens bedarf, wurde bereits

---

258 BGH, BauR 1977, 350 (351); NJW 1968, 43; NJW 1966, 39 (40); U. Huber, aaO (Fn. 115), § 49 III 1 (S. 523).

259 Vgl. F II 3 b) aa).

260 Vgl. F II 3 b) bb).

261 Vgl. hierzu die Erläuterungen unter F II 3. Zur Qualifizierung der ersparten Nacherfüllungskosten als Verwendungsersatz iSv. § 347 Abs. 2 S. 1 BGB (vgl. F II 2 a) bb)) siehe sogleich.

262 Vgl. BGH, NJW 2007, 1534 (1535); NJW 2006, 1195 (1196); NJW 2006, 988 (989) = EWiR 2006, 611 (612); NJW 2005, 3211 (3212); BGHZ 162, 219 (221) = BGH, NJW 2005, 1348 (1349) = JZ 2005, 571 (572) = EWiR 2005, 497 = BauR 2005, 1021 (1022) = DB 2005, 997 (998); OLG Celle, NJOZ 2005, 2025 (2028); LG Gießen, NJW 2004, 2906 (2907); LG Aachen, DAR 2004, 452 (453); AG Nürtingen, ZfS 2004, 513 (514); AG Kempen, DAR 2004, 34 = MDR 2003, 1406 = EWiR 2004, 325; AG Daun, ZGS 2003, 397 (398) – in all diesen Entscheidungen wurde ein Ersatzanspruch des Käufers abgelehnt. Anders nur: OLG Stuttgart, NJW 1987, 721 (722) (§ 324 Abs. 1 S. 2 BGB a. F. analog); LG Bielefeld, ZGS 2005, 79 (§ 684 BGB).

in der bisherigen Diskussion verschiedentlich angedeutet. So wurde festgestellt, dass § 326 Abs. 2 S. 2 BGB den Bereicherungsgedanken in sich trägt.[263] Ferner wurde beanstandet, dass sich die Diskussion um die Lösung der Selbstvornahmefälle zu sehr auf § 326 Abs. 2 S. 2 BGB beschränke.[264] Gleichwohl hat bislang nur *P. Bydlinski* eine gesamtanaloge Anwendung der vertraglichen Anrechnungsvorschriften erwogen.[265]

a) Vergleichbare Interessenlage

Für eine entsprechende Anwendung des vertraglich kodifizierten Bereicherungsgedankens müssten jedoch deutlich sichtbare Parallelen zwischen der Interessenlage in den Selbstvornahmefällen und den Wertungen der vertraglichen Anrechnungsvorschriften bestehen.

aa) Lösung von der Bindung an die Unmöglichkeit

Vorab ist zu klären, inwieweit eine eigenmächtige Mangelbeseitigung durch den Käufer die Nacherfüllung unmöglich macht.[266] Sollte nämlich die Unmöglichkeit der Nacherfüllung ein zentrales Element der Selbstvornahmeproblematik sein, ist fraglich, ob neben § 326 Abs. 2 S. 2 BGB die übrigen vertraglichen Anrechnungsvorschriften zur Lösung in Frage kommen, da sie gerade keine Unmöglichkeit der Leistung voraussetzen.[267] Geht es dagegen vornehmlich darum, die Ersparnisse des Verkäufers abzuschöpfen[268], ist nicht einzusehen, warum ausschließlich § 326 Abs. 2 S. 2 BGB und nicht die anderen vertraglichen

263 *Arnold*, ZIP 2005, 611 (612); *Braun*, ZGS 2004, 423 (429); *P. Bydlinski*, ZGS 2005, 129 (131); *Dauner-Lieb /Arnold*, ZGS 2005, 10 (12); *Gsell*, ZIP 2005, 922 (924); *U. Huber*, aaO (Fn. 115), § 49 III 1 (S. 525); *Katzenstein*, ZGS 2005, 305 (306); *ders.*, ZGS 2005, 184 (186); *ders.*, ZGS 2004, 349 (350); *ders.*, ZGS 2004, 300 (301).

264 *Dauner-Lieb /Arnold*, ZGS 2005, 10 (13); *Katzenstein*, ZGS 2005, 184 (185); *ders.*, ZGS 2004, 144 (153).

265 *P. Bydlinski*, ZGS 2005, 129 (131).

266 Der BGH ließ diese Frage in seiner Entscheidung zur Selbstvornahme im Kaufrecht zunächst offen, vgl. BGHZ 162, 219 (225) = BGH, NJW 2005, 1348 (1349) = JZ 2005, 571 (573) = EWiR 2005, 497 f. = BauR 2005, 1021 (1022) = DB 2005, 997 (998 f.).
Unbedingt zu beachten ist in diesem Zusammenhang, dass die Nacherfüllung erst dann unmöglich ist, wenn sowohl die Nachbesserung iSv. § 439 Abs. 1 1.Alt. als auch die Nachlieferung iSv. § 439 Abs. 1 2.Alt. nach § 275 Abs. 1 BGB ausgeschlossen sind, vgl. *S. Lorenz*, NJW 2006, 1175 (1177).

267 Zwar verlangt § 616 BGB Unmöglichkeit bzw. Unzumutbarkeit, doch kommt er für eine Analogie auch nicht in Betracht.

268 *Braun*, ZGS 2004, 423 (429).

Anrechnungsvorschriften, welche gleichfalls den Bereicherungsgedanken enthalten, im Wege einer Gesamtanalogie zur Anwendung kommen sollten.

(1) Theorie von der Erfüllung durch Selbstvornahme

Abzulehnen ist jedenfalls die Auffassung, welche annimmt, dass durch die Selbstvornahme des Käufers Erfüllung und nicht Unmöglichkeit eingetreten sei.[269] Zwar trifft es zu, dass die Nacherfüllungspflicht erfolgsbezogen ist[270], doch ist es für die Erfüllung nicht völlig ohne Belang, *wie* dieser Erfolg herbeigeführt wurde.[271] Wenn in § 362 Abs. 1 BGB steht, dass die geschuldete Leistung „*bewirkt*" werden muss[272], dann deutet das bereits darauf hin, dass es für eine Erfüllung nicht ausreicht, wenn der geschuldete Erfolg durch Zufall, etwa durch ein Naturereignis eingetreten ist.[273] Verstärkt wird dieser Eindruck, wenn man den Wortlaut weiterer Vorschriften des allgemeinen Schuldrechts hinzuzieht. So heißt es in § 320 Abs. 1 BGB: „Wer aus einem gegenseitigen Vertrag verpflichtet ist, *kann die ihm obliegende Leistung*… verweigern".[274] Nach den §§ 293, 294 BGB muss die geschuldete Leistung „*angeboten*" werden.[275] All diese Hinweise deuten auf die Notwendigkeit eines entsprechenden *Erfüllungsverhaltens* des Schuldners oder – im Rahmen von § 267 BGB – eines erfüllungsbereiten Dritten hin.[276] Ohne diese Voraussetzung bestünde die Gefahr, dass der Schuldner trotz eigener Untätigkeit einen vollwertigen Anspruch auf die Gegenleistung hätte.[277] Eine Erfüllung durch

---

269 So aber: *Oechsler*, aaO (Fn. 3), Rn. 148; *ders.*, NJW 2004, 1825 (1826). Dem folgend: LG Bielefeld, ZGS 2005, 79 (80); *Lamprecht*, ZGS 2005, 266 (273); *Schollmeyer / Utlu*, Jura 2009, 721 (730); *Skamel*, aaO (Fn. 60), S. 180; Staudinger / Eckpfeiler[2018]-*Kaiser*, Kap. I, Rn. 62.

270 *Oechsler*, NJW 2004, 1825 (1826).

271 Vgl. *Beuthien*, Zweckerreichung und Zweckstörung, 1969, S. 7 f.

272 Vgl. auch § 267 Abs. 1 BGB.

273 *Beuthien*, aaO (Fn. 273), S. 7 f.; *Katzenstein*, ZGS 2004, 349 (355); *Looschelders*, SAT[14] (2016), Rn. 344; *Medicus / Lorenz*, SAT[21] (2015), Rn. 259.
Schon bei *Puntschart*, Schuldvertrag und Treugelöbnis, 1896, S. 107 heißt es: „*Nur Personen können eine Schuld haben. Denn das Leistensollen verlangt das Thätigwerden eines ethischen Faktors, der stets Personen voraussetzt.*" Folglich kann ein zufälliges Ereignis auch nicht die „geschuldete Leistung" iSv. § 362 Abs. 1 BGB darstellen.

274 Vgl. auch § 321 BGB.

275 Vgl. bereits *Beuthien*, aaO (Fn. 273), S. 8.

276 *Beuthien*, aaO (Fn. 273), S. 8; *Gursky*, NJW 1971, 782 (784); *Katzenstein*, ZGS 2004, 349 (355); *Looschelders*, SAT[14] (2016), Rn. 344; Palandt[78]-*Grüneberg*, § 362, Rn. 2; *Schollmeyer / Utlu*, Jura 2009, 721 (730).

277 *Beuthien*, aaO (Fn. 273), S. 8.

Selbstvornahme kommt somit nur noch dann in Betracht, wenn der Gläubiger Dritter iSv. § 267 Abs. 1 BGB sein kann.[278] Dagegen spricht, dass § 267 BGB nur zur Anwendung kommt, wenn der Dritte mit seiner Leistung eine fremde Schuld tilgen *will*.[279] In den Selbstvornahmefällen sorgt der Gläubiger jedoch (in der Regel) primär deshalb für die Beseitigung des Mangels, um den Kaufgegenstand seiner ursprünglichen Absicht entsprechend nutzen zu können und nicht um eine fremde Schuld zu tilgen, was auch vom objektiven Empfängerhorizont erkennbar sein dürfte.[280] Dies gilt erst recht, wenn der Gläubiger nichts vom „Recht" des Verkäufers zur zweiten Andienung weiß. Wenn der Gläubiger aber weder Schuldner noch Dritter ist, dann kann der von ihm herbeigeführte Erfolg auch nicht als Erfüllung gewertet werden.[281]

(2) Perpetuierungstheorie

Den entgegengesetzten Weg beschreitet *S. Lorenz*, wenn er behauptet, dass ein Mangel, der bei Gefahrübergang vorgelegen hat, nicht nachträglich durch eine Selbstvornahme des Käufers beseitigt werden könne. Er wandle sich lediglich von einem behebbaren in einen *unbehebbaren* Mangel.[282] Zur Begründung seines Ansatzes verweist *S. Lorenz* auf § 434 Abs. 1 S. 1 BGB, der für die Anwendung des Kaufgewährleistungsrechts ausschließlich auf die Mangelhaftigkeit der Sache *zum Zeitpunkt des Gefahrübergangs* abstellt. Umgekehrt bedeute dies, dass Entwicklungen, welche hinter diesem Zeitfenster liegen, keinen Einfluss mehr auf die Frage haben, ob ein rechtlich relevanter Mangel vorliegt oder nicht. Folglich bestehe auch die Nacherfüllungspflicht des Verkäufers iSv. § 439 Abs. 1 BGB

---

278 Zutreffend ist insoweit der Hinweis von *Lamprecht*, dass diese Gleichstellung nicht bereits terminologisch ausgeschlossen sei, da der Begriff des Dritten – wie etwa iRv. § 2048 BGB, wo auch der Miterbe ein „Dritter" sein kann, vgl. Jauernig[17]-*Stürner*, § 2048, Rn. 2 – nicht bildlich, sondern *funktional* verstanden werden müsse, *ders.*, ZGS 2005, 266 (273).

279 BGHZ 152, 307 (313); OLG Koblenz, NJW-RR 2005, 1491 (1492); BeckOK/BGB[Ed48]-*Lorenz*, § 267, Rn. 8; MüKo[7]-*Krüger*, § 267, Rn. 11; Palandt[78]-*Grüneberg*, § 267, Rn. 3; Staudinger[2014]-*Bittner*, § 267, Rn. 6.

280 Vgl. *Lerach*, JuS 2008, 953 (954). Daher dürfte dem Ansatz *Lamprechts* (ZGS 2005, 266 (273)), den Gläubiger einem Dritten iSv. § 267 Abs. 1 BGB gleichzustellen, sofern er die Nacherfüllungsverbindlichkeit mit Tilgungswillen erfüllt hat, in der Praxis keine große Bedeutung zukommen.

281 *Beuthien*, aaO (Fn. 273), S. 11; *Gursky*, NJW 1971, 782 (784); *Katzenstein*, ZGS 2004, 349 (355); *ders.*, ZGS 2004, 144 (145).

282 *S. Lorenz*, aaO (Fn. 31), S. 23; *ders.*, Anm. z. AG Daun, ZGS 2003, 397 (398); *ders.*, NJW 2003, 1417 (1418).

weiter fort. Durch die Selbstvornahme des Käufers könne selbige jedoch nicht mehr zum Ziel führen[283], sodass der Mangel *perpetuiert* worden sei.

Gegen diesen Ansatz spricht jedoch, dass wenn man die Logik von *Lorenz* streng befolgt und für das Vorhandensein eines Sachmangels *ausschließlich* auf den Zeitpunkt des Gefahrübergangs abstellt, selbst die Nacherfüllung durch den *Verkäufer* selbigen nicht mehr beseitigen würde.[284] Ein einmal vorhandener Sachmangel ließe sich – überspitzt formuliert – nie wieder aus der Welt schaffen. Dass der Gesetzgeber § 434 Abs. 1 S. 1 BGB so nicht verstanden wissen wollte, zeigt bereits § 439 Abs. 1 1.Alt. BGB, wo von einer „*Beseitigung des Mangels*“ gesprochen wird.[285] Davon abgesehen zieht *S. Lorenz* aus dem Regelungsgehalt von § 434 Abs. 1 S. 1 BGB falsche Schlüsse. Mit der Fixierung auf den Gefahrübergang wollte man lediglich erreichen, dass nach diesem Zeitpunkt auftretende Ereignisse das Gewährleistungsrecht weder auslösen[286], noch die einmal zur Anwendung berufenen Vorschriften ausschließen.[287] Auf diese Weise soll eine für beide Vertragsparteien verlässliche Rechtslage gewährleistet werden.[288] Wenn aber die Frage, was aus dem mangelhaften Vertragsgegenstand nach Gefahrübergang wird, keinen Einfluss mehr auf die Anwendbarkeit der Gewährleistungsvorschriften hat, dann ist es auch nicht erforderlich, dem in § 434 Abs. 1 S. 1 BGB genannten Zeitfenster weiter zu verhaften und so den zwischenzeitlich weggefallenen Mangel *künstlich* aufrecht zu erhalten.

(3) Theorie der Zweckerreichung

In Betracht kommt allerdings die Unmöglichkeit der Nacherfüllung durch Zweckerreichung. Die Zweckerreichung wird der Unmöglichkeit iSv. § 275 Abs. 1 BGB gleichgestellt.[289] Während bei der Unmöglichkeit bereits die Leistungs*handlung* nicht erbracht werden kann[290], zeichnet sich die Zweckerreichung dadurch aus,

---

283 *S. Lorenz* geht dabei offenbar davon aus, dass auch die Nachlieferung die Beseitigung des Mangels zum Ziel hat, *ders.*, NJW 2003, 1417 (1418) (Fn. 8).

284 *Katzenstein*, ZGS 2004, 349 (355); *ders.*, ZGS 2004, 144 (145).

285 Vgl. *Schönknecht*, Die Selbstvornahme im Kaufrecht, 2007, S. 52.

286 Zur Ausnahme von § 434 Abs. 2 S. 1 BGB vgl. Erman[15]-*Grunewald*, § 434, Rn. 67; HK /BGB[10]-*Saenger*, § 434, Rn. 4.

287 BeckOK /BGB[Ed48]-*Faust*, § 434, Rn. 34 ff.; Erman[15]-*Grunewald*, § 434, Rn. 69; *Katzenstein*, ZGS 2004, 349 (355) (Fn. 51); *Schönknecht*, aaO (Fn. 287), S. 53.

288 Erman[15]-*Grunewald*, § 434, Rn. 69.

289 *Dauner-Lieb / Arnold*, ZGS 2005, 10 (11) (Fn. 9); *Eckert*, SAT[4] (2005), Rn. 283; *Katzenstein*, ZGS 2004, 144 (145); *Looschelders*, SAT[14] (2016), Rn. 419; MüKo[7]-*Finkenauer*, § 313, Rn. 158; *Ulrici*, Jura 2005, 612.

290 *Brox / Walker*, SAT[42] (2018), § 17, Rn. 8.

dass die dem Schuldner obliegende – und noch mögliche – Leistungs*handlung* sinnlos geworden ist, weil der Leistungs*erfolg* bereits in anderer Weise eingetreten ist.[291] Dabei ist der Leistungs*erfolg* unabhängig vom wirtschaftlichen Interesse des Gläubigers. Selbst wenn letzteres bereits weggefallen ist, muss das nicht zwangsläufig bedeuten, dass ersterer nicht noch möglich ist.[292]

Insofern als die Literaturstimmen die Frage der Zweckerreichung für die beiden Nacherfüllungsvarianten des § 439 Abs. 1 BGB unterschiedlich beantworten, bietet es sich an, diese getrennt auf eine mögliche Zweckerreichung durch die ausgeführte Selbstvornahme zu untersuchen.[293]

(a) Nachbesserung

Bei der Nachbesserung besteht der Leistungs*erfolg* darin, dass der bei Gefahrübergang mangelhafte Gegenstand in einen vertragsgemäßen Zustand versetzt worden ist.[294] Die Leistungs*handlung* kann bei einem Sachmangel darin be-

---

291 OLG Koblenz, NJW 2008, 1679 (1680); *Brox /Walker*, SAT[42] (2018), § 17, Rn. 9; *Eckert*, SAT[4] (2005), Rn. 282; Jauernig[17]-*Stadler*, § 275, Rn. 13; *Looschelders*, SAT[14] (2016), Rn. 418; *Medicus /Lorenz*, SAT[21] (2015), Rn. 405; MüKo[7]-*Finkenauer*, § 313, Rn. 158; *Musielak /Hau*, ExK BGB[3] (2014), Rn. 148; Palandt[78]-*Grüneberg*, § 275, Rn. 18; PWW[13]-*Schmidt-Kessel /Kramme*, § 275, Rn. 12.

292 *Eckert*, SAT[4] (2005), Rn. 282; *Schönknecht*, aaO (Fn. 287), S. 55.

293 Zunächst sprach man sich dafür aus, dass die Nacherfüllung vollumfänglich durch Zweckerreichung nach § 275 Abs. 1 BGB ausgeschlossen sei, vgl. *Dauner-Lieb / Dötsch*, ZGS 2003, 250 (Fn. 4); *Dötsch*, MDR 2004, 975 (976); *Herresthal /Riehm*, NJW 2005, 1457; *Katzenstein*, ZGS 2004, 349 (355); *ders.*, ZGS 2004, 144 (145); *S. Lorenz*, NJW 2005, 1321 (1322); PWW[13]-*Schmidt-Kessel /Kramme*, § 275, Rn. 12; *Schürholz*, aaO (Fn. 58), S. 71; *Tonner /Wiese*, BB 2005, 903 (905) (*Wiese*); *Ulrici*, Jura 2005, 612. *Gsell* bejaht zwar die Zweckerreichung durch Selbstvornahme, lehnt jedoch in diesem Zusammenhang eine Gleichsetzung mit der Unmöglichkeit ab, *dies.*, ZIP 2005, 922 (923). Auch bei einer eigenmächtigen Mangelbeseitigung des *Mieters* wurde Zweckerreichung angenommen, *Dauner-Lieb /Dötsch*, NZM 2004, 641 (645) (Fn. 51). Ebenso bei vom Vermieter durchgeführten Schönheitsreparaturen, welche dem Mieter oblagen, *Bressler*, NJW 2004, 3384.
Später beschränkte man die Zweckkerreichung auf die Nachbesserungsvariante, vgl. *Arnold*, MDR 2005, 661 (662); *ders.*, ZIP 2004, 2412 (2414); *Dauner-Lieb /Arnold*, ZGS 2005, 10 (11) (Fn. 9); *Katzenstein*, ZGS 2005, 184 (189).

294 Vgl. Erman[15]-*Grunewald*, § 439, Rn. 2; *dies.*, aaO (Fn. 4), § 9, Rn. 32; Jauernig[17]-*Berger*, § 439, Rn. 7; JurisPK /BGB[8]-*Pammler*, § 439, Rn. 13; *Kandler*, aaO (Fn. 19), S. 421; MüKo[7]-*H. P. Westermann*, § 439, Rn. 9; *Oetker /Maultzsch*, aaO (Fn. 20), § 2, Rn. 205; Palandt[78]-*Weidenkaff*, § 437, Rn. 6. Vgl. zudem die Legaldefinition in Art. 1 Abs. 2 lit. f) der Verbrauchsgüterkaufrichtlinie.

stehen, dass fehlerhafte Bestandteile der Gesamtsache getauscht oder repariert werden.[295] Beim Rechtsmangel besteht die Leistungshandlung in der Beseitigung des störenden Rechts.[296]

Hat der Käufer durch Selbstvornahme den Mangel beseitigt, befindet sich die Kaufsache im vertragsgemäßen Zustand.[297] Damit ist der Leistungs*erfolg* bereits eingetreten, ohne dass der Schuldner eine entsprechende Leistungs*handlung* vorgenommen hat. Zweckerreichung liegt jedoch nur dann vor, wenn die Leistungs*handlung* immer noch möglich ist. Sollte dies nicht der Fall sein, handelt es sich um Unmöglichkeit im eigentlichen Sinne. Handelte es sich ursprünglich um einen Sachmangel, spricht vieles dafür, dass die eigentliche Leistungs*handlung* noch möglich ist. So kann die Sache erneut zerlegt und wieder zusammengesetzt sowie einzelne Bestandteile nochmals getauscht werden.[298] Ob dies auch für die Beseitigung eines Rechtsmangels gilt, ist zweifelhaft. So kann ein dingliches Recht, welches bereits im Grundbuch gelöscht wurde, nicht ein zweites Mal gelöscht werden. Ebenso wenig kann der ehemalige Inhaber eines beschränkt dinglichen Rechts mehrfach darauf verzichten. Insofern als der Schuldner sowohl bei originärer Unmöglichkeit als auch bei Zweckerreichung von seiner Primärleistungspflicht gem. § 275 Abs. 1 BGB befreit wird, kann eine Entscheidung in dieser Frage letztlich auch dahinstehen.

Es bleibt damit festzuhalten, dass durch die Selbstvornahme eine Nachbesserung des Verkäufers nach § 275 Abs. 1 BGB ausgeschlossen ist.[299]

(b) Nachlieferung

§ 439 Abs. 1 BGB besagt, dass der Käufer statt einer Beseitigung des Mangels auch die „*Lieferung einer mangelfreien Sache verlangen*" kann. Aus diesem Alternativverhältnis ergibt sich, dass der Käufer entweder den vertragsgemäßen Zustand

---

295 BeckOK/BGB[Ed48]-*Faust*, § 439, Rn. 20; Erman[15]-*Grunewald*, §439, Rn. 3; *dies.*, aaO (Fn. 4), § 9, Rn. 32; Jauernig[17]-*Berger*, § 439, Rn. 8; JurisPK/BGB[8]-*Pammler*, § 439, Rn. 14; *Kandler*, aaO (Fn. 19), S. 421 f.; MüKo[7]-*H. P. Westermann*, § 439, Rn. 9; *Reinicke/Tiedtke*, aaO (Fn. 115), Rn. 418. Die Wahl zwischen den verschiedenen Modalitäten der Nachbesserung obliegt indes dem Verkäufer, vgl. *Looschelders*, SBT[11] (2016), Rn. 88; Staudinger[2013]-*Matusche-Beckmann*, § 439, Rn. 31; *Tonner*, aaO (Fn. 18), § 8, Rn. 18.

296 *Grunewald*, aaO (Fn. 4), § 9, Rn. 32; Jauernig[13]-*Berger*, § 439, Rn. 8; JurisPK/BGB[8]-*Pammler*, § 439, Rn. 17; MüKo[7]-*H. P. Westermann*, § 439, Rn. 9; *Oetker/Maultzsch*, aaO (Fn. 20), § 2, Rn. 208.

297 Vgl. *Katzenstein*, ZGS 2004, 349 (354).

298 Vgl. *Schönknecht*, aaO (Fn. 287), S. 54, der schlussendlich eher zur Annahme tatsächlicher Unmöglichkeit tendiert.

299 *Schönknecht*, aaO (Fn. 287), S. 54; *Skamel*, aaO (Fn. 60), S. 177 (Zweckerreichung).

seiner bisherigen Kaufsache oder die Lieferung einer vollständig verschiedenen – mangelfreien – Sache verlangen kann.[300] Der Leistungs*erfolg* iRv. § 439 Abs. 1 2. Alt. BGB besteht also darin, dass der Käufer eine *andere* Sache, welche gleichfalls den vertraglichen Spezifikationen entspricht, vom Verkäufer erhalten hat.[301]

Die Selbstvornahme des Käufers führt regelmäßig zu dem Ergebnis, dass die bei Gefahrübergang mangelhafte Sache in den vertragsgemäßen Zustand versetzt wurde.[302] Dies schließt jedoch nicht aus, dass er vom Verkäufer eine andere Sache erhält, welche gleichfalls vertragsgemäß ist.[303] Folglich ist der Leistungs*erfolg* immer noch möglich.[304] Damit liegt weder ein Fall der Zweckerreichung noch der Unmöglichkeit vor.[305]

---

300 Unpräzise ist daher der Hinweis bei Jauernig[17]-*Berger*, § 439, Rn. 7, die *Nacherfüllung* sei auf die Herstellung des vertragsgemäßen Zustandes gerichtet. Ähnlich auch *S. Lorenz*, NJW 2003, 1417 (1418) (Fn. 8). Gegen diese Deutung spricht bereits der Wortlaut von Art. 3 Abs. 2 der Verbrauchsgüterkaufrichtlinie: „Bei Vertragswidrigkeit hat der Verbraucher *entweder* Anspruch auf die unentgeltliche Herstellung des vertragsgemäßen Zustands des Verbrauchsgutes durch Nachbesserung *oder* Ersatzlieferung nach Maßgabe des Absatzes 3 *oder* auf angemessene Minderung des Kaufpreises *oder* auf Vertragsauflösung…". Vgl. auch den Wortlaut von § 439 Abs. 1 BGB: „Der Käufer kann als Nacherfüllung nach seiner Wahl die Beseitigung des Mangels *oder* die Lieferung einer mangelfreien Sache verlangen." Auch hier deutet sich an, dass die Nachlieferung gerade nicht auf die Beseitigung des Mangels bezogen ist, weshalb durch die Selbstvornahme des Käufers gerade keine Zweckerreichung eintritt. Ebenso: *Schönknecht*, aaO (Fn. 287), S. 55.

301 Vgl. *Eckert*, SBT[2] (2005), Rn. 132; Erman[15]-*Grunewald*, § 439, Rn. 5; *dies.*, aaO (Fn. 4), § 9, Rn. 35; JurisPK /BGB[8]-*Pammler*, § 439, Rn. 21; *Kandler*, aaO (Fn. 19), S. 423; *Looschelders*, SBT[11] (2016), Rn. 89; MüKo[7]-*H. P. Westermann*, § 439, Rn. 12; *Oetker / Maultzsch*, aaO (Fn. 20), § 2, Rn. 209; Palandt[78]-*Weidenkaff*, § 437, Rn. 7; *Schürholz*, aaO (Fn. 58), S. 50; *Tonner*, aaO (Fn. 18), § 8, Rn. 20.

302 Dass der Käufer selbst eine andere Sache beschafft, ist dagegen selten. In diesem Fall ist neben der Nachlieferung auch noch die Nachbesserung möglich, da der Leistungserfolg der Nachbesserungsalternative nicht eingetreten ist, vgl. *Katzenstein*, ZGS 2005, 184 (192); *S. Lorenz*, NJW 2003, 1417 (1418) (Fn. 8); *Schroeter*, JR 2004, 441 (442).

303 Dass der Käufer, welcher mittlerweile eine mangelfreie Sache zur Verfügung hat, kein wirtschaftliches Interesse am Erhalt einer weiteren haben dürfte, ist dagegen unbeachtlich, vgl. F II 4 aa) (3).

304 Zum Problem der Nachlieferung beim Stückkauf vgl. BGHZ 168,64, sowie MüKo[7]-*H. P. Westermann*, § 439, Rn. 12; *Oechsler*, NJW 2004, 1825 (1828 f.), jew. mwN.

305 Vgl. *Arnold*, MDR 2005, 661 (662); *ders.*, ZIP 2004, 2412 (2414); *Braun*, ZGS 2006, 328 (Fn. 4); *ders.*, ZGS 2004, 423 (429); *Grunewald*, aaO (Fn. 4), § 9, Rn. 60; *Katzenstein*, ZGS 2005, 184 (189); *S. Lorenz*, NJW 2006, 1175 (1177); *Schönknecht*, aaO (Fn. 287), S. 55; *Skamel*, aaO (Fn. 60), S. 178.

(c) Zwischenergebnis

Als Zwischenergebnis bleibt festzuhalten, dass der Gattungskäufer durch die Selbstvornahme nicht beide Formen der Nacherfüllung nach § 275 Abs. 1 BGB ausschließen kann.[306] In der Regel wird die Selbstvornahme darin bestehen, dass der Käufer die vom Verkäufer erhaltene Sache in einen vertragsgemäßen Zustand versetzt. In diesem Fall ist die Möglichkeit zur Nachbesserung gem. § 275 Abs. 1 BGB ausgeschlossen. Allerdings wäre es dem Verkäufer bei einem Gattungskauf immer noch möglich, eine andere vertragsgemäße Sache nachzuliefern. Bestand dagegen die Selbstvornahmehandlung des Käufers darin, eine andere mangelfreie Sache zu beschaffen, wird es dem Verkäufer regelmäßig möglich sein, den von ihm geleisteten Gegenstand in einen vertragsgemäßen Zustand zu versetzen.[307] Außerdem hindert ihn das Vorgehen des Käufers nicht daran, ihm eine weitere vertragsgemäße Sache zu liefern.[308]

Die Selbstvornahme führt schließlich nur dann zum Ausschluss der Nacherfüllung, wenn es sich um einen Spezieskauf handelt.[309] Nur in diesem Fall ist die Nachbesserung die einzige Option für eine Nacherfüllung.[310] Ist sie durch Zweckerreichung ausgeschlossen, scheidet damit auch die Nacherfüllung gem. § 275 Abs. 1 BGB aus. In allen anderen Fällen kommen allenfalls eine teilweise Zweckerreichung und damit auch nur ein teilweiser Ausschluss der Nacherfüllung in Betracht.

Die Verbindung zwischen der Selbstvornahme und § 275 Abs. 1 BGB ist somit nicht stark genug, um die zuletzt genannte Norm über eine singuläre Analogie von § 326 Abs. 2 S. 2 BGB zur zwingenden Voraussetzung für einen Ersatzanspruch des Käufers zu machen. Zunächst einmal führt die eigenmächtige

---

306 Sollte eine Nacherfüllungsvariante gem. § 275 Abs. 1 BGB unmöglich sein, wird vom Verkäufer die jeweils andere geschuldet. Streitig ist jedoch, ob sich dies bereits aus dem Wortlaut von § 275 Abs. 1 BGB herleiten lässt („*soweit*"), oder aber auf eine analoge Anwendung von § 439 Abs. 4 S. 3 BGB zurückgegriffen werden muss. Für § 275 BGB: BeckOK /BGB[Ed48]-*Faust*, § 439, Rn. 46; HK /BGB[10]-*Saenger*, § 439, Rn. 12; MüKo[7]-*H. P. Westermann*, § 439, Rn. 21. Für § 439 Abs. 4 S. 3 BGB analog: Jauernig[17]-*Berger*, § 439, Rn. 22; *Skamel*, aaO (Fn. 60), S. 177.

307 Vgl. Fn. 306.

308 Vgl. *Braun*, ZGS 2004, 423 (429); *Katzenstein*, ZGS 2005, 184 (192); *Schönknecht*, aaO (Fn. 287), S. 56; *Skamel*, aaO (Fn. 60), S. 178.

309 *S. Lorenz*, NJW 2006, 1175 (1177).

310 Etwas anderes gilt nur, wenn der Verkäufer ein Identitätsaliud geleistet hat. In diesem Fall kommt jedoch idR. keine Selbstvornahme durch den Käufer in Betracht. Sollte letzterer sich ausnahmsweise den vom Verkäufer geschuldeten Gegenstand von einem Dritten beschafft haben, wäre eine Nacherfüllung in Gestalt von Nachlieferung gleichfalls unmöglich iSv. § 275 Abs. 1 BGB.

Mangelbeseitigung des Käufers nicht zur Unmöglichkeit, sondern allenfalls zur Zweckerreichung, welche aber der Unmöglichkeit gleichzustellen ist.[311] Hinzu kommt, dass in der Regel nur eine Modalität der Nacherfüllung durch Zweckerreichung ausgeschlossen ist, sodass der modifizierte Erfüllungsanspruch des Käufers bei Gattungskäufen fortbesteht. Die Interessenlage zwischen den Parteien bleibt jedoch gleich, unabhängig davon, ob die Nacherfüllung durch § 275 Abs. 1 BGB vollumfänglich ausgeschlossen ist oder nicht.[312] Deshalb macht es auch keinen Sinn, wenn der Käufer, der bereits selbst dafür gesorgt hat, dass die vom Verkäufer erhaltene Sache den vertraglichen Spezifikationen entspricht und damit mangelfrei ist, eine weitere mangelfreie Sache im Wege der Nachlieferung erhält. Um Wertungswidersprüche zu vermeiden, sollte man für die Selbstvornahme-Fälle eine *einheitliche* Lösung finden[313], zumal sich der Gesetzgeber im Wege der Schuldrechtsmodernisierung augenscheinlich von einer Unterscheidung zwischen Gattungs- und Stückkäufen lösen wollte.[314] Dies kann jedoch nur bedeuten, dass man sich bei der Suche nach einem Ersatzanspruch des Käufers vom Erfordernis einer Leistungsbefreiung nach § 275 Abs. 1 BGB löst.[315]

Tatsächlich geht es denjenigen, die einen Ersatzanspruch des Käufers auf § 326 Abs. 2 S. 2 BGB (analog) stützen auch weniger um das Erfordernis einer Leistungsbefreiung nach § 275 BGB. Zu passen scheint vielmehr die in § 326 Abs. 2 S. 2 BGB normierte Rechtsfolge, nämlich die Abschöpfung einer ungerechtfertigten Ersparnis des Verkäufers.[316] So wird vielfach erkannt, dass sich hinter dieser Vorschrift das Bereicherungsverbot verbirgt.[317] Vereinzelt sieht man § 326 Abs. 2 S. 2 BGB auch in Anspruchskonkurrenz mit den §§ 812 ff. BGB.[318] Ansonsten wird § 326 Abs. 2 S. 2 den §§ 812 ff. BGB auch nur deshalb vorgezogen, weil es sich um eine Vorschrift aus dem allgemeinen Schuldrecht handelt, welche innerhalb eines bestehenden Vertragsverhältnisses nicht systemfremd wirkt.[319] Geht es aber um

311 A.A. *Gsell*, ZIP 2005, 922 (923).
312 Vgl. *Braun*, ZGS 2004, 423 (428).
313 *Braun*, ZGS 2004, 423 (428).
314 BT-Drucks. 14/6040, S. 230. Vgl. auch: BGHZ 168, 64 (72 f.); LG Ellwangen, NJW 2003, 517; *Balthasar /Bolten*, ZGS 2004, 411 (413).
315 Vgl. Staudinger /Eckpfeiler[2018]-*Kaiser*, Kap. I, Rn. 62.
316 *Artz*, in: FS Blank (2006), S. 20 f.; *Braun*, ZGS 2004, 423 (429).
317 Vgl. Fn. 267.
318 *Katzenstein*, ZGS 2005, 305 (311); *ders.*, ZGS 2005, 184 (193); *ders.*, ZGS 2004, 349 (357); *ders.*, ZGS 2004, 300 (308).
319 Vgl. *S. Lorenz*, NJW 2005, 1321 (1324); *ders.*, Anm. z. AG Daun, ZGS 2003, 397 (399); *ders.*, NJW 2003, 1417 (1418 f.).

ein dem Vertragsrecht immanentes Korrektiv zur Abschöpfung einer ungerechtfertigten Bereicherung, unabhängig davon, ob die Leistungspflicht des Schuldners nach § 275 Abs. 1 BGB ausgeschlossen oder aber nur gestört ist, kommen auch die übrigen vertraglichen Anrechnungsvorschriften in Betracht.[320] Angesichts der Tatsache, dass bei einer Herausnahme von § 275 BGB aus dem Tatbestand von § 326 Abs. 2 S. 1 1.Alt. BGB nicht mehr viel von Selbigem übrigbleibt[321], drängt es sich geradezu auf, die Ersparnisabschöpfung auf eine gesamtanaloge Anwendung der vertraglichen Anrechnungsvorschriften zu stützen.[322] Auf diese Weise wird auch die entsprechende Anwendung des dahinter steckenden Bereicherungsgedankens stärker betont. Allerdings müssen hierfür die Voraussetzungen des darin enthaltenen – bereits konkretisierten – Rechtsgedankens auch im Rahmen der Selbstvornahme vorliegen.

bb) Störung des Leistungsaustausches

Fraglich ist zunächst ob in der eigenmächtigen Mangelbeseitigung des Käufers eine Störung des Leistungsaustausches gesehen werden kann. Gem. § 433 Abs. 1 S. 2 BGB ist der Verkäufer verpflichtet, dem Käufer eine *mangelfreie* Sache zu verschaffen. Gelingt ihm das nicht, hat er über die Nacherfüllung iSv. §§ 437 Nr. 1 iVm. 439 BGB ein „Recht zur zweiten Andienung".[323] Der Nacherfüllungsanspruch des Käufers stellt insoweit einen modifizierten Erfüllungsanspruch dar.[324] Indem der Käufer den Mangel selbst beseitigt, vereitelt er zumindest eine Nachbesserung des Verkäufers iSv. § 439 Abs. 1 1.Alt. BGB.[325] Auf diese Weise wird die Nachleistung durch den Verkäufer nicht unerheblich gestört.

cc) Aus der Sphäre des Käufers

Weiterhin müsste die Störung des Leistungsaustausches der Sphäre des Käufers zuzuordnen sein. Dagegen könnte möglicherweise sprechen, dass die Ursache für eine zweite Andienung, nämlich die mit einem Mangel behaftete Sache, aus der Sphäre des Verkäufers stammt. Allerdings kommt es nicht darauf an, wem die Ursache für den (erneuten) Leistungsaustausch zuzurechnen ist. Abgestellt

320 Vgl. *P. Bydlinski*, ZGS 2005, 129 (131); *Gsell*, ZIP 2005, 922 (924) (Fn. 23).
321 So *Dauner-Lieb /Arnold*, ZGS 2005, 10 (12).
322 *P. Bydlinski*, ZGS 2005, 129 (131).
323 Vgl. F II 3 b) aa) (1).
324 Vgl. F II 3 b) aa) (1).
325 Vgl. F II 4 a) aa) (3) (a).

wird stattdessen auf die Störung des *Leistungsaustausches selbst*. Ebenso kommt es auch bei § 648 BGB nicht auf die *Ursache* für die ausgesprochene Kündigung an. Maßgeblich ist vielmehr auch hier die *Kündigung selbst*.[326] Wird der Leistungsaustausch aus der Sphäre des Gläubigers gestört, kommen die vertraglichen Anrechnungsvorschriften zur Anwendung. Vorliegend stammt die Störung der Leistungserbringung des Schuldners aus der Sphäre des Käufers. Auf ein Verschulden kommt es dabei nicht an.[327] Daher ist es auch unerheblich, ob der Käufer vom Recht des Verkäufers zur zweiten Andienung wusste oder nicht. Somit ist auch diese Voraussetzung erfüllt.

dd) Beschränkung auf das positive Interesse

Schließlich ist der Verkäufer so zu stellen, wie er bei regulärer Vertragsabwicklung stünde (nicht besser).[328] Eine solche Vertragsdurchführung hätte jedoch eine Nachbesserung des Verkäufers beinhaltet, deren Kosten er gem. § 439 Abs. 2 BGB zu tragen gehabt hätte. Die Einsparung dieser Nacherfüllungskosten wurde durch die Selbstvornahme des Käufers kausal verursacht. Somit wäre sie auf den Kaufpreisanspruch des Verkäufers anzurechnen oder – falls der Kaufpreis bereits in voller Höhe geleistet wurde – nach §§ 326 Abs. 4 iVm. 346 BGB analog herauszugeben.

ee) Zwischenergebnis

Die vorangegangene Untersuchung hat deutliche Parallelen zwischen der Interessenlage bei den Selbstvornahmefällen und den Wertungen der vertraglichen Anrechnungsvorschriften aufgezeigt. Allerdings kann einer Fortbildung des geltenden Rechts über eine Gesamtanalogie nur zugestimmt werden, wenn dadurch keine gesetzlichen Wertungen übergangen werden. Würde man nämlich die spezialgesetzlichen Regelungen des Vertragsrechts durch eine rigorose Hinzuziehung des Bereicherungsgedankens „wegschleifen“, bliebe – unter Verlust jedweder Rechtssicherheit und Privatautonomie – ein bloßes Billigkeitsrecht übrig. Erforderlich ist also eine planwidrige Regelungslücke.

---

326 Vgl. D X 1 a.E.

327 Vgl. E II 2 b) bb) (3) a.E.

328 Auf diese Weise könnte auch das von den ersatzbegründenden Auffassungen postulierte Gerechtigkeitsdefizit, welches darin besteht, dass die eine Partei aus dem vertragswidrigen Verhalten der anderen einen (unverdienten) Vorteil zieht, ausgeglichen werden. Zum „Gerechtigkeitsargument“ vgl. F II 3 a) aa).

b) Planwidrige Regelungslücke

Nur wenn das Gesetzesrecht eine Lücke aufweist, ist an eine Schließung über eine (gesamt-) analoge Anwendung der betreffenden Anrechnungsvorschriften zu denken.[329] Weder das Kaufrecht noch das allgemeine Schuldrecht enthalten eine Vorschrift, welche *expressis verbis* die materiellen Folgen einer Mangelbeseitigung des Käufers ohne vorherige Fristsetzung regelt. Gleichwohl findet das Gesetz auf die Frage, wer die Kosten für die Beseitigung des Mangels in diesem Fall zu tragen hat, eine Antwort. Wenn man nämlich die Aufwendungen für die eigens veranlasste Mangelbeseitigung gem. §§ 437 Nr. 3, 280 Abs. 1, 3 iVm. 281 BGB grds. nur *nach* einer erfolglos abgelaufenen Nachfrist verlangen kann[330], dann kommt ein Ersatz *vor* dieser Fristsetzung nicht in Betracht. Es bleibt damit festzuhalten, dass das Gesetz die Kosten für die Nacherfüllung[331], bei einer Mangelbeseitigung ohne vorherige Fristsetzung, dem *Käufer* und nicht dem Verkäufer zuweist. Dass letzterer auf diese Weise Einsparungen erlangt, die er bei einem ordnungsgemäß vorgetragenen Nacherfüllungsbegehren des Käufers nicht gehabt hätte, ist die unmittelbare Folge dieser gesetzlichen Wertung.[332] Wenngleich also eine Bereicherung des Verkäufers zu Lasten des Käufers stattgefunden hat, beruht selbige auf den Wertungen des Schuldrechts. Damit bleibt keine Lücke übrig, welche durch eine analoge Anwendung anderer Vorschriften zu schließen wäre.[333] Belastbare Hinweise dafür, dass der Gesetzgeber diese Rechtsfolge übersehen hat, sind nicht ersichtlich.[334] Umgekehrt sprechen für dieses Ergebnis der auf Gemeinschaftsrecht beruhende Schutz des Rechts des Verkäufers zur zweiten Andienung und das darauf fußende zweistufige Rechtsbehelfssystem in § 437 BGB.[335] Abgesehen davon, dass der Analogieschluss bereits methodisch nicht durchführbar ist, reicht die vage Empfindung, dass es unbillig sein könne, dem oftmals rechtsunkundigen Bürger in diesem Fall noch nicht einmal die Erspar-

---

329 Zum Lückenbegriff vgl. bereits E I 1 a) aa).

330 Sog. „berechtigte Selbstvornahme". Alternativ bliebe freilich noch der Weg über § 887 ZPO, dessen Voraussetzungen jedoch noch strenger sind (s. o.).

331 Das es bei der Selbstvornahmeproblematik primär um die Frage geht, wem die Kosten für die Mangelbeseitigung zuzuweisen sind, wurde bereits an anderer Stelle herausgearbeitet, vgl. F II 3 a) bb).

332 Dies wird zugleich durch den Wortlaut von § 887 ZPO bestätigt, der einen Rückgriff des Gläubigers nach eigenmächtigem Vorgehen gleichfalls untersagt, vgl. F II 3 b) aa) (3).

333 Vgl. *Skamel*, aaO (Fn. 60), S. 186.

334 Im Gegenteil, vgl. nur BT-Drucks. 14/6040, S. 229.

335 Vgl. F II 3 b) aa) (1).

nisse des Verkäufers zu überlassen[336], nicht aus, um den durch §§ 281 Abs. 2, 323 Abs. 2, 440 BGB abgesteckten Ausnahmebereich vom Vorrang der Nacherfüllung weiter auszuweiten und auf diesem Wege auch noch zur Verschlechterung der Beweislage des Verkäufers beizutragen.[337] Zudem darf nicht vergessen werden, dass das vertragliche Bereicherungsverbot sowohl von seiner Genese[338] als auch von seiner systematischen Stellung her[339] eher mit Vertragstypen in Verbindung steht, welche eine *lange Laufzeit* aufweisen, während dagegen der geschlossene Kaufvertrag auf einen kurzfristigen und einmaligen Leistungsaustausch ausgerichtet ist. Vor diesem Hintergrund sollte man mit der entsprechenden Anwendung des Bereicherungsgedankens im Kaufrecht zurückhaltend sein, will man die Konturen dieses Vertragstypus nicht verwischen.

c) Ergebnis

Der Verkäufer hat die im Fall einer eigenmächtigen Mangelbeseitigung des Käufers erlangten Ersparnisse auch nicht über eine gesamtanaloge Anwendung der §§ 326 Abs. 2 S. 2, 537 Abs. 1 S. 2, 615 S. 2, 648 S. 2 2. Hs. BGB, § 11 KSchG, § 415 Abs. 2 S. 1 Nr. 1 HGB herauszugeben.

Die einzige Möglichkeit, die dem Käufer einer Gattungssache verbleibt, wäre somit ein *Verwendungsersatzanspruch* gem. § 347 Abs. 2 im Rahmen der mit der Nachlieferung verbundenen Rücknahme der Kaufsache iSv. § 439 Abs. 5 BGB.[340] Allerdings würde diesem Ansatz kaum praktische Bedeutung zukommen, da eine vom Käufer nachgebesserte Sache für den Verkäufer regelmäßig unverkäuflich

---

336 Zum Gerechtigkeitsargument vgl. F II 3 a) aa).

337 Zur Beweissituation des Verkäufers unter Zugrundelegung der ersatzbegründenden Auffassungen vgl. F II 3 b) bb).

338 Vgl. D X 4.

339 So sind alle Anrechnungsvorschriften des besonderen Teils des Schuldrechts Vertragsarten zuzuordnen, welche ein Dauerschuldverhältnis bzw. eine Leistungsbeziehung mit oftmals vergleichbarem zeitlichen Umfang begründen.

340 Vgl. F II 2 a) bb). Dabei dürfte es sich bei den Vermögensaufwendungen des Käufers zur eigenmächtigen Beseitigung des Mangels allenfalls um *nützliche* Verwendungen iSv. § 347 Abs. 2 S. 2 BGB handeln, vgl. *Dauner-Lieb /Arnold*, ZGS 2005, 10 (12). *Notwendig* sind die Verwendungen nämlich nur dann, wenn sie zur Erhaltung oder ordnungsgemäßen Bewirtschaftung der Sache erforderlich sind, vgl. BGH, NJW 1975, 1553 (1556); MüKo[7]-*Gaier*, § 347, Rn. 19. Grundsätzlich zählen hierzu auch Reparaturkosten (BGH, NJW-RR 1996, 336 (337)). Dies gilt jedoch nur dann, wenn die Sache *nachträglich* reparaturbedürftig geworden ist und somit Maßnahmen zu ihrer Erhaltung erforderlich waren. Im Fall der Selbstvornahme ist der Kaufgegenstand bereits ab Gefahrübergang – also von Anfang an – nachbesserungsbedürftig

und damit wertlos sein dürfte.[341] Über die Grundsätze der *aufgedrängten Bereicherung* würde dies zwangsläufig den Verwendungsersatzanspruch des Käufers auf null reduzieren.

Es bleibt somit dabei, dass die Bereicherung des Verkäufers zwar einerseits „unverdient" ist, sich aber andererseits auf die Anwendung des jüngst reformierten Schuldrechts zurückführen lässt, weshalb die *lex lata* einer Abschöpfung aus Billigkeitsgesichtspunkten entgegensteht.

III. Bereicherung durch Nacherfüllung des Verkäufers

1. Einführung

Weist die Kaufsache bei Gefahrübergang einen Mangel iSv. § 434 BGB auf, kann der Käufer gem. §§ 437 Nr. 1, 439 Abs. 1 BGB grundsätzlich die Nacherfüllung durch den Verkäufer verlangen. Ziel ist es, dass der Käufer nun doch noch einen mangelfreien Vertragsgegenstand erhält.[342] Das Äquivalenzverhältnis zwischen Leistung und Gegenleistung gerät jedoch durcheinander, wenn der Käufer durch die Nacherfüllung des Verkäufers über das vertraglich vorgegebene Maß hinaus bereichert wird. Diese Möglichkeit besteht insbesondere dann, wenn der Mangel erst geraume Zeit nach Gefahrübergang entdeckt wird, der Käufer den Gegenstand bis dahin uneingeschränkt nutzen konnte und die Gewährleistungsrechte noch nicht verjährt sind.[343] Hätte der Verkäufer von Anfang an korrekt erfüllt, hätte der Käufer *zu diesem Zeitpunkt* eine mangelfreie, aber durch Alterung und Abnutzung in ihrem Wert verminderte Sache gehabt.[344] Baut der Verkäufer im

---

(dies verkennt *Lerach*, JuS 2008, 953 (955)). Die Mangelbeseitigung führt somit nicht zu seiner Erhaltung sondern zu seiner *Verbesserung*. Folglich handelt es sich nicht mehr um eine notwendige, sondern um eine nützliche Verwendung.

341 *Dauner-Lieb /Arnold*, ZGS 2005, 10 (12); *Skamel*, aaO (Fn. 60), S. 178.

342 Zum Recht des Verkäufers zur zweiten Andienung vgl. bereits F I 2, F II 3 b) aa) (1).

343 Vgl. *Gsell*, NJW 2003, 1969; *Kohler*, ZGS 2004, 48 (52); *Wagner /Michal*, ZGS 2005, 368. Für das Baurecht: *Tomic*, Sowieso-Kosten, 1990, S. 99. Das Problem der Bereicherung des Käufers durch eine längere Nutzungsdauer ist erst durch die Vervierfachung der regelmäßigen Verjährungsfrist von 6 Monaten iSv. § 477 Abs. 1 BGB a. F. auf 2 Jahre gem. § 438 Abs. 1 Nr. 3 BGB und der Annäherung der Nacherfüllung an das Werkvertragsrecht durch die Schuldrechtsmodernisierung virulent geworden, vgl. *Beck*, JR 2006, 177 (178) (Fn. 18); *Reinicke /Tiedtke*, aaO (Fn. 115), Rn. 432; *Wagner /Michal*, ZGS 2005, 368 (370).

344 Dass es richtig ist, den Zustand der Kaufsache bei einer von Anfang an mangelfreien Leistung als Vergleichsgrundlage heranzuziehen, betont auch *Unberath*, ZEuP 2005, 5 (34). Vgl. zudem *Reinicke /Tiedtke*, aaO (Fn. 115), Rn. 432.

Rahmen der Durchführung seiner Nacherfüllungspflicht neuwertige Ersatzteile ein, oder liefert er gar eine völlig neue Kaufsache, tritt beim Käufer ein in Relation zu seiner Vermögenslage bei anfänglich ordnungsgemäßer Vertragserfüllung objektiv feststellbarer Wertzuwachs ein, der sich insbesondere in einer längeren Nutzungsmöglichkeit des Kaufgegenstandes *für die Zukunft* niederschlägt.[345] Gem. § 439 Abs. 2 BGB geht dieser Vermögenszuwachs *prima facie* zu Lasten des Verkäufers. Da diese Vermögensverschiebung von den Vertragsparteien regelmäßig nicht einkalkuliert wurde und sich daher *„unter dem Gesichtspunkt der vertraglichen Äquivalenz nicht rechtfertigen lässt"*[346], ist fraglich, ob und wenn ja, durch welches Instrument sie wieder rückgängig gemacht werden kann.[347]

Dabei muss beachtet werden, dass dieses Rechtsproblem nur eine Facette der in einem übergeordneten Kontext zu diskutierenden Frage ist, inwieweit der Käufer an der Pflicht des Verkäufers, die Kosten für die Nacherfüllung zu tragen, beteiligt werden kann. In diesem Zusammenhang haben sich drei Fallgruppen[348] herausgebildet:

1. Zunächst geht es um die Frage, ob dem Käufer der Ersatz solcher Aufwendungen übertragen werden kann, welche er ohnehin – auch bei anfänglich vertragsgemäßer Leistung – gehabt hätte und die er nun durch die Nacherfüllung des Verkäufers erspart (sog. *Sowieso-Kosten*).
2. Weiterhin ist fraglich, ob die Bereicherung in Gestalt der bereits angesprochenen nacherfüllungsbedingten Verlängerung der Gebrauchsdauer vom Käufer zu ersetzen ist.

---

345 Dass die Verlängerung der Nutzungsdauer eine signifikante Bereicherung darstellt, welche etwa im Rahmen der Vorteilsausgleichung berücksichtigt werden muss, ist bereits seit längerem anerkannt, vgl. BGHZ 30, 29 (34), wo es heißt: *„Eine Ersetzung der alten durch eine neue Sache wirkt sich gleichermaßen bei Sachen mit langer wie mit kurzer Lebensdauer aus, nämlich iS. eines Vermögenszuwachses, einer Bereicherung des Geschädigten, falls ein Abzug „neu für alt" nicht vorgenommen würde."*. Vgl. auch *Jagenburg*, NJW 1992, 148 (154).

346 *Herrler / Tomasic*, ZGS 2007, 209 (211).

347 Dass die Vertragsparteien die Bereicherung des Käufers nicht vorhergesehen haben, dürfte eher für eine Abschöpfung dieses Vermögensvorteils sprechen, da der Verkäufer diese drohenden Gewährleistungskosten sonst noch zusätzlich eingepreist hätte. Umgekehrt konnte der Käufer nicht mit dem Vormögenszuwachs rechnen, weshalb es ihm leichter fallen sollte, auf ihn zu verzichten, vgl. *Herrler / Tomasic*, BB 2008, 1245 (1247).

348 Vgl. *Bühl*, BauR 1985, 502 (zum Werkvertragsrecht).

3. Schließlich erscheint die einseitige Abwälzung der Nacherfüllungskosten auf den Verkäufer auch dann fragwürdig, wenn der Käufer die Ursache für die Nacherfüllung (anteilig) zu vertreten hat.[349]

Während in der dritten Fallgruppe die Schädigung des Verkäufers im Vordergrund steht, geht es in den ersten beiden um eine Bereicherung des Käufers auf Kosten seines Vertragspartners. Gerade zur zweiten Fallgruppe haben sich in Rechtsprechung und Literatur zum Teil stark voneinander abweichende Lösungsansätze entwickelt. Sie sollen im Folgenden dargestellt und bewertet werden, bevor die Anwendung des vertraglichen Bereicherungsverbotes zur Lösung dieser Frage erwogen wird.[350]

2. Bisherige Lösungsansätze

a) Nutzungsersatz

Im Grunde hat bereits der Gesetzgeber das Problem einer nacherfüllungsbedingten Bereicherung des Käufers – zumindest zu einem Teil – erkannt[351] und in § 439 Abs. 5 BGB einen umfassenden Verweis auf die §§ 346 bis 348 BGB ausgesprochen.[352] Dies hat zur Folge, dass der Käufer bei einer Nachlieferung des Verkäufers

---

349 Hier wird überwiegend differenziert: Ist der Käufer für den Mangel der Kaufsache bei Gefahrübergang allein oder weit überwiegend verantwortlich, ist eine Nacherfüllung nach dem Rechtsgedanken des § 323 VI 1.Alt. BGB ausgeschlossen. Besteht eine Mitverantwortlichkeit des Käufers unterhalb dieser Schwelle, ist er gem. § 254 BGB analog an den Nacherfüllungskosten zu beteiligen. Vgl. hierzu: BeckOK /BGB[Ed48]-*Faust*, § 439, Rn. 68; *Reinicke /Tiedtke*, aaO (Fn. 115), Rn. 453.

350 Gleichwohl kann auch die dritte Fallgruppe insofern von Bedeutung sein, als sie zeigt, dass die einseitige Verteilung der Kostenlast in § 434 Abs. 2 BGB aus Billigkeitsgesichtspunkten nicht in jeder Fallkonstellation vollumfänglich umgesetzt werden kann.

351 BT-Drucks. 14/6040, S. 232 f. Dabei ist die dort erläuterte Regelung keineswegs so „jung“ wie es zunächst scheint. Bereits die Schuldrechtskommission von 1992 hatte in ihrem Abschlussbericht mit § 438 Abs. 4 BGB-KE eine Vorschrift mit identischem Wortlaut geschaffen, vgl. BMJ (Hrsg.), aaO (Fn. 125), S. 209.

352 Zwar gibt es Stimmen in Rechtsprechung und Literatur, welche die Verpflichtung zum Nutzungsersatz iSv. § 346 Abs. 1 2. Hs. nicht vom Verweis des § 439 Abs. 5 BGB auf das Rücktrittsrecht umfasst sehen, weil in dieser Vorschrift nur von einer „*Rückgewähr*…nach Maßgabe der §§ 346 bis 348 BGB“ die Rede ist, während die Nutzungen nicht zurückzugewähren, sondern – nach § 346 Abs. 1 2. Hs. BGB – „*herauszugeben*“ seien (so etwa *Rott*, BB 2004, 2478 (2479); dem folgend: OLG Nürnberg, NJW 2005, 3000 = EWiR 2005, 819; LG Nürnberg-Fürth, NJW 2005,

neben der Rückgabe der zuerst geleisteten Sache[353] gem. § 346 Abs. 2 S. 1 Nr. 1 BGB Wertersatz für die Nutzungen iSv. § 100 BGB leisten muss, die er tatsächlich gezogen hat bzw. welche er bei ordnungsgemäßer Wirtschaft hätte ziehen müssen, gem. §§ 346 Abs. 1 S. 2. Hs., 347 Abs. 1 S. 1 BGB. Zu den Nutzungen sind auch die Gebrauchsvorteile einer Sache zu rechnen, welche nicht in natura herausgegeben werden können. Ein Teil des Schrifttums sieht in dieser gesetzlichen Regelung einer Nutzungsersatzpflicht des Käufers einen hinreichenden Ankerpunkt, um eine unzulässige Bereicherung desselben zu verhindern.[354]

2558, (2560); später auch *Bruns*, NZV 2006, 640; *Saenger /Zurlinden*, Anm. z. OLG Nürnberg, EWiR 819 (820); a. A. BGH, NJW 2006, 3200 (3201)), doch ist dieses übergenaue Wortlautargument (vgl. *Sutschet*, JA 2007, 161 (163)) spätestens durch Schaffung des § 474 Abs. 5 S. 1 BGB a. F. bzw. § 475 Abs. 3 S. 1 BGB n. F., der einen *Nutzungsersatz* iSv. § 439 Abs. 5 BGB für den Verbrauchsgüterkauf *ausschließt*, widerlegt worden. Davon abgesehen hätte der durch § 439 Abs. 5 BGB ausgesprochene Verweis auf § 347 Abs. 1 BGB auch keinen Sinn gehabt, wenn man nicht auch die Herausgabe der Nutzungen beabsichtigt hätte. Die Systematik des Kaufrechts konkretisiert insoweit die juristisch unpräzise Formulierung in § 439 Abs. 5 BGB.
Zur nachträglichen (richtlinienkonformen) Einschränkung der Nutzungsersatzpflicht des Käufers durch § 475 Abs. 3 BGB n. F. vgl. F III 3 a).

353 Insofern als der Käufer durch § 439 Abs. 5 iVm. § 346 Abs. 1 1. Alt. BGB verpflichtet wird, im Falle der Nachlieferung die zuerst geleistete, mangelhafte Kaufsache an den Verkäufer herauszugeben, entspricht diese Vorschrift selbst ganz dem Bereicherungsverbot. Ersterer soll über die Nachlieferung lediglich die vertraglich vereinbarte Leistung bekommen, nicht auch noch die anfänglich erbrachte Leistung behalten dürfen. Vgl. zur Parallelvorschrift im Werkvertragsrecht (vgl. § 635 Abs. 4 BGB): Messerschmidt /Voit[3]-*Moufang /Koos*, § 635, Rn. 114; MüKo[7]-*Busche*, § 635, Rn. 49.

354 AG Burgwedel, NdsRpfl. 2005, 282 f.; AG Menden, NJW 2004, 2171 (2172); *Brüggemeier*, WM 2002, 1376 (1379); *Eckert*, SBT[2] (2005), Rn. 177; Erman[15]-*Grunewald*, § 439, Rn. 22; *Felling*, Anm. z. EuGH, MDR 2008, 733 (734); *Fest*, NJW 2005, 2959; *Feuersänger*, MDR 2004, 922 (924); *Fikentscher /Heinemann*, SchuldR[10] (2006), Rn. 862; *Grunewald*, aaO (Fn. 4), § 9, Rn. 53; *Jacobs*, in: Dauner-Lieb /Konzen / Schmidt, aaO (Fn. 163), S. 393; *Kandler*, aaO (Fn. 19), S. 556 ff.; KompaktKom-*Tonner /Echtermeyer*, § 439, Rn. Rn. 21; MüKo[7]-*H. P. Westermann*, § 439, Rn. 19; *Musielak /Hau*, GK BGB[15] (2017), Rn. 826 (außerhalb des Verbrauchsgüterkaufs); *Oetker /Maultzsch*, aaO (Fn. 20), Rn. 257; *Reischl*, JuS 2003, 668; *Schmidt*, ZGS 2006, 408 (412); *Schürholz*, aaO (Fn. 58), S. 83; *Skamel*, aaO (Fn. 60), S. 216 ff.; *Tiedtke /Schmitt*, DStR 2004, 2060; *Tonner*, aaO (Fn. 18), § 8, Rn. 20; *Zerres*, RIW 2003, 746 (755). Mit Einschränkungen: *Schulz*, Der Ersatzlieferungs- und Nachbesserungsanspruch des Käufers, 2002, S. 442 f.

b) *Vorteilsausgleichung /„neu für alt“*

Eine andere Ansicht[355] stützt die Abschöpfung der Bereicherung des Käufers dagegen auf die im Schadensrecht beheimatete Lehre von der Vorteilsausgleichung[356], die bereits verschiedentlich im (alten) Werkvertragsrecht unter dem Stichwort „neu für alt“ angewendet wurde.[357] Hinsichtlich der Frage, *in welchem Umfang* die vom Käufer erlangten Vorteile zu berücksichtigen sind, herrscht freilich wieder Uneinigkeit. Einige beschränken die Anwendung der Vorteilsausgleichung auf die Nachlieferung[358], andere wollen dagegen auch die Nachbesserung miteinbeziehen.[359] Wieder andere wollen allenfalls die „Sowieso“-Kosten

---

355 LG Freiburg, DAR 2006, 329 (330); *Brambring*, in: FS Wolfsteiner (2008), S. 8; *Gsell*, Anm. z. BGH, JZ 2009, 518 (526); *dies.*, JuS 2006, 203 (204); *dies.*, NJW 2003, 1969 (1971); *Hoffmann*, ZRP 2001, 347 (349); JurisPK /BGB[8]-*Pammler*, § 439, Rn. 139; *Kandler*, aaO (Fn. 19), S. 454; *Kohler*, ZGS 2004, 48 (52); MüKo[7]-*Gaier*, § 346, Rn. 24; PWW[13]-*D. Schmidt*, § 439, Rn. 34; *Reinking*, DAR 2002, 15 (19); *Rohlfing*, GPR 2007, 80 (84); *Schulze /Ebers*, JuS 2004, 366 (370); *Skamel*, DAR 2004, 565 (568).

356 Vgl. bereits E II 2 b) bb).

357 Teilweise wird versucht, die Grundsätze *„neu für alt“* von der Vorteilsausgleichung mit dem Argument zu scheiden, dass letztere ausschließlich Bereicherungen erfasse, welche unmittelbar auf der Rechtsgutverletzung beruhen, während die Vorteile, welche auf die *Kompensation* des entstandenen Schadens zurückzuführen sind, unter dem Gesichtspunkt *„neu für alt“* zu ersetzen seien, vgl. *Esser /Schmidt*, SchuldR, Bd. 1/2, 8. Aufl. (2000), § 33 V (S. 249 f.); *Früh*, BauR 1992, 160 (166); *Larenz*, SchuldR, Bd. 1, 14. Aufl. (1987), § 30 II (Fn. 19). Angesichts der Tatsache, dass hinter beiden Etiketten der Bereicherungsgedanke steckt, ist diese Abgrenzung überflüssig. Auch *Brox /Walker* sind nunmehr gegen eine Differenzierung und sprechen beim Abzug *„neu für alt“* vom *„Gedanken der Vorteilsausgleichung“*, *dies.*, SAT[42] (2018), § 31, Rn. 32. Auch der BGH ist der Ansicht, dass der Abzug *„neu für alt“* zwar ein eigenständiger rechtlicher Gesichtspunkt sei, der sich jedoch *„der Vorteilsausgleichung im weiteren Sinne zuordnen lasse“*, vgl. BGH, NJW 2004, 2526 (2528). Ähnlich: BGH, NJW 1996, 584 (585). Für eine Zuordnung der Grundsätze *„neu für alt“* zur Vorteilsausgleichung sind auch: *Brambring*, in: FS Wolfsteiner (2008), S. 1; *Brandt*, BauR 1982, 524 (533); *Wagner /Michal*, ZGS 2005, 368 (370).

358 JurisPK /BGB[8]-*Pammler*, § 439, Rn. 139; *Rohlfing*, GPR 2007, 80 (84).

359 LG Freiburg, DAR 2006, 329 (330); AG Kenzingen, SVR 2004, 276; *Brambring*, in: FS Wolfsteiner (2008), S. 8; *Grohmann /Gruschinske*, VuR 2007, 12 (15); *Gsell*, JuS 2006, 203 (205); *Kandler*, aaO (Fn. 19), S. 454; Palandt[78]-*Weidenkaff*, § 439, Rn. 13 (Verweis auf das Werkvertragsrecht, wo eine Vorteilsausgleichung bereits weitgehend anerkannt ist, s. u.); PWW[13]-*D. Schmidt*, § 439, Rn. 34; *Reinking*, DAR 2002, 15 (19); *Skamel*, DAR 2004, 565 (568).

des Käufers nach den Grundsätzen *„neu für alt"* berücksichtigen.[360] Schließlich befürworten einige, die Vorteile des Käufers nur außerhalb des Anwendungsbereichs des § 474 Abs. 1 BGB zu beachten.[361]

c) § 346 BGB

Ein vereinzelt gebliebener Teil der Literatur spricht sich indes dafür aus, die Abschöpfung der Bereicherung des Käufers auf § 346 Abs. 3 S. 2 BGB zu stützen, der wiederum einen Rechtsfolgenverweis auf das Bereicherungsrecht ausspreche.[362] Die Nutzungsersatzpflicht des Käufers aus §§ 439 Abs. 5, 346 Abs. 1, Abs. 2 S. 1 Nr. 1 sei durch eine gesamtanaloge Anwendung der in § 346 Abs. 3 S. 1 normierten Ausschlussgründe im Lichte der Wertung des § 446 S. 2 BGB[363] entfallen.[364] Auf diese Weise werde man einerseits der Intention des Gesetzgebers gerecht, einen Ausgleich für die ungerechtfertigte Bereicherung des Käufers zu schaffen, korrigiere andererseits aber den verfehlten Ansatz einer auf die Vergangenheit ausgerichteten Abschöpfung gezogener Nutzungen.[365] Methodisch sei die Abweichung vom eindeutig artikulierten Willen des Gesetzgebers deshalb möglich, weil nicht davon auszugehen sei, dass dieser die weitreichenden Folgen der von ihm favorisierten Lösung durch Nutzungsersatz für das vertragliche Äquivalenzverhältnis bedacht habe.[366]

d) Ablehnende Auffassung

Von zahlreichen Stimmen aus Rechtsprechung[367] und Schrifttum[368] wird schließlich ein Ersatzanspruch des Verkäufers gegenüber dem Käufer in jeder Hinsicht

---

360 *Schürholz*, aaO (Fn. 58), S. 74; *Tiedtke /Schmitt*, DStR 2004, 2060 (2061); *Wagner / Michal*, VuR 2006, 46 (49); *dies.*, ZGS 2005, 368 (374).

361 *Schulze /Ebers*, JuS 2004, 366 (370). Neuerdings auch: *Gsell*, Anm. z. BGH, JZ 2009, 518 (526).

362 *Herrler /Tomasic*, Anm. z. BGH, ZIP 2009, 176 (183); *dies.*, BB 2008, 1245 (1247); *dies.*, ZGS 2007, 209 (213).

363 Vgl. hierzu noch F III 2 e).

364 *Herrler /Tomasic*, ZGS 2007, 209 (213).

365 *Herrler /Tomasic*, BB 2008, 1245 (1247); *dies.*, ZGS 2007, 209 (213 f.).

366 *Herrler /Tomasic*, ZGS 2007, 209 (213).

367 EuGH, Slg. 2008, I-2713, Rn. 43 = NJW 2008, 1433 = MDR 2008, 733 = DAR 2008, 328 = ZJS 2008, 309; BGH, NJW 2009, 427 = EuZW 2009, 155 = ZIP 2009, 176 = JZ 2009, 518; OLG Nürnberg, NJW 2005, 3000; LG Münster, DAR 2009, 531 (532); LG Nürnberg-Fürth, NJW 2005, 2558.

368 AnwKom³-*Büdenbender*, § 439, Rn. 48; *Brömmelmeyer*, JZ 2006, 493 (498 f.); *Beck*, JR 2006, 177 (181); *Edler /Reiner*, ZAP Fach 3, 255 (258); *Gärtner*, ZGS 2006, 368

abgelehnt. So wird argumentiert, dass eine drohende Ersatzpflicht abschreckend auf den Käufer wirken könne, sodass er u. U. davon abgehalten werde, seine Gewährleistungsrechte geltend zu machen, was nicht mit dem Regelungsgehalt von Art. 3 Abs. 3 S. 3 der Verbrauchsgüterkaufrichtlinie konform ginge, der vorgibt, dass die Nacherfüllung ohne „*erhebliche Unannehmlichkeiten*" zu erfolgen habe.[369] Ein effektiver Verbraucherschutz, wie er durch Art. 3 Abs. 1 lit. t), 153 Abs. 1 EGV vorgegeben werde, sei so nicht mehr möglich.[370] Davon abgesehen sei durch die Verknüpfung der Nacherfüllung mit Ersatzansprüchen des Verkäufers selbige auch nicht mehr unentgeltlich iSv. Art. 3 Abs. 2–4 der Verbrauchsgüterkaufrichtlinie (vgl. § 439 Abs. 2 BGB).[371] Zwar sehe Erwägungsgrund Nr. 15

---

(369); *Herresthal*, in: Langenbucher, aaO (Fn. 30), § 2, Rn. 161; HK /BGB[10]-*Saenger*, § 439, Rn. 19; *Kohler*, in: FS Jagenburg (2002), S. 389 f.; *Kroll-Ludwigs /Ludwigs*, ZJS 2009, 123 (129); *Looschelders*, SBT[11] (2016), Rn. 92; *Muthorst*, ZGS 2006, 90 (95); *Riesenhuber*, Anm. z. BGH, LMK 2006, 199730; *Roth*, JZ 2001, 475 (489); *Rott*, BB 2004, 2478; *Saenger /Zurlinden*, Anm. z. OLG Nürnberg, EWiR 2005, 819 (820); *Schulte-Nölke*, ZGS 2008, 41; *Staudinger*, Anm. z. EuGH, ZJS 2008, 309 (310); *Theisen*, GPR 2007, 276 (282); *Winkelmann*, in: Schimmel /Buhlmann, Frankfurter Handbuch zum neuen Schuldrecht, 2002, Kap. E /I., Rn. 231; *Witt*, NJW 2006, 3322 (3325); *Woitkewitsch*, VuR 2005, 1 (5). Für das österreichische Recht: *Jud*, in: FS Österreichische Gesellschaft für Baurecht (2008), S. 222. De lege ferenda fordert auch *Osterloh-Konrad* den Ausschluss einer Kompensation des Verkäufers, *dies.*, CR 2008, 545 (550). Ebenso: *Fischinger*, Jura 2007, 606 (612).

369 Vgl. EuGH, Slg. 2008, I-2713, Rn. 34 f.; BGH, NJW 2006, 3200 (3202) = BGHReport 2006, 1449 (1451) = LMK 2006, 199730; *Bruns*, NZV 2006, 640 (643); *Fischinger*, Jura 2007, 606 (611); *Gsell*, NJW 2003, 1969 (1974); *Herrler /Tomasic*, BB 2008, 1245 (1246); MüKo[7]-*S. Lorenz*, Vor § 474, Rn. 19; *Theisen*, GPR 2007, 276 (280); GA *Trstenjak*, Schlussantrag v. 15.11.2007, ZGS 2008, 61 (64); *Unberath*, ZEuP 2005, 5 (38); *Witt*, NJW 2006, 3322 (3325); *Woitkewitsch*, VuR 2005, 1 (5); a. A. MüKo[7]-*H. P. Westermann*, § 439, Rn. 19; *Riesenhuber*, Anm. z. BGH, LMK 2006, 199730.

370 GA *Trstenjak*, Schlussantrag v. 15.11.2007, ZGS 2008, 61 (64); MüKo[7]-*S. Lorenz*, Vor § 474, Rn. 19.

371 BGH, NJW 2006, 3200 (3202); *Bruns*, NVZ 2006, 640 (643); *Fischinger*, Jura 2007, 606 (610 f.); *Gebauer*, AnwBl. 2007, 314; Jauernig[17]-*Berger*, § 439, Rn. 38; *Mörsdorf*, ZIP 2008, 1409 (1412); *Roth*, JZ 2001, 475 (489); Palandt[78]-*Weidenkaff*, § 439, Rn. 25; *Rott*, BB 2004, 2478 (2479); *Schulze /Ebers*, JuS 2004, 366 (370); *Theisen*, GPR 2007, 276 (280); GA *Trstenjak*, Schlussantrag v. 15.11.2007, ZGS 2008, 61 (63 f.); *Winkelmann*, in: Schimmel /Buhlmann, aaO (Fn. 370), Kap. E /I., Rn. 230; *Woitkewitsch*, VuR 2005, 1 (5). Eine andere Ansicht bestreitet dagegen einen Verstoß gegen Art. 3 Abs. 4 der Verbrauchsgüterkaufrichtlinie mit dem Hinweis, dass es sich bei den Ersatzansprüchen um bloß mittelbare Kosten der Nacherfüllung handele, welche nicht vom Gebot der Kostenneutralität erfasst seien. So erfolge die Herstellung des

der Verbrauchsgüterkaufrichtlinie die Möglichkeit einer Ersatzpflicht des Verbrauchers vor, doch sei dies – wie sich aus Satz 2 klar ergebe – nur auf die *Vertragsauflösung* bezogen, enthalte keinen zu verallgemeinernden Rechtsgedanken und dürfe, angesichts der divergierenden Interessenlage, erst recht nicht auf die Nacherfüllung übertragen werden.[372] Stattdessen sei zu beachten, dass der Verkäufer gem. Art. 3 Abs. 1 der Verbrauchsgüterkaufrichtlinie für *jede* Vertragswidrigkeit hafte. Dem Verkäufer einen Wertersatzanspruch zuzugestehen, würde bedeuten, ihn von einem Teil dieser Verantwortung zu entlasten.[373] Es sei zudem nicht nachzuvollziehen, warum der Käufer durch die Pflichtverletzung des Verkäufers veranlasst werden sollte, zusätzlich zum vereinbarten Kaufpreis auch noch eine Ersatzleistung vorzunehmen.[374] Überdies seien die Interessen des Verkäufers bereits hinreichend durch die Möglichkeit, die vom Käufer gewünschte Form der Nacherfüllung wegen Unverhältnismäßigkeit abzulehnen (vgl. § 439 Abs. 4 S. 1 BGB bzw. Art. 3 Abs. 3 Unterabs. 2 der Verbrauchsgüterkaufrichtlinie), sowie durch die regelmäßige 2-jährige Verjährungsfrist iSv. § 438 Abs. 1 Nr. 3 BGB, geschützt.[375] Durch die Nacherfüllung habe der Verkäufer eine erneute Möglichkeit

---

vertragsgemäßen Zustandes durch die Nachlieferung und *diese* sei weiterhin kostenlos, vgl. BT-Drucks. 14/6040, S. 233; LG Nürnberg-Fürth, NJW 2005, 2558 (2561); *Gärtner*, ZGS 2006, 368 (369); *Grohmann /Gruschinske*, VuR 2007, 12 (14); *Huber / Faust*, aaO (Fn. 165), 13. Kap., Rn. 56; *Riesenhuber*, Anm. z. BGH, LMK 2006, 199730; *Rohlfing*, GPR 2007, 80 (83); *Schürholz*, aaO (Fn. 58), S. 83; *Tiedtke /Schmitt*, DStR 2004, 2060; *Wagner /Michal*, VuR 2006, 46 (48); *Witt*, NJW 2006, 3322 (3324); *Zerres*, RIW 2003, 746 (755).

372 EuGH, Slg. 2008, I-2713, Rn. 39; BGH, NJW 2006, 3200 (3202); LG Nürnberg-Fürth, NJW 2005, 2558 (2561); *Bruns*, NZV 2006, 640 (644); *Fischinger*, Jura 2007, 606 (611); *Gärtner*, ZGS 2006, 368 (369); *Gsell*, NJW 2003, 1969 (1973 f.); *Kohler*, in: FS Jagenburg (2002), S. 390; *Riesenhuber*, Anm. z. BGH, LMK 2006, 199730; *Rott*, BB 2004, 2478 (2479); *Schulze*, GPR 2008, 128 (129); *Sutschet*, JA 2007, 161 (164); *Theisen*, GPR 2007, 276 (281); GA *Trstenjak*, Schlussantrag v. 15.11.2007, ZGS 2008, 61 (66); *Unberath*, ZEuP 2005, 5 (35); *Witt*, NJW 2006, 3322 (3325); *Woitkewitsch*, VuR 2005, 1 (5); a. A. *Fest*, NJW 2005, 2959 (2961); *Grohmann /Gruschinske*, VuR 2007, 12 (14, 16); *Jacobs*, in: Dauner-Lieb /Konzen /Schmidt, aaO (Fn. 163), S. 393; *Jud*, ecolex 2006, 1047 (1048); *Rohlfing*, GPR 2007, 80 (83); Staudinger[2013]-*Matusche-Beckmann*, § 439, Rn. 138.

373 GA *Trstenjak*, Schlussantrag v. 15.11.2007, ZGS 2008, 61 (63).

374 *Ball*, NZV 2004, 217 (221).

375 EuGH, Slg. 2008, I-2713, Rn. 42; OLG Nürnberg, NJW 2005, 3000 (3001); LG Nürnberg-Fürth, NJW 2005, 2558 (2560); GA *Trstenjak*, Schlussantrag v. 15.11.2007, ZGS 2008, 61 (64); *Saenger /Zurlinden*, Anm. z. OLG Nürnberg, EWiR 2005, 819 (820).

erhalten, sich den Kaufpreis zu verdienen. Er soll sich jedoch auf diesem Wege nicht noch etwas *dazu*verdienen.[376]

e) Stellungnahme

aa) Nutzungsersatz

Gegen die erste Ansicht spricht, dass § 446 S. 2 BGB dem Käufer das Recht zuweist, Nutzungen aus der übergebenen Kaufsache zu ziehen.[377] Dieses dem Käufer zugestandene Recht kann nachträglich nicht deshalb wieder entzogen werden, weil der *Verkäufer* eine Pflichtverletzung begangen hat. Es ist zudem nicht nachzuvollziehen, weshalb der Käufer die tatsächlich oder vermeintlich gezogenen Nutzungen gem. §§ 439 Abs. 5, 346 f. BGB herauszugeben hat, während der Verkäufer die im gleichen Zeitraum gezogenen Nutzungen – sprich die Zinsen, die er aus der Kaufsumme gezogen hat – trotz seiner Schlechtleistung behalten darf.[378] Wenn nur der Käufer zum Nutzungsersatz verpflichtet wird, der Verkäufer dagegen nicht, führt dies zu einer empfindlichen Schieflage im Äquivalenzverhältnis von Leistung und Gegenleistung.[379] Gerade in diesem Punkt unterscheidet sich aber die Regelung in § 439 Abs. 5 BGB von § 480 BGB a. F., der dem Käufer einer

---

376 *Unberath*, ZEuP 2005, 5 (37).

377 Vgl. BGH, NJW 2006, 3200 (3202); LG Nürnberg-Fürth, NJW 2005, 2558 (2560); *Beck*, JR 2006, 177 (178); *Bruns*, NZV 2006, 640 (641); *Fischinger*, Jura 2007, 606 (609); *Gärtner*, ZGS 2006, 368; *Grohmann /Gruschinske*, VuR 2007, 12 (13); *Gsell*, Anm. z. BGH, JZ 2009, 518 (525); *dies.*, JuS 2006, 203 (204); *Herresthal*, WM 2007, 1354 (1358); *Herrler /Tomasic*, BB 2008, 1245 (1246); *Hoffmann*, ZRP 2001, 347 (349); *Looschelders*, JA 2007, 673 (674); *Schwab*, JuS 2002, 630 (636); *Wagner /Michal*, ZGS 2005, 368 (371); *Woitkewitsch*, VuR 2005, 1 (3); a. A. *Skamel*, aaO (Fn. 60), S. 216.

378 LG Nürnberg-Fürth, NJW 2005, 2558 (2560); *Beck*, JR 2006, 177 (179); *Brömmelmeyer*, JZ 2006, 493 (495); *Bruns*, NZV 2006, 640 (642); *Grohmann /Gruschinske*, VuR 2007, 12 (13); *Gsell*, JuS 2006, 203 (204); *dies.*, NJW 2003, 1969 (1970); *Herrler / Tomasic*, ZGS 2007, 209 (211); *Kohler*, ZGS 2004, 48 (49); *ders.*, in: FS Jagenburg (2002), S. 390; *Mörsdorf*, ZIP 2008, 1409 (1412); *Theisen*, GPR 2007, 276 (278) („*äußerst bedenklich*"); *Wagner /Michal*, VuR 2006, 46 (48); *dies.*, ZGS 2005, 368 (372); *Woitkewitsch*, VuR 2005, 1 (2). Dagegen behauptet *Schürholz*, dass auch der Verkäufer die Nutzungen herauszugeben hat, *dies.*, aaO (Fn. 58), S. 83. Einen Nachweis für diese These vermag sie allerdings nicht zu liefern. Zudem ist der Hinweis auf *Schwab*, JuS 2002, 630 unzutreffend, da sich dessen Ausführungen auf den erklärten *Rücktritt*, nicht dagegen auf die in § 439 Abs. 5 BGB (bzw. § 439 Abs. 4 BGB a. F.) normierte Rückgabe der mangelhaften Kaufsache bezogen.

379 MüKo[7]-*Gaier*, § 346, Rn. 24; *Osterloh-Konrad*, CR 2008, 545 (549).

Gattungssache das Recht auf Nachlieferung einräumte. Zwar kam auch nach der alten Regelung gem. § 467 S. 1 BGB a. F. Rücktrittsrecht zur Abwicklung der Nachlieferung zur Anwendung, doch traf es gleichermaßen den *Verkäufer* und verpflichtete diesen zur Herausgabe seiner Nutzungen.[380] Eine Rechtfertigung des einseitigen Nutzungsersatzes mit dem Argument, dass sich der Wert der mangelhaften Kaufsache durch den Gebrauch des Käufers weiter gemindert habe[381], ist nicht überzeugend. So stehen sich die Wertminderung der Kaufsache und die Gebrauchsvorteile des Käufers gerade nicht spiegelbildlich gegenüber, weshalb erstere nicht die Abschöpfung der letzteren zu rechtfertigen vermag.[382] Davon abgesehen geht dieser Einwand von einer falschen Prämisse aus. Nämlich dass der Verkäufer nur durch eine neue Sache nachliefern kann[383], denn nur in diesem Fall würde der Wertverlust der bislang genutzten Kaufsache auf den Verkäufer übergehen. Wenn es aber dem Verkäufer ebenso gut möglich ist, eine Sache mit vergleichbarem Abnutzungsgrad nachzuliefern[384], ist nicht einzusehen, warum der Käufer den Wertverlust für die Vergangenheit – auf welche Weise auch immer – ersetzen müsste. Ebenso unausgewogen erscheint es, wenn der durch Nachlieferung bereicherte Käufer einem Ersatzanspruch des Verkäufers ausgesetzt ist, während derjenige, der seine Bereicherung durch *Nachbesserung* der Kaufsache erlangt hat, diese behalten darf.[385] Verfehlt ist jedoch insbesondere der Ansatz,

380 Vgl. *Muthorst*, ZGS 2006, 90 (91); *Osterloh-Konrad*, CR 2008, 545 (549); *Woitkewitsch*, VuR 2005, 1 (2). Dagegen scheinen *Jacobs*, in: Dauner-Lieb /Konzen / Schmidt, aaO (Fn. 163), S. 393 oder etwa *Skamel*, aaO (Fn. 60), S. 216 und *Tonner / Crellwitz /Echtermeyer*, in: Micklitz /Pfeiffer /Tonner (u. a.), aaO (Fn. 62), S. 321 f. sowie *v. Westphalen*, in: Henssler /von Westphalen, Praxis der Schuldrechtsreform, § 439, Rn. 28 diesen Unterschied zu übersehen, wenn sie behaupten, dass § 439 Abs. 4 BGB a. F. bzw. § 439 Abs. 5 BGB n. F. nur die alte Rechtslage zu § 480 Abs. 1 S. 2 BGB a. F. fortschreibe. Ähnlich ungenau sind auch die Ausführungen des Gesetzgebers, vgl. BT-Drucks. 14/6040, S. 232 f. Zur Rechtslage im alten Recht vgl. *Esser / Weyers*, SchuldR, Bd. 2/1, 8. Aufl. (1998), § 5 IV 2 (S. 55); *Larenz*, SchuldR, Bd. 2/1, 13. Aufl. (1986), § 41 III (S. 78); Staudinger[1995]-*Honsell*, § 480, Rn. 17 iVm. § 467, Rn. 29.

381 *Fest*, NJW 2005, 2959 (2960).

382 Vgl. *Ball*, NZV 2004, 217 (222).

383 Zu dieser Frage noch später.

384 Vgl. nur *Schulte-Nölke*, ZGS 2008, 41.

385 Ebenso: AnwKom[3]-*Büdenbender*, § 439, Rn. 48; *Beck*, JR 2006, 177 (179); *Fischinger*, Jura 2007, 606 (609); *Grohmann /Gruschinske*, VuR 2007, 12 (13); *Herrler /Tomasic*, ZGS 2007, 209 (210 f.). Dass eine unverdiente Bereicherung des Käufers durch den Einbau eines neuwertigen Erstzteils in der Praxis durchaus vorkommt, belegt nicht zuletzt der Fall des LG Münster, DAR 2009, 531.

Nutzungsersatz für die Zeitspanne zwischen der ursprünglichen Lieferung der mangelhaften Kaufsache und der Nachlieferung des mangelfreien Gutes zu verlangen. Hat der Käufer nämlich die ursprüngliche Leistung *und* die Nutzungen herauszugeben, steht er schlussendlich so, als habe er die vertraglich vereinbarte Leistung erstmalig zum Zeitpunkt der Nachlieferung erhalten.[386] Auf diese Weise wird der für den Kaufvertrag maßgebliche Erfüllungszeitpunkt auf den Augenblick der Nachlieferung hinausgeschoben.[387] Diese eigenmächtige zeitliche Neuausrichtung des Kaufvertrages durch den Gesetzgeber dürfte weder dem Interesse noch dem tatsächlichen oder mutmaßlichen Willen der Vertragsparteien entsprechen[388], zumal der Käufer an die vorrangige Nacherfüllung alternativlos gebunden ist.[389] Ferner ist der Kaufvertrag üblicherweise auf eine kurzfristige Bedarfsdeckung *im Zeitpunkt des Gefahrüberganges* ausgelegt.[390] Weil also der Austausch von Ware gegen Geld *zeitbezogen* ist, kann der Erfüllungszeitpunkt nicht beliebig hinausgeschoben werden.[391] In Ansehung der Zeitbezogenheit des Austauschverhältnisses geht schließlich auch das Argument fehl, dass der Käufer seinen Kaufpreis lediglich für den Gegenstand bezahlt habe, den er *endgültig* behalten dürfe (vgl. § 433 Abs. 1 S. 1 BGB) und dass er deshalb die nur vorübergehend geleistete Sache nicht unentgeltlich hätte nutzen dürfen.[392] Der Käufer zahlt den Kaufpreis, um *im Zeitpunkt des (ersten) Gefahrüberganges* die Kaufsache nutzen zu können, unabhängig davon, ob diese Sache im Wege der Nacherfüllung später repariert oder ausgetauscht werden muss (vgl. § 446 S. 2 BGB).[393] Kommt

386 So auch: *Muthorst*, ZGS 2006, 90 (93).

387 Vgl. *Grohmann /Gruschinske*, VuR 2007, 12 (13).

388 Vgl. *Ball*, NZV 2004, 217 (222); *Beck*, JR 2006, 177 (180); *Herrler /Tomasic*, Anm. z. BGH, ZIP 2009, 176 (183); *dies.*, BB 2008, 1245 (1246); *dies.*, ZGS 2007, 209 (210); *Osterloh-Konrad*, CR 2008, 545 (549).

389 Siehe auch: *Gsell*, JuS 2006, 203 (204).

390 Vgl. *Bruns*, NZV 2006, 640 (642); *Gsell*, JuS 2006, 203 (204). Vgl. iÜ. die Ausführungen zum Typus des Kaufvertrages, F I. Dies wird nicht zuletzt dadurch deutlich, dass der Käufer bereits nach erfolglosem Ablauf einer angemessenen Nachfrist vom Vertrag zurücktreten bzw. Schadensersatz statt der Leistung fordern kann (§§ 323, 281 BGB), vgl. *Gsell*, NJW 2003, 1969 (1970). Weiterhin besteht die Möglichkeit ein absolutes oder relatives Fixgeschäft zu vereinbaren, was das Fristsetzungserfordernis gänzlich entfallen ließe.

391 Ebenso: *Gsell*, NJW 2003, 1969 (1970); *Muthorst*, ZGS 2006, 90 (94).

392 So aber *Fest*, NJW 2005, 2959 (2960 f.); *Reischl*, JuS 2003, 667 (668).

393 Vgl. *Bruns*, NZV 2006, 640 f.; *Grohmann /Gruschinske*, VuR 2007, 12 (13); *Gsell*, Anm. z. BGH, JZ 2009, 518 (525); *Thode*, Anm. z. BGH, BGHReport 2006, 1449 (1452); *Unberath*, ZEuP 2005, 5 (35); a. A. *Fest*, NJW 2005, 2959 (2961).

der Käufer durch die mangelbehaftete Sache in den Genuss etwaiger Gebrauchsvorteile, so erhält er genau das, wofür er bezahlt hat.[394] Weiterhin vermag der Nutzungsersatz auch nicht zuverlässig *jede* ungerechtfertigte Bereicherung des Käufers abzuschöpfen.[395] War dieser nämlich zum Zeitpunkt des Gefahrübergangs erkrankt und konnte deswegen die Kaufsache nicht nutzen, weshalb er ihre Mangelhaftigkeit erst viele Monate später entdeckt hat, so wird auch er durch die längere Nutzungsdauer aufgrund der Nacherfüllung des Verkäufers bereichert. Gleichwohl müsste er keinen Nutzungsersatz leisten, da er in der Vergangenheit weder Nutzungen gezogen, noch das Ziehen von Nutzungen in vorwerfbarer Weise unterlassen hat.[396] Der Grund für dieses merkwürdige Ergebnis ist in Folgendem zu sehen: Die Bereicherung durch Nacherfüllung besteht typischerweise darin, dass die neue bzw. mit neuen Ersatzteilen versehene Sache eine längere Haltbarkeit aufweist, als eine von Anfang an mangelfreie, zu diesem Zeitpunkt aber bereits abgenutzte Sache. Nimmt man die anfänglich mangelfreie Leistung des Verkäufers zum Maßstab, ist der Käufer also dadurch bereichert, dass er den erworbenen Gegenstand länger gebrauchen kann. Damit liegt die Bereicherung aber in der *Zukunft* und nicht in der Vergangenheit.[397] Indem der Nutzungsersatz auf die Vergangenheit gerichtet ist, eignet er sich nicht, für eine zuverlässige und gerechte Abschöpfung der erlangten Bereicherung des Käufers.[398] Im Gegenteil: Mit der Pflicht zur Herausgabe der Nutzungen für die Vergangenheit steht der Käufer schlechter, als bei anfänglich ordnungsgemäßer Leistung des Verkäufers, denn aus der reparierten bzw. nachgelieferten Kaufsache kann er keine Nutzungen für die Vergangenheit mehr ziehen.[399]

bb) Vorteilsausgleichung / „neu für alt"

Geht es um die Abschöpfung künftiger Vorteile, spricht dies eher für einen Ausgleich nach den Grundsätzen der sog. Vorteilsausgleichung.[400] Auf diese Weise würde man die Wertung des § 446 S. 2 BGB respektieren, der dem Käufer die Nutzungen ab Gefahrübergang belässt, andererseits aber die Tatsache, dass

394 Vgl. *Gsell*, Anm. z. BGH, JZ 2009, 518 (525); *Woitkewitsch*, VuR 2005, 1 (3).

395 Vgl. *Kohler*, ZGS 2004, 48 (53).

396 *Kohler*, ZGS 2004, 48 (53).

397 So auch: *Beck*, JR 2006, 177 (178); *Herresthal*, in: Langenbucher, aaO (Fn. 30), § 2, Rn. 161; *Osterloh-Konrad*, CR 2008, 545 (549); *Schulze /Ebers*, JuS 2004, 366 (369); *Woitkewitsch*, VuR 2005, 1 (3). Vgl. bereits F III 1.

398 Ebenso: *Osterloh-Konrad*, CR 2008, 545 (549).

399 Vgl. *Beck*, JR 2006, 177 (179).

400 Vgl. *Herrler /Tomasic*, ZGS 2007, 209 (212).

der Käufer durch die Nacherfüllung mehr erhält, als ihm eigentlich zusteht, nicht unberücksichtigt lassen.[401] Völlig unbewiesen und daher in seiner Pauschalität zumindest zweifelhaft ist jedenfalls der Einwand, dass eine Vorteilsausgleichung schon deshalb nicht in Betracht komme, weil die Vorteile, die der Käufer durch die längere Nutzungsdauer erhält, durch die Nachteile, die mit der verspäteten Lieferung des Verkäufers verbunden seien[402], aufgezehrt würden.[403] Die offenkundig vorhandene Bereicherung des Käufers durch die längere Gebrauchsdauer der nachgebesserten bzw. –gelieferten Kaufsache lässt sich zudem nicht durch die Behauptung rechtfertigen, dass der Verkäufer laut Art. 3 Abs. 1 der Verbrauchsgüterkaufrichtlinie nun mal für jede Vertragswidrigkeit *haften* müsse.[404] Damit wäre lediglich geklärt, dass der Verkäufer nacherfüllungsbedingte Nachteile kompensieren muss. Dies sagt jedoch nichts darüber aus, warum dem Käufer zudem auch nacherfüllungsbedingte *Vorteile* erhalten bleiben sollen.[405] Häufig ist zu hören, der Verbraucher erhalte im Wege der Nacherfüllung nur die vertraglich vereinbarte Leistung und es bestehe kein Grund für eine bereicherungsrechtliche Korrektur seines Vermögens.[406] Gerade die zuletzt genannte Aussage wirkt auf den ersten Blick plausibel und ist daher umso irreführender. Wird etwa ein Kaufvertrag über einen Neuwagen geschlossen und erhält der Käufer im Wege der Nachlieferung (erneut) ein fabrikneues Modell, so weist selbiges exakt die vertraglich vereinbarte Beschaffenheit auf. Es fragt sich also, warum der Käufer durch den Erhalt einer solchen Sache „ungerechtfertigt bereichert" sein soll. Diese vereinfachte Sichtweise lässt jedoch den Umstand außer Acht, dass der Käufer den mangelfreien Vertragsgegenstand nicht zum vertraglich vereinbarten Zeitpunkt, sondern mitunter sehr viel später erlangt. Der Kaufvertrag ist jedoch auf einen Leistungsaustausch zu einem bestimmten Zeitpunkt ausgelegt (s. o.). Will man diese typische Rückbindung an die Leistungszeit nicht künstlich aufbrechen, ist es nach einem misslungenen ersten Erfüllungsversuch nicht mehr möglich, durch den Einbau neuwertiger Ersatzteile bzw. durch die Nachlieferung einer neuwertigen Kaufsache zu einem späteren Zeitpunkt den Zustand einer ord-

401 Ebenso: *Gsell*, JuS 2006, 203 (204).

402 Angeführt wird etwa die technische und modische Veraltung der Kaufsache bzw. die kürzere Verjährungsfrist, vgl. *Roth*, JZ 2001, 475 (489).

403 So aber: *Mörsdorf*, ZIP 2008, 1409 (1412).

404 EuGH, Slg. 2008, I-2713, Rn. 40.

405 Vgl. *Mörsdorf*, ZIP 2008, 1409 (1411).

406 EuGH, Slg. 2008, I-2713, Rn. 41; GA *Trstenjak*, Schlussantrag v. 15.11.2007, ZGS 2008, 61 (67 f.).

nungsgemäßen Erfüllung von Anfang an herbeizuführen. Aufgrund zeitlicher Progression hätte der Käufer nämlich bei anfänglich ordnungsgemäßer Leistung zum Zeitpunkt der Nacherfüllung eine bereits abgenutzte, aber mangelfreie Kaufsache gehabt. Das sich der zuerst geleistete Kaufgegenstand zum Zeitpunkt der Nacherfüllung aufgrund eines Mangels bei Gefahrübergang nicht in diesem Zustand befindet ist eine Vertragswidrigkeit, für die der Verkäufer nach Art. 3 Abs. 1 der Verbrauchsgüterkaufrichtlinie einstehen muss. Allerdings kann der Käufer nur verlangen, so gestellt zu werden, als habe der Verkäufer *von Anfang an* korrekt – d.h. frei von Sach- und Rechtsmängeln – erfüllt.[407] Das heißt für die Nachbesserung, dass der Mangel beseitigt wird. Auf welche Weise dies zu geschehen hat, ist Sache des Verkäufers.[408] Freilich darf es im Rahmen der Nachbesserung nicht zu einer (weiteren) Verschlechterung der Sache kommen[409], doch schließt dies nicht zwingend aus, dass der Verkäufer hierfür auch Ersatzteile verwendet, welche einen mit der Gesamtsache zu diesem Zeitpunkt vergleichbaren Alterungs- und Gebrauchszustand aufweisen.[410] Für die Nachlieferung gilt, dass der Verkäufer eine mangelfreie Kaufsache leisten muss, welche jedoch keinesfalls neuwertig zu sein braucht.[411]

---

407 BGHZ 177, 224 (233); *Donou*, Erfüllung und Nacherfüllung, 2006, S. 74 f.; PWW[13]-*D. Schmidt*, § 439, Rn. 34; *Rohlfing*, GPR 2007, 80 (84); *Unberath*, ZEuP 2005, 5 (34 f.). Freilich ist es dem Käufer nicht möglich, über § 439 Abs. 2 BGB – verschuldensunabhängig – Vermögensschäden über die Nacherfüllung zu liquidieren, welche über den bloßen Mangelunwert der zuerst geleisteten Sache (und damit über das Erfüllungsinteresse) hinausgehen, vgl. BGHZ 177, 224 (231 f.).

408 So auch: *Fikentscher /Heinemann*, SchuldR[10] (2006), Rn. 859; *Grunewald*, aaO (Fn. 4), § 9, Rn. 34; *Looschelders*, SBT[11] (2016), Rn. 88; MüKo[7]-*H. P. Westermann*, § 439, Rn. 4; PWW[13]-*D. Schmidt*, § 439, Rn. 13; *Reinicke /Tiedtke*, aaO (Fn. 115), Rn. 418; Staudinger[2013]-*Matusche-Beckmann*, § 439, Rn. 31; a. A. *Jacobs*, in: Dauner-Lieb / Konzen /Schmidt, aaO (Fn. 163), S. 377; *Oechsler*, aaO (Fn. 3), § 2, Rn. 139.

409 Vgl. Erman[15]-*Grunewald*, § 439, Rn. 2; MüKo[7]-*H. P. Westermann*, § 439, Rn. 10.

410 Ebenso: LG Münster, DAR 2009, 531 (532 f.); AG Kenzingen, SVR 2004, 276; *Ball*, NZV 2004, 217 (218); MüKo[7]-*H. P. Westermann*, § 439, Rn. 18; a. A. OLG Celle, NJW 2013, 2203; *Reinking /Eggert*, Der Autokauf[13] (2017), Rn. 700 (Neuwagen).

411 So auch: *Donou*, aaO (Fn. 409), S. 73; *Gsell*, NJW 2003, 1969 (1974); *Unberath*, ZEuP 2005, 5 (36 u. 41). Dem zustimmend: *Grohmann /Gruschinske*, VuR 2007, 12 (16) – die jedoch eine Nachlieferung *„alt für alt"* für unpraktikabel halten; *Schulte-Nölke*, ZGS 2008, 41. Andere lehnen eine Nachlieferung durch gebrauchte Sachen ab, vgl. *Ball*, NZV 2004, 217 (218); *Bruns*, NZV 2006, 640 (644); *Wagner /Michal*, ZGS 2005, 368 (374). Selbst der BGH scheint diese vorgehensweise abzulehnen wenn er meint: *„Die Ersatzlieferung erfordert daher eine vollständige Wiederholung der Leistungen, zu denen der Verkäufer nach § 433 Abs. 1 S. 1 und S. 2 BGB verpflichtet ist"*, BGHZ 177,

Andernfalls wäre der Abstand zur Nachbesserung zu groß. Diese beschränkt sich nämlich auf die Beseitigung des geltend gemachten Mangels, nicht dagegen auf die Rückversetzung der Kaufsache in den Zustand bei Gefahrübergang.[412] Dass der Austausch „*alt für alt*" schon längst in der geltenden Rechtsordnung angekommen ist, beweist ein vergleichender Blick auf das Schadensrecht, wo im Fall der Zerstörung einer vertretbaren Sache die Naturalrestitution durch die Beschaffung einer Ersatzsache mit vergleichbarem Abnutzungsgrad schon lange anerkannt ist.[413] Hinzu kommt, dass sich gerade im Internet in den letzten Jahren ein riesiger Gebrauchtwarenmarkt entwickelt hat.[414] Die Beschaffung industriell gefertigter Gebrauchsgegenstände mit vergleichbarem Abnutzungsgrad wird dadurch immer einfacher und muss deshalb nicht die Ausnahme bleiben.[415] Schließlich darf auch der Umstand nicht unberücksichtigt bleiben, dass eine Nacherfüllung „*alt für alt*" ressourcenschonender ist und damit dem Bestreben, nach einer umweltfreundlichen Abwicklung der Konsumgeschäfte,

---

224 (230). In der gleichen Entscheidung heißt es aber auch, dass der Nacherfüllungsanspruch nur so weit gehe „*wie dies durch die Mangelhaftigkeit der Kaufsache bedingt ist*" und später sogar „*Denn der Leistungsumfang der nach §§ 439 Abs. 1, 433 Abs. 1 BGB geschuldeten Ersatzlieferung ist auf die Verschaffung von Besitz und Eigentum an einer mangelfreien Sache beschränkt*", BGHZ 177, 224 (230). Es bleibt also fraglich, ob der BGH die Nachlieferung „*alt für alt*" kategorisch ausschließt.

Es gibt Stimmen in der Literatur, die eine Nachlieferung „*alt für alt*" nur dann zulassen wollen, wenn die Gebrauchstauglichkeit der zuerst geleisteten Sache nur unerheblich beeinträchtigt gewesen ist (so *Unberath*, ebenda, 5 (41)). Zu beachten ist jedoch, dass wenn die Gebrauchstauglichkeit wesentlich beeinträchtigt gewesen wäre und der Käufer dadurch „handfeste" Nachteile erlitten hätte, eine Ersatzpflicht des Verkäufers über §§ 437 Nr. 3, 280 Abs. 1 BGB bestanden hätte. Zwar besteht hier die Möglichkeit, dass sich der Verkäufer vom Verschuldensvorwurf des § 280 Abs. 1 S. 2 BGB entlasten kann, doch hätte dieses Risiko auch dann bestanden, wenn der Verkäufer gar nicht geleistet hätte, denn dann hätte der Käufer seine Nachteile nur über §§ 280 Abs. 1, Abs. 2 iVm. 286 BGB ersetzt verlangen können. Es ist nicht einzusehen, warum der Käufer bei einer Schlechtleistung des Verkäufers besser stehen sollte, als bei einer Nichtleistung.

412 Vgl. *Donou*, aaO (Fn. 409), S. 74; *Gsell*, NJW 2003, 1969 (1974); PWW[13]-*D. Schmidt*, § 439, Rn. 34; *Schulte-Nölke*, ZGS 2008, 41.

413 BGH, NJW 2005, 1108 (PKW); NJW 1984, 2282 (Modellboot); *Fikentscher /Heinemann*, SchuldR[10] (2006), Rn. 672 (Fn. 2); *Lange /Schiemann*, Schadensersatz[3] (2003), § 5 II 1 (S. 216); Palandt[78]-*Grüneberg*, § 251, Rn. 3; Staudinger /Eckpfeiler[2018]-*Vieweg*, Kap. J, Rn. 39; a. A. *Medicus /Petersen*, BR[26] (2017), Rn. 818.

414 Z.B. ebay oder amazon, vgl. *Donou*, aaO (Fn. 409), S. 81 (Fn. 416).

415 Vgl. LG Münster, DAR 2009, 531 (533).

wie es in diversen Gesetzesvorhaben auf nationaler[416] und europäischer[417] Ebene zum Ausdruck kommt, gerecht wird.[418]

Fraglich ist, ob gegen eine Nacherfüllung „*alt für alt*" spricht, dass der Nacherfüllungsanspruch der modifizierte Erfüllungsanspruch ist[419], weil man mit einer mangelhaften Leistung keine Erfüllung bewirken kann (vgl. § 433 Abs. 1 S. 2 BGB).[420] Immerhin ist der Anspruch aus § 439 Abs. 1 BGB somit auf den gleichen Leistungserfolg wie § 433 Abs. 1 S. 2 BGB gerichtet: Beschaffung einer mangelfreien Sache.[421] Dann wäre es vielleicht nur konsequent, wenn der Käufer einer neuwertigen Sache zum Zeitpunkt der Nacherfüllung auch eine neuwertige und mangelfreie Sache erhält, die er eigentlich bereits zum Zeitpunkt des ersten Gefahrübergangs hätte bekommen müssen. Allerdings ist der maßgebliche Zeitpunkt für die Bestimmung des Mangels der Gefahrübergang. Zum Zeitpunkt des Gefahrübergangs war die Sache nicht in dem Maße abgenutzt, wie dies zum Zeitpunkt der Nacherfüllung der Fall gewesen ist. Folglich ist in der Abnutzung kein Sachmangel iSv. § 434 BGB zu sehen. Der Abnutzungsprozess geht vielmehr vom *Käufer* aus und es ist nicht nachvollziehbar, warum der Verkäufer hierfür ebenfalls einstehen müsste.[422] Für die Nacherfüllung gilt deshalb: Der Mangel, der beim ursprünglichen Gefahrübergang vorlag, muss beseitigt werden.[423] Wenn die nachgelieferte Sache bzw. das einzubauende Ersatzteil im Übrigen gleiche Abnutzungsspuren aufweist, ist dies vom Käufer hinzunehmen, weil es sich nicht um einen (weiteren) Mangel handelt. Folglich kann der Käufer nicht verlangen, zu einem späteren Zeitpunkt erneut eine neuwertige Kaufsache mit entsprechend längerer Gebrauchsdauer zu erhalten, insbesondere dann nicht, wenn er die zuerst geleistete Sache bis zum Zeitpunkt der Geltendmachung des Nacherfüllungsbegehrens in der Regel ohne besondere Einschränkungen nutzen konnte. Ein solches Recht ließe sich auch nicht auf den Wortlaut der Verbrauchsgüterkaufrichtlinie stützen.[424] Von einer Verpflichtung des Verkäufers auszugehen, bis zum

---

416 Altfahrzeugverordnung, BGBl. I 1997, S. 1666.

417 Richtlinie 2002/96/EG v. 27.01.2003 über Elektro- und Elektronik-Altgeräte, ABlEU Nr. L 37 v. 13.02.2003, S. 24.

418 Ebenso: *Donou*, aaO (Fn. 409), S. 81.

419 Vgl. F II 3 b) aa) (1).

420 *Canaris*, in: E. Lorenz, Karlsruher Forum 2002, S. 78; *Kandler*, aaO (Fn. 19), S. 321; Palandt[78]-*Weidenkaff*, § 433, Rn. 21.

421 *Kandler*, aaO (Fn. 19), S. 322.

422 Ebenso: *Donou*, aaO (Fn. 409), S. 73 (Fn. 377).

423 Vgl. *Donou*, aaO (Fn. 409), S. 73; PWW[13]-*D. Schmidt*, § 439, Rn. 34.

424 Ansonsten hätte in Art. 3 Abs. 2, 3 der Verbrauchsgüterkaufrichtlinie beispielsweise stehen müssen, dass der Verkäufer zur Ersatzlieferung einer *neuwertigen* Kaufsache verpflichtet ist.

Ablauf der Gewährleistungsfrist die Kaufsache im Zustand absoluter Neuwertigkeit zu halten, solange nur ein Mangel bei Gefahrübergang vorliegt, würde den Kaufvertrag gänzlich in ein Dauerschuldverhältnis verwandeln. Dies wäre nicht nur für den Käufer ein (unverdientes) Glück und für den Verkäufer eine kaum zu ertragende Belastung, sondern insbesondere nicht mit dem Typus des Kaufvertrages als kurzfristigen Austauschvertrag zur Bedarfsdeckung zu vereinbaren. Um dem Verkäufer gerecht zu werden, muss also auch der erste Leistungsversuch bei der Bestimmung des Umfangs der Nacherfüllung mit einbezogen werden.[425] Jede Verschlechterung der Kaufsache, die nicht mit dem Mangel in Verbindung steht, wie etwa die alltägliche Abnutzung des Gegenstandes, ist nicht vom Verkäufer zu ersetzen, denn er hat bereits beim ersten Gefahrübergang eine – bis auf den Mangel – neuwertige Sache geleistet. Folglich kann weder die Verbrauchsgüterkaufrichtlinie noch das deutsche Kaufrecht Bereicherungen des Käufers durch den Einbau oder der Nachlieferung neuer Sachen rechtfertigen, sofern diese über das zeitlich gebundene Leistungsniveau der Nacherfüllung hinausgehen.[426] Erhält der Käufer also zum Zeitpunkt der Nacherfüllung neuwertige Ersatzteile oder eine neue Sache, so ist das *mehr als ihm zu diesem Zeitpunkt vertraglich zusteht.* Folglich ist er auf Kosten des Verkäufers *ungerechtfertigt bereichert.* Eine andere Frage ist, ob der Verkäufer dem Käufer diese Bereicherung „aufgedrängt" hat.[427]

cc) Bereicherungsausgleich iSv. § 346 Abs. 3 S. 2 BGB

Gegen den Ansatz, die Bereicherungsabschöpfung auf § 346 Abs. 3 S. 2 BGB zu stützen, nachdem man die Nutzungsersatzpflicht durch eine gesamtanaloge Anwendung der in § 346 Abs. 3 S. 1 Nr. 1–3 BGB normierten Ausschlussgründe aufgehoben hat, spricht bereits, dass die Aufzählung in § 346 Abs. 3 S. 1 BGB abschließend ist, weshalb es zumindest an der für den Analogieschluss erforderlichen Planwidrigkeit fehlen dürfte.[428] Ferner ist eine gesamtanaloge Anwendung von § 346 Abs. 3 S. 1 BGB „im Lichte" des § 446 S. 2 BGB viel zu unscharf, weshalb die Rechtsunsicherheit auf diesem Gebiet nur verstärkt würde.

425 Vgl. *Dieckmann*, Der Nacherfüllungsanspruch, 2007, S. 166: „*So kann der Verkäufer beim Erfüllungsanspruch lediglich eine Vollleistung erbringen, um seine Leistungspflicht zu erfüllen. Beim Nacherfüllungsanspruch kann der Verkäufer anstelle der Vollleistung auf die bereits erbrachte Teilleistung aufbauen und eine Restleistung erbringen.*" Ähnlich auch *Unberath*, ZEuP 2005, 5 (35): „*Die Nacherfüllung ist nicht eine völlige Neuerfüllung des Kaufvertrages, sondern eine bloß einseitige Korrektur der bereits erbrachten Leistung*".

426 Vgl. *Rohlfing*, GPR 2007, 80 (84).

427 Dazu später, vgl. F III 3 c).

428 Ebenso: *Osterloh-Conrad*, CR 2008, 545 (550) (Fn. 62).

dd) *Ablehnende Auffassung*

Die Ansicht, welche sämtliche Ersatzansprüche des Verkäufers gegenüber dem Käufer ablehnt, hat zunächst zwei Vorteile auf ihrer Seite: Zum einen ist sie aufgrund ihrer Simplizität praktisch ohne Rechtsunsicherheit anzuwenden und zum anderen bestehen auch keine Bedenken hinsichtlich ihrer Europarechtskonformität, da Art. 8 Abs. 2 der Verbrauchsgüterkaufrichtlinie lediglich eine Mindestharmonisierung vorschreibt, was eine Erhöhung des Verbraucherschutzniveaus zulässt.[429] Positiv hervorzuheben wäre auch, dass auf diese Weise die beiden Nacherfüllungsmodalitäten gleichbehandelt würden. *De lege lata* hat der Gesetzgeber, im Gegensatz zur Nachlieferung, für die Nachbesserung keine Möglichkeit für einen Ersatzanspruch des Verkäufers vorgesehen, was bislang – zumindest bei „blinder Gesetzesanwendung" – für eine Schieflage gesorgt hat.[430] Gegen die ablehnende Auffassung spricht jedoch, dass allein die Tatsache, dass der Verkäufer zunächst eine mangelhafte Leistung erbringt, nicht ausreicht, um jedwede Bereicherung beim Käufer zu belassen. Selbst im Schadensrecht, wo regelmäßig ein schuldhaftes Verhalten des Schädigers zu konstatieren ist, muss sich der Geschädigte etwaige Bereicherungen im Wege der Vorteilsausgleichung anrechnen lassen. Folglich muss dies erst recht im Rahmen der kaufrechtlichen Nacherfüllung gelten, wo ein Verschulden des Verkäufers keine Rolle spielt.[431] Davon abgesehen sollte die Nacherfüllung wertmäßig nicht weiter reichen, als der Schadensersatzanspruch, in den sie jederzeit umschlagen könnte.[432]

Nicht zu unterschätzen ist schließlich auch die Gefahr, dass der Käufer den Ausschluss jedweder Ersatzansprüche des Verkäufers ausnutzt, indem er den Mangel erst kurz vor Ablauf der (nunmehr verlängerten) Gewährleistungsfrist geltend macht, um auf diese Weise von der nacherfüllungsbedingten Verlängerung der Gebrauchsdauer größtmöglich zu profitieren.[433] Möglicherweise erspart er sich auch sämtliche Erhaltungsmaßnahmen aus der Erwägung heraus, dass durch die Nacherfüllung des Verkäufers die Kaufsache ganz oder teilweise erneuert wird. Im Übrigen wäre es sehr kurzsichtig, anzunehmen, dass dem Käufer

---

429 *Herrler /Tomasic*, ZGS 2007, 209 (211). Zwar ist der Schutz des Verbrauchers fraglich, wenn dieser als Verkäufer auftritt, doch dürfte dies idR. nicht in den Anwendungsbereich der Richtlinie fallen, vgl. Art. 1 Abs. 2 lit. c) der Verbrauchsgüterkaufrichtlinie.

430 Vgl. F III 2 e) aa).

431 *Herrler /Tomasic*, ZGS 2007, 209 (211); *Kohler*, ZGS 2004, 48 (52); a. A. *Wagner / Michal*, ZGS 2005, 368 (373).

432 *Brambring*, in: FS Wolfsteiner (2008), S. 6; a.A. LG Münster, DAR 2009, 531 (532).

433 Vgl. *Schürholz*, aaO (Fn. 58), S. 83.

mit der Ablehnung jedweder Ersatzansprüche des Verkäufers tatsächlich geholfen wäre. Vielmehr dürfte langfristig zu erwarten sein, dass die Verkäufer die Verschlechterung ihrer Rechtsstellung und das damit verbundene wirtschaftliche Risiko im Rahmen der Nacherfüllung einpreisen werden, sodass schlussendlich alle Verbraucher für die „Verbesserung" ihres Schutzniveaus bezahlen müssen.[434] In diesem Sinne entpuppt sich der zunächst käuferfreundlich wirkende Ansatz schnell als „*Danaer-Geschenk*".[435]

Im Übrigen überzeugt es kaum, wenn behauptet wird, der Verkäufer sei bereits hinreichend durch den Unverhältnismäßigkeitseinwand in § 439 Abs. 4 BGB bzw. die regelmäßige Verjährung der Gewährleistungsansprüche in 2 Jahren nach § 438 Abs. 1 Nr. 3 BGB geschützt. Zunächst einmal hat sich die regelmäßige Verjährungsfrist im Wege der Schuldrechtsmodernisierung vervierfacht, weshalb der Verkäufer den Gewährleistungsansprüchen des Käufers ungleich länger ausgesetzt ist. Des Weiteren kommt der auf Art. 3 Abs. 3 S. 2 der Verbrauchsgüterkaufrichtlinie beruhende Einwand der Unverhältnismäßigkeit nur dann in Betracht, wenn theoretisch beide Formen der Nacherfüllung noch möglich sind aber die eine Nacherfüllungsalternative im Verhältnis zur anderen unverhältnismäßig erscheint (sog. *relative Unverhältnismäßigkeit*). Kommt von vornherein nur eine Form der Nacherfüllung in Betracht, scheidet dieser Einwand aus.[436] Zwar geht § 439 Abs. 4 S. 3 2. Hs. BGB über das vorgegebene Schutzniveau für den Verkäufer hinaus, indem er auch bei *absoluter Unverhältnismäßigkeit* das Recht des Käufers auf Nacherfüllung ausschließt, doch dürfte solch eine Regelung kaum mit Art. 3 Abs. 3 S. 2 der Verbrauchsgüterkaufrichtlinie vereinbar sein.[437] Im Anwendungsbereich des Verbrauchsgüterkaufs ist insoweit der zwischenzeitlich geschaffene § 475 Abs. 4 BGB zu berücksichtigen.

---

434 So auch: *Felling*, Anm. z. EuGH, MDR 2008, 733 (734); *Herrler /Tomasic*, BB 2008, 1245 (1246 f.); *Möllers /Möhring*, JZ 2008, 919 (921).

435 Die SPD-Fraktion scheint dagegen der Ansicht zu sein, mit dem Ausschluss des Nutzungsersatzes für den Verbrauchsgüterkauf durch den neu geschaffenen § 474 Abs. 5 S. 1 BGB a. F. bzw. § 475 Abs. 3 S. 1 BGB n. F. eine „*verbraucherfreundliche Wertung*" in das BGB übernommen zu haben, vgl. BT-Drucks. 16/10607, S. 5.

436 Vgl. BGH, NJW 2009, 1660 (1661).

437 Ebenso (zur alten Rechtslage): *Herrler /Tomasic*, BB 2008, 1245 (1247). Andere halten dagegen die absolute Unverhältnismäßigkeit für richtlinienkonform, vgl. *S. Lorenz*, NJW 2009, 1633 (1637); Die Frage der Vereinbarkeit von § 439 Abs. 4 S. 3 2. Hs. BGB mit Art. 3 Abs. 3 S. 2 der Verbrauchsgüterkaufrichtlinie wurde dem EuGH vorgelegt, vgl. BGH, NJW 2009, 1660. Für eine solche Vereinbarkeit hat sich der Generalanwalt in seinem Schlussantrag ausgesprochen, vgl. GA Mazák, Schlussantrag v. 18.05.2010, BeckRS 2010, 90583.

3. Entsprechende Anwendung des vertraglichen Bereicherungsverbotes

Nachdem also der Ansatz, die ungerechtfertigte Bereicherung des Käufers überhaupt nicht abzuschöpfen, abzulehnen ist, sich der in § 439 Abs. 5 BGB normierte Ansatz einer Nutzungsersatzpflicht aber aufgrund seiner fehlenden Zukunftsbezogenheit als ungeeignet erwiesen hat, fragt sich nun, wie die in der Literatur diskutierte „Vorteilsausgleichung" praktisch umzusetzen ist.[438] Problematisch erscheint bereits, dass es sich bei den Grundsätzen der Vorteilsausgleichung um ein Instrument handelt, welches im Schadensrecht beheimatet ist. Angesichts abweichender Interessenlagen wäre es nicht unproblematisch, schadensrechtliche Wertungen auf das Vertragsrecht zu übertragen.[439] Im Übrigen darf nicht vergessen werden, dass es sich beim Anspruch auf Nacherfüllung um einen modifizierten Erfüllungsanspruch handelt[440], der nicht einfach mit einem Anspruch auf Schadensersatz gleichgesetzt werden kann. Für Rechtsunsicherheit sorgt schließlich auch die Tatsache, dass es für die Anwendung der Vorteilsausgleichung keine verbindliche Anspruchsgrundlage gibt.[441] Hieraus leiten sich auch methodische

---

Der EuGH stellte jedoch fest, dass Art. 3 Abs. 3 der Verbrauchsgüterkaufrichtlinie in der Weise auszulegen sei, dass neben der Unmöglichkeit nur die relative Unverhältnismäßigkeit erfasst sei. Somit könne der Verkäufer im Falle nur einer bestehenden Abhilfemöglichkeit selbige nicht wegen damit verbundener unverhältnismäßiger Kosten verweigern (EuGH, NJW 2011, 2269; vgl. hierzu auch Staudinger[2013]-*Matusche-Beckmann*, § 439, Rn. 106 ff.).

438 Zum Verhältnis der Grundsätze eines Ausgleichs „neu für alt" zur Vorteilsausgleichung vgl. Fn. 360.

439 Vgl. *Beck*, JR 2006, 177 (181); *Bruns*, NZV 2006, 640 (641); *Früh*, Die „Sowieso-Kosten", 1991, S. 62 f.; *Miller*, Die Entwicklung der Vorteilsausgleichung, 1929, S. 15; *Osterloh-Konrad*, CR 2008, 545 (550); *Wagner /Michal*, VuR 2006, 46 (49); *dies.*, ZGS 2005, 368 (373); für das Werkvertragsrecht: *Früh*, BauR 1992, 160 (162); *Haerendel*, Sowieso-Kosten, 1999, S. 35; a. A. *Gross*, in: FS Korbion (1986), S. 126; *Rohlfing*, GPR 2007, 80 (84); *Tomic*, aaO (Fn. 345), S. 98 f. (letzterer verweist jedoch auf den Vorrang vertraglicher Vereinbarungen). Andere dagegen wollen lediglich den der Vorteilsausgleichung zugrunde liegenden Gedanken des *„bereicherungsrechtlichen Gerechtigkeitsgebotes"* auf die vorliegende Problematik übertragen, vgl. *Grohmann / Gruschinske*, VuR 2007, 12 (15); Zur Übertragung der Vorteilsausgleichung auf das Vertragsrecht vgl. bereits E II 2 c) bb).

440 Vgl. F II 3 b) aa) (1).

441 *Beck*, JR 2006, 177 (181); *Gsell*, NJW 2003, 1969 (1971); *Osterloh-Konrad*, CR 2008, 545 (550); *Wagner /Michal*, VuR 2006, 46 (48); *dies.*, ZGS 2005, 368 (373); *Woitkewitsch*, VuR 2005, 1 (5). Für das Werkvertragsrecht: *Früh*, BauR 1992, 160 (162). Vereinzelt

Bedenken gegen eine Ausweitung der Vorteilsausgleichung auf das Vertragsrecht ab. So kann eine einzelne Vorschrift analog angewendet werden, oder aber ein mehreren Normen innewohnender Rechtsgedanke über eine Gesamtanalogie auf einen anderen Problemkreis übertragen werden, doch ist es nicht möglich, einen Grundsatz, der keinen Widerhall im Gesetz gefunden hat, „entsprechend" auf ein anderes Rechtsgebiet zu übertragen.[442]

Statt sich unmittelbar auf die Vorteilsausgleichung zu stützen, könnte erwogen werden, aus dem *Kerngedanken* dieses schadensrechtlichen Instituts, nämlich dem Bereicherungsverbot[443] „Honig zu saugen" und ihn über eine gesamtanaloge Anwendung der vertraglichen Anrechnungsvorschriften zur Wirkung zu bringen. Dieses setzt freilich wieder eine planwidrige Regelungslücke sowie eine vergleichbare Interessenlage voraus.

a) Planwidrige Regelungslücke

Nachdem es in der Frage der Abschöpfung einer durch Nacherfüllung erlangten ungerechtfertigten Bereicherung des Käufers sowohl eine Gesetzesnovellierung (vgl. § 474 Abs. 5 S. 1 BGB a. F. = § 475 Abs. 3 S. 1 BGB n. F.)[444] als auch eine höchstrichterliche Entscheidung auf europäischer Ebene gegeben hat[445], ist es zunächst erforderlich, zu bestimmen, ob es überhaupt noch eine *planwidrige*

---

wird erwogen, die Abschöpfung der Bereicherung des Käufers auf § 812 Abs. 1 S. 1 BGB zu stützen, vgl. *Grohmann /Gruschinske*, VuR 2007, 12 (15); a.A. *Bruns*, NZV 2006, 640 (641); *Osterloh-Konrad*, CR 2008, 545 (550); *Woitkewitsch*, VuR 2005, 1 (5). Indes hat sich der historische Gesetzgeber bewusst gegen eine gesetzliche Regelung der Vorteilsausgleichung im Schadensrecht entschieden und stattdessen die Ausgestaltung der Anrechnung von Vorteilen Rechtsprechung und Literatur überlassen, vgl. Motive II, S. 18 f.

Oftmals bleibt den Vertretern der Vorteilsausgleichung nichts anderes übrig, als sich auf § 242 BGB zu berufen, vgl. BGHZ 91, 206 (210).

442 Vgl. *Früh*, BauR 1992, 160 (162). Auch der historische Gesetzgeber, der die nähere Ausgestaltung der Vorteilsausgleichung Rechtsprechung und Literatur überlassen hat, ging stets von einer Anrechnung von Vorteilen im Rahmen eines bestehenden *Schadensersatzanspruches* aus, vgl. Motive II, S. 18 f.

443 Vgl. bereits E II 2 b) bb). Das es bei der Vorteilsausgleichung primär um die Umsetzung des Bereicherungsverbotes geht, ist auch im Schrifttum zum Nutzungsersatz bereits vielfach erkannt worden, vgl. *Grohmann /Gruschinske*, VuR 2007, 12 (15); *Gsell*, JuS 2006, 203 (204 f.); *dies.*, NJW 2003, 1969 (1971) (Fn. 16); *Kohler*, ZGS 2004, 48 (53); *Wagner /Michal*, ZGS 2005, 368 (370).

444 BGBl. 2008 I, S. 2399.

445 EuGH, Slg. 2008, I-2713.

Regelungslücke für eine entsprechende Anwendung des vertraglichen Bereicherungsverbotes gibt.

Den Ausgangspunkt für die nachfolgende Betrachtung bildet zunächst der neu geschaffene § 475 Abs. 3 S. 1 BGB (= § 474 Abs. 5 S. 1 BGB a. F.). Er schließt die in § 439 Abs. 5 BGB für die Nachlieferung vorgesehene Nutzungsersatzpflicht des Käufers im Falle eines Verbrauchsgüterkaufes aus. Fraglich ist, ob damit auch eine Abschöpfung der ungerechtfertigten Bereicherung in Gestalt einer längeren Nutzungsdauer der Kaufsache ausgeschlossen ist. Trotz der Tatsache, dass eine Bereicherungshaftung des Käufers in diesem Zusammenhang verschiedentlich in Rechtsprechung und Literatur diskutiert wurde[446], ergibt sich weder aus dem Wortlaut von § 475 Abs. 3 S. 1 BGB n. F. noch aus den Gesetzesmaterialien[447] ein Hinweis darauf, dass zugleich die Abschöpfung einer künftigen Bereicherung des Käufers untersagt ist. Allerdings bekundet der nationale Gesetzgeber in seinem Reparaturgesetz „*zähneknirschend*“[448], der Entscheidung des EuGH zum Nutzungsersatz[449] Rechnung tragen zu wollen.[450] Der EuGH wiederum lehnt die Anwendung alternativer Abschöpfungsinstrumente in wohltuender Eindeutigkeit ab, wenn er sagt: „*Der Verbraucher, der seinerseits den Kaufpreis gezahlt und damit seine vertragliche Verpflichtung ordnungsgemäß erfüllt hat, wird durch die Erlangung eines neuen Verbrauchsguts als Ersatz für das vertragswidrige Verbrauchsgut nicht ungerechtfertigt bereichert.*“[451] Man mag dieser These berechtigterweise kritisch gegenüberstehen[452], doch ändert dies nichts an ihrer

446 Vgl. F III 2 b) /c).

447 Völlig zu Recht wird die mangelnde Auseinandersetzung des nationalen Gesetzgebers mit den verschiedenen Ansichten zum Nutzungsersatz iSv. § 439 Abs. 5 BGB kritisiert, vgl. *Artz*, ZGS 2009, 241.

448 *Artz*, ZGS 2009, 241.

449 EuGH, Slg. 2008, I-2713.

450 BT-Drucks. 16/10607, S. 5. Zur Notwendigkeit, das EuGH-Urteil durch die Legislative im Interesse der Rechtsklarheit umzusetzen vgl. *Möllers /Möhring*, JZ 2008, 919 (921).

451 EuGH, Slg. 2008, I-2713, Rn. 41.

452 Vgl. *Herresthal*, NJW 2008, 2475 (2476), der dem EuGH schlicht die Zuständigkeit für die Beurteilung der Frage, ob der Käufer ungerechtfertigt bereichert ist, abspricht. Kritisch auch: *Gsell*, Anm. z. BGH, JZ 2009, 518 (525); *Herrler /Tomasic*, Anm. z. BGH, ZIP 2009, 176 (183); *dies.*, BB 2008, 1245 (1246); *Möllers /Möhring*, JZ 2008, 919 (921). So wird der Käufer durch den Einbau neuwertiger Ersatzteile bzw. durch die Nachlieferung eines neuen Kaufgegenstandes über die damit verbundene längere Nutzungsmöglichkeit bereichert. Diese Bereicherung lässt sich – entgegen der Ansicht des EuGH – auch nicht durch die Verbrauchsgüterkaufrichtlinie, oder das deutsche Kaufrecht legitimieren, weshalb sie *ungerechtfertigt* ist (s. o.).

Bindungswirkung.[453] Indem das Gericht eine ungerechtfertigte Bereicherung des Käufers durch den Erhalt einer neuwertigen Sache leugnet, entzieht es dem Ansatz, eine etwaige Bereicherung des Käufers abzuschöpfen, die Grundlage.[454] Überdies ist im Wege eines Erst-Recht-Schlusses anzunehmen, dass das Gericht auch eine ungerechtfertigte Bereicherung des Käufers durch die Verwendung neuwertiger Ersatzteile im Rahmen der Nachbesserung leugnet. Zudem stellt der EuGH an anderer Stelle klar, *„dass jede finanzielle Forderung des Verkäufers im Rahmen der Erfüllung seiner Verpflichtung zur Herstellung des vertragsmäßigen Zustands des Verbrauchsguts...ausgeschlossen ist“*.[455] Folglich wird sich im Anwendungsbereich der Verbrauchsgüterkaufrichtlinie in nächster Zukunft eine Bereicherungsabschöpfung beim Verbraucher praktisch nicht durchsetzen lassen. Sie würde dem vom nationalen Gesetzgeber klar zum Ausdruck gebrachten Willen, das Urteil des EuGH umzusetzen, widersprechen.

---

453 So auch *S. Lorenz*, Anm. z. EuGH, DAR 2008, 330 (*„Luxemburg locuta, causa finita!“*). Die Bindungswirkung der EuGH-Entscheidung ist von der Rechtskraft im engeren Sinne zu unterscheiden. Letztere entfaltet sich nur in dem Verfahren, aus dem die Vorlage heraus erfolgt ist. Die darüber hinausgehende Bindungswirkung beruht auf der Tatsache, dass der EuGH gem. Art. 19 Abs. 3 lit. b) EUV (idF. v. Lissabon; früher Art. 234 EGV) das Auslegungsmonopol für das Gemeinschaftsprivatrecht innehat. Weil also die nationalen Gerichte das Gemeinschaftsprivatrecht nicht selbst auslegen dürfen, müssen sie zwangsläufig der Lesart des EuGH folgen. Verstärkt wird diese Bindung an den EuGH durch die Pflicht zur Gemeinschaftstreue, welche sich aus Art. 4 Abs. 3 EUV (idF. v. Lissabon; früher Art. 10 EGV) ergibt, vgl. (zu Art. 10 EGV) *Heiderhoff*, aaO (Fn. 29), S. 79 ff.

454 Völlig unbeeindruckt von dieser eindeutigen Stellungnahme des EuGH wollen *Herrler /Tomasic* weiterhin eine Bereicherungsabschöpfung im Anwendungsbereich der Verbrauchsgüterkaufrichtlinie zulassen, *dies.*, BB 2008, 1245 (1248). So habe der EuGH ausschließlich die Nutzungsersatzpflicht iSv. § 439 Abs. 4 BGB a. F. (= 439 Abs. 5 BGB n. F.) iVm. § 346 f. BGB im Blick gehabt. Außerdem sei weder im Schlussantrag der Generalanwältin noch im Vorlagebeschluss des BGH auf eine Bereicherungshaftung des Käufers eingegangen worden. Dagegen ist jedoch einzuwenden, dass sich die Generalanwältin in ihrem Schlussantrag sehr wohl zu einer etwaigen Bereicherungshaftung des Käufers äußert, wenn sie schreibt, dass *„In der vorliegenden Rechtssache...sich auch nicht behaupten [lasse], dass der Verbraucher ungerechtfertigt bereichert sei.“* (GA *Trstenjak*, Schlussantrag v. 15.11.2007, ZGS 2008, 61 (67)). Weiterhin ist es unwahrscheinlich, dass der EuGH ausschließlich den Nutzungsersatz gemeint hat, wenn er klarstellt, dass *„jede finanzielle Forderung des Verkäufers... ausgeschlossen“* sei (EuGH, NJW 2008, 1433 (1434)).

455 EuGH, NJW 2008, 1433 (1434) (Hervorhebung durch Verfasser.).

Fraglich ist jedoch, ob bei Kaufverträgen, welche *nicht* in den Anwendungsbereich von § 474 Abs. 1 BGB fallen, die Nutzungsersatzpflicht iSv. § 439 Abs. 5 BGB im Wege teleologischer Reduktion beseitigt und stattdessen ein Bereicherungsausgleich auf der Grundlage der §§ 326 Abs. 2 S. 2, 537 Abs. 1 S. 2, 615 S. 2, 648 S. 2 BGB, § 11 KSchG, § 415 Abs. 2 S. 1 Nr. 1 HGB vorgenommen werden kann. Dagegen könnte ein Umkehrschluss auf der Grundlage des neu geschaffenen § 475 Abs. 3 S. 1 BGB n. F. sprechen. Indem der Gesetzgeber den Nutzungsersatz iSv. § 439 Abs. 5 BGB für den Verbrauchsgüterkauf ausschließt, scheint er ihn im Gegenzug für alle anderen Kaufverträge grundsätzlich zu bejahen. Die Gesetzesmaterialien zu diesem „Reparaturgesetz" offenbaren jedoch, dass der Gesetzgeber lediglich die Rechtsauffassung des EuGH zum Nutzungsersatz beim Kauf transparent umsetzen wollte, um einer drohenden Staatshaftung zu entgehen.[456] Mit dem eigentlichen Problem einer Abschöpfung der im Wege der Nacherfüllung angefallenen Bereicherung beim Käufer hat er sich nicht auseinandergesetzt.[457] Dieser Eindruck speist sich nicht zuletzt aus der Behauptung des Gesetzgebers, ein Nutzungsersatz bei Nachlieferung sei in der deutschen Rechtswissenschaft nach *„allgemeiner Meinung"*[458] anerkannt.[459] Das mittlerweile eine Vielzahl von alternativen Lösungsmöglichkeiten entwickelt wurden[460] und auch die nationalen Gerichte dem Nutzungsersatz beim Kauf überaus kritisch gegenüberstehen[461], bleibt unerwähnt. Wenn aber der Gesetzgeber mit seinem Reparaturgesetz lediglich der Entscheidung des EuGH Rechnung tragen wollte, ohne sich mit dem Problem *grundsätzlich* auseinanderzusetzen, hat der in § 475 Abs. 3 S. 1 BGB n. F. zum Ausdruck gebrachte Wille der Legislative keine über den Verbrauchsgüterkauf hinausgehende Bindungswirkung.[462]

Freilich darf nicht vergessen werden, dass die Anwendung eines Bereicherungsausgleichs außerhalb des Verbrauchsgüterkaufs zu einer gespaltenen Auslegung des deutschen Kaufrechts führen würde. Allerdings war es der nationale Gesetzgeber, der den Grundstein für eine gespaltene Auslegung gelegt hat, indem er den Nutzungsersatz im Rahmen der Nachlieferung nur für den Verbrauchs-

456 Zur drohenden Staatshaftung wegen nicht korrekter Umsetzung der Verbrauchsgüterkaufrichtlinie vgl. *Staudinger*, Anm. z. EuGH, ZJS 2008, 309 (311).

457 *Artz*, ZGS 2009, 241; *Gsell*, Anm. z. BGH, JZ 2009, 518 (526).

458 BT-Drucks. 16/10607, S. 5.

459 Vgl. *Artz*, ZGS 2009, 241; *Gsell*, Anm. z. BGH, JZ 2009, 518 (526) (Fn. 48).

460 Vgl. F III 2 b) – d).

461 BGH, NJW 2009, 427; OLG Nürnberg, NJW 2005, 3000; LG Nürnberg-Fürth, NJW 2005, 2558.

462 So auch: *Gsell*, Anm. z. BGH, JZ 2009, 518 (526).

güterkauf untersagt hat. Schließlich sprechen sich auch der BGH[463] sowie ein Großteil des Schrifttums[464] grundsätzlich für eine gespaltene Auslegung des nationalen Kaufrechts in dieser Frage aus. Indes ist eine gesonderte Behandlung des Verbrauchsgüterkaufs aus Wertungsgesichtspunkten durchaus vertretbar.[465] So ist der Verbraucherkäufer nunmehr vor sämtlichen nacherfüllungsbedingten Ersatzansprüchen des Verkäufers geschützt.[466] Jedenfalls sollten Bereicherungsansprüche des Verkäufers dann nicht kategorisch ausgeschlossen sein, wenn dieser selbst ein Verbraucher, oder aber der Käufer ein Unternehmer ist. Es soll zudem nicht unerwähnt bleiben, dass trotz gespaltener Auslegung des deutschen Kaufrechts die Anwendung des Bereicherungsverbotes außerhalb des Verbrauchsgüterkaufes die einheitliche rechtliche Behandlung der Bereicherung des Käufers gewährleisten würde, sei es, dass diese durch Nachlieferung oder Nachbesserung erlangt wurde.[467]

Die Tatsache, dass einer etwaigen Regelungslücke kein Umkehrschluss aus § 475 Abs. 3 S. 1 BGB n. F. entgegensteht sowie der Umstand, dass eine gespaltene Auslegung des deutschen Kaufrechts aus Wertungsgesichtspunkten zu rechtfertigen ist, reichen noch nicht aus, um eine planwidrige Regelungslücke zu bejahen. Letztere muss vielmehr positiv herausgearbeitet werden. Eine Regelungslücke ist immer dann zu konstatieren, wenn sich das Gesetz zu einer bestimmten juristischen Fragestellung ausschweigt (sog. „*offene Lücke*").[468] Dagegen spricht jedoch der eindeutige Wortlaut von § 439 Abs. 5 BGB, der durch seinen umfassenden Verweis auf das Rücktrittsrecht eine Nutzungsersatzpflicht des Käufers außerhalb des Verbrauchsgüterkaufs begründet.[469] Zwar beschränkt sich der Nutzungsersatz auf die Herausgabe von Gebrauchsvorteilen aus der Vergangenheit, während die bereicherungsrechtliche Lösung auf die Abschöpfung künftiger Vorteile gerichtet ist, weshalb beide Lösungsansätze völlig verschiedene zeitliche Bezugspunkte auf-

463 BGH, NJW 2009, 427 (429).

464 *Herresthal*, NJW 2008, 2475 (2476); *Herrler/Tomasic*, Anm. z. BGH, ZIP 2009, 176 (183) („*vertretbar*"); *S. Lorenz*, LMK 2009, 273611; *ders.*, Anm. z. EuGH, DAR 2008, 330; *Pfeiffer*, NJW 2009, 412 (413); *Staudinger*, Anm. z. EuGH, ZJS 2008, 309 (310); a. A. *Artz*, ZGS 2009, 241; *Mörsdorf*, ZIP 2008, 1409 (1416 f.).

465 Ebenso: *Herrler/Tomasic*, Anm. z. BGH, ZIP 2009, 176 (183); HK/BGB[10]-*Saenger*, § 439, Rn. 19; a. A. *Artz*, ZGS 2009, 241.

466 Eine Ausnahme mag lediglich noch für den Fall bestehen, dass der Verbraucher die Ursache für die Nacherfüllung selbst zu vertreten hat.

467 Dagegen ist der Nutzungsersatz iSv. § 439 Abs. 5 BGB auf die *Nachlieferung* beschränkt.

468 Vgl. E I 1 a) aa) (1).

469 Vgl. Fn. 354.

weisen[470], doch kann davon ausgegangen werden, dass der Gesetzgeber mit dem Nutzungsersatz einen abschließenden Ausgleich zwischen dem Verkäufer und dem durch die Nacherfüllung bereicherten Käufer schaffen wollte.[471] Überdies will man den Käufer auch nicht durch Nutzungsersatz *und* Bereicherungsabschöpfung doppelt „zur Kasse" bitten.

Möglich wäre eine bereicherungsrechtliche Lösung jedoch dann, wenn § 439 Abs. 5 BGB einer teleologischen Reduktion unterzogen wird, sodass diese Vorschrift im Ergebnis nur zur Rückgabe der zuerst gelieferten Kaufsache und nicht mehr länger zum Nutzungsersatz verpflichtet.[472] Eine teleologische Reduktion setzt wiederum eine sog. *„verdeckte Lücke"* voraus.[473] Eine solche ist gegeben, wenn das Gesetz – im Gegensatz zu einer *„offenen Lücke"* – zwar eine Regelung enthält, diese jedoch nicht für alle Probleme passt, welche unter den Wortlaut der Vorschrift subsumiert werden können.[474] Unter den pauschalen Verweis des § 439 Abs. 5 BGB auf das Rücktrittsrecht, fällt nicht nur die Frage der Rückgabe der mangelhaften Kaufsache, sondern auch die der Abschöpfung der nacherfüllungsbedingten Bereicherung des Käufers. Die durch die §§ 439 Abs. 5, 346 Abs. 1 2. Alt. BGB angeordnete Pflicht zur Herausgabe von Nutzungen widerspricht jedoch § 446 S. 2 BGB, der dem Käufer das Recht, ab Gefahrübergang Nutzungen aus der Kaufsache zu ziehen, gewährt.[475] Ferner kommt es durch diese Regelung zur Ungleichbehandlung von wesentlich Gleichem, indem der Käufer zur Herausgabe seiner Nutzungen verpflichtet wird, der Verkäufer dagegen nicht. Eine weitere unberechtigte Ungleichbehandlung ist darin zu sehen, dass der durch Nachlieferung bereicherte Käufer zum Wertersatz für die erlangten Gebrauchsvorteile verpflichtet wird, der durch Nachbesserung bereicherte dagegen nicht. Nach dieser Rechtsauffassung wäre es theoretisch

---

470 Vgl. *Gsell*, NJW 2003, 1969 (1971); *Wagner /Michal*, ZGS 2005, 368 (373).

471 Vgl. BT-Drucks. 14/6040, S. 232 f.; *Tiedtke /Schmitt*, DStR 2004, 2060 (2061).

472 Auch *D. Schmidt* möchte einen Abzug „neu für alt" nur dann zulassen, wenn der Käufer nicht zugleich zum Nutzungsersatz verpflichtet ist, vgl. PWW[13]-*ders.*, § 439, Rn. 34.

473 Vgl. E I 1 a) aa). Indes kann aufgrund des hinreichend deutlichen Wortlauts von § 439 Abs. 5 BGB die durch ihn begründete Nutzungsersatzpflicht nicht durch eine restriktive Auslegung dieser Vorschrift beseitigt werden. Jenseits der Wortlautgrenze verbleibt nur noch die Möglichkeit einer Rechtsfortbildung, vgl. *Unberath*, ZEuP 2005, 5 (38).

474 *Brox /Walker*, AT[41] (2017), Rn. 69.

475 Es wäre nicht nachvollziehbar, warum dem Käufer das Recht, ab Gefahrübergang Nutzungen aus der Kaufsache zu ziehen, deshalb genommen wird, weil der Verkäufer eine Pflichtverletzung begangen hat, vgl. *Unberath*, ZEuP 2005, 5 (35).

denkbar, dass von zwei Verkäufern, die im Wege der Nacherfüllung jeweils einen neuwertigen Vergaser leisten, nur einer einen Ersatzanspruch gegen den Käufer hat, und zwar derjenige, der von Anfang an nur einen Vergaser schuldete und für den die Verschaffung eines neuen Nachlieferung bedeutet. Der andere, der ein ganzes Auto verkauft hat und für den die Lieferung eines neuen Vergasers eine Form der Nachbesserung darstellt, geht leer aus. Dies ist nicht nachvollziehbar. Umgekehrt kommt es schließlich auch zur Gleichbehandlung von wesentlich Ungleichem, wenn pauschal alle Käufer, welche sich für eine Nachlieferung entschieden haben, zu einer Herausgabe ihrer Nutzungen verpflichtet werden, ohne das vorab geprüft wird, ob für sie die längere Gebrauchsdauer der nachgelieferten Kaufsache tatsächlich einen verwertbaren Vorteil darstellt. Es bleibt somit festzuhalten, dass der pauschale Verweis auf das Rücktrittsrecht den Besonderheiten einer nacherfüllungsbedingten Bereicherung des Käufers nicht gerecht wird. Dabei lässt sich den zugehörigen Gesetzesmaterialien kein Hinweis darauf entnehmen, dass der Gesetzgeber die Existenz der angesprochenen Wertungswidersprüche auch nur erahnt, geschweige denn angemessen gewürdigt hat.[476] Nach eigenem Bekunden ging es dem Gesetzgeber um die „*Herstellung des vertragsgemäßen Zustands*“[477]. Mit anderen Worten: Der Käufer soll in den Zustand versetzt werden, in dem er sich befunden hätte, wenn der Verkäufer von Anfang an korrekt erfüllt hätte. Der Käufer soll also nicht „*noch Vorteile aus der Mangelhaftigkeit ziehen können*“[478]. Das eigentliche Motiv des Gesetzgebers war also primär auf die *Abschöpfung einer Bereicherung* gerichtet, die der Käufer dadurch erlangt, dass er die anfänglich geleistete Kaufsache bis zur Nachlieferung nahezu unbeschränkt nutzen konnte und anschließend auch noch eine neuwertige Kaufsache erhält.[479] Der vom Gesetzgeber in Betracht gezogene Nutzungsersatz eignet sich freilich nicht für die Erreichung dieses Ziels. Schließlich hat er es versäumt, sich im Rahmen der legislativen Umsetzung

---

476 Auch dem eigentlichen Urheber dieser Vorschrift, der Schuldrechtskommission von 1992, ging es primär darum, klarzustellen, auf welcher gesetzlichen Grundlage der zur Nachlieferung verpflichtete Verkäufer die Rückgabe der mangelhaften Sache verlangen kann, vgl. BMJ (Hrsg.), aaO (Fn. 125), S. 213 f. Mit den Folgen der damit verbundenen Nutzungsersatzpflicht des Käufers aus § 346 Abs. 1 2.Alt. BGB-KE setzte man sich nicht auseinander.

477 BT-Drucks. 14/6040, S. 233.

478 BT-Drucks. 14/6040, S. 233.

479 Vgl. *Unberath*, ZEuP 2005, 5 (40): „*Der Gesetzgeber selbst wollte ersichtlich eine Schlechterstellung des Käufers vermeiden und hat ausdrücklich auf den ausgleich des Vorteils der längeren Gebrauchsdauer abgestellt.*“.

der EuGH-Entscheidung grundlegend mit den o.g. Einwänden auseinanderzusetzen, weshalb die handwerklichen Mängel bei der Umsetzung einer im Kern richtigen Motivation des Gesetzgebers im Wege der Rechtsfortbildung getilgt werden müssen.

Um inhaltliche Wertungswidersprüche innerhalb des Kaufrechts zu verhindern und – im Lichte von Art. 3 Abs. 1 GG – eine Gleichbehandlung von wesentlich Gleichem sowie eine Ungleichbehandlung von wesentlich Ungleichem zu gewährleisten, ist zunächst eine *teleologische Reduktion von § 439 Abs. 5 BGB* geboten.[480] Der dort ausgesprochene Verweis auf das Rücktrittsrecht umfasst somit lediglich die Pflicht des Käufers zur Herausgabe der zuerst geleisteten, mangelhaften Sache.

Die defizitäre Regelung der Abschöpfung einer durch die Nacherfüllung des Verkäufers herbeigeführten ungerechtfertigten Bereicherung des Käufers, ist zunächst durch den zu weit gefassten Verweis des § 439 Abs. 5 BGB auf das Rücktrittsrecht überdeckt worden („*verdeckte Lücke*"). Nach der teleologischen Reduktion dieser Norm stellt sich anschließend die Frage, auf welche Weise das Problem einer nacherfüllungsbedingten Bereicherung des Käufers endgültig zu lösen ist. Eine Möglichkeit bestünde darin, es bei der teleologischen Reduktion zu belassen und dem Verkäufer im Ergebnis einen Ersatzanspruch zur Abschöpfung der ungerechtfertigten Bereicherung des Käufers zu versagen.[481] Letzterem die Bereicherung zu belassen würde jedoch dem klar zum Ausdruck gebrachten Willen des Gesetzgebers widersprechen (s.o.). Es entstünde zudem ein klarer Wertungswiderspruch zum Schadensrecht, wo die Berücksichtigung erlangter Vorteile längst anerkannt ist. Auf der anderen Seite droht durch die Verschlechterung der Rechtsstellung des Verkäufers eine Produktverteuerung, weshalb der Nutzen dieses Ergebnisses für den Käufer auf lange Sicht zweifelhaft sein dürfte.[482] Aus diesen Überlegungen heraus erscheint stattdessen eine Heranziehung des Bereicherungsgedankens über eine entsprechende Anwendung der vertraglichen

---

480 Auch *Gsell* spricht sich trotz der jüngsten Nachbesserung des Gesetzgebers (§ 474 Abs. 5 S. 1 BGB a.F. = § 475 Abs. 3 S. 1 BGB n.F.) weiterhin für eine teleologische Reduktion von § 439 Abs. 4 BGB a.F. (= § 439 Abs. 5 BGB n.F.) aus, *dies.*, Anm. BGH, JZ 2009, 518 (526).

481 Vgl. F III 2 d). Bemerkenswert ist, dass die Argumentation derjenigen, die jegliche Ersatzansprüche des Verkäufers ausschließen, stark an den Voraussetzungen der Verbrauchsgüterkaufrichtlinie ausgerichtet ist, was ihr Gewicht außerhalb des Anwendungsbereichs dieses Sekundärrechtsaktes, wo der Verbraucherschutz nicht mehr im Vordergrund steht, schmälern dürfte.

482 Vgl. bereits F III 2 e).

Anrechnungsvorschriften erwägenswert.[483] Die hierfür erforderliche planwidrige Regelungslücke ist nunmehr gegeben.

b) Vergleichbare Interessenlage

Zu klären ist nun, ob es tatsächlich eine vergleichbare Interessenlage zwischen der Bereicherung des Käufers durch Nacherfüllung und dem Bereicherungsgedanken der vertraglichen Anrechnungsvorschriften gibt.

aa) Störung des Leistungsaustausches aus der Sphäre des Verkäufers

Der Leistungsaustausch wurde vorliegend dadurch gestört, dass der Käufer erst im Wege der Nacherfüllung eine mangelfreie Sache erhält. Weil aber der Verkäufer nach § 433 Abs. 1 S. 2 BGB verpflichtet ist, bereits bei Gefahrübergang iSv. § 434 Abs. 1 S. 1 BGB eine Kaufsache zu leisten, welche frei von Sach- und Rechtsmängeln ist, muss die Leistungsstörung – im Gegensatz zur Selbstvornahme – seiner Sphäre zugerechnet werden.[484]

Problematisch könnte jedoch sein, dass in den vertraglichen Anrechnungsvorschriften Personenverschiedenheit zwischen demjenigen, dessen Sphäre die Leistungsstörung zuzurechnen ist und demjenigen dessen Leistungserbringung gestört wird, herrscht. Genauer gesagt: die eine Partei hat die Störung der Leistungserbringung der jeweils anderen zu vertreten.[485] Dies ist vorliegend nicht der Fall, da der Verkäufer nicht die Leistungserbringung des Käufers, sondern seine eigene stört. Auch die Anwendung der §§ 616 S. 2, 650 f. Abs. 5 S. 2 2.Hs. BGB würde hier – abgesehen davon, dass sich diese Vorschriften ohnehin nicht für eine analoge Anwendung außerhalb des Dienst- bzw. Werkvertragsrechts eignen[486] – nicht in Betracht kommen, da im Rahmen von § 616 S. 2 bzw. § 650 f. Abs. 5

---

483 Das sich eine teleologische Reduktion und Analogie auf diese Weise ergänzen, ist indes längst anerkannt, vgl. *Larenz*, aaO (Fn. 1), S. 395 f., der als Beispiel die gesonderte Behandlung von Gesellschaftsverträgen nennt.
Ein weiteres Beispiel für die Kombination von teleologischer Reduktion und Analogie stellt die (punktuelle) Erstreckung der Formvorgaben des Vertretergeschäfts auf die Bevollmächtigung des Vertreters dar. Auch dieser Schritt lässt sich methodisch nur dadurch umsetzen, dass auf der einen Seite § 167 Abs. 2 BGB teleologisch reduziert und auf der anderen Seite die einschlägige Formvorschrift des Vertretergeschäfts analog auf die Bevollmächtigung angewendet wird (vgl. hierzu MüKo[8]-*Schubert*, § 167, Rn. 19).

484 *Unberath*, ZEuP 2005, 5 (37 f.).

485 Zur Sonderstellung von § 537 Abs. 1 BGB vgl. D X 1.

486 Vgl. D X 2.

S. 2 2.Hs. BGB der Leistungsstörer Bereicherungsschuldner ist, während hier der Verkäufer als Leistungsstörer Bereicherungsgläubiger ist.

Bei eingehender Betrachtung der §§ 326 Abs. 2, 537 Abs. 1, 615, 648 BGB, § 415 Abs. 1, Abs. 2 S. 1 Nr. 1 HGB wird jedoch deutlich, dass sie jeweils *zwei* fundamentale Wertentscheidungen beinhalten.[487] Zum einen geht es um die *Aufrechterhaltung der Gegenleistungspflicht* als Ausnahme vom konditionellen Synallagma.[488] So bewirkt die Verknüpfung der Hauptleistungspflichten eines gegenseitigen Vertrags, dass die Gegenleistungspflicht entfällt, wenn der Schuldner seine Leistung nicht wie vereinbart erbringen kann (vgl. § 326 Abs. 1 S. 1 BGB). Die o. g. Ausnahme tritt jedoch dann ein, wenn das Leistungsunvermögen des Schuldners aus der Sphäre des Gläubigers hervorgerufen wurde (vgl. § 326 Abs. 2 S. 1 BGB).[489] Diese Konstellation liegt hier gerade nicht vor. Der Verkäufer als Schuldner der vertragstypischen Leistung ist selbst für die Störung seiner Leistungserbringung verantwortlich. Wäre sie unmöglich geworden, würde sein Anspruch auf die Gegenleistung gerade nicht erhalten bleiben, sondern gem. § 326 Abs. 1 BGB untergehen. Allerdings enthalten die o. g. Normen auch noch eine zweite Wertung. Sie kommt durch die jeweilige Anrechnungsregelung in den §§ 326 Abs. 2 S. 2, 537 Abs. 1 S. 2, 615 S. 2, 648 S. 2 2. Hs. BGB, § 11 KSchG, § 415 Abs. 2 S. 1 Nr. 1 HGB zum Ausdruck und besagt, dass die eine Partei aus dem vertragswidrigen Verhalten der anderen keinen Vorteil ziehen darf, der über das vertraglich vereinbarte Maß hinausgeht. *Dieser* Rechtsgedanke könnte hier durchaus zum Tragen kommen. So darf der Käufer aus der Schlechtleistung des Verkäufers nicht noch einen Vorteil ziehen, den die Vertragsparteien so nicht vorgesehen haben.[490] Insbesondere der Käufer rechnet bei Vertragsschluss nicht damit, Monate später im Wege der Nacherfüllung eine Kaufsache mit verlängerter Nutzungsdauer zu erhalten.[491] Warum sollte er dann diesen Vorteil behalten dürfen? Hätte er – etwa nach erfolgloser Nachfristsetzung – einen Anspruch auf Schadensersatz statt der Leistung iSv. §§ 437 Nr. 3, 280 Abs. 1, 3 iVm. 281 BGB,

487 Das gilt nicht für § 11 KSchG, der sich ausschließlich auf die Nennung der verschiedenen Anrechnungsmöglichkeiten beschränkt und damit den gleichen Zweck wie § 615 S. 2 BGB verfolgt, vgl. D IV.

488 Vgl. nur D I 2.

489 Für § 537 Abs. 1 BGB gilt dies freilich nur dann, wenn bereits die Gebrauchsüberlassung der Mietsache gescheitert ist.

490 So wurde bereits festgestellt, dass sich die nacherfüllungsbedingte Bereicherung des Käufers weder durch das deutsche Kaufrecht, noch durch die Verbrauchsgüterkaufrichtlinie rechtfertigen lässt.

491 Vgl. Fn. 350.

könnte er gleichfalls (nur) verlangen, so gestellt zu werden, als habe der Verkäufer von Anfang an ordnungsgemäß erfüllt.[492] Um Wertungswidersprüche zwischen dem Kaufrecht und dem allgemeinen Leistungsstörungsrecht zu vermeiden, sollte der Nacherfüllungsanspruch nicht über den Schadensersatzanspruch hinausgehen.[493] Dies könnte durch die Anwendung des vertraglichen Bereicherungsverbotes gewährleistet werden, welches eine Bereicherung, die über das positive Interesse hinausgeht, abschöpft. Dagegen lässt sich auch nicht einwenden, dass die Anrechnungsregelung lediglich ein Korrektiv zur hier nicht einschlägigen Ausnahme vom konditionellen Synallagma ist und deshalb nicht als eigenständige Wertung verstanden werden kann.[494] Es genügt vielmehr, wenn eine *vergleichbare* Interessenlage gegeben ist.[495] Dies gilt umso mehr, soweit es sich nicht um die Voraussetzungen des eigentlichen Bereicherungsgedankens handelt, sondern um die peripher-situative Einkleidung durch den Gesetzgeber. Gerade im Rahmen einer Gesamtanalogie kommt es auf die Übertragung des *eigentlichen Rechtsgrundsatzes* an.[496] In den maßgeblichen Eckpunkten herrscht jedoch zwischen den Interessenkonstellationen Übereinstimmung. So ist die eine Partei für die Leistungsstörung verantwortlich und die andere Partei erlangt dadurch (bzw. durch die anschließende Nacherfüllung) einen Vorteil, der über das vertraglich vereinbarte Maß hinausgeht. Das heißt: in beiden Fällen ist die Partei, welche die Störung des Leistungsaustausches nicht zu verantworten hat, Bereicherungsschuldner. Eine bei letzterem vorhandene Bereicherung abzuschöpfen entspricht überdies dem allgemeinen Rechtsgedanken, welcher aus den vertraglichen Anrechnungsvorschriften abstrahiert wurde.[497] Aus alldem folgt, dass die fehlende Personenverschiedenheit der Anwendung des vertraglichen Bereicherungsverbotes nicht entgegensteht.

bb) Beschränkung auf das positive Interesse

Der Vertragspartner desjenigen, aus dessen Sphäre die Leistungsstörung stammt, ist so zu stellen, als sei von Anfang an ordnungsgemäß erfüllt worden. Wenn der Verkäufer von Anfang an korrekt erfüllt hätte, würde die Kaufsache eine geringere

---

492 Sog. positives Interesse, vgl. *Fikentscher/Heinemann*, SchuldR[10] (2006), Rn. 503, 419.

493 Vgl. bereits F III 2 e) dd).

494 Vgl. E I 3.

495 Andernfalls kämen die vertraglichen Anrechnungsvorschriften vielleicht sogar direkt zur Anwendung.

496 *Engisch*, Einführung in das juristische Denken[10] (2005), S. 195; *Larenz*, aaO (Fn. 1), S. 384; *Röhl/Röhl*, Allgemeine Rechtslehre[3] (2008), S. 634.

497 Vgl. E I 3.

Nutzungsdauer aufweisen, als jene, welche im Wege der Nacherfüllung mit neuen Ersatzteilen versehen oder im Neuzustand nachgeliefert wurde. Dürfte der Käufer eine solche Sache behalten, ohne dem Verkäufer Ersatz leisten zu müssen, hätte er von der Störung des Leistungsaustausches profitiert. Dies widerspräche dem Rechtsgedanken der vertraglichen Anrechnungsvorschriften.

Dem Analogieschluss könnte jedoch entgegenstehen, dass das in den vertraglichen Anrechnungsvorschriften normierte Instrument zur Abschöpfung der Bereicherung auf den vorliegenden Fall nicht zu passen scheint. Die Vorschriften sehen nämlich vor, dass der *Gegenleistungsanspruch* des *Leistungsverpflichteten*[498] durch *Anrechnung* gekürzt wird. Man geht also davon aus, dass der Leistungsverpflichtete *Bereicherungsschuldner* ist. Bereicherungsschuldner ist nach dem Rechtsgedanken der vertraglichen Anrechnungsvorschriften stets die Partei, der die Störung des Leistungsaustausches nicht zugerechnet werden kann, da sie aus der der anderen Partei zuzurechnenden Vertragswidrigkeit keine Vorteile ziehen darf. Weil vorliegend jedoch der Leistungsverpflichtete der Leistungsstörer ist, ist der *Leistungsempfänger Bereicherungsschuldner.* Da somit der Leistungsverpflichtete Bereicherungsgläubiger und nicht -schuldner ist, kann die Bereicherung auch nicht durch Kürzung *seines* Anspruchs auf die Gegenleistung abgeschöpft werden. Weiterhin ist die Leistung an den Bereicherungsschuldner bereits erbracht worden, sodass auch diese – abgesehen davon, dass es sich ohnehin um keine Geldschuld handelt – nicht mehr gekürzt werden kann.

Auf der Rechtsfolgenseite reichen die vertraglichen Anrechnungsvorschriften somit nicht aus, um die beim Käufer vorhandene Bereicherung abzuschöpfen. Für den Fall, dass der zu kürzende Anspruch nicht auf Geld gerichtet ist, wird in der Literatur z. T. die analoge Anwendung der §§ 441 Abs. 4, 638 Abs. 4 bzw. § 242 BGB erwogen. Allerdings ist die analoge Anwendung der §§ 441 Abs. 4, 638 Abs. 4 BGB hier abzulehnen, da der Käufer aufgrund des in den Normen ausgesprochenen Verweises auf die §§ 346 Abs. 1, 347 Abs. 1 BGB erneut zum Nutzungsersatz verpflichtet wäre.[499] Der Rekurs auf § 242 BGB kommt wiederum nur in Betracht, wenn es keine spezielleren Normen gibt, auf die die Herausgabe der Bereicherung gestützt werden könnte. Insofern als die Anwendung des Bereicherungsgedankens zur Disposition steht, läge ein Rückgriff auf die Rechts-

498 Wenn im Folgenden von „Leistungsverpflichteten“ und „Leistungsempfänger“ die Rede ist, so bezieht sich dies auf die jeweils gestörte Leistung.

499 Zur Nutzungsersatzpflicht iRv. §§ 441 Abs. 4, 638 Abs. 4 BGB vgl. BeckOK/BGB[Ed48]-*Faust*, § 441, Rn. 17; Jauernig[17]-*Mansel*, § 638, Rn. 6; MüKo[7]-*H. P. Westermann*, § 441, Rn. 18; Palandt[78]-*Weidenkaff*, § 441, Rn. 21; PWW[13]-*D. Schmidt*, § 441, Rn. 17.

folgen der §§ 812 ff. BGB nahe.[500] Zu beachten ist jedoch, dass der Käufer nicht um das jeweils neue Ersatzteil bzw. die neue Kaufsache bereichert ist, sondern um die dadurch hervorgerufene *längere Nutzungsdauer*. Die Möglichkeit, den Vertragsgegenstand für einen verlängerten Zeitraum nutzen zu können, kann so nicht an den Verkäufer zurückgegeben werden. Kann das erlangte Etwas aufgrund seiner Natur nicht herausgegeben werden, so ist nach § 818 Abs. 2 BGB Wertersatz zu leisten. Maßgeblich ist dabei grundsätzlich der *objektive Wert* des Vermögensvorteils.[501] Die Beweislast für die Höhe des Wertersatzanspruches trägt der Bereicherungsgläubiger.[502]

cc) Zwischenergebnis

Mithin bleibt festzuhalten, dass eine vergleichbare Interessenlage gegeben ist. Bestätigt wird dieses Ergebnis durch einen Vergleich mit dem Werkvertragsrecht, dem sich das Kaufrecht durch die Schuldrechtsmodernisierung nicht unerheblich angenähert hat.[503] Dort nämlich ist ein Ausgleich *„neu für alt"* bzw. die Anwendung des Rechtsgedankens der Vorteilsausgleichung unter bestimmten Voraussetzungen[504] bereits anerkannt.[505] Wenn man bedenkt, dass unter dem

---

500 Eher fernliegend wäre dagegen der gelegentlich vertretene Rückgriff auf das Rücktrittsrecht durch eine analoge Anwendung von § 346 Abs. 2 S. 1 Nr. 1 BGB. So kommt es vorliegend gerade nicht zu einer wechselseitigen Rückabwicklung des zwischen den Parteien geschlossenen Kaufvertrages.

501 Jauernig[17]-*Stadler*, § 818, Rn. 14. Zur Gegenansicht vgl. F III 3 c) bb) (1).

502 OLG Koblenz, NJW-RR 1995, 156; Jauernig[17]-*Stadler*, § 818, Rn. 20; PWW[13]-*Prütting*, § 818, Rn. 40; Staudinger[2007]-*S. Lorenz*, § 818, Rn. 32.

503 Vgl. F I 2.

504 So dürfen die erlangten Vorteile des Bestellers nicht ausschließlich auf einer Verzögerung der Mängelbeseitigung durch den Unternehmer beruhen (vgl. bereits KG, BauR 1978, 410; jüngst: OLG Hamm, Urt. v. 03.12.2007–17 U 19/07, Rn. 75 (erhältlich bei juris)). Stattdessen sollte sich der Mangel erst verhältnismäßig spät ausgewirkt haben, sodass der Besteller bis dahin das Werk uneingeschränkt nutzen konnte, vgl. *Kniffka*, in: Kniffka /Koeble, Kompendium des Baurechts[4] (2014), 6. Teil, Rn. 57.

505 BGH, NJW 2002, 141 (142); NJW 1999, 416 (417); NJW-RR 1990, 89; NJW 1989, 2753 (2755); NJW 1987, 644 (645); BGHZ 91, 206 (209 /215) – Vgl. zu diesem Urteil bereits die Darstellung bei E II 2 c) aa); BGHZ 90, 344 (346 f.); OLG Düsseldorf, BauR 2002, 802 (804); OLG Hamm, NJW-RR 1998, 163 (164); NJW-RR 1996, 272 (273); OLG Köln, NJW-RR 1993, 533 (535); LG Halle (Saale), Urt. v. 27.10.2007–5 O 424/03, Rn. 49 (erhältlich bei juris); *Brandt*, BauR 1982, 524 (533); *Bühl*, BauR 1985, 502 (210); *Gross*, in: FS Korbion (1986), S. 133; *Hundertmark*, BBauBl. 1985, 130; *Kniffka*, in: Kniffka /Koeble, aaO (Fn. 506), 6. Teil, Rn. 57; Staudinger[2014]-*Pe-*

Deckmantel der „Vorteilsausgleichung" außerhalb des Schadensrechts faktisch der Bereicherungsgedanke zur Anwendung kommt[506], ist der hier für das Kaufrecht befürwortete Ansatz zur Abschöpfung einer nacherfüllungsbedingten Bereicherung keineswegs neu. Da jedoch die Nacherfüllung im Kauf- und Werkvertrag – abgesehen vom Recht zur Selbstvornahme – inhaltlich und dogmatisch weitgehend parallel aufgebaut ist, ist nicht einzusehen, warum ein Kostenausgleich im Werkvertragsrecht anerkannt sein sollte, im Kaufrecht dagegen nicht.

Freilich würde eine (weitere) Gesetzesnovelle den hier vertretenen methodischen Kraftakt entbehrlich machen und auf diese Weise für noch mehr Rechtssicherheit sorgen. Fest steht jedenfalls, dass sich der Bereicherungsgedanke besser in das kaufrechtliche Gewährleistungssystem einfügt, als die gegenwärtige Regelung in § 439 Abs. 5 BGB. So würde der Widerspruch zu § 446 S. 2 BGB aufgelöst, indem der Käufer die in der Vergangenheit gezogenen Nutzungen behalten darf und nur künftige Vorteile herausgeben muss. Der durch § 439 Abs. 5 BGB ausgesprochene Verweis auf das Rücktrittsrecht ist auch deshalb nicht überzeugend, weil dort von einer *wechselseitigen* Rückgabe der erlangten Gebrauchsvorteile ausgegangen wird.[507] Zudem wird sichergestellt, dass der Abstand zwischen den beiden Nacherfüllungsalternativen nicht zu groß wird, indem die Rechtsfolgen einer durch sie entstandenen ungerechtfertigten Bereicherung einheitlich behandelt werden.[508]

Schließlich darf nicht vergessen werden, dass die Anwendung des Bereicherungsverbotes den Parteiinteressen eher gerecht wird, als ein Nutzungsersatz iSv. § 439 Abs. 5 BGB. So wird der Erfüllungszeitpunkt nicht künstlich in die Zukunft verschoben, sondern dem Umstand Rechnung getragen, dass die Parteien zum Zeitpunkt des ersten Gefahrüberganges den maßgeblichen Leistungsaustausch vereinbart haben. Es wird zudem nicht außer Acht gelassen, dass der Käufer mit

---

ters /Jacoby, § 634, Rn. 23; *Tomic*, aaO (Fn. 345), S. 101 f. Früher wurde dagegen die erweiternde Anwendung der Vorteilsausgleichung auf vertragliche Erfüllungsansprüche überwiegend abgelehnt: RG, JW 1916, 400 (401); JW 1919, 571; Soergel[6], § 249, Anm. IV 7; Staudinger[9]-*Werner*, Vor §§ 249 ff., Anm. III 3; a.A. *Gähler*, JW 1938, 428. Vgl. ferner G II 2 a).

506 Vgl. E II 2 b) bb).

507 Vgl. OLG Nürnberg, NJW 2005, 3000 (3001); LG Nürnberg-Fürth, NJW 2005, 2558 (2560); *Brömmelmeyer*, JZ 2006, 493 (495); *Grohmann /Gruschinske*, VuR 2007, 12 (13); *Herrler /Tomasic*, ZGS 2007, 209 (211); *Hoffmann*, ZRP 2001, 347 (349); *Schwab*, JuS 2002, 630 (636); *Wagner /Michal*, VuR 2006, 46 (48).

508 Für eine weitgehende Gleichbehandlung spricht sich auch *Skamel* aus, allerdings bevorzugt er eine analoge Anwendung der Nutzungsersatzpflicht aus §§ 439 Abs. 5, 346 BGB auf die Nachbesserung, *ders.*, aaO (Fn. 60), S. 224 f.

dem erworbenen Eigentum nach seinem freien Willen verfahren darf, ohne sich später rechtfertigen zu müssen, ob er wirklich alle Nutzungen aus der Kaufsache gezogen hat, welche man im Wege einer ordnungsgemäßen Wirtschaft hätte ziehen müssen (vgl. § 347 Abs. 1 S. 1 BGB). Im Gegensatz zur Nutzungsersatzregelung in § 439 Abs. 5 BGB wird auch nicht so getan, als habe der Verkäufer bis zum Zeitpunkt der Nacherfüllung nichts geleistet, weshalb er zwingend neuwertige Ersatzteile einbauen bzw. eine neue Kaufsache leisten müsse. Weil die Anwendung des Bereicherungsgedankens den Parteiinteressen so weit entgegenkommt, wäre seine Anwendung von den Gerichten regelmäßig ebenso gut durch eine ergänzende Vertragsauslegung zu begründen. Im Interesse der Rechtssicherheit und -klarheit bleibt jedoch stattdessen zu hoffen, dass die Richter diesen aufwendig zu begründenden, jedoch durchweg überzeugenden Methodenschluss vornehmen werden, sodass man sagen könnte *„Il y a des juges!"*.[509]

c) *Kürzung durch die Lehre von der aufgedrängten Bereicherung?*

Freilich mag es Fälle geben, in denen es unbillig erscheint, dem Käufer eine Ersatzpflicht aufzubürden. Immerhin darf nicht vergessen werden, dass sich der Verkäufer regelmäßig aus Praktikabilitätserwägungen heraus, ohne Zutun des Käufers, für eine Übererfüllung entscheidet, indem er neuwertige Ersatzteile für die Reparatur verwendet oder gleich eine neue Kaufsache liefert.[510] Die dadurch hervorgerufene längere Nutzungsdauer der Sache führt – rein rechnerisch – zu einer Bereicherung des Käufers, welche aufgrund ihrer Unkörperlichkeit nicht im Wege der Naturalrestitution zurückerstattet werden kann.[511] Unproblematisch sind die Fälle, in denen der Käufer tatsächlich von der verlängerten Lebensdauer des Vertragsgegenstandes profitiert. Hier ist es billig und gerecht, wenn er dafür dem Verkäufer einen Ausgleich in Form von Wertersatz leistet. Problematisch wird es jedoch, wenn er die Kaufsache nicht über ihre gewöhnliche Lebensdauer hinaus nutzen wollte.[512] Dann müsste er

509 Zum Verhältnis der Rechtsfortbildung zur ergänzenden Vertragsauslegung vgl. E II 1 b).

510 Auf diesen Umstand weist u. a. *Schulte-Nölke* hin, *ders.*, ZGS 2008, 41. Vgl. auch LG Münster, DAR 2009, 531.

511 Das Problem der aufgedrängten Bereicherung tritt immer erst ein, wenn eine Naturalrestitution unmöglich ist, vgl. *Larenz/Canaris*, SchuldR, Bd. 2/2, 13. Aufl. (1994), § 72 IV 1 (S. 286); *Loewenheim*, Bereicherungsrecht^3 (2007), S. 121 (Fn. 195); *M. Wolf*, JZ 1966, 467.

512 Vgl. *Unberath*, ZEuP 2005, 5 (40).

Wertersatz für eine Bereicherung zahlen, die er niemals haben wollte und für die er normalerweise auch kein Geld ausgegeben hätte.[513]

Zwar mag dies kein Grund sein, um den Bereicherungsausgleich als solchen in Frage zu stellen, doch müssen ebenfalls die Umstände des Einzelfalls hinreichend berücksichtigt werden um zu verhindern, dass der Bereicherungsgedanke zu einer schlichten mathematischen Rechenoperation heruntergestuft wird. Um einen gerechten Interessenausgleich im Einzelfall herbeizuführen, eignen sich möglicherweise die Grundsätze zur aufgedrängten Bereicherung.[514]

aa) Kein Ausschluss

(1) Verwertungsobliegenheit

Fraglich ist, ob die Berufung auf die Grundsätze zur aufgedrängten Bereicherung durch vorrangige Wertungen aus den vertraglichen Anrechnungsvorschriften überlagert wird, deren gesamtanaloge Anwendung den Bereicherungsausgleich hier trägt. Diese sehen eine Anrechnung von Vorteilen vor, welche man aus der Verwertung freigewordener Ressourcen erlangt hat oder deren Erlangung man böswillig unterlassen hat. Daraus könnte sich eine *Verwertungsobliegenheit des Käufers* ergeben[515], die einer Berufung auf die aufgedrängte Bereicherung weitgehend entgegenstehen würde. Hinzu kommt, dass in Rechtsprechung und Literatur zu den Anrechnungsvorschriften, die Verwertungsobliegenheit des Bereicherungsschuldners großzügig gehandhabt wird.[516] Zum Beispiel werden im Rahmen von § 326 Abs. 2 S. 2 und § 648 S. 2 2.Hs. BGB nicht nur Vorteile aus der Verwertung der eigenen Arbeitskraft, sondern – über eine analoge Anwendung dieser Vorschriften – auch sonstige Erwerbsmöglichkeiten erfasst.[517] Der Werk-

513 Vgl. AnwKom³-*v. Sachsen-Gessaphe*, § 812, Rn. 106; JurisPK/BGB⁸-*Martinek*, § 818, Rn. 48; *Larenz*, in: FS v. Caemmerer (1978), S. 226 f.; *M. Wolf*, JZ 1966, 467.

514 Für eine Anwendung der Grundsätze zur aufgedrängten Bereicherung bei der Bestimmung des Ersatzanspruches des Verkäufers im Rahmen der Rückgängigmachung einer nacherfüllungsbedingten Bereicherung des Käufers: *Grohmann/Gruschinske*, VuR 2007, 12 (15); *Gsell*, JuS 2006, 203 (205); *dies.*, NJW 2003, 1969 (1972); *Herrler/Tomasic*, BB 2008, 1245 (1247); *dies.*, ZGS 2007, 209 (212); *Kohler*, ZGS 2004, 48 (53). Auch im Schadensrecht wird im Rahmen eines Ausgleichs „*neu für alt*" der Umstand berücksichtigt, dass dem Geschädigten die Vorteile aufgedrängt werden, weshalb es lediglich auf ihre individuelle Nützlichkeit ankommt, vgl. Staudinger²⁰¹⁷-*Schiemann*, § 249, Rn. 176.

515 Vgl. D I 3 c).

516 Vereinzelt wird die Aufbürdung der Verwertungsobliegenheit auch kritisch gesehen, vgl. *Wendehorst*, aaO (Fn. 190), § 13 II 2 b).

517 Vgl. D I 3 c) u. VI 2.

unternehmer etwa muss sich erzielte oder böswillig unterlassene Einkünfte aus der Verwertung des unvollendeten Werkes anrechnen lassen.[518] Somit könnte man auch hier als Folge der gesamtanalogen Anwendung der vertraglichen Anrechnungsvorschriften erwarten, dass der Käufer, der mit der verlängerten Nutzungsdauer der Kaufsache nichts anfangen kann, diese verwertet und den erzielten Erlös an den Verkäufer auskehrt. Wird eine Verwertungsmöglichkeit böswillig unterlassen, muss der Käufer den fiktiven Ertrag ausbezahlen. Weiter verschärft wird diese Situation dadurch, dass mittlerweile Schädigungsabsicht nicht mehr erforderlich ist, um Böswilligkeit anzunehmen. Es genügt die vorsätzliche Ablehnung einer zumutbaren Verwertungsmöglichkeit.[519]

Gegen die Übernahme dieser Wertung auf den vorliegenden Problemkreis spricht jedoch, dass hier der Empfänger der vertragsspezifischen Leistung Bereicherungsschuldner ist. Bei den Anrechnungsvorschriften ist dagegen der Erbringer der vertragsspezifischen Leistung Bereicherungsschuldner.[520] Einer Person, die die Leistung bereits feilgeboten hat, kann die weitere Verwertung des Gegenstandes eher zugemutet werden als jener, die die Sache erworben hat.[521] Dies gilt erst recht wenn man bedenkt, dass der Verkäufer die Möglichkeit hat, von seiner beruflichen Erfahrung und bestehenden Geschäftskontakten zu profitieren. Davon abgesehen trägt der Käufer zwar grds. das Risiko der wirtschaftlichen Verwertbarkeit[522], doch gilt dies nicht für den Zeitraum, um den sich die Gebrauchsdauer der Kaufsache durch die Nacherfüllung verlängert hat.[523] Mit anderen Worten: der Verkäufer kann durch die Nacherfüllung die ursprüngliche Risikoverteilung zwischen den Vertragsparteien nicht verändern.

Die vertraglichen Anrechnungsvorschriften stehen somit der Anwendung der Grundsätze zur aufgedrängten Bereicherung nicht entgegen.

(2) § 814 BGB

Jedoch könnte eine Auseinandersetzung mit dem Problem der aufgedrängten Bereicherung bereits deshalb dahinstehen, weil ein Bereicherungsausgleich durch § 814 BGB ausgeschlossen ist. Nach dieser Vorschrift kann das zum Zwecke der Erfüllung einer Verbindlichkeit Geleistete nicht zurückgefordert werden, wenn

---

518 Vgl. D VI 2.

519 Zur Kritik an der Aufweichung dieses Tatbestandsmerkmals vgl. D X 3.

520 Freilich ist im Rahmen von § 326 Abs. 2 BGB auch der umgekehrte Fall denkbar.

521 So ist es etwa auch dem Unternehmer eher zuzumuten, dass (begonnene) Werk anderweitig zu verwerten, als dem Besteller.

522 Vgl. F I 1.

523 *Gsell*, NJW 2003, 1969 (1973).

der Leistende gewusst hat, dass er zur Leistung nicht verpflichtet war. So schützt § 814 BGB den Bereicherungsschuldner im Rahmen der Leistungskondiktion in vergleichbaren Fällen einer nicht gewollten Bereicherung.[524] Dagegen spricht jedoch, dass die Leistung des Verkäufers auf Grundlage der §§ 437 Nr. 1, 439 Abs. 1 BGB erfolgt, dem Kaufvertrag als (Nach-)Erfüllung zugeordnet ist und deshalb *mit* Rechtsgrund stattfindet.[525] Zudem sollte man aus Gründen der Übersichtlichkeit, Praktikabilität und größeren Sachnähe weiterhin eine Lösung innerhalb des Vertragsrechts suchen. Davon abgesehen wäre der pauschale Ausschluss eines Bereicherungsausgleichs ebenso unausgewogen, wie die pauschale Verpflichtung des Käufers, im Rahmen der Nachlieferung Nutzungsersatz zu zahlen.[526]

Angesichts der Tatsache, dass weder die Voraussetzungen für eine Leistungskondiktion vorliegen noch eine planwidrige Regelungslücke gegeben ist, muss ein Ausschluss über eine (entsprechende) Anwendung von § 814 BGB ausscheiden.[527]

(3) § 242 BGB

Möglicherweise ist ein Rückgriff auf die Grundsätze zur aufgedrängten Bereicherung deshalb entbehrlich, weil eine Berufung des Verkäufers auf einen Bereicherungsausgleich gem. § 242 BGB unter dem Gesichtspunkt des *venire contra factum proprium* ausgeschlossen ist.[528] So erscheint es auf den ersten Blick wider-

---

524 *Medicus /Petersen*, BR[26] (2017), Rn. 899; Staudinger[2007]-*S. Lorenz*, Vor §§ 812 ff., Rn. 46.

525 *Bruns*, NZV 2006, 640 (641); *Osterloh-Konrad*, CR 2008, 545 (550); *Woitkewitsch*, VuR 2005, 1 (5 f.). Vgl. auch *Canaris*, aaO (Fn. 79), S. XXIII.

526 Vgl. F III 3 a). Im Übrigen wird in § 814 BGB auch nicht unterschieden, ob der Schuldner die Bereicherung in natura herausgeben kann oder nicht. Folglich ist diese Norm auch nicht auf die spezielle Interessenlage einer aufgedrängten Bereicherung zugeschnitten, vgl. *Koppensteiner /Kramer*, aaO (Fn. 197), S. 166 f.; MüKo[7]-*Schwab*, § 818, Rn. 224; *Reuter /Martinek*, Ungerechtfertigte Bereicherung, 1983, § 15 III 2 (S. 545).

527 Gegen eine Anwendung von § 814 BGB in Fällen aufgedrängter Bereicherung: *Larenz /Canaris*, SchuldR, Bd. 2/2, 13. Aufl. (1994), § 72 IV 2b) (S. 287). Dagegen hat sich das OLG Koblenz (NJW 2008, 1679 (1681)) jüngst für eine analoge Anwendung von § 814 BGB ausgesprochen, um im Rahmen der Eingriffskondiktion einen Anspruch auf Abschöpfung der aufgedrängten Bereicherung auszuschließen.

528 Zu dieser Fallgruppe vgl. AnwKom[3]-*Krebs*, § 242, Rn. 92 ff.; *Brox /Walker*, SAT[42] (2018), § 7, Rn. 16; *Eckert*, SAT[4] (2005), Rn. 125; Erman[15]-*Böttcher*, § 242, Rn. 106; *Looschelders*, SAT[14] (2016), Rn. 84; *Medicus /Lorenz*, SAT[21] (2015), Rn. 139; Palandt[78]-*Grüneberg*, § 242, Rn. 55 ff.; *Schlechtriem /Schmidt-Kessel*, SAT[6] (2005), Rn. 149; Staudinger[2015]-*Looschelders /Olzen*, § 242, Rn. 284 ff.

sprüchlich, wenn der Verkäufer zunächst durch den Einbau eines neuwertigen Ersatzteils oder durch die Nachlieferung einer neuen Kaufsache den Nacherfüllungsanspruch des Käufers übererfüllt, um anschließend einen Bereicherungsausgleich zu verlangen.

Zu beachten ist jedoch, dass widersprüchliches Verhalten im Recht erst dann *missbräuchlich* und damit unzulässig iSv. § 242 BGB ist, wenn die eine Partei durch ihr Verhalten zunächst einen Vertrauenstatbestand für die Gegenseite aufgebaut hat, oder wenn die Rechtsausübung aufgrund sonstiger Umstände als treuwidrig anzusehen ist und damit ein unlösbarer Widerspruch im Verhalten der handelnden Partei zu erkennen ist.[529]

Ein solcher Vertrauenstatbestand kann sich freilich nur dann aufbauen, wenn der Käufer berechtigterweise erwarten darf, dass er die Mehrleistung des Verkäufers ohne weitere Ausgleichszahlungen behalten kann. Ein Verkäufer der diesen Vertrauenstatbestand beim Vertragspartner in zurechenbarer Weise erweckt, kann sich tatsächlich nicht mehr auf seinen Ausgleichsanspruch aus den §§ 326 Abs. 2 S. 2, 537 Abs. 1 S. 2, 615 S. 2, 648 S. 2 2. Hs. BGB, § 11 KSchG, § 415 Abs. 2 S. 1 Nr. 1 HGB analog berufen. Da sich aber weder aus der Verbrauchsgüterkaufrichtlinie noch aus den nationalen Kaufrechtsvorschriften eine Verpflichtung des Verkäufers ergibt, im Rahmen der Nacherfüllung zwingend neuwertige Sachen zu verwenden, kann beim Käufer keine berechtigte Erwartungshaltung mit dem Inhalt, die durch die Nacherfüllung aufgewertete Kaufsache ohne weitere Gegenleistung behalten zu dürfen, entstehen, es sei denn, dass der Verkäufer – ausdrücklich oder konkludent – diesen Eindruck erweckt hat.[530]

Zudem ist das Verhalten des Verkäufers auch nicht in sonstiger Weise treuwidrig. So ist zu bedenken, dass es dem Verkäufer oftmals nicht möglich ist, ein Ersatzteil oder eine Kaufsache mit absolut vergleichbarer Abnutzung für seine Nacherfüllung zu verwenden. Dies gilt erst recht für kleinere Unternehmen, welche gar nicht die Möglichkeit haben, Sachen mit verschiedenen Abnutzungsgraden vorsorglich zu lagern. Es bleibt also dem Verkäufer regelmäßig überhaupt nichts anderes übrig, als seiner zweiten Andienung eine neuwertige Sache zugrunde zu legen.[531]

---

529 BGH, NJW 1986, 2104 (2107); NJW 1985, 2589 (2590); BGHZ 32, 273 (279); AnwKom[3]-*Krebs*, § 242, Rn. 92; Palandt[78]-*Grüneberg*, § 242, Rn. 55; Staudinger[2015]-*Looschelders /Olzen*, § 242, Rn. 286.

530 Angesichts der Tatsache, dass man sich ohnehin außerhalb des B2C-Bereiches befindet, braucht auch nicht weiter auf § 241a BGB eingegangen zu werden.

531 Vgl. *Früh*, BauR 1992, 160 (164) (Werkvertragsrecht).

Treuwidrig handelt der Verkäufer jedoch dann, wenn er die Nacherfüllung bewusst verzögert, um im Gegenzug von der Ausgleichsleistung des Käufers, die angesichts des späten Zeitpunktes der zweiten Andienung und der damit u. U. verbundenen Verlängerung der Lebensdauer der Kaufsache steigen wird, zu profitieren. Auf diese Weise könnte er nämlich seine eigenen Aufwendungen für die Nacherfüllung möglichst niedrig halten.[532] In Übereinstimmung mit der Rechtsprechung des BGH zur Vorteilsausgleichung im Werkvertragsrecht ist in diesen Fällen ein Ersatzanspruch des Verkäufers zu verneinen.[533]

bb) Rechtliche Folgen einer aufgedrängten Bereicherung

Weiterhin ist zu klären, wie rechtlich mit einer aufgedrängten Bereicherung zu verfahren ist und welche gesetzliche Grundlage hierfür herangezogen werden kann. In diesem Zusammenhang haben sich im Wesentlichen zwei unterschiedliche Lösungsansätze entwickelt.

(1) Erste Ansicht

Denjenigen, die den Wertersatz iSv. § 818 Abs. 2 BGB nach subjektiven Kriterien bestimmen, bereitet der Umgang mit Fällen aufgedrängter Bereicherung keine besonderen Schwierigkeiten.[534] Für sie ist es ohnehin maßgeblich, welchen individuellen Wert die Bereicherung für den Anspruchsgegner, aus der Sicht eines objektiven Dritten, hat.[535] In Ansehung dieses Problemkreises schließen sich ihnen Vertreter eines objektiven Wertbegriffs an.[536] Nach dieser Ansicht hat der Schuldner bei einer von ihm nicht gewollten Bereicherung nur solche Vermögensvorteile auszugleichen, die er durch die Verwertung des Erlangten realisiert hat bzw. in zumutbarer Weise realisieren kann.[537]

---

532 Vgl. für das Werkvertragsrecht: BGHZ 91, 206 (215); *Thesling*, Die Vorteilsausgleichung, 1994, S. 94.

533 Vgl. insoweit bereits Fn. 157 /158.

534 Vgl. *Musielak /Hau*, ExK BGB[3] (2014), Rn. 337.

535 Erman[15]-*Buck-Heeb*, § 818, Rn. 17; *Esser /Weyers*, SchuldR, Bd. 2/2, 8. Aufl. (2000), § 51 I 4 c) (S. 103) und e) (S. 106); *Koppensteiner*, NJW 1971, 1769 (1775); *Koppensteiner /Kramer*, aaO (Fn. 197), S. 168 f.; *v. Rittberg*, Aufgedrängte Bereicherung, 1969, S. 123 f.; a. A. *Goetzke*, AcP 173 (1973), 289 (322).

536 AnwKom[3]-*v. Sachsen-Gessaphe*, § 812, Rn. 107; *Musielak /Hau*, ExK BGB[3] (2014), Rn. 337 f.; Palandt[78]-*Herrler*, § 951, Rn. 21 iVm. *Sprau*, § 818, Rn. 19; PWW[13]-*Prütting*, § 812, Rn. 73.

537 *Musielak /Hau*, ExK BGB[3] (2014), Rn. 337 f..

(2) Zweite Ansicht

Die Gegenansicht will den Wert der Bereicherung weiterhin objektiv bestimmen und stattdessen die „Subjektivierung" des Wertbegriffs auf § 818 Abs. 3 BGB stützen, indem man diese Vorschrift auch auf den Fall einer von Anfang an nicht vorhandenen Bereicherung anwendet. Folglich ist der Schuldner in Höhe des Betrages entreichert, um den die aufgedrängte Bereicherung nach den Umständen seiner Vermögenssituation für ihn keinen Wert hat.[538]

(3) Stellungnahme

Die Ansichten kommen regelmäßig zu übereinstimmenden Ergebnissen.[539] Gleichwohl ist dem zuletzt genannten Ansatz der Vorzug zu geben. Für ihn spricht, dass § 818 Abs. 3 BGB grundsätzlich verhindern will, dass der Bereicherungsschuldner sein „Stammvermögen" antasten muss, um den Anspruch des Gläubigers zu erfüllen.[540] Stattdessen soll nur eine noch vorhandene Bereicherung abgeschöpft werden. Dieser Rechtsgedanke passt auch im Fall einer aufgedrängten Bereicherung.[541] So müsste der Bereicherungsschuldner auf sein sonstiges Vermögen zurückgreifen, um die rein rechnerisch vorhandene Bereicherung über die Zahlung von Wertersatz auszugleichen. Da der erlangte Vorteil nach seinen subjektiven Vermögensverhältnissen für ihn keinen Wert hat, stünde der Bereicherungsschuldner am Ende schlechter dar. Diesen Zustand wollte § 818 Abs. 3 BGB gerade verhindern. Auf der Grundlage einer entsprechenden Anwendung des § 818 Abs. 3 BGB ist es dem Bereicherungsschuldner jedoch möglich, den Ausgleichsanspruch des Verkäufers durch den Einwand der Entreicherung zurückzuweisen.

Fraglich ist jedoch, inwieweit eine Obliegenheit des Käufers besteht, den aufgedrängten Vermögensvorteil zu verwerten. Eine Ansicht in der Literatur spricht sich für eine zurückhaltende Handhabung einer etwaigen Verwertungsobliegenheit aus.[542] Bedenkt man, dass eine Veräußerung der Kaufsache oftmals die einzige Möglichkeit für den Käufer ist, aus der verlängerten Nutzungsdauer „Kapital"

---

538 *Fikentscher/Heinemann*, SchuldR[10] (2006), Rn. 1521; *Herrler/Tomasic*, BB 2008, 1245 (1247); *dies.*, ZGS 2007, 209 (212); *Larenz*, in: FS v. Caemmerer 81978), S. 227 f.; *Larenz/Canaris*, SchuldR, Bd. 2/2, 13. Aufl. (1994), § 72 IV 3 a) (S. 288 f.); *Looschelders*, SBT[11] (2016), Rn. 1113; *Medicus/Lorenz*, SBT[18] (2018), § 67, Rn. 18; MüKo[7]-*Schwab*, § 818, Rn. 225; *Wieling*, BerR[4] (2007), § 5 I 4 b) (S. 74 f.).

539 HK/BGB[10]-*Schulze*, § 812, Rn. 21; *Medicus/Petersen*, BR[26] (2017), Rn. 899.

540 Vgl. AnwKom[3]-*v. Sachsen-Gessaphe*, § 812, Rn. 107.

541 *Larenz/Canaris*, SchuldR, Bd. 2/2, 13. Aufl. (1994), § 72 IV 3 a) (S. 288 f.).

542 *Medicus/Petersen*, BR[26] (2017), Rn. 899.

zu schlagen, müsste man eine Verwertungsobliegenheit vorliegend ablehnen. So stellt die Pflicht zur Veräußerung des Eigentums einen besonders schwerwiegenden Eingriff in die Privatautonomie dar.[543] Ein Teil der Literatur will dagegen selbst eine Veräußerungsobliegenheit nicht kategorisch ausschließen.[544] Aus den bereits genannten Gründen[545] ist – zumindest in der vorliegenden Fallkonstellation – eine Veräußerungsobliegenheit des Käufers abzulehnen. Dies gilt umso mehr wenn man bedenkt, dass der Verkäufer die Bereicherung des Käufers in der Regel ganz bewusst herbeigeführt hat. Freilich hat auch der Käufer das seine beigetragen, indem er von seinem Gewährleistungsrecht Gebrauch gemacht hat. Doch wäre es gar nicht erst zur Nacherfüllung gekommen, wenn der Verkäufer bei Gefahrübergang eine mangelfreie Sache geleistet hätte.[546]

4. Ergebnis

Wird durch die Nacherfüllung des Verkäufers nicht nur der Mangel der Kaufsache beseitigt, sondern zudem ihre Nutzungsdauer über das vertraglich vorgegebene Maß verlängert, liegt eine ungerechtfertigte Bereicherung des Käufers vor, welche außerhalb des Anwendungsbereichs des § 474 Abs. 1 BGB durch die Zahlung eines Wertersatzes entsprechend § 818 Abs. 2 BGB wieder rückgängig zu machen ist. Als Grundlage für den Ausgleichsanspruch des Verkäufers dient das vertragliche Bereicherungsverbot, basierend auf der gesamtanalogen Anwendung der §§ 326 Abs. 2 S. 2, 537 Abs. 1 S. 2, 615 S. 2, 648 S. 2 2.Hs. BGB, § 11 KSchG, § 415 Abs. 2 S. 1 Nr. 1 HGB. Im Gegenzug fällt die Nutzungsersatzpflicht des Käufers nach §§ 439 Abs. 5, 346 Abs. 1 2.Hs. BGB im Wege teleologischer Reduktion weg.

Sollte die Bereicherung dem Käufer ohne seinen Willen aufgedrängt worden sein und hat sie für ihn auf der Grundlage seiner persönlichen Vermögensverhältnisse keinen (bzw. kaum einen) Nutzen, kann er sich gem. § 818 Abs. 3 BGB analog ganz oder teilweise auf die Entreicherung berufen. Eine Pflicht, die aufgewertete Kaufsache zugunsten des Verkäufers durch Veräußerung zu verwerten,

---

543 Vgl. *Larenz /Canaris*, SchuldR, Bd. 2/2, 13. Aufl. (1994), § 72 IV 3 d) (S. 291) (*„einschneidende Maßnahme“*).

544 *Herrler /Tomasic*, ZGS 2007, 209 (212 f.); MüKo[7]-*Schwab*, § 818, Rn. 230. Ähnlich auch *Gsell*, die eine Veräußerungsobliegenheit des Käufers nur annimmt, wenn ein Verkauf *„ohne größere Mühe“* möglich ist, vgl. *dies*., NJW 2003, 1969 (1973). Dieses wachsweiche Kriterium taugt freilich nicht für eine klare und verlässliche Entscheidung darüber, ob nun ein Bereicherungsausgleich stattfinden soll oder nicht.

545 Vgl. F III 3 c) aa) (1).

546 *Gsell*, NJW 2003, 1969 (1972); *Herrler /Tomasic*, ZGS 2007, 209 (212).

besteht nicht. Schließlich ist ein Ersatzanspruch des Verkäufers gem. § 242 BGB ausgeschlossen, wenn er ausdrücklich oder konkludent beim Käufer die Erwartungshaltung geweckt hat, er könne den Vermögensvorteil ohne weitere Gegenleistung behalten, oder aber wenn er die Nacherfüllung bewusst verzögert, um vom Bereicherungsausgleich des Käufers zu profitieren.[547]

Freilich bleibt es dem Verkäufer unbenommen, die Mangelbeseitigung durch die Verwendung von Sachen mit einem Abnutzungsgrad welcher jenem der zuerst gelieferten Kaufsache zum Zeitpunkt der Nacherfüllung entspricht, zu bestreiten, um auf diese Weise einen Wertausgleich zwischen den Parteien zu vermeiden.[548]

IV. Bereicherung durch Lieferung eines höherwertigen aliuds

1. Einleitung

Das Kathederbeispiel[549] für die Lieferung eines höherwertigen aliuds ist schnell wiedergegeben: A. Müller kauft beim Autohändler X einen VW Golf für 20.000 €. Zur gleichen Zeit erwirbt B. Müller bei X einen BMW Z4 für 44.000 €. Aufgrund eines Versehens bei X wird A. Müller der BMW Z4 ausgeliefert. Dieser lehnt es ab, den BMW Z4 im Tausch gegen den Golf zurückzugeben. Auf der anderen Seite ist er auch nicht bereit, dem X mehr als 20.000 € zu bezahlen.

Dass sich A.Müller hier auf Kosten des X bereichert hat und eine Perpetuierung dieser Vermögensverschiebung unbillig wäre, erscheint auf den ersten Blick offensichtlich. Gleichwohl ist über die Lösung dieses recht simplen Falles eine seit Jahren währende Kontroverse entstanden, welche bislang noch kein Ende gefunden hat. Wie bereits angedeutet entzündet sich dieser Diskurs weniger an den Rechtsfolgen für die beteiligten Parteien, sondern eher an der Wahl des richtigen Weges für eine dogmatisch stringente Lösung. Triebfeder für diese wissenschaftliche Auseinandersetzung ist die Frage nach dem Anwendungsbereich des § 434 Abs. 3 1.Alt. BGB. Von ihr hängt nämlich die Entscheidung ab, ob die Lösung dieses Falles dem Regime des Kaufgewährleistungsrechts unterstellt werden muss. Fraglich ist auch, welchen Einfluss § 241a BGB auf das gefundene Ergebnis hat. Die gewonnenen Antworten auf diesen Fragenkreis bilden wiederum die Matrize für die Erörterung eines etwaigen Bereicherungsausgleichs.

---

547 Vgl. F III 3 c) aa) (3).

548 Vgl. *Donou*, aaO (Fn. 409), S. 75 f.

549 Vgl. *Altmeppen /Reichard*, in: FS U. Huber (2006), S. 73; *Musielak*, NJW 2003, 89; *Schulze*, NJW 2003, 1022 (1023); *Tiedtke /Schmitt*, JZ 2004, 1092 (1098).

2. Anwendungsbereich von § 434 Abs. 3 1.Alt. BGB

a) Vorgeschichte

§ 434 Abs. 3 BGB wurde in seiner jetzigen Fassung durch das Gesetz zur Modernisierung des Schuldrechts[550] in das BGB eingefügt. Ohne weitere Voraussetzungen zu nennen[551], stellt § 434 Abs. 3 1. Alt. BGB die aliud-Leistung des Verkäufers einem Sachmangel gleich. Die aliud-Lieferung ohne weitere Unterscheidung dem Kaufgewährleistungsrecht zu unterstellen sei – so der Gesetzgeber – gerechtfertigt, da die Interessenlage zwischen Verkäufer und Käufer *„bei Falsch- und Zuweniglieferung nicht grundsätzlich anders ist als beim Sachmangel im engeren Sinne“*[552]. Für diese Feststellung mag sprechen, dass der Käufer sowohl bei der aliud- als auch bei der Schlechtleistung einen Gegenstand erhält, welcher nicht vollumfänglich die vertraglich festgelegten Eigenschaften aufweist.[553] Hinter dieser Gleichstellung steht indes die Absicht des Gesetzgebers, die schwierige und umstrittene Abgrenzung zwischen aliud- und Schlechtleistung[554], wel-

---

550 BGBl. 2001 I, S. 3138; BT-Drucks. 14/6040.

551 Lediglich in der Gesetzesbegründung wird als weitere Voraussetzung genannt, dass der Verkäufer das aliud *„als Erfüllung seiner Pflicht erbringt“* und das für den Käufer dieser *„Zusammenhang zwischen Leistung und Verpflichtung“* erkennbar ist, vgl. BT-Drucks. 14/6040, S. 216. Auf dieses Erfordernis wird später noch einzugehen sein.

552 BT-Drucks. 14/6040, S. 216.

553 Erman[15]-*Grunewald*, § 434, Rn. 60; *P. Huber*, in: FS Henrich (2000), S. 313; *Stathouli*, Die Haftung des Verkäufers für Sachmängel und Falschlieferung, 2006, S. 60; *Tiedtke /Schmitt*, JZ 2004, 1092.

554 Im alten Recht stellte sich die Rechtslage wie folgt dar: Durch die Einführung des mittlerweile wieder gestrichenen § 378 HGB wurde für den Handelskauf die aliud-Leistung ausschließlich im Hinblick auf die Rügeobliegenheit iSv. § 377 HGB der Schlechtleistung gleichgestellt. Eine weitere Begrenzung erfuhr der Anwendungsbereich des § 378 HGB dadurch, dass nur genehmigungsfähige aliud-Leistungen von der Gleichstellung erfasst wurden. Durch die „Kawamatta-Sendai-Entscheidung“ des Reichsgerichts (RGZ 86, 90 (92 f.)) wurde der Umfang der Gleichstellung von der Rügeobliegenheit auf die Rügefolgen, in Gestalt der Anwendung des Kaufgewährleistungsrechts, erstreckt. Der BGH hat sich dieser Rechtsprechung unter ausdrücklicher Beschränkung auf den Gattungskauf (BGH, NJW 1979, 811) angeschlossen (BGHZ 115, 286 (295 f.)). Vor der Schuldrechtsmodernisierung war somit eine Gleichstellung von aliud- und Schlechtleistung beim Handelskauf, in der Variante eines Gattungskaufs, im Falle eines genehmigungsfähigen aliuds anerkannt. In allen anderen Fällen kam bei einer aliud-Lieferung das allgemeine Leistungsstörungsrecht in Betracht, bei einer Schlechtleistung dagegen das Gewährleistungsrecht. Insbesondere beim

che im alten Schuldrecht noch erforderlich gewesen ist[555], entbehrlich zu machen.[556]

b) *Teleologische Reduktion (1) : Kein Stückkauf*

Diese rigorose Gleichstellung der aliud- mit der Schlechtleistung durch den Gesetzgeber ist im Schrifttum auf ein geteiltes Echo gestoßen. Zwar wird auf der einen Seite die Absicht, das neue Schuldrecht vom „Ballast" unüberschaubarer und wenig nutzbringender Streitigkeiten zu befreien, honoriert[557], andererseits aber

---

Zivilkauf war somit die problematische Abgrenzung zwischen aliud- und Schlechtleistung weiterhin erforderlich (vgl. BT-Drucks. 14/6040, S. 211). Aber selbst wenn es sich um die aliud-Leistung auf eine Gattungsschuld im Rahmen eines Handelskaufs handelte, war man vor Abgrenzungsproblemen nicht gefeit. Ursächlich war die nicht immer einfach zu beantwortende Frage, ob das vom Käufer erlangte aliud tatsächlich genehmigungsfähig war oder nicht. Instruktiv zur Rechtslage vor der Schuldrechtsmodernisierung: *Altmeppen /Reichard*, in: FS U. Huber (2006), S. 74 ff.; *Lettl*, JuS 2002, 866. Einen Überblick über die höchstrichterliche Rechtsprechung zur Frage, wann eine aliud- und wann eine Schlechtleistung vorliegt, liefern *Tiedtke /Schmitt*, JZ 2004, 1092. Vgl. auch BT-Drucks. 14/6040, S. 87.

555 Dass eine solche Abgrenzung, welche offenbar nicht durch verschiedenartige Interessenlagen zwischen Käufer und Verkäufer zu rechtfertigen ist, überhaupt erforderlich war, sieht der Gesetzgeber als Folge eines „Systemfehlers" in Gestalt einer fehlenden Verzahnung von allgemeinem Leistungsstörungsrecht und Kaufgewährleistungsrecht an, vgl. BT-Drucks. 14/6040, S. 87. Dies führte nämlich mitunter zu erheblich divergierenden Rechtsfolgen, je nachdem, ob man den Anspruch dem Gewährleistungsrecht oder dem allgemeinen Schuldrecht zuordnete. So galt im alten Kaufgewährleistungsrecht eine 6-monatige Verjährung (§ 477 BGB a. F.), während die Ansprüche sonst regelnäßig erst nach 30 Jahren verjährten, gem. § 195 BGB a. F. Weil durch die Schuldrechtsreform allgemeines Leistungsstörungsrecht und Gewährleistungsrecht ohnehin angeglichen wurden, hätte eine Abgrenzung zwischen aliud- und Schlechtleistung nunmehr keine bedeutende Rolle gespielt.

556 *Canaris*, aaO (Fn. 79), S. XXII; *Eckert*, SBT[2] (2005), Rn. 55; *Emmerich /Doehner*, in FS Kramer (2004), S. 488; *Huber /Faust*, (Fn. 165), 12. Kap., Rn. 60; JurisPK /BGB[8]-*Pammler*, § 434, Rn. 148; *Lorenz /Riehm*, SchuldR, 2002, Rn. 490; *Tiedtke /Schmitt*, JZ 2004, 1092; *Wenzel*, DB 2003, 1887 (1889); *Wiese*, AcP 206 (2006), 902 (904); *Wrase /Müller-Helle*, NJW 2002, 2537. Darauf deutet nicht zuletzt die Stellungnahme des Gesetzgebers selbst hin, der ausdrücklich auf die Abgrenzungsschwierigkeiten Bezug nimmt, vgl. BT-Drucks. 14/6040, S. 211.

557 Vgl. *Brüggemeier*, WM 2002, 1376 (1378); *Honsell*, JZ 2001, 278 (279); *Jorden / Lehmann*, JZ 2001, 952 (957); *Roth*, in: Koller /Roth /Zimmermann, Schuldrechtsmodernisierungsgesetz 2002, 2002, S. 81; *H. P. Westermann*, NJW 2002, 241 (246); *ders.*, JZ 2001, 530 (534).

die Reichweite des § 434 Abs. 3 1.Alt. BGB häufig als zu weit gehend gerügt.[558] Es mangelt somit auch nicht an Vorschlägen, den Anwendungsbereich dieser Vorschrift teleologisch zu reduzieren.

Der wohl am weitesten verbreitete Ansatz besteht darin, § 434 Abs. 3 1.Alt. BGB nicht auf die Leistung eines Identitätsaliuds[559] beim Stückkauf anzuwenden.[560] Abgrenzungsschwierigkeiten zwischen aliud- und Schlechtleistung hätten im alten Recht nur beim Gattungskauf bestanden.[561] Folgerichtig habe die Rechtsprechung damals eine über § 378 HGB a. F. hinausgehende Gleichstellung von aliud und peius beim Handelskauf ausschließlich im Rahmen des Gattungskaufes befürwortet.[562] Demgegenüber sei der Wortlaut von § 434 Abs. 3 1.Alt. BGB, der keine Beschränkung auf den Gattungskauf enthält, zu weit geraten. Bei einer Anwendung dieser Vorschrift auf den Stückkauf würde sich – aufgrund der weitgehenden Angleichung von allgemeinem Leistungsstörungsrecht und Gewährleistungsrecht – der Nachlieferungsanspruch des Käufers aus § 439 Abs. 1 1.Alt. BGB mit dem ursprünglichen Erfüllungsanspruch decken. Der einzig relevante Unterschied, der durch die Anwendung des Gewährleistungsrechts herbeigeführt werden würde, bestünde in einer Verkürzung der Verjährungsfrist zu Lasten des Käufers. Letzterer würde somit für die Pflichtverletzung des Verkäufers „bestraft". Dies könne so nicht beabsichtigt gewesen sein.[563] In der Tat deute die Gesetzesbegründung darauf hin, dass auch der Gesetzgeber ausschließlich die Gleichstellung innerhalb des Gattungskaufs im Sinn hatte, wenn es heißt: „*Wird beim Stückkauf ein Identitäts-aliud geliefert, so kommt neben dem Erfüllungsanspruch*

---

558 *Altmeppen / Reichard*, in: FS U. Huber (2006), S. 80; *Canaris*, aaO (Fn. 79), S. XXIII.

559 Ein Qualitätsaliud ist beim Stückkauf dagegen nicht denkbar, vgl. BeckOK / BGB[Ed48]-*Faust*, § 434, Rn. 107; *S. Lorenz*, in: E. Lorenz, Karlsruher Forum 2005, S. 111; *Medicus / Petersen*, BR[26] (2017), Rn. 288. Falsch dagegen BT-Drucks. 14/6040, S. 216.

560 *Altmeppen / Reichard*, in: FS U. Huber (2006), S. 84, 96; *Andres*, in: Schimmel / Buhlmann, aaO (Fn. 370), Kap. E / I., Rn. 49; *Canaris*, aaO (Fn. 79), S. XXIII; *ders.*, in: E. Lorenz, Karlsruher Forum 2002, S. 68; HK / BGB[10]-*Saenger*, § 434, Rn. 20; *K. Jost*, Jura 2005, 750 (752); *Lettl*, JuS 2002, 866 (871); *Medicus / Petersen*, BR[26] (2017), Rn. 288; *Schimmel / Buhlmann*, Fehlerquellen im Umgang mit dem Neuen Schuldrecht, 2002, S. 125; *Schulze*, NJW 2003, 1022 (1023); *Thier*, AcP 203 (2003), 399 (403).

561 *Canaris*, in: E. Lorenz, Karlsruher Forum 2002, S. 69; A. A. *Dauner-Lieb / Arnold*, JuS 2002, 1175 (1176); *Eckert*, SBT[2] (2005), Rn. 264; *Grunewald*, aaO (Fn. 4), § 7, Rn. 34; *S. Lorenz*, in: E. Lorenz, Karlsruher Forum 2005, S. 111.

562 BGHZ 115, 286 (295 f.); BGH, NJW 1979, 811.

563 Vgl. *Canaris*, in: E. Lorenz, Karlsruher Forum 2002, S. 69; *Schimmel / Buhlmann*, aaO (Fn. 562), S. 125.

auf Lieferung der gekauften Sache ein davon verschiedener Nachlieferungsanspruch nicht in Betracht.“[564].[565] Schließlich konkretisiere § 434 lediglich die Pflicht des Verkäufers aus § 433 Abs. 1 S. 2 BGB. Werde jedoch ein Identitätsaliud geleistet, sei bereits die Pflicht zur Übergabe und Übereignung der Speziessache aus § 433 Abs. 1 S. 1 BGB nicht erfüllt. Es liege eine Nichtleistung vor. Auf § 433 Abs. 1 S. 2 iVm. § 434 Abs. 3 BGB komme es insoweit überhaupt nicht mehr an.[566]

Gleichwohl lehnt die herrschende Ansicht eine teleologische Begrenzung von § 434 Abs. 3 1.Alt. BGB auf den Gattungskauf ab.[567] Durch die von der Gegenauffassung angeführte Erläuterung wolle der Gesetzgeber lediglich klarstellen, dass Erfüllungs- und Nacherfüllungsanspruch beim Identitätsaliud inhaltlich übereinstimmen.[568] Wenn der Gesetzgeber im Zuge seiner Erläuterung von § 434 Abs. 3 BGB auf den Stückkauf eingehe, dann belege dies vielmehr seine Überzeugung, dass auch der Stückkauf von § 434 Abs. 3 1.Alt. BGB erfasst sei.[569] Angesichts der Vervierfachung der regelmäßigen Verjährungsfrist im neuen Kaufrecht und den zur Verfügung stehenden Gewährleistungsrechten sei dem Käufer die Anwendung des Kaufgewährleistungsrechts durchaus zuzumuten, zumal sich

---

564 BT-Drucks. 14/6040, S. 216.

565 *Canaris*, in: E. Lorenz, Karlsruher Forum 2002, S. 68; *Thier*, AcP 203 (2003), 399 (404 f.); *H. P. Westermann*, NJW 2002, 241 (246); a. A. *Eckert*, SBT[2] (2005), Rn. 264.

566 *K. Jost*, Jura 2005, 750 (752); *Thier*, AcP 203 (2003), 399 (404).

567 AnwKom[3]-*Büdenbender*, § 434, Rn. 68; BeckOK /BGB[Ed48]-*Faust*, § 434, Rn. 110; *Brors*, JR 2002, 133 (134); *Brox /Walker*, SBT[41] (2017), § 4, Rn. 26; *Brüggemeier*, WM 2002, 1376 (1378); *Dauner-Lieb /Arnold*, JuS 2002, 1175; *Donou*, aaO (Fn. 409), S. 168; *Eckert /Maifeld /Matthiessen*, aaO (Fn. 115), Rn. 353; *Eckert*, SBT[2] (2005), Rn. 264; *Emmerich /Doehner*, in: FS Kramer (2004), S. 491; Erman[15]-*Grunewald*, § 434, Rn. 62; *dies.*, KaufR, 2006, § 7, Rn. 34; *Haas*, in: Haas /Medicus /Rolland (u. a.), aaO (Fn. 20), 5. Kap., Rn. 124; *Huber /Faust*, aaO (Fn. 165), 12. Kap., Rn. 61; Jauernig[17]-*Berger*, § 434, Rn. 20; JurisPK /BGB[8]-*Pammler*, § 434, Rn. 151; *Kohler*, AcP 204 (2004), 606 (615); *S. Lorenz*, in: E. Lorenz, Karlsruher Forum 2005, S. 111; *ders.*, JuS 2003, 36 (38); *Looschelders*, SBT[11] (2016), Rn. 71; *Lorenz /Riehm*, SchuldR, 2002, Rn. 494; *Medicus /Lorenz*, SBT[18] (2018), § 6, Rn. 30; *Musielak*, NJW 2003, 89 (90); *ders.*, ExK BGB[2] (2010), Rn. 59; Palandt[78]-*Weidenkaff*, § 434, Rn. 52a; PWW[13]-*D. Schmidt*, § 434, Rn. 78; *Reinicke /Tiedtke*, aaO (Fn. 115), Rn. 357; *Tiedtke /Schmitt*, JZ 2004, 1092 (1093); *Wenzel*, DB 2003, 1887 (1889); *von Westphalen*, in: Henssler /von Westphalen, Praxis der Schuldrechtsreform, 2002, § 434, Rn. 58; *Wiese*, AcP 206 (2006), 902 (908). Vgl. auch LG Ellwangen (NJW 2003, 517), welches § 434 BGB auf den Stückkauf anwendet.

568 *Dauner-Lieb /Arnold*, JuS 2002, 1175; *Haas*, in: Haas /Medicus /Rolland (u. a.), aaO (Fn. 20), 5. Kap., Rn. 124; *S. Lorenz*, JuS 2003, 36 (38); *Musielak*, NJW 2003, 89 (90, 92); *Reinicke /Tiedtke*, aaO (Fn. 115), Rn. 357; *Tiedtke /Schmitt*, JZ 2004, 1092 (1093).

569 *Musielak*, NJW 2003, 89 (90); *Reinicke /Tiedtke*, aaO (Fn. 115), Rn. 357.

eine Falschlieferung beim Stückkauf in der Regel schneller feststellen lasse, als eine Falschlieferung beim Gattungskauf.[570] Im Übrigen komme bei bewusster aliud-Lieferung ohnehin nach § 438 Abs. 3 BGB die regelmäßige Verjährungsfrist zur Anwendung.[571] Davon abgesehen könne der Käufer die Anwendung des Gewährleistungsrechts abwenden, indem er die Annahme der vom Verkäufer angebotenen aliud-Leistung ablehne.[572] Die Beschränkung der Gleichstellung von aliud- und Schlechtleistung beim Handelskauf durch die Rechtsprechung sei aus der Erwägung heraus erfolgt, dass der Spezieskäufer, der ein aliud erhalten habe, bei Anwendung der Gewährleistungsvorschriften von Anfang an auf Wandelung und Minderung beschränkt sei, obwohl die Leistung des vertraglich vereinbarten Gegenstandes u. U. noch möglich sei.[573] Auf der Grundlage des modernisierten Kaufrechts sei jedoch der Käufer nicht nur berechtigt, sondern sogar verpflichtet, dem Verkäufer die Möglichkeit zur Nacherfüllung zu geben. Beim Stückkauf komme hierfür regelmäßig nur die Nachlieferung in Betracht. Durch die so veränderte Rechtslage sei es dem Käufer auch bei Anwendung des Gewährleistungsrechts weiterhin möglich, die vertraglich geschuldete Speziessache zu verlangen. Folglich sei die tragende Begründung für einen Ausschluss des Stückkaufs entfallen.[574] Gegen eine teleologische Reduktion spreche schließlich – neben dem eindeutigen Wortlaut der Vorschrift[575] – der Sinn und Zweck des neuen Gewährleistungsrechts, welcher darin bestehe, eine Unterscheidung zwischen Stück- und Gattungskäufen entbehrlich zu machen.[576] Eine Aufrecht-

---

570 BeckOK /BGB[Ed48]-*Faust*, § 434, Rn. 110; *Brors*, JR 2002, 133 (134); *Tiedtke /Schmitt*, JZ 2004, 1092 (1093); a. A. *Canaris*, in: E. Lorenz, Karlsruher Forum 2002, S. 69, 70 (Fn. 214).

571 *S. Lorenz*, in: E. Lorenz, Karlsruher Forum 2005, S. 111 (der jedoch – wohl irrtümlich – auf § 438 Abs. 2 BGB verweist).

572 *Dauner-Lieb /Arnold*, JuS 2002, 1175 (1176); *Eckert*, SBT[2] (2005), Rn. 264; *S. Lorenz*, in: E. Lorenz, Karlsruher Forum 2005, S. 112; *ders.*, JuS 2003, 36 (39); *Reinicke / Tiedtke*, aaO (Fn. 115), Rn. 357; *Tiedtke /Schmitt*, JZ 2004, 1092 (1093).

573 Vgl. BGH, NJW 1979, 811.

574 *Dauner-Lieb /Arnold*, JuS 2002, 1175 (1176); *Musielak*, NJW 2003, 89 (90).

575 AnwKom[3]-*Büdenbender*, § 434, Rn. 68; BeckOK /BGB[Ed48]-*Faust*, § 434, Rn. 110; *Brox /Walker*, SBT[41] (2017), § 4, Rn. 26; *Grunewald*, aaO (Fn. 4), § 7, Rn. 34; *Medicus /Lorenz*, SBT[18] (2018), § 6, Rn. 30; *Musielak /Hau*, ExK BGB[3] (2014), Rn. 100; *Reinicke /Tiedtke*, aaO (Fn. 115), Rn. 357; a. A. *Brors*, JR 2002, 133 (134); *Thier*, AcP 203 (2003), 399 (404).

576 AnwKom[3]-*Büdenbender*, § 434, Rn. 68; BeckOK /BGB[Ed48]-*Faust*, § 434, Rn. 110; *Brox /Walker*, SBT[41] (2017), § 4, Rn. 26; *Dauner-Lieb /Arnold*, JuS 2002, 1175; *Donou*, aaO (Fn. 409), S. 168; *Eckert /Maifeld /Matthiessen*, aaO (Fn. 115), Rn. 353; *Kohler*,

erhaltung dieser Differenzierung würde nur zu weiteren Abgrenzungsschwierigkeiten führen.[577]

Zu folgen ist schließlich der zuletzt genannten Auffassung. Neben den bereits angesprochenen Argumenten ist hierfür insbesondere die folgende Erwägung maßgeblich. Die Schuldrechtsreform diente der Umsetzung der Verbrauchsgüterkaufrichtlinie[578].[579] Art. 2 Abs. 1 der Verbrauchsgüterkaufrichtlinie besagt: „*Der Verkäufer ist verpflichtet, dem Verbraucher dem Kaufvertrag gemäße Güter zu liefern.*“. Wie bereits festgestellt weist auch ein aliud nicht die vertraglich vereinbarten Eigenschaften auf.[580] Der Wortlaut dieser Vorschrift deutet somit darauf hin, dass auch die aliud-Leistung in den sachlichen Anwendungsbereich der Richtlinie fällt, wobei nicht zwischen Gattungs- und Stückkäufen unterschieden wird.[581] Hinzu kommt, dass man sich bei der Schaffung der Verbrauchsgüterkaufrichtlinie am UN-Kaufrecht orientiert hat.[582] So taucht in der Richtlinie verschiedentlich der Begriff der „*Vertragsmäßigkeit*“ auf.[583] In Erwägungsgrund Nr. 7 etwa heißt es: „*Waren müssen vor allem vertragsgemäß sein*“. Es ist offensichtlich, dass diese Terminologie dem UN-Kaufrecht entlehnt ist, welches in Art. 35 CISG gleichfalls auf die „*Vertragsmäßigkeit*“ der Ware abstellt.[584] Rechtsprechung und

---

AcP 204 (2004), 606 (615); *Looschelders*, SBT[11] (2016), Rn. 71; *S. Lorenz*, JuS 2003, 36 (38); *Medicus /Lorenz*, SBT[18] (2018), § 6, Rn. 30; *Reinicke /Tiedtke*, aaO (Fn. 115), Rn. 357; *Tiedtke /Schmitt*, JZ 2004, 1092 (1093); *Wiese*, AcP 206 (2006), 902 (908). Dagegen wendet *K. Jost* ein, dass die Unterscheidung zwischen Gattungs- und Stückschulden dem Schuldrecht nun mal in § 243 BGB zugrundegelegt werde und deshalb nicht hinweggeleugnet werden könne, *dies.*, Jura 2005, 750 (752).

577 *Grunewald*, aaO (Fn. 4), § 7, Rn. 34.

578 RL 1999/44/EG vom 25.05.1999, ABlEG L 171, S. 12 ff.

579 Vgl. F I 2.

580 Vgl. F IV 2 a).

581 BeckOK /BGB[Ed48]-*Faust*, § 434, Rn. 110; *Eckert /Maifeld /Matthiessen*, aaO (Fn. 115), Rn. 353; *Emmerich /Doehner*, in: FS Kramer (2004), S. 491; *Hänlein*, DB 1999, 1641 (1643); *Jorden /Lehmann*, JZ 2001, 952; *P. Huber*, in: FS Henrich (2000), S. 313; a. A. *Brors*, JR 2002, 133; *Ehmann /Rust*, JZ 1999, 853 (856 f.); *H. P. Westermann*, in: Grundmann /Medicus /Rolland, Europäisches Kaufgewährleistungsrecht, 2000, S. 257.

582 Vgl. F I 2. Auch der nationale Gesetzgeber verweist in seinen Erläuterungen – u. a. im Hinblick auf die Gleichstellung von aliud- und Schlechtleistung – wiederholt auf das CISG, vgl. BT-Drucks. 14/6040, S. 89, 212.

583 Vgl. Art. 2 sowie die Erwägungsgründe 7, 8 und 9.

584 AnwKom[3]-*Pfeiffer*, Art. 2 Kauf-RL, Rn. 5; *Grundmann*, in: Grundmann /Bianca, EU-Kaufrechtsrichtlinie, Art. 2 Kauf-RL, Rn. 1; *Hänlein*, DB 1999, 1641 (1642); *P. Huber*, in: FS Henrich (2000), S. 298.

Schrifttum zum UN-Kaufrecht sehen in der Lieferung eines aliuds nicht etwa einen Fall der Nichtleistung, sondern die Leistung einer nicht vertragsgemäßen Ware und stellen sie somit der Schlechtleistung gleich. Diese Gleichstellung erstreckt sich sowohl auf den Gattungs- als auch auf den Stückkauf.[585] Mangels gegenteiliger Hinweise ist davon auszugehen, dass der europäische Gesetzgeber von dieser Rechtslage wusste und sie durch die Übernahme des Begriffs „*Vertragsmäßigkeit*" für die Verbrauchsgüterkaufrichtlinie übernehmen wollte.[586] Der nationale Gesetzgeber wiederum ist verpflichtet, diese Vorgaben der Richtlinie umzusetzen[587], was im Fall der Gleichstellung von aliud- und Schlechtleistung durch § 434 Abs. 3 1.Alt. BGB geschehen ist.[588] Eine Ausgrenzung des Stückkaufs im Wege einer teleologischen Reduktion des § 434 Abs. 3 1.Alt. BGB verstieße – zumindest im Rahmen eines Verbrauchsgüterkaufs – gegen die Vorgaben der Richtlinie. Sie könnte auch nicht damit gerechtfertigt werden, dass durch die Anwendung des allgemeinen Leistungsstörungsrechts im Fall der aliud-Leistung beim Stückkauf ein vergleichbares oder gar höheres Schutzniveau erreicht wird.[589] Zwar ist es richtig, dass sich die Rechtsstellung des Käufers durch die Anwendung des Kaufgewährleistungsrechts nicht ausschließlich verbessert.[590] Doch verliert er im Fall seiner Nichtanwendung zumindest die Möglichkeit zur Minderung des Kaufpreises gem. §§ 437 Nr. 2 2.Var iVm. 441 BGB. Folglich muss auch weiterhin

585 BGHZ 132, 290 (296 f.); OGH, CISG-Online, Nr. 641; OGH, CISG-Online, Nr. 483; Danish Maritime and Commercial Court, CISG-Online, Nr. 679; *Bitter /Bitter*, BB 1993, 2315 (2320); *Ferrari*, in: Ferrari /Kieninger /Mankowski (u.a.), Internationales Vertragsrecht, 2007, Art. 35 CISG, Rn. 9; MüKo[7]-*Gruber*, Art. 35 CISG, Rn. 4; PWW[13]-*D. Schmidt*, § 434, Rn. 76; *Resch*, ÖJZ 1992, 470 (472, 479); Schlechtriem / Schwenzer[6]-*Schwenzer*, Art. 35 CISG, Rn. 10; Soergel[13]-*Lüderitz /Schüßler-Langeheine*, Art. 35 CISG, Rn. 6; *Stathouli*, aaO (Fn. 555), S. 31; Staudinger[2005]-*Magnus*, Art. 46 CISG, Rn. 34 f.; a. A. OLG Düsseldorf, NJW-RR 1994, 506.

586 Vgl. AnwKom[3]-*Pfeiffer*, Art. 2 Kauf-RL, Rn. 5; *Dauner-Lieb /Arnold*, JuS 2002, 1175 (1176); *Grundmann*, in: Grundmann /Bianca, aaO (Fn. 586), Art. 2 Kauf-RL, Rn. 12; skeptisch: *P. Huber*, in: FS Henrich (2000), S. 313 (Fn. 68). Auch dem nationalen Gesetzgeber waren diese Zusammenhänge bekannt. So wird in der Gesetzesbegründung erwähnt: „*Die einheitlichen Kaufrechte (Artikel 33 EKG, Artikel 35 UN-Kaufrecht) verwenden den subjektiven Fehlerbegriff und beziehen dabei die Falschlieferung und die Zuweniglieferung mit ein.*" (BT-Drucks. 14/6040, S. 212).

587 Vgl. hierzu Art. 288 Abs. 3 AEU.

588 Vgl. *Jorden /Lehmann*, JZ 2001, 952 (957).

589 Art. 8 Abs. 2 der Verbrauchsgüterkaufrichtlinie erlaubt die Einführung nationaler Vorschriften, welche über das durch die Richtlinie vorgegebene Verbraucherschutzniveau hinausgehen.

590 Zu nennen ist etwa die Verkürzung der Verjährungsfrist.

die Gleichstellung von aliud- und Schlechtleistung sowohl für den Gattungs- als auch für den Stückkauf gelten.[591]

Theoretisch käme eine teleologische Reduktion von § 434 Abs. 3 1.Alt. BGB außerhalb des Verbrauchsgüterkaufs in Betracht. Dagegen spricht jedoch der klar artikulierte Wille des nationalen Gesetzgebers, die Vertragswidrigkeit einheitlich für alle Kaufverträge zu regeln.[592]

Es bleibt somit dabei, dass sich die Gleichstellung von aliud- und Schlechtleistung uneingeschränkt sowohl auf den Gattungs- als auch auf den Stückkauf erstreckt.

c) Teleologische Reduktion (2): Kein Extremaliud

Alternativ oder auch zusätzlich zum Versuch, das Identitätsaliud vom Anwendungsbereich des § 434 Abs. 3 1.Alt. BGB auszunehmen, wird behauptet, dass die Gleichstellung mit dem Sachmangel (auch) nicht für Extremabweichungen gelte. Hierbei handelt es sich um Objekte, welche in besonders grober Weise vom vereinbarten Vertragsgegenstand abweichen.[593] Für den Fall das der Verkäufer ein solches Extremaliud leiste, käme weiterhin das allgemeine Leistungsstörungsrecht und nicht das Kaufgewährleistungsrecht zur Anwendung.[594] Aufgrund der Streichung des § 378 HGB a. F. würde die Rügeobliegenheit aus § 377 HGB den Handelskäufer ohne eine teleologische Reduktion des § 434 Abs. 3 1.Alt. BGB auch bei der Leistung eines Extremaliuds treffen.[595] Könne dieser die Leistung nicht umgehend dem geschlossenen Kaufvertrag zuordnen und gegenüber dem Verkäufer rügen, würde er seine Gewährleistungsrechte verlieren.[596] Ferner wird auf die Genese der Gleichstellung von aliud und Schlechtleistung verwiesen. Sie sei erst nachträglich mit § 378 HGB a. F. in das Handelsrecht aufgenommen wor-

---

591 *Dauner-Lieb /Arnold*, JuS 2002, 1175 (1176); *P. Huber*, in: FS Henrich (2000), S. 313.

592 BT-Drucks. 14/6040, S. 211. Für die Abschöpfung einer vermeintlichen Bereicherung des Käufers durch Nacherfüllung ist dieser Wille durch die Einführung des § 474 Abs. 5 S. 1 BGB a. F. (mittlerweile: § 475 Abs. 3 S. 1 BGB n. F.) widerlegt worden, vgl. hierzu F III 3 a).

593 Vgl. *Tiedtke /Schmitt*, JZ 2004, 1092 (1094).

594 *Altmeppen /Reichard*, in: FS U. Huber (2006), S. 96; *Ehmann /Sutschet*, Modernisiertes Schuldrecht, 2002, S. 221; Jauernig[17]-*Berger*, § 434, Rn. 21; *Medicus /Petersen*, BR[26] (2017), Rn. 288; *Tröger*, JuS 2005, 503 (511).

595 Zur Anwendung des § 377 HGB auf die Falschlieferung vgl. HeKo[7]-*Stuhlfelner*, § 377, Rn. 6; Koller /Kindler /Roth /Morck[8]-*Roth*, § 377, Rn. 5a; Röhricht /Graf von Westphalen[4]-*Wagner*, § 377, Rn. 11.

596 *Altmeppen /Reichard*, in: FS U. Huber (2006), S. 73 f.).

den, um den Verkäufer zu schützen, dessen Leistung bis dahin nicht vom Käufer gerügt werden musste, sofern es sich um ein aliud handelte. Ziel sei es gewesen, die Rechtsunsicherheit, welche mit der komplizierten und oftmals zu willkürlichen Ergebnissen führenden Abgrenzung zwischen aliud und peius verbunden war, zu beseitigen, indem man *für beide Fälle* eine Rügeobliegenheit des Käufers vorsah. Unproblematisch sei dagegen die Abgrenzung zum peius, wenn es sich um ein Extremaliud handelt, weshalb § 378 HGB a. F. selbiges auch von der Gleichstellung ausgenommen habe, indem auf die „Genehmigungsfähigkeit" der Leistung abgestellt wurde. Die „Kawamatta-Sendai-Entscheidung" des Reichsgerichts[597] habe diese Gleichstellung für den Gattungskauf erstmals auf die Anwendung des Kaufgewährleistungsrechts im Handelskauf übertragen. Mit § 434 Abs. 3 1.Alt. BGB setze der Reformgesetzgeber diesen durch die Rechtsprechung eingeschlagenen Weg konsequent fort, indem er die Gleichstellung auch auf den Zivilkauf ausdehne. Allerdings gebe es keinen Grund, auf das Kriterium der „Genehmigungsfähigkeit" der Leistung zu verzichten. Der Wortlaut des § 434 Abs. 3 1.Alt. BGB sei somit zu weit gefasst und müsse entsprechend eingeschränkt werden.[598] Die Rechtsstellung des Käufers würde durch die Anwendung des allgemeinen Leistungsstörungsrechts nicht verschlechtert, da es im Wege der Schuldrechtsreform mit dem Kaufgewährleistungsrecht verzahnt und damit weitgehend gleichgeschaltet wurde.[599] Zwar verliere der Käufer die Möglichkeit zur Minderung des Kaufpreises, was jedoch bei einem Extremaliud auf der Basis des § 441 Abs. 3 BGB ohnehin kaum möglich wäre.[600] Stattdessen profitiere er von der Nichtanwendung der kürzeren kaufrechtlichen Verjährungsfrist, welche nach § 438 Abs. 1 Nr. 3 BGB regelmäßig 2 Jahre beträgt. Angesichts dieser Vorzüge sei diese Lösung insoweit auch mit den Vorgaben der Verbrauchsgüterkaufrichtlinie vereinbar (vgl. Art. 8 Abs. 2).[601]

---

597 RGZ 86, 90 (92 f.).

598 *Altmeppen /Reichard*, in: FS U. Huber (2006), S. 80.

599 Für den *Verkäufer* dagegen mag die Frage, ob Kaufgewährleistungsrecht zur Anwendung kommt, oder ob seine Lieferung als Nichtleistung gewertet wird, was zur Anwendung des allgemeinen Leistungsstörungsrechts führt, durchaus bedeutsam sein. Im letzteren Fall hätte er gegenüber dem Käufer einen Anspruch aus § 812 Abs. 1 S. 1 1.Alt. BGB, gerichtet auf Rückgabe des aliuds. Ein solcher Anspruch wäre im Rahmen des Gewährleistungsrechts dagegen grds. ausgeschlossen (s. u.). Hier bestünde allenfalls ein Anspruch auf Rückgabe der zuerst geleisteten Sache nach §§ 439 Abs. 5, 346 Abs. 1 1.Alt. BGB.

600 Vgl. *Medicus /Petersen*, BR[26] (2017), Rn. 288.

601 Vgl. *Altmeppen /Reichard*, in: FS U. Huber (2006), S. 95 f.

Allerdings steht auch hier der überwiegende Teil des Schrifttums einer teleologischen Reduktion von § 434 Abs. 3 1.Alt. BGB ablehnend gegenüber.[602] Begründet wird dies zunächst mit dem eindeutigen Wortlaut der Vorschrift, der Extremabweichungen gerade nicht von der Gleichstellung ausnimmt.[603] Des Weiteren beziehen sie die Genese des § 434 Abs. 3 1.Alt. BGB in ihre Argumentation ein, da sie auf den Willen des Gesetzgebers schließen lasse. § 435 Abs. 2 BGB-KE lautete noch:

> *„Einem Sachmangel steht es gleich, wenn der Verkäufer eine andere Sache oder eine zu geringe Menge liefert, es sei denn, daß sie als Erfüllung offensichtlich nicht in Betracht kommt.“*[604]

Der am 04.08.2000 von der Bundesregierung vorgestellte Diskussionsentwurf zur Modernisierung des Schuldrechts, welcher in wesentlichen Punkten mit dem Kommissionsentwurf aus dem Jahre 1991 übereinstimmte[605], übernahm auch in § 434 Abs. 3 BGB Disk-E den Wortlaut der o.g. Vorschrift. Nachdem der dort enthaltene Verweis auf die Erfüllungstauglichkeit der Ware nicht unerheblich kritisiert wurde[606], tauchte er im späteren Regierungsentwurf nicht mehr auf. § 434 Abs. 3 BGB Reg-E lautete:

> *„Einem Sachmangel steht es gleich, wenn der Verkäufer eine andere Sache oder eine zu geringe Menge liefert.“*

Die Gegner einer teleologischen Reduktion des § 434 Abs. 3 1. Alt. BGB beziehen sich auf die Streichung des Zusatzes *„es sei denn, dass sie als Erfüllung offensicht-*

---

602 AnwKom[3]-*Büdenbender*, § 434, Rn. 70; BeckOK /BGB[Ed48]-*Faust*, § 434, Rn. 111; *Brors*, JR 2002, 133 (135); *Brüggemeier*, WM 2002, 1376 (1378); *Büdenbender*, in: Dauner-Lieb /Heidel /Lepa (u. a.), Das neue Schuldrecht, 2002, § 8, Rn. 38; *Canaris*, in: E. Lorenz, Karlsruher Forum 2002, S. 67 f.; *Eckert /Maifeld /Matthiessen*, aaO (Fn. 115), Rn. 354; *Emmerich /Doehner*, in: FS Kramer (2004), S. 494; Erman[15]-*Grunewald*, § 434, Rn. 61; *dies.*, KaufR, 2006, § 7, Rn. 33; *Lettl*, JuS 2002, 866 (868); *Looschelders*, SBT[11] (2016), Rn. 72; *Medicus /Lorenz*, SBT[18] (2018), § 6, Rn. 31; *Musielak /Hau*, ExK BGB[3] (2014), Rn. 100; *ders.*, NJW 2003, 89 (92); Palandt[78]-*Weidenkaff*, § 434, Rn. 52a; PWW[13]-*D. Schmidt*, § 434, Rn. 78; *Reinicke /Tiedtke*, aaO (Fn. 115), 360; Röhricht /Graf von Westphalen[4]-*Wagner*, § 377, Rn. 11; *Roth*, in: Koller /Roth /Zimmermann, aaO (Fn. 558), S. 81; *Thier*, AcP 203 (2003), 399 (416); *Tiedtke /Schmitt*, JZ 2004, 1092 (1097); *Wenzel*, DB 2003, 1887 (1889); *Zerres*, VuR 2002, 3 (7); *Zimmer*, in: Ernst /Zimmermann, aaO (Fn. 35), S. 198.

603 BeckOK /BGB[Ed48]-*Faust*, § 434, Rn. 111; *Reinicke /Tiedtke*, aaO (Fn. 115), Rn. 360.

604 BMJ (Hrsg.), aaO (Fn. 125), S. 199.

605 Vgl. hierzu Staudinger[2015]-*Olzen*, Vor §§ 241 ff., Rn. 189.

606 Vgl. nur *Gsell*, JZ 2001, 65 (67).

lich nicht in Betracht kommt" um daraus den Willen des Gesetzgebers zur Einbeziehung von Extremabweichungen in die Gleichstellung mit dem Sachmangel abzuleiten. Da der Gesetzgeber also diesen großzügigen Anwendungsbereich des § 434 Abs. 3 1.Alt. BGB offenbar so gewollt habe, sei eine Einschränkung desselben im Wege der Rechtsfortbildung *de lege lata* nicht möglich.[607] Davon abgesehen sei eine teleologische Reduktion von § 434 Abs. 3 1.Alt. BGB auch nicht mit der Absicht des Gesetzgebers, die Rechtslage im Zusammenhang mit der aliud-Lieferung zu entschärfen, vereinbar. So hätte ein Ausschluss von Extremabweichungen zur Folge, dass sich um die schon im alten Recht nicht zufriedenstellend geklärte Frage, wann eine solche vorliege[608], erneut das Feuer juristischer Auseinandersetzungen entzünden würde.[609]

Die besseren Argumente sprechen erneut gegen eine teleologische Reduktion von § 434 Abs. 3 1. Alt. BGB. Maßgeblich ist dabei auch hier der Abgleich des deutschen Kaufrechts mit den Vorgaben der Verbrauchsgüterkaufrichtlinie. Letztere stellt in Art. 2 auf den Begriff der „*Vertragsmäßigkeit*" ab, welcher vor allem Art. 35 des Wiener Kaufrechtsübereinkommens entlehnt ist. Im UN-Kaufrecht stellt jedoch auch ein Extremaliud eine „vertragswidrige" Leistung dar.[610] Mangels gegenteiliger Hinweise ist davon auszugehen, dass der europäische Gesetzgeber nicht nur den Begriff der „Vertragsmäßigkeit" als Worthülse, sondern mitsamt seines juristischen Inhaltes übernehmen wollte.[611] Folglich ist der nationale Gesetzgeber – zumindest im personalen Anwendungsbereich der Richtlinie – verpflichtet, Extremabweichungen als nicht vertragsgemäße Leistung und nicht als

---

607 BeckOK /BGB[Ed48]-*Faust*, § 434, Rn. 111; *Eckert /Maifeld /Matthiessen*, aaO (Fn. 115), Rn. 354; *Emmerich /Doehner*, in: FS Kramer (2004), S. 494; *Looschelders*, SBT[11] (2016), Rn. 72; *Musielak*, NJW 2003, 89 (92); *Reinicke /Tiedtke*, aaO (Fn. 115), Rn. 360; *Tiedtke /Schmitt*, JZ 2004, 1092 (1097).

608 Zum Meinungsstand im alten Recht vgl. GK[4]-*Brüggemann*, § 378 HGB, Rn. 76 ff. mwN.

609 BeckOK /BGB[Ed48]-*Faust*, § 434, Rn. 111; *Eckert /Maifeld /Matthiessen*, aaO (Fn. 115), Rn. 354; Erman[15]-*Grunewald*, § 434, Rn. 61; *Roth*, in: Koller /Roth /Zimmermann, aaO (Fn. 558), S. 81; *Zimmer*, in: Ernst /Zimmermann, aaO (Fn. 35), S. 198.

610 OLG Düsseldorf, CISG-Online, Nr. 914; BeckOK /BGB[Ed48]-*Saenger*, Art. 35 CISG, Rn. 2; *Bitter /Bitter*, BB 1993, 2315 (2320, 2324); *Ferrari*, in: Ferrari /Kieninger / Mankowski (u. a.), aaO (Fn. 587), Art. 35 CISG, Rn. 9; MüKo[7]-*Gruber*, Art. 35 CISG, Rn. 4; *Resch*, ÖJZ 1992, 470 (472, 479); Schlechtriem /Schwenzer[6]-*Schwenzer*, Art. 35 CISG, Rn. 10; Staudinger[2005]-*Magnus*, Art. 35 CISG, Rn. 9. Für die Gattungsschuld: MüKo /HGB[4]-*Benicke*, Art. 35 CISG, Rn. 4. A. A. *F. Bydlinski*, in: Das UNICITRAL-Kaufrecht im Vergleich zum österreichischen Recht, 1985, S. 137, 147.

611 Vgl. F IV 2 b).

Nichtleistung zu werten, was zur Folge hat, dass die kaufrechtlichen Gewährleistungsvorschriften auf sie anwendbar sind.[612] In Deutschland wurde dies durch die Schaffung des § 434 Abs. 3 1.Alt. BGB gewährleistet, der im Übrigen auch außerhalb des Verbrauchsgüterkaufs Anwendung findet.[613] Die Anwendung des allgemeinen Leistungsstörungsrechts kann auch nicht im Lichte von Art. 8 Abs. 2 der Verbrauchsgüterkaufrichtlinie gerechtfertigt werden, da es dem Käufer keine Möglichkeit gewährt, den Kaufpreis zu mindern, was Art. 3 Abs. 5 1.Alt. der Richtlinie jedoch ausdrücklich vorsieht.[614] Ob in praxi bei der Berechnung des Minderungsbetrages in Ansehung eines geleisteten Extremaliuds Probleme auftreten oder nicht, vermag den pauschalen Ausschluss des Minderungsrechts gleichfalls nicht zu begründen.

Gegen eine teleologische Reduktion vermag schließlich auch folgende Erwägung sprechen. Würde man § 434 Abs. 3 1.Alt. BGB teleologisch reduzieren und damit im Grunde § 378 2. Hs. HGB a. F. in diese Vorschrift hineinlesen[615], so wäre davon lediglich die *aliud-Leistung* betroffen. Mit anderen Worten: Läge bei Gefahrübergang ein gewöhnlicher Sachmangel iSv. § 434 Abs. 1 BGB vor, so würde er die Anwendung des Gewährleistungsrechts bewirken, unabhängig von der Frage, ob der Mangel die Kaufsache völlig unbrauchbar machen würde, sodass objektiv unter keinen Umständen mit einer Genehmigung durch den Käufer gerechnet werden könnte.[616] Folglich würden an aliud- und Schlechtleistung unterschiedliche Rechtsfolgen geknüpft. Um zu entscheiden, ob die Leistung genehmigungsfähig sein muss oder nicht, müsste – quasi als Vorfrage – geklärt werden, ob ein aliud vorliegt oder nicht. Damit bliebe jedoch die Abgrenzung zwischen aliud und peius weiterhin erforderlich[617], was dem Sinn und Zweck des § 434 Abs. 3 1.Alt. BGB eindeutig zuwiderliefe.

Damit bleibt festzuhalten, dass § 434 Abs. 3 1.Alt. BGB auch solche aliud-Leistungen einem Sachmangel gleichstellt, die in besonders grober Weise von den vertraglich festgelegten Merkmalen des Vertragsgegenstandes abweichen.

---

612 Vgl. *Musielak*, NJW 2003, 89 (92). Auch *Zerres* betont, dass die Verbrauchsgüterkaufrichtlinie Extremabweichungen gerade nicht vom Anwendungsbereich des Gewährleistungsrechts ausnimmt, *ders.*, VuR 2002, 3 (6) (Fn. 40). Ebenso: *Gsell*, JZ 2001, 65 (67).

613 Zur Absicht des nationalen Gesetzgebers, den Begriff der Vertragswidrigkeit für alle in Betracht kommenden Kaufverträge einheitlich zu regeln vgl. Fn. 595.

614 Vgl. *Dauner-Lieb /Arnold*, JuS 2002, 1175 (1176); *Gsell*, JZ 2001, 65 (67).

615 Vgl. *Altmeppen /Reichard*, in: FS U. Huber (2006), S. 96.

616 Vgl. GK^4-*Brüggemann*, § 378 HGB, Rn. 11.

617 Vgl. zum alten Recht: GK^4-*Brüggemann*, § 378 HGB, Rn. 11.

d) *Teleologische Reduktion (3): Kein höherwertiges aliud*

Umstritten ist schließlich auch die Frage, ob die Lieferung eines höherwertigen aliuds über § 434 Abs. 3 1.Alt. BGB einem Sachmangel gleichgestellt werden kann.

Nach einer Ansicht ist § 434 Abs. 3 1.Alt. BGB teleologisch zu reduzieren, sodass die Leistung eines höherwertigen aliuds nicht als Gewährleistungsfall gewertet wird.[618] So könne bereits begrifflich ein „Mehr" keinem „Mangel" gleichgestellt werden.[619] Ferner habe das Gewährleistungsrecht den Zweck, die Leistungserwartungen des Käufers zu schützen. Der Käufer sei aber nicht schutzbedürftig, wenn seine Erwartungen übertroffen werden.[620] Bei Gattungsschulden fordere der § 243 Abs. 1 BGB zwar die Leistung einer Sache „mittlerer Art und Güte", doch werde dies gemeinhin so verstanden, dass der Schuldner eine Sache von *mindestens* mittlerer Art und Güte zu leisten habe.[621] Folglich könne auch mit Sachen derselben Gattung erfüllt werden, welche die mittlere Art und Güte übertreffen.[622] Aufgrund der Einbeziehung der Falschleistung durch § 434 Abs. 3 1.Alt. BGB müsse dies auch für ein höherwertiges aliud gelten, welches zwar einer anderen Gattung angehört, dafür aber den Mindestanforderungen gerecht wird.[623]

Von dem überwiegenden Teil der Literatur wird dieser Ansatz indes abgelehnt.[624] Dem Wortlautargument der Gegenansicht wird entgegengehalten, dass es in § 434 Abs. 3 1.Alt. BGB um die Gleichstellung zwischen einem *aliud* und einem Sachmangel gehe. Ein aliud sei jedoch schlicht *etwas anderes* als die geschuldete Kaufsache. Auf die Höher- bzw. Minderwertigkeit der Falschlieferung komme es daher überhaupt nicht an.[625] Ferner würde eine teleologische Reduktion von

618 *Brors*, JR 2002, 133 (135 f.); *Thier*, AcP 203 (2003), 399 (419 f.); *Wenzel*, DB 2003, 1887 (1890 f.); *Wiese*, AcP 206 (2006), 902 (906) – sofern die Parteien eine Mindestbeschaffenheit vereinbart haben, wobei fraglich ist, ob in solch einem Fall überhaupt noch von einem aliud gesprochen werden kann. Gleichwohl will *Wiese* das höherwertige „aliud" nicht beim Käufer belassen und spricht deshalb dem Verkäufer die Möglichkeit zu, seine Übereignungserklärung anzufechten, *ders.*, AcP 206 (2006), 902 (939).

619 *Wenzel*, DB 2003, 1887 (1890).

620 *Brors*, JR 2002, 133 (135 f.). Vgl. hierzu auch *Lettl*, JuS 2002, 866 (870); *Thier*, AcP 203 (2003), 399 (419 f.).

621 Palandt[78]-*Grüneberg*, § 243, Rn. 4; Staudinger[2015]-*Schiemann*, § 243, Rn. 25.

622 *Wiese*, AcP 206 (2006), 902 (905 f.) mwN.

623 *Wiese*, AcP 206 (2006), 902 (906).

624 *Eckert /Maifeld /Matthiessen*, aaO (Fn. 115), Rn. 353; *Looschelders*, SBT[11] (2016), Rn. 74; Palandt[78]-*Weidenkaff*, § 434, Rn. 52; *Tiedtke /Schmitt*, JZ 2004, 1092 (1097).

625 Anwkom[3]-*Büdenbender*, § 434, Rn. 67; *Reinicke /Tiedtke*, aaO (Fn. 115), Rn. 368; *Schlinker*, JR 2007, 221 (224); *Tiedtke /Schmitt*, JZ 2004, 1092 (1098).

§ 434 Abs. 3 1.Alt. BGB erneut Abgrenzungsschwierigkeiten heraufbeschwören, welche der Gesetzgeber im Zusammenhang mit der aliud-Leistung gerade verhindern wollte.[626]

Angesichts der überzeugenden Argumente der zweiten Ansicht ist auch unter diesem Gesichtspunkt eine teleologische Reduktion von § 434 Abs. 3 1.Alt. BGB abzulehnen.

e) *Erfordernis einer Tilgungsbestimmung*

Umstritten ist auch, ob eine Gleichstellung der Falschleistung mit dem Sachmangel durch § 434 Abs. 3 1.Alt. BGB voraussetzt, dass aus der Sicht eines objektiven Dritten in der Rolle des Käufers (§§ 133, 157 BGB (analog))[627] eine ausdrückliche oder konkludente Tilgungsbestimmung des Verkäufers vorliegt.

Ein Teil des Schrifttums spricht sich für eine solche Tilgungsbestimmung aus.[628] Hergeleitet wird dieses Erfordernis u. a. aus der Gesetzesbegründung.[629] Dort heißt es: „*Voraussetzung für die Gleichstellung von Falsch- und Zuweniglieferung mit Sachmängeln ist, dass der Verkäufer die Leistung als Erfüllung seiner Pflicht erbringt. Für den Käufer muss erkennbar dieser Zusammenhang zwischen Leistung und Verpflichtung bestehen, und es darf sich nicht um eine Teilleistung oder eine Leistung auf Grund einer anderen Verbindlichkeit handeln.*“[630] Die Notwendigkeit einer Tilgungsbestimmung sei auch an anderer Stelle des Zivilrechts nicht unbekannt, etwa im Bereicherungsrecht.[631]

Vereinzelt wird dagegen eine vom objektiven Empfängerhorizont wahrnehmbare Tilgungsbestimmung des Verkäufers als Voraussetzung für eine Gleichstel-

---

626 *Reinicke /*Tiedtke, aaO (Fn. 115), Rn. 368; *Tiedtke /Schmitt*, JZ 2004, 1092 (1098).

627 Vgl. MüKo[7]-*Fetzer*, § 366, Rn. 9. Zur Rechtsnatur der Tilgungsbestimmung vgl. Fn. 663.

628 *Andres*, in: Schimmel /Buhlmann, aaO (Fn. 370), Kap. E /I., Rn. 50; AnwKom[3]-*Büdenbender*, § 434, Rn. 70; *ders.*, in: Dauner-Lieb /Heidel /Lepa (u. a.), aaO (Fn. 604), § 8, Rn. 38; *Eckert /Maifeld /Matthiessen*, aaO (Fn. 115), Rn. 357; *Eckert*, SBT[2] (2005), Rn. 265 f.; Erman[15]-*Grunewald*, § 434, Rn. 61; *dies.*, KaufR, 2006, § 7, Rn. 33; *Huber / Faust*, aaO (Fn. 165), 12. Kap., Rn. 62; *Looschelders*, SBT[11] (2016), Rn. 73; *S. Lorenz*, in E. Lorenz, Karlsruher Forum 2005, S. 112; Palandt[78]-*Weidenkaff*, § 434, Rn. 52; *Reinicke /Tiedtke*, aaO (Fn. 115), Rn. 362 ff.; *Schlechtriem*, SBT[6] (2003), Rn. 36 (iVm. Fn. 33); *Thier*, AcP 203 (2003), 399 (415); *Tiedtke /Schmitt*, JZ 2004, 1092 (1095). Für das UN-Kaufrecht: MüKo[7]-*Gruber*, Art. 35 CISG, Rn. 5.

629 Vgl. *Eckert /Maifeld /Matthiessen*, aaO (Fn. 115), Rn. 357; *Reinicke /Tiedtke*, aaO (Fn. 115), Rn. 365; *Tiedtke /Schmitt*, JZ 2004, 1092 (1095).

630 BT Drucks. 14/6040, S. 216.

631 *Tiedtke /Schmitt*, JZ 2004, 1092 (1095).

lung iSv. § 434 Abs. 3 1.Alt. BGB abgelehnt.[632] Den Hinweis der Gegenansicht auf die Gesetzesbegründung versucht man dadurch zu entkräften, dass man auf den Wortlaut des § 434 Abs. 3 1.Alt. BGB, der eine solche Tilgungsbestimmung nicht vorgebe, abstellt. Da sich der in der Gesetzesbegründung zum Ausdruck kommende Wille nicht im Wortlaut des Gesetzes niedergeschlagen habe, handele es sich um ein Auslegungskriterium unter vielen, welches jedoch keineswegs bindend für den Rechtsanwender sei.[633] Tatsächlich sei der durch die Gesetzesbegründung zum Ausdruck kommende Wille an dieser Stelle äußerst zweifelhaft. Der Wortlaut der o. g. Passage stimme weitgehend mit einer entsprechenden Passage in der Begründung des Diskussionsentwurfs des BMJ vom 04.08.2000 überein, welche jedoch der Erläuterung des Ausschlusses von Extremabweichungen vom Anwendungsbereich des § 434 Abs. 3 1.Alt. BGB DiskE diente. Bekanntlich sei dieser einschränkende Zusatz gestrichen worden und es sei zu vermuten, dass die Streichung der zugehörigen Passage in der Gesetzesbegründung übersehen worden sei, weshalb sie in die Endfassung des Regierungsentwurfes übernommen wurde.[634] Wenn es in § 434 Abs. 3 1.Alt. heiße, dass der Käufer eine andere Sache „liefert", dann deute das vielmehr auf einen rein tatsächlichen Vorgang hin und nicht auf die Notwendigkeit einer rechtlich bindenden Tilgungsbestimmung.[635] Schließlich wird darauf hingewiesen, dass die Erhebung der objektiven Wahrnehmung einer Tilgungsbestimmung zur Voraussetzung einer Gleichstellung iSv. § 434 Abs. 3 1.Alt. BGB, faktisch zu einer Annäherung an die *Theorie von der finalen Leistungsbewirkung* führe.[636] Diese werde jedoch mittlerweile zu Recht überwiegend abgelehnt, da sie nicht diejenigen Fälle zu erklären vermag, in denen der Schuldner eine Leistung ohne entsprechende subjektive Einstellung erbringe (vgl. § 366 Abs. 2 BGB).[637]

Gemeinsam mit der ersten Ansicht ist jedoch dem zuletzt genannten Argument entgegenzuhalten, dass auch die mittlerweile herrschende *Theorie der realen Leis-*

632 *Lettl*, JuS 2002, 866 (869); *Musielak /Hau*, ExK BGB[3] (2014), Rn. 105; *ders.*, NJW 2003, 89 (91).

633 *Musielak /Hau*, ExK BGB[3] (2014), Rn. 103; *ders.*, NJW 2003, 89 (91).

634 Vgl. *Musielak*, NJW 2003, 89 (92); *Tiedtke /Schmitt*, JZ 2004, 1092 (1096).

635 *Musielak /Hau*, ExK BGB[3] (2014), Rn. 103.

636 Nach dieser Theorie setzt die Erfüllung – neben der realen Leistungserbringung – immer auch eine Zweckbestimmung des Leistenden voraus. Vgl. hierzu: *Larenz*, SchuldR, Bd. 1, 14. Aufl. (1987), § 18 I 4 (S. 238); *Looschelders*, SAT[14] (2016), Rn. 362; MüKo[7]-*Fetzer*, § 362, Rn. 7; Staudinger[2016]-*Olzen*, Vor §§ 362 ff., Rn. 13.

637 MüKo[7]-*Fetzer*, § 362, Rn. 8; *Musielak*, NJW 2003, 89 (91); *Wiese*, AcP 206 (2006), 902 (920 f.).

tungsbewirkung[638] Ausnahmen zulässt.[639] Tatsächlich ist der bloße Realakt nur dann ausreichend, wenn der Schuldner exakt die geschuldete Leistung erbringt.[640] Tut er das nicht, besteht ein Zuordnungsproblem welches sich ohne eine entsprechende Tilgungsbestimmung kaum lösen lässt.[641] Dass es solche Ausnahmen bereits gibt, zeigen nicht zuletzt die §§ 366 Abs. 1, 267 BGB.[642] Ein solches Zuordnungsproblem besteht jedoch auch im Rahmen von § 434 Abs. 3 1.Alt. BGB, weshalb eine Tilgungsbestimmung hier unumgänglich ist.[643] Im Übrigen deutet auch der Wortlaut der Gesetzesbegründung[644] eindeutig auf das Erfordernis einer Tilgungsbestimmung hin.[645] Dass es sich hierbei um ein Relikt aus einer längst überholten Fassung handelt, ist dagegen reine Spekulation.[646] Schließlich macht eine Gleichstellung der Falschleistung mit dem Sachmangel nur Sinn, wenn zwischen dem aliud und dem Kaufvertrag eine innere Verbindung existiert.[647] Diese Bindung kann nur durch eine erkennbare Tilgungsbestimmung des Verkäufers zum Ausdruck gebracht werden. Zu folgen ist daher der ersten Ansicht.

---

638 Vgl. hierzu *Larenz*, SchuldR, Bd. 1, 14. Aufl. (1987), § 18 I 5 (S. 238 f.); *Medicus / Lorenz*, SAT[21] (2015), Rn. 276; MüKo[7]-*Fetzer*, § 362, Rn. 9; Staudinger[2016]-*Olzen*, Vor §§ 362 ff., Rn. 10.

639 MüKo[7]-*Fetzer*, § 362, Rn. 10 f.; Staudinger[2016]-*Olzen*, Vor §§ 362 ff., Rn. 14.

640 *Eckert /Maifeld /Matthiessen*, aaO (Fn. 115), Rn. 357; *Larenz*, SchuldR, Bd. 1, 14. Aufl. (1987), § 18 I 5 (S. 238); *Medicus /Lorenz*, SAT[21] (2015), Rn. 267.

641 Vgl. *Larenz*, SchuldR, Bd. 1, 14. Aufl. (1987), § 18 I 5 (S. 240); MüKo[7]-*Fetzer*, § 362, Rn. 10; *Reinicke /Tiedtke*, aaO (Fn. 115), Rn. 367.

642 Vgl. *Eckert /Maifeld /Matthiessen*, aaO (Fn. 115), Rn. 357; MüKo[7]-*Fetzer*, § 362, Rn. 10 f.; Staudinger[2016]-*Olzen*, Vor §§ 362 ff., Rn. 14.

643 *Eckert /Maifeld /Matthiessen*, aaO (Fn. 115), Rn. 357; *Reinicke /Tiedtke*, aaO (Fn. 115), Rn. 364; *Tiedtke /Schmitt*, JZ 2004, 1092 (1096). Eine solche Tilgungsbestimmung ist insbesondere deshalb erforderlich, weil der Ausschluss von Extremabweichungen im Wege einer teleologischen Reduktion des § 434 Abs. 3 1.Alt. BGB nicht in Betracht kommt (s. o.). Gerade in diesen Fällen dürfte es dem Käufer schwer fallen, ohne eine entsprechende Tilgungsbestimmung des Verkäufers die Verknüpfung mit dem geschlossenen Vertrag herzustellen, weshalb er in besonderem Maße schutzbedürftig ist. Sollte es aus der objektivierten Käufersicht also nicht möglich sein, zu erkennen, dass der Verkäufer mit seiner Leistung den Kaufvertrag erfüllen will, kann letzterer auch nicht in den Genuss der verkürzten Verjährungsfrist des Kaufgewährleistungsrechts gelangen. Wenn dagegen die Verbindung zum geschlossenen Kaufvertrag für den Käufer erkennbar ist, hat dieser die Möglichkeit die Leistung abzulehnen, um so die Anwendung der §§ 437 ff. BGB zu verhindern.

644 BT Drucks. 14/6040, S. 216.

645 *Tiedtke /Schmitt*, JZ 2004, 1092 (1096); a. A. *Wiese*, AcP 206 (2006), 902 (920).

646 *Reinicke /Tiedtke*, aaO (Fn. 115), Rn. 366; *Tiedtke /Schmitt*, JZ 2004, 1092 (1096).

647 Vgl. *Wiese*, AcP 206 (2006), 902 (916).

3. Abschöpfung der Bereicherung

a) Gesetzliche Grundlage

Nachdem der Anwendungsbereich des § 434 Abs. 3 1.Alt. BGB beleuchtet wurde, steht fest, dass er auch die Lieferung eines höherwertigen aliuds[648] – selbst wenn es in besonders grober Weise vom vereinbarten Vertragsgegenstand abweicht[649] bzw. es sich um ein Identitätsaliud handelt[650] – umfasst. Voraussetzung ist jedoch, dass vom objektivierten Empfängerhorizont eine Tilgungsbestimmung des Verkäufers erkennbar ist.[651] Ist eine solche Tilgungsbestimmung für den Käufer nicht wahrnehmbar, fehlt die Verbindung zwischen der dargebrachten Sache und dem geschlossenen Kaufvertrag. Das Gewährleistungsrecht kommt deshalb nicht zur Anwendung. Zugleich fehlt von Anfang an ein Rechtsgrund für ein Behaltendürfen des Käufers, weshalb dem Verkäufer die Möglichkeit offensteht, das aliud zu kondizieren.[652] Ist dagegen eine Tilgungsbestimmung gegeben, bildet der Kaufvertrag zwischen Käufer und Verkäufer zunächst die Grundlage für die erbrachte Leistung. Das Gewährleistungsrecht findet über § 434 Abs. 3 1.Alt. BGB auf das aliud Anwendung.[653] Dem Käufer ist es somit möglich, Nacherfüllung in Gestalt der Nachlieferung zu verlangen (§ 439 Abs. 1 2.Alt. BGB).[654] In diesem Fall muss er das aliud gem. § 439 Abs. 5 iVm. § 346 Abs. 1 1.Alt. BGB an den Verkäufer herausgeben. Macht der Käufer dagegen keinen Gebrauch von seinem Recht auf Nacherfüllung, fragt sich, auf welche Weise der Verkäufer das höherwertige aliud wieder herausverlangen kann.[655] Das Kaufgewährleistungsrecht nimmt freilich

---

648 Vgl. F IV 2 d).

649 Vgl. F IV 2 c).

650 Vgl. F IV 2 b).

651 Vgl. F IV 2 e).

652 *Lettl*, JuS 2002, 866 (870); *Thier*, AcP 203 (2003), 399 (423).

653 Die Stimmen in der Literatur, die ein höherwertiges aliud grds. für erfüllungstauglich halten, lehnen die Anwendung des Gewährleistungsrechts an dieser Stelle ab. Statt aller: *Wiese*, AcP 206 (2006), 902 (906 f.).

654 Nachbesserung wird bei einer Falschlieferung regelmäßig nicht in Betracht kommen, vgl. Staudinger[2007]-*S. Lorenz*, § 812, Rn. 89.

655 Abzulehnen ist jedenfalls die vereinzelt gebliebene Meinung in der Literatur, welche den Rückforderungsanspruch des Verkäufers aus § 439 Abs. 5 iVm. § 346 Abs. 1 1. Alt. BGB auch dann zulassen will, wenn der Käufer gar keinen Gebrauch von seinem Nacherfüllungsrecht aus § 439 Abs. 1 BGB macht, vgl. *Wiese*, AcP 206 (2006), 902 (936 ff.). Dagegen spricht nicht zuletzt der Wortlaut der Richtlinie, die besagt, dass der Käufer vom Verkäufer die Nacherfüllung verlangen „*kann*" (vgl. Art. 3 Abs. 3 S. 1 Verbrauchsgüterkaufrichtlinie; ähnlich auch Erwägungsgrund Nr. 12). Daraus folgt,

keine Stellung zu den Rechten des Verkäufers.[656] Durch die Tilgungsbestimmung ist die Falschleistung jedenfalls auf der Grundlage des Kaufvertrages erfolgt und somit dem Verkäufer ein Rückgriff auf das Bereicherungsrecht nicht ohne weiteres möglich.[657] Eventuell lässt sich jedoch die irrtümlich herbeigeführte Verbindung von Falschleistung und Kaufvertrag über die Tilgungsbestimmung nachträglich wieder lösen. Bei der Tilgungsbestimmung handelt es sich zumindest um eine rechtsgeschäftsähnliche Handlung, auf die die allgemeinen Regeln über Rechtsgeschäfte entsprechende Anwendung finden. Folglich kann sie gem. §§ 119 ff. BGB (analog) angefochten werden.[658] Wurde sie auf diesem Wege erfolgreich beseitigt, fehlt die Verbindung zum Kaufvertrag und der Käufer ist ohne Rechts-

---

dass dem Käufer die Nacherfüllung keineswegs durch den Verkäufer aufgedrängt werden darf (vgl. *Bianca*, in: Grundmann /Bianca, aaO (Fn. 586), Art. 3, Rn. 57). Dies gilt aufgrund der Gleichstellung von Falsch- und Schlechtleistung durch den Begriff der „Vertragsmäßigkeit" in Art. 2 der Verbrauchsgüterkaufrichtlinie bzw. § 434 Abs. 3 1.Alt. BGB auch für das aliud.

656 *Wilhelm* sieht in diesem Umstand einen exemplarischen Mangel des neuen Schuldrechts, *ders.*, JZ 2001, 861 (868).

657 *Huber /Faust*, aaO (Fn. 165), 13. Kap., Rn. 156; Jauernig[17]-*Berger*, § 434, Rn. 23; *Musielak*, NJW 2003, 89 (90); *Reinicke /Tiedtke*, aaO (Fn. 115), Rn. 371; *Wiese*, AcP 206 (2006), 902 (918); *Wilhelm*, JZ 2001, 861 (868); a. A. *Eckert*, SBT[2] (2005), Rn. 271; *Emmerich /Doehner*, in: FS Kramer (2004), S. 492; *Lettl*, JuS 2002, 866 (870); *S. Lorenz*, in: E. Lorenz, Karlsruher Forum 2005, S. 112 f.; *ders.*, JuS 2003, 36 (39); *Lorenz /Riehm*, SchuldR, 2002, Rn. 493; *Medicus /Lorenz*, SBT[18] (2018), § 12, Rn. 10; PWW[13]-*D. Schmidt*, § 434, Rn. 80; Staudinger[2007]-*S. Lorenz*, § 812, Rn. 89. Nach dieser Ansicht (sog. „*Konkurrenzlösung*", vgl. *Wiese*, AcP 206 (2006), 902 (912)) ist weder in § 434 Abs. 3 1.Alt. BGB noch im Kaufvertrag selbst ein Rechtsgrund für die aliud-Leistung zu sehen. Folglich sei ohne weitere Zwischenschritte eine Kondiktion des Verkäufers aus § 812 Abs. 1 S. 1 1.Alt. BGB möglich, soweit die Gewährleistungsrechte des Käufers nicht unterlaufen werden (hierzu sogleich). Gegen die „*Konkurrenzlösung*" spricht jedoch bereits Sinn und Zweck von § 434 Abs. 3 1.Alt. BGB. So macht eine Gleichstellung von Falsch- und Schlechtleistung nur dann Sinn, wenn auch zwischen dem aliud und dem Kaufvertrag eine innere Verbindung existiert, vgl. *Wiese*, AcP 206 (2006), 902 (916).

658 Als rechtsgeschäftsähnliche Handlung wird die Tilgungsbestimmung qualifiziert von: BeckOK /BGB[Ed48]-*Dennhardt*, § 366, Rn. 6; Erman[15]-*Buck-Heeb*, § 362, Rn. 3; MüKo[7]-*Fetzer*, § 366, Rn. 9. Andere sehen in der Tilgungsbestimmung eine einseitige empfangsbedürftige Willenserklärung: HK /BGB[10]-*Schulze*, § 366, Rn. 3; JurisPK / BGB[8]-*Kerwer*, § 366, Rn. 11; Palandt[78]-*Grüneberg*, § 366, Rn. 7; PWW[13]-*Pfeiffer*, § 366, Rn. 12. Offengelassen dagegen von: BGHZ 106, 163 (166); AnwKom[3]-*Avenarius*, § 366, Rn. 1; Jauernig[17]-*Stürner*, § 366, Rn. 5; Staudinger[2016]-*Olzen*, § 366, Rn. 27; *Thier*, AcP 203 (2003), 399 (422). Auch im vorliegenden Fall kann eine Entscheidung

grund bereichert. Damit ist es dem Verkäufer möglich, den Bereicherungsgegenstand nach § 812 Abs. 1 S. 1 1.Alt. BGB zu kondizieren.[659]

b) *Schutz der Käuferinteressen*

Allerdings besteht die Gefahr, dass durch ein solches Vorgehen des Verkäufers die Wertungen des Gewährleistungsrechts unterlaufen werden.[660] § 439 Abs. 5 iVm. § 346 Abs. 1 1.Alt. BGB ist nämlich der Rechtsgedanke zu entnehmen, dass der Käufer die zuerst geleistete Sache nur dann herauszugeben braucht, wenn ihm zugleich eine mangelfreie Leistung angeboten wird.[661] Bei einer aliud-Lieferung iSv. § 434 Abs. 3 1.Alt. BGB wird regelmäßig nur die Nacherfüllung in Gestalt der Nachlieferung in Betracht kommen. Folglich hat der Käufer, der von seinem Nacherfüllungsrecht Gebrauch macht, ein Recht auf Übergabe der vertraglich geschuldeten Kaufsache, wenn er die Falschlieferung an den Verkäufer herausgibt.

Gleiches muss für den Fall gelten, in dem der Verkäufer seine Tilgungsbestimmung anficht. Durch die Anfechtung lebt der ursprüngliche Primäranspruch des Käufers aus § 433 Abs. 1 BGB wieder auf.[662] Die Interessenlage bleibt dagegen mit jener in § 439 Abs. 5 iVm. § 346 Abs. 1 1.Alt. BGB vergleichbar.[663] Der Verkäufer kann also nicht einfach das aliud kondizieren, ohne zugleich die tatsächlich geschuldete Ware anzubieten.[664] Setzt man voraus, dass der Verkäufer erst

---

über diese Frage dahinstehen, da die Anfechtungsregeln zumindest analog auf die Tilgungsbestimmung Anwendung finden, vgl. *Wiese*, AcP 206 (2006), 902 (919).

659 Wie hier (sog. „*Anfechtungslösung*", vgl. *Wiese*, AcP 206 (2006), 902 (913)): *Eckert / Maifeld /Matthiessen*, aaO (Fn. 115), Rn. 357; *Huber /Faust*, aaO (Fn. 165), 13.Kap., Rn. 157; *Thier*, AcP 203 (2003), 399 (423); *Tiedtke /Schmitt*, JZ 2004, 1092 (1098 f.); *Reinicke /Tiedtke*, aaO (Fn. 115), Rn. 371 f. Im Übrigen liegen auch alle weiteren Voraussetzungen von § 812 Abs. 1 S. 1 1.Alt. BGB vor. Der Käufer erlangt mit Übergabe Besitz (und Eigentum) am aliud. Ferner erfolgte dies Mehrung fremden Vermögens auch bewusst und zweckgerichtet durch den Verkäufer. Vgl. hierzu: *Eckert*, SBT² (2005), Rn. 268; *Lettl*, JuS 2002, 866 (869); *Reinicke /Tiedtke*, aaO (Fn. 115), Rn. 371; *Tiedtke /Schmitt*, JZ 2004, 1092 (1098).

660 Vgl. nur *Lettl*, JuS 2002, 866 (869).

661 Vgl. *Lettl*, JuS 2002, 866 (867, 869); *Reinicke /Tiedtke*, aaO (Fn. 115), Rn. 370; *Tiedtke / Schmitt*, JZ 2004, 1092 (1098).

662 Der Kaufvertrag wird dagegen durch die Anfechtung nicht beseitigt, vgl. *Reinicke / Tiedtke*, aaO (Fn. 115), Rn. 371.

663 Immerhin handelt es sich beim Nacherfüllungsanspruch auch „nur" um den modifizierten Erfüllungsanspruch, vgl. F II 3 b) aa) (1).

664 Vgl. *Altmeppen /Reichard*, in: FS U. Huber (2006), S. 88; *Emmerich /Doehner*, in: FS Kramer (2004), S. 492; *S. Lorenz*, JuS 2003, 36 (39); *Schlinker*, JR 2007, 221 (224);

noch seine Tilgungsbestimmung anfechten muss, bevor er kondiziert, ergibt sich daraus ein weiterer Schutz für den Käufer. Eine Irrtumsanfechtung muss nämlich nach § 121 BGB unverzüglich, d. h. ohne schuldhaftes Zögern erfolgen. Rügt der Käufer das aliud, muss der Verkäufer unverzüglich anfechten. Andernfalls verliert er das Recht, den Gegenstand nach § 812 Abs. 1 S. 1 1.Alt. BGB zurückzufordern. Die Ansicht, die eine Kondiktion auch ohne vorherige Anfechtung zulassen will, müsste selbst dann einen Herausgabeanspruch des Verkäufers bejahen, wenn eine vom Käufer gesetzte Frist zur Nacherfüllung längst abgelaufen ist, solange der Verkäufer nur die vertragsgemäße Kaufsache anbietet. Auf diese Weise würden das Fristsetzungserfordernis und das Recht des Käufers, die Rechtsbehelfe der sekundären Gewährleistungsebene geltend zu machen, unterlaufen. Dem Rechtsgedanken des § 439 Abs. 2 BGB entsprechend, sind dem Verkäufer die Kosten für den erneuten Versuch, die vertraglich festgelegte Kaufsache zu leisten, aufzubürden.[665] Des Weiteren kann der Käufer nach erfolgter Anfechtung des Verkäufers den Ersatz des Vertrauensschadens geltend machen, gem. § 122 Abs. 1 BGB.[666]

Besteht dagegen keine für den Käufer erkennbare Tilgungsbestimmung, ist sein Anspruch auf die Primärleistung auch nicht gegenüber dem Bereicherungsanspruch des Verkäufers schutzbedürftig.

c) Ergebnis

Wird ein höherwertiges aliud geliefert, lässt sich das Konkurrenzverhältnis von Kaufgewährleistungsrecht und Bereicherungsrecht im Anwendungsbereich des § 434 Abs. 3 1.Alt. BGB dadurch auflösen, dass man einen Kondiktionsanspruch des Verkäufers von der Anfechtung seiner für den Käufer erkennbaren Tilgungsbestimmung abhängig macht. Liegt dagegen keine erkennbare Tilgungsbestimmung vor, kommt das Bereicherungsrecht unmittelbar zum Tragen. In beiden Fällen verliert der Verkäufer, der absichtlich falsch liefert, seinen Rückforderungsanspruch. Im Anwendungsbereich des § 434 Abs. 3 1.Alt. BGB aufgrund des Fehlens eines geeigneten Anfechtungsgrundes und außerhalb durch § 814 1. Alt. BGB. Schließlich besteht auch dann kein Schutzbedürfnis des Verkäufers, wenn es sich nicht um ein höherwertiges aliud handelt. Die Möglichkeit zur

---

Thier, AcP 203 (2003), 399 (423). Letzterer weist darauf hin, dass der wiederauflebende Primäranspruch des Käufers und der Kondiktionsanspruch des Verkäufers über § 273 BGB miteinander verbunden seien.

665 Insoweit wird auch der Einwand von *Wiese* entkräftet, der in dieser Hinsicht eine Beeinträchtigung der Käuferinteressen im Rahmen einer bereicherungsrechtlichen Rückabwicklung befürchtet, *ders.*, AcP 206 (2006), 902 (924 f.).

666 *Thier*, AcP 203 (2003), 399 (423).

Kondiktion sollte daher auf die Fälle *höherwertiger* Falschleistungen beschränkt bleiben.[667] Würde man dem Verkäufer bei *jeder* aliud-Leistung ein Anfechtungsrecht zubilligen, würde die Gleichstellung des aliuds mit dem Sachmangel durch § 434 Abs. 3 1.Alt. BGB entwertet. Enthält die vertraglich geschuldete Kaufsache nämlich einen Mangel iSv. § 434 Abs. 1 BGB, ist es dem Verkäufer *nicht* möglich, über eine Anfechtung seiner Tilgungsbestimmung den Vertragsgegenstand zu kondizieren. Andernfalls könnte er das Wahlrecht des Käufers aus § 439 Abs. 1 BGB unterminieren, indem er die mangelhafte Sache kondiziert und zugleich eine mangelfreie anbietet. Auf diese Weise würde dem Käufer nämlich die Nacherfüllungsvariante der Nachlieferung aufgedrängt.[668]

Folgt man der „Anfechtungslösung“ wird ein gerechter Interessenausgleich zwischen den Parteien erzielt, weshalb ein Rückgriff auf das *vertragliche Bereicherungsverbot* mangels Regelungslücke nicht in Betracht kommt.

4. Anwendungsbereich von § 241a BGB

Fraglich ist, ob die so gefundenen Ergebnisse durch die Anwendung des § 241a BGB modifiziert werden.[669] Liegen die Tatbestandsvoraussetzungen dieser Norm vor, sind nicht nur vertragliche Erfüllungsansprüche sondern auch gesetzliche Ansprüche (vgl. § 241a Abs. 2 BGB) des Verkäufers ausgeschlossen.[670]

Zu klären ist, ob die aliud-Problematik den Anwendungsbereich des § 241a BGB tangiert. Der personale Anwendungsbereich dieser Vorschrift ist klar umrissen und beschränkt auf die Zusendung von Waren durch einen Unternehmer (§ 14 BGB) an einen Verbraucher (§ 13 BGB). Ein Zusammentreffen von § 434 Abs. 3 1.Alt. und § 241a BGB ist somit nur in dem Kontext eines Verbrauchsgüterkaufs (§ 474 Abs. 1 S. 1 BGB) denkbar.

Problematisch ist dagegen der Umfang des sachlichen Anwendungsbereichs. Zum Teil wird davon ausgegangen, dass § 241a BGB nur Waren erfasse, welche *zum Zwecke eines Vertragsschlusses* versendet werden und *nicht* solche die *anläss-*

---

667 Ebenso: JurisPK /BGB-*Pammler*, § 434, Rn. 153; *Reinicke /Tiedtke*, aaO (Fn. 115), Rn. 373; *Tiedtke /Schmitt*, JZ 2004, 1092 (1099).

668 Vgl. bereits *Canaris*, aaO (Fn. 79), S. XXIII; *Thier*, AcP 203 (2003), 399 (417).

669 *H. P. Westermann* unterstellt gar, dass das Problem einer Überschneidung von § 434 Abs. 3 1.Alt. und § 241a BGB vom Gesetzgeber übersehen wurde, *ders.*, NJW 2002, 241 (246) (Fn. 55). Ähnlich auch: *Thier*, AcP 203 (2003), 399 (411).

670 § 241a BGB dient der (überschießenden) Umsetzung von Art. 9 der Fernabsatzrichtlinie (RL 1997/7/EG vom 20.05.1997, ABlEG L 144, S. 19 ff.). Zur Entstehungsgeschichte dieser Vorschrift vgl. HKK-*Dorn*, § 241a, Rn. 12 ff.

lich einer bereits *bestehenden kaufvertraglichen Verpflichtung* geleistet werden.[671] Nach dieser Ansicht käme § 241a BGB im vorliegenden Problemkreis nur dann zur Anwendung, wenn der Verkäufer keine erkennbare Tilgungsbestimmung gesetzt hat. Indes wären die Anwendungsbereiche von § 434 Abs. 3 1.Alt. und § 241a BGB disjunkt. Gegen diesen Ansatz sprach bereits der Wortlaut des – zum 13.06.2014 ersatzlos gestrichenen[672] – § 241a Abs. 3 BGB a. F. Dort hieß es, dass § 241a BGB *nicht* zur Anwendung kommt, wenn der Verkäufer *statt der bestellten* eine in Qualität und Preis vergleichbare Ware anbietet *und* den Käufer auf den Umstand hinweist, dass dieser weder zu ihrer Annahme noch zur Übernahme der Rücksendungskosten verpflichtet ist. Daraus folgt, dass § 241a BGB zur Anwendung kommt, wenn der Verkäufer den o. g. Hinweis unterlässt, oder – wie im Rahmen der vorliegenden Fallkonstellation – eine höherwertige Kaufsache anbietet. Nach der zwischenzeitlich erfolgten Streichung des § 241a Abs. 3 BGB a. F. wird gemeinhin vertreten, dass auch die dort geregelte Ausnahme (Lieferung einer nach Preis und Qualität vergleichbaren Ware nebst Hinweis) ebenfalls von § 241a Abs. 1 BGB erfasst wird.[673] Aus alldem ergibt sich, dass § 241a BGB auch dann anwendbar ist, wenn Unternehmer und Verbraucher bereits einen Vertrag geschlossen haben und ersterer statt der bestellten eine andere (höherwertigere) Ware anbietet. Dies beschreibt exakt die Situation, die auch bei einer aliud-Lieferung vorliegen würde.[674] Zu behaupten, dass die Anwendungsbereiche beider Normen von vornherein disjunkt seien ist somit – sofern man nicht auf die Möglichkeit zur Rechtsfortbildung zurückgreift – schlicht unzutreffend.[675] Davon abgesehen hat der Gesetzgeber auf das Merkmal der „Vertragsanbahnung" bewusst verzichtet, sodass es nicht nachträglich wieder in den Wortlaut des § 241a BGB hineingelesen werden kann.[676]

---

671 *Altmeppen /Reichard*, in: FS U. Huber (2006), S. 85; *Lettl*, JuS 2002, 866 (871); *S. Lorenz*, JuS 2003, 36 (40); *Lorenz /Riehm*, SchuldR, 2002, Rn. 492 (Fn. 80); PWW[13]-*D. Schmidt*, § 434, Rn. 81; *Reinicke /Tiedtke*, aaO (Fn. 115), Rn. 375; Staudinger[2007]-*S. Lorenz*, § 812, Rn. 89; *Tiedtke /Schmitt*, JZ 2004, 1092 (1099); *Tröger*, JuS 2005, 503 (511) (Fn. 81).

672 Zur Neufassung des § 241a BGB durch das Gesetz zur Umsetzung der Verbraucherrechterichtlinie, zur Änderung des Verbrauchsgüterkaufrechts und zur Änderung des Gesetzes über die Wohnungsvermittlung vom 20.09.2013, BGBl. I 3642 vgl. MüKo[8]-*Finkenauer*, § 241a, Rn. 1; Palandt[78]-*Grüneberg*, § 241a, Rn. 1.

673 Palandt[78]-*Grüneberg*, § 241a, Rn. 1/5.

674 Vgl. bereits *Casper*, ZIP 2000, 1602 (1605, 1608); *Deckers*, NJW 2001, 1474 f.

675 Vgl. *Looschelders*, SBT[11] (2016), Rn. 75; *Thier*, AcP 203 (2003), 399 (411); *Wrase / Müller-Helle*, NJW 2002, 2537 (2538).

676 Vgl. *Emmerich /Doehner*, in FS Kramer (2004), S. 499.

Ein weiterer Ansatz bestünde darin, die Anwendung von § 241a BGB nicht von vornherein auszuschließen, den Umfang des Anspruchsausschlusses durch § 241a Abs. 1, 2 BGB jedoch von der Frage abhängig zu machen, ob der Verkäufer bewusst oder irrtümlich ein aliud geleistet hat.[677]

Bei einer *bewussten* Falschleistung seien gesetzliche Ansprüche gem. § 241a Abs. 1, 2 BGB ausgeschlossen.[678] Im Falle der (bewussten) Lieferung eines höherwertigen aliuds wären damit die Rückforderungsansprüche des Unternehmers ebenfalls nach § 241a Abs. 1, Abs. 2 BGB ausgeschlossen. In der Regel wäre ein Kondiktionsanspruch aus § 812 Abs. 1 S. 1 1.Alt. ohnehin aufgrund des Fehlens eines Anfechtungsgrundes bzw. nach § 814 BGB ausgeschlossen gewesen.[679]

Bei einer *irrtümlichen* Falschleistung werden von den Vertretern dieser Ansicht zwei unterschiedliche Lösungsmodelle vertreten.

Nach einer Unteransicht ist – in teleologischer Erweiterung des Ausnahmetatbestandes in § 241a Abs. 3 BGB a. F. – bei *jeder* irrtumsbedingten Falschleistung des Verkäufers eine Rückforderung des aliud *nicht* durch § 241a Abs. 1 BGB ausgeschlossen.[680] Der Zweck des § 241a BGB, der darin bestehe, die aggressive Vertriebstätigkeit des Unternehmers zu unterbinden, sei bei einer irrtümlichen Falschleistung auf der Grundlage eines einvernehmlich geschlossenen Vertrages, nicht gegeben.[681] Da diese Norm auf die Vertriebsgesinnung des Unternehmers abstelle, sei eine Auslegung vom Käuferhorizont unnötig.[682]

677 AnwKom³-*Krebs*, § 241a, Rn. 32; HKK-*Dorn*, § 241a, Rn. 17; Jauernig¹⁷-*Mansel*, § 241a, Rn. 3; *Looschelders*, SBT¹¹ (2016), Rn. 75; Palandt⁷⁸-*Grüneberg*, § 241a, Rn. 5; PWW¹³-*Schmidt-Kessel /Kramme*, § 241a, Rn. 9; *Thier*, AcP 203 (2003), 399 (411 f.); *Wrase /Müller-Helle*, NJW 2002, 2537 (2538).

678 AnwKom³-Krebs, § 241a, Rn. 32; *Emmerich /Doehner*, in: FS Kramer (2004), S. 500; HKK-*Dorn*, § 241a, Rn. 17; Jauernig¹⁷-*Mansel*, § 241a, Rn. 3; Palandt⁷⁸-*Grüneberg*, § 241a, Rn. 5 f.; *Thier*, AcP 203 (2003), 399 (422); *Wrase /Müller-Helle*, NJW 2002, 2537 (2538).

679 Jauernig¹⁷-*Mansel*, § 241a, Rn. 3; *S. Lorenz*, JuS 2003, 36 (39); *Thier*, AcP 203 (2003), 399 (410, 422).

680 Jauernig¹⁷-*Mansel*, § 241a, Rn. 3; *Thier*, AcP 203 (2003), 399 (413) – sofern kein Verschulden des Verkäufers vorliegt. Gegen eine Anwendung von § 241a Abs. 1 BGB im Fall einer irrtümlichen Falschleistung des Verkäufers sprechen sich ebenfalls aus: HKK-*Dorn*, § 241a, Rn. 17 (Fn. 89); Palandt⁷⁸-*Grüneberg*, § 241a, Rn. 5; PWW¹³-*Schmidt-Kessel /Kramme*, § 241a, Rn. 9.

681 Jauernig¹⁷-*Mansel*, § 241a, Rn. 3; Palandt⁷⁸-*Grüneberg*, § 241a, Rn. 5 iVm. 1; *Thier*, AcP 203 (2003), 399 (412 f.).

682 Jauernig¹⁷-*Mansel*, § 241a, Rn. 3.

Nach der zweiten Unteransicht handelt es sich bei der irrtümlichen Falschleistung um eine nicht für den Käufer bestimmte Ware iSv. § 241a Abs. 2 1.Alt. BGB. Folglich komme es auf den *Käufer* an. Sei die irrtümliche Falschleistung zumindest erkennbar gewesen, seien gesetzliche Ansprüche des Verkäufers *nicht* ausgeschlossen.[683] Übertragen auf die Lieferung eines höherwertigen aliuds und unter Zugrundelegung der hier vertretenen Auslegung von § 434 Abs. 3 1.Alt. BGB bedeutet dies Folgendes: Liegt keine erkennbare Tilgungsbestimmung des Verkäufers vor, kann dieser unmittelbar kondizieren, sofern der Käufer gleichwohl zumindest hätte erkennen müssen, dass eine irrtümliche Falschleistung gegeben ist. Ist dagegen eine Tilgungsbestimmung wahrnehmbar, hat der Verkäufer die Möglichkeit, selbige anzufechten, um anschließend die Leistung zu kondizieren. Voraussetzung ist jedoch auch hier, dass der Käufer zumindest die naheliegende Möglichkeit hatte, den Irrtum des Verkäufers zu erkennen. Ungeachtet der Frage, ob eine Tilgungsbestimmung des Verkäufers erkennbar war oder nicht, gilt, dass wenn der Irrtum des Verkäufers vom Käufer nicht erkannt wurde und auch nicht erkennbar war, eine Rückforderung des höherwertigen aliuds vom Verbraucher durch den Unternehmer nach § 241a Abs. 1, 2 BGB ausgeschlossen ist.

Angesichts des eindeutigen Wortlauts von § 241a Abs. 3 BGB a. F. ist der zuletzt genannten Ansicht zu folgen.[684] Hinsichtlich der irrtümlichen Falschlieferung ist die zuletzt genannte Unteransicht maßgeblich. Der für die Falschleistung nicht verantwortliche Käufer wird auf Grundlage dieser Ansicht durch die Bezugnahme auf seinen Erkenntnishorizont geschützt, während es der Verkäufer in der Hand hat, durch ein hinreichend interpretierbares Verhalten seine Rückforderungsansprüche zu wahren. Dies entspricht auch den Grundsätzen der Rechtsgeschäftslehre.[685]

Für die Lieferung eines höherwertigen aliuds durch einen Unternehmer an einen Verbraucher gilt somit Folgendes:

---

683 *Deckers*, NJW 2001, 1474 (1475); *Wrase /Müller-Helle*, NJW 2002, 2537 (2538). Im Ergebnis auch: *Casper*, ZIP 2000, 1602 (1605, 1609).

684 Seine ersatzlose Streichung rechtfertigt insoweit keine andere Beurteilung, vgl. nur Palandt[78]-*Grüneberg*, § 241a, Rn. 5.

685 So wird auch bei der Beurteilung der Frage, ob eine wirksame Willenserklärung trotz fehlendem Erklärungsbewusstsein vorliegt, dem vom objektivierten Empfängerhorizont erkennbaren Rechtsschein Vorrang ggü. dem Bewusstsein des Erklärenden eingeräumt. Gleiches gilt für die Bewertung der Wirksamkeit einer Anscheinsvollmacht. Letztlich dient der Vorrang des objektivierten Empfängerhorizontes auch der Sicherheit des Rechtsverkehrs und entspricht überdies den Wertungen der §§ 170, 171 Abs. 2 BGB.

1. Bei einer bewussten Falschlieferung ist eine Kondiktion des Verkäufers stets nach § 241a BGB ausgeschlossen.[686]
2. Bei einer irrtümlichen Falschlieferung ist eine Kondiktion des Verkäufers nur dann möglich, wenn der Irrtum für den Käufer zumindest erkennbar war (vgl. § 241a Abs. 2 1.Alt. BGB).

5. Ergebnis

Wird ein höherwertiges aliud geleistet, kommt eine Kondiktion durch den Verkäufer nur dann in Betracht, wenn dies irrtümlich geschehen ist. Liegt keine erkennbare Tilgungsbestimmung vor, kann der Verkäufer unmittelbar nach § 812 Abs. 1 S. 1 1.Alt. BGB vorgehen. Ist dagegen durch die Tilgungsbestimmung eine Verknüpfung mit dem geschlossenen Kaufvertrag hergestellt, muss diese zuvor durch den Verkäufer wirksam angefochten werden (§ 142 Abs. 1 BGB). Es folgt ein Zug-um-Zug vorzunehmender Tausch von aliud und vertraglich geschuldeter Sache zwischen den Kaufvertragsparteien statt. Ausgeschlossen ist eine Kondiktion des Verkäufers im Anwendungsbereich des § 241a BGB, soweit sein Irrtum vom Käufer nicht erkannt wurde und auch nicht erkennbar war.[687]

Der eingangs erwähnte Fall ist damit wie folgt lösen: Gem. § 434 Abs. 3 1.Alt. BGB handelt es sich bei dem BMW Z4 um eine mangelhafte Leistung.[688] Weil A. Müller keine Nachlieferung geltend macht, kann X das Auto nicht nach § 439 Abs. 5 iVm. § 346 Abs. 1 1.Alt. BGB zurückverlangen. Ebenso wenig kommt (unmittelbar) ein Anspruch aus § 812 Abs. 1 S. 1 1.Alt. BGB in Betracht, weil eine für A. Müller erkennbare Tilgungsbestimmung vorliegt und somit die Leistung auf der Grundlage des Kaufvertrages erfolgt ist. X, dem das Versehen seiner Angestellten über § 166 Abs. 1 BGB zuzurechnen ist, hat jedoch die Möglichkeit, die irrtümlich gesetzte Tilgungsbestimmung fristgerecht (vgl. § 121 BGB) anzufechten. Anschließend ist es ihm möglich, den BMW Z4 bei A.Müller zu kondizieren. Zugleich hat er ihm jedoch den VW Golf zur Verfügung zu stellen. Weil für A. Müller die irrtümliche Leistung des X erkennbar war, ist sein Herausgabeanspruch auch nicht nach § 241a BGB ausgeschlossen. Allerdings hat X die Kosten für den Austausch der Autos nach § 439 Abs. 2 BGB analog zu tragen.

---

686 Da ein Bereicherungsausgleich ohnehin aufgrund des Fehlens eines geeigneten Anfechtungsgrundes bzw. § 814 BGB ausgeschlossen wäre, tritt im Anwendungsbereich des § 241a BGB insoweit keine Veränderung ein.

687 Beim Vorliegen einer erkennbaren Tilgungsbestimmung dürfte die fehlende Erkennbarkeit des Irrtums für den Käufer eher die Ausnahme sein.

688 Ob ein Stückkauf vorliegt bzw. der BMW Z4 genehmigungsfähig ist, spielt insoweit keine Rolle.

G. Werkvertrag

I. (Normal-)Typus

Die §§ 631 ff. BGB enthalten einen einheitlichen rechtlichen Rahmen für die Regelung von Werkverträgen.[1] Dies erstaunt umso mehr, als die zunehmende Ausdifferenzierung von Wirtschaftsleistungen zu einem nicht unerheblichen Teil im genuinen Anwendungsbereich des Werkvertragsrechts stattgefunden hat. Letzterer erfasst somit neben der Entleerung von Jauchegruben oder der Schuhreparatur auch die Planung und Errichtung von Industrieanlagen sowie die Entwicklung von Computersoftware. Mittlerweile dürfte es wahrscheinlich über 100 verschiedene Ausprägungen des Werkvertrages geben.[2] Der historische Gesetzgeber hatte freilich eher die handwerkliche Herstellung und Änderung von Sachen im Blick.[3] Gleichwohl blieben die §§ 631 ff. BGB bis zur Schuldrechtsmodernisierung weitgehend unangetastet[4] und auch heute noch sind die wesentlichen Strukturen des „alten" Werkvertragsrechts erhalten geblieben.[5] Die Bandbreite der vereinbarten Werkleistungen und die sich daraus ergebende Vielzahl von Problemen führten indes, angesichts des hohen Abstraktionsgehal-

1 *Oetker /Maultzsch* sprechen von einem „*Grundmodell*", *dies.*, Vertragliche Schuldverhältnisse[5] (2018), § 8, Rn. 1. *Esser /Weyers* bezeichnen die §§ 631 ff. BGB (a.F.) gar als „*blasse Einheitsfigur*", *dies.*, SchuldR, Bd. 2/1, 8. Aufl. (1998), § 31 2 (S. 250). Hat der Werkvertrag eine Geschäftsbesorgung zum Gegenstand, finden im bestimmten Umfang die Vorschriften des Auftragsrechts entsprechende Anwendung (§ 675 BGB), vgl. hierzu: *Brox /Walker*, SBT[41] (2017), § 23, Rn. 4.

2 Vgl. *BMJ* (Hrsg.), Gutachten und Vorschläge zur Überarbeitung des Schuldrechts (1981), Bd. 2, S. 1128. Dabei ist davon auszugehen, dass Vielfalt und Bedeutung der Werkleistungen noch weiter zunehmen werden. Vgl. hierzu: Soergel[12]-*Teichmann*, Vor § 631, Rn. 9. Zur wirtschaftlichen Bedeutung des Werkvertrages, welche mit jener des Kaufvertrages vergleichbar sein dürfte, vgl. *Küpper*, Der Werkvertrag in der Schuldrechtsreform, 1989, S. 49. Kritisch gegenüber der fehlenden gesetzlichen Eingrenzung tauglicher Werkleistungen: *Larenz*, SchuldR, Bd. 2/1, 13. Aufl. (1986), § 53 I (S. 344).

3 Motive II, S. 470.

4 MüKo[7]-*Busche*, § 631, Rn. 5; *Zänker*, Der Funktionswandel des Werkvertrags, 2006, S. 71.

5 Staudinger[2014]-*Peters /Jacoby*, Vor §§ 631 ff., Rn. 10; *Thode*, NZBau 2002, 297; *Voppel*, BauR 2002, 843 (846); im Hinblick auf die Selbstvornahme: *Peters*, JR 2004, 353. Dabei fehlte es nicht an Stimmen, die sich für eine weitgehende Umgestaltung des Werkvertragsrechts eingesetzt haben. Vgl. nur: *Nicklisch*, JZ 1984, 757 (764). Kritisch gegenüber dem geringen Ertrag, den die Reform des Schuldrechts für das Werkvertragsrecht erbracht hat: *Preussner*, BauR 2002, 231.

tes der werkvertraglichen Vorschriften, zu einer herausragenden Bedeutung des Richterrechts.[6]

1. Entwicklungsgeschichte

Im Gegensatz zum Kaufvertrag fehlte dem Werkvertrag über viele Jahrhunderte die rechtliche Eigenständigkeit. Im römischen Recht galt der Werkvertrag nur als Ausprägung der „Dienstmiete" (*locatio conductio*).[7] Diese Einordnung wurde von den Vertretern der Pandektenwissenschaft übernommen und hatte somit bis weit in das 19. Jahrhundert hinein Bestand.[8] Mit der rechtlichen Emanzipation des Werkvertrages betraten die „Väter des BGB" somit Neuland.[9] Die Behauptung, dass es sich bei diesem Werkvertragsrecht um ein „*weitgehend akademisches Konstrukt*"[10] handelt, welches in wesentlichen Punkten „*vom grünen Tisch*" aus[11] ohne kodifikatorische Vorbilder entworfen wurde, geht indes zu weit. Werkvertragliche Vorschriften enthielt bereits der Code Civil (Art. 1787 ff., „*Des devis et des marchés*"), das PrALR (I 11 §§ 925 bis 980, „*Verträge über ein verdungenes Werk*"), das Bürgerliche Gesetzbuch des königreiches Sachsen (§§ 1243–1253, „*Verdingungsvertrag*"), der Dresdener Entwurf (Art. 625–655, „*Werkverdingung*") und schließlich das Schweizerische Obligationenrecht (Art. 350 ff. (i. d. Fassung vom 01.01.1883), „*Werkvertrag*"). Die rechtliche Gestaltung des bürgerlich-rechtlichen Werkvertrages erfolgte in Auseinandersetzung mit diesen Vorgaben (sowie der z. T. daraus hervorgehenden Judikatur)[12], weshalb dieser nicht als völlige

6 *Keilholz*, in: FS Korbion (1986), S. 208.

7 Vgl. D X 4. Dabei beruhte die fehlende rechtlichen Eigenständigkeit der Schuldverhältnisse, welche ein Tätigkeitselement beinhalteten, nicht zwangsläufig auf dogmatischen Erwägungen. Dahinter ist vielmehr eine gewisse Vernachlässigung dieser Schuldverhältnisse im römischen Recht zu vermuten, als Folge ihrer mangelnden Praxisrelevanz. So wurden im römischen Reich tätigkeitsbezogene Leistungen idR. von Sklaven erbracht, ohne das hierfür ein gesonderter Vertragsschluss erforderlich war. Vgl. hierzu: *Fikentscher /Heinemann*, SchuldR[10] (2006), Rn. 1119; *Honsell*, Römisches Recht[7] (2010), § 50 I; Staudinger /Eckpfeiler[2018]-*Peters /Jacoby*, Kap. Q, Rn. 1; *Wesel*, Geschichte des Rechts[3] (2006), Rn. 152.

8 MüKo[7]-*Busche*, § 631, Rn. 4; Staudinger[2014]-*Peters /Jacoby*, Vor §§ 631 ff., Rn. 9.

9 Dagegen betont *Riezler*, dass der *locatio conductio operis* bereits in der römischen Vertragsordnung eine weitgehend selbständige Stellung zukam, *ders.*, Der Werkvertrag, 1900, S. 5 ff.

10 MüKo[7]-*Busche*, § 631, Rn. 4.

11 Staudinger[2014]-*Peters /Jacoby*, Vor §§ 631 ff., Rn. 9.

12 Motive II, S. 471; *Jakobs /Schubert*, Die Beratung des BGB, Bd. 2, 1980, S. 832 ff. So findet sich etwa das in § 649 BGB normierte Kündigungsrecht des Bestellers bereits

Neukonstruktion auf der Basis rein theoretischer Erwägungen missverstanden werden darf.

Die so geschaffenen §§ 631 ff. BGB bilden auch heute noch einen Sockel, von dem aus sich die verschieden ausdifferenzierten Werkverträge – zumindest im Grundsatz – regeln lassen. Darüber hinaus haben sich im Laufe der Zeit gesetzliche Sonderbestimmungen entwickelt. So ist bei Verträgen mit Bauträgern die Makler- und Bauträgerverordnung (kurz: MaBV)[13] zu beachten. Für den Architektenvertrag ist wiederum die Honorarordnung für Architekten und Ingenieure (kurz: HOAI)[14] zu berücksichtigen.[15] Jüngst wurde der Frachtvertrag, der gleichsam als Werkvertrag zu qualifizieren ist[16], durch das Transportrechtsreformgesetz[17] vereinheitlicht und vollständig in das HGB inkorporiert.[18] Dass den werkvertraglichen Vorschriften des BGB bei der Schaffung dieser Sonderbestimmungen häufig eine Vorbildfunktion zugekommen ist[19], unterstreicht indes ihre prägende Rolle für diese Vertragsart. In der Praxis werden dagegen – gerade bei wirtschaftlich bedeutsamen Werkleistungen – individualvertraglich ausgehandelte oder vorformulierte Klauselwerke vorgezogenen, die aufgrund ihrer höheren Regelungsdichte ein größeres Maß an Rechtssicherheit schaffen. Zu nennen ist hier insbesondere Teil B der Verdingungsordnung für Bauleistungen (seit 2002

---

in Art. 1794 des Code Civil, § 1252 des sächsischen BGB, Art. 654 des Dresdener Entwurfs sowie in Art. 377 des schweizerischen Obligationenrechts, vgl. D VI 3.

13 BGBl. 1990 I, S. 2479. Vgl. hierzu: *Brox / Walker*, SBT[34] (2010), § 22, Rn. 12.

14 BGBl. 2009 I, S. 2732.

15 Vgl. hierzu auch E II 2.

16 BT-Drucks. 13/8445, S. 53; *Canaris*, Handelsrecht[24] (2006), § 31, Rn. 4; HeKo / HGB[7]-*Ruß*, § 407, Rn. 7; *Zänker*, aaO (Fn. 4), S. 94. Vgl. auch B.

17 BGBl. 1998 I, S. 1588; BT-Drucks. 13/8445, S. 1 ff.

18 *Canaris*, Handelsrecht[24] (2006), § 31, Rn. 1; *K. Schmidt*, Handelsrecht[5] (1999), § 32 I 2 (S. 913). Daneben sind schließlich noch das Kommissionsgeschäft (§§ 383 ff. HGB), das Speditionsgeschäft (§§ 453 ff. HGB) sowie der Verlagsvertrag (§§ 1 ff. VerlagsG) als sondergesetzliche Ausprägungen des Werkvertrages zu nennen, vgl. *Brox / Walker*, SBT[41] (2017), § 23, Rn. 12; *Esser / Weyers*, SchuldR, Bd. 2/1, 8. Aufl. (1998), § 31 4 (S. 253 f.). Verpflichtet sich der Reiseveranstalter eine „*Gesamtheit von Reiseleistungen*" zu erbringen (vgl. § 651a Abs. 1 BGB), handelt es sich gleichfalls um eine sondergesetzlich normierte Form eines Werkvertrages, vgl. *Kötz*, Vertragsrecht, 2009, Rn. 673.

19 So diente etwa das in § 649 BGB normierte Kündigungsrecht des Bestellers als Vorbild für die Schaffung des § 415 HGB bzw. § 8 Abs. 1 VOB/B. Vgl. hierzu: HeKo[7]-*Ruß*, § 415, Rn. 2; Kappellmann / Messerschmidt[2]-*Lederer*, § 8 VOB/B, Rn. 7; *Keilholz*, in: FS Korbion (1986), S. 209.

Vergabe- und Vertragsordnung für Bauleistungen, kurz: VOB/B).[20] Das Werkvertragsrecht des BGB, welches für eine Vielzahl verschiedener Werkleistungen konzipiert war und deshalb einen hohen Abstraktionsgehalt aufwies[21], hatte deshalb in diesem Bereich an Bedeutung eingebüßt.[22]

Das Gesetz zur Reform des Bauvertragsrechts vom 28.04.2017[23] führte erstmals zu tiefgreifenden strukturellen Veränderungen des Werkvertragsrechts.[24] So enthält der Untertitel 1 („Werkvertrag") nunmehr die Kapitel „Allgemeine Vorschriften", „Bauvertrag" und „Verbraucherbauvertrag". Daneben finden sich im Untertitel 2 Vorschriften zum Architektenvertrag und Ingenieurvertrag. Der Untertitel 3 beinhaltet schließlich Vorschriften zum Bauträgervertrag. Damit enthält das BGB erstmals spezielle Regelungen zu Werkvertragstypen, welche in der Praxis eine bedeutsame Rolle spielen.[25] Die bisherigen baubezogenen Regelungen erhielten – in zum Teil modifizierter Form – einen anderen Standort innerhalb der neu geschaffenen Struktur.[26]

2. Gesetzliche Merkmale

Wie bereits angedeutet, bildete die handwerkliche Herstellung bzw. Änderung von Gegenständen in einem überschaubaren Umfang das Leitbild, an dem sich der historische Gesetzgeber bei der Schaffung des Werkvertragsrechts orientiert hat.[27] Das fertige Werk stand dabei klar im Mittelpunkt. Die für seine Erstellung

---

20 Verfasst wird die VOB vom Deutschen Verdingungsausschuss für Bauleistungen (DVA). Es handelt sich weder um ein Gesetz noch um eine Verordnung. Vgl. *Oechsler*, Vertragliche Schuldverhältnisse[2] (2007), Rn. 626. Dabei werden die Bestimmungen der VOB/B seit dem in Kraft treten des Forderungssicherungsgesetzes (BGBl. 2008 I, S. 2022) und der damit verbundenen Änderung der §§ 308 Nr. 5, 309 Nr. 8 b) ff), 310 Abs. 1 S. 3 BGB bei Verbraucherverträgen einer vollumfänglichen Inhaltskontrolle unterzogen. Vgl. hierzu: *M. Huber*, JuS 2009, 23 (27).

21 *Keilholz*, in: FS Korbion (1986), S. 208; *Nicklisch*, JZ 1984, 757 (758).

22 *Larenz*, SchuldR, Bd. 2/1, 13. Aufl. (1986), § 53 I (S. 345). Gleichwohl war es auch vor der jüngsten Reform des Werkvertragsrechts bereits möglich, auch baurechtliche Fallgestaltungen auf der Grundlage der §§ 631 ff. BGB zu lösen, vgl. *Peters*, NZBau 2002, 113 (120); Staudinger[2014]-*Peters /Jacoby*, Vor §§ 631 ff., Rn. 12.

23 BGBl. 2017 I S. 969.

24 MüKo[7]-*Busche*, § 631, Rn. 8.

25 MüKo[7]-*Busche*, § 631, Rn. 8.

26 MüKo[7]-*Busche*, § 631, Rn. 8.

27 Vgl. *Esser /Weyers*, SchuldR, Bd. 2/1, 8. Aufl. (1998), § 31 2 (S. 250); *Nicklisch*, JZ 1984, 757 (759); Soergel[12]-*Teichmann*, Vor § 631, Rn. 1; Staudinger[2014]-*Peters /Jacoby*, Vor §§ 631 ff., Rn. 5. Das bedeutet freilich nicht, dass dem historischen Gesetzgeber um

notwendige Tätigkeit des Unternehmers war dagegen *„lediglich eine begleitende, wenngleich zum Inhalte der Leistungspflicht und zur Eigenart des Vertrages gehörende Handlung“*[28]. Aus diesem Blickwinkel erscheint es daher geradezu konsequent, wenn man sich bei der rechtlichen Ausgestaltung des Werkvertrages zunächst am Kaufvertrag, als punktuellem Austauschvertrag, angelehnt hat.[29] So wird die vom Besteller nach § 631 Abs. 1 2.Alt. geschuldete Vergütung entgegen der allgemeinen Vermutung in § 271 Abs. 1 nach § 641 Abs. 1 BGB grds. erst bei Abnahme des Werkes fällig.[30] Folglich muss der Werkunternehmer *zunächst* den nach § 631 Abs. 1 1.Alt. BGB geschuldeten Erfolg herbeiführen. Erst *danach* – so die Konzeption des Gesetzgebers – werden Werk und Geld „getauscht“.[31] Die Parallele zum Kaufrecht tritt hier nicht sofort erkennbar zu-

---

die Jahrhundertwende komplexe Langzeitverträge (mitsamt den zugehörigen Problemnestern) völlig unbekannt waren. *Bitter /Rauhut* zählen in diesem Zusammenhang süffisant den Bau des Kölner Domes und der Dresdener Frauenkirche exemplarisch auf, vgl. *dies.*, JZ 2007, 965 (966). Schließlich zeugt auch die Schaffung des § 649 BGB davon, dass der Gesetzgeber sich bemüht hat, dem mitunter auftretenden Langzeitcharakter eines Werkvertrages Rechnung zu tragen. Gleichwohl bestätigt ein Blick in die Literatur aus der Entstehungszeit des BGB, dass komplexe Langzeitverträge offensichtlich nicht *im Fokus* des damaligen Erkenntnishorizontes gestanden haben. So werden bei *Endemann* u. a. die Reinigung eines Kleides, die Ausbesserung einer Uhr, das Zureiten eines Pferdes und die Dressur eines Schweißhundes als typische Werkleistungen aufgezählt, *ders.*, Lehrbuch des bürgerlichen Rechts, Bd. 1, 9. Aufl. (1903), § 175 1 (S. 1098) (Fn. 2). *Dernburg* sieht u. a. in der Herstellung einer Maschine, der Befertigung eines Kunstwerkes oder der Aufführung eines Schauspiels typische Werkleistungen, *ders.*, Das bürgerliche Recht des Deutschen Reiches und Preußens, Bd. 2/2, 2. Aufl. (1901), § 317 Abs. 2 S. 1 (S. 429).

28 *Endemann*, aaO (Fn. 27), § 175 1 b) (S. 1099).

29 So kommt die vom Gesetzgeber gesuchte Nähe zum Kaufvertrag auch verschiedentlich in den Motiven zum Ausdruck, vgl. Motive II, S. 478, 493, 507 f. Vgl. hierzu: *Esser / Weyers*, SchuldR, Bd. 2/1, 8. Aufl. (1998), § 31 2 (S. 251). Siehe auch: *Nicklisch*, JZ 1984, 757 (759); *Peters*, in: FS Korbion (1986), S. 340; Staudinger[2014]-*Peters /Jacoby*, Vor §§ 631 ff., Rn. 6; § 641, Rn. 2.

30 Vgl. *Oechsler*, aaO (Fn. 20), Rn. 640.

31 *Brox /Walker*, SBT[41] (2017), § 26, Rn. 5; *Oechsler*, aaO (Fn. 20), Rn. 576. Im Schrifttum wird diese Konzeption mitunter kritisiert, weil hierdurch der Prozess der Herstellung nicht hinreichend gewürdigt werde, vgl. Staudinger[2014]-*Peters /Jacoby*, § 631, Rn. 6. Indes begrenzt § 641 Abs. 1 BGB zugleich die Vorleistungspflicht des Unternehmers. Dieser ist nämlich – so der ausdrückliche Hinweis des historischen Gesetzgebers – nicht *„verpflichtet (…), das Werk aus der Hand zu geben, bevor er die Gegenleistung empfangen hat“*. Die Vorleistungspflicht ist somit *„nur auf die Herstellung des Werkes“* beschränkt. Vgl. Motive II, S. 492. Siehe auch: *Christiansen*, ZfBR 2010, 3 (4).

tage, ist doch der Anspruch des Verkäufers auf die Gegenleistung nach § 271 BGB *sofort* fällig. Bis zur tatsächlichen Übergabe der Kaufsache wird der Käufer jedoch durch § 320 BGB geschützt.[32] Folglich findet sowohl im Kauf- als auch im Werkvertragsrecht prinzipiell ein simultaner Austausch von Geld und Ware statt.[33] Für den Werkvertrag ist diese Übereinstimmung insofern verwunderlich, als der dem Erfolgseintritt vorgelagerte Herstellungsprozess für die Fälligkeit der Vergütung keine Rolle spielt.[34] Unterstrichen wird das vom historischen Gesetzgeber angestrebte Näheverhältnis zwischen Kauf- und Werkvertragsrecht noch dadurch, dass man bei der Schaffung der §§ 631 ff. BGB auf Begriffe kaufrechtlichen Ursprunges wie „*Wandlung*" und „*Minderung*" (vgl. § 634 Abs. 1 BGB a. F.) zurückgegriffen hat.[35]

Im Gegensatz zu den reinen Veräußerungsverträgen ist jedoch die endgültige Übertragung von Sachen bzw. Rechten keineswegs ein konstitutives Merkmal für den Werkvertrag.[36] Dies gilt erst recht wenn man bedenkt, dass Aufgrund der Neufassung des § 650 BGB (= § 651 BGB a. F.) der Werklieferungsvertrag, der die Lieferung hergestellter bzw. erzeugter beweglicher Sachen zum Gegenstand hat, fast vollständig aus dem Anwendungsbereich des Werkvertragsrechts herausgeschält und stattdessen dem Kaufrecht zugeschlagen wurde. Überdies dürfte eine gesonderte Übereignung idR. auch dann nicht in Betracht kommen, wenn der Werkunternehmer kein Sach- sondern ein *Tätigkeitswerk*[37] schuldet (vgl. § 631 Abs. 2 2. Hs. BGB).[38]

a) Absicherung der Vorfinanzierungspflicht des Werkunternehmers

Problematisch wird es jedoch dann, wenn die Werkerstellung besonders aufwendig ist und daher einen langen Zeitraum in Anspruch nimmt, sodass ein

32 AnwKom[3]-*Büdenbender*, § 433, Rn. 52; HK /BGB[10]-*Saenger*, § 433, Rn. 13; Jauernig[17]-*Berger*, § 433, Rn. 27; *Leistner*, JA 2007, 81 (84).

33 Vgl. *Nicklisch*, JZ 1984, 757 (759); Staudinger[2014]-*Peters /Jacoby*, § 641, Rn. 2. Insofern als die Vergütungspflicht des Bestellers mit der Leistungspflicht des Unternehmers im Synallagma steht, handelt es sich um einen gegenseitigen Vertrag, vgl. *Büdenbender*, JuS 2001, 625 (626); *Larenz*, SchuldR, Bd. 2/1, 13. Aufl. (1986), § 53 I (S. 341); *Riezler*, aaO (Fn. 9), S. 26 f.; Tonner /Willingmann /Tamm-*Cebulla*, § 631, Rn. 1.

34 *Nicklisch*, JZ 1984, 757 (760).

35 Staudinger /Eckpfeiler[2018]-*Peters /Jacoby*, Kap. Q, Rn. 4.

36 Vgl. F I 3.

37 Zur Unterscheidung von Sach- und Tätigkeitswerk vgl. *Klunzinger*, BR[16] (2013), § 51 I 1 (S. 536).

38 *Glöckner*, Jura 1999, 343 (348).

kurzfristiger Austausch von Leistung und Gegenleistung nicht möglich ist.[39] In diesem (Regel-)Fall[40] entfernt sich der Werkvertrag von der Typik eines Austauschvertrages und ähnelt einem Dauerschuldverhältnis. Insbesondere erhält das zukunftsgerichtete Element des Werkvertrages und die damit verbundene Gefahr einer Fehlprognose besonderes Gewicht.[41] Je weiter die versprochene Herbeiführung des Erfolgs in die Zukunft verortet ist, desto schwieriger wird die Vorhersage darüber, ob der Leistungsaustausch für beide Parteien zu diesem fernen Zeitpunkt noch erstrebenswert ist.[42] Es fehlt eine solide Basis für eine rationale Selbstbindung des Einzelnen.[43] Dem Besteller wird daher auch über § 648 BGB (bzw. § 415 HGB) ein jederzeitiges Kündigungsrecht zugestanden.[44] Der Werkunternehmer wird indes durch die in § 641 Abs. 1 S. 1 BGB angelegte Vorleistungspflicht erheblich belastet, zumal der wirtschaftliche Wert eines zeitaufwändig zu erstellenden Werkes regelmäßig besonders hoch sein dürfte.[45] Für den Werkunternehmer stellt die Vorleistungspflicht de facto eine Vorfinanzierungspflicht dar.[46] Diese umfasst auch kostspielige Leistungserschwernisse bis zur Grenze des § 275 Abs. 2 BGB[47], welche zum Zeitpunkt des Vertragsschlusses noch

---

39 Staudinger[2014]-*Peters /Jacoby*, Vor §§ 631 ff., Rn. 5; *Zänker*, aaO (Fn. 4), S. 78.

40 Mittlerweile dürfte der Umstand, dass sich die Erbringung der Werkleistung über einen längeren Zeitraum hinzieht, zum Regelfall und somit zum prägenden Merkmal des Werkvertrages geworden sein, vgl. MüKo[7]-*Busche*, § 631, Rn. 1; *Nicklisch*, JZ 1984, 757 f.

41 Vgl. Staudinger[2014]-*Peters /Jacoby*, Vor §§ 631 ff., Rn. 2.

42 *Bitter /Rauhut*, JZ 2007, 964 (966). Zur größeren Störanfälligkeit bei langfristig angelegten Werkverträgen vgl. auch *Nicklisch*, JZ 1984, 757 (763).

43 Vgl. zum Dauerschuldverhältnis: *Oetker*, Das Dauerschuldverhältnis und seine Beendigung, 1994, S. 252.

44 Vgl. hierzu D VI. Angesichts der Tatsache, dass der historische Gesetzgeber mit der Schaffung des § 649 BGB dem Prognoserisiko bei langfristigen Werkverträgen Rechnung tragen wollte erstaunt es umso mehr, dass von einigen Stimmen in der Literatur die Nichtanwendung dieser Vorschrift auf „komplexe Langzeitverträge" gefordert wird. So auch: *Bitter /Rauhut*, JZ 2007, 964 (966). Vgl. auch: BGH, NJW 1999, 3261 (3262); *Leistner*, JA 2007, 81 (85).

45 *Kötz*, Vertragsrecht, 2009, Rn. 689; *Metzger*, AcP 204 (2004), 231 (239); Staudinger[2014]-*Peters /Jacoby*, Vor §§ 631 ff., Rn. 5.

46 *M. Huber*, JuS 2009, 23 (24); Jauernig[17]-*Mansel*, § 632a, Rn. 1; *Nicklisch*, JZ 1984, 757 (760).

47 Teilweise wird auch eine analoge Anwendung des Leistungsverweigerungsrechts aus § 635 Abs. 3 BGB auf den Erfüllungsanspruch des Bestellers befürwortet, da dieser die gleiche Rechtsnatur wie der Nacherfüllungsanspruch habe. Dagegen spricht jedoch, dass das Leistungsverweigerungsrecht aus § 635 Abs. 3 BGB teleologisch erst dann gerechtfertigt ist, wenn durch die Abnahme ein Vertrauenstatbestand zugunsten des Unternehmers geschaffen wurde, vgl. *Oetker /Maultzsch*, aaO (Fn. 1), § 8, Rn. 50.

nicht vorhersehbar waren.[48] Zudem ist er aufgrund dieser Risikoverteilung nicht nur zur Herstellung des Werkes, sondern auch zu seiner Absicherung vor äußeren Einflüssen bis zur Abnahme verpflichtet.[49] Bei der Errichtung eines Bauwerks wird die Lage des Werkunternehmers noch dadurch verschärft, dass das Eigentum an den Baumaterialien, die den wirtschaftlichen Gegenwert seiner anfänglichen Investition darstellen, bereits vor der Abnahme kraft Gesetzes auf den Besteller übergeht (§§ 946, 94 BGB). Aber auch in den Fällen, in denen das Eigentum an den eingesetzten Ressourcen nicht schon vor Abnahme auf den Besteller übergegangen ist, dürfte es für den Unternehmer schwer sein, eine speziell auf den Besteller zugeschnittene Werkleistung – etwa bei plötzlich eintretender Zahlungsunfähigkeit des Vertragspartners – noch anderweitig zu verwerten.[50] Angesichts der starken Konkurrenzlage unter den Werkunternehmern ist auch nicht zu erwarten, dass dieser seine rechtliche Stellung unter Ausnutzung der vertraglichen Gestaltungsfreiheit verbessert.[51] In Betracht kommt allenfalls die Vereinbarung von Teilabnahmen iSv. § 641 Abs. 1 S. 2 BGB. Schutz vor einer Gefährdung des Entgeltanspruches des Werkunternehmers bietet die Unsicherheitseinrede aus § 321 Abs. 1 BGB.[52] Überdies hat der Gesetzgeber dem Werkunternehmer verschiedene Instrumente bereitgestellt, um die durch die Vorleistungspflicht entstehende Risikolage abzumildern.[53] Zunächst einmal wird die Möglichkeit des Bestellers, durch die Verzögerung der Abnahme die Fälligkeit der Gegenleistung hinauszuschieben eingeschränkt, damit der Werkunternehmer nicht *ad kalendas Graecas* auf seinen Lohn warten muss.[54] Nach § 641 Abs. 1 S. 2 BGB ist die Ver-

---

48 *Zänker*, aaO (Fn. 4), S. 74. Zum alten Recht: *Kaiser*, in: FS Korbion (1986), S. 199.

49 *Glöckner*, Jura 1999, 343 (348); *Zänker*, aaO (Fn. 4), S. 72. Kritisch gegenüber dieser Gefahrtragungsregelung: *W. Lorenz*, in: FS Ferid (1978), S. 585 f.

50 *Bitter /Rauhut*, JZ 2007, 964 (966); *Kötz*, Vertragsrecht, 2009, Rn. 689. Schwierig wird eine anderweitige Verwertung insbesondere dann, wenn es sich bei der Werkleistung um eine Bearbeitung von Sachen des Bestellers (z. B. eine Reparatur) handelt, vgl. *Küpper*, aaO (Fn. 2), S. 41. Hier hilft ggf. nur noch das Werkunternehmerpfandrecht aus § 647 BGB weiter.

51 Vgl. Staudinger^{2014}-*Peters /Jacoby*, Vor §§ 631 ff., Rn. 2. Zum weitgehend dispositiven Charakter der §§ 631 ff. BGB vgl. *Oetker /Maultzsch*, aaO (Fn. 1), § 8, Rn. 2; *Riezler*, aaO (Fn. 9), S. 32. Im Gegensatz zum Dienstverpflichteten ist der Werkunternehmer jedoch grds. sozial unabhängig und wirtschaftlich selbständig, vgl. *Fikentscher /Heinemann*, SchuldR^{10} (2006), Rn. 1191.

52 Vgl. *Kötz*, Vertragsrecht, 2009, Rn. 690.

53 Vgl. Tonner /Willingmann /Tamm-*Cebulla*, § 641, Rn. 2.

54 Hierfür besteht ein nicht unerheblicher Anreiz, zumal mit der Abnahme auch die Frist für die Geltendmachung der Gewährleistungsrechte zu laufen beginnt (§ 634a Abs. 2

weigerung der Abnahme aufgrund unwesentlicher Mängel ausgeschlossen. Ferner kann die Abnahme unter den Voraussetzungen des § 640 Abs. 1 S. 3 BGB fingiert werden.[55] Ist der Unternehmer gar auf die Mitwirkung des Bestellers für die Werkerstellung angewiesen, kann er den Vertrag gem. § 643 BGB kündigen, wenn dieser untätig bleibt. Schließlich wird der Fälligkeitszeitpunkt für die geschuldete Vergütung bei einer Leistungskette unter den Voraussetzungen von § 641 Abs. 2 BGB vorverlegt (sog. *Durchgriffsfälligkeit*)[56]. Gegen eine entsprechende Absicherung des Bestelleranspruches besteht zudem die Option, nach § 632a BGB Abschlagszahlungen zu fordern, welche abschließend auf den Vergütungsanspruch angerechnet werden.[57] Das verbliebene Risiko[58] des zur Vorleistung verpflichteten Unternehmers kann schließlich auch versichert werden.[59] Die Absicherung der Vergütungsforderung gegen den Besteller über eine entsprechende Vertragsgestaltung wird der Unternehmer am Markt idR. nicht durchsetzen können (s. o.).[60] Deshalb wird dem (Bau-)Unternehmer ein Pfandrecht (§ 647 BGB) sowie ein Anspruch auf die Bestellung einer Sicherungshypothek (§ 650e BGB) bzw. auf Gewährung einer Sicherungsleistung (§ 650 f. BGB) zugestanden.[61]

BGB) und die Vergütungsgefahr auf den Besteller übergeht. Vgl. *Kötz*, Vertragsrecht, 2009, Rn. 684 f.; Staudinger /Eckpfeiler[2018]-*Peters /Jacoby*, Kap. Q, Rn. 8.

55 Mit der in § 641a BGB normierten Fertigstellungsbescheinigung enthielt das Werkvertragsrecht zunächst eine weitere Abnahmefiktion. Allerdings wurde diese Vorschrift im Zuge der Umsetzung des Forderungssicherungsgesetzes (vgl. Fn. 20) kurzerhand gestrichen. Vgl. hierzu: *M. Huber*, JuS 2009, 23 (25).

56 Jauernig[17]-*Mansel*, § 641, Rn. 4. Jüngst wurde § 641 Abs. 2 BGB durch das Forderungssicherungsgesetz (Fn. 2) verändert, sodass die Stellung des Subunternehmers ggü. dem Generalunternehmer nochmals gestärkt wurde. Vgl. hierzu: *M. Huber*, JuS 2009, 23 (24 f.).

57 *Brox /Walker*, SBT[41] (2017), § 23, Rn. 9; § 25, Rn. 3; *Leistner*, JA2007, 81 (84); *Oetker / Maultzsch*, aaO (Fn. 1), § 8, Rn. 189. Eingeführt wurde § 632a BGB durch das Gesetz zur Beschleunigung fälliger Zahlungen vom 30.03.2000 (BGBl. 2000 I, S. 330). Zuletzt wurde § 632a BGB durch das Forderungssicherungsgesetz (vgl. Fn. 20) modifiziert. Vgl. hierzu: *M. Huber*, JuS 2009, 23 (24).

58 Zu nennen sind etwa Schäden am (Bau-)Werk durch höhere Gewalt, welche vor Abnahme durch den Besteller auftreten.

59 In Betracht kommt etwa eine Bauleistungsversicherung.

60 *Oetker /Maultzsch*, aaO (Fn. 1), § 8, Rn. 249.

61 Vgl. hierzu: *Brox /Walker*, SBT[41] (2017), § 26, Rn. 5 ff.; *Büdenbender*, JuS 2001, 625 (627 f.); *Oetker /Maultzsch*, aaO (Fn. 1), § 8, Rn. 249 ff. Dabei dienen diese Sicherheiten nicht nur der Absicherung der Vergütungsforderung selbst, sondern erstrecken sich auch auf weitere vertragliche Ansprüche (etwa Schadensersatz wg. Verletzung der Vergütungspflicht). Kritisch ggü. dem (zunächst) unglücklich formulierten § 648a BGB a. F.:

All diese Schutzinstrumente dienen letztlich nur der Korrektur einer Fälligkeitsregelung, welche sich am klassischen Austauschvertrag orientiert und die Vergütung deshalb grds. an die Abnahme des Werkes knüpft, obwohl die Erbringung von Werkleistungen sich mehrheitlich über einen längeren Zeitraum erstreckt, der Herstellungsprozess damit an Bedeutung gewinnt und der zugrundeliegende Vertrag in diesen Fällen einem Dauerschuldverhältnis näher steht.[62] Dass man sich bei der Fälligkeitsregelung an einem kurzfristigen Austauschvertrag orientiert hat, basiert wiederum auf der mittlerweile überholten Vorstellung, dass unmittelbar zu erbringende handwerkliche Leistungen überwiegend den Gegenstand eines Werkvertrages bilden. Der Schutz eines Unternehmers, der zunehmend komplexe und zeitfordernde Werkleistungen anbietet, kann durch diese Regelung – trotz der bereits vorgenommenen Korrekturen – nicht in jedem Fall gewährleistet werden.[63] Immerhin zeichnet sich das Werkvertragsrecht der §§ 631 ff. BGB dadurch aus, dass – ganz im Gegensatz zum Kaufrecht – auf die Rechte des Erbringers der vertragsspezifischen Leistung eingegangen wird.[64]

Steingröver, NJW 2004, 2490 („*das stumpfe Schwert*"). Allerdings ist § 648a BGB a. F. (mittlerweile: § 650 f. BGB) durch das Forderungssicherungsgesetz (vgl. Fn. 20) grundlegend neu gestaltet worden. Mittlerweile steht dem Werkunternehmer ein selbständig einklagbarer Anspruch auf Stellung der Sicherheit zu. Vgl. hierzu: *M. Huber*, JuS 2009, 23 (26); PWW[13]-*Leupertz /Halfmeier*, § 650 f., Rn. 5. In der Praxis handelt es sich dabei häufig um eine Bankgarantie, vgl. *Kötz*, Vertragsrecht, 2009, Rn. 691. Demgegenüber nützt die Bauhandwerkersicherungshypothek iSv. § 650e BGB wenig, sofern das Grundstück bereits wertausschöpfend belastet ist, vgl. hierzu: Staudinger /Eckpfeiler[2018]-*Peters / Jacoby*, Kap. Q, Rn. 7. Vgl. hierzu auch: D VII.

62 Dass der Werkvertrag durch die zeitliche Ausdehnung der vorgelagerten Werktätigkeit des Unternehmers zunehmend mit einem Dauerschuldverhältnis vergleichbar ist, stellen auch *Oetker /Maultzsch* fest, *dies.*, aaO (Fn. 1), § 8, Rn. 259.

63 Ebenso: *Nicklisch*, JZ 1984, 757. An dieser Stelle sei hervorgehoben, dass nicht die Abnahme selbst, sondern der an sie gekoppelte Fälligkeitszeitpunkt für die Gegenleistung eine erhebliche Belastung für den Unternehmer darstellt. Das der Abnahme innewohnende Erfordernis einer Billigung des Werkes als vertragsgemäß vermag indes langwierige juristische Auseinandersetzungen zu vermeiden, indem es die Vertragsparteien schon frühzeitig auf divergierende Erwartungshaltungen aufmerksam macht. Auf diese Weise wird die Wahrscheinlichkeit einer nachträglichen Geltendmachung von Gewährleistungsansprüchen deutlich vermindert. Vgl. hierzu: *Zänker*, aaO (Fn. 4), S. 126 f., 131.

64 Vgl. *Rudolph*, Die Abgrenzung zwischen Kauf- und Werkvertragsrecht gemäß § 651 BGB, 2009, S. 282 ff.; *Zänker*, aaO (Fn. 4), S. 71.

b) Gewährleistungsansprüche des Bestellers

Der § 631 Abs. 1 1.Alt. BGB zu entnehmende Anspruch des Bestellers auf Erstellung des Werkes wird durch § 633 Abs. 1 BGB ergänzt, der klarstellt, dass dieses Werk auch frei von Sach- und Rechtsmängeln zu sein hat.[65] Die § 433 Abs. 1 S. 2 BGB gleichende Vorschrift bildet den Aufhänger für ein Gefüge von Ansprüchen und Gestaltungsrechten des Bestellers, der ein mangelhaftes Werk erhalten hat, welches weitgehend nach dem Muster des Kaufgewährleistungsrechts aufgebaut ist (vgl. § 437, § 634 BGB).[66] Zugleich legen die Gewährleistungsrechte des Bestellers bei nicht vertragsgerechter Leistung des Unternehmers Zeugnis darüber ab, dass der Erfolg und nicht das vorgelagerte Tätigkeitselement den Ankerpunkt für diesen Vertragstypus bildet.[67] Freilich gibt es auch Unterschiede, wie etwa die Möglichkeit des Bestellers, nach erfolgter Selbstbeseitigung des Mangels Rückgriff beim Unternehmer zu nehmen, ohne dass ein Verschulden des letzteren vorliegen müsste (§§ 634 Nr. 2, 637 BGB).[68] Angesichts der Tatsache, dass die Werkleistung regelmäßig kundenspezifisch erfolgt und damit nicht nach einem vorgegebenen

---

65 MüKo[7]-*Busche*, § 631, Rn. 60.

66 *Oechsler*, aaO (Fn. 20), Rn. 575. Dabei soll nicht unerwähnt bleiben, dass etwa der Vorrang der Nachbesserung ggü. der Wandlung (Rücktritt) und der Minderung im Gegensatz zum Kaufrecht im Werkvertragsrecht bereits *vor* der Schuldrechtsmodernisierung anerkannt war (vgl. §§ 633 Abs. 2, 634 Abs. 1 BGB a. F.). Deshalb hat sich das Kaufrecht im Zuge der Schuldrechtsmodernisierung inhaltlich dem Werkvertragsrecht angenähert, nicht umgekehrt. Vgl. hierzu: Staudinger /Eckpfeiler[2018]-*Peters /Jacoby*, Kap. Q, Rn. 3; *Thode*, NZBau 2002, 297 (298); *Voppel*, BauR 2002, 843 (846). *Kohler* spricht gar von einem „*Triumph des Werkvertragsrechts über das Kaufrecht*“, *ders.*, in: FS Jagenburg (2002), S. 379.

67 Vgl. *Büdenbender*, JuS 2001, 625 (627); *Oetker*, aaO (Fn. 43), S. 156 (zu den §§ 631 ff. BGB a. F.).

68 Wenn man bedenkt, dass auch dem Käufer diese Möglichkeit über §§ 437 Nr. 3, 280 Abs. 1, 3 iVm. 281 BGB offensteht („*berechtigte Selbstvornahme*“) ist der Unterschied freilich nicht mehr so bedeutend (a.A. *Metzger*, AcP 204 (2004), 231 (239) („*Unterschied…von erheblicher Bedeutung*“); wie hier dagegen: *Rudolph*, aaO (Fn. 64), S. 276 f.). Die Abweichung besteht letztlich nur in der Verschuldensunabhängigkeit dieses werkvertraglichen Anspruchs sowie der Möglichkeit, einen Vorschuss für die Mangelbeseitigungskosten geltend zu machen (§ 637 Abs. 3 BGB). Vgl. hierzu bereits F II 3 b) aa) (2). Ist der Mangel durch die Selbstvornahme ausnahmsweise nicht beseitigt worden, unterscheidet sich der Ersatzanspruch aus §§ 437 Nr. 3, 280 Abs. 1, 3 iVm. 281 BGB von jenem aus § 637 Abs. 1 BGB noch dadurch, dass durch seine Geltendmachung der Nacherfüllungsanspruch gem. § 281 Abs. 4 BGB endgültig erloschen ist (Schadensersatz statt der Leistung). Vgl. hierzu: *Rudolph*, aaO (Fn. 64), S. 277.

und bewährten Standard konfektioniert werden kann, ist die Wahrscheinlichkeit eines Mangels im Verhältnis zum Kaufrecht indes ungleich größer.[69] Das Risiko des Bestellers ist im Vergleich zu jenem des Käufers auch deshalb höher, weil letzterer regelmäßig in der Lage sein wird, schon *vor* Vertragsschluss den Vertragsgegenstand auf seine Brauchbarkeit zu untersuchen. Dem Besteller, dessen (Sach-)Werk erst noch hergestellt werden muss, steht diese Möglichkeit nicht offen.[70] Im Gegensatz zur VOB/B werden dem Besteller überdies in der Phase der Werkerstellung auch nicht *expressis verbis* Kontrollbefugnisse (vgl. § 4 Abs. 1 Nr. 2 VOB/B) bzw. Selbsthilferechte (vgl. § 4 Abs. 6 VOB/B) zugestanden.[71] Häufig wird sich die nachträgliche Geltendmachung von Gewährleistungsansprüchen jedoch durch die vorgeschaltete Pflicht des Bestellers zur Abnahme und der damit verbundenen Möglichkeit, über einen abschließenden Diskurs mit dem Unternehmer die Eigenschaften des Werkes zu kommunizieren, vermeiden lassen.[72] Eine weitere werkvertragliche Besonderheit ist in dem jederzeitigen Kündigungsrecht des Bestellers zu sehen, welches ihm durch § 648 BGB (bzw. § 415 HGB) gewährt wird (s. o.). Es ist als Reminiszenz des Gesetzgebers an das mitunter vorhandene Näheverhältnis zwischen Werkvertrag und Dauerschuldverhältnis zu verstehen.[73] Dabei dient es in diesem Fall der (teilweisen) Kompensation des Prognoserisikos, welches einer längerfristigen Leistungsbeziehung innewohnt und beide Vertragsparteien gleichermaßen trifft.[74]

3. Abgrenzung zu anderen Vertragstypen

Die durch § 631 Abs. 2 BGB hervorgehobene *Erfolgsbezogenheit* ist das prägende Merkmal des Werkvertrages und grenzt diesen zugleich von den übrigen Vertragstypen ab.[75] Während der Dienstverpflichtete die Tätigkeit als solche schuldet, schuldet der Werkunternehmer den durch diese Tätigkeit gewonnenen Erfolg.[76] Tritt dieser Erfolg nicht ein, erhält der Unternehmer – im Gegensatz zum Dienst-

69 *Metzger*, AcP 204 (2004), 231 (236).

70 *Metzger*, AcP 204 (2004), 231 (236).

71 Vgl. hierzu: Staudinger /Eckpfeiler[2018]-*Peters /Jacoby*, Kap. Q, Rn. 121.

72 Vgl. Fn. 63.

73 Vgl. bereits Kap. D.

74 Zum proportional steigenden Prognoserisiko bei zunehmender Vertragsdauer vgl. bereits G I 2 a).

75 *Brox /Walker*, SBT[41] (2017), § 23, Rn. 3; *Glöckner*, Jura 1999, 343; *Larenz*, SchuldR, Bd. 2/1, 13. Aufl. (1986), § 53 I (S. 342); *Oetker*, aaO (Fn. 43), S. 156; *Zänker*, aaO (Fn. 4), S. 71, 86 f.

76 Motive II, S. 471.

vertrag – trotz Vornahme geeigneter Handlungen, nicht die vertraglich vereinbarte Vergütung (vgl. § 641 Abs. 1 S. 1 BGB). Im Kern geht es für die Abgrenzung zwischen Dienst- und Werkvertrag also um die Frage, wem das Risiko, dass der erstrebte Erfolg nicht eintritt, zuzuordnen ist.[77] Trägt es der Erbringer der vertragsspezifischen Leistung, handelt es sich um einen Werkvertrag. Hat sich dagegen der Auftraggeber dazu verpflichtet, die Vergütung auch dann zu zahlen, wenn der begehrte Erfolg nicht eintritt, liegt ein Dienstvertrag vor. Dieser Unterschied soll jedoch nicht darüber hinwegtäuschen, dass Werk- und Dienstvertrag zur Gruppe der *Tätigkeitsverträge* gerechnet werden.[78]

Während die Abgrenzung zum Dienstvertrag im Einzelfall immer noch Schwierigkeiten bereitet, stellt sich die Unterscheidung zwischen Werk- und Mietvertrag im heuten Recht als unproblematisch heraus.[79] Dieser Befund ist deshalb bemerkenswert, weil der Werkvertrag im römischen und später auch im gemeinen Recht ebenfalls mit dem Mietvertrag über das Band der *locatio conductio* verbunden war. Die Gemeinsamkeit wurde zu jener Zeit darin gesehen, dass dem *conductor* vom *locator* die Sache einmal zum Gebrauch und dann wieder zur Erstellung des Werkes überlassen wurde.[80] Mittlerweile wird jedoch die Entgeltlichkeit beider Verträge als maßgebliches Differenzierungskriterium herangezogen.[81] Auf diese Weise wird der Unterschied zwischen dem Vermieter und dem Besteller (beide *locator*) nur allzu deutlich. Ersterer ist Gläubiger, letzterer Schuldner der vereinbarten Zahlungsverpflichtung. Während beim Mietvertrag die Bezahlung regelmäßig in Intervallen erfolgt (vgl. § 556b Abs. 1, § 579 Abs. 1 S. 2 BGB), wird der Werklohn erst bei Abnahme fällig (§ 641 Abs. 1 S. 1 BGB). Im Gegensatz zum Werkvertrag richtet sich der Gesamtumfang der Vergütungspflicht beim Mietvertrag typischerweise nach der Vertragsdauer.[82] Dies führt u. a. dazu, dass der Mietvertrag als Dauerschuldverhältnis qualifiziert wird[83], während diese Einordnung für den Werkvertrag überwiegend abgelehnt wird. Im Gegensatz zum Werkvertrag, der – wie bereits hervorgehoben – zur

---

77 *Büdenbender*, JuS 2001, 625 (626, 629); *Kötz*, Vertragsrecht, 2009, Rn. 647; Staudinger / Eckpfeiler[2018]-*Peters /Jacoby*, Kap. Q, Rn. 30 f.; Tonner /Willingmann /Tamm-*Cebulla*, § 631, Rn. 4.

78 *Oetker /Maultzsch*, aaO (Fn. 1), § 1, Rn. 6.

79 Messerschmidt /Voit[3]-*Messerschmidt*, Teil I, Kap. B, Rn. 17.

80 *Kaser /Knütel /Lohsse*, Römisches Privatrecht[21] (2017), § 42, Rn. 4.

81 Vgl. *Honsell*, aaO (Fn. 7), § 48.

82 *Medicus /Lorenz*, SBT[18] (2018), § 22, Rn. 2.

83 Vgl. nur *Fikentscher /Heinemann*, SchuldR[10] (2006), Rn. 982; *Klunzinger*, BR[16] (2013), Vor § 48 (S. 501); *Medicus /Lorenz*, SBT[18] (2018), § 22, Rn. 2.

Gruppe der Tätigkeitsverträge gezählt wird, gehört der Mietvertrag zur Gruppe der *Überlassungsverträge*.[84]

Das *Tätigkeitselement*, welches beim Werkvertrag unweigerlich mit dem geschuldeten Erfolg verknüpft ist und diesem Kontrakttypus sein „schöpferisches Gepräge"[85] verleiht, bildet wiederum das maßgebliche Kriterium für eine Abgrenzung zum Kaufvertrag und den übrigen Schuldverhältnissen mit punktuellem Leistungsaustausch.[86] Allerdings wird die *Herstellung* beweglicher Sachen über § 650 BGB grundsätzlich dem Regime des Kaufrechts unterstellt. Diese Ausdehnung des Kaufrechts auf Kosten des Werkvertragsrechts beruht nicht zuletzt auf der Erwägung, dass bei der Herstellung vertretbarer beweglicher Sachen die *Sachverschaffung* und nicht die Herstellung im Vordergrund steht.[87] Daher finden über § 650 S. 3 BGB auch vereinzelte werkvertragliche Vorschriften Anwendung, soweit es sich bei dem herzustellenden Vertragsgegenstand um eine unvertretbare Sache handelt.[88] Unvertretbare Sachen zeichnen sich nämlich durch ausgeprägte Individualisierungsmerkmale aus, welche oftmals exakt auf die Wünsche des jeweiligen Vertragspartners abgestimmt sind.[89] Daraus folgt, dass sich der typische Werkvertrag durch einen freien[90], keinesfalls seriellen, sondern auf den jeweiligen Vertragspartner ausgerichteten schöpferischen Herstellungsprozess auszeichnet. Dass die Herstellung nicht

---

84 *Oetker /Maultzsch*, aaO (Fn. 1), § 1, Rn. 21.

85 Vgl. BGH, NJW 1977, 379; *Oechsler*, aaO (Fn. 20), Rn. 576. Auch an dieser Stelle sei nochmals darauf hingewiesen, dass aufgrund des typischen Herstellungs-Elementes der Werkvertrag – gemeinsam mit dem Dienstvertrag – der Gruppe der Tätigkeitsverträge zugeordnet wird.

86 *Oetker*, aaO (Fn. 43), S. 157; *Thode*, NZBau 2002, 297 (298); *Zänker*, aaO (Fn. 4), S. 94, 169 f.

87 BGH, NJW 1977, 379 zu § 651 BGB a. F.; ebenso: *Larenz*, SchuldR, Bd. 2/1, 13. Aufl. (1986), § 53 IV (S. 375). Zum geltenden Recht vgl. *Oetker /Maultzsch*, aaO (Fn. 1), § 1, Rn. 25.

88 Vgl. hierzu: *Peters*, NZBau 2002, 113 (118).

89 PWW[13]-*Völzmann-Stickelbrock*, § 91, Rn. 1.

90 Es steht nicht nur in § 4 Abs. 2 Nr. 1 S. 1 VOB/B, sondern ist überdies allgemein anerkannt, dass der Unternehmer die Werkleistung in eigener Verantwortung erbringt (vgl. *Oechsler*, aaO (Fn. 20), Rn. 594; Tonner /Willingmann /Tamm-*Cebulla*, § 631, Rn. 2). Hinsichtlich der Art und Weise der Erfolgsherbeiführung machen auch die §§ 631 ff. BGB keine weiteren Vorgaben. Zudem ist der Besteller nicht berechtigt, dem Werkunternehmer *tätigkeitsbezogene* Weisungen zu erteilen. Vgl. hierzu: *Glöckner*, Jura 1999, 343; *Larenz*, SchuldR, Bd. 2/1, 13. Aufl. (1986), § 53 I (S. 342); Staudinger[2014]-*Peters /Jacoby*, § 633, Rn. 55; *Zänker*, aaO (Fn. 4), S. 72.

vertretbarer beweglicher Sachen überhaupt in diesem Umfang dem Kaufrecht zugeordnet wird, ist der Verpflichtung des nationalen Gesetzgebers geschuldet, die diesbezüglichen Vorgaben der Verbrauchsgüterkaufrichtlinie umzusetzen.[91] Der engen Verbundenheit des Werkunternehmers zum Herstellungsprozess wurde an anderer Stelle dadurch Rechnung getragen, dass man ihm die Entscheidung über die Art der Mangelbeseitigung in § 635 Abs. 1 BGB – anders als im Kaufrecht (vgl. § 439 Abs. 1 BGB) – überlassen hat.[92] Im Hinblick auf die Frage der unterschiedlichen Gewichtung des Tätigkeitselementes beim Kauf- bzw. Werkvertrag ist schließlich auch ein Seitenblick in das UN-Kaufrecht erhellend. Dort wird die Anwendung des UN-Kaufrechts nach Art. 3 Abs. 2 CISG dann ausgeschlossen, wenn *„der überwiegende Teil der Pflichten der Partei, welche die Ware liefert, in der Ausführung von Arbeiten oder anderen Dienstleistungen besteht.“*. In der Zusammenschau mit § 650 BGB verdichtet sich somit der Eindruck, dass bei der Abgrenzung zwischen Kauf- und Werkvertragsrecht ersteres dann auf seine Grenzen stößt, wenn der Herstellungsprozess, welcher schließlich in den vertraglich geschuldeten Erfolg einmünden soll, keine völlig untergeordnete Rolle spielt.[93]

Umgekehrt darf die Bedeutung des Herstellungsprozesses im Verhältnis zum geschuldeten Erfolg auch nicht überschätzt werden.[94] So ist es gerade die Erfolgsbezogenheit, die dazu führt, dass im Gegensatz zum Dienstvertrags- und Auftragsrecht grds.[95] keine Pflicht zur persönlichen Erbringung der Leistung ver-

---

91 Vgl. *Thode*, NZBau 2002, 297 (300); 360 (361 f.). Um keine weitere Verwirrung zu stiften hat sich der nationale Gesetzgeber dazu entschlossen, die Anwendung des Kaufrechts auch auf Verträge zu erstrecken, welche nicht dem genuinen Anwendungsbereich der Richtlinie zuzuordnen sind, vgl. BeckOK /BGB[Ed48]-*Voit*, § 650, Rn. 1. Im Gegensatz zu § 651 BGB a. F. differenziert die neue Vorschrift insbesondere nicht mehr nach der Herkunft des der Werkerstellung zugrundeliegenden Materials. Zu den Unterschieden zwischen den verschiedenen Fassungen des § 651 BGB a. F. im Einzelnen vgl. Staudinger[2014]-*Peters /Jacoby*, § 651, Rn. 2.

92 BT-Drucks. 14/6040, S. 265; HK /BGB[10]-*Scheuch*, § 635, Rn. 2; *Oechsler*, aaO (Fn. 20), Rn. 594; *Oetker /Maultzsch*, aaO (Fn. 1), § 8, Rn. 86; *Petersen*, Jura 2002, 461 (464); *Preussner*, BauR 2002, 231 (234); *Voppel*, BauR 2002, 843 (850 iVm. Fn. 41).

93 Zur Abgrenzung von Kauf- und Werkvertrag im Lichte des UN-Kaufrechts vgl. Staudinger[2005]-*Magnus*, Art. 3, Rn. 28/30.

94 Vgl. bereits G I 2 b). Auch *Riezler* betont, dass das Tätigkeitselement ein *„zwar notwendiges Mittel, jedoch nur Mittel zum Zweck“* sei, *ders.*, aaO (Fn. 9), S. 30.

95 Eine Ausnahme mag freilich für die Erbringung künstlerischer Werke bzw. die Erstellung von Gutachten angenommen werden, vgl. *Larenz*, SchuldR, Bd. 2/1, 13. Aufl. (1986), § 53 I (S. 342).

mutet wird (vgl. § 613, § 664 BGB).[96] Der Besteller wird dadurch geschützt, dass die Vornahme der Werkerstellung durch einen nicht qualifizierten Erfüllungsgehilfen des Unternehmers eben nicht zum Erfolgseintritt führt, weshalb der im Gegenzug geschuldete Anspruch auf Zahlung des Werklohnes im Zweifel nicht fällig wird.[97] Daher kann der Werkvertrag – trotz der den Parteien zur Verfügung gestellten *Kündigungs*rechte – nicht unbesehen als Dauerschuldverhältnis qualifiziert werden.[98]

4. Zwischenergebnis

Es bleibt damit festzuhalten, dass der Werkvertrag keine Zwitterstellung zwischen punktuellem Austauschvertrag und Dauerschuldverhältnis einnimmt, sondern – abhängig von der individuell geschuldeten Werkleistung – mal dem einen, mal dem anderen Vertragsbild ähnelt. Maßgeblich ist, ob das Tätigkeitsmoment oder die Sachverschaffung im Vordergrund steht.[99] Je aufwendiger die Werkerstellung ist und je länger sie dauert, desto eher tritt das Tätigkeitselement in den Vordergrund; je stärker das Tätigkeitselement dominiert, desto eher ähnelt der Werkvertrag einem Dauerschuldverhältnis. Ob der Werkvertrag im Einzelfall sogar als Dauerschuldverhältnis qualifiziert werden kann, spielt für die vorliegende Untersuchung eine eher untergeordnete Rolle.[100] Fest steht, dass das Risiko von Leistungsstörungen bei einer längerfristigen Vertragsdauer naturgemäß erhöht ist.

Die Orientierung des Gesetzgebers bei der Bestimmung der Fälligkeit des Werklohnes an einem einfachen Austauschvertrag, bildet indes einen deutlichen Kontrast zur Lebenswirklichkeit, in der längerfristige Werkleistungen dominieren. Aus diesem Blickwinkel stellt die „Neuschaffung" des Werkvertragsrechts durch den historischen BGB-Gesetzgeber einen Rückschritt dar, da schon die römischen Juristen den häufig aufkeimenden Langzeitcharakter des Werkver-

96 *Larenz*, SchuldR, Bd. 2/1, 13. Aufl. (1986), § 53 I (S. 342); Staudinger[2014]-*Peters / Jacoby*, Vor §§ 631 ff., Rn. 50. Selbst § 675 BGB, der vereinzelte Vorschriften des Auftragsrechts auf jene Werkverträge, die eine Geschäftsbesorgung zum Gegenstand haben, zur Anwendung beruft, spart § 664 BGB aus.

97 Freilich sind die Grenzen des § 640 Abs. 1 S. 2 BGB (unwesentliche Mängel) zu beachten.

98 Auch *Zänker* resümiert, dass der Werkvertrag *„regelmäßig zu stark vom abschließend zu erbringenden Erfolg geprägt [ist], als dass man allgemein vom Werkvertrag als Dauerschuldverhältnis sprechen könnte"*, *ders.*, aaO (Fn. 4), S. 176. Vgl. auch Kap. D.

99 Vgl. *Nicklisch*, JZ 1984, 757 (764); *Oetker /Maultzsch*, aaO (Fn. 1), § 8, Rn. 10.

100 Dagegen: Staudinger /Eckpfeiler[2018]-*Peters /Jacoby*, Kap. Q, Rn. 62 (Fn. 65).

trages dadurch zu würdigten wussten, dass sie ihn in den Kontext zum Miet- und Dienstvertrag stellten.[101]

Die Folgen dieses Paradigmenwechsels treffen die Vertragsparteien indes nicht zu gleichen Teilen. Vielmehr ist es der Unternehmer, der die Schwierigkeiten bei der Herbeiführung des vertraglich zugesagten Erfolges genauso zu tragen hat, wie das Risiko, dass der Besteller nicht in der Lage ist, durch die Zahlung des Werklohnes für eine Refinanzierung der Herstellungskosten zu sorgen.[102] Eine lange Vertragsdauer wirkt auf diese ungleiche Lastenverteilung wie ein Brennglas, unter dem sich die vorhandenen Risken des Unternehmers weiter verdichten. An dieser Stelle muss genau darauf geachtet werden, dass die bestehende Risikoverteilung nicht langfristig dazu führt, dass nur noch kapitalkräftige Großfirmen in der Lage sind, die Kosten einer langfristigen Werkerstellung vorzufinanzieren und sich zugleich gegen die bestehenden rechtlichen Risiken beim Besteller oder einem Dritten abzusichern.[103] Es darf auch nicht übersehen werden, dass die Vorleistungspflicht einer Partei im Grunde nicht dem Leitbild eines gegenseitigen Vertrages entspricht.[104] Ob sich im Lichte dieser strukturellen Defizite ein Anwendungsfeld für den vertraglichen Bereicherungsgedanken eröffnet, soll im Folgenden nachgespürt werden.

II. Bereicherung durch Selbstvornahme

1. Einführung

Wie im Kaufrecht stellt sich auch im Werkvertragsrecht die Frage, inwieweit der Schuldner der vertragsspezifischen Leistung für die Aufwendungen Ersatz leisten muss, welche der Gläubiger für die Beseitigung vorhandener Mängel am Vertragsgegenstand hatte. Erforderlich ist dabei auch hier die Unterscheidung zwischen berechtigter und unberechtigter Selbstvornahme. Dass der Besteller berechtigt ist, seine Mangelbeseitigungskosten unter den Voraussetzungen der §§ 634 Nr. 2, 637 oder aber auf der Grundlage der §§ 634 Nr. 4, 280 Abs. 1, 3 iVm. 281 BGB beim Unternehmer zu liquidieren (*berechtigte Selbstvornahme*), steht außer Zwei-

---

101 Vgl. Staudinger /Eckpfeiler[2018]-*Peters /Jacoby*, Kap. Q, Rn. 4.

102 Bereits *Riezler* resümiert in seiner Abhandlung aus dem Jahre 1900: *„Der in den Bestimmungen des BGB über die Gefahr beim Werkvertrage an die Spitze gestellte Grundsatz, dass der Unternehmer die Gefahr trage bis zur Abnahme des Werkes, führt unleugbar zu einer gewissen Härte für den Unternehmer.“*, *ders.*, aaO (Fn. 9), S. 149.

103 Vgl. *Keilholz*, in: FS Korbion (1986), S. 212.

104 Vgl. *Larenz*, SchuldR, Bd. 1, 14. Aufl. (1987), § 15 I (S. 204 f.); *Peters*, in: FS Korbion (1986), S. 338.

fel.[105] Fraglich ist jedoch, ob es dem Besteller möglich ist, zumindest die ersparten Nacherfüllungskosten des Unternehmers abzuschöpfen, wenn weder dessen in den o.g. Anspruchsgrundlagen angelegtes Recht zur zweiten Andienung von ihm beachtet wurde, noch einer der normierten Ausnahmetatbestände für eine Fristsetzung erfüllt ist (*unberechtigte Selbstvornahme*).

2. Meinungsstand

Zu dieser Frage haben sich verschiedene Positionen herausgebildet. Dabei ist die Parallele zum Meinungsstand im Kaufrecht unverkennbar.[106]

a) Ersatzbegründende Auffassungen

Im Schrifttum zum Werkvertragsrecht finden sich zunächst einige Stimmen, welche einen Ersatzanspruch des Bestellers gegenüber dem Unternehmer befürworten.

Einige fordern eine Anrechnung bzw. Herausgabe der durch die Selbstvornahme ersparten Nacherfüllungskosten des Unternehmers auf der Grundlage des § 326 Abs. 2 S. 2 BGB (analog).[107] Andere stützen diesen Anspruch auf eine entsprechende Anwendung des § 648 S. 2 2.Hs. BGB.[108] Wieder andere befürworten einen Aufwendungsersatzanspruch des Bestellers für den Fall, dass (ausnahmsweise) die Voraussetzungen der berechtigten Geschäftsführung ohne Auftrag vorliegen.[109] Überdies wird auch ein Ausgleich über das Bereicherungsrecht für möglich gehalten.[110]

---

105 Vgl. hierzu: *Christiansen*, ZfBR 2010, 3 (6); *Dauner-Lieb /Dötsch*, NZBau 2004, 233 f.; *dies.*, NZM 2004, 641 (644).

106 So wird im Schrifttum wiederholt auf den Meinungsstand im Kaufrecht verwiesen, vgl. AnwKom[3]-*Raab*, § 637, Rn. 23; *Dauner-Lieb /Dötsch*, NZBau 2004, 233 (236); Jauernig[17]-*Mansel*, § 637, Rn. 11; *Oetker /Maultzsch*, aaO (Fn. 1), § 8, Rn. 118; Palandt[78]-*Sprau*, § 637, Rn. 4; PWW[13]-*Leupertz /Halfmeier*, § 637, Rn. 3.

107 *Artz*, in: FS Blank (2006), S. 14; BeckOK /BGB[Ed48]-*Voit*, § 637, Rn. 18; Englert / Motzke /Wirth[2]-*Englert*, § 637, Rn. 1; *Herresthal /Riehm*, NJW 2005, 1457 (1459 f.); *Katzenstein*, ZGS 2004, 300 (305); *Oetker /Maultzsch*, aaO (Fn. 1), § 8, Rn. 118; . Zu § 324 Abs. 1 S. 2 BGB a. F.: *Magnussen*, Die eigenmächtige Mängelbeseitigung durch den Besteller, 1992, S. 110 f., 128; *Rieble*, DB 1989, 1759 (1761); *Seidel*, JZ 1991, 391 (394); Soergel[12]-*Teichmann*, § 633, Rn. 30.

108 AnwKom[3]-*Raab*, § 637, Rn. 25.

109 *U. Huber*, Leistungsstörungen, Bd. 2, 1999, § 49 III 1 (S. 523); *Katzenstein*, ZGS 2004, 300 (304).

110 *Katzenstein*, ZGS 2005, 305 (310); *ders.*, ZGS 2004, 300 (304 f.).

In der Begründung eines solchen Ersatzanspruches ist häufig das Argument zu finden, dass das Werkvertragsrecht über § 637 Abs. 1 BGB einen Ersatzanspruch des Bestellers nach vorheriger Selbstvornahme im Gegensatz zum Kaufrecht im Grundsatz legitimiere. Von dieser Ausgangsposition sei ein Rückgriffsanspruch des Bestellers im Falle einer unberechtigten Selbstvornahme (noch) naheliegender als im Kaufrecht. Immerhin gehe es lediglich um die Ausweitung eines im Grunde anerkannten Ersatzanspruches und nicht mehr um die Etablierung eines vom Gesetzgeber nicht vorgesehenen Fremdkörpers (wie im Kaufrecht).[111] Vereinzelt wird auch betont, dass ein Ersatzanspruch des Bestellers bei unberechtigter Selbstvornahme einen Wertungswiderspruch zu § 648 BGB vermeide. Wenn sich der Unternehmer über § 648 S. 2 BGB bereits dann eigene Ersparnisse auf seinen Vergütungsanspruch anrechnen lassen müsse, wenn der Besteller schlicht kein Interesse mehr an der Werkleistung habe und aus diesem Grund den Vertrag kündige, dann müsse er sich etwaige Einsparungen erst Recht anrechnen lassen, wenn er eine mangelhafte Werkleistung erbracht habe.[112] Immerhin sei die durch die Befreiung von der Nacherfüllungspflicht erlangte Bereicherung des Unternehmers durch nichts zu rechtfertigen und müsse daher abgeschöpft werden.[113]

b) Ablehnende Auffassung

Schließlich lehnt eine gewichtige Ansicht jegliche Ersatzansprüche des Bestellers infolge unberechtigter Selbstvornahme ab.[114] Diese Ansicht wurde auch schon vor

---

111 AnwKom[3]-*Raab*, § 637, Rn. 24.

112 AnwKom[3]-*Raab*, § 637, Rn. 25.

113 BeckOK /BGB[Ed48]-*Voit*, § 637, Rn. 18.

114 OLG Jena, Urt. v. 07.12.2006–1 U 34/05 (erhältlich bei juris), Rn. 32 f.; *Arnold*, MDR 2005, 661 (662); *Christiansen*, ZfBR 2010, 3 (7); *Dauner-Lieb /Dötsch*, NZBau 2004, 233 (235); *dies.*, NZM 2004, 641 (645); *Dötsch*, MDR 2004, 975 (977); *Eckert*, SBT[2] (2005), Rn. 871; Erman[15]-*Schwenker /Rodemann*, § 637, Rn. 19; *Eusani*, NZBau 2006, 676 (681); Jauernig[17]-*Mansel*, § 637, Rn. 11; JurisPK /BGB[8]-*Genius*, § 637, Rn. 7; *Merl*, in: Kleine-Möller /Merl /Glöckner, Handbuch des privaten Baurechts[5] (2014), § 15, Rn. 409; Messerschmidt /Voit[3]-*Moufang /Koos*, § 637, Rn. 15 f.; MüKo[7]-*Busche*, § 637, Rn. 16; Nicklisch /Weick /Jansen /Seibel[4]-*Moufang /Koos*, § 13 VOB/B, Rn. 350; *Oechsler*, aaO (Fn. 20), Rn. 600; Palandt[78]-*Sprau*, § 637, Rn. 4; *Peters*, JR 2004, 353 (355) (Fn. 16); PWW[13]-*Leupertz /Halfmeier*, § 637, Rn. 3; *Schroeter*, JR 2004, 441 (443); Staudinger /Eckpfeiler[2018]-*Peters /Jacoby*, Kap. Q, Rn. 150; Tonner /Willingmann /Tamm-*Cebulla*, § 636, Rn. 9; § 637, Rn. 6. Zu § 13 Abs. 5 Nr. 2 VOB/B, der § 637 Abs. 1 BGB weitgehend entspricht: BeckOK /VOB/B[Ed32]-*Koenen*, § 13 Abs. 5, Rn. 79; Ganten /Jagenburg /Motzke[2]-*Kohler*, § 13 Nr. 5 VOB/B, Rn. 81; Ingenstau /

der Schuldrechtsmodernisierung überwiegend vertreten.[115] Hauptargument der Vertreter dieser Ansicht ist, dass § 637 BGB (bzw. § 633 Abs. 3 BGB a. F.) eine abschließende Regelung darstelle, deren Voraussetzungen nicht unterlaufen werden dürften.[116] Insbesondere das darin verankerte Fristsetzungserfordernis könne als „*zentrales Grundprinzip des neuen Schuldrechts*" nicht ohne weiteres preisgegeben werden.[117] Es schütze das Nacherfüllungsrecht des Unternehmers, welches mit dem Nacherfüllungsanspruch des Bestellers korrespondiere.[118] Zudem sei eine verlässliche Nachprüfung der behaupteten Kosten nach der Beseitigung des Mangels durch den Besteller nicht mehr möglich, sodass dem Unternehmer Beweisschwierigkeiten drohten.[119]

Korbion[20]-*Wirth*, § 13 Abs. 5 VOB/B, Rn. 167 ff.; Kapellmann /Messerschmidt[6]-*Langen*, § 13 VOB/B, Rn. 314. Vgl. auch OLG Brandenburg, BauR 2003, 1404 (1406) mit zust. Anm. v. *Schmitz*, IBR 2003, 306.

115 Vgl. zu § 633 Abs. 3 BGB a. F. bzw. § 13 Abs. 5 VOB/B: BGHZ 96, 221 (230); 92, 123 (125); BGHZ 90, 344 (347); BGH, WM 1978, 953 (954); BauR 1977, 350 (351); WM 1972, 1025 (1026); NJW 1968, 43; NJW 1967, 388 (389); BGHZ 46, 242 (246); BGH, NJW 1966, 39 (40); OLG Düsseldorf, NJW-RR 1993, 1110 (1111); *Larenz*, SchuldR, Bd. 2/1, 13. Aufl. (1986), § 53 II a) (S. 347) (Fn. 17); RGRK[12]-*Glanzmann*, § 633, Rn. 34. Zu den Besonderheiten der Vorgängerregelung des § 637 BGB vgl. F II 3 b) cc).

116 *Eckert*, SBT[2] (2005), Rn. 871; Erman[15]-*Schwenker /Rodemann*, § 637, Rn. 19; JurisPK / BGB[8]-*Genius*, § 637, Rn. 7; Kapellmann /Messerschmidt[6]-*Langen*, § 13 VOB/B, Rn. 314; *Merl*, in: Kleine-Möller /Merl /Glöckner, aaO (Fn. 114), § 15, Rn. 409; Messerschmidt /Voit[3]-*Moufang /Koos*, § 637, Rn. 15; MüKo[7]-*Busche*, § 637, Rn. 16; PWW[13]-*Leupertz /Halfmeier*, § 637, Rn. 3; Staudinger /Eckpfeiler[2018]-*Peters /Jacoby*, Kap. Q, Rn. 150; Tonner /Willingmann /Tamm-*Cebulla*, § 637, Rn. 6. A. A. *Herresthal /Riehm*, NJW 2005, 1457 (1459 f.) mit dem Hinweis, dass § 637 BGB die externen Mangelbeseitigungskosten und nicht die ersparten Schuldneraufwendungen zuweise, weshalb letztere einer gesonderten Regelung zugänglich seien.

117 *Dauner-Lieb /Dötsch*, NZM 2004, 641 (645). Auch *Peters* sieht in dem Fristsetzungserfordernis des § 637 BGB eine sinnvolle Regelung, *ders.*, NZBau 2002, 113 (118). Im alten Werkvertragsrecht musste der Unternehmer mit der Mangelbeseitigung in Verzug sein. Eine Nachfristsetzung *durch den Besteller* war insoweit nicht erforderlich. Dagegen war in § 13 Abs. 5 Nr. 2 VOB/B schon vor der Schuldrechtsmodernisierung eine Nachfristsetzung durch den Besteller vorgesehen, vgl. *Gursky*, NJW 1971, 782 (783); *U. Huber*, aaO (Fn. 109), § 49 III 1 (S. 522).

118 Messerschmidt /Voit[3]-*Moufang /Koos*, Teil I, Kap. J, Rn. 25; Messerschmidt /Voit[3]-*Moufang /Koos*, § 637, Rn. 16.

119 Kapellmann /Messerschmidt[6]-*Langen*, § 13 VOB/B, Rn. 314 (zu § 13 Abs. 5 Nr. 2 VOB/B). Vgl. hierzu auch die Ausführungen zum gleichlautenden Argument bzgl. der Selbstvornahme im Kaufrecht: F II 3 b) bb).

c) *Stellungnahme*

Dass sich der Streit um die Erstattungsfähigkeit der Selbstvornahmekosten seit der Schuldrechtsreform in das Kaufrecht verlagert hat, darf nicht darüber hinwegtäuschen, dass er seinen Ursprung im alten Werkvertragsrecht hat. Dies gilt auch für einen Großteil der im „neuen" Kaufrecht präsentierten Lösungsansätze, welche nunmehr auch für das reformierte Werkvertragsrecht übernommen werden. Die Anspruchsbefürwortenden Ansichten stützen sich entweder auf eine oder mehrere Vorschriften aus dem Vertragsrecht, welche den Bereicherungsgedanken beinhalten[120], oder wollen externe Ausgleichssysteme, wie das Recht der GoA bzw. das Bereicherungsrecht zu diesem Zweck heranziehen. Dem steht eine breite Front von Stimmen aus Rechtsprechung und Literatur gegenüber, die jegliche Ersatzansprüche des Bestellers ablehnt. Zusätzlichen Auftrieb erhielt die zuletzt genannte Ansicht durch das Urteil des BGH zum (reformierten) Kaufrecht, indem dieser einen Ersatzanspruch des Käufers im Falle einer unberechtigten Selbstvornahme in jeder Hinsicht ablehnte.[121]

Eine ganz andere Frage ist, ob sich die in der Diskussion um die eigenmächtige Selbstvornahme im Kaufrecht vorgebrachten Argumente[122] unbesehen auf das Werkvertragsrecht übertragen lassen[123], oder ob die typologischen Unterschiede dieser beiden Vertragsarten dem entgegenstehen. Eine Neubewertung der Argumentationslage im Lichte des Werkvertragsrechts vermag an dieser Stelle ggf. zu einem abweichenden Ergebnis im Hinblick auf die Ersetzbarkeit der Selbstvornahmekosten führen.

aa) *Übertragbarkeit kaufrechtlicher Lösungsansätze*

(1) Das Gerechtigkeitsargument

Die ersatzbegründenden Auffassungen im Kaufrecht betonen, dass es unbillig sei, wenn der oftmals ahnungslose Käufer einseitig mit den Mangelbeseitigungskosten belastet werde. Dieser traue dem Verkäufer eine Behebung des Mangels häufig nicht zu und wende sich – in Unkenntnis der durch die Schuldrechtsmoder-

---

120 Gemeint sind insbesondere § 326 Abs. 2 S. 2 bzw. § 649 S. 2 2.Hs. BGB.

121 BGHZ 162, 219 (221). Seitdem ständige Rechtsprechung, vgl. BGH, NJW 2010, 1448; NJW 2007, 1534 (1535); NJW 2006, 1195 (1196); NJW 2006, 988 (989); NJW 2005, 3211 (3212).

122 Vgl. nur F II 3.

123 Dafür etwa: *Arnold*, MDR 2005, 661 (662); *Dauner-Lieb*, ZGS 2005, 169 (172); Messerschmidt /Voit^{3}-*Moufang /Koos*, § 637, Rn. 16. Kritisch dagegen: *Weise*, NJW-Spezial 2005, 261 (262).

nisierung veränderten Rechtslage – stattdessen an einen Fachmann.[124] Selbst der „wache“ Käufer, der sich zuvor die Vorschriften des BGB zum Kaufrecht vor Augen führe, werde auf den ersten Blick nicht auf die Hierarchie der Rechtsbehelfe im Gewährleistungsrecht aufmerksam gemacht.[125]

Diese Rahmenbedingungen finden sich im Werkvertragsrecht nicht unbedingt wieder. Dort war nämlich schon vor der Schuldrechtsmodernisierung der Vorrang der Nacherfüllung über das Erfordernis zur Fristsetzung angelegt (vgl. § 634 Abs. 1 BGB a. F.).[126] Insoweit ist die Zweistufigkeit des Gewährleistungsrechts kein Novum. Überdies würde der Besteller selbst bei einem kursorischen Blick in die Regelungen des BGB zum Werkvertragsrecht erkennen, dass eine eigenverantwortliche Mangelbeseitigung grds. nur nach vorheriger Fristsetzung möglich ist (vgl. § 637 BGB, dessen amtliche Überschrift „Selbstvornahme“ lautet.).[127]

Im Gegensatz zum Verkäufer schuldet der Werkunternehmer in jedem Fall die Herstellung des versprochenen Vertragsgegenstandes. Die Verschaffung eines dem Unternehmer völlig fremden, fertigen Werkes kommt somit nicht in Betracht. Daraus folgt, dass der Besteller dem Unternehmer die Herstellung des Werkes (zumindest) zum Zeitpunkt des Vertragsschlusses zugetraut haben muss. Dass der Besteller daher zunächst einen „Fachmann“ aufsucht, weil er die Beseitigung des Mangels an seinem Werk durch seinen Vertragspartner für völlig abwegig hält, kann daher nicht die Regel sein. Sollte der Unternehmer durch sein Verhalten die Vertrauensgrundlage so nachhaltig gestört haben, dass der Besteller ihm eine Mangelbeseitigung nicht überlassen kann bzw. will, dürfte die für eine Selbstvornahme obligatorische Fristsetzung nach § 637 Abs. 2 BGB entbehrlich sein. In allen anderen Fällen ist eine vorherige Mangelbeseitigung durch den Unternehmer naheliegend und zumutbar. Dass die Bindung des Unternehmers zum Werk stärker ist, als jene des Verkäufers zur Kaufsache, kommt nicht zuletzt dadurch zum Ausdruck, dass ersterem die Wahl zwischen einer Neuerstellung des Werkes und einer Nachbesserung überlassen wird (vgl. § 635 Abs. 1 BGB).[128]

---

124 Im alten Kaufrecht war es dagegen noch möglich, zurückzutreten, zu mindern bzw. Schadensersatz zu fordern, ohne den Verkäufer zuvor zur Nacherfüllung aufzufordern, vgl. §§ 462, 463 BGB a. F. /§ 480 BGB a. F.

125 Sie ergibt sich lediglich aus dem Fristsetzungserfordernis, welches wiederum in den Vorschriften des allgemeinen Teils verankert ist (§§ 281 Abs. 1, 323 Abs. 1 BGB). Vgl. hierzu F II 3 a) aa).

126 Vgl. Fn. 66.

127 Vgl. auch § 13 Abs. 5 Nr. 2 VOB/B, dessen Überschrift „Mängelansprüche“ lautet.

128 Vgl. bereits G I 3.

Angesichts dieser Umstände erscheint der Besteller, der wie der Käufer zur eigenmächtigen Mangelbeseitigung schreitet, weniger schutzwürdig zu sein.

(2) Das Abschöpfungsargument

Der Teil der Literatur, der den Ausgleichsanspruch des Bestellers auf eine (entsprechende) Anwendung von § 326 Abs. 2 S. 2, § 648 S. 2 2.Hs. bzw. (§ 684 S. 1 iVm.) § 812 BGB stützen will, hebt immer wieder hervor, dass es ja nicht darum gehe, die Aufwendungen des Bestellers beim Unternehmer zu liquidieren. Stattdessen würden lediglich die durch die Leistungsbefreiung bedingten Einsparungen des Unternehmers abgeschöpft. Folglich unterlaufe diese Lösung auch nicht die Wertung des § 637 BGB, weil es dort lediglich um die Verteilung der tatsächlichen Mangelbeseitigungskosten des *Bestellers* und nicht um die Abschöpfung der Ersparten Aufwendungen des *Unternehmers* gehe.[129] Zuzugeben ist, dass es sich bei den tatsächlichen Aufwendungen des Bestellers und den ersparten Aufwendungen des Unternehmers um rechtlich verschiedene Beträge handelt. Insoweit ist dieses Argument ohne weiteres auf das Werkvertragsrecht übertragbar. Allerdings darf diese feinsinnige Unterscheidung nicht darüber hinwegtäuschen, dass es sich letztlich um zwei Seiten ein und derselben Medaille handelt. Was der eine einspart gibt der andere aus. Zwar ist bei einem Werkvertrag die Wahrscheinlichkeit groß, dass die Mangelbeseitigungskosten des Unternehmers deutlich geringer sind, als die des Bestellers. Hierfür spricht, dass der Unternehmer das Werk selbst hergestellt hat und deshalb Know-How und Ausrüstung für eine Beseitigung etwaiger Mängel idR. bereits bei ihm vorhanden sind. Dagegen ist der Besteller für gewöhnlich auf die Unterstützung eines Dritten angewiesen, dessen Tätigkeit er – über bestehende Materialkosten hinaus – vergüten muss.[130] Gleichwohl ist die Bestimmung der Differenz zwischen diesen beiden Beträgen viel zu stark von den Umständen des Einzelfalls abhängig, als dass man eine gesicherte Aussage treffen könnte.[131] Überdies ließe sich aus ihr ohnehin nicht schlussfolgern, wem die Kosten für die Mangelbeseitigung aufzuerlegen sind. Sollte man nämlich zu dem Ergebnis kommen, dass das Werkvertragsrecht (wie das Kaufrecht) dem Besteller die Kosten für die Mangelbeseitigung aufbürdet, solange nicht die Voraussetzungen

---

129 *Herresthal /Riehm*, NJW 2005, 1457 (1459 f.).

130 *U. Huber*, aaO (Fn. 109), § 49 III 1 (S. 522) zu § 633 Abs. 3 BGB a. F.; *Rieble*, DB 1989, 1759 (1761).

131 Hinzu kommt, dass der Unternehmer regelmäßig seine interne Kalkulation vor Gericht offenlegen müsste, um seine tatsächlichen Ersparnisse plausibel anzugeben. Zur Verschlechterung der Beweissituation des Unternehmers vgl. G II 2 c) aa) (4).

von §§ 634 Nr. 2, 637 bzw. §§ 634 Nr. 4, 280 Abs. 1, 3 iVm. 281 BGB (oder § 887 ZPO) erfüllt sind, darf letzterer diese Kosten weder vollständig noch anteilig (durch Abschöpfung der Ersparnisse) beim Unternehmer liquidieren. Wie beim Kaufrecht ist auch beim Werkvertragsrecht das Abschöpfungsargument ohne Bedeutung.

(3) Das Erosionsargument

Von den Anhängern der ablehnenden Auffassung wird stets betont, dass bestehende Wertungen im Kauf- bzw. Werkvertragsrecht unterlaufen werden, wenn man es dem Gläubiger der vertragsspezifischen Leistung nach einer eigenmächtigen Mangelbeseitigung ermöglichen würde, beim Schuldner Rückgriff zu nehmen, obwohl die Tatbestandsvoraussetzungen der durchaus vorhandenen Anspruchsgrundlagen für solch eine Forderung (vgl. § 280 Abs. 1, 3 iVm. 281 bzw. § 637 BGB) nicht erfüllt sind.[132]

Diesem Erosionsargument kommt im Werkvertragsrecht eine noch größere Bedeutung als im Kaufrecht zu. Konnte im Kaufrecht immer noch darüber spekuliert werden, ob der Gesetzgeber tatsächlich die gesamten Kosten der Mangelbeseitigung dem Käufer aufbürden wollte, sofern nicht die Voraussetzungen der §§ 280 Abs. 1, 3 iVm. 281 BGB bzw. von § 887 ZPO erfüllt sind, so findet sich unter den Vorschriften des BGB zur Regelung des Werkvertrages mit § 637 BGB eine Norm, welche dezidiert die Bedingungen nennt, unter denen der Besteller vom Unternehmer den Ersatz seiner Aufwendungen verlangen kann. Dieser eindeutige Befund kann auch nicht durch den Hinweis entkräftet werden, dass es sich bei den realen Mangelbeseitigungskosten des Bestellers, deren Ersatz durch § 637 BGB ausdrücklich geregelt wird, und den ersparten Aufwendungen des Unternehmers, um zwei rechtlich verschiedene Beträge handelt (Abschöpfungsargument, s. o.). Andererseits darf nicht übersehen werden, dass der Gesetzgeber in § 637 BGB Ausnahmetatbestände normiert hat, welche es dem Besteller ermöglichen, auch ohne vorherige Nachfristsetzung zur sofortigen Beseitigung des Mangels zu schreiten, um anschließend die entstandenen Kosten beim Unternehmer zu liquidieren (vgl. § 637 Abs. 2 BGB). Eine weitergehende Einschränkung des Grundsatzes vom Vorrang der Nacherfüllung wird im Gegensatz zum Kaufrecht dadurch erleichtert, dass dieser für das Werkvertragsrecht nicht qua europäischem Sekundärrechtsakt mitsamt der in seinem Kielwasser folgenden

---

132 Vgl. nur *Gursky*, NJW 1971, 782 (784); *U. Huber*, aaO (Fn. 109), § 49 III 1 (S. 522); *Larenz /Canaris*, SchuldR, Bd. 2/2, 13. Aufl. (1994), § 69 III (S. 194 f.) jeweils zu § 633 Abs. 3 BGB a. F. (= § 637 BGB n. F.).

Auslegungshoheit des EuGH vorgegeben ist.[133] Im Kern kommt es darauf an, ob der Grundsatz „*pacta sunt servanda*", der durch das Recht des Werkunternehmers zur zweiten Andienung gestärkt werden soll, zugunsten eines Ersatzanspruches für den Besteller, der eigenmächtig zur Mangelbeseitigung geschritten ist, eingeschränkt werden kann. Bedenkt man, dass gerade hochpreisige Werkleistungen besonders aufwendig und dabei idR. speziell auf den Kunden zugeschnitten sind, sodass man sie nicht ohne weiteres anderweitig verwenden kann, spielt das Prinzip der Vertragserhaltung im Werkvertragsrecht eine noch gewichtigere Rolle als im Kaufrecht. Der Begründungsaufwand für seine Einschränkung ist damit ungleich höher. Zumindest aber ist es falsch, in § 637 BGB eine Vorschrift zu sehen, welche lediglich dem Schutz des Bestellers dient und dessen Anwendungsbereich beliebig ausgedehnt werden kann.[134] Stattdessen hat sich der Gesetzgeber über die Schaffung eines austarierten Regel-Ausnahme-Komplexes um einen Interessenausgleich zwischen Unternehmer und Besteller bemüht.

Schließlich darf auch nicht übersehen werden, dass ein Ersatzanspruch des Bestellers nach unberechtigter Selbstvornahme auch eine andere Wertentscheidung des Gesetzgebers in Frage stellt. So hat letzterer entschieden, dass die Wahl zwischen Nachbesserung und Nachlieferung im Gegensatz zum Kaufrecht nicht dem Gläubiger sondern dem *Schuldner* der vertragsspezifischen Leistung obliegt (vgl. § 635 Abs. 1 BGB). Auf diese Weise sollte der engen Verbundenheit des Werkunternehmers zu dem von ihm hergestellten Werk Rechnung getragen werden.[135] Dahinter steckt die pragmatische Erwägung, dass derjenige, der das Werk geschaffen hat, idR. auch am besten weiß, auf welchem Weg dem Besteller doch noch der vertraglich zugesagte Erfolg verschafft werden kann. Der Besteller, der eigenmächtig die Mangelbeseitigung veranlasst, ohne den Unternehmer zur Nacherfüllung aufzufordern, übergeht dessen vom Gesetzgeber vorgesehene vorrangige Zuständigkeit. Würde man an solch ein Verhalten des Bestellers auch noch günstige Rechtsfolgen (wie etwa die Zubilligung eines Ersatzanspruches) knüpfen, wäre dieser möglicherweise geneigt, den vom Gesetzgeber vorgese-

---

133 Dies soll freilich nicht bedeuten, dass eine solche Einschränkung im Kaufrecht gemeinschaftsrechtswidrig wäre. Immerhin erlaubt Art. 8 Abs. 2 der Verbrauchsgüterkaufrichtlinie Abweichungen zugunsten des Verbraucherkäufers. Hierzu gehört sicherlich die Möglichkeit, die Rechtsbehelfe aus § 437 Nr. 2, 3 BGB ohne vorherige Fristsetzung geltend zu machen bzw. dem Käufer die Möglichkeit zu geben, vom Verkäufer Kostenersatz für die eigenmächtige Mangelbeseitigung zu verlangen.

134 Vgl. *U. Huber*, aaO (Fn. 109), § 49 III 1 (S. 522) zu § 633 Abs. 3 BGB. Anders dagegen: *Seidel*, JZ 1991, 391 (394 f.) (gleichfalls zum alten Recht).

135 Vgl. bereits G I 3.

henen sachgerechten Weg der Mangelbeseitigung abzulehnen. Ungeachtet der Frage, welchen Umfang der Ersatzanspruch des Bestellers hätte, würde dessen grundsätzliche Zubilligung den Anreiz zu einer ressourcenvergeudenden Mangelbeseitigung setzen.

Offen bleibt, ob eine kompromisslose Durchsetzung der in § 637 bzw. § 635 Abs. 1 BGB enthaltenen Wertungen bei allen Fallkonstellationen zu sachgerechten Ergebnissen führt. Dass der Gesetzgeber davon nicht vollumfänglich überzeugt war, belegen nicht zuletzt die in § 637 Abs. 2 BGB vorgesehenen Ausnahmen von der Vorrangigkeit der Nacherfüllung durch den Unternehmer (s. o.). Wirtschaftlich gesehen würde der Unternehmer durch eine Ausweitung dieser Ausnahmetatbestände auch nicht unverhältnismäßig belastet, da er die Nacherfüllungskosten gem. § 635 Abs. 2 BGB bei ordnungsgemäßem Vertragsablauf ohnehin zu tragen gehabt hätte.[136]

Das Erosionsargument bleibt insoweit ein starkes, aber kein unwiderlegbares Argument gegen die Zubilligung eines Ersatzanspruches für den Besteller.

(4) Gefahr einer prozessualen Benachteiligung /Rechtsprechung zum alten Werkvertragsrecht

Befürchtungen, der Unternehmer könne angesichts der Selbstbeseitigung des Mangels durch den Besteller im Rahmen einer darauf folgenden gerichtlichen Auseinandersetzung um den Ersatz der dadurch entstandenen Kosten benachteiligt werden, da es ihm nicht mehr möglich ist, das Vorhandensein eines Mangels und den Aufwand für seine Beseitigung selbst zu untersuchen, wurde bereits in den Urteilen zur Selbstvornahmeproblematik im alten Werkvertragsrecht geäußert.[137] Dieses Argument kann ohne weiteres auch in der aktuellen Selbstvornahmediskussion fruchtbar gemacht werden, zumal sich das Werkvertragsrecht selbst durch die Schuldrechtsmodernisierung nur geringfügig verändert hat.[138]

bb) Zwischenergebnis

Es bleibt festzuhalten, dass sich die für das Kaufvertrag nachgezeichneten Argumentationslinien zum Problemkreis Selbstvornahme im Grunde auch auf den Werkvertrag übertragen lassen. Allerdings ändert sich im Lichte der typo-

136 Vgl. *Magnussen*, aaO (Fn. 107), S. 106.

137 BGH, BauR 1977, 350 (351); NJW 1968, 43; NJW 1966, 39 (40). Das Schrifttum hat sich dieses Argument weitgehend zu eigen gemacht, vgl. nur *U. Huber*, aaO (Fn. 109), § 49 III 1 (S. 522).

138 Vgl. G I.

logischen Unterschiede beider Vertragsarten und der unterschiedlich starken Auswirkungen, welche die Schuldrechtsmodernisierung auf sie gehabt hat, ihre jeweilige Gewichtung. Dem Gerechtigkeitsargument kommt im Werkvertragsrecht eine (noch) geringere Bedeutung als im Kaufrecht zu.[139] Umgekehrt verhält es sich mit dem Erosionsargument, welches im Werkvertragsrecht auf eine ausdrückliche Vorschrift zur Regelung der Selbstvornahmekosten verweisen kann (vgl. § 637 BGB).[140] Die übrigen Argumente (Abschöpfungsargument, Gefahr einer prozessualen Benachteiligung) sind in ihrer Bedeutung unverändert.[141]

Das so gefundene Ergebnis führt zu der Erkenntnis, dass die vorgetragenen Lösungsansätze des werkvertraglichen Schrifttums, welche sich mit jenen aus dem Kaufrecht weitgehend decken[142], auch hier nicht überzeugen können. So steht insbesondere § 637 BGB einer entsprechenden Anwendung externer Ausgleichsordnungen wie dem Recht der GoA bzw. dem Bereicherungsrecht entgegen. Umgekehrt zeigen die Ausnahmen in § 637 Abs. 2 BGB, dass auch im Werkvertragsrecht die Möglichkeit ohne vorherige Fristsetzung die Selbstbeseitigungskosten beim Sachschuldner ersetzt zu verlangen, nicht vollumfänglich ausgeschlossen ist. Nachzuprüfen ist, ob vielleicht das vertragliche Bereicherungsverbot geeignet ist, den gordischen Knoten der Kostenfrage bei eigenmächtiger Selbstvornahme zugunsten des Bestellers zu lösen.

d) Entsprechende Anwendung des vertraglichen Bereicherungsverbotes

Im Folgenden soll untersucht werden, inwieweit sich eine entsprechende Anwendung des vertraglichen Bereicherungsgedankens für eine Lösung der Selbstvornahmeproblematik im Werkvertragsrecht nutzbar machen lässt.

aa) Verhältnis zu konkurrierenden Lösungsansätzen

Wegbereiter für eine entsprechende Anwendung des vertraglichen Bereicherungsverbotes sind im Grunde die Ansichten, welche eine (entsprechende) Anwendung der Anrechnungsregelung aus § 326 Abs. 2 S. 2 bzw. § 648 S. 2 2.Hs. BGB befürworten.[143] Beide Normen enthalten den vertraglichen Bereicherungsgedanken. Allerdings ist selbiger auch in den §§ 537 Abs. 1 S. 2, 615 S. 2 BGB, § 11 KSchG, § 415 Abs. 2 S. 1 Nr. 1 HGB enthalten. Eine singuläre Anwendung von § 326

139 Vgl. G II 2 c) aa) (1).
140 G II 2 c) aa) (3).
141 G II 2 c) aa) (2) u. (4).
142 G II 2.
143 Vgl. hierzu G II 2 a).

Abs. 2 S. 2 bzw. § 648 S. 2 2.Hs. BGB wäre einer gesamtanalogen Übertragung dieses einheitlichen Rechtsgedankens dann vorzuziehen, wenn eine der Normen direkt anwendbar wäre oder eine Wertung enthielte, welche sie von den anderen Anrechnungsvorschriften abgrenzen und zugleich speziell für die Lösung der werkvertraglichen Selbstvornahmeproblematik empfehlen würde.

(1) § 326 Abs. 2 S. 2 BGB

(a) Unmittelbar anwendbar?

Seine systematische Stellung im allgemeinen Teil des Schuldrechts erlaubt eine Anwendung von § 326 Abs. 2 S. 2 BGB auf das Werkvertragsrecht, sofern die Tatbestandsvoraussetzungen dieser Norm erfüllt sind und selbige nicht durch Vorschriften des besonderen Teils verdrängt wird. Dass es sich vorliegend um einen gegenseitigen Vertrag handelt, dessen (Nach-)Erfüllung gestört wird, und zwar durch eine Handlung, die der Sachgläubiger allein zu vertreten hat, lässt sich ohne weiteres feststellen. Ausgangspunkt für die Selbstvornahmeproblematik im Werkvertragsrecht ist allerdings eine nicht *vertragsgemäße Leistung* des Unternehmers. Unterstellt man, dass durch die eigenmächtige Mangelbeseitigung des Bestellers die Nacherfüllung des Unternehmers vereitelt wird, kann es sich nur um einen Fall der *qualitativen Unmöglichkeit* handeln, weshalb § 326 Abs. 1 S. 2 und nicht § 326 Abs. 2 BGB einschlägig ist.[144] Eine direkte Anwendung von § 326 Abs. 2 S. 2 BGB scheidet somit aus.

(b) Spezielle Wertung?

§ 326 BGB unterscheidet sich von den übrigen Anrechnungsvorschriften durch seinen unmittelbaren Bezug zur Unmöglichkeit iSv. § 275 BGB. Dass der Besteller durch die eigenverantwortliche Reparatur des Werkes stets die Unmöglichkeit der Nacherfüllung iSv. § 275 BGB bewirkt, darf jedoch – wie im Kaufrecht – bezweifelt werden. Wenn überhaupt, wird durch die Mangelbeseitigung des Bestellers die Nachbesserung iSv. § 635 Abs. 1 1.Alt. BGB regelmäßig über die Figur der Zweckerreichung der Unmöglichkeit iSv. § 275 Abs. 1 BGB gleichgestellt.[145] Eine Neuherstellung des Werkes iSv. § 635 Abs. 1 2.Alt. BGB dürfte dagegen idR. nicht unmöglich sein, wenngleich sie weder im Interesse des Bestellers noch im Interesse des Unternehmers wäre.[146] Aus diesem Grund ist auch nicht einzusehen,

---

144 Vgl. D I 2.

145 Vgl. F II 4 a) aa) (3) (a). siehe hierzu auch die gleichlautende Einschätzung von *Magnussen* zum alten Werkvertragsrecht, *ders.*, aaO (Fn. 107), S. 87 f.

146 Vgl. hierzu: F II 4 a) aa) (3) (c).

warum in den Fällen, in denen die Nacherfüllung auf die Variante der Nachbesserung beschränkt ist, deren Durchführung wiederum angesichts der Selbstvornahme zwecklos ist, ein Ersatzanspruch des Bestellers nach § 326 Abs. 2 S. 2 BGB analog bestehen sollte und in allen anderen Fällen, wo die Nacherfüllung nicht nach § 275 BGB vollumfänglich ausgeschlossen ist, nicht. Die Interessenlagen beider Fallgestaltungen sind absolut vergleichbar. Durch die Bindung an die Unmöglichkeit eignet sich § 326 Abs. 2 S. 2 BGB im Vergleich zu den übrigen Anrechnungsvorschriften somit nicht besser zur Lösung der Selbstvornahmeproblematik.[147]

Eine singuläre Analogie zu § 326 Abs. 2 S. 2 BGB ist somit nicht zu präferieren.

(2) § 648 S. 2 2.Hs. BGB

(a) Unmittelbar anwendbar?

Auch bei § 648 S. 2 2.Hs. BGB stellt sich zunächst die Frage, ob diese Vorschrift unmittelbar einschlägig ist. In diesem Fall wäre eine gesamtanaloge Anwendung des vertraglichen Bereicherungsgedankens in Ermangelung einer Regelungslücke von vornherein zum Scheitern verurteilt. Dafür spricht, dass diese Vorschrift dem Werkvertragsrecht des BGB angehört. Zwar regelt sie das Kündigungsrecht des Bestellers, doch könnte man die Tatsache, dass dieser die Mangelbeseitigung selbst in die Hand nimmt, u. U. als konkludente Kündigungserklärung deuten. Fraglich ist jedoch, ob diese Vorschrift überhaupt nach Gefahrübergang, also nach der Abnahme des Werkes durch den Besteller, anwendbar ist. Zwar ist gerade im Werkvertragsrecht auch eine Selbstvornahme durch den Besteller *vor* Abnahme denkbar, da die Erstellung des Werkes oftmals in dessen Sphäre erfolgt, doch stellt die Mangelbeseitigung *nach* der Abnahme den „*praktisch wohl häufigsten Fall*"[148] dar. Deshalb soll es vorliegend – wie im Kaufrecht – um eine eigenmächtige Mangelbeseitigung *nach* Gefahrübergang gehen. Ob § 648 BGB zu diesem Zeitpunkt überhaupt noch anwendbar ist, wird unterschiedlich beurteilt.

Nach einer Ansicht[149] entfällt die Möglichkeit zur Kündigung nach § 648 BGB mit der Abnahme.

147 Vgl. für das Kaufrecht F II 4 a) aa).

148 *Dauner-Lieb*, ZGS 2005, 169 (172).

149 BGH, NJW 1975, 825 (826); OLG Dresden, NJW-RR 1998, 882; AnwKom[3]-*Raab*, § 649, Rn. 9; Englert /Motzke /Wirth[2]-*Schalk*, § 649, Rn. 5; Messerschmidt /Voit[3]-*Oberhauser*, § 648, Rn. 6; PWW[13]-*Leupertz /Halfmeier*, § 648, Rn. 3; Tonner /Willingmann /Tamm-*Cebulla*, § 649, Rn. 2. Zum gleichlautenden § 8 Abs. 1 VOB/B: Ingenstau /Korbion[20]-*Joussen /Vygen*, § 8 Abs. 1 VOB/B, Rn. 16.

Die Gegenansicht[150] will eine Kündigung gem. § 648 BGB auch über den Zeitpunkt der Abnahme hinaus zulassen.

Der Wortlaut von § 648 S. 1 BGB besagt, dass eine Kündigung des Vertrages *„bis zur Vollendung des Werkes“* möglich ist. Ein mangelbehaftetes Werk scheint begrifflich nicht vollendet zu sein, auch wenn es vom Besteller abgenommen wurde.[151] Folglich spricht der Wortlaut von § 648 S. 1 BGB für die zuletzt genannte Ansicht. Eine systematische Auslegung ergibt jedoch, dass der Gesetzgeber die Vollendung in § 646 BGB unter bestimmten Voraussetzungen der Abnahme gleichgestellt hat. Daraus kann man schließen, dass ein Werk bereits dann als „vollendet“ gilt, wenn es grds. abnahmefähig ist. Nach § 640 Abs. 1 S. 2 BGB muss aber auch ein mit unwesentlichen Mängeln behaftetes Werk abgenommen werden. Das Vorhandensein kleinerer Mängel steht der „Vollendung“ des Werkes iSv. § 648 S. 1 BGB insoweit also nicht entgegen.[152] Die alleinige Verknüpfung des zeitlichen Anwendungsbereichs des Kündigungsrechts mit der vermeintlichen Vollendung bzw. Abnahmefähigkeit des Werkes wäre für den Besteller jedoch mit großer Rechtsunsicherheit verbunden.[153] Dem könnte man dadurch entgegenwirken, dass die Möglichkeit zur Kündigung durch die *tatsächliche* Abnahme des Werkes zeitlich limitiert wird.[154] Immerhin bringt der Besteller mit der Billigung des Werkes selbst zum Ausdruck, dass er es für abnahmefähig und damit auch für „vollendet“ hält. Anschließend die Kündigung iSv. § 648 BGB unter dem Hinweis der fehlenden Vollendung des Werkes auszusprechen, würde zu diesem Verhalten im Widerspruch stehen. Für die Beseitigung von Mängeln, die bereits bei Gefahrübergang vorlagen und entweder erst im Anschluss an die Abnahme entdeckt wurden bzw. einer Abnahme nicht entgegenstanden, enthält § 634 BGB eine (abschließende) Aufzählung von Gewährleistungsrechten.[155] Eine Kündigung ist insoweit nicht vorgesehen, zumal die Erfüllungsphase zu diesem

---

150 OLG Düsseldorf, NZBau 2006, 717 (720); *Oetker /Maultzsch*, aaO (Fn. 1), § 8, Rn. 263; Staudinger[2014]-*Peters /Jacoby*, § 649, Rn. 14.

151 Vgl. Messerschmidt /Voit[3]-*Oberhauser*, § 648, Rn. 6; Staudinger[2014]-*Peters /Jacoby*, § 649, Rn. 14.

152 Vgl. Englert /Motzke /Wirth[2]-*Schalk*, § 649, Rn. 5; MüKo[7]-*Busche*, § 648, Rn. 11; *Siebert*, in: Kleine-Möller /Merl /Glöckner, aaO (Fn. 114), § 18, Rn. 44.

153 AnwKom[3]-*Raab*, § 649, Rn. 9; MüKo[7]-*Busche*, § 648, Rn. 11.

154 AnwKom[3]-*Raab*, § 649, Rn. 8.

155 War der Mangel bereits zum Zeitpunkt der Abnahme bekannt, kann der Besteller die in § 634 Nr. 1–3 BGB bezeichneten Rechte freilich nur dann geltend machen, wenn er sich seine Gewährleistungsrechte bei der Abnahme vorbehalten hat, gem. § 640 Abs. 2 BGB.

Zeitpunkt bereits beendet ist.[156] Davon abgesehen würde eine Kündigung des Bestellers nach § 648 BGB, welche ja ohne vorherige Fristsetzung möglich ist, dass in § 634 iVm. §§ 323 Abs. 1, 281 Abs. 1 S. 1 BGB angelegte Recht des Unternehmers zur zweiten Andienung unterlaufen. Schließlich sollte sich der Besteller spätestens zum Zeitpunkt der Abnahme darüber im Klaren sein, ob er an der Werkleistung noch interessiert ist oder nicht.[157]

Geht man jedoch mit der zuerst genannten Ansicht davon aus, dass nach einer Abnahme durch den Besteller der zeitliche Anwendungsbereich von § 648 BGB nicht mehr eröffnet ist, kann diese Vorschrift für eine in diesem Zeitabschnitt liegende Selbstvornahme auch nur entsprechend angewendet werden.

(b) Spezielle Wertung?

Gemeinsam mit § 415 HGB hebt sich § 648 BGB dadurch von den übrigen Anrechnungsvorschriften ab, dass er in den Kontext einer Kündigung durch den Gläubiger der vertragsspezifischen Leistung eingebettet ist. Dass der Besteller, der die Beseitigung des Mangels selbst in die Hand nimmt, typischerweise auch seine rechtliche Beziehung zum Werkunternehmer verändern will, kann jedoch nicht angenommen werden.[158] Dagegen spricht bereits, dass der Besteller oftmals in Unkenntnis der tatsächlichen Rechtslage einen Drittunternehmer mit der Mangelbeseitigung beauftragt, ohne sich um sein Verhältnis zum ursprünglichen Werkunternehmer zu sorgen. Da Selbstvornahme und Kündigung idR. nicht gleichzusetzen sind, enthält § 648 BGB auch keine Wertung, die ihn vor den anderen vertraglichen Anrechnungsvorschriften für eine Lösung dieses Problemkreises prädestinieren würde.

(3) Zwischenergebnis

Die Anwendung des vertraglichen Bereicherungsverbotes auf der Basis einer Gesamtanalogie zu den vertraglichen Anrechnungsvorschriften ist nicht von vornherein durch eine singuläre Heranziehung von § 326 Abs. 2 S. 2 bzw. § 648 S. 2 2. Hs. BGB ausgeschlossen. Weder fällt die Selbstvornahmeproblematik in ihrer hier besprochenen Ausprägung[159] unmittelbar in den Anwendungsbereich einer dieser Vorschriften, noch enthalten diese Wertungen, welche sie vor allen anderen

---

156 Englert /Motzke /Wirth²-*Schalk*, § 649, Rn. 5; Messerschmidt /Voit³-*Oberhauser*, § 648, Rn. 6.

157 AnwKom³-*Raab*, § 649, Rn. 8.

158 *Dauner-Lieb*, ZGS 2005, 169 (172); *Eusani*, NZBau 2006, 676 (680).

159 Zur Selbstvornahme durch den Besteller *vor* Abnahme s. o.

Anrechnungsvorschriften als Lösungsinstrument empfehlen würden. Spielt die Unmöglichkeit der Nacherfüllung bzw. die Kündigung des Werkvertrages bei der Selbstvornahmeproblematik keine bzw. nur eine untergeordnete Rolle, ist es lediglich der in § 326 Abs. 2 S. 2 bzw. § 648 S. 2 2.Hs. BGB enthaltene Bereicherungsgedanke, der eine Lösung auf der Grundlage dieser Normen naheliegend erscheinen lässt. Der Bereicherungsgedanke ist – in dieser Ausprägung – jedoch ebenso in § 537 Abs. 1 S. 2, § 615 S. 2 BGB, § 11 KSchG und § 415 Abs. 2 S. 1 Nr. 1 HGB enthalten. Keine einzige Norm ist unmittelbar anwendbar doch alle enthalten einen gemeinsamen Rechtsgedanken, dessen Heranziehung man im Werkvertragsrecht für eine Lösung der Selbstvornahmeproblematik erwägen sollte.

bb) Vergleichbare Interessenlage

Wie schon im Kaufrecht, so sind auch im Werkvertragsrecht die Parallelen zwischen der Selbstvornahmekonstellation und der durch die Anrechnungsvorschriften typischerweise erfassten Interessenlage erkennbar.[160] Der Leistungsaustausch[161] in Gestalt der Nacherfüllung wird durch die eigenmächtige Mangelbeseitigung des Bestellers gestört. Der Unternehmer erhält gleichwohl seine Vergütung[162], müsste sich jedoch die ersparten Kosten für die Nacherfüllung, die er nach § 635 Abs. 2 BGB normalerweise zu tragen gehabt hätte, auf seinen Werklohnanspruch anrechnen lassen.[163] Für den Fall, dass der Unternehmer den Werklohn bereits vollumfänglich erhalten hat, könnte der Besteller etwa nach §§ 326 Abs. 4 iVm. 346 Abs. 1 1.Alt. BGB die Herausgabe der ersparten Nacherfüllungskosten verlangen.

Auf den ersten Blick scheint auch die Genese des vertraglichen Bereicherungsverbotes für seine entsprechende Anwendung zu sprechen. So hatte es seinen Ursprung im römischen Dienstvertragsrecht.[164] Im römischen Recht waren der

160 Zum Kaufrecht vgl. F II 4 a) bb) – ee).

161 Um einen Leistungsaustausch handelt es sich deshalb, weil der Nacherfüllungsanspruch als modifizierter Erfüllungsanspruch angesehen wird, welcher wiederum mit dem Anspruch des Unternehmers auf Zahlung des Werklohnes im Synallagma steht, vgl. Tonner /Willingmann /Tamm-*Cebulla*, § 635, Rn. 1.

162 Gem. § 326 Abs. 1 S. 2 BGB, weil die Nacherfüllung insgesamt unmöglich oder eine Berufung auf die Nacherfüllung gem. § 242 BGB ausgeschlossen ist.

163 Dem von den ersatzbegründenden Auffassungen vorgetragenen Gerechtigkeitsdefizit, welches darin besteht, dass der Werkunternehmer aus dem vertragswidrigen Verhalten des Bestellers auch noch (unverdiente) Vorteile zieht, könnte auf diesem Wege begegnet werden. Zum sog. „Gerechtigkeitsargument" vgl. G II 2 c) aa) (1).

164 Vgl. D I 4 /III 4.

Dienst- und der Werkvertrag nur besondere Ausprägungen der *locatio conductio*.[165] Wenngleich sich beide Vertragsformen seit dieser Zeit zu eigenständigen Vertragstypen entwickelt haben, werden sie auch heute noch gemeinsam zur Gruppe der *Tätigkeitsverträge* gerechnet.[166] Es erscheint daher auch nicht verwunderlich, dass sich die bereicherungsrechtlich gefärbten Anrechnungsvorschriften *für beide Vertragstypen* nicht nur in den jeweiligen Vorschriften des BGB befinden (vgl. § 615 S. 2, § 648 S. 2 2.Hs. BGB), sondern auch in den jeweiligen spezialgesetzlichen Ausprägungen der beiden Vertragstypen (vgl. § 11 KSchG, § 415 Abs. 2 HGB; vgl. auch § 8 Abs. 1 Nr. 2 VOB/B)[167]. Fraglich ist jedoch, ob dieser Befund genügt, um eine entsprechende Anwendung dieses Rechtsgedankens innerhalb des Werkvertragsrechts zu stützen.

Zu beachten ist in diesem Zusammenhang, dass der vertragliche Bereicherungsgedanke im Grunde nur der Kürzung des Anspruches auf die Gegenleistung dient, der wiederum im Wege der Durchbrechung des vertraglichen Synallagmas aufrecht erhalten wird, obwohl die Leistung des Schuldners nicht wie geplant erbracht werden kann. In den Digesten, wo diese Form der Berücksichtigung anderweitigen Erwerbs zur Verhinderung einer ungerechtfertigten Bereicherung erstmalig erwähnt wird, geht es um einen Schreiber, dessen Dienstherr verstorben ist, und der deshalb seine Leistung nicht mehr erbringen kann (vgl. D. 19.2.19.9).[168] An dieser Stelle ist die Anrechnung anderweitigen Erwerbs, den der Schreiber durch die Befreiung von seiner Verpflichtung erwerben kann überaus sinnvoll.[169] So dient die Aufrechterhaltung seines Anspruchs auf die Gegenleistung primär dem Schutz seiner wirtschaftlichen Lebensgrundlage, denn es ist davon auszugehen, dass er auf den vereinbarten Lohn als hauptsächliche Geldeinnahmequelle angewiesen ist. Zudem mag er eventuell nicht in der Lage sein, ohne weiteres ein neues Beschäftigungsverhältnis zu finden. Sollte dies gleichwohl gelungen sein, ist seine wirtschaftliche Existenz gesichert und die vollumfängliche Aufrechterhaltung seiner ursprünglichen Vergütung nicht mehr gerechtfertigt.

Für den Besteller hätte die Anrechnung der ersparten Nacherfüllungskosten des Unternehmers auf dessen Werklohnanspruch jedoch noch andere Folgen. Würde die Anrechnung der ersparten Nacherfüllungskosten des Unternehmers

---

165 Vgl. D X 4 u. G I 1.

166 Vgl. G I 3.

167 Wobei es sich bei der VOB/B freilich nicht um eine Rechtsnorm handelt, vgl. G I 1.

168 Siehe auch D I 4.

169 Darauf, dass die in D 19.2.19.9 zum Ausdruck kommende Berücksichtigung anderweitigen Erwerbs *im Sinne einer Anrechnung* zu verstehen ist, weisen *Kaser/Knütel/Lohsse* hin, *dies.*, aaO (Fn. 80), § 42, Rn. 24.

auf der Basis des vertraglichen Bereicherungsverbotes in der Praxis Fuß fassen, wäre damit für den Besteller ein nicht unerheblicher Anreiz zur eigenmächtigen Beseitigung vorhandener Mängel geschaffen. Damit würde er das gesetzlich angelegte Vorrecht des Unternehmers, vorhandene Mängel selbst zu beseitigen[170] und dabei auch über die Art und Weise der Nacherfüllung zu entscheiden[171], durchbrechen. Die Vertrauensgrundlage, welche für einen Vertrag von so essentieller Bedeutung ist, bei dem es nicht nur um den kurzfristigen Austausch bereits verfügbarer Güter geht, sondern der idR. für einen längeren Zeitraum angelegt ist, wird durch solch ein eigenmächtiges Verhalten des Bestellers nachhaltig erschüttert. Demgegenüber hätte die entsprechende Vorschrift in den Digesten wohl nicht dazu geführt, dass der *conductor* künftig leichtfertig auf die Dienste des *locators* verzichtet, da die Anrechnung anderweitiger Einkünfte ungewiss und somit der wirtschaftliche Schaden durch die fortbestehende Vergütungspflicht ohne eine Gegenleistung erhalten zu haben für ihn nicht zu groß gewesen wäre.[172]

Durch diesen negativen Verhaltensanreiz würde sich die Anwendung des vertraglichen Bereicherungsverbotes zur Lösung der Selbstvornahmeproblematik im Werkvertragsrecht indes nicht nur von der Interessenkonstellation entfernen, die in den Digesten genannt ist, sondern auch von jener, die mittlerweile in den vertraglichen Anrechnungsvorschriften des geltenden bürgerlichen Rechts geregelt ist. So kann etwa der Mieter, der die Mietsache nicht nutzt, niemals sicher sein, dass der Vermieter sie anderweitig vermietet und sich diese Einnahmen auf den nach § 537 Abs. 1 S. 1 iVm. § 535 Abs. 2 BGB zu zahlenden Mietzins anrechnen lassen muss. Schlimmstenfalls wird der Mietzins lediglich um die ersparten Aufwendungen, wie etwa die verbrauchsabhängigen Betriebskosten bei

---

170 Vgl. § 634 iVm. § 281 Abs. 1 S. 1, 323 Abs. 1 BGB.

171 Vgl. § 635 Abs. 1 BGB.

172 Der wirtschaftliche Schaden dürfte sich, *gemessen an den heutigen Verhältnissen*, in Grenzen gehalten haben, da es in der Antike üblich war, Arbeitsverträge nur für die Dauer eines Tages (bzw. einer Nacht) abzuschließen (*Kaser /Knütel /Lohsse*, aaO (Fn. 80), § 42, Rn. 19)). Konnte der *conductor* die Dienste freier Lohnarbeiter etwa für einen Monat nicht in Anspruch nehmen, musste er ihnen gleichwohl nur für die Dauer des Vertragsverhältnisses, also idR. für einen Tag (bzw. Nacht) den vereinbarten Lohn entrichten. Darüber hinaus konnte er einfach auf den Abschluss weiterer Verträge verzichten.
Dass es gerade auch bei qualifizierten Dienstleistungen Verträge gab, die sich über einen längeren Zeitraum erstreckten, zeigt indes die soeben genannte Digestenstelle (D 19.2.19.9), aus der hervorgeht, dass der Schreiber seine Dienste dem Antonius Aquila für ein Jahr zur Verfügung gestellt hat (vgl. *Kaser /Knütel /Lohsse*, ebenda).

der Wohnraummiete[173], gekürzt. Für den Dienstberechtigten, der die Dienste des Dienstverpflichteten nicht in Anspruch nimmt, fällt die Anrechnung ersparter Aufwendungen des letzteren, wie etwa Fahrtkosten bzw. Geld für Arbeitskleidung noch weniger ins Gewicht, weshalb dieser Anrechnungsposten im Gegensatz zu § 615 S. 2 BGB in § 11 KSchG auch gar nicht mehr auftaucht. Ebensowenig besteht Gewissheit darüber, dass dem Dienstverpflichteten eine andere zumutbare Beschäftigungsmöglichkeit offensteht, sodass er sich den tatsächlichen bzw. hypothetischen Verdienst auf seinen Lohnanspruch nach § 615 S. 2 BGB bzw. § 11 KSchG anrechnen lassen müsste. Mieter und Dienstberechtigter werden aufgrund dieser Unwägbarkeiten die Möglichkeit, eine Störung des vertraglich vereinbarten Leistungsaustausches bewusst herbeizuführen, nur als *Ultima Ratio* ansehen. Der Besteller kann sich dagegen praktisch sicher sein, dass der Unternehmer durch die Befreiung von seiner Pflicht zur Nacherfüllung Kosten in nicht unerheblichem Umfang spart. Dies gilt insbesondere dann, wenn es sich um die Beseitigung von Mängeln an einem hoch komplexen Werk handelt. Schließlich darf auch nicht vergessen werden, dass dem Besteller nach einer erfolgreichen Selbstvornahme auch noch ein mangelfreies Werk zur Verfügung steht, während dem Mieter bzw. dem Dienstberechtigten eine Nutzung der vertragsspezifischen Leistung – für diesen Zeitabschnitt – gerade nicht möglich ist. Die Wahrscheinlichkeit, einen wirtschaftlichen Verlust zu erleiden, ist für den Besteller, der zur Selbstvornahme schreitet viel geringer, als für den Mieter und den Dienstberechtigten, welche die vertragsspezifische Leistung ihres Vertragspartners nicht nutzen.

Zur Verdeutlichung soll folgendes Beispiel dienen:

1. Var.) B lässt seine Gartenlaube von U für 200 € instand setzen. B entdeckt nach der Abnahme einen Mangel, dessen Beseitigung ihn 20 € kostet. U wurde vorher nicht informiert. Vor Gericht kann U nicht nachweisen, dass er den Mangel günstiger hätte beseitigen können. Die 20 € werden auf den zu zahlenden Werklohn angerechnet.
Ergebnis: B hat mittlerweile ein mangelfreies Werk. Für die Mangelbeseitigung gab er 20 € aus, musste dafür aber 20 € weniger Werklohn zahlen. Folglich hat er im Ergebnis ein mangelfreies Werk für 200 € erhalten.

2. Var.) C kann die Dienste des A für einen Monat nicht in Anspruch nehmen. A erhält eine monatliche Vergütung iHv. 2000 €. Er spart jedoch Fahrtkosten iHv. 50 €, weil er diesen Monat nicht zu seiner Arbeitsstelle fahren muss. Die Ersparnis wird auf den Lohnanspruch des A gem. § 615 S. 2 BGB angerechnet.
Ergebnis: C bekommt für einen Monat keine Dienste, muss aber 1950 € zahlen.

173 Vgl. hierzu D II 3 (Fn. 79).

3. Var.) V hat eine Wohnung für monatlich 500 € an M vermietet. M kann seine Mietwohnung für einen Monat nicht nutzen. V braucht die Wohnung für diesen Zeitraum nur geringfügig zu heizen und spart deshalb ca. 65 € ein. Diese Ersparnis wird gem. § 537 Abs. 1 S. 2 BGB auf den zu zahlenden Mietzins angerechnet.
Ergebnis: M kann die Wohnung für einen Monat nicht nutzen, muss aber 435 € Miete zahlen.

C und M werden nach Möglichkeit den Vertrag einhalten, weil sonst ein nicht unerheblicher Verlust eintreten wird.
Warum sollte sich jedoch B an die Vorgaben aus § 637 BGB halten? Wenn er die Kosten für die Mangelbeseitigung auch ohne vorherige Fristsetzung bei U liquidieren kann?

Dieses Beispiel zeigt auch, dass es unwahrscheinlich ist, dass der Besteller allein durch die Gefahr, dass seine Kosten wesentlich höher sein könnten, als die Ersparnisse des Unternehmers von einer bewusst eigenmächtigen Selbstvornahme abgeschreckt wird.[174] Gerade die Beseitigung des Mangels ohne ein Zutun des Unternehmers, macht es diesem vor Gericht praktisch unmöglich, die Behauptungen des Bestellers bzgl. der Art des Mangels und den Kosten für seine Beseitigung substantiiert zu bestreiten.[175] Außerdem will der Unternehmer im Falle einer gerichtlichen Auseinandersetzung verständlicherweise nur ungern seine interne Kalkulation offenlegen, um nachzuweisen, wie gering seine eigenen Aufwendungen für die Beseitigung des behaupteten Mangels gewesen wären. Es ist daher zu befürchten, dass eine gerichtliche Auseinandersetzung allzu oft wie im obigen Beispiel (1. Var.) mit der Feststellung enden wird, dass sich die ersparten Mangelbeseitigungskosten des Unternehmers mit den Aufwendungen des Bestellers decken.[176]

All dies könnte dem Besteller ein eigenmächtiges (vielleicht sogar ressourcenvergeudendes)[177] Vorgehen bei der Mangelbeseitigung lohnenswert erscheinen lassen, vorausgesetzt, dass ihm ein Anspruch auf Abschöpfung der Bereicherung seines Vertragspartners über eine gesamtanaloge Anwendung des vertraglichen Bereicherungsverbotes zugestanden wird. Eine Privatrechtsordnung, welche auf der konsensualen Einigung der Privatrechtssubjekte beruht, ist jedoch nur dann funktionsfähig, wenn sich die Erklärungsempfänger auf die Verbindlichkeit der jeweiligen Leistungsversprechen verlassen können.[178] Aus diesem Grund dür-

174 Zum sog. „Abschöpfungsargument" vgl. G II 2 c) aa) (2).
175 Vgl. auch G II 2 c) aa) (4).
176 Instruktiv hierzu die folgende Gerichtsentscheidung (zum Kaufrecht): OLG Stuttgart, NJW-RR 1987, 721.
177 Vgl. G II 2 c) aa) (3).
178 *Oetker*, aaO (Fn. 43), S. 248.

fen keine Lösungsansätze forciert werden, durch die ein Verhalten einer Partei goutiert wird, welches gegen die Vertragsabrede verstößt. Eine erstattungsfähige Selbstvornahme ohne vorherige Fristsetzung lassen jedoch – zumindest im Grundsatz – weder das bürgerlich-rechtliche Werkvertragsrecht (vgl. § 637 BGB) noch das Klauselwerk der VOB/B (vgl. § 13 Abs. 5 Nr. 2 VOB/B) zu. Ob eine davon abweichende Vertragsklausel einer AGB-Kontrolle standhalten würde, darf bezweifelt werden.[179] Die vertraglichen Anrechnungsvorschriften fördern in ihrem jeweiligen Anwendungsbereich kein vertragswidriges Verhalten des Gläubigers der vertragsspezifischen Leistung. Genau diesen Effekt hätte jedoch ihre gesamtanaloge Anwendung auf die Selbstvornahmeproblematik im Werkvertragsrecht. Dies lässt darauf schließen, dass die Interessenlagen bei Lichte besehen doch keine vollständige Vergleichbarkeit aufweisen.

cc) Planwidrige Regelungslücke

Auch wenn man der soeben ausgeführten Argumentation nicht folgen will, so scheitert eine entsprechende Anwendung des vertraglichen Bereicherungsverbotes doch letztlich an dem Fehlen einer planwidrigen Regelungslücke. Noch deutlicher als im Kaufrecht tritt im Werkvertragsrecht die Entscheidung des Gesetzgebers hervor, einen Ersatz der Mangelbeseitigungskosten durch den Schuldner der vertragsspezifischen Leistung grds. erst nach einer vorherigen (vergeblichen) Fristsetzung zuzulassen. Der Wortlaut von § 637 Abs. 1 BGB lässt insoweit keine Zweifel offen. Zwar hat der Gesetzgeber selbst Ausnahmetatbestände geschaffen, in denen der Besteller zu einer sofortigen Selbstvornahme bei vollem Kostenersatz berechtigt ist, doch sollte man mit der Schaffung weiterer Ausnahmetatbestände zurückhaltend sein. Hierfür spricht nicht zuletzt, dass das Werkvertragsrecht zwar durch die Schuldrechtsreform inhaltlich weitgehend unangetastet blieb[180], der § 637 BGB jedoch gerade eine der wenigen Neuschöpfungen dieses Reformprozesses darstellt. Dem Wortlaut dieser verhältnismäßig „jungen" Vorschrift ist daher besondere Beachtung zu schenken. Es ist auch schlechterdings nicht davon auszugehen, dass dem Gesetzgeber die Selbstvornahmeproblematik gänzlich unbekannt gewesen ist, stammen doch zahlreiche Urteile zur Selbstvornahme im Werkvertragsrecht aus der Zeit vor der Schuldrechtsreform. Es ist somit davon auszugehen, dass der Gesetzgeber mit § 637 BGB sämtliche Selbstvornahmekonstellationen im Werkvertragsrecht abschließend regeln wollte.

---

179 So hat der BGH eine entsprechende Vereinbarung für das Kaufrecht abgelehnt, vgl. BGHZ 164, 196 (209).

180 Vgl. G I.

dd) Ergebnis

Wie schon im Kaufrecht ist auch im Werkvertragsrecht ein Rückgriffsanspruch des Gläubigers der vertragsspezifischen Leistung nach einer eigenmächtigen Mangelbeseitigung ohne vorherige Fristsetzung abzulehnen.

III. Bereicherung durch Nacherfüllung des Werkunternehmers

1. Einleitung

Vor der Schuldrechtsmodernisierung war in der Rechtsprechung anerkannt, dass der Besteller Vorteile, welche ihm durch die Nacherfüllung entstanden sind und die über die vertragliche Leistungsverpflichtung des Unternehmers hinaus gehen, wie etwa eine verlängerte Lebensdauer des Bauwerkes oder der reparierten Sache, letzterem nach den Grundsätzen der Vorteilsausgleichung zu erstatten hat.[181] Voraussetzung war, dass der Besteller das Werk bis zur Mangelbeseitigung ohne größere Einschränkungen nutzen konnte.[182] Eine Ausnahme wurde jedoch für den Fall zugelassen, dass die längere Nutzungsdauer vornehmlich auf eine vom Unternehmer zu verantwortende Verzögerung der Nacherfüllung zurückzuführen ist.[183] Ansonsten wäre der Unternehmer nämlich in der Lage, durch eine

181 BGH, NJW 2002, 141 (142); NJW 1999, 416 (417); NJW-RR 1990, 89; NJW 1989, 2753 (2755); NJW 1987, 644 (645); BGHZ 91, 206 (209); 90, 344 (346 f.); OLG Dresden, BauR 2008, 693 (zu § 633 BGB a. F. /§ 13 Abs. 5 VOB/B); OLG Düsseldorf, BauR 2002, 802 (804); OLG Hamm, NJW-RR 1998, 163 (164); NJW-RR 1996, 272 (273); OLG Köln, NJW-RR 1993, 533 (535). Speziell zur Vorteilsausgleichung bei verlängerter Lebensdauer des Werkes: OLG Frankfurt, Schäfer /Finnern /Hochstein, § 635 BGB, Nr. 65 (S. 10); BauR 1987, 322 (324); KG, BauR 1978, 410 (411). Zur Berücksichtigung von Steuervorteilen bei der Bestimmung des Aufwendungsersatzanspruches aus § 633 Abs. 3 BGB a. F. nach berechtigter Selbstvornahme: OLG Düsseldorf, NJW-RR 1996, 532 (533). Das Schrifttum hat sich diesem Ansatz überwiegend angeschlossen, vgl. *Brandt*, BauR 1982, 524 (533); *Bühl*, BauR 1985, 502 (510); *Gross*, in: FS Korbion (1986), S. 135; *Hundertmark*, BBauBl. 1985, 130; *Tomic*, Sowieso-Kosten, 1990, S. 101 f. A. A. *Früh*, BauR 1992, 160 (166); *ders.*, Die „Sowieso-Kosten", 1991, S. 67; *Thesling*, Die Vorteilsausgleichung, 1994, S. 95; *Wendehorst*, Anspruch und Ausgleich, 1999, S. 464.

182 BGH, NJW 2002, 141 (142); NJW 1984, 2457 (2459); OLG Dresden, BauR 2008, 693 (zu § 633 BGB a. F. /§ 13 Abs. 5 VOB/B); OLG Düsseldorf, BauR 2002, 802 (805); OLG Hamm, NJW-RR 1996, 272 (273); *Gross*, in: FS Korbion (1986), S. 135; Kapellmann /Messerschmidt[6]-*Langen*, § 13 VOB/B, Rn. 280; *Kniffka*, in: Kniffka /Koeble, Kompendium des Baurechts[4] (2014), 6. Teil, Rn. 57.

183 BGH, NJW 1989, 2753 (2755); BGHZ 91, 206 (215); OLG Dresden, BauR 2008, 693 (zu § 633 BGB a. F. /§ 13 Abs. 5 VOB/B); OLG Düsseldorf, BauR 2002, 802 (805);

spätere Nacherfüllung einen Teil seiner Mangelbeseitigungskosten über die Vorteilsausgleichung zu refinanzieren.[184] Schließlich wurde ein Ersatzanspruch des Unternehmers mitunter auch dann abgelehnt, wenn der Besteller den erlangten Vorteil nicht für sich nutzen konnte.[185]

Der durch die Schuldrechtsreform neu geschaffene § 635 Abs. 4 verpflichtet durch seinen Verweis auf die §§ 346 ff. BGB den Besteller bei einer Neuherstellung des Werkes theoretisch nicht nur zur Herausgabe des alten, sondern grds. auch zum Ersatz für gezogene bzw. schuldhaft nicht gezogene Nutzungen (§ 635 Abs. 4 iVm. §§ 346 Abs. 1 2.Alt., Abs. 2 S. 1 Nr. 1 BGB), zu denen nach § 100 2. Alt. BGB auch Gebrauchsvorteile zu zählen sind.[186] Indem der Gesetzgeber mit § 635 Abs. 4 eine § 439 Abs. 5 BGB entsprechende Vorschrift in das Werkvertragsrecht eingefügt hat, scheint dieser – wie im Kaufrecht – die Absicht verfolgt zu haben, auf diesem Wege eine nacherfüllungsbedingte Bereicherung des Gläubigers der vertragsspezifischen Leistung auszugleichen.[187]

Fraglich ist, wie sich die neu geschaffene Rechtslage zur Rechtsprechung verhält, welche sich über Jahre hinweg zur Berücksichtigung nacherfüllungsbedingter Vorteile entwickelt hat.

2. Bisherige Lösungsansätze

Ungeachtet der Schuldrechtsreform, wird durchgehend für eine Fortsetzung der Rechtsprechung zur Erstattung nacherfüllungsbedingter Bereicherungen im Wege der Vorteilsausgleichung plädiert.[188] So könne der Nacherfüllungsanspruch

OLG Karlsruhe, BauR 2002, 93; OLG Hamm, NJW-RR 1996, 272 (273); OLG Köln, NJW-RR 1993, 533 (535); KG, BauR 1978, 410; *Kniffka* in: Kniffka /Koeble, aaO (Fn. 182), 6. Teil, Rn. 57; *Tomic*, aaO (Fn. 181), S. 101 f.

184 BGHZ 91, 206 (215); OLG Hamm, NJW-RR 1996, 272 (273); KG, BauR 1978, 410 (411); Kapellmann /Messerschmidt[6]-*Langen*, § 13 VOB/B, Rn. 280; *Tomic*, aaO (Fn. 181), S. 102.

185 OLG Düsseldorf, NJW-RR 1994, 719.

186 Vgl. hierzu bereits die Ausführungen zur Parallelvorschrift, § 439 Abs. 5 BGB, bei F III 2 a).

187 Dass § 439 Abs. 4 BGB a. F. (= § 439 Abs. 5 BGB n. F.) und § 635 Abs. 4 BGB einander entsprechen, wird vom Gesetzgeber selbst hervorgehoben, vgl. BT-Drucks. 14/6040, S. 265.

188 LG Halle (Saale), Urt. v. 26.10.2007–5 O 424/03 (erhältlich bei juris), Rn. 48 f.; Jauernig[17]-*Mansel*, § 635, Rn. 3; JurisPK /BGB[8]-*Genius*, § 635, Rn. 17 f.; Kapellmann / Messerschmidt[6]-*Langen*, § 13 VOB/B, Rn. 278; *Kohler*, ZGS 2004, 48 (54); *Merl*, in: Kleine-Möller /Merl /Glöckner, aaO (Fn. 114), § 15, Rn. 347 f.; Messerschmidt / Voit[3]-*Moufang /Koos*, § 635, Rn. 76; MüKo[7]-*Busche*, § 635, Rn. 21 f.; Palandt[78]-*Sprau*,

nicht weiter reichen, als der Schadensersatzanspruch, in den er ggf. umzuschlagen drohe.[189] Zudem wohne dem Nacherfüllungsanspruch ein *„kompensatorisches Moment"* inne, welches vorsehe, dass der Besteller so gestellt werde, als habe der Unternehmer von Anfang an ordnungsgemäß geleistet. Damit sei zugleich eine Obergrenze festgelegt. Eine Überkompensation würde diesem Grundsatz zuwiderlaufen.[190]

Umstritten ist dagegen das Verhältnis der Vorteilsausgleichung zum Nutzungsersatz iSv. § 635 Abs. 4 iVm. §§ 346, 347 BGB.

a) Erste Ansicht

Teilweise erfolgt das Bekenntnis zur Vorteilsausgleichung unter gleichzeitiger Ablehnung der in § 635 Abs. 4 BGB vorgesehenen Nutzungsersatzpflicht des Bestellers.[191] Für die Unausgewogenheit dieser gesetzlichen Regelung wird ins Feld geführt, dass sie den Besteller einseitig belaste, da sie nur ihn zum Nutzungsersatz verpflichte, während der Unternehmer trotz seiner mangelhaften Leistung die gezogenen Nutzungen aus dem Werklohn, also die Zinsen, behalten dürfe.[192] Auf diese Weise fehle es an der Restitutionssymmetrie, welche den §§ 346 ff.

---

§ 635, Rn. 7; PWW[13]-*Leupertz / Halfmeier*, § 635, Rn. 6; Staudinger[2014]-*Peters / Jacoby*, § 634, Rn. 23; Tonner / Willingmann / Tamm-*Cebulla*, § 635, Rn. 11; *Werner / Pastor*, Der Bauprozess[16] (2018), Rn. 2947.

Zur Vorteilsausgleichung innerhalb einer werkvertraglichen Leistungskette vgl. jüngst: BGH, NJW 2008, 3359; NJW 2007, 2697; BGHZ 173, 83; OLG Frankfurt, Urt. v. 09.04.2009–10 U 264/07 (erhältlich bei juris); OLG Zweibrücken, Beschl. v. 16.01.2008–7 U 29/07 (erhältlich bei juris).

189 AnwKom[3]-*Raab*, § 635, Rn. 19; MüKo[7]-*Busche*, § 635, Rn. 21; Staudinger[2014]-*Peters / Jacoby*, § 634, Rn. 23.

190 AnwKom[3]-*Raab*, § 635, Rn. 19; MüKo[7]-*Busche*, § 635, Rn. 21.

191 *Kniffka*, Anm. z. BGH, BauR 2006, 2047 (2051); *Kohler*, ZGS 2004, 48; *ders.*, in: FS Jageburg (2002), S. 390; Messerschmidt / Voit[3]-*Moufang / Koos*, § 635, Rn. 80. *Busche* hält § 635 Abs. 4 BGB, insoweit als er den Besteller zum Nutzungsersatz verpflichtet, für *„rechtspolitisch angreifbar"*, MüKo[7]-*ders.*, § 635, Rn. 50. *Merl* will die Nutzungsersatzpflicht aus § 635 Abs. 4 BGB nur für Verbraucherverträge ausschließen, *ders.*, in: Kleine-Möller / Merl / Glöckner, aaO (Fn. 114), § 15, Rn. 349.

192 *Kohler*, ZGS 2004, 48 (49); *ders.*, in: FS Jagenburg (2002), S. 390; Messerschmidt / Voit[3]-*Moufang / Koos*, § 635, Rn. 80. Dagegen will *Merl* dem Besteller im Gegenzug einen Nutzungsersatzanspruch gegen den Unternehmer zubilligen, mit dem dieser *„gegenrechnen"* könne, *ders.*, in: Kleine-Möller / Merl / Glöckner, aaO (Fn. 114), § 15, Rn. 349.

BGB jedoch zugrunde liege.[193] Weiterhin bestehe die Gefahr, dass der Besteller angesichts der durch die Nutzungsersatzpflicht drohenden Kostenlast von der Geltendmachung seines Nacherfüllungsanspruches absieht.[194]

b) Zweite Ansicht

Andere wollen dagegen eine Nutzungsersatzpflicht des Bestellers iSv. § 635 Abs. 4 iVm. § 346 Abs. 1 BGB bestehen lassen.[195] Hierfür spreche zunächst der unzweideutige Verweis auf die §§ 346 ff. BGB.[196] Zudem werde in den Erläuterungen des Gesetzgebers zu § 634 Abs. 4 ausdrücklich erwähnt, dass diese Vorschrift § 439 Abs. 5 BGB entspreche. Dessen Gesetzesbegründung nehme wiederum ausdrücklich Bezug auf die Nutzungsersatzpflicht des Gläubigers der vertragsspezifischen Leistung.[197] Im Gegensatz zum Kaufrecht drohe auch nicht die Gefahr, dass vorrangiges Gemeinschaftsrecht verletzt werde.[198] Folglich sei auch die EuGH-Entscheidung zur Parallelvorschrift im Kaufrecht[199] nicht auf das Werkvertragsrecht übertragbar.[200]

---

193 *Kohler*, in: FS Jagenburg (2002), S. 390.

194 MüKo[7]-*Busche*, § 635, Rn. 50.

195 AnwKom[3]-*Raab*, § 635, Rn. 44; *Jungmann*, ZGS 2004, 263 (266); JurisPK /BGB[8]-*Genius*, § 635, Rn. 31; Palandt[78]-*Sprau*, § 635, Rn. 14; PWW[13]-*Leupertz /Halfmeier*, § 635, Rn. 10.

196 Der Verweis auf § 347 BGB macht deutlich, dass der Gesetzgeber nicht bloß die „*Rückgewähr*" des alten Werkes im Sinn gehabt hat (vgl. Palandt[78]-*Sprau*, § 635, Rn. 14), obwohl der Wortlaut von § 635 Abs. 4 BGB dies zunächst nahezulegen scheint (zu solch einer übergenauen Wortlautinterpretation neigt offenbar Messerschmidt /Voit[3]-*Moufang /Koos*, § 635, Rn. 80). Vgl. weiterhin die Hinweise in Kap. F, Fn. 355 zum Text des § 439 Abs. 5 BGB).

197 Vgl. Messerschmidt /Voit[3]-*Moufang /Koos*, § 635, Rn. 80. Mittlerweile hat der Gesetzgeber mit der Schaffung des § 474 Abs. 5 S. 1 BGB a. F. (mittlerweile: § 475 Abs. 3 S. 1 BGB n. F.) indirekt klargestellt, dass der Verweis des § 439 Abs. 5 auf die §§ 346 ff. BGB grds. auch einen etwaigen Nutzungsersatz umfasst (zur hier befürworteten teleologischen Reduktion von § 439 Abs. 5 BGB vgl. F III 3 a)). Gleiches müsste daher – sofern man der og. Argumentation folgt – auch für die korrespondierende Vorschrift des Werkvertragsrechts gelten.

198 Palandt[78]-*Sprau*, § 635, Rn. 14.

199 EuGH, Slg. 2008, I-2713 = NJW 2008, 1433 = MDR 2008, 733 = DAR 2008, 328 = ZJS 2008, 309.

200 Vgl. MüKo[7]-*Busche*, § 635, Rn. 50; a.A. *Merl*, in: Kleine-Möller /Merl /Glöckner, aaO (Fn. 114), § 15, Rn. 349. Offengelassen dagegen bei: Staudinger[2014]-*Peters /Jacoby*, § 635, Rn. 15.

c) Stellungnahme

Für eine Verknüpfung der Rechtsprechung zur Vorteilsausgleichung mit der Nutzungsersatzpflicht aus § 635 Abs. 4 iVm. §§ 346, 347 BGB bieten sich im Grunde nur zwei Gestaltungsoptionen an.

Eine Möglichkeit bestünde darin, die Vorteilsausgleichung nur für den Fall einer *Mangelbeseitigung* iSv. § 635 Abs. 1 1.Alt. BGB zuzulassen. Der Bereicherungsausgleich im Fall einer Neuherstellung des Werkes iSv. § 635 Abs. 1 2.Alt. BGB durch den Unternehmer bliebe dann § 635 Abs. 4 iVm. §§ 346, 347 BGB vorbehalten.[201] Für eine Beschränkung der Vorteilsausgleichung auf die Nacherfüllungsvariante der Mangelbeseitigung würde zunächst der Wortlaut des § 635 Abs. 1 2.Alt. BGB sprechen. Wenn dieser die Herstellung eines neuen Werkes vorsieht, dann wird dies gemeinhin so verstanden, dass der Unternehmer, wenn er sich für diese Nacherfüllungsvariante entscheidet, eine von der bisherigen Substanz des Werkes unabhängige Wertschöpfung schuldet.[202] Dass das neu hergestellte Werk eine längere Lebensdauer aufweist, als das zuerst geleistete, welches möglicherweise bis zum Zeitpunkt der Nacherfüllung vom Besteller gebraucht wurde, liegt auf der Hand und ergibt sich praktisch zwangsläufig aus der gesetzlichen Regelung. Hinzu kommt, dass der Unternehmer die Wahl zwischen den beiden Nacherfüllungsvarianten hat. Wenn der Besteller also ein neues Werk erhält, welches entsprechend länger genutzt werden kann, so beruht dieser Vermögensvorteil zum einen auf dem unmissverständlichen Wortlaut des Gesetzes und zum anderen auf der freien Entscheidung des Unternehmers. Dagegen scheint eine Leistung nach dem Grundsatz *„alt für alt"* dem Wortlaut des § 635 Abs. 1 2.Alt. BGB prima vista zu widersprechen und wird von Rechtsprechung und Literatur auch nicht erwogen. Die Annahme, der Besteller sei ungerechtfertigt bereichert erscheint nach alldem fraglich zu sein. Wenn aber der erlangte Vermögensvorteil nicht ungerechtfertigt erlangt wurde, besteht auch kein Raum für seine Abschöpfung im Wege der Vorteilsausgleichung.[203] Hinzu kommt, dass der Gesetzgeber an dieser Stelle vom Wortlaut des Kaufgewährleistungsrechts abgewichen ist. Letzteres verlangt nach § 439 Abs. 1 BGB vom Verkäufer (wahlweise) Nachbesserung oder Nachlieferung. Dabei ist die Nachlieferung einer mangelfreien Kaufsache mit vergleichbarem Abnutzungsgrad – zumindest

201 In diesem Sinne wohl Palandt[78]-*Sprau*, § 635, Rn. 7; Staudinger[2014]-*Peters /Jacoby*, § 634, Rn. 23.

202 MüKo[7]-*Busche*, § 635, Rn. 11.

203 Dass die Vorteilsausgleichung im Kern der Durchsetzung des Bereicherungsverbotes dient wurde bereits verschiedentlich betont, vgl. nur E II 2 b) bb).

theoretisch – möglich.[204] Der Umstand, dass der Gesetzgeber den Wortlaut des § 439 Abs. 1 nicht für die korrespondierende Vorschrift im Werkvertragsrecht übernommen hat, deutet einmal mehr darauf hin, dass er sich sowohl bzgl. der *Neu*herstellung als auch bzgl. des Wahlrechts des Unternehmers zwischen den Nacherfüllungsalternativen bewusst für einen werkvertraglichen „Sonderweg" entschieden hat.[205]

Die Ablehnung der Vorteilsausgleichung im Anwendungsbereich des § 635 Abs. 1 2.Alt. BGB allein auf den Wortlaut zu stützen, hieße jedoch, diesem eine Schärfe zu verleihen, welche vom Gesetzgeber so nicht beabsichtigt gewesen ist. Denn dieser wollte mit der Regelung des § 635 Abs. 1 2.Alt. BGB lediglich die Rechtsprechung zum alten Werkvertragsrecht umsetzen.[206] Dieses kannte nur Nacherfüllung in Gestalt von Mangelbeseitigung (§ 633 Abs. 2 S. 1 BGB a. F.). Der BGH sah es jedoch als widersinnig an, wenn der Generalunternehmer, der dem Besteller ein schlüsselfertiges Haus schulde, ein mit schadhaften Ziegeln gedecktes Dach vollständig erneuern müsse, während er dasselbe von seinem Subunternehmer, der nur das Dach zu decken hatte, nicht verlangen könne, da dieselbe Nacherfüllungshandlung aus der Sicht des letzteren ein Fall der Neuherstellung sei.[207] Mit anderen Worten, der BGH wollte an die vom jeweiligen Leistungsumfang abhängige Frage, ob nur einige oder alle Teile eines Werkes ausgetauscht werden müssen, nicht unterschiedliche Rechtsfolgen knüpfen. Daher hat er auch die komplette Neuherstellung eines Werkes im Rahmen der Mangelbeseitigung nach § 633 Abs. 2 S. 1 BGB a. F. zugelassen.[208] Diesen Ansatz wollte der Gesetzgeber mit § 635 Abs. 1 2.Alt. BGB übernehmen, indem er klarstellte, dass auch die Neuherstellung eines Werkes Inhalt der Nacherfüllung sein kann.[209] Eine trennscharfe Unterscheidung zwischen Mangelbeseitigung und Neuherstellung war insoweit also gar nicht beabsichtigt. Durch sie würde auch das gemeinsame Ziel beider Nacherfüllungsvarianten, dem Besteller das vertraglich zugesagte Werk zu

---

204 F III 2 e).

205 Dieser Eindruck wird durch die Erläuterungen des Gesetzgebers zu § 635 Abs. 1 BGB bestätigt, vgl. BT-Drucks. 14/6040, S. 265.

206 BT-Drucks. 14/6040, S. 264 f.

207 BGH, NJW 1986, 711 (712).

208 BGHZ 96, 111 (117). Wegbereiter dieser Sichtweise war neben anderen: *Korintenberg*, Erfüllung und Gewährleistung, 1935, S. 135; a.A. noch *ders.*, Der Mangelbeseitigungsanspruch, 1927, S. 39 f.

209 Dass mit der Neuregelung der Nacherfüllung durch § 635 Abs. 1 BGB keine wesentlichen inhaltlichen Änderungen einhergegangen sind, betont *Preussner*, BauR 2002, 231 (232).

verschaffen, vernachlässigt.[210] Im Grunde handelt es sich bei der Neuherstellung des Werkes nur um die umfassendste Form der Mangelbeseitigung.[211] Würde man nun die Vorteilsausgleichung im Anwendungsbereich des § 635 Abs. 1 2. Alt. BGB ausschließen, wäre die o. g. Differenzierung nach dem (zufälligen) Umfang der geschuldeten Werkleistung und der davon abhängigen Qualifizierung der Nacherfüllungshandlung als Mangelbeseitigung bzw. Neuherstellung u. U. (erneut) verantwortlich für divergierende Rechtsfolgen. Der Unternehmer, der nur einzelne Bestandteile seines Werkes tauschen muss, hätte einen Anspruch auf Vorteilsausgleichung, während derjenige, der alle tauschen muss, einen Anspruch auf Nutzungsersatz geltend machen könnte.[212] Verschärft wird dieser Unterschied noch dadurch, dass Vorteilsausgleichung und Nutzungsersatz unterschiedliche zeitliche Bezugspunkte aufweisen: Auf der einen Seite die Abschöpfung *künftiger* Vorteile über die Vorteilsausgleichung, auf der anderen Seite Wertersatz für die Gebrauchsvorteile in der *Vergangenheit*. Weiterhin bestünde die Gefahr, dass der Werkunternehmer künftig die Auswahl der Nacherfüllungsvariante nicht mehr von der Erwägung abhängig macht, auf welche Weise dem Besteller am zweckmäßigsten ein mangelfreies Werk verschafft werden kann, sondern von der Frage, mit welcher Nacherfüllungsvariante sich seine Kosten am effektivsten auf den Besteller umlegen lassen. Für den Fall, dass die (engen) Voraussetzungen für eine Vorteilsausgleichung nicht vorlägen, weil etwa der Besteller das Werk bis zur Nacherfüllung nicht uneingeschränkt nutzen konnte oder die späte Nacherfüllung dem Unternehmer zuzurechnen ist[213], könnte dieser stattdessen auf der Basis einer Neuherstellung des Werkes gem. § 635 Abs. 4 iVm. §§ 346, 347 BGB Nutzungsersatz geltend machen.[214]

Zudem führt der Wortlaut von § 635 Abs. 1 2.Alt. BGB insofern in die Irre, als man bei dem Wort „Neuherstellung“ assoziativ an die körperliche Neuer-

---

210 Staudinger[2008]-*Peters /Jacoby*, § 634, Rn. 32.

211 Vgl. BGHZ 96, 111 (118) zu § 633 Abs. 2 S. 1 BGB a. F.

212 Dabei ist der Übergang von der Mängelbeseitigung iSv. § 635 Abs. 1 1.Alt. zur Neuherstellung iSv. § 635 Abs. 1 2.Alt. BGB oftmals fließend, vgl. MüKo[7]-*Busche*, § 635, Rn. 11; Staudinger[2014]-*Peters /Jacoby*, § 634, Rn. 32; Vgl. auch: BGHZ 96, 111 (118) zu § 633 Abs. 2 S. 1 BGB a. F.

213 Zu den Voraussetzungen der Vorteilsausgleichung vgl. auch G III 1.

214 Dabei wäre die Mangelhaftigkeit des zuerst geleisteten Werkes bei der Bemessung der Höhe des Nutzungsersatzes freilich zu berücksichtigen, vgl. Messerschmidt / Voit[3]-*Moufang /Koos*, § 635, Rn. 81. Siehe auch BT-Drucks. 14/6040, S. 233. Fest steht jedoch, dass die durch die Rechtsprechung entwickelten Voraussetzungen für einen Vorteilsausgleich für den Nutzungsersatz iSv. § 635 Abs. 4, §§ 346 ff. BGB keine Rolle spielen, vgl. *Merl*, in: Kleine-Möller /Merl /Glöckner, aaO (Fn. 114), § 15, Rn. 349.

richtung eines Gegenstandes denkt. Bei Bauleistungen mag dieses Bild stimmen. Schuldet der Werkunternehmer jedoch die Reparatur eines Gegenstandes, so besteht die Neuherstellung des Werkes in einer vollständigen Wiederholung des Reparaturvorganges.[215] Durch diesen Vorgang muss sich die Lebensdauer der reparierten Sache nicht zwangsläufig über das vertraglich vorgegebene Maß hinaus verlängern. Beschränkt sich die Reparatur beispielsweise auf den Austausch eines Ersatzteiles, so kann dessen erneuter Austausch als Neuherstellung iSv. § 635 Abs. 1 2.Alt. BGB gewertet werden.[216] Verwendet der Unternehmer dabei ein Ersatzteil mit vergleichbarem Abnutzungsgrad, so wird die Nutzungsdauer der reparierten Sache nicht über das vertraglich vorgegebene Maß hinaus verlängert. Wenn aber eine Nacherfüllung iSv. § 635 Abs. 1 2.Alt. BGB nicht zwangsläufig eine Verlängerung der Nutzungsdauer zur Folge hat, dann ist es auch nicht möglich, dieser Vorschrift den Grundsatz zu entnehmen, dass der Besteller eine durch diese Nacherfüllungsvariante erlangte Verlängerung der Nutzungsdauer ohne Gegenleistung in jedem Fall behalten darf.

Es bleibt damit festzuhalten, dass ein Ausschluss der Vorteilsausgleichung für den Fall einer Neuherstellung des Werkes nicht vertretbar ist. So wurde auch im alten Werkvertragsrecht eine Anwendung der Vorteilsausgleichung gerade dann in Betracht gezogen, wenn sich die Nutzungsdauer des vertraglich versprochenen Werkes aufgrund seiner *völligen Neuherstellung* verlängert, bzw. im Extremfall sogar verdoppelt hat.[217]

Eine andere Möglichkeit, Vorteilsausgleichung und Nutzungsersatz miteinander zu kombinieren bestünde darin, dem Unternehmer einen vollumfänglichen Rückgriff auf *beide* Rechtsinstitute zu gewähren. In Folge einer Neuherstellung des Werkes wäre der Unternehmer somit berechtigt, vom Besteller einerseits Nutzungsersatz für Gebrauchsvorteile zu verlangen, die dieser vor dem Zeitpunkt der Nacherfüllung erlangt hat (gem. § 635 Abs. 4 iVm. §§ 346 ff. BGB) und andererseits Vorteile abzuschöpfen, welche sich erst durch die Nacherfüllung ergeben, wie etwa eine längere Lebensdauer des Werkes (Vorteilsausgleichung bzw. Grundsatz „neu für alt"). Auf diese Weise würde der Besteller gleich zweimal „zur Kasse" gebeten, wohingegen er seinerseits noch nicht einmal Nutzungsersatz für den be-

---

215 Zur Einordnung eines erneuten Reparaturvorganges als Neuherstellung iSv. § 635 Abs. 1 2.Alt. BGB vgl. AnwKom[3]-*Raab*, § 635, Rn. 10. Dagegen sehen *Peters /Jacoby* in der (erneuten) Reparatur von Sachen des Bestellers stets eine Form der Mangelbeseitigung iSv. § 635 Abs. 1 1.Alt. BGB, vgl. Staudinger[2014]-*dies.*, § 634, Rn. 33.

216 Vgl. AnwKom[3]-*Raab*, § 635, Rn. 10.

217 OLG Dresden, BauR 2008, 693 f. (zu § 633 BGB a. F. /§ 13 Abs. 5 VOB/B); *Tomic*, aaO (Fn. 181), S. 99. Vgl. auch BGH, NJW 1984, 2457.

reits gezahlten Werklohn vom Unternehmer verlangen kann. Naheliegend wäre, dem Unternehmer für den Fall einer Neuherstellung des Werkes ein Wahlrecht zwischen Nutzungsersatz und Vorteilsausgleichung einzuräumen. Fraglich wäre jedoch, wie solch ein Wahlrecht rechtlich begründet werden könnte. Zudem wäre das Problem einer Ungleichbehandlung der beiden Nacherfüllungsvarianten damit noch nicht aus der Welt geschaffen.

Damit bleibt festzuhalten, dass sich die Vorteilsausgleichung nicht mit der neu geschaffenen Nutzungsersatzpflicht nach § 635 Abs. 4, §§ 346, 347 BGB vereinbaren lässt. Die zweite Ansicht ist mithin abzulehnen. Vertretbare Ergebnisse lassen sich nur mit der ersten Ansicht erzielen. Sie würde eine Gleichbehandlung der beiden Nacherfüllungsalternativen sichern, so wie sie der Gesetzgeber auch an anderer Stelle vorsieht (vgl. § 635 Abs. 2 und Abs. 3 BGB). Statt auf die §§ 346 ff. BGB zurückzugreifen, obwohl keine Restitutionssymmetrie vorliegt, wäre es möglich, künftige Bereicherungen des Bestellers, welche auf die Nacherfüllung zurückzuführen sind, abzuschöpfen. Eine einschränkende Auslegung von § 635 Abs. 4 BGB reicht, angesichts des eindeutigen Wortlauts, jedoch nicht aus, um eine Nutzungsersatzpflicht des Bestellers sicher auszuschließen.[218] Vorzugswürdig erscheint – wie im Kaufrecht – eine teleologische Reduktion von § 635 Abs. 4 BGB.[219] Sie wird im Werkvertrag durch die fehlende Rückbindung des nationalen Rechts an das Gemeinschaftsrecht und die damit zusammenhängende Pflicht zur Beachtung der Auslegungshoheit des EuGH, entschieden erleichtert.[220] Des Weiteren fehlt in der Gesetzesbegründung zu § 635 Abs. 4 BGB im Gegensatz zu jener von § 439 Abs. 4 BGB a. F. (= § 439 Abs. 5 BGB n. F.) ein eindeutiger Hinweis

---

218 So jedoch Messerschmidt /Voit[3]-*Moufang /Koos*, § 635, Rn. 80 mit dem Hinweis auf das (nicht überzeugende) Wortlautargument. Vgl. hierzu Fn. 194.

219 Vgl. hierzu: F III 3 a).

220 Die durch die fehlende Richtlinienbindung außerhalb des § 650 BGB gewonnene Gestaltungsfreiheit hat auch den Gesetzgeber dazu verleitet, an einigen Stellen vom parallelen Aufbau der Gewährleistungsvorschriften des Kauf- bzw. Werkvertragsrechts abzuweichen. Vgl. nur das Wahlrecht des Werkunternehmers gem. § 635 Abs. 1 BGB. Vgl. hierzu: BT-Drucks. 14(6040, S. 265; *Preussner*, BauR 2002, 231 (234); *Voppel*, BauR 2002, 843 (850 iVm. Fn. 41). Dagegen betont *Vorwerk*, dass die Gewährleistungsrechte des Bestellers stets im Kontext zur Verbrauchsgüterkaufrichtlinie gelesen werden müssen, *ders.*, BauR 2003, 1. Dass der EuGH bei Auslegungsfragen, die den Kernbereich des Werkvertragsrechts betreffen, nicht zu Rate gezogen werden kann, auch wenn der Verbrauchsgüterkaufrichtlinie in mancher Hinsicht ein Vorbildcharakter zugekommen ist, bringt indes *Thode* zum Ausdruck, *ders.*, NZBau 2002, 297 (300).

auf eine etwaige Pflicht zum Nutzungsersatz.[221] Das zuletzt genannte Argument ist freilich insoweit angreifbar, als dass der Gesetzgeber in der Begründung zu § 635 Abs. 4 ausdrücklich auf § 439 Abs. 4 BGB a. F. (= § 439 Abs. 5 BGB n. F.) verwiesen hat.[222]

Dessen ungeachtet würde eine Nutzungsersatzpflicht im Werkvertragsrecht jedoch gegen den Rechtsgedanken des § 641 Abs. 4 BGB verstoßen. Die Vorschrift verpflichtet zunächst den Besteller, die geschuldete Vergütung vom Zeitpunkt der Abnahme an zu verzinsen. Dahinter steckt die Erwägung, dass der Besteller ab diesem Zeitpunkt nicht gleichzeitig die Nutzungen aus dem Werk *und* dem Werklohn soll ziehen dürfen.[223] Im Interesse der Austauschgerechtigkeit gebühren die Nutzungen einer dieser Leistungen dem Werkunternehmer.[224] Austauschgerechtigkeit lässt sich jedoch nur dann verwirklichen, wenn sie – spiegelbildlich – auch vom Unternehmer beachtet wird. Folglich ist es nur konsequent, wenn man den Rechtsgedanken des § 641 Abs. 4 BGB auch auf den Unternehmer anwendet. Daraus folgt, dass dieser im Anwendungsbereich des § 635 Abs. 4 BGB nicht die Nutzungen aus dem Werklohn behalten und zugleich auch noch Nutzungsersatz für das von ihm hergestellte Werk verlangen darf.[225]

Mitunter wird eine Abschöpfung einer nacherfüllungsbedingten Bereicherung durch den Unternehmer mit dem Argument abgelehnt, dass letzterem ja auch kein Ersatzanspruch zugestanden würde, wenn die Kosten für die ursprüngliche Herstellung des Werkes höher als erwartet gewesen sind und der Besteller dadurch einen Neuwertvorteil erhält.[226] In der Tat fällt es in die Risikosphäre des vorleistenden Unternehmers, wenn die Kosten für die Herstellung des vertraglich vereinbarten Werkes den veranschlagten Rahmen überschreiten. Diese Vorfinanzierungspflicht des Unternehmers stellt bereits eine enorme wirtschaftliche Belastung dar.[227] Gerade deshalb ist es jedoch nicht nachvollziehbar, wenn dem

---

221 Vgl. BT-Drucks. 14/6040, S. 233 /265.

222 BT-Drucks. 14/6040, S. 265. Siehe auch: Messerschmidt /Voit³-*Moufang /Koos*, § 635, Rn. 80.

223 Messerschmidt /Voit³-*Messerschmidt*, § 641, Rn. 287. Dieser Gedanke, welcher vor der Schuldrechtsmodernisierung auch im Kaufrecht durch § 452 BGB a. F. zum Ausdruck kam, war bereits ausdrücklich im PrALR aufgeführt, wo es hieß: „*Keiner der Contrahenten kann, wider des anderen Willen, Sache und Kaufgeld zugleich nutzen.*" (I. 11. § 109 PrALR).

224 Vgl. Staudinger²⁰¹⁴-*Peters /Jacoby*, § 641, Rn. 125.

225 So auch: *Kohler*, ZGS 2004, 48 (50).

226 *Wendehorst*, aaO (Fn. 181), S. 463 f.

227 Vgl. hierzu G I 2 a).

Unternehmer darüber hinaus auch noch jene Kosten auferlegt werden, die zu einer (nacherfüllungsbedingten) Wertsteigerung des Werkes über das vertraglich vereinbarte Maß hinaus führen und durch die der Besteller unverdient bereichert wird. Zwar ist dem Unternehmer eine Pflichtverletzung vorzuwerfen, da er nicht in der Lage war, dem Besteller von Anfang an ein mangelfreies Werk zu verschaffen (vgl. § 633 Abs. 1 BGB), doch ist die Aufgabe des Gewährleistungsrechts nicht darin zu sehen, den Unternehmer hierfür zu „bestrafen", sondern den Besteller in den Zustand zu versetzen, in dem er sich befunden hätte, wenn eine anfängliche mangelfreie Leistung vorgelegen hätte. Dieses Ziel wird nicht zuletzt durch den Wortlaut des § 637 Abs. 1, 3 BGB zum Ausdruck gebracht. Er besagt, dass der Besteller lediglich *„die zur Beseitigung des Mangels erforderlichen Aufwendungen"* ersetzt verlangen kann. Die Ersatzpflicht des Unternehmers ist also – und dies ist als allgemeiner Grundsatz des Gewährleistungsrechts zu sehen – begrenzt auf diejenigen Aufwendungen, die zu einer Beseitigung des Mangels (bzw. zu einer Neuherstellung des Werkes) notwendig sind (vgl. auch § 635 Abs. 2 BGB). Alles was darüber hinausgeht, hat der Besteller grds. selbst zu tragen.[228]

Mag die Anwendung der Vorteilsausgleichung zur Beseitigung nacherfüllungsbedingter Bereicherungen auch überzeugende Ergebnisse liefern, so fehlt indes eine überzeugende rechtliche Rückbindung. Zunächst ist fraglich, wie man die „entsprechende Anwendung" eines auch im Schadensrecht nicht kodifizierten und allein auf Richterrecht beruhenden Rechtsinstitutes auf das Werkvertragsrecht methodisch begründen soll.[229] Ohnehin erscheint es zweifelhaft, Schadensersatz- und Erfüllungsansprüche unter dem Dach der Vorteilsausgleichung zusammenzufassen.[230] Solch einem Vorhaben mag man den Ausspruch *Friedrich Engels* entgegensetzen, der konstatierte: *„Das Denken [kann], ohne Böcke zu schießen, nur diejenigen Bewusstseinselemente zu einer Einheit zusammenfassen, in denen oder in deren realen Urbildern diese Einheit schon vorher bestanden. Wenn ich eine Schuhbürste unter die Einheit Säugethier zusammenfasse, so bekommt sie damit noch lange keine Milchdrüsen."*[231] Daher lässt sich die zur Vorteilsausgleichung im Schadensrecht von der Rechtsprechung entwickelte Kasuistik auch nicht unbesehen auf die vorliegende Problemlage übertragen.[232] In der Sache geht es lediglich

228 Vgl. *Tomic*, aaO (Fn. 181), S. 97 f. zu § 633 Abs. 3 BGB a. F.

229 Vgl. *Früh*, BauR 1992, 160 (162). Siehe hierzu bereits F III 3.

230 Vgl. *Decker*, Die Vorteilsanrechnung beim Erfüllungsanspruche, 1906, S. 30; *Früh*, BauR 1992, 160 (162). Siehe auch E II 2 b) bb) (3).

231 *F. Engels*, Herrn Eugen Dührings Umwälzung der Wissenschaft[5] (1904), S. 29 f.

232 *Früh*, BauR 1992, 160 (162); *ders.*, Die „Sowieso-Kosten", 1991, S. 62 f.; *Haerendel*, Sowieso-Kosten, 1999, S. 35; *Miller*, Die Entwicklung der Vorteilsausgleichung, 1929,

um die Übertragung des dahinterstehenden Bereicherungsgedankens.[233] Fraglich ist, ob sich dieser Bereicherungsgedanke nicht auch auf eine dem Vertragsrecht immanente gesetzliche Grundlage stützen lässt. In Betracht kommt in diesem Zusammenhang die Anwendung des vertraglichen Bereicherungsverbotes.

3. Entsprechende Anwendung des vertraglichen Bereicherungsverbotes

Die für eine entsprechende Anwendung des vertraglichen Bereicherungsverbotes erforderliche planwidrige Regelungslücke, ist durch die teleologische Reduktion von § 635 Abs. 4 BGB geschaffen worden.[234] Nunmehr ist zu klären, ob die Interessenlage bei einer nacherfüllungsbedingten Bereicherung des Bestellers mit jener vergleichbar ist, welche durch die vertraglichen Anrechnungsvorschriften kodifiziert wurde.

a) Störung des Leistungsaustausches aus der Sphäre des Werkunternehmers

Indem der Werkunternehmer seine Pflicht zur Verschaffung eines mangelfreien Werkes gem. § 633 Abs. 1 BGB verletzte, hat er den Leistungsaustausch gestört. So gelangt der Besteller erst im Wege der Nacherfüllung zum vertraglich vereinbarten Werk.

Allerdings ist bei den vertraglichen Anrechnungsvorschriften *Personenverschiedenheit* zwischen demjenigen, dessen Sphäre die Leistungsstörung zuzurechnen ist und demjenigen, dessen Leistungserbringung gestört wird, als gemeinsamer Rahmen auszumachen. Hier stört der Werkunternehmer jedoch nicht die Leistung des Bestellers, sondern seine eigene. Ebensowenig entspricht diese Interessenlage derjenigen die in § 616 S. 2 bzw. § 650 f. Abs. 5 S. 2 2.Hs. BGB kodifiziert ist, da vorliegend der Leistungsstörer Bereicherungsgläubiger und nicht -schuldner ist.[235]

Die Vorschriften, in denen die o. g. Anrechnungsregelungen eingebettet sind, sorgen für den Fall, dass die eine Partei die Leistungserbringung der anderen vereitelt für eine Durchbrechung des konditionellen Synallagmas, indem sie den Leis-

---

S. 15; *Wendehorst*, aaO (Fn. 181), S. 464; a.A. *Gross*, in: FS Korbion (1986), S. 126; *Tomic*, aaO (Fn. 181), S. 98 f. Für das Kaufrecht: *Rohlfing*, GPR 2007, 80 (84) („*neu für alt*").

233 Vgl. für das Kaufrecht: vgl. *Grohmann /Gruschinske*, VuR 2007, 12 (15).

234 Vgl. hierzu G III 2 c).

235 Vgl. hierzu bereits F III 3 b) aa).

tungsstörer weiterhin zur Erbringung seiner Gegenleistung verpflichten. Jedoch geht es vorliegend nicht um die Schaffung eines weiteren Ausnahmetatbestandes für das konditionelle Synallagma, sondern darum, zu verhindern, dass die eine Partei aus dem vertragswidrigen Verhalten der anderen einen unverdienten Vorteil zieht.[236] *Dieser* Rechtsgedanke, der in den §§ 326, 537, 615, 648 BGB, § 11 KSchG, § 415 HGB dafür sorgt, dass der Gläubiger durch die Aufrechterhaltung seines Anspruchs auf die Gegenleistung nicht ungerechtfertigt bereichert wird, lässt sich ohne weiteres auf die vorliegende Fallkonstellation anwenden.[237] Der Besteller soll im Wege der „zweiten Andienung“ doch noch das vertraglich zugesagte Werk erhalten, sich jedoch nicht auf Kosten des Unternehmers bereichern. Dies deckt sich zudem mit dem Zweck des werkvertraglichen Gewährleistungsrechts im Allgemeinen und dem Rechtsgedanken des § 637 Abs. 1, 3 BGB im Besonderen.[238] Außerdem würde der Nacherfüllungsanspruch nicht weitergehen, als ein etwaiger Schadensersatzanspruch des Bestellers.[239]

Somit bleibt festzuhalten, dass die fehlende Personenverschiedenheit zwischen Leistungsstörer und Schuldner der gestörten Leistung einer Anwendung des vertraglichen Bereicherungsverbotes nicht entgegensteht, zumal der Bereicherungsgläubiger als Anspruchssteller in beiden Fällen derjenige ist, dessen Sphäre die Störung des Leistungsaustausches zugerechnet werden kann.

b) Beschränkung auf das positive Interesse

Der Besteller ist bei einer Anwendung des vertraglichen Bereicherungsverbotes so zu stellen, als hätte der Werkunternehmer von Anfang an ordnungsgemäß geleistet. Besitzt das Werk durch die späte Nacherfüllung eine gegenüber der ursprünglich mangelfreien Leistung verlängerte Lebensdauer, liefe dies dem Bereicherungsgedanken zuwider.

Allerdings ist es in der vorliegenden Fallkonstellation nicht möglich, die Bereicherung des Bestellers über eine Anrechnung zu verhindern. Sie ist bereits eingetreten. Zudem ist der Werkunternehmer als Erbringer der gestörten Leistung hier Bereicherungsgläubiger. Bei den vertraglichen Anrechnungsvorschriften ist der Erbringer der gestörten Leistung dagegen Bereicherungsschuldner, sodass seine Vermögensvorteile über eine Verringerung seines Anspruchs auf die Gegenleistung entsprechend ausgeglichen werden können, um auf diesem

236 Vgl. hierzu bereits F III 3 b) aa).
237 Vgl. F III 3 b) aa).
238 Vgl. G III 2 c).
239 G III 2.

Wege eine ungerechtfertigte Bereicherung zu vermeiden. Daraus folgt, dass eine ungerechtfertigte Bereicherung vorliegend nicht mehr verhindert, sondern nur noch nachträglich abgeschöpft werden kann. Letzteres wird dadurch erschwert, dass der Besteller eine verlängerte Lebensdauer auch nicht in natura herausgeben kann.

Um die Rechtsfolgen einer nacherfüllungsbedingten Bereicherung des Bestellers bewältigen zu können, ist ein Rückgriff auf die Vorschriften des Bereicherungsrechts unumgänglich. Der Bereicherungsgedanke, der die vertraglichen Anrechnungsvorschriften mit den §§ 812 ff. BGB verbindet, lässt diesen Schritt vertretbar erscheinen.[240] Folglich hat der Besteller grds. den objektiven Wert der verlängerten Nutzungsdauer analog § 818 Abs. 2 BGB als Wertersatz an den Unternehmer abzuführen.

c) Kürzung durch die Lehre von der aufgedrängten Bereicherung

Die längere Nutzungsdauer des Werkes dürfte regelmäßig ein vom Werkunternehmer unbeabsichtigtes „Nebenprodukt" der Nacherfüllung sein.[241]

Die Verwendung neuwertiger Ersatzteile für die Mangelbeseitigung bzw. die Neuherstellung des Werkes beruhen für gewöhnlich nicht auf altruistischen Motiven des Unternehmers. Für diesen ist es oftmals nicht möglich, Ersatzteile mit unterschiedlichem Abnutzungsgrad einzulagern bzw. am Markt zu beschaffen. Für eine Neuherstellung des Werkes mögen dagegen die Reputation des Unternehmers, die höhere Wahrscheinlichkeit, dem Besteller ein mangelfreies Werk zu überlassen oder wieder Praktikabilitätserwägungen sprechen.[242]

Geht es vorliegend um die Verlängerung der Lebensdauer, durch den Einbau neuwertiger Ersatzteile oder durch die vollständige Neuherstellung des Werkes, dann handelt es sich stets um körperliche Werke. Körperliche Werke bestehen wiederum vornehmlich aus Reparaturarbeiten oder Bauleistungen.[243] Es ist zu vermuten, dass der Gegenstand, der die Grundlage für die Reparaturleistung des Unternehmers bildet, idR. einen längerfristigen Wert für den Besteller hat. Andernfalls würde sich eine Reparatur kaum lohnen. Erst recht dürfte das Interesse an einer längerfristigen Nutzung bei Bauleistungen bestehen. Daraus folgt, dass der Besteller von einer längerfristigen Nutzungsdauer (noch) häufiger profitieren wird, als der Käufer. Letzterer wird gerade bei Konsumgütern aufgrund der

---

240 Vgl. hierzu bereits F III 3 b) bb).

241 Vgl. Bereits F III 3 c).

242 Vgl. Messerschmidt/Voit[3]-*Moufang/Koos*, § 635, Rn. 40.

243 Vgl. *Oetker/Maultzsch*, aaO (Fn. 1), § 8, Rn. 10.

Schnelllebigkeit des Marktes an einer längerfristigen Nutzung des Vertragsgegenstandes häufig kein Interesse haben. Vom Besteller, der die längere Nutzungsdauer tatsächlich in Anspruch nimmt, kann somit ohne weiteres Wertersatz iSv. § 818 Abs. 2 BGB analog verlangt werden.[244]

Gleichwohl besteht auch im Werkvertragsrecht die Gefahr, dass der Besteller die Immobilie oder die reparierte Sache nur kurzfristig in Gebrauch nehmen wollte, weshalb er mit einer Verlängerung der Nutzungsdauer nichts anfangen kann. In diesem Fall sollte eine Kürzung des Wertersatzanspruchs des Unternehmers durch die Lehre von der aufgedrängten Bereicherung erwogen werden.[245]

Die Anwendung dieser Lehre wird nicht durch vorrangige Wertungen der vertraglichen Anrechnungsvorschriften verdrängt.[246] Der Bereicherungsausgleich selbst ist auch nicht nach § 814 BGB (analog) ausgeschlossen.[247]

Fraglich ist jedoch, ob der Werkunternehmer widersprüchlich und damit treuwidrig iSv. § 242 BGB handelt, wenn er einerseits nach eigenem Ermessen durch den Einbau neuwertiger Ersatzteile im Wege der Mangelbeseitigung nach § 635 Abs. 1 1.Alt. bzw. durch eine Neuherstellung des Werkes iSv. § 635 Abs. 1 2. Alt. BGB die Lebensdauer des Werkes über das vertraglich vorgegebene Maß hinaus verlängert, andererseits aber die dadurch beim Besteller eintretende Bereicherung wieder herausverlangt. Es darf jedoch nicht vergessen werden, dass der Besteller im Wege der Nacherfüllung nicht mehr verlangen kann, als zu-

---

244 Zur Wertersatzpflicht des Bestellers nach § 818 Abs. 2 BGB analog vgl. bereits G III 3 b). Zur Wertersatzpflicht des Käufers vgl. F III 3 c).

245 Vgl. OLG Düsseldorf, NJW-RR 1994, 719, welches gleichfalls auf die Nutzbarkeit des durch die Nacherfüllung erlangten Vermögensvorteils für den Besteller im Rahmen der Prüfung einer Vorteilsausgleichung abstellt. Für eine grundlegende Vereinbarkeit der Lehre von der aufgedrängten Bereicherung mit der Vorteilsausgleichung vgl. BGHZ 167, 108 (111); BGH, BeckRS 2002, 30273361; LG Münster, BeckRS 2009, 24808 mit abl. Anm. v. *Wenker*, jurisPR-VerkR 22/2009, Anm. 2; AG Coesfeld, NZV 2009, 233; AG Hamburg-Wandsbek, Urt. v. 20.12.2007–713D C 74/07 (erhältlich bei juris). Auch für das Schrifttum kommt es bei der Bestimmung des Vorteilsausgleichs auf die individuelle Nützlichkeit des erlangten Vorteils an, vgl. Staudinger[2017]-*Schiemann*, § 249, Rn. 176. Für eine Berücksichtigung der Grundsätze zur aufgedrängten Bereicherung bei einer nacherfüllungsbedingten Bereicherung des Käufers vgl. *Grohmann /Gruschinske*, VuR 2007, 12 (15); *Gsell*, JuS 2006, 203 (205); *dies.*, NJW 2003, 1969 (1972); *Herrler /Tomasic*, BB 2008, 1245 (1247); *dies.*, ZGS 2007, 209 (212); *Kohler*, ZGS 2004, 48 (53).

246 Vgl. F III 3 c) aa) (1).

247 Vgl. F III 3 c) aa) (2).

vor vertraglich vereinbart worden ist.[248] Alles andere widerspräche dem „*kompensatorischen Moment*" des Gewährleistungsrechts[249] und ließe sich auch nicht mit dem Regelungsgehalt des § 637 Abs. 1, 3 BGB vereinbaren.[250] Wenn also der Unternehmer durch sein Verhalten keinen gesonderten Vertrauenstatbestand für ein Behaltendürfen der Mehrleistung geschaffen hat, dann kann auch keine durch § 242 BGB zu schützende Erwartungshaltung beim Besteller unterstellt werden. Freilich besteht die Möglichkeit, dass gerade durch eine vom Unternehmer veranlasste *Neuherstellung* eines hochwertigen Werkes und der damit verbundenen Verlängerung der Nutzungsdauer der Besteller mit einer nicht unerheblichen Wertersatzforderung gem. § 818 Abs. 2 BGB analog konfrontiert wird. Allerdings würde letzterer bei einer Anwendung der Grundsätze zur aufgedrängten Bereicherung hinreichend geschützt. Ausgeschlossen ist ein Ersatzanspruch des Werkunternehmers dagegen dann, wenn dieser die Nacherfüllung bewusst verzögert, in der Erwartung aufgrund der verlängerten Nutzungsdauer des Werkes einen Teil seiner Nacherfüllungskosten wider Treu und Glauben über einen Bereicherungsausgleich ersetzt zu bekommen.[251]

Es bleibt festzuhalten, dass der Besteller nach § 818 Abs. 3 BGB analog[252] in Höhe des Betrages entreichert ist, um den die aufgedrängte Bereicherung nach den Umständen seiner Vermögenssituation für ihn keinen Wert hat.

4. Ergebnis

Wird die Reparatur einer Sache nicht ordnungsgemäß ausgeführt, entspricht die erbrachte Bauleistung nicht den vertraglich vereinbarten bzw. zu erwartenden Anforderungen, oder ist ein vergleichbares körperliches Werk in sonstiger Weise mangelbehaftet, ist der Unternehmer nach §§ 634 Nr. 1, 635 BGB zur Nacherfüllung verpflichtet. Entscheidet sich dieser im Rahmen der Nacherfüllung für den Einbau neuwertiger Ersatzteile bzw. für eine vollständige Neuherstellung des Werkes und verlängert sich auf diesem Wege die Nutzungsdauer der Sache, dann erlangt der Besteller einen Vermögensvorteil, der über das vertragliche vorgegebene Maß hinausgeht. Dieses widerspricht dem Grundgedanken des vertraglichen

---

248 OLG Dresden, BauR 2008, 693 zu § 633 BGB a. F. /§ 13 Abs. 5 VOB/B (das Mängelrecht beherrschender Grundgedanke).

249 Vgl. G III 2.

250 Vgl. G III 2 c).

251 Auf diese Weise würde auch die Rechtsprechung zum alten Werkvertragsrecht fortgesetzt, welche in diesem Fall ebenfalls eine Abschöpfung der Bereicherung über die Vorteilsausgleichung abgelehnt hat. Vgl. Fn. 181. Zum Kaufrecht vgl. F III 3 c) aa) (3).

252 Vgl. F III 3 c) bb) (3).

Bereicherungsverbotes, welches in den §§ 326 Abs. 2 S. 2, 537 Abs. 1 S. 2, 615 S. 2, 648 S. 2 2.Hs. BGB, § 11 KSchG, § 415 Abs. 2 S. 1 Nr. 1 HGB kodifiziert ist und über eine gesamtanaloge Anwendung hier zum tragen kommt. Insofern als die Bereicherung des Bestellers nicht über eine Anrechnung verhindert werden kann, muss sie unter Heranziehung von § 818 Abs. 2 BGB in Form von Wertersatz abgeschöpft werden. In diesem Zusammenhang sind auch die Grundsätze der aufgedrängten Bereicherung zu beachten, durch die sich der Ersatzanspruch des Unternehmers oftmals vermindern wird. Ausgeschlossen ist ein Ersatzanspruch nach § 242 BGB, wenn der Unternehmer den Zeitpunkt der Nacherfüllung in Erwartung eines Ersatzanspruches gegen den Besteller bewusst verzögert.

Das so gefundene Ergebnis deckt sich – zumindest außerhalb des Verbrauchsgüterkaufes – mit den im Kaufrecht herausgearbeiteten Ergebnissen zur Beseitigung einer nacherfüllungsbedingten Bereicherung des Käufers. Dies ist auch nicht verwunderlich, da die Gewährleistungsrechte weitgehend parallel aufgebaut sind.[253] Auch die vorhandenen typologischen Unterschiede zwischen Kauf- und Werkvertrag sprechen nicht gegen eine Ablehnung des Bereicherungsausgleichs. Darüber hinaus ist solch ein Ergebnis auch wünschenswert, da oftmals subtile Unterschiede dazu führen, dass der eine Vertrag dem Kauf- der andere wieder dem Werkvertragsrecht unterfällt. Für die Parteien sollte diese Einteilung jedoch keine allzu drastischen Folgen haben.[254]

IV. Bereicherung durch Lieferung eines höherwertigen aliuds

1. Einleitung

Aufgrund der weitgehenden Parallelität zwischen den Gewährleistungsvorschriften aus dem Kauf- und Werkvertragsrecht findet eine weitere Kontroverse aus dem Kaufrecht ihren – wenn auch weniger beachteten[255] – Fortgang im Werkvertragsrecht. Es geht dabei um die Suche nach einer passenden Rechtsgrundlage

---

253 Vgl. BT-Drucks. 14/6040, S. 260.

254 So auch: *Kohler*, in FS Jagenburg (2002), S. 401; *Messerschmidt*, BauR 2010, 322 (323). Vgl. auch *Vorwerk*, BauR 2003, 1.

255 In diesem Zusammenhang wird immer wieder betont, dass § 633 Abs. 2 S. 3 BGB kaum praktische Bedeutung habe. So komme eine Falschleistung insbesondere bei der Herstellung und Lieferung beweglicher Sachen in Betracht, für die § 650 BGB das Kaufrecht zur Anwendung berufe. In den verbliebenen Fällen könne ein Mangel ebenso aus § 633 Abs. 2 S. 1, 2 BGB hergeleitet werden. Vgl. hierzu: AnwKom[3]-*Raab*, § 633, Rn. 43; *Hirsch*, SBT, 2007, Rn. 346; *Looschelders*, SBT[11] (2016), Rn. 669; Tonner /Willingmann /Tamm-*Cebulla*, § 633, Rn. 15.

für die Rückforderung eines irrtümlich geleisteten, höherwertigen aliuds durch den Schuldner der vertragsspezifischen Leistung.[256]

2. Anwendungsbereich

Dies setzt zunächst voraus, dass der Anwendungsbereich des § 633 Abs. 2 S. 3 1. Alt. BGB bestimmt wird. Besteht die Möglichkeit, dass die aliud-Leistung nicht von § 633 Abs. 2 S. 3 1.Alt. BGB erfasst wird, muss hilfsweise das allgemeine Schuldrecht als Einstieg für eine Problemlösung herhalten. Wäre § 633 Abs. 2 S. 3 1.Alt. BGB dagegen einschlägig, käme man bei der Suche nach einer passenden Anspruchsgrundlage für einen Rückforderungsanspruch nicht am werkvertraglichen Gewährleistungsrecht vorbei. Fraglich ist, ob bei der Bestimmung des Anwendungsbereichs dieser Norm auf die entsprechenden Ergebnisse aus dem Kaufrecht rekurriert werden kann.

Hierfür mag sprechen, dass der Ausgangspunkt für eine Gleichstellung von Falsch- und Schlechtleistung zur Vermeidung von Abgrenzungsschwierigkeiten im Handelskauf, genauer gesagt, bei den §§ 377 f. HGB (a.F.) zu verorten ist.[257] Der Umfang der Gleichstellung, der nach § 378 HGB a. F. nur für die Leistung eines *genehmigungsfähigen* aliuds galt und auf die Anwendung der Rügeobliegenheit aus § 377 HGB begrenzt war, wurde zunächst durch die Rechtsprechung unter ausdrücklicher Beschränkung auf den Gattungskauf[258] sukzessive erweitert.[259] Durch die Schaffung des § 434 Abs. 3 1.Alt. BGB sollte diese Gleichstellung zum einen auf den Zivilkauf ausgedehnt werden.[260] Zum anderen diente die Schaffung des § 434 Abs. 3 1.Alt. BGB aber auch der Umsetzung der Verbrauchsgüterkaufrichtlinie[261]. In dieser aber war ein Ausschluss des Identitätsaliuds bzw. des Extremaliuds vom Anwendungsbereich jedoch nicht vorgesehen.[262] Folglich kommt er auch für § 434 Abs. 3 1.Alt. BGB nicht in Frage zumal Wortlaut und Genese dieser Vorschrift

256 Dass die Vermögensmehrung des Gläubigers der vertragsspezifischen Leistung unbillig ist und ihre Perpetuierung verhindert werden muss, steht indes außer Frage. Vgl. hierzu: F IV 1.

257 Vgl. hierzu Kap. F, Fn. 557.

258 BGH, NJW 1979, 811.

259 So wurde die Gleichstellung auf die Anwendung des Kaufgewährleistungsrechts erweitert, vgl. RGZ 86, 90 (92 f.) („*Kawamatta-Sendai-Entscheidung*“) und BGHZ 115, 286 (295 f.).

260 Vgl. F IV 2 c).

261 RL 1999/44/EG vom 25.05.1999, ABlEG L 171, S. 12 ff.

262 Vgl. F IV 2 b), c).

ohnehin eine methodische Umsetzung dieser Eingrenzung vereiteln würde.[263] Gleiches gilt für den vereinzelt erwogenen Ausschluss eines höherwertigen aliuds vom Anwendungsbereich des § 434 Abs. 3 1.Alt. BGB. So kommt es im Rahmen der Gleichstellung von Falsch- und Schlechtleistung nicht auf die etwaige Höher- bzw. Minderwertigkeit des aliuds an.[264]

Nun wollte der Gesetzgeber mit § 633 Abs. 2 S. 3 nachweisbar die in § 434 Abs. 3 BGB perpetuierte Rechtslage auf das Werkvertragsrecht übertragen.[265] Mithin muss die Gleichstellung von Falsch- und Schlechtleistung sowohl für das Identitäts- als auch für das Extremaliud und das höherwertige aliud gelten.[266] Typologische Unterschiede zwischen beiden Vertragsarten würden eine abweichende Beurteilung jedenfalls nicht rechtfertigen.

3. Erfordernis einer Tilgungsbestimmung

Nachdem nun herausgearbeitet wurde, dass § 633 Abs. 2 S. 3 1.Alt. BGB grds. aliud-Lieferungen jeder Art umfasst, ist weiterhin zu klären, welche Voraussetzungen neben einem wirksamen Werkvertrag vorliegen müssen, damit diese Vorschrift auch tatsächlich zur Anwendung kommt. Ähnlich wie im Kaufrecht ist auch an dieser Stelle zu fordern, dass aus der Sicht eines objektiven Dritten in der Rolle des Bestellers eine ausdrückliche oder konkludente Tilgungsbestimmung des Werkunternehmers vorliegt. Zuzugeben ist, dass dieses Erfordernis nicht unmittelbar dem Wortlaut des § 633 Abs. 2 S. 3 1.Alt. BGB zu entnehmen ist. Im Gegenteil: die Verwendung des Verbs „herstellen“ deutet eher auf einen

---

263 So geht der Gesetzgeber in seinen Erläuterungen zu § 434 Abs. 3 BGB ausdrücklich auf den Stückkauf ein. Ferner tauchte ein Passus des § 434 Abs. 3 BGB Disk-E, der nicht genehmigungsfähige aliud-Leistungen vom Anwendungsbereich ausnahm, in der ansonsten gleichlautenden Vorschrift des Reg-E nicht mehr auf.

264 Vgl. hierzu F IV 2 d).

265 BT-Drucks. 14/6040, S. 261.

266 Gerade für den Bereich des Werkvertragsrechts wird offenbar, dass der Prämisse, die Abgrenzung zwischen aliud und peius bereite bei einer Stückschuld keine Schwierigkeiten, nicht ohne weiteres gefolgt werden kann. Verwendet etwa der Schuster bei der Reparatur eines Schuhs statt der verlangten Holz- eine Gummisohle, stellt sich die Frage, ob die Reparatur schlecht ausgeführt wurde, oder aber eine aliud-Leistung vorliegt. Auch an dieser Stelle vermag die in § 633 Abs. 2 3 1.Alt. BGB angelegte Gleichstellung von aliud und peius die erforderliche Rechtssicherheit zu schaffen. Einem Versuch, auf die Leistung der Sohle Kaufrecht anzuwenden, ist entgegenzuhalten, dass der Besteller bereits mit dem Anbringen der Sohle an den Schuh Eigentum an selbiger erwirbt, gem. § 947 Abs. 2 BGB. Es handelt sich insoweit um einen reinen Werkvertrag.

tatsächlichen Vorgang hin und nicht auf die Notwendigkeit eines voluntativen Elements. Auch die zugehörige Gesetzesbegründung ist an dieser Stelle unergiebig.[267] Allerdings darf auch hier nicht vergessen werden, dass der Gesetzgeber mit § 633 Abs. 2 S. 3 eine Vorschrift schaffen wollte, welche § 434 Abs. 3 BGB in jeder Hinsicht entspricht.[268] Ein Blick in die Gesetzesbegründung von § 434 Abs. 3 1.Alt. BGB offenbart jedoch, dass der Gesetzgeber das Vorhandensein einer Tilgungsbestimmung als zwingende Voraussetzung für eine Gleichstellung von Falsch- und Schlechtleistung angesehen hat.[269] Aus diesem Blickwinkel deutet die Erläuterung des § 633 Abs. 2 S. 3 BGB darauf hin, dass der Gesetzgeber von diesem Standpunkt im Hinblick auf die Schaffung der Parallelvorschrift im Werkvertragsrecht offenkundig nicht abrücken wollte. Diese Deutung darf freilich nicht als Hinwendung zur Theorie von der finalen Leistungsbewirkung missverstanden werden. Vielmehr lassen sich die mit § 434 Abs. 3 1.Alt. bzw. § 633 Abs. 2 S. 3 1. Alt. BGB verbundenen Zuordnungsprobleme ohne eine entsprechende Tilgungsbestimmung nicht anders in den Griff bekommen.[270] Damit stellt die vom objektiven Empfängerhorizont auszulegende Tilgungsbestimmung ein sinnvolles und einfach zu handhabendes Kriterium für eine Eingrenzung der in § 633 Abs. 2 S. 3 1.Alt. BGB normierten Gleichstellung dar.

4. Abschöpfung der Bereicherung

Auf der Basis der bisherigen Erkenntnisse ist die gesetzliche Grundlage für eine Abschöpfung der Bereicherung des Bestellers nach folgenden Gesichtspunkten auszuwählen:

Existiert keine erkennbare Tilgungsbestimmung des Werkunternehmers, fehlt eine Verbindung zwischen aliud und geschlossenem Werkvertrag weshalb eine Kondiktion gem. § 812 Abs. 1 S. 1 1.Alt. BGB ohne weiteres möglich ist. Zu beachten wäre lediglich ein Ausschluss des Bereicherungsanspruchs gem. § 814 1. Hs. BGB.

Ist dagegen eine Tilgungsbestimmung vorhanden, ist zunächst zu prüfen, ob der Besteller seinen Nacherfüllungsanspruch iSv. §§ 634 Nr. 1, 635 Abs. 1 BGB geltend macht. Ist dies der Fall und entscheidet sich der Unternehmer für eine Neuherstellung des Werkes, kann er das mangelhafte Werk gem. § 635 Abs. 4 iVm. § 346 Abs. 1 1.Alt. BGB herausverlangen oder – falls dies nicht möglich sein

267 Vgl. BT-Drucks. 14/6040, S. 261.

268 Vgl. BT-Drucks. 14/6040, S. 261.

269 BT-Drucks. 14/6040, S. 216. Vgl. im Übrigen auch F IV 2 e).

270 Vgl. bereits F IV 2 e).

sollte – unter den Voraussetzungen von § 346 Abs. 2, 3 BGB Wertersatz fordern. Ansonsten bleibt dem Werkunternehmer die Möglichkeit, seine Tilgungsbestimmung gem. §§ 119 ff. BGB (analog) anzufechten. Sollte die Anfechtung erfolgreich gewesen sein, kann dieser sodann das mangelhafte Werk nach § 812 Abs. 1 S. 1 1. Alt. kondizieren (bzw. nach § 818 Abs. 2 BGB Wertersatz verlangen).[271] Damit das Recht des Bestellers auf ein mangelfreies Werk nicht auf diese Weise ausgehebelt werden kann, hat der Unternehmer ein solches Zug-um-Zug anzubieten.[272]

5. Einfluss von § 241a BGB

Insofern als die Erbringung des Werkes grds. als „*sonstige Leistung*" iSv. § 241a Abs. 1 BGB zu qualifizieren ist[273], muss ferner der Frage nachgespürt werden, inwieweit das gefundene Ergebnis durch diese Vorschrift verändert werden kann.

Zunächst einmal bleibt festzuhalten, dass der personale Anwendungsbereich von § 241a BGB nur dann eröffnet ist, wenn es sich bei dem Besteller um einen Verbraucher iSv. § 13 und beim Werkunternehmer um einen Unternehmer iSv. § 14 BGB handelt.[274]

Des Weiteren wurde bereits an anderer Stelle herausgearbeitet, dass § 241a BGB grds. auch dann zur Anwendung kommt, wenn zwischen den Parteien bereits ein wirksamer Vertrag geschlossen wurde.[275] Hierfür spricht neben dem Wortlaut des § 241a Abs. 3 BGB a. F. der Umstand, dass der Gesetzgeber auf das Tatbestandsmerkmal „Vertragsanbahnung" bewusst verzichtet hat.[276]

---

271 Allerdings wird von einem Teil der Literatur die Ansicht vertreten, dass auch ohne eine vorherige Anfechtung eine Kondiktion des aliuds möglich sei, da für selbiges – ungeachtet des § 633 Abs. 2 3 1.Alt. BGB – kein Rechtsgrund existiere (sog. „*Konkurrenzlösung*"), vgl. für das Werkvertragsrecht: Staudinger[2007]-*S. Lorenz*, § 812, Rn. 89. Dagegen spricht freilich, dass eine Gleichstellung von aliud und peius nur dann Sinn macht, wenn zwischen ersterem und dem Werkvertrag tatsächlich auch eine innere Verbindung besteht. Ist diese aber vorhanden, kann nicht ohne weiteres eine rechtsgrundlose Bereicherung des Bestellers unterstellt werden. Wie hier: *Fikentscher / Heinemann*, SchuldR[10] (2006), Rn. 1203 mit Verweis auf Rn. 848.

272 Zum parallelen Lösungsweg im Kaufrecht vgl. F IV 3 b).

273 AnwKom[3]-*Krebs*, § 241a, Rn. 28; *Deckers*, BauRB 2003, 60 (62); Jauernig[17]-*Mansel*, § 241a, Rn. 2; Staudinger[2015]-*Olzen*, § 241a, Rn. 24.

274 Zu beachten ist, dass der Begriff „*Unternehmer*" iSv. § 631 Abs. 1 1.Alt. BGB nicht deckungsgleich ist, mit jenem aus § 14 BGB. Selbstverständlich könnte auch ein Verbraucher iSv. § 13 BGB (Werk-)„*Unternehmer*" iSv. § 631 Abs. 1 1.Alt. BGB sein. Vgl. hierzu: *Oetker /Maultzsch*, aaO (Fn. 1), § 8, Rn. 5.

275 Vgl. F IV 4. Zur Gegenansicht vgl. F IV 4 (Fn. 678).

276 Vgl. *Emmerich /Doehner*, in: FS Kramer (2004), S. 499; Palandt[78]-*Grüneberg*, § 241a, Rn. 5.

Bei einer *bewussten* Falschleistung sind Rückforderungsansprüche des Werkunternehmers bereits nach § 241a Abs. 1, 2 BGB ausgeschlossen.[277]

Liegt dagegen eine *irrtümliche* Falschleistung vor, kommt es gem. § 241a Abs. 2 1.Alt. BGB maßgeblich darauf an, ob der Irrtum des Werkunternehmers für den Besteller zumindest erkennbar war. Nur für diesen Fall wären die Rückforderungsansprüche des Werkunternehmers *nicht* nach § 241a Abs. 1, 2 BGB ausgeschlossen. Aufgrund der Tatsache, dass der Besteller das Werk grds. nach § 640 Abs. 1 BGB abnehmen muss, dürfte ein Ausschluss gem. § 241a Abs. 1, 2 BGB eher unwahrscheinlich sein.

6. Ergebnis

Ein absichtlich vom Werkunternehmer geleistetes aliud kann nicht wieder zurückgefordert werden. Sollte keine Tilgungsbestimmung erkennbar gewesen sein, ist die Kondiktion bereits nach § 814 1.Hs. BGB ausgeschlossen. Liegt dagegen eine für den Besteller erkennbare Tilgungsbestimmung vor, wäre diese nicht nach § 119 BGB (analog) anfechtbar. Dieses Ergebnis deckt sich insoweit mit den Rechtsfolgen des § 241a BGB, sodass sich in dessen Anwendungsbereich keine Veränderung ergibt.[278]

Für den wahrscheinlicheren Fall, dass der Werkunternehmer irrtümlich ein höherwertiges aliud geleistet hat, kommt bei einer fehlenden Tilgungsbestimmung umgehend eine Rückforderung gem. § 812 Abs. 1 S. 1 1.Alt. BGB in Betracht. Liegt dagegen eine Tilgungsbestimmung vor, kommt es zunächst auf das Verhalten des Bestellers an. Verlangt dieser nach §§ 634 Nr. 1, 635 Abs. 1 BGB die Nacherfüllung, hat sein Anspruchsgegner, für den Fall das er den Anspruch des Bestellers erfüllt, seinerseits einen Herausgabeanspruch aus § 635 Abs. 4 iVm. § 346 Abs. 1 1.Alt. BGB. Verzichtet der Besteller dagegen auf die Geltendmachung seiner Gewährleistungsrechte, besteht für den Werkunternehmer die Möglichkeit, die Bindung zwischen Vertrag und aliud durch eine Anfechtung seiner Tilgungsbestimmung gem. §§ 119 ff. BGB (analog) zu lösen, um anschließend selbiges zu kondizieren. Allerdings ist dies nur möglich, wenn er Zug-um-Zug das vertraglich vereinbarte Werk anbietet.

Im Anwendungsbereich des § 241a BGB ist jedoch ein Rückforderungsanspruch des Unternehmers ausgeschlossen, sofern der Besteller nicht in der Lage

277 Eine Kondiktion wäre ohnehin nach § 814 1.Hs. BGB bzw. in Ermangelung eines Grundes für die Anfechtung der Tilgungsbestimmung ausgeschlossen.

278 § 241a Abs. 3 BGB a. F. kommt bei einem höherwertigen aliud ohnehin nicht in Betracht.

war, den Irrtum seines Vertragspartners zu erkennen, was angesichts der grds. bestehenden Pflicht zur Abnahme nach § 640 Abs. 1 BGB jedoch nicht häufig vorkommen dürfte (s. o.).[279]

279 Zu beachten ist jedoch, dass insbesondere bei unkörperlichen Werken die Vollendung des Werkes nach § 646 BGB die Abnahme ersetzen kann.

H. Mietvertrag

I. (Normal-)Typus

Verpflichtet sich jemand entgeltlich, einem anderen eine Sache vorübergehend zum Gebrauch zu überlassen, liegt ein Mietvertrag zwischen den Parteien vor.[1] Aufgrund der Entgeltlichkeit der Gebrauchsüberlassung handelt es sich bei der Miete um einen gegenseitigen Vertrag iSd. §§ 320 ff. BGB.[2] Die Pflicht zur Gebrauchsüberlassung und die Pflicht zur Zahlung des Mietzinses stehen mithin im Synallagma.[3] Zugleich ist der Mietvertrag aber auch ein Dauerschuldverhältnis, insofern als der Gesamtumfang des idR. fortlaufend geschuldeten Mietzinses einerseits und der fortlaufend geschuldeten Gebrauchsüberlassung andererseits, von der Laufzeit des Vertrages abhängig ist, welche bei Vertragsschluss noch nicht feststehen muss.[4] Der Mietvertrag ist weiterhin ein zivilrechtlicher Vertrag. Diese Feststellung mag auf den ersten Blick trivial klingen, erweist sich jedoch in den Fällen als notwendiges Abgrenzungskriterium, wo es um die Zuweisung von Räumlichkeiten aufgrund öffentlich-rechtlicher Vorschriften geht. Ist dies der Fall, liegt nämlich kein Mietvertrag, sondern ein öffentlich-rechtliches Nutzungsverhältnis vor.[5] Das Bürgerliche Gesetzbuch hält für den Mietvertrag in den §§ 535 ff. BGB einen ausführlichen, jedoch keinesfalls abschließenden Normenkomplex bereit. Weitere Vorschriften finden sich etwa in der Heizkostenverordnung[6], der Betriebskostenverordnung[7] oder im öffentlich-rechtlichen Wohnungsrecht.[8]

---

1 Vgl. Blank /Börstinghaus[5]-*Blank*, § 535, Rn. 2; Tonner /Willingmann /Tamm-*Willingmann /Mohr*, § 535, Rn. 1. Trägt indes der Gläubiger der vertragsspezifischen Leistung das Risiko der zufälligen Beschädigung bzw. des Untergangs der Sache, könnte es sich freilich auch um einen Leasing-Vertrag handeln, vgl. HK /BGB[10]-*Scheuch*, Vor §§ 535 ff., Rn. 17; Jauernig[17]-*Teichmann*, Vor § 535, Rn. 1.

2 *Oetker /Maultzsch*, Vertragliche Schuldverhältnisse[5] (2018), § 5, Rn. 1.

3 AnwKom /WohnraummietR[3]-*Lammel*, § 535, Rn. 10.

4 *Kötz*, Vertragsrecht, 2009, Rn. 711; *Larenz*, SchuldR, Bd. 2/1, 13. Aufl. (1986), § 48 I (S. 212); MüKo[7]-*Häublein*, Einl 535, Rn. 5; Soergel[13]-*Heintzmann*, Vor § 535, Rn. 1. Aufgrund der zeitlichen Bedingtheit der Gebrauchsüberlassung handelt es sich bei den Überlassungsverträgen regelmäßig um Dauerschuldverhältnisse, vgl. *Fikentscher / Heinemann*, SchuldR[10] (2006), Rn. 982; *Oetker*, Das Dauerschuldverhältnis und seine Beendigung, 1994, S. 145 f.

5 Blank /Börstinghaus[5]-*Blank*, § 535, Rn. 3.

6 v. 20.01.1989, BGBl. I S. 115.

7 v. 25.11.2003, BGBl. I S. 2346.

8 Vgl. MüKo[7]-*Häublein*, Vor § 535, Rn. 74 ff.; *Oetker /Maultzsch*, aaO (Fn. 2), § 5, Rn. 3.

Wie sich bereits anhand der zuletzt genannten Rechtsnormen erkennen lässt, spielt die Wohnraummiete innerhalb dieser Vertragsart eine dominierende Rolle.[9] Hinzu kommt, dass der für private Zwecke gemietete Wohnraum einer Vielzahl von Menschen zugleich als Existenzmittelpunkt dient.[10] Damit greift der Mietvertrag viel tiefer und nachhaltiger in den Daseinsbereich des einzelnen ein, als ein gewöhnlicher Kaufvertrag.[11] Das begründete Interesse des Mieters an einem möglichst verlässlichen Fortbestand dieser Lebensgrundlage konfligiert dabei von Natur aus mit dem Interesse des Vermieters an einer freien Verfügbarkeit über sein Eigentum.[12] Aus diesem Blickwinkel heraus ist das Besitzrecht des Mieters als privatrechtliche Rechtsposition in besonderem Maße schutzbedürftig, zumal dieser im Verhältnis zum Vermieter die potentiell schwächere Vertragspartei sein dürfte.[13] Dieses *„soziale Element"* nimmt neben der sonst üblichen Austauschgerechtigkeit sowie der Respektierung des Willens der beteiligten Parteien einen festen Platz ein.[14] Insoweit besteht eine deutliche Parallele zwischen dem Wohnraummietrecht und dem Arbeitsrecht, welches ebenso wenig auf Flankenschutz des Gesetzgebers zum Ausgleich der gestörten Vertragsparität verzichten kann.[15] Der Gesetzgeber hat jüngst[16] versucht, dem besonderen Anforderungsprofil eines Mietvertrages über nicht gewerblich genutzten Wohnraum im Lichte seiner sozialen und wirtschaftlichen Bedeutung dadurch gerecht zu werden, dass er ihm innerhalb der Binnensystematik der §§ 535 ff. BGB einen eigenen Unterabschnitt mit Sondervorschriften

9 *Esser/Weyers*, SchuldR, Bd. 2/1, 8. Aufl. (1998), § 19 I (S. 159); *Fikentscher/Heinemann*, SchuldR[10] (2006), Rn. 983. Wie groß das wirtschaftliche Volumen der Wohnraummiete ist, lässt sich bereits daran erkennen, dass etwa 60 % der Bevölkerung in Deutschland in einer Mietwohnung lebt, vgl. Staudinger/Eckpfeiler[2018]-*Emmerich*, Kap. O, Rn. 3. Der Miete beweglicher Sachen kommt dagegen nur eine untergeordnete Rolle zu, vgl. MüKo[7]-*Häublein*, Einl § 535, Rn. 2.

10 BVerfGE 89, 1 (6). Vgl. hierzu auch: Soergel[13]-*Heintzmann*, Vor § 549, Rn. 3; *Streyl*, NZM 2010, 343 (345).

11 *Larenz*, SchuldR, Bd. 2/1, 13. Aufl. (1986), § 48 I (S. 213).

12 AnwKom/WohnraummietR[3]-*Lammel*, § 535, Rn. 1.

13 BVerfGE 89, 1 (6); *Esser/Weyers*, SchuldR, Bd. 2/1, 8. Aufl. (1998), § 19 I (S. 160); *Kötz*, Vertragsrecht, 2009, Rn. 713; *Oetker/Maultzsch*, aaO (Fn. 2), § 5, Rn. 5. Vgl. im Gegensatz hierzu das Werkvertragsrecht, wo der Schuldner der vertragsspezifischen Leistung die potentiell schwächere Partei ist, G I 2 a).

14 *Larenz*, SchuldR, Bd. 2/1, 13. Aufl. (1986), § 48 I (S. 213).

15 Im Gegensatz zu den Arbeitnehmern ist es den Mietern jedoch nicht möglich, im Kollektiv Druck auf die andere Vertragspartei auszuüben (zB. durch Streiks). Vgl. *Esser/Weyers*, SchuldR, Bd. 2/1, 8. Aufl. (1998), § 19 I (S. 159).

16 Gemeint ist das Mietrechtsreformgesetz aus dem Jahre 2001. Vgl. H I 1 a.E.

zur Seite gestellt hat (vgl. §§ 549–577a BGB), von denen viele einseitig-zwingend sind.[17] Dadurch wird eine Benachteiligung des Mieters im Wege der Vertragsgestaltung weitgehend ausgeschlossen. Die eher liberalen Vorschriften des „allgemeinen Teils" des Mietrechts (vgl. §§ 535–548 BGB) bilden zu den rechtspaternalistischen Vorschriften der Wohnraummiete einen starken Kontrast und werden deshalb häufig von ihnen verdrängt.[18] Während also im Kaufrecht spezielle Vorschriften für den Fall eingreifen, dass eine bestimmte Personenkonstellation vorliegt (Unternehmer iSv. § 14 BGB verkauft eine bewegliche Sache an einen Verbraucher iSv. § 13 BGB) ist es beim Mietvertrag das zu überlassende Objekt (bzw. die mit ihr verbundene Zweckbestimmung), welches für eine Anwendung besonderer Schutzvorschriften sorgt[19], wobei es keine Rolle spielt, ob der Vermieter Unternehmer oder Verbraucher ist. Erforderlich ist somit zunächst die Unterscheidung zwischen der Miete beweglicher und unbeweglicher Sachen. Geht es um die Überlassung einer unbeweglichen Sache ist sodann zwischen der Wohnraummiete und der Miete sonstiger Räumlichkeiten zu differenzieren.[20] Geht es um die Überlassung von etwas anderem als Wohnraum, sind schließlich die Vorschriften des 3. Unterabschnittes (§§ 578–580a BGB) als Ergänzung zu den allgemeinen Vorgaben der §§ 535 ff. BGB zu beachten. Dabei handelt es sich für gewöhnlich um die Überlassung von Grundstücken, Geschäftsräumen und beweglichen Sachen.[21]

1. Entwicklungsgeschichte

Wie schon mehrfach angesprochen fielen Miet- und Pachtvertrag, zusammen mit dem Werk- und Dienstvertrag im römischen Recht unter die *locatio conductio*. Als gemeinsame Grundlage dieser drei Vertragsarten wurde der Umstand gesehen, dass der *locator* etwas zur Verfügung stellt, was der *conductor* wiederum mit sich führt.[22] Anders als beim Werkvertrag, wo der *locator* dem *conductor* einen Gegen-

---

17 Vgl. MüKo[7]-*Häublein*, Vor § 535, Rn. 48. Das bedeutet indes nicht, dass alle Sondervorschriften zur Wohnraummiete in diesem Unterabschnitt verortet sind. So stellt § 536 Abs. 4 BGB ebenfalls eine auf die Wohnraummiete bezogene Sondervorschrift dar, obwohl sie dem ersten Abschnitt und damit dem „allgemeinen Teil" des Mietrechts angehört.

18 Dabei lässt gerade das Zusammenspiel allgemeiner und besonderer Vorschriften das Mietrecht für den juristischen Laien sehr intransparent erscheinen, vgl. Soergel[13]-*Heintzmann*, Vor § 535, Rn. 2. Vgl. hierzu auch H I 1 a.E.

19 Vgl. *Hau*, JuS 2003, 130.

20 Staudinger[2018]-*Emmerich*, Vor § 535, Rn. 21.

21 *Kötz*, Vertragsrecht, 2009, Rn. 710.

22 *Harke*, Römisches Recht, 2008, § 9, Rn. 1. Vgl. aber auch D IX 4 und G I 1.

stand zur Verfügung stellte und auch noch Geld zahlte, damit dieser daraus ein Werk erstellte, war es beim Mietvertrag der *conductor*, der für die Nutzung der überlassenen Sache ein Entgelt entrichtete.[23] Der darin bereits zum Ausdruck kommende charakteristische Unterschied, dass beim Mietvertrag die Gebrauchsüberlassung und beim Werk- bzw. Dienstvertrag die Tätigkeit im Mittelpunkt steht, wurde dadurch nicht hinreichend beachtet. Die Erklärung, dass eine ausdifferenzierte Regelung aufgrund fehlender Praxisrelevanz nicht sachgerecht gewesen wäre, kann in Ansehung des verfügbaren Sklavenaufkommens vielleicht noch im Hinblick auf die Tätigkeitsverträge Platz greifen.[24] Beim Mietvertrag überzeugt sie jedenfalls nicht. Im Gegenteil: Insbesondere im urbanen Bereich[25] musste die arme Unterschicht regelmäßig in 10 Stockwerke hohen Mietskasernen (sog. *insulae*) wohnen.[26] Gewerbliche Vermieter nutzten den vorhandenen rechtsfreien Raum oft rücksichtslos zum Nachteil der Mieter aus, die deshalb unter elenden Bedingungen leben mussten.[27] Soziale Spannungen waren so vorprogrammiert. *Cäsar* und *Augustus* versuchten diesen Missständen durch Mieterlässe zu begegnen, quasi dem ersten (antiken) Mietnotrecht.[28] Unter Zugrundelegung dieser Erkenntnisse erscheint es bemerkenswert, dass sich die schwache *rechtliche* Stellung des Wohnraummieters, welche am ehesten mit der eines Besitzdieners verglichen werden kann[29], über die Jahrhunderte kaum verändert hat.[30] So galt faktisch der Grundsatz „*Kauf bricht Miete*“[31], was zur Folge hatte, dass der Mieter gegenüber dem neuen Eigentümer nicht mehr zur Nutzung der Mietsache berechtigt war.[32]

Die Stellung des Mieters erfuhr erst durch das frühmittelalterliche deutsche Recht eine Verbesserung.[33] Bis ins Hochmittelalter hinein, existierte im deutschen Recht kein mit der *locatio conductio* vergleichbares Rechtsinstitut.[34] Stattdessen

---

23 Vgl. *Harke*, aaO (Fn. 22), § 9, Rn. 1; *Kaser /Knütel /Lohsse*, Römisches Privatrecht[21] (2017), § 42, Rn. 12.

24 Vgl. Kap. G, Fn. 7.

25 Vgl. *Honsell*, Römisches Recht[7] (2010), § 49 I.

26 *Hattenhauer*, NZM 2003, 666.

27 *Hattenhauer*, NZM 2003, 666 (667).

28 *Hattenhauer*, NZM 2003, 666 (667).

29 MüKo[7]-*Häublein*, Einl § 535, Rn. 1.

30 *Hattenhauer*, NZM 2003, 666 (667).

31 Das Rechtssprichwort „*Kauf bricht Miete*“ war den Römern freilich unbekannt, vgl. *Streyl*, NZM 2010, 343 (344).

32 *Hattenhauer*, NZM 2003, 666 (667). Vgl. demgegenüber den im heutigen Mietrecht geltenden Grundsatz „*Kauf bricht nicht Miete*“ in § 566 BGB.

33 MüKo[7]-*Häublein*, Einl § 535, Rn. 1.

34 *Wolter*, Mietrechtlicher Bestandsschutz, 1984, S. 24.

galt die Wohnraummiete als Fortentwicklung der Leihe.[35] Der Mieter soll dabei die volle „*gewere*“ an der Mietsache gehabt haben, was einem dinglichen Recht entsprochen haben dürfte.[36] Außerdem konnte der Vermieter nur aus wichtigem Grund kündigen und beim Verkauf des Mietshauses galt bereits der Grundsatz „*Kauf bricht nicht Miete*“.[37] Bei der Schaffung des BGB prallten die im gemeinen Recht konservierte römischrechtliche und die deutschrechtliche Auffassung von der Ausgestaltung der Miete aufeinander. Dabei wurde die im gemeinen Recht aufrecht erhaltene Vermengung des Mietvertrages mit den Tätigkeitsverträgen[38] über die Figur der *locatio conductio*, endgültig aufgegeben.[39] Darüber hinaus setzte sich nach langem Hin und Her[40] schließlich der mittlerweile in § 566 BGB normierte Grundsatz „*Kauf bricht nicht Miete*“ durch.[41] Trotz alledem dominierten weiterhin die römisch-rechtlichen Vorstellungen von der Miete.[42] Daher war die Situation der Mieter, deren Zahl durch die Industrialisierung und dem dadurch bedingten Zug breiter Bevölkerungsschichten in die Städte stark gestiegen war[43], zu Beginn des 20. Jahrhunderts von einer deutlichen rechtlichen Unterlegenheit gegenüber den Wohnungseigentümern gekennzeichnet. Zwar gab es bereits in der ursprünglichen Fassung des BGB mieterschützende Vorschriften, doch ihr dispositiver Charakter führte dazu, dass sie qua vertraglicher Vereinbarung abbedungen werden konnten.[44] Wie schon im Dienstvertragsrecht betrachtete der historische Gesetzgeber das Zusammenwirken von Angebot und Annahme immer noch als Garant für gerechte Vertragsbeziehungen.[45] Die beiden Weltkriege wirkten mit der durch sie verursachten Wohnungsnot auf die ohnehin schon prekäre Lage der Mieter wie ein Durchlauferhitzer. Der Gesetzgeber reagierte

35 Vgl. MüKo[7]-*Häublein*, Einl § 535, Rn. 1; *Wolter*, aaO (Fn. 34), S. 24.

36 *Gitter*, Gebrauchsüberlassungsverträge, 1988, S. 10; *Wesel*, Geschichte des Rechts[3] (2006), Rn. 229.

37 *Wesel*, aaO (Fn. 36), Rn. 229.

38 Zur Einordnung des Werkvertrages als Tätigkeitsvertrag vgl. G I 3.

39 Staudinger[2018]-*Emmerich*, Vor § 535, Rn. 1.

40 Noch im ersten Entwurf wurde der Grundsatz „*Kauf bricht nicht Miete*“ verworfen, vgl. *Jakobs / Schubert*, Die Beratung des BGB, Bd. 2, 1980, S. 573 f.. Erst die zweite Kommission hat diese Regel – wenn auch widerwillig – umgesetzt. Vgl. hierzu: *Mugdan*, Bd. 2, 1899, S. 815 f.; MüKo[7]-*Häublein*, § 566, Rn. 6; *Schubert*, in: GD Sonnenschein (2003), 42 ff.

41 *Gitter*, aaO (Fn. 36), S. 10 f.

42 *Gitter*, aaO (Fn. 36), S. 10.

43 AnwKom / WohnraummietR[3]-*Lammel*, § 535, Rn. 1.

44 Staudinger[2018]-*Emmerich*, Vor § 535, Rn. 2.

45 *Esser / Weyers*, SchuldR, Bd. 2/1, 8. Aufl. (1998), § 19 I (S. 159).

jeweils mit einschneidenden Maßnahmen zur Stärkung des Mieterschutzes (sog. „*Mietnotrecht*“[46]).[47] Die Miethöhe wurde gedeckelt, die Kündigungsmöglichkeit eingeschränkt und der Vollstreckungsschutz des Mieters verbessert.[48] Die Erfahrung lehrte jedoch, dass die Eigentümerrechte nicht zu rigide zu Gunsten der Mieter beschnitten werden durften. Andernfalls würde das Zurverfügungstellen von geeignetem Wohnraum durch Private wirtschaftlich nicht mehr attraktiv erscheinen, was unweigerlich eine (weitergehende) Wohnraumverknappung zur Folge hätte.[49] Dem Ziel, die subtile Balance zwischen Mieter- und Eigentümerinteressen herzustellen, dienten zahlreiche Gesetzesvorhaben der letzten Jahrzehnte.[50] Seine gegenwärtige Struktur[51] verdankt das Mietrecht schließlich dem Mietrechtsreformgesetz aus dem Jahre 2001[52], welches die zunehmende Rechtszersplitterung in großen Teilen wieder abbaute und die Wohnraummiete, ihrer wirtschaftlichen Bedeutung entsprechend, in den Mittelpunkt stellte.[53] Dass das Mietrecht durch diese Umgestaltung wesentlich transparenter geworden ist[54], darf

46 Vgl. Staudinger[2018]-*Emmerich*, Vor § 535, Rn. 3/6.

47 Vgl. die erste (vom 26.07.1917, RGBl. I S. 659) und zweite (vom 23.09.1918, RGBl. I S. 1135) Mieterschutzverordnung.

48 Vgl. AnwKom /WohnraummietR[3]-*Lammel*, § 535, Rn. 1; MüKo[7]-*Häublein*, Vor § 535, Rn. 42 f.; Staudinger[2018]-*Emmerich*, Vor § 535, Rn. 3.

49 Vgl. *Emmerich*, in: FS Gitter (1995), S. 250; *Esser /Weyers*, SchuldR, Bd. 2/1, 8. Aufl. (1998), § 19 I (S. 160); *Fikentscher /Heinemann*, SchuldR[10] (2006), Rn. 983; *Oechsler*, Vertragliche Schuldverhältnisse[2] (2007), Rn. 503; Staudinger[2018]-*Emmerich*, Vor § 535, Rn. 4.

50 Vgl nur das Gesetz über den Abbau der Wohnungszwangswirtschaft und über ein soziales Miet- und Wohnrecht vom 23.06.1960 (BGBl. I S. 389), das erste (vom 29.07.1963, BGBl. I S. 505), zweite (vom 14.07.1964, BGBl. I S. 457), dritte (vom 21.12.1967, BGBl. I S. 1248) und vierte (vom 21.07.1993, BGBl. I S. 1257) Mietrechtsänderungsgesetz, das erste (vom 25.11.1971, BGBl. I S. 1839) und zweite (vom 18.12.1974, BGBl. I S. 3603) Wohnraumkündigungsschutzgesetz usw., vgl. hierzu den Überblick bei MüKo[7]-*Häublein*, Vor § 535, Rn. 41 ff.

51 Die Schuldrechtsmodernisierung hat dagegen zu keinen grundlegenden Änderungen am gerade erst reformierten Mietrecht (vgl. Fn. 52) geführt, weshalb sich etwa das mietrechtliche Gewährleistungsrecht seine Eigenständigkeit ggü. dem allgemeinen Leistungsstörungsrecht weitgehend bewahrt hat, vgl. H I 2.

52 Gesetz zur Neugliederung, Vereinfachung und Reform des Mietrechts vom 19.06.2001 (BGBl. I S. 1149).

53 AnwKom /WohnraummietR[3]-*Lammel*, § 535, Rn. 2; *Fikentscher /Heinemann*, SchuldR[10] (2006), Rn. 984; *Medicus /Lorenz*, SBT[18] (2018), § 23, Rn. 8; *Oechsler*, aaO (Fn. 49), Rn. 504; Staudinger /Eckpfeiler[2018]-*Emmerich*, Kap. O, Rn. 5.

54 So etwa *Wolf*, in: Schimmel /Buhlmann, Frankfurter Handbuch zum neuen Schuldrecht, 2002, Kap. F /II., Rn. 1 f.

jedoch bezweifelt werden. So kommt etwa das Kaufrecht – trotz der überragenden Bedeutung dieser Vertragsart – mit erheblich weniger Paragraphen aus, als das Mietrecht dessen Vorschriften mit den darin enthaltenen Verweisungen immer noch schwer verständlich sind.[55] Positiv hervorzuheben ist dagegen, dass sich mittlerweile die Situation auf dem Wohnungsmarkt weitgehend stabilisiert hat.[56]

2. Gesetzliche Merkmale

Dadurch, dass dem Gläubiger der vertragsspezifischen Leistung nur ein vorübergehendes Nutzungsrecht am Vertragsgegenstand eingeräumt wird, unterscheidet sich der Mietvertrag vom Kauf- bzw. Werkvertrag. Für gewöhnlich endet die Nutzungsdauer durch Zeitablauf (§ 542 Abs. 2 BGB) oder durch Kündigung (§ 542 Abs. 1 BGB).[57] Die dingliche Rechtszuständigkeit wird durch diese Vertragsart nicht berührt.[58] Ob zum Zeitpunkt des Vertragsschlusses eine der beiden Parteien Eigentümerin der Mietsache ist, spielt insoweit keine Rolle.[59] Denkbar ist, dass der Eigentümer seine eigenen Sachen mietet.[60] Fest steht dagegen, dass der Mieter die Sache bei Vertragsende an den Vermieter zurückgeben muss. Dass der Mieter im Gegensatz zum Käufer bzw. Besteller den Vertragsgegenstand nicht dauerhaft seinem Vermögen hinzufügen darf, führt letztlich auch zu einer allgemeinen Obhutspflicht des Mieters am überlassenen Vertragsgegenstand. Im Gegensatz zum Käufer bzw. Besteller kann er also mit der Sache nicht nach Belieben verfahren. Ihren gesetzlichen Ausdruck findet die angesprochene Obhutspflicht etwa in § 536c BGB.[61] Durch ihn wird der Mieter verpflichtet, dem Vermieter die erforderlichen Informationen zukommen zu lassen, damit dieser seiner Instandhaltungspflicht aus § 535 Abs. 1 S. 2 BGB nachkommen kann. Auch eine mit dem Vermieter nicht abgesprochene Überlassung der Mietsache an Dritte, hat der Mieter nach §§ 540, 553 BGB zu unterlassen. Der Vermieter hat also während der Mietzeit lediglich den vertragsgemäßen Gebrauch der Sache zu dulden.[62]

---

55 Vgl. *Medicus /Lorenz*, SBT[18] (2018), § 23, Rn. 8 f. /§ 25, Rn. 45.

56 *Streyl*, NZM 2010, 343 (345).

57 Vgl. *Fikentscher /Heinemann*, SchuldR[10] (2006), Rn. 982.

58 Vgl. *Larenz*, SchuldR, Bd. 2/1, 13. Aufl. (1986), § 48 I (S. 212); *Oetker /Maultzsch*, aaO (Fn. 2), § 1, Rn. 20.

59 *Kötz*, Vertragsrecht, 2009, Rn. 712.

60 Blank /Börstinghaus[5]-*Blank*, § 535, Rn. 2; Schmidt-Futterer[13]-*Blank*, Vor § 535, Rn. 1.

61 Jauernig[17]-*Teichmann*, § 536c, Rn. 1; *Kötz*, Vertragsrecht, 2009, Rn. 744.

62 AnwKom /WohnraummietR[3]-*Lammel*, § 535, Rn. 9; Staudinger /Eckpfeiler[2018]-*Emmerich*, Kap. O, Rn. 24.

Umgekehrt darf nicht übersehen werden das dem Mieter mit Überlassung der Mietsache spiegelbildlich zu seinen Pflichten auch Rechte übertragen werden. Er darf die Sache zwar nur vorübergehend gebrauchen, kann in dieser Zeit aber jedem, der nicht Mitmieter ist, einschließlich des Vermieters, den Zugriff auf die Sache versagen.[63] Für den Bereich der Wohnraummiete geht der Schutz sogar so weit, dass selbst der neue Eigentümer der Mietsache den Vertrag, der zwischen seinem Rechtsvorgänger und dem Mieter geschlossen wurde, gegen sich gelten lassen muss (§ 566 BGB, „*Kauf bricht nicht Miete*").[64] Aufgrund der darin zum Ausdruck kommenden Drittwirkung scheint es, als werde die Miete – zumindest in diesem Zusammenhang – einem dinglichen Recht angenähert.[65] Gleichwohl bleibt es dabei: der schuldrechtliche Mietvertrag begründet lediglich Forderungen bzw. Verpflichtungen der Vertragsparteien, keine dinglichen Gebrauchsrechte.[66] Darüber hinaus darf der § 566 BGB auch in seiner wirtschaftlichen Dimension nicht ausschließlich als Belastung des Erwerbers missverstanden werden. Immerhin bescheren die weiterlaufenden Mietverträge nicht unerhebliche Einnahmen für den Erwerber, was den Kauf einer solchen Immobilie oftmals erst interessant macht.[67] Drittwirkungen bestehen schließlich auch in anderer Hinsicht: So ist es der Überlassung von Wohnraum zu eigen, dass dieser nicht nur vom eigentlichen Mieter als Vertragspartner des Vermieters genutzt wird, sondern ebenso von seiner Familie bzw. seinem jeweiligen Lebenspartner. Da auch diese Personen in für den Vermieter erkennbarer Weise den Auswirkungen seiner Leistung ausgesetzt sind, eröffnet sich ein nicht unerhebliches Anwendungsfeld für die Rechtsfigur des Vertrages mit Schutzwirkung für Dritte.[68] Auf diese Weise vervielfachen sich

63 Dies wird in erster Linie durch die Besitzschutzvorschriften (§§ 858 ff. BGB), aber auch durch § 823 Abs. 1, 2 BGB (unmittelbarer, berechtigter Besitz als „*sonstiges Recht*", sowie § 858 als Schutzgesetz, vgl. hierzu: *Brox / Walker*, SBT[41] (2017), § 12, Rn. 1 ff.; HK / BGB[10]-*Staudinger*, § 823, Rn. 37 bzw. BGHZ 181, 233 (237)) gewährleistet. Davon abgesehen ist freilich auch der Vermieter im Rahmen seiner Erhaltungspflicht gehalten, eigene Störungen zu unterlassen und die von Dritten abzuwehren. Vgl. hierzu: Staudinger / Eckpfeiler[2018]-*Emmerich*, Kap. O, Rn. 23. Zum Schutz des Mieters vor Konkurrenten vgl. BGHZ 70, 79; *Oechsler*, aaO (Fn. 49), Rn. 507.

64 Entsprechendes gilt nach § 567 BGB im Falle einer nachträglichen Belastung der Mietsache durch den Vermieter, sofern dadurch dem Mieter der vertragsgemäße Gebrauch entzogen wird.

65 Staudinger[2018]-*Emmerich*, Vor § 535, Rn. 19.

66 *Fikentscher / Heinemann*, SchuldR[10] (2006), Rn. 981.

67 *Streyl*, NZM 2010, 343 (345).

68 MüKo[7]-*Häublein*, § 535, Rn. 149; *Oechsler*, aaO (Fn. 49), Rn. 510; Palandt[78]-*Grüneberg*, § 328, Rn. 28.

die Haftungsrisiken für den Vermieter. Zugleich gewährt § 563 Abs. 1 BGB dem mit dem verstorbenen Mieter lebenden Ehegatten bzw. dem Lebenspartner und den Kindern ein Eintrittsrecht in den bestehenden Mietvertrag.[69]

Die Beschränkung auf den vertragsgemäßen Gebrauch bedeutet schließlich auch, dass der Mieter vom Vermieter verlangen kann, dass dieser die Mietsache in einem Zustand überlässt und anschließend erhält, die den vertragsgemäßen Gebrauch überhaupt möglich macht (vgl. § 535 Abs. 1 S. 2 BGB[70]).[71] Das darauf abgestimmte mietrechtliche Gewährleistungsrecht hat sich trotz der Schuldrechtsmodernisierung seine Eigenständigkeit weitgehend bewahrt.[72] Im Gegensatz zum Kauf- bzw. Werkvertragsrecht ist die Verzahnung mit dem allgemeinen Leistungsstörungsrecht hier weniger eng.[73] Einen Erfolg, der etwa darin besteht, dass der Mieter auch tatsächlich Besitz an der Mietsache erlangt, schuldet der Vermieter indes nicht. Er hat lediglich die Voraussetzungen für eine Übernahme durch den Mieter zu schaffen.[74] Wurde die Mietsache erst einmal zum Gebrauch überlassen und nutzt sie sich durch diesen fortlaufend ab, obliegt es dem Vermieter gem. § 535 Abs. 1 S. 2 BGB, den vertragsgemäßen Zustand der Mietsache wieder herzustellen. Obwohl die Instandhaltung der Mietsache zum genuinen

---

69 Zugleich wird damit der in § 1922 Abs. 1 BGB normierte Grundsatz der Gesamtrechtsnachfolge zu Lasten des Erben abgeändert, vgl. *Oechsler*, aaO (Fn. 49), Rn. 509.

70 Insoweit konkretisiert § 535 Abs. 1 S. 2 BGB die in S. 1 allgemein umschriebene Hauptpflicht des Vermieters zur Gebrauchsgewährung. Vgl. hierzu: AnwKom /WohnraummietR[3]-*Lammel*, § 535, Rn. 5; *Oechsler*, aaO (Fn. 49), Rn. 505.

71 Vgl. *Kötz*, Vertragsrecht, 2009, Rn. 710.

72 *Arnold*, in: Dauner-Lieb /Konzen /Schmidt, Das neue Schuldrecht in der Praxis, 2003, S. 589 f.; *Artz*, in: FS Blank (2006), S. 7; *Dauner-Lieb /Dötsch*, NZM 2004, 641 (646); *Gsell*, NZM 2010, 71; *Oechsler*, aaO (Fn. 49), Rn. 504; Dies lässt sich etwa an der Garantiehaftung des Vermieters für anfängliche Mängel nach § 536a Abs. 1 1.Fall BGB ohne Möglichkeit zur Nacherfüllung ablesen, vgl. *Fikentscher /Heinemann*, SchuldR[10] (2006), Rn. 984; *Hau*, JuS 2003, 130 (131) („*markanteste Eigenheit des Mietrechts*").

73 Auf diesen Umstand wurde bereits frühzeitig durch den Bundesrat hingewiesen. In einer Stellungnahme zum Entwurf des Schuldrechtsmodernisierungsgesetzes heißt es: „*Der Entwurf passt namentlich die Mängelhaftung im Kauf- und im Werkvertrag an das neue Leistungsstörungsrecht an. Das Mietrecht folgt diesen Grundsätzen bisher nicht uneingeschränkt. Darüber hinaus will der Entwurf insbesondere im Kaufrecht eine Reihe von Normen des besonderen Leistungsstörungsrechts ändern, deren Parallelregelungen im Mietrecht zum Teil noch anderen Prinzipien folgen (z. B. …). Da die Wertungen sehr ähnlich sind, stellt sich die Frage einer Anpassung.*", BT-Drucks. 14/6857, S. 35. Zur Kritik an der lückenhaften Anpassung des Mietrechts im Wege der Schuldrechtsmodernisierung: *Hau*, JuS 2003, 130 ff.; *Unberath*, ZMR 2004, 309 f.

74 Schmidt-Futterer[13]-*Langenberg*, § 537, Rn. 2. Vgl. auch D II 1.

Pflichtenkreis des Vermieters gehört, ist eine Beteiligung des Mieters im Wege der Vertragsgestaltung in gewissen Grenzen anerkannt.[75] So kann der Mieter grds. verpflichtet werden, anfallende Schönheitsreparaturen auf eigene Kosten vornehmen zu lassen.[76]

Eine Frage, welche bei Dauerschuldverhältnissen eine tragende Bedeutung zukommt, ist die nach dem Prognoserisiko. Dabei sind gerade Mietverträge, sofern sie nicht gerade die Überlassung beweglicher Sachen zum Gegenstand haben, auf lange Sicht angelegt. Während Gewerberäume oftmals für 5 bis 10 Jahre gemietet werden, erstreckt sich die Nutzung von Wohnraum nicht selten auf die gesamte Lebenszeit.[77] Dabei gilt, dass der Mieter – in den Grenzen des § 313 BGB – für die Dauer der Gebrauchsüberlassung das Verwendungsrisiko trägt.[78] Virulent wird diese Risikoübernahme insbesondere bei der Anmietung von Gewerberaum. Die Ungewissheit, unter Zuhilfenahme des angemieteten Objekts das eigene Geschäftskonzept verwirklichen und Gewinne erzielen zu können, geht zu Lasten des Mieters.[79] Dass der Gläubiger der vertragsspezifischen Leistung das Verwendungsrisiko für selbige trägt, ist indes auch im Kauf- und Werkvertragsrecht nicht unbekannt[80] und überdies auch gerechtfertigt, da der Schuldner umgekehrt auch nicht am wirtschaftlichen Erfolg, der sich beim Gläubiger infolge der Erlangung dieser Leistung einstellt, partizipiert. Allerdings trifft den Gläubiger das Risiko beim Kauf- bzw. Werkvertragsrecht idR. nicht mit vergleichbarer Schärfe. Der Käufer erhält den Vertragsgegenstand unmittelbar nach Vertragsschluss und stillt damit ein gegenwärtig vorhandenes Bedürfnis. Die Gefahr einer Fehleinschätzung über die Verwendungsmöglichkeiten ist bei einem idR. unverzüglich abgewickelten, punktuellen Austauschvertrag gering. Der Werkbesteller erhält den Vertragsgegenstand dagegen erst am Ende eines mitunter langwierigen Herstellungsprozesses. Allerdings hat er die Möglichkeit den Vertrag nach § 648 S. 1 BGB bis zur Vollendung des Werkes zu kündigen.[81] Insoweit ist er ggü. der Gefahr einer Fehlprognose hinreichend abgesichert. Für den Mieter von Gewerberaum stellt sich oftmals erst nach Monaten heraus, ob sein Unternehmens-

75 *Oechsler*, aaO (Fn. 49), Rn. 505.

76 HK /BGB[10]-*Scheuch*, § 535, Rn. 10; Jauernig[17]-*Teichmann*, § 535, Rn. 15.

77 *Kötz*, Vertragsrecht, 2009, Rn. 711.

78 Vgl. bereits D II 1.

79 BGH, NJW 2000, 1714 (1716); NJW 1981, 2405 (2406); *Kluth /Freigang*, NZM 2006, 41 (42). Freilich besteht auch die Möglichkeit, die Risikoverteilung im Wege der Vertragsgestaltung auszuhebeln, etwa durch die Vereinbarung einer Umsatzmiete.

80 Vgl. G I 2 a.

81 Vgl. hierzu G I 2 a.

konzept aufgegangen ist und ob die Höhe des vereinbarten Mietzinses im Lichte der Einnahmen zu verkraften ist.[82] Im Gegensatz zum Besteller steht ihm jedoch kein fristloses Kündigungsrecht, welches nicht näher zu rechtfertigen ist, zur Verfügung. Ist die Laufzeit des Mietvertrages zeitlich begrenzt, ist eine ordentliche Kündigung gem. § 542 Abs. 2 BGB ausgeschlossen.[83] Nutzt er die Mietsache aus einem in seiner Person liegenden Grund nicht, ist er nach § 537 Abs. 1 S. 1 BGB gleichwohl zur Entrichtung des Mietzinses verpflichtet. Im Gegensatz zum Werkvertrag ist es auch nicht ohne weiteres möglich, den Schuldner der vertragsspezifischen Leistung zu einer anderweitigen Verwendung der frei gewordenen Ressourcen zu bewegen. Während sich etwa der Werkunternehmer nach § 648 S. 2 2.Hs. BGB auch böswillig unterlassenen Verdienst auf seinen Gegenleistungsanspruch anrechnen muss, besteht für den Vermieter keine Pflicht, einen vom Mieter präsentierten Nachmieter zu akzeptieren und so seinen Anspruch ggü. den eigentlichen Mieter über eine Anrechnung iSv. § 537 Abs. 1 S. 2 BGB zu verlieren. Lediglich im Bereich der Wohnraummiete wird das Recht des Vermieters, sein Eigentum ungenutzt zu lassen, durch § 242 BGB eingeschränkt.[84] Bei der Gewerberaummiete besteht lediglich die Möglichkeit zur Untervermietung. Stimmt der Vermieter dieser ebenfalls nicht zu, ist der Mieter gem. § 540 Abs. 1 S. 2 BGB berechtigt, den Vertrag außerordentlich mit der gesetzlichen Frist zu kündigen.[85] Allerdings ist zu beachten, dass eine Untervermietung für den Mieter mit nicht unerheblichen Haftungsrisiken verbunden ist (vgl. § 540 Abs. 2 BGB).

Freilich besteht das Prognoserisiko spiegelbildlich auch für den Vermieter. Stellt sich etwa heraus, dass der mit seinem Vertragspartner vereinbarte Mietzins zu niedrig, oder aber die Erhaltungskosten für die Mietsache zu hoch sind, kann er sich ebenso schlecht – bzw. im Bereich der Wohnraummiete sogar noch schlechter als der Mieter (vgl. nur § 573 BGB) – vom bestehenden Vertrag lösen. Auch die gewinnbringende Weiterveräußerung an einen Dritten wäre in diesem Fall wegen § 566 BGB wenig wahrscheinlich. Allerdings sind die finanziellen Risiken für den Vermieter besser kalkulierbar und mitunter weniger existenz-

---

82 *Kluth /Freigang*, NZM 2006, 41.

83 Bei der Wohnraummiete ist der Abschluss eines Zeitmietvertrages dagegen nur unter den zusätzlichen Voraussetzungen des § 575 Abs. 1 BGB möglich.

84 Vgl. D II 3.

85 Strittig ist, inwieweit § 540 BGB bei der Gewerberaummiete vertraglich abbedungen werden kann. Für eine umfassende Abdingbarkeit des Untervermietungs- und Kündigungsrechts: MüKo[7]-*Bieber*, § 540, Rn. 26; Palandt[78]-*Weidenkaff*, § 540, Rn. 2. A.A. LG Bonn, NJW-RR 2002, 1234; MüKo[7]-*Wurmnest*, § 307, Rn. 109 (kein formularmäßiger Ausschluss bei Zeitmietverträgen).

bedrohend als die des Mieters. Außerdem gibt es immer noch die Möglichkeit zur Mieterhöhung (vgl. §§ 557 ff. BGB). Ansonsten ist der Zahlungsanspruch des Vermieters durch das Vermieterpfandrecht abgesichert (vgl. §§ 562 ff. BGB). Dass trotzdem ein nicht unerhebliches Restrisiko für den Vermieter verbleibt, ist darauf zurückzuführen, dass auch der vertragsuntreue Wohnraummieter noch besonderen Schutz im Rahmen der Zwangsvollstreckung genießt.[86]

3. Abgrenzung zu anderen Vertragstypen

Der Mietvertrag gehört zur Gruppe der Gebrauchsüberlassungsverträge[87] und stellt in dieser zugleich die wichtigste Erscheinungsform dar.[88] Das prägende Merkmal der Gebrauchsüberlassungsverträge ist, dass ein Gegenstand einer anderen Partei *temporär*, und nicht – wie bei den Veräußerungsverträgen – dauerhaft überlassen wird.[89] Anders als beim Sachdarlehensvertrag wird der Mieter also nicht zum Eigentümer der überlassenen Sache, weshalb die Rückgewähr eines Gegenstandes von gleicher Art und Güte nicht genügt (vgl. dagegen § 607 Abs. 1 S. 2 BGB). Daraus folgt, dass der Mietvertrag nicht nur materiell, sondern – im Gegensatz zum Sachdarlehensvertrag – auch *formal* ein Überlassungsvertrag ist.[90]

Steht die Raumgewährung im Mittelpunkt des Vertragsverhältnisses, ist der Mietvertrag vom Verwahrungsvertrag abzugrenzen. Maßgebliches Abgrenzungskriterium ist der Stellenwert, den die Obhutspflicht im Pflichtenkanon des Erbringers der vertragsspezifischen Leistung hat.[91] Handelt es sich um eine Hauptpflicht, dürfte es sich um einen Verwahrungsvertrag handeln.[92] Aus diesem Grund erlangt

86 So kann gem. § 721 ZPO gerichtlich eine angemessene Räumungsfrist bestimmt werden. Nach § 765a ZPO kann Vollstreckungsaufschub erwirkt werden. Vgl. hierzu: *Baur / Stürner / Bruns*, Zwangsvollstreckungsrecht[13] (2006), § 39, Rn. 12; *Esser / Weyers*, SchuldR, Bd. 2/1, 8. Aufl. (1998), § 19 IV (S. 163). Auch materiellrechtlich erhält der Wohnraummieter ausreichend Flankenschutz. So kann er gem. § 574 BGB bereits der Kündigung des Vermieters bei Vorliegen einer entsprechenden Härte widersprechen und auf diese Weise eine (zeitlich begrenzte) Fortsetzung des Mietverhältnisses erzwingen.

87 *Oetker / Maultzsch*, aaO (Fn. 2), § 5, Rn. 1; Staudinger[2018]-*Emmerich*, Vor § 535, Rn. 1.

88 *Kötz*, Vertragsrecht, 2009, Rn. 710; Staudinger / Eckpfeiler[2018]-*Emmerich*, Kap. O, Rn. 1.

89 *Esser / Weyers*, SchuldR, Bd. 2/1, 8. Aufl. (1998), § 13 1 (S. 129); *Gitter*, aaO (Fn. 36), S. 1; *Oetker*, aaO (Fn. 4), S. 145; *Oetker / Maultzsch*, aaO (Fn. 2), § 1, Rn. 20; Staudinger / Eckpfeiler[2018]-*Emmerich*, Kap. O, Rn. 1.

90 *Oetker / Maultzsch*, aaO (Fn. 2), § 5, Rn. 9.

91 MüKo[7]-*Häublein*, Vor § 535, Rn. 12.

92 *Oetker / Maultzsch*, aaO (Fn. 2), § 5, Rn. 10.

der Verwahrer typischerweise unmittelbaren Alleinbesitz an den in der Räumlichkeit befindlichen Sachen.[93]

Anders als der Pächter ist der Mieter nicht zur Fruchtziehung berechtigt (vgl. § 581 Abs. 1 S. 1 2.Alt. BGB).[94] Folglich kann es bei einem Mietvertrag nur um die Überlassung eine Sache gehen (vgl. § 535 Abs. 1 S. 1 BGB).[95] Denn ein Recht kann nicht wie eine Sache gebraucht, sondern nur zur Fruchtziehung verwendet werden (vgl. § 99 Abs. 2 BGB).[96] Pacht- und Mietvertrag verbindet dagegen die Entgeltlichkeit der Gebrauchsüberlassung (vgl. § 535 Abs. 2 bzw. § 581 Abs. 1 S. 2 BGB), durch die sich beide innerhalb der Gruppe der Überlassungsverträge von der Leihe unterscheiden.[97]

II. Bereicherung durch Selbstvornahme

1. Einleitung

Gem. § 535 Abs. 1 S. 2 BGB ist der Vermieter verpflichtet, dem Mieter die Mietsache in einem zum vertragsgemäßen Gebrauch geeigneten Zustand zu überlassen. Diesen Zustand muss er für die Dauer der Mietzeit aufrechterhalten. Treten anfängliche oder nachträgliche Mängel[98] auf, hat der Vermieter für ihre Beseitigung Sorge zu tragen.[99] Die in § 536b und § 536c Abs. 2 BGB normierten *gesetzlichen* Ausschlussgründe für eine Mängelhaftung des Vermieters[100] beziehen sich ausschließlich auf die Mietminderung und etwaige Schadensersatzansprüche des Mieters. Sein auf Beseitigung der Mängel gerichteter Erfüllungsanspruch[101] wird

---

93 *Oetker /Maultzsch*, aaO (Fn. 2), § 5, Rn. 10.

94 *Gitter*, aaO (Fn. 36), S. 2; *Larenz*, SchuldR, Bd. 2/1, 13. Aufl. (1986), § 48 I (S. 213); MüKo[7]-*Häublein*, Einl 535, Rn. 8; Soergel[13]-*Heintzmann*, Vor § 535, Rn. 13.

95 *Gitter*, aaO (Fn. 36), S. 1. Dabei wird es sich wohl nicht um eine verbrauchbare Sache iSv. § 92 BGB handeln, da diese ihre Bestimmung im Verbrauch und nicht im Gebrauch findet, vgl. AnwKom /WohnraummietR[3]-*Lammel*, § 535, Rn. 13.

96 *Oetker /Maultzsch*, aaO (Fn. 2), § 5, Rn. 6.

97 *Gitter*, aaO (Fn. 36), S. 2; *Larenz*, SchuldR, Bd. 2/1, 13. Aufl. (1986), § 48 I (S. 213); MüKo[7]-*Häublein*, Einl 535, Rn. 5; *Oetker /Maultzsch*, aaO (Fn. 2), § 1, Rn. 21.

98 Ein Mangel ist die für den Mieter nachteilige Abweichung des tatsächlichen Zustands der Mietsache von dem vertraglich geschuldeten Zustand, vgl. BGH, NJW 2006, 899 (900); *Hirsch*, SBT, 2007, Rn. 575.

99 Blank /Börstinghaus[5]-*Blank*, § 535, Rn. 369.

100 Eine *vertragliche* Einschränkung der Mängelhaftung des Vermieters muss sich indes an den Voraussetzungen der §§ 536 Abs. 4, 536d BGB messen lassen.

101 Als Bestandteil des Erfüllungsanspruches ist der Mangelbeseitigungsanspruch auch von maßgeblicher Bedeutung für das vertragliche Äquivalenzverhältnis, vgl. hierzu *Derleder*, NZM 2002, 676 (679).

dadurch jedoch nicht tangiert.[102] Im Gegensatz zum Kauf- bzw. Werkvertragsrecht genügt es also nicht, wenn der Vertragsgegenstand bei Übergabe bzw. Abnahme mangelfrei gewesen ist. Das Problem der Selbstvornahme ist indes mit jenem aus dem Kauf- bzw. Werkvertragsrecht vergleichbar. Auch im Mietrecht kommt es vor, dass der Mieter die Mangelbeseitigung selbst veranlasst und sich anschließend die Frage nach etwaigen Rückgriffsansprüchen gegenüber seinem Vertragspartner stellt. Auch an dieser Stelle bietet sich die Differenzierung zwischen „berechtigter" und „unberechtigter" Selbstvornahme an. Diese Terminologie war im Kauf- bzw. Werkvertragsrecht insofern missverständlich, als der Gläubiger der vertragstypischen Leistung idR. Eigentümer derselben wurde und mit dieser ohnehin nach Belieben verfahren konnte (vgl. § 903 BGB). „(Un-)berechtigt" war im Einzelfall lediglich der anschließende Rückgriff beim jeweiligen Vertragspartner. Lagen die Voraussetzungen von §§ 280 Abs. 1, 3 iVm. 281 bzw. § 637 BGB vor, war ein solcher Rückgriff ohne weiteres möglich.[103] Problematisch wurde es jedoch immer dann, wenn nicht alle Voraussetzungen der soeben genannten Vorschriften vorlagen, was regelmäßig dann der Fall war, wenn der Käufer bzw. Besteller dem Verkäufer bzw. Unternehmer (regelmäßig in Unkenntnis der Rechtslage) vor der eigens veranlassten Mangelbeseitigung keine Frist zur Nacherfüllung gesetzt hat.

Auch wenn der Mieter mit der Mietsache nicht nach Belieben verfahren darf, ist er unter bestimmten Voraussetzungen berechtigt, den Mangel der Mietsache selbst zu beseitigen, um anschließend die hierfür erforderlichen Aufwendungen beim Vermieter zu liquidieren. Dies ist der Fall, wenn die Voraussetzungen von § 536a Abs. 2 BGB vorliegen, der Vermieter also entweder mit der Mangelbeseitigung in Verzug ist, oder eine umgehende Beseitigung des Mangels zur Erhaltung bzw. Wiederherstellung des Bestands der Mietsache notwendig ist.[104] Die ursprüngliche Parallele zwischen Miet- und Werkvertragsrecht, welche darin bestand, dass eine Selbstvornahme des Sachgläubigers mit anschließendem Rück-

102 *Brox / Walker*, SBT[41] (2017), § 11, Rn. 13. Nach § 536c Abs. 2 BGB schon deshalb nicht, weil der Verlust der Gewährleistungsansprüche nur für die Zeit eintritt, in welcher der Vermieter wegen der unterlassenen Anzeige den Mangel nicht beseitigen konnte. Der Ausschluss wirkt also nicht in die Zukunft, vgl. Soergel[13]-*Heintzmann*, § 536c, Rn. 8.

103 Zur Durchsetzung des Nacherfüllungsanspruches im Wege der Zwangsvollstreckung vgl. § 887 ZPO.

104 Dagegen wird ein Anspruch aus §§ 280 Abs. 1, 3 iVm. 281 durch § 536a Abs. 1 BGB verdrängt, vgl. *Brox / Walker*, SBT[41] (2017), § 11, Rn. 21; Soergel[13]-*Heintzmann*, § 536a, Rn. 4.

griff beim in Verzug befindlichen Schuldner möglich war (vgl. § 633 Abs. 3 und § 538 Abs. 2 BGB a. F.), ist seit der Schuldrechtsreform – zumindest in dieser Qualität – nicht mehr vorhanden. Zwar besteht auch nach geltendem Recht die Möglichkeit, dass der Mieter bzw. Besteller den Mangel bei vollem Kostenausgleich selbst beseitigt, doch wurde bei der Neufassung des § 633 Abs. 3 BGB a. F. in § 637 BGB dieser Rückgriff grds. mit dem erfolglosen Setzen einer Nachfrist verbunden und so den Voraussetzungen des allgemeinen Leistungsstörungsrechts (vgl. §§ 281, 323 BGB) angepasst.[105] Dieser Änderungswille war angesichts des Zeitdrucks, dem der Reformgesetzgeber unterlag, beim ohnehin bereits modernisierten Mietrecht[106] offenbar nicht mehr vorhanden, sodass § 538 Abs. 2 BGB a. F., der bereits durch das Mietrechtsreformgesetz weitgehend wortgleich durch § 536a Abs. 2 Nr. 1 BGB (a.F.) übernommen wurde[107], weiterhin Bestand hat. Während also für den Besteller bereits eine erfolglos abgelaufene Nachfrist genügt, um zur (berechtigten) Selbstvornahme zu schreiten, ist der Mieter weiterhin darauf angewiesen, dass der Vermieter sich nach § 536a Abs. 2 Nr. 1 BGB mit der Mangelbeseitigung in Verzug befindet.[108] Dieser Unterschied ist umso größer, wenn man bedenkt, dass der Verzug nach § 286 Abs. 4 BGB verschuldens*abhängig* ist[109], während es bei der werkvertraglichen Selbstvornahme nach § 637 BGB nicht auf ein Vertretenmüssen des Unternehmers ankommt.[110] Dagegen ist die in § 536a Abs. 2 Nr. 2 BGB normierte „*Notfallklausel*"[111] wertungsmäßig mit den in § 637 Abs. 2 BGB normierten Ausnahmetatbeständen vergleichbar.[112] Ein weiterer

105 *Hau*, JuS 2003, 130 (134).
106 Vgl. H I 1 (Fn. 52).
107 Vgl. hierzu: *Eckert*, NZM 2001, 409 (412); MüKo^{7}-*Häublein*, § 536a, Rn. 3.
108 Eine Fristsetzung ist somit gerade nicht erforderlich, vgl. *Herresthal /Riehm*, NJW 2005, 1457 (1460) (Fn. 60).
109 Durch eine einfache Mängelanzeige wird der Vermieter also nicht automatisch in Verzug gesetzt. Das Gleiche gilt für eine kurzzeitige Nichterreichbarkeit desselben. Vgl. hierzu: *Dötsch*, NZM 2007, 275 (276).
110 *Oechsler* sieht darin eine schwer zu rechtfertigende Begünstigung des Vermieters, *ders.*, aaO (Fn. 49), Rn. 532.
111 *Hau*, JuS 2003, 130 (134).
112 Diese „*Notfallklausel*" wurde gleichfalls im Wege der Mietrechtsreform geschaffen. Ihr entsprach zuvor der § 547 Abs. 1 S. 1 BGB a. F., vgl. *Dötsch*, NZM 2007, 275 (276); *Eckert*, NZM 2001, 409 (412); *Horst*, MDR 2009, 477; MüKo^{7}-*Häublein*, § 536a, Rn. 3. § 547 Abs. 1 S. 1 BGB a. F. gewährte nämlich einen Ersatzanspruch des Mieters, falls dieser notwendige Verwendungen auf die Mietsache gemacht hat. Notwendige Verwendungen iSv. § 547 Abs. 1 S. 1 BGB a. F. waren wiederum solche, die der Erhaltung oder Wiederherstellung des Bestands der Sache dienten, vgl. BGH, NJW-

Unterschied in der gesetzlichen Ausgestaltung der Selbstvornahme im Miet- und Werkvertragsrecht besteht darin, dass § 637 Abs. 3 BGB dem Besteller ausdrücklich einen Vorschussanspruch zugesteht.[113] Tatsächlich wird dieser Unterschied jedoch dadurch überbrückt dass auch dem Mieter ein solcher Vorschussanspruch praktisch einhellig zugestanden wird.[114]

Fraglich ist, ob der Mieter auch dann berechtigt ist, einen Anspruch ggü. dem Vermieter geltend zu machen, wenn die Voraussetzungen von § 536a Abs. 2 BGB *nicht* vorgelegen haben, der Mieter den Mangel jedoch erfolgreich beseitigt hat.[115]

2. Meinungsstand

Wie schon im Kauf- und Werkvertragsrecht haben sich auch im Mietrecht verschiedene Standpunkte zu der Frage herausgebildet, ob auch bei „unberechtigter" bzw. eigenmächtiger Selbstvornahme Ersatzansprüche gegenüber dem Vermieter bestehen.[116]

RR 1991, 75. Auch § 536a Abs. 2 Nr. 2 BGB gewährt nun einen Ersatzanspruch des Mieters bei Aufwendungen, die – so wörtlich – der „*Erhaltung oder Wiederherstellung des Bestands der Mietsache*" dienen. Der *ultima-ratio*-Charakter von § 536a Abs. 2 Nr. 2 BGB wird zudem durch die Formulierung, dass ein sofortiges Einschreiten des Mieters „*notwendig*" sein müsse, klargestellt. Der im alten Mietrecht vorhandene Meinungsstreit, ob der Mieter seine Mangelbeseitigungskosten notfalls auf § 547 Abs. 1 BGB a. F. stützen kann, wenn sich der Vermieter nicht im Verzug befindet und damit die Voraussetzungen von § 538 Abs. 2 BGB a. F. nicht vorliegen, hat sich somit erledigt, vgl. *Derleder*, NZM 2002, 676 (681); Kinne /Schach /Bieber[5]-*Schach*, § 536a, Rn. 10.

113 Vgl. *Artz*, in: FS Blank (2006), S. 10.

114 Vgl. nur *Derleder*, NZM 2002, 676 (681); MüKo[7]-*Häublein*, § 536a, Rn. 24; Soergel[13]-*Heintzmann*, § 536a, Rn. 23.

115 Schon im alten Recht war dieser Streit virulent. Fraglich war auch damals, ob der Mieter, der den Mangel selbst oder durch einen Dritten beseitigt hat, ohne das die Voraussetzungen von § 538 Abs. 2 BGB a. F. vorlagen, zumindest einen Ersatzanspruch gem. § 547 Abs. 1 bzw. Abs. 2 BGB a. F. hat. Für einen Anspruch aus § 547 Abs. 1 BGB a. F.: LG Rottweil, WuM 1989, 288; AG Hamburg, WuM 1994, 609 (610); a.A. BGH, NJW-RR 1993, 522 (523); OLG München, NJW-RR 1997, 650; *Emmerich*, NZM 1998, 49 (51). Für einen Anspruch aus § 547 Abs. 2 BGB a. F.: OLG Düsseldorf, NJW-RR 1992, 716; LG Mannheim, NJW-RR 1996, 1357; LG Berlin, WuM 1989, 16; AG Wedding, WuM 1989, 15 (16).

116 Ansprüche aus dem EBV (z. B. § 994 bzw. § 996 BGB) kommen nicht in Betracht, insofern als der Mieter aufgrund des Mietvertrages ein (obligatorisches bzw. relatives) Recht zum Besitz hat. Vgl. hierzu: *Kinne*, Das Grundeigentum 2009, 358.

a) *Ersatzbegründende Auffassungen*

Zunächst gibt es Stimmen, die einen Ersatzanspruch des Mieters auch bei eigenmächtiger Selbstvornahme bejahen. Bei der Auswahl der einschlägigen Anspruchsgrundlage gehen die Ansichten wieder auseinander.

Vereinzelt wird unmittelbar auf das allgemeine Leistungsstörungsrecht zurückgegriffen, um dem Mieter einen Anspruch gegen den Vermieter zu gewähren. So bemüht *Artz* – wie auch im Kaufrecht[117] – den Rechtsgedanken des § 326 Abs. 2 S. 2 BGB.[118] Anders als durch § 536a Abs. 2 erhalte der Mieter durch § 326 Abs. 2 S. 2 BGB keinen Ersatz für *seine* Aufwendungen, sondern nur die ersparten Aufwendungen des Vermieters. Beide Beträge seien jedoch rechtlich zu trennen, weshalb § 326 Abs. 2 S. 2 BGB auch nicht durch § 536a Abs. 2 BGB verdrängt werde.[119] Eine abschließende Regelung der Selbstvornahmekosten durch § 536a Abs. 2 BGB vertrage sich nicht mit dem durch die Schuldrechtsmodernisierung nochmals verstärkten Zusammenspiel von allgemeinem und besonderem Schuldrecht.[120]

Alle anderen Befürworter eines Ersatzanspruches finden ihren Ankerpunkt im besonderen Schuldrecht. Erwogen wird etwa ein Aufwendungsersatzanspruch des Mieters auf der Grundlage des § 536a Abs. 1 BGB.[121] Auch auf diesen Schadensersatzanspruch des Mieters sei § 284 BGB anwendbar[122], obwohl der Wortlaut des § 536a Abs. 1 BGB nicht ausdrücklich einen Anspruch auf Schadensersatz *statt der Leistung* vorsieht, den § 284 BGB jedoch voraussetzt. Zwar investiere der Mieter außerhalb des § 536a Abs. 2 BGB auf „eigene Gefahr", doch geschehe dies im Vertrauen auf den Erhalt der Gegenleistung, weshalb § 284 BGB zur Anwendung kommen müsse, dessen Normzweck darin bestehe, Ersatz für frustrierte Aufwendungen zu gewähren.[123] Im Einzelfall komme jedoch eine Reduzierung des Anspruchs auf der Grundlage des § 254 BGB in Betracht.[124]

---

117 Vgl. hierzu: F II 2 a) aa).

118 *ders.*, in: FS Blank (2006), S. 21 f.

119 *Artz*, in: FS Blank (2006), S. 16 ff.

120 *Artz*, in: FS Blank (2006), S. 18.

121 *Oechsler*, NZM 2004, 647 (648 f.); Staudinger[2018]-*Emmerich*, § 536a, Rn. 22/41.

122 *Oechsler*, NZM 2004, 647 (649). Für eine Anwendbarkeit von § 284 bei einem Schadensersatzanspruch aus § 536a BGB: AnwKom-*Arnold*, § 284, Rn. 13; Palandt[78]-*Weidenkaff*, § 536a, Rn. 14.

123 *Oechsler*, NZM 2004, 647 f.

124 *Oechsler*, NZM 2004, 647 (648).

Die überwiegende Mehrheit der Befürworter eines Ersatzanspruches will dagegen auf § 539 Abs. 1 BGB zurückgreifen.[125] Hierbei handelt es sich im Kern um eine Rechtsgrundverweisung auf die Vorschriften der Geschäftsführung ohne Auftrag.[126] Der Mieter, der einen Mangel an der Mietsache beseitigt investiert – aus was für eigennützigen Motiven auch immer – in fremdes Eigentum.[127] Daher gehen die Vertreter dieser Ansicht davon aus, dass es sich bei der Selbstvornahme um ein „auch fremdes Geschäft“ handele, bei dem der Fremdgeschäftsführungswille des Mieters vermutet werde. Es sei schwer, diese Vermutung zu widerlegen, denn ein Mieter, der einen Mangel an der Mietsache beseitige wisse, dass er damit eigentlich ein Geschäft des Vermieters führe und wolle dies für gewöhnlich auch.[128] Liegen die Tatbestandsvoraussetzungen von § 536a Abs. 2 Nr. 1 bzw. 2 BGB *nicht* vor, dürfte die Geschäftsführung regelmäßig nicht dem tatsächlichen bzw. mutmaßlichen Willen des Vermieters entsprechen.[129] Gleichwohl komme auch bei einer unberechtigten Geschäftsführung ohne Auftrag nach § 684 BGB[130] ein Bereicherungsausgleich in Betracht.[131] Insofern als der Vermieter nach § 535 Abs. 1 S. 2 BGB zur Beseitigung des Mangels verpflichtet gewesen sei, bestehe der abzuschöpfende Vermögensvorteil in der Befreiung von dieser Mangelbesei-

125 AG Recklinghausen, Urt. v. 19.12.2005–52 C 263/04, Rn. 24 ff. (erhältlich bei juris); 9a; *Dauner-Lieb /Dötsch*, NZM 2004, 641 (646); *Derleder*, WuM 2006, 175 (179); *Dötsch*, ZMR 2008, 283 (284), Anm. z. BGH, NJW 2008, 1216; *ders.*, NZM 2007, 275 (277); *Faust*, JuS 2008, 462 (464); *Gsell*, NZM 2010, 71 (75); *Herresthal /Riehm*, NJW 2005, 1457 (1460 f.); *Hirsch*, SBT, 2007, Rn. 583; Kinne /Schach /Bieber[5]-*Kinne*, § 539, Rn. 6; *Klöhn*, EWiR 2008, 235 (236), Anm. z. BGH, NJW 2008, 1216; *Kuhn*, ZMR 2009, 175 (177); MüKo[7]-*Bieber*, § 539, Rn. 2; Soergel[13]-*Heintzmann*, § 536a, Rn. 25; Staudinger[2018]-*Emmerich*, § 536a, Rn. 41; *Theesfeld*, jurisPR-MietR 15/2009, Anm. 1 z. AG Hamburg, ZMR 2009, 928 („*In Einzelfällen*“).

126 BT-Drucks. 14/4553, S. 42; BGHZ 181, 188 (194); *Derleder*, WuM 2006, 175 (180); *Hey*, JuS 2009, 400 (403); Jauernig[17]-*Teichmann*, § 539, Rn. 2; *Kuhn*, ZMR 2009, 175 (178); MüKo[7]-*Bieber*, § 539, Rn. 8; Staudinger[2018]-*Emmerich*, § 539, Rn. 5.

127 Vgl. *Derleder*, WuM 2006, 175 (180). Freilich besteht auch die Möglichkeit, dass der Mieter Eigentümer der Mietsache ist (vgl. H I 2). Allerdings dürfte es sich dabei um einen Ausnahmefall handeln.

128 *Kuhn*, ZMR 2009, 175 (177).

129 Vgl. *Schach*, jurisPR-MietR 7/2008, Anm. 2.

130 Diese Norm enthält einen Rechtsfolgenverweis auf das Bereicherungsrecht, vgl. hierzu bereits F II 2 c) aa).

131 Vgl. *Gsell*, NZM 2010, 71 (74). Theoretisch wäre natürlich noch eine Genehmigung der eigenmächtigen Mangelbeseitigung durch den Vermieter denkbar, was zur Folge hätte, dass dem Mieter wiederum ein Anspruch aus §§ 684 S. 2, 683, 670 BGB zustünde. Vgl. hierzu: *Derleder*, WuM 2006, 175 (180).

tigungspflicht.[132] Folglich hätte der Vermieter auch nach dieser Ansicht lediglich *seine* ersparten Aufwendungen – und nicht etwa die des Mieters – als Wertersatz herauszugeben.[133]

Eine Unteransicht[134] will dagegen lediglich den durch § 539 Abs. 1 BGB eröffneten Anspruch aus berechtigter GoA gem. §§ 683, 670 neben § 536a Abs. 2 BGB zulassen. Außerhalb von § 536a Abs. 2 BGB dürften die Voraussetzungen von § 539 Abs. 1 iVm. §§ 683, 670 BGB jedoch nur selten erfüllt sein. Exemplarisch wird von den Vertretern dieser Unteransicht die umgehend erforderliche Selbstvornahme zur Vermeidung von Schäden an Rechtsgütern des *Mieters* herangezogen.[135] Angesichts der Dringlichkeit seien die Voraussetzungen von § 536a Abs. 2 Nr. 1 BGB nicht erfüllt. Ebensowenig greife die eigentlich für Notfälle gedachte Regelung des § 536a Abs. 2 Nr. 2 BGB ein, da diese nur für den Fall eine Selbstvornahme gestatte, in der die Mangelbeseitigung der Erhaltung oder Widerherstellung des Bestandes der Mietsache diene.[136]

b) Ablehnende Auffassung

Schließlich gibt es noch eine Auffassung, welche sämtliche Ersatzansprüche des Mieters bei unberechtigter Selbstvornahme ablehnt.[137] So handele es sich bei

---

132 *Herresthal /Riehm*, NJW 2005, 1457 (1461).

133 Vgl. *Kuhn*, ZMR 2009, 175 (179).

134 *Dauner-Lieb /Dötsch*, NZM 2004, 641 (646); *Dötsch*, ZMR 2008, 283 (284), Anm. z. BGH, NJW 2008, 1216; *ders.*, NZM 2007, 275 (277); *Kuhn*, ZMR 2009, 175 (177).

135 Vgl. *Derleder*, WuM 2006, 175 (179); *Dötsch*, NZM 2007, 275 (276 f.); *Kuhn*, ZMR 2009, 175 (178 f.).

136 Vgl. hierzu auch H II 4 a) /b).

137 BGH, NJW 2008, 1216 (1217); OLG Düsseldorf, NJOZ 2009, 2005 (2006 f.); LG Bochum, Urt. v. 04.07.2006–11 S 350/05, Rn. 33 ff. (erhältlich bei juris); AG Münster, BeckRS 2009, 86855; AnwKom /WohnraummietR[3]-*Lammel*, § 536a, Rn. 24; BeckOK / BGB[Ed48]-*Wiederhold*, § 536a, Rn. 48; *Börstinghaus*, BGHReport 2008, 425 (426), Anm. z. BGH, NJW 2008, 1216; *Brox /Walker*, SBT[41] (2017), § 11, Rn. 18; *Derleder*, NZM 2002, 676 (681); *Eckert*, NZM 2001, 409 (412); Elzer /Riecke-*Feldhahn*, § 536a, Rn. 10; *Emmerich*, SBT[15] (2018), § 7, Rn. 51; *Gramlich*, Mietrecht[10] (2007), § 536a, S. 27; *Horst*, MDR 2009, 447 (478); *P. Huber /Bach*, SBT 1[5] (2016), Rn. 516; *Kandelhard*, WuM 2003, 3 (14); KK /MietR-*Riecke*, § 539, Rn. 6; *Lange*, ZGS 2009, 442 (443); *Lehmann-Richter*, WuM 2005, 747 (749); MüKo[7]-*Häublein*, § 536a, Rn. 16 /25; Palandt[78]-*Weidenkaff*, § 536a, Rn. 17; *Paschke*, Info M 2008, 113, Anm. z. BGH, NJW 2008, 1216; PWW[13]-*Feldhahn*, § 536a, Rn. 10; Schmidt-Futterer[13]-*Eisenschmid*, § 536a, Rn. 167; *Sternel*, MietR[4] (2009), Kap. VIII, Rn. 312a; *Tonner*, Vertragliche Schuldverhältnisse[2] (2010), § 19, Rn. 30 f.; Tonner /Willingmann /Tamm-*Mohr*, § 536a, Rn. 8; *Wolf /Eckert /Ball*, Handbuch des gewerblichen Miet-, Pacht- und Leasingrechts[10] (2009), Rn. 312.

§ 536a Abs. 2 BGB um eine Norm, welche die Rückgriffsmöglichkeiten des zur Selbstvornahme geschrittenen Mieters abschließend regele.[138] Unbillige Härten würden zudem durch § 536a Abs. 2 Nr. 2 BGB aufgefangen.[139]

3. Stellungnahme

Die Frage nach der Ersatzfähigkeit von Mangelbeseitigungskosten bei unberechtigter Selbstvornahme stellt sich schließlich auch im Mietrecht. Fast schon folgerichtig werden von den Befürwortern und Gegnern eines Ersatzanspruches auch an dieser Stelle wieder Argumente ins Feld geführt, welche auch in der parallelen Diskussion im Kauf- und Werkvertragsrecht einen festen Platz haben. Erneut stellt sich die Frage, inwieweit diese Argumente angesichts der typologischen Besonderheiten des Mietrechts überzeugen können und inwieweit sich neue Argumentationsmuster erkennen lassen.

a) Das Gerechtigkeitsargument

Dies fängt an mit dem Gerechtigkeitsargument, welches von den Anhängern der ersatzbegründenden Auffassungen vorgebracht wird und besagt, dass der Vermieter keinen Vorteil daraus schöpfen dürfe, dass der Mieter – wahrscheinlich wegen bloßer Unkenntnis der Rechtslage – nicht darauf geachtet habe, ob auch die Voraussetzungen von § 536a Abs. 2 BGB vorliegen, bevor er zur Selbstvornahme geschritten ist.[140] Ihm noch nicht einmal die ersparten Aufwendungen des Vermieters zu überlassen, käme einer „*Zivilstrafe*“ gleich.[141]

Im Hinblick auf die Ersetzbarkeit der Selbstvornahmekosten hat sich – trotz Mietrechtsreformgesetz und Schuldrechtsmodernisierung – im Kern nichts geändert. Der Mieter darf weiterhin grds. erst auf die Ersetzbarkeit seiner Aufwendungen hoffen, wenn sich der Vermieter zum Zeitpunkt der Selbstvornahme mit der Mangelbeseitigung in Verzug befunden hat. Dies stand bereits in § 538 Abs. 2 BGB a. F. und wurde durch § 536a Abs. 2 Nr. 1 BGB übernommen. Während sich im Werkvertragsrecht die Voraussetzungen der berechtigten Selbstvornahme durch die Einführung des Fristsetzungserfordernisses in § 637 BGB a. F. geringfügig geändert haben und sich im Kaufrecht mit der Einführung eines zweistufigen Gewährleistungsrechts geradezu ein Paradigmenwechsel vollzogen

138 *Gramlich*, MietR[10] (2007), § 536a, S. 27; KK /MietR-*Riecke*, § 539, Rn. 6.
139 Vgl. LG Bochum, Urt. v. 04.07.2006–11 S 350/04, Rn. 44 (erhältlich bei juris).
140 Vgl. *Gsell*, NZM 2010, 71 (75).
141 *Klöhn*, EWiR 2008, 235 (236), Anm. z. BGH, NJW 2008, 1216.

hat, ist im Mietrecht insoweit alles beim alten geblieben. Besondere Rücksichtnahme auf die Unkenntnis dieser alten und neuen Rechtslage darf der Mieter also nicht erwarten.

Hinzukommt, dass es oftmals Private sind, die ihre Immobilien vermieten. Somit kann – im Gegensatz zum Kauf- bzw. Werkvertragsrecht – auch nicht von einem typischen Wissensvorsprung des Sachschuldners ausgegangen werden. Es ist bezeichnend, dass die besonderen Schutzvorschriften für die Wohnraummiete (§§ 549 ff. BGB) nicht grundlegend zwischen einem gewerblichen und einem nicht gewerblichen Vermieter differenzieren.[142] Etwaige Versäumnisse in der Kenntnis der Rechtslage durch den Mieter können somit nicht grundlegend dem Vermieter angelastet werden. Somit erscheint eine besondere Rücksichtnahme auf den unwissenden Mieter auch aus diesem Blickwinkel nicht gerechtfertigt zu sein.

Schließlich darf auch nicht vergessen werden, dass der Vermieter idR. Eigentümer der Mietsache ist[143] und nach § 903 BGB das Recht hat, mit dieser grds. nach Belieben zu verfahren. Indem der Mieter den vorhanden Mangel eigenmächtig beseitigt, greift er nicht unerheblich in diese Bestimmungsfreiheit ein.[144] Nun könnte man einwenden, dass die Mangelbeseitigung doch nur dem Erhalt der Mietsache diene.[145] Allerdings liegt die Entscheidung, auf welche Weise ein Mangel beseitigt wird, beim Eigentümer der Mietsache. Möglicherweise stehen ihm noch Gewährleistungsrechte gegenüber den Verkäufern bzw. Werkunternehmern zu, welche an der Fertigstellung der Mietsache mitgewirkt haben. Es besteht die Gefahr, dass er diese Gewährleistungsansprüche gegenüber seinen Vertragspartnern durch die Mangelbeseitigung des Mieters verliert.[146] Denkbar ist auch, dass der Vermieter die Mangelbeseitigung gerne zum Anlass genommen hätte, um auch grundlegende wertsteigernde (Sanierungs-)maßnahmen vorzunehmen.[147] Auch diese Option wird ihm durch das eigenmächtige Vorgehen des Mieters aus der Hand gerissen.

In Ansehung dieser Umstände erscheint die Rechtfertigung eines Anspruchs des Mieters gegen den Vermieter im Nachgang einer unberechtigten Selbstvornahme als „Gebot der Gerechtigkeit“ als zu vordergründig.

---

142 Vgl. H I.

143 Vgl. nur *Lehmann-Richter*, WuM 2005, 747.

144 AG Münster, BeckRS 2009, 86855; *Kuhn*, ZMR 2009, 175 (177); *Schimmel /Buhlmann*, LMK 2008, 256758, Anm. z. BGH, NJW 2008, 1216.

145 Vgl. *Artz*, in: FS Blank (2006), S. 11).

146 *Wolf /Eckert /Ball*, aaO (Fn. 137), Rn. 312.

147 LG Bochum, Urt. v. 04.07.2006–11 S 350/05 (erhältlich bei juris).

b) *Das Abschöpfungsargument*

Von denjenigen, die in erster Linie eine Auskehr der vom Vermieter ersparten Mangelbeseitigungskosten an den Mieter verlangen, wird – wie auch schon im Kauf- und Werkvertragsrecht – das Abschöpfungsargument vorgetragen. Dieses besagt, dass sich die ersparten Aufwendungen des Vermieters in ihrem Umfang idR. nicht mit den Aufwendungen des Mieters decken und deshalb § 536a Abs. 2 BGB auch nicht unterlaufen werde, wenn man erstere abschöpft.[148] Damit richtet sich das Abschöpfungsargument primär gegen das ebenfalls im Mietrecht vorhandene Erosionsargument.[149]

Die Vertreter des Abschöpfungsargumentes erkennen vielfach, dass allein die *rechtliche* Differenzierung zwischen den durch die eigenmächtige Mangelbeseitigung ersparten Aufwendungen des Sachschuldners und den tatsächlichen Aufwendungen des Sachgläubigers[150] einen Rückgriff des letzteren zu Lasten des ersteren noch nicht zu rechtfertigen vermag. Dagegen spricht bereits, das die Tatbestandsvoraussetzungen der für einen Rückgriff vorgesehenen Anspruchsgrundlagen wie etwa § 536a Abs. 2 BGB gerade nicht erfüllt sind. Daher lassen sie sich allzu oft zu der Behauptung hinreißen, dass die beiden Beträge auch in ihrem Umfang nicht übereinstimmen (s. o.). Mit anderen Worten: Die ersparten Aufwendungen des Sachschuldners seien geringer als die des Sachgläubigers. Folglich erhalte der Sachgläubiger weniger als wenn die Voraussetzungen der Anspruchsgrundlagen für eine berechtigte Selbstvornahme vorlägen. Damit würden eben diese Anspruchsgrundlagen mit ihren jeweiligen Voraussetzungen auch nicht leerlaufen.

Gegen diese Prämisse sprechen – wie schon im Kauf- und Werkvertragsrecht – auch im Mietrecht zwei Dinge: Zum einen lässt sich die Frage, ob sich die ersparten Aufwendungen des Vermieters in ihrem Umfang mit jenen des Mieters decken oder nicht, nur anhand des konkreten Einzelfalls beurteilen sodass eine generalisierende Aussage überhaupt nicht getroffen werden kann.[151] Dessen ungeachtet ist im Mietrecht die Wahrscheinlichkeit, dass sich die beiden Beträge decken, viel größer als im Werkvertragsrecht, weil der Vermieter oftmals gezwungen wäre, gleichfalls einen Handwerker mit der Beseitigung des Mangels

148 *Artz*, in: FS Blank (2006), S. 6; *Faust*, JuS 2008, 462 (463); *Gsell*, NZM 2010, 71 (75).

149 Vgl. H II 3 c).

150 Diese rechtliche Differenzierung ist nicht zu beanstanden (vgl. bereits F II 3 a) bb)) und wird im Übrigen auch vom BGH geteilt, vgl. BGHZ 162, 219 (225 f.).

151 Vgl. auch F II 3 a) bb) und G II 2 c) aa) (2).

zu beauftragen.[152] Zumindest wird dem Vermieter der Nachweis, dass eine durch ihn veranlasste Mangelbeseitigung günstiger gewesen wäre, kaum gelingen.[153] Sollte man zu dem Ergebnis kommen, dass § 536a Abs. 2 BGB die Verteilung der Selbstvornahmekosten abschließend regelt, wäre es zum anderen völlig unerheblich, ob dieser Vorrang vollständig oder nur partiell durch die Gewährung eines niedrigeren Betrages unterlaufen wird.[154] Das Abschöpfungsargument spielt somit auch im Mietrecht keine Rolle.

c) Das Erosionsargument

Diejenigen, die einen Rückgriffsanspruch des Sachgläubigers ablehnen, stützen sich primär auf das Erosionsargument, welches besagt, dass durch die Gewährung eines solchen Anspruches bestehende gesetzliche Wertungen unterlaufen würden.[155] Eine dieser fundamentalen Wertungen ist die durch das Fristsetzungserfordernis begründete Zweistufigkeit des Gewährleistungssystems im Kauf- und Werkvertragsrecht. Durch diese Zweistufigkeit steht dem Verkäufer bzw. Werkunternehmer ein vorrangiges Recht zur Mangelbeseitigung zu.

Gegen die Übertragung des Erosionsargumentes auf das Mietrecht könnte sprechen, dass sich dort ein an eine Fristsetzung gebundenes zweistufiges Gewährleistungsrecht nicht etabliert hat.[156] Die durch die Schuldrechtsmodernisierung versäumte Rückbindung des mietvertraglichen Gewährleistungsrechts an das allgemeine Leistungsstörungsrecht tritt an dieser Stelle offen zutage.[157] Allerdings hat das in § 536a Abs. 2 Nr. 1 BGB verankerte Verzugserfordernis eine mit dem in § 281 und § 323 BGB normierten Fristsetzungserfordernis vergleichbare Funktion.[158] Es weist nämlich dem Sachschuldner ebenfalls das vorrangige Recht zur Mangelbeseitigung zu. Diese Wertung stimmt insoweit mit jener aus dem Kauf- und Werkvertragsrecht überein. Folglich spricht zunächst nichts gegen eine vergleichbare Anwendung des Erosionsargumentes. Könnte der Mieter die ersparten Mangelbeseitigungskosten des Vermieters abschöpfen, obwohl er ihm

---

152 LG Bochum, Urt. v. 04.07.2006–11 S 350/05, Rn. 49; *Dauner-Lieb /Dötsch*, NZM 2004, 641 (647); *Dötsch*, ZMR 2008, 283, Anm. z. BGH, NJW 2008, 1216; *ders.*, NZM 2007, 275 (278); MüKo^7-*Häublein*, § 536a, Rn. 16.

153 Zu den Beweisschwierigkeiten des Vermieters vgl. BGH, NJW 2008, 1216 (1217); *Dötsch*, NZM 2007, 275 (278). Vgl. auch H II 3 d).

154 Vgl. bereits F II 3 a) bb) und G II 2 c) aa) (2).

155 Vgl. F II 3 b) aa) und G II 2 c) aa) (3).

156 MüKo^7-*Häublein*, § 536a, Rn. 16.

157 Vgl. bereits G I 2.

158 *Dötsch*, NZM 2007, 275 (277).

nicht die Möglichkeit eingeräumt hat, den Mangel an der Mietsache zu beseitigen, würde das vorrangige Mangelbeseitigungsrecht des Vermieters unterlaufen werden.[159] Die Auswirkungen eines durch einen Ersatzanspruch subventionierten eigenmächtigen Verhaltens des Sachgläubigers wären im Mietrecht umso schwerwiegender, als der Sachschuldner idR. Eigentümer der Mietsache ist.[160] Durch das vorrangige Recht zur Mangelbeseitigung soll dem Vermieter zugleich das Recht, die Ursache des Mangels zu untersuchen und die Methode seiner Beseitigung auszuwählen, erhalten bleiben.[161]

Diejenigen, die sich für eine Lösung des Problems der eigenmächtigen Selbstvornahme durch § 539 Abs. 1 BGB mitsamt dem darin enthaltenen Rechtsfolgenverweis auf die §§ 677 ff. BGB aussprechen, wollen dem mietrechtlichen Gewährleistungssystem *de facto* die Regeln der GoA überstülpen. Es ist naheliegend, dass auf diese Weise die soeben erläuterte Wertentscheidung zur Mangelbeseitigung im Mietrecht ausgehebelt wird.[162] Zulässig ist dies nur, wenn sich ein (subsidiärer) Ersatz der Selbstvornahmekosten durch § 539 Abs. 1 BGB unmittelbar aus dem Gesetz ergeben würde. Dagegen spricht bereits, dass der Gesetzgeber im Gegensatz zum Kaufrecht und in Übereinstimmung mit dem Werkvertragsrecht im Mietrecht mit § 536a Abs. 2 BGB eine Vorschrift eingefügt hat, welche sich speziell mit dem Ersatz der Mangelbeseitigungskosten befasst. Anders als im Werkvertragsrecht existiert im Mietrecht jedoch mit § 539 Abs. 1 BGB noch eine weitere Vorschrift, durch welche der Sachgläubiger von seinem Vertragspartner Aufwendungsersatz verlangen kann.[163] Angesichts dieser Umstände stellt sich die Frage, ob § 536a Abs. 2 BGB mitsamt der dort enthaltenen spezialgesetzlichen

---

159 AnwKom /WohnraummietR³-*Lammel*, § 536a, Rn. 24; *Dauner-Lieb /Dötsch*, NZM 2004, 641 (646); *Derleder*, NZM 2002, 676 (681); *Dötsch*, ZMR 2008, 283, Anm. z. BGH, NJW 2008, 1216; MüKo⁷-*Häublein*, § 536a, Rn. 16; *Lehmann-Richter*, WuM 2005, 747 (749); *Schimmel /Buhlmann*, LMK 2008, 256758, Anm. z. BGH, NJW 2008, 1216; *Wolf /Eckert /Ball*, aaO (Fn. 137), Rn. 312.

160 Dagegen vollzieht der Käufer bzw. der Besteller die Mangelbeseitigungsmaßnahme mit all ihren Risiken für gewöhnlich an *seinem* Eigentum (s. o.).

161 BGH, NJW 2008, 1216 (1217); OLG Düsseldorf, NJOZ 2009, 2005 (2006); AG Münster, BeckRS 2009, 86855; *Lange*, ZGS 2009, 442 (444); MüKo⁷-*Häublein*, § 536a, Rn. 16.

162 Vgl. *Lange*, ZGS 2009, 442 (445); MüKo⁷-*Häublein*, § 536a, Rn. 25.

163 Freilich hat auch § 637 BGB im Werkvertragsrecht keinen abschließenden Charakter, insofern als durch den in § 634 Nr. 4 BGB ausgesprochenen Verweis auf das allgemeine Leistungsstörungsrecht die Mangelbeseitigungskosten ebenso gut auf der Grundlage der §§ 280 Abs. 1, 3 iVm. 281 BGB liquidiert werden könnten. Im Gegensatz zum Mietrecht beruhen beide Anspruchsgrundlagen jedoch auf der gleichen Wertentscheidung, nämlich dem Werkunternehmer zunächst ein vorrangiges Recht

Wertung überhaupt ein abschließender Charakter zukommt, oder ob daneben noch Platz ist für einen Ersatz der Mangelbeseitigungskosten durch § 539 Abs. 1 BGB. Nur wenn § 536a Abs. 2 BGB abschließenden Charakter hat, wird er durch das Erosionsargument geschützt. Für einen abschließenden Charakter von § 536a Abs. 2 BGB spricht bereits der Wortlaut der amtlichen Überschrift von § 539 BGB. Er besagt, dass § 539 Abs. 1 BGB den „Ersatz *sonstiger* Aufwendungen" regele. Insofern als § 536a Abs. 2 BGB ausdrücklich den Ersatz von Aufwendungen erfasst, die der Mangelbeseitigung dienen und § 539 auf § 536a BGB folgt, können mit den „*sonstigen* Aufwendungen" nicht jene Aufwendungen gemeint sein, die der Mangelbeseitigung dienen. Dass im Normtext von § 539 Abs. 1 BGB selbst nicht ausdrücklich von „*sonstigen* Aufwendungen" die Rede ist, spielt angesichts der eindeutigen Formulierung der zugehörigen Überschrift keine Rolle.[164] Es bleibt also bei der Erkenntnis, dass sich § 536a Abs. 2 und § 539 Abs. 1 BGB auf der Rechtsfolgenseite *nicht* überlappen.[165] Diese Deutung wird durch die Gesetzesmaterialien gestützt.[166] Aus diesen ergibt sich, dass der Gesetzgeber bei der Schaffung des § 539 Abs. 1 BGB gerade nicht die Mangelbeseitigungskosten im Sinn hatte.[167] Dem wird entgegengehalten, dass der Gesetzgeber an der besagten Stelle seiner Gesetzeserläuterungen ein Beispiel verwende, bei dem § 539 Abs. 1 BGB in Ermangelung eines Fremdgeschäftsführungswillens des Mieters gerade nicht greife. Somit könne aus dem Beispiel auch nicht geschlossen werden, welchen „klassischen" Anwendungsfall von § 539 Abs. 1 BGB der Gesetzgeber vor Augen gehabt habe.[168] Andererseits muss jedoch bedacht werden, dass § 547 BGB a. F. im Zuge der Mietrechtsreform geteilt wurde. Während § 547 Abs. 1 mit § 538 Abs. 2 BGB a. F. zu einem neuen Selbstvornahmetatbestand verschmolzen wurde, blieb § 547 Abs. 2 BGB a. F. nunmehr als § 539 Abs. 1 BGB außen vor. Unterstellt man mit der Gegenansicht, dass der Gesetzgeber die Mangelbeseitigungskosten

zur Mangelbeseitigung einzuräumen. Diese Wertungskonvergenz besteht zwischen § 536a Abs. 2 und § 539 Abs. 1 BGB gerade nicht.

164 Der Wortlaut von § 539 Abs. 1 BGB ist ohnehin missverständlich. Wenn es dort heißt, dass der Mieter vom Vermieter Aufwendungen ersetzt verlangen kann, die dieser ihm nicht schon nach § 536a Abs. 2 BGB zu ersetzen hat, so kann dies einerseits darauf hinweisen, dass § 539 Abs. 1 ggü. § 536a Abs. 2 BGB subsidiär ist, oder aber dass beide Normen unterschiedliche Arten von Aufwendungen erfassen. Vgl. hierzu: *Kuhn*, ZMR 2009, 175 (176).

165 Vgl. *Wolf/Eckert/Ball*, aaO (Fn. 137), Rn. 312.

166 Ebenso: BGH, NJW 2008, 1216 (1217); LG Bochum, Urt. v. 04.07.2006–11 S 350/05, Rn. 42 (erhältlich bei juris).

167 BT-Drucks. 14/4553, S. 41 f.

168 *Faust*, JuS 2008, 462 (464); *Kuhn*, ZMR 2009, 175 (176).

des Mieters auch unter den Voraussetzungen des § 547 Abs. 2 BGB a. F. /§ 539 Abs. 1 BGB ersetzen wollte, drängt sich die Frage auf, warum er nicht zur Klarstellung unter § 536a Abs. 2 BGB einen gleichlautenden Tatbestand geschaffen hat. Zumindest hätte er auf die amtliche Überschrift von § 539 Abs. 1 BGB („Ersatz *sonstiger* Aufwendungen") verzichten müssen. Aus alldem ergibt sich, dass § 539 Abs. 1 BGB keine Mangelbeseitigungskosten erfasst und in diesem Sinne auch nicht zur Lösung der Selbstvornahmeproblematik herangezogen werden kann.[169] § 536a Abs. 2 BGB hat damit grds. abschließenden Charakter und untersteht so dem Schutz des Erosionsargumentes dem in der Selbstvornahmediskussion auch im Mietrecht eine entscheidende Bedeutung zukommt.

d) Die Gefahr prozessualer Benachteiligung

Gelingt dem Mieter die Beseitigung des Mangels, ist es für den Vermieter anschließend kaum noch möglich, Ursache und Qualität des Mangels und damit die erforderlichen Maßnahmen für seine Beseitigung nachzuvollziehen. Der Mieter, der die Beseitigung eines Mangels an einer ihm nicht gehörenden Sache durch einen Dritten veranlasst hat, wird unter Umständen ebenfalls nicht im Einzelnen nachprüfen, ob die Arbeiten möglichst effizient und kostengünstig ausgeführt werden, da er davon ausgeht, dass der Vermieter die Kosten schon begleichen wird.[170] Diese allseitige Unkenntnis der Parteien wird die Gerichte im Zweifel zu zwei Feststellungen verleiten: 1. Die Kosten für die Mangelbeseitigung sind in ihrer Höhe gerechtfertigt. 2. Der Vermieter hätte die Beseitigung des Mangels nicht kostengünstiger ausführen können.[171] Im Ergebnis wird der Mieter so gestellt, als habe er die Voraussetzungen für eine berechtigte Selbstvornahme beachtet, wobei sich der Handwerker schlimmstenfalls durch eine kostspielige

---

169 Ins Leere geht deshalb auch der gelegentlich vorgebrachte Erst-Recht-Schluss: Wenn der Mieter über § 539 Abs. 1 BGB sogar Ersatz für wertsteigernde Umbauten erhalte, dann erst Recht für Mangelbeseitigungsmaßnahmen, da in diesem Fall die „*Eingriffsintensität*" ungleich niedriger sei (vgl. *Klöhn*, EWiR 2008, 235 (236), Anm. z. BGH, NJW 2008, 1216; *Kuhn*, ZMR 2009, 175 (178)). Der Ersatz sonstiger Aufwendungen ist ausdrücklich durch § 539 Abs. 1 BGB vorgegeben, der Ausgleich der Mangelbeseitigungskosten, welche im Lichte des § 536a Abs. 2 BGB auch kein wesensgleiches Minus zu den sonstigen Aufwendungen sind (s. o.), nicht. Fraglich ist also, ob man den Anwendungsbereich von § 539 Abs. 1 BGB über die Wortlautgrenze der amtlichen Überschrift hinaus zu Lasten des Eigentümers der Mietsache erweitert.

170 Herrlein /Kandelhard[3]-*Kandelhard*, § 536a, Rn. 19.

171 Vgl. *Lehmann-Richter*, WuM 2005, 747 (751).

Mangelbeseitigung zum Nachteil des Vermieters bereichert. Aus diesem Grund wird von den Gegnern eines Ersatzanspruches stets auf die dadurch drohenden Beweisprobleme des Vermieters hingewiesen.[172] Die darin enthaltene Gefahr einer prozessualen Benachteiligung des Sachschuldners existiert indes nicht nur im Mietrecht, sondern auch im Kauf- und Werkvertragsrecht[173] und scheint somit eine typische Folgeerscheinung der eigenmächtigen Mangelbeseitigung zu sein.

e) *Zwischenergebnis*

Anhänger und Gegner eines Ersatzanspruches des eignmächtig zur Selbstvornahme greifenden Mieters verwenden Argumentationsmuster, welche bereits aus dem Kauf- und Werkvertragsrecht bekannt sind. Fraglich ist, ob dies angesichts der typologischen Besonderheiten des Mietrechts überhaupt möglich ist. Dabei stechen insbesondere drei Merkmale hervor, welche das Mietrecht sowohl vom Kauf- als auch vom Werkvertragsrecht unterscheiden.

Zunächst einmal handelt es sich hierbei um den Umstand, dass das Selbstvornahmesubstrat praktisch immer Eigentum des Sachschuldners ist. Damit wird die Mangelbeseitigung des Mieters automatisch zum Eingriff in fremdes Eigentum. Aufgrund der großen Bedeutung dieses umfassendsten dinglichen Rechts sollte man mit der rechtlichen Subventionierung eines solchen Eingriffs durch die Gewährung eines Aufwendungsersatzanspruches äußerst zurückhaltend sein. Dies spricht wiederum dafür, dem Erosionsargument gegenüber dem Gerechtigkeitsargument Vorrang einzuräumen. Davon abgesehen wurde gezeigt, dass die Voraussetzungen der berechtigten Selbstvornahme trotz zahlreicher Reformen im Mietrecht beständig geblieben sind, sodass Befürchtungen, der Mieter könne wie der Käufer aufgrund rechtlicher Umwälzungen in eine Falle getappt sein, zerstreut werden konnten.

Eine weitere Besonderheit ist in der fehlenden Rückbindung des Mietrechts an das allgemeine Leistungsstörungsrecht zu sehen. Diese fehlende Verknüpfung hat zur Folge, dass das in § 281 Abs. 1 bzw. § 323 Abs. 1 BGB angelegte Fristsetzungserfordernis ganz im Gegensatz zu den Gewährleistungssystemen im Kauf- und

---

172 BGH, NJW 2008, 1216 (1217). Vgl. auch *Dötsch*, NZM 2007, 275 (278). Andere Stimmen bestreiten dagegen das Auftreten von Unbilligkeiten bei strenger Handhabung der Beweislastverteilung, vgl. *Artz*, in: FS Blank (2006), S. 19; *Faust*, JuS 2008, 462 (463); *Gsell*, NZM 2010, 71 (74). Die Erfahrung lässt jedoch darauf schließen, dass sich diese Hoffnung nicht erfüllt. Ein gutes Beispiel für die schwierige Beweissituation des Sachschuldners liefert die Entscheidung des OLG Stuttgart, NJW-RR 1987, 721.

173 Vgl. F II 3 b) bb) bzw. G II 2 c) aa) (4).

Werkvertragsrecht im Mietrecht keine entscheidende Bedeutung zukommt. Der hinter dem Fristsetzungserfordernis stehende Gedanke, dem Sachschuldner das vorrangige Recht zur Mangelbeseitigung einzuräumen, steckt jedoch gleichsam in dem Verzugserfordernis des § 536a Abs. 2 Nr. 1 BGB. Im Ergebnis stimmen das weitgehend autarke Gewährleistungsrecht des Mietvertrages und das an das allgemeine Leistungsstörungsrecht gekoppelte Gewährleistungsrecht des Kauf- bzw. Werkvertrages wertungsmäßig überein, sodass die Unterschiede in der Systematik keinen schmälernden Einfluss auf die Bedeutung des Erosionsargumentes haben.

Eine dritte Besonderheit des Mietrechts verschafft denjenigen, die das Problem der eigenmächtigen Selbstvornahme unter Zuhilfenahme externer Ausgleichssysteme wie der GoA und des Bereicherungsrechts lösen wollen, zusätzlichen Auftrieb.[174] Hierbei handelt es sich um den in § 539 Abs. 1 BGB enthaltenen Rechtsfolgenverweis auf die Vorschriften der GoA, welche ihrerseits in § 684 BGB auf das Bereicherungsrecht verweisen. Dabei steht bereits die vom Gesetzgeber intendierte Arbeitsteilung zwischen § 536a Abs. 2 BGB (Aufwendungen zur Mangelbeseitigung) und § 539 Abs. 1 BGB („sonstige Aufwendungen") einem Rückgriff auf § 539 Abs. 1 BGB im Wege. Abgesehen davon ist die Gefahr nicht von der Hand zu weisen, dass durch ein Überstülpen von Vorschriften aus dem Recht der GoA bzw. dem Bereicherungsrecht bestehende gesetzliche Wertungen „weichgespült" werden.[175]

Eine Übereinstimmung zwischen Kauf-, Werk- und Mietvertragsrecht besteht dagegen darin, dass das vorrangige Recht des Schuldners der vertragsspezifischen Leistung zur Mangelbeseitigung nicht absolut gilt. Spielräume für eine sofortige Mangelbeseitigung bei vollem Kostenausgleich existieren nicht nur im Kauf- und Werkvertragsrecht (vgl. §§ 281 Abs. 2, 440, 636, 637 Abs. 2 BGB). Auch im Mietrecht kann der Mieter unter den Voraussetzungen von § 536a Abs. 2 Nr. 1 iVm. § 286 Abs. 2 Nr. 4 bzw. § 536a Abs. 2 Nr. 2 BGB *umgehend* zur Selbstvornahme schreiten um anschließend die entstandenen Kosten beim Vermieter zu liquidieren. Daher ist es auch nicht ausgeschlossen, dass im Einzelfall das grds. vorrangige Recht des Vermieters, sich selbst um die Mangelbeseitigung zu kümmern, zurücktreten muss. Ein Aufwendungsersatzanspruch des Mieters aus § 536a Abs. 1 iVm. § 284 BGB[176] eignet sich hierfür nur bedingt. Lägen die Voraussetzungen von § 536a Abs. 1 3.Var. BGB vor, könnte der Mieter seine Selbstvornahmekosten

174 Sowohl im Kauf- als auch im Werkvertragsrecht bildeten diejenigen, welche die §§ 677 ff. bzw. §§ 812 ff. BGB heranziehen wollten, eine Randerscheinung, vgl. F II 2 c) bzw. G II 2 a).

175 Vgl. für das Mietrecht: *Lange*, ZGS 2009, 442 (445); MüKo[7]-*Häublein*, § 536a, Rn. 25.

176 Vgl. H II 2 a).

bereits nach § 536a Abs. 2 Nr. 1 BGB ersetzt verlangen. Folglich bleiben noch die Fälle übrig, in denen ein anfänglicher Mangel vorliegt (§ 536a Abs. 1 1.Var. BGB) oder der Vermieter das Auftreten eines nachträglichen Mangels zu vertreten hat (§ 536a Abs. 1 2.Var. BGB). Die typische Selbstvornahmekonstellation[177], in der der Mieter einen nachträglich auftretenden Mangel beseitigt, den der Vermieter gerade nicht zu vertreten hat, führt somit nicht zu einem Anspruch aus § 536a Abs. 1 iVm. § 284 BGB.

4. Entsprechende Anwendung des vertraglichen Bereicherungsverbotes

Als einzig brauchbarer Lösungsansatz bleibt letztlich die Abschöpfung der ersparten Mangelbeseitigungskosten auf der Grundlage einer (entsprechenden) Anwendung von § 326 Abs. 2 S. 2 BGB übrig. Hierfür spricht zunächst seine systematische Stellung im allgemeinen Schuldrecht, welches subsidiär – ungeachtet der fehlenden Harmonisierung – auch im Mietrecht Geltung beansprucht.[178] Zudem trägt der in § 326 Abs. 2 S. 2 BGB enthaltene Gedanke vom Bereicherungsverbot dem Umstand Rechnung, dass der Vermieter unbestreitbar davon profitiert, dass der Mieter zur Erhaltung seines Eigentums eingeschritten ist.[179] Im Gegensatz zum Kauf- und Werkvertragsrecht dürfte im Mietvertragsrecht auch die Wahrscheinlichkeit, dass der Sachgläubiger durch die Selbstvornahme eine erneute Mangelbeseitigung unmöglich macht, höher sein, da eine Nachlieferung bzw. Neuherstellung des Selbstvornahmesubstrates nicht in Betracht kommt.[180] Allerdings dürfte die Annahme der Unmöglichkeit nur über die Figur der Zweckerreichung zu rechtfertigen sein. Zudem handelt es sich dann um eine qualitative Unmöglichkeit, weshalb § 326 Abs. 1 S. 2 BGB auch in diesem Fall wieder einer unmittelbaren Anwendung von § 326 Abs. 2 S. 2 BGB entgegensteht.[181] Im Grunde geht es nur darum, dass man den in § 326 Abs. 2 S. 2 BGB enthaltenen Rechtsgedanken zur Lösung der Selbstvornahmeproblematik heranziehen möchte, um zu verhindern, dass der Sachschuldner sich nicht auf Kosten des Sachgläubigers bereichert.[182] Dieser Gedanke vom Bereicherungsverbot steckt indes auch in § 537 Abs. 1 S. 2 BGB. Allerdings ist diese Vorschrift weder direkt anwendbar, noch

177 Vgl. nur BGH, NJW 2008, 1216.
178 Vgl. hierzu bereits G II 2 d) aa) (1) (a).
179 Vgl. *Artz*, in: FS Blank (2006), S. 11.
180 So ist der Vermieter nicht zu einer Neuherstellung bzw. -beschaffung des Mietobjektes verpflichtet, vgl. *Oetker / Maultzsch*, aaO (Fn. 2), § 5, Rn. 37.
181 Vgl. D I 2 und G II 2 d) aa) (1) (a).
182 *Artz*, in: FS Blank (2006), S. 20 f.

enthält sie eine Wertung, die eine Bevorzugung gegenüber den anderen vertraglichen Anrechnungsvorschriften rechtfertigen würde. Folglich ist auch in diesem Fall eine gesamtanaloge Anwendung von §§ 326 Abs. 2 S. 2, 537 Abs. 1 S. 2, 615 S. 2, 648 S. 2 2.Hs. BGB, § 11 KSchG, § 415 Abs. 2 S. 1 Nr. 1 HGB zu diskutieren.

a) Vergleichbare Interessenlage

Aufgrund der in § 535 Abs. 1 S. 2 BGB normierten Pflicht des Vermieters, die Mietsache für die Dauer der Gebrauchsüberlassung in einem vertragsgemäßen Zustand zu erhalten, ist der Anspruch des Mieters auf Mangelbeseitigung Bestandteil des vertraglichen Erfüllungsanspruches.[183] Die Pflicht des Vermieters zur Mangelbeseitigung wird durch die eigenmächtige Selbstvornahme des Mieters gestört. Dem Rechtsgedanken der §§ 326 Abs. 2 S. 2, 537 Abs. 1 S. 2, 615 S. 2, 648 S. 2 2Hs. BGB, § 11 KSchG, § 415 Abs. 2 S. 1 Nr. 1 HGB zufolge gebührt dem Vermieter jedoch nicht mehr als der vertraglich vereinbarte Mehrwert. Dieser wäre jedoch um die eigenen Mangelbeseitigungskosten vermindert gewesen.[184] Eine vergleichbare Interessenlage wäre somit auf den ersten Blick gegeben und die Anwendung der vertraglichen Anrechnungsvorschriften würde auch zu einem vertretbaren Ergebnis führen. Ohnehin scheinen die ehemalige Zugehörigkeit des Mietvertrages zur *locatio conductio*, aus dem sich das vertragliche Bereicherungsverbot heraus entwickelt hat, sowie die Tatsache, dass selbiges mit § 537 Abs. 1 S. 2 BGB bereits im Mietrecht Fuß gefasst hat, diesen Methodenschluss zu unterstützen.

Allerdings gibt es auch Gründe, die gegen eine generelle Übertragung des vertraglichen Bereicherungsverbotes auf die eigenmächtige Selbstvornahme im Mietrecht sprechen würden. So würde eine Abschöpfung der ersparten Mangelbeseitigungskosten durch den Mieter für diesen einen Verhaltensanreiz schaffen, künftig Mängel an der Mietsache zu beseitigen, ohne das die Voraussetzungen des speziell für diesen Fall geschaffenen § 536a Abs. 2 BGB vorliegen. Wirtschaftlich gesehen spielt es angesichts der schwierigen Beweissituation des Vermieters sowie dem Umstand, dass dieser idR. selbst einen Dritten mit der Beseitigung des Mangels hätte beauftragen müssen, keine Rolle, ob der Mieter seine eigenen Aufwendungen oder (nur) die ersparten Aufwendungen seines Vertragspartners ersetzt bekommt. Aus einer Notlösung, um unbillige Ergebnisse im Einzelfall zu

---

183 Vgl. bereits Fn. 101.

184 Auf diese Weise könnte schließlich auch das von den ersatzbegründenden Auffassungen postulierte Gerechtigkeitsdefizit beseitigt werden, welches besagt, dass der Vermieter nicht auch noch (unverdiente) Vorteile aus dem vertragswidrigen Verhalten des Mieters ziehen solle. Zum „Gerechtigkeitsargument" vgl. H II 3 a).

verhüten, könnte so schnell der Regelfall werden. Dadurch wäre das Recht des Vermieters, sich selbst um die Beseitigung von Mängeln an seinem Eigentum zu kümmern, in Gefahr.

Außerdem spielt das wechselseitige Vertrauen zwischen den Vertragsparteien bei einem Dauerschuldverhältnis wie dem Mietvertrag eine ganz besondere Rolle. Dies gilt erst Recht für den Hauptanwendungsbereich der Miete, nämlich der Überlassung von Wohnraum.[185] Durch das eigenmächtige Vorgehen des Mieters besteht die Gefahr, dass diese Vertrauensgrundlage erschüttert wird. Dieses Risiko, welches bei langfristigen Vertragsbeziehungen über so einen sensiblen Bereich wie dem Wohnraum des Mieters verheerende Folgen haben könnte, darf durch die Übertragung des vertraglichen Bereicherungsverbotes nicht noch vergrößert werden. So besteht gerade im Lichte des § 573a BGB die Gefahr, dass der Mieter nur einen Pyrrhussieg erreicht hat.

Eine generelle Übertragung des in den §§ 326 Abs. 2 S. 2, 537 Abs. 1 S. 2, 615 S. 2, 648 S. 2 2.Hs. BGB, § 11 KSchG, § 415 Abs. 2 S. 1 Nr. 1 HGB verkörperten Rechtsgedankens wäre angesichts des dadurch ausgelösten negativen Verhaltensanreizes für den Mieter nicht ratsam. Damit wäre eine punktuelle Anwendung des vertraglichen Bereicherungsverbotes auf einige bestimmte Fallgruppen innerhalb der Selbstvornahmekonstellationen freilich nicht ausgeschlossen, solange eine inflationäre Verwendung dieses Lösungsweges ausgeschlossen bleibt. In Betracht kommen etwa die Fälle, in denen der Mieter nur deshalb zur Selbstvornahme greift, um eine Gefahr für seine Rechtsgüter abzuwenden.[186] Damit sind Konstellationen gemeint, bei denen eine vorherige Mahnung des Vermieters nach § 286 Abs. 2 Nr. 4 BGB ausgeschlossen wäre, wobei das fehlende Verschulden des letzteren einem Anspruch aus § 536a Abs. 2 Nr. 1 BGB entgegenstehen würde (vgl. § 286 Abs. 4 BGB).[187]

b) Planwidrige Regelungslücke

Methodisch zulässig wäre eine gesamtanaloge Anwendung der §§ 326 Abs. 2 S. 2, 537 Abs. 1 S. 2, 615 S. 2, 648 S. 2 2.Hs. BGB, § 11 KSchG, § 415 Abs. 2 S. 1 Nr. 1 HGB nur, wenn hierfür auch eine planwidrige Regelungslücke existieren

---

185 Vgl. H I 1.

186 In Abgrenzung zu den Notmaßnahmen iSv. § 536a Abs. 2 Nr. 2 BGB wird gelegentlich auch von „*Eilmaßnahmen*“ gesprochen, vgl. Blank /Börstinghaus[5]-*Blank*, § 536a, Rn. 62.

187 Vgl. *Dötsch*, ZMR 2008, 283 (284), Anm. z. BGH, NJW 2008, 1216; Schmidt-Futterer[13]-*Eisenschmid*, § 536a, Rn. 123.

würde. Dagegen könnte sprechen, dass der Gesetzgeber durch das Mietrechtsreformgesetz mit § 536a Abs. 2 BGB erst jüngst eine Norm geschaffen hat, welche die Verteilung der Selbstvornahmekosten regelt. Es ist davon auszugehen, dass damit das Problem der Selbstvornahme im Mietrecht, welches bereits vor der Reform seit längerem die Gerichte beschäftigt hatte[188], abschließend geklärt werden sollte. Mit § 536a Abs. 2 Nr. 2 BGB wurde zudem ein Ausnahmetatbestand geschaffen, der das vorrangige Recht des Vermieters auf Mangelbeseitigung durchbricht, wenn eine umgehende Behebung des Mangels durch ein sofortiges Einschreiten des Mieters erforderlich ist, um weitergehende Schädigungen zu vermeiden.[189]

Jedoch hat der Gesetzgeber mit der Schaffung des § 536a Abs. 2 Nr. 2 BGB lediglich die Regelung des § 547 Abs. 1 BGB a. F. übernommen, ohne zu beachten, dass es auch Situationen geben kann, in denen ohne ein sofortiges Einschreiten zwar nicht das Eigentum des Vermieters in Gestalt der Mietsache in Gefahr ist, sondern Rechtsgüter des Mieters.[190] Ohne eine entsprechende Anwendung des vertraglichen Bereicherungsverbotes hätte der Mieter in solch einer Situation nur die Wahl, einen Schaden an seinen Rechtsgütern zu riskieren, oder aber den Mangel zu beseitigen um anschließend vollständig auf den Selbstvornahmekosten sitzen zu bleiben. Insofern als eine Beschädigung seiner Rechtsgüter uU. einen Schadensersatzanspruch gegenüber dem Vermieter aus § 536a Abs. 1 BGB zur Folge hätte[191], läge ein Einschreiten auch in dessen Interesse. Davon abgesehen wäre der Mieter in diesem Fall auch durch die aus § 254 BGB folgende Schadensminderungspflicht gehalten, selbst die Beseitigung des Mangels an der Mietsache zu veranlassen.[192] Die Rechtsordnung verhielte sich widersprüchlich, wenn sie auf der einen Seite ein Einschreiten des Mieters erwarten, ihm auf der anderen Seite aber noch nicht einmal den Ersatz der vom Vermieter ersparten Mangelbeseitigungskosten zubilligen würde. Zudem würde sie wesentlich Gleiches ungleich behandeln, indem sie ein sofortiges Einschreiten des Mieters zum Schutz des Vermietereigentums über die Gewährung eines Rückgriffsanspruches unterstützt, während sie ein Einschreiten zum Schutz des Mietereigentums nicht auf

188 Vgl. nur die Hinweise in Fn. 114.

189 Vgl. *Dauner-Lieb /Dötsch*, NZM 2004, 641 (646); Erman[15]-*Lützenkirchen*, § 536a, Rn. 28; Jauernig[17]-*Teichmann*, § 536a, Rn. 2; PWW[13]-*Feldhahn*, § 536a, Rn. 10.

190 Vgl. *Dötsch*, ZMR 2008, 283 (284), Anm. z. BGH, NJW 2008, 1216; *ders.*, NZM 2007, 275 (276 f.).

191 In Betracht kommt in diesem Zusammenhang insbesondere die Garantiehaftung des Vermieters für anfängliche Mängel aus § 536a Abs. 1 1.Var. BGB.

192 *Kuhn*, ZMR 2009, 175 (179); *Sternel*, MietR[4] (2009), Kap. VIII, Rn. 317.

die gleiche Weise fördert. Die Sicherheit, zumindest die vom Vermieter ersparten Aufwendungen ersetzt zu bekommen, würde dagegen einen positiven Verhaltensanreiz schaffen. So würde durch ein rechtzeitiges Eingreifen des Mieters der wirtschaftliche Schaden an seinen Rechtsgütern gering gehalten bzw. ganz verhindert. Der vollumfängliche Ersatz der Mangelbeseitigungskosten des Mieters wäre hier vom Ergebnis her zwar ebenfalls vertretbar, doch bestünde die Gefahr dass das in § 286 Abs. 4 BGB verankerte Verschuldenserfordernis leer liefe, wenn der Vermieter auch außerhalb von § 536a Abs. 2 Nr. 1 BGB und ohne das der Sonderfall von § 536a Abs. 2 Nr. 2 BGB vorläge, Aufwendungsersatz leisten müsste.[193] *De lege lata* ist eine Auskehr der ersparten Mangelbeseitigungskosten im Lichte des Bereicherungsgedankens das maximal zu erreichende Ergebnis.

c) Ergebnis

Duldet eine sofortige Mangelbeseitigung durch den Mieter keinen Aufschub, weil ansonsten eine Schädigung seiner Rechtsgüter zu befürchten ist, besteht nach erfolgter Selbstvornahme ein Anspruch auf Herausgabe der durch den Vermieter ersparten Aufwendungen gem. §§ 326 Abs. 2 S. 2, 537 Abs. 1 S. 2, 615 S. 2, 648 S. 2 2.Hs. BGB, § 11 KSchG, § 415 Abs. 2 S. 1 Nr. 1 HGB iVm. §§ 326 Abs. 4, 346 Abs. 1 1.Alt. BGB analog. In allen anderen Fällen scheidet eine Anwendung des vertraglichen Bereicherungsverbotes aus und der Ersatz der Mangelbeseitigungskosten richtet sich ausschließlich nach § 536a Abs. 2 BGB.

III. Bereicherung durch Vornahme nicht geschuldeter Schönheitsreparaturen

1. Einleitung

Die Fallkonstellation, welche diesem Problemkreis typischerweise zugrunde liegt, zeichnet sich dadurch aus, dass der Mietvertrag eine vom Vermieter eingebrachte Klausel enthält, welche dem Mieter die Durchführung von Schönheitsreparaturen anhand eines starren Fristenplanes auferlegt.[194] Dass dem Mieter entgegen § 535

---

193 *Dötsch*, ZMR 2008, 283 (284), Anm. z. BGH, NJW 2008, 1216; *ders.*, NZM 2007, 275 (277).

194 Eine weitere Fallkonstellation besteht darin, dass dem Mieter formularvertraglich die Verpflichtung zur Vornahme laufender Schönheitsreparaturen übertragen wird, obwohl diesem die Wohnung unrenoviert oder renovierungsbedürftig überlassen wurde. Eine solche Klausel hält einer Inhaltskontrolle nach Maßgabe von § 307 Abs. 1 S. 1, Abs. 2 Nr. 1 BGB nur stand, wenn der Vermieter dem Mieter einen angemessenen

Abs. 1 S. 2 BGB die Pflicht zugemutet wird, diese Reparaturleistungen zu erbringen, ist im Grunde unproblematisch, obwohl nach § 307 Abs. 2 Nr. 1 BGB eine unangemessene Benachteiligung anzunehmen ist, wenn die Klausel mit den wesentlichen Grundgedanken der gesetzlichen Regelung, von der abgewichen wird, nicht zu vereinbaren ist. Hintergrund ist, dass diese Leistung des Mieters rechtlich und wirtschaftlich als Bestandteil des Entgelts angesehen wird, welches dieser nach § 535 Abs. 2 BGB für die Gebrauchsüberlassung zu entrichten hat.[195] Unwirksam iSv. § 307 Abs. 1, 2 Nr. 1 BGB ist eine solche Klausel vielmehr dann, wenn sie die Pflicht zur Durchführung von Schönheitsreparaturen aufgrund eines starren Fristenplanes vom individuellen Renovierungsbedarf entkoppelt.[196] Auf diese Weise wird dem Mieter nämlich eine höhere Instandhaltungspflicht auferlegt, als der Vermieter selbst ihm ohne diese Klausel aus § 535 Abs. 1 S. 2 BGB schulden würde.[197] Aufgrund des Verbotes der geltungserhaltenden Reduktion[198] bleibt die Pflicht zur Vornahme der Schönheitsreparaturen beim Vermieter. Da dem Mieter bei Vertragsschluss die Unwirksamkeit solch einer Klausel gleichfalls unbekannt sein dürfte, kommt es häufig dazu, dass er die Schönheitsreparaturen – oft unter Inanspruchnahme von Hilfe aus dem Bekanntenkreis – gleichwohl durchführt. Will er im Anschluss einen Ersatzanspruch ggü. seinem Vermieter geltend machen, treten bei der Suche nach einer geeigneten Anspruchsgrundlage Schwierigkeiten auf. Naheliegend wäre es zunächst, auf § 536a Abs. 2 BGB abzustellen. Allerdings dürfte sich der Vermieter zum Zeitpunkt der Vornahme der Schönheitsreparaturen nicht in Verzug befunden haben, sodass ein Anspruch aus

---

Ausgleich gewährt. Denn es besteht die Gefahr, dass der Mieter die Wohnung vorzeitig renovieren oder eventuell in einem besseren Zustand zurückgeben muss, als er sie selbst vom Vermieter erhalten hat, vgl. BGH, NJW 2015, 1594 (1596). Dies gilt – aufgrund der Relativität der Schuldverhältnisse – auch bei einer Renovierungsvereinbarung zwischen Alt- und Neumieter, vgl. BGH, NJW 2018, 3302.

195 BGHZ 92, 363 (368); *Larenz*, SchuldR, Bd. 2/1, 13. Aufl. (1986), § 48 II a) (S. 220). Der BGH stützt seine Entscheidung weiterhin auf die Feststellung, dass die Abwälzung der Pflicht zur Durchführung von Schönheitsreparaturen auf den Mieter mittlerweile Verkehrssitte geworden sei, vgl. BGH, ebenda.

196 BGH, NJW 2006, 2113 (2114); NJW 2004, 2586 (2587); KG Berlin, NJW 2009, 2688; AG Freiburg, WuM 2010, 232 (233); AG Nürtingen, BeckRS 2007, 11203. Vgl. hierzu auch: *Gsell*, NZM 2010, 71 (75); *Lange*, ZGS 2009, 442 (445); *ders.*, NZM 2007, 785 (787) (Fn. 17); *Lehmann-Richter*, WuM 2005, 747; *Tonner*, Vertragliche Schuldverhältnisse[2] (2010), § 19, Rn. 18. Zu § 9 AGBG bereits: LG Freiburg, WuM 2005, 383; AG Stuttgart, WuM 1986, 369.

197 BGH, NJW 2004, 2586 (2587); AG Nürtingen, BeckRS 2007, 11203.

198 Vgl. hierzu BGHZ 84, 109 (115); BeckOK /BGB[Ed48]-*H. Schmidt*, § 306, Rn. 3.

§ 536a Abs. 2 Nr. 1 BGB nicht in Betracht kommt.[199] Auch ist die Durchführung der Schönheitsreparaturen nicht so eilig, dass ein Fall von § 536a Abs. 2 Nr. 2 BGB vorliegen würde.[200]

Eine andere Überlegung besteht darin, die Verwendung der unwirksamen Klausel durch den Vermieter zum Anlass zu nehmen, um gegen ihn einen Schadensersatzanspruch aus c.i.c., gem. §§ 311 Abs. 2, 280 Abs. 1, 241 Abs. 2 BGB geltend zu machen, der auf den Ersatz der Renovierungskosten des Mieters[201] gerichtet ist.[202] So stellt die Verwendung solch einer unwirksamen Klausel eine Verletzung der vorvertraglichen Pflicht zur Rücksichtnahme gegenüber der anderen Partei dar.[203] Allerdings müsste der Vermieter die Verwendung der unwirksamen Klausel *zu vertreten* haben. An dieser Stelle ist zwischen der Verwendung einer selbstformulierten und der durch einen Dritten entwickelten Klausel zu unterscheiden. Maßgebliches Kriterium für ein Vertretenmüssen ist jeweils die Existenz der höchstrichterlichen Rechtsprechung zur Wirksamkeit entsprechender Klauseln.[204] Verwendet der Vermieter eine Klausel, deren Unwirksamkeit bereits höchstrichterlich belegt wurde, so stellt dies zumindest ein sorgfaltswidriges und damit fahrlässiges Verhalten dar. So hätte sich der Vermieter vorab über die geltende Rechtsprechung zu diesem Problemkreis informieren müssen.[205] Gleiches gilt, wenn die Klausel nicht durch den Vermieter selbst, sondern durch

---

199 *Emmerich*, NZM 2006, 761 (762).

200 Vgl. *Langenberg*, Schönheitsreparaturen[5] (2015), I. Teil, Rn. 400; *Lehmann-Richter*, WuM 2005, 747 (748); *Schrader*, Jura 2010, 241 (242).

201 Ersetzt werden die Sachleistungen, nicht jedoch die Arbeitskraft des Mieters, sofern er sie nicht anderweitig gewinnbringend hätte einsetzen können, da es insoweit an einem Vermögensschaden mangelt. Etwas anders gilt jedoch dann, wenn der Mieter einen Handwerker mit der Durchführung der Arbeiten betraut hat, vgl. *Lehmann-Richter*, WuM 2005, 747 (748).

202 BGH, NJW 2011, 1866 (1867); *Blank*, NZM 2010, 97 (98); *ders.*, LMK 2009, 288745, Anm. z. BGH, NJW 2009, 2590; *ders.*, in: FS Derleder (2005), S. 199; *Jacoby*, ZMR 2010, 335 (336); *Langenberg*, aaO (Fn. 200), I. Teil, Rn. 398; *Lehmann-Richter*, WuM 2005, 747 f.; Schmidt/Futterer[13]-*Langenberg*, § 538, Rn. 207; *Schrader*, Jura 2010, 241 (242); *Sternel*, NZM 2007, 545 (549); zurückhaltender dagegen: *Dötsch*, NZM 2007, 275 (278) (nur bei bewusster Täuschung des Mieters).

203 BGH, NZM 2010, 587 (590); BGHZ 181, 188 (192); BGH, NJW 1988, 197 (198); BGHZ 99, 101 (107); BGH, NJW 1984, 2816 (2817); LG Stuttgart, WuM 1986, 370; *Jacoby*, ZMR 2010, 335 (336); *Lehmann-Richter*, WuM 2005, 747 (748); MüKo[7]-*Häublein*, § 535, Rn. 127.

204 Vgl. *Flatow*, jurisPR-MietR 23/2009, Anm. 1, Anm. z. KG Berlin, NJW 2009, 2688; *Schrader*, Jura 2010, 241 (242); *Sternel*, NZM 2007, 545 (549).

205 *Lehmann-Richter*, WuM 2005, 747 (748).

einen Dritten erstellt wurde, dessen Verschulden ersterer sich nach § 278 BGB zurechnen lassen muss. Dabei spielt es keine Rolle, ob der Dritte weiß, dass der Vermieter die von ihm entwickelte Klausel übernimmt.[206] Erst Recht kommt es nicht darauf an, dass zwischen den beiden Parteien ein Vertragsverhältnis existiert.[207] Für den vorliegenden Fall bedeutet dies, dass die Verwendung von Klauseln mit starrem Fristenplan erst seit der Entscheidung des BGH im Jahre 2004 einen Verschuldensvorwurf iSv. §§ 311 Abs. 2, 280 Abs. 1, 241 Abs. 2 (iVm. § 278) BGB auslöst.[208]

In allen anderen Fällen dürfte ein Schadensersatzanspruch idR.[209] von vornherein ausscheiden.[210] Fraglich ist, ob der Mieter dabei tatsächlich in vollem Umfang auf seinen Renovierungskosten sitzen bleiben sollte.

2. Meinungsstand

Zu dieser Frage haben sich verschiedene Ansichten herausgebildet. Wie schon bei der unberechtigten Selbstvornahme gibt es wieder eine Stimmenmehrheit für einen Kostenersatz des Mieters unter Zuhilfenahme externer Ausgleichssysteme, in Gestalt der GoA bzw. des Bereicherungsrechts.

a) *Geschäftsführung ohne Auftrag*

Erneut soll § 539 Abs. 1 BGB als Tor fungieren, durch das die §§ 677 ff. BGB in das Mietvertragsrecht einziehen können, um dort als Korrektiv für eine unbillig erscheinende Rechtslage zu dienen.[211] Angesichts der Unwirksamkeit der

206 Vgl. Jauernig[17]-*Stadler*, § 278, Rn. 6; Palandt[78]-*Grüneberg*, § 278, Rn. 7.
207 *Lehmann-Richter*, WuM 2005, 747 (748).
208 *Lehmann-Richter*, WuM 2005, 747 (748); *Wolf/Eckert/Ball*, aaO (Fn. 138), Rn. 433.
209 Etwas anderes gilt natürlich dann, wenn der Vermieter nach Vertragsschluss erfährt, dass die Klausel unwirksam ist und trotzdem den Mieter zur Durchführung von Schönheitsreparaturen auffordert. Auch in diesem Fall liegt eine schuldhaft begangene Pflichtverletzung des Vermieters vor, sodass der Mieter nach § 280 Abs. 1 BGB Schadensersatz verlangen kann, vgl. KG Berlin, NJW 2009, 2688 mit zust. Anm. v. *Flatow*, jurisPR-MietR 23/2009, Anm. 1; AG Karlsruhe, DWW 2005, 374 (375); *Jacoby*, ZMR 2010, 335 (336); *Lehmann-Richter*, WuM 2005, 747 (748).
210 *Lehmann-Richter*, WuM 2005, 747 (748).
211 LG Landshut, BeckRS 2008, 12426; LG Wuppertal, WuM 2007, 567 (568); LG Karlsruhe, NJW 2006, 1983; *Blank/Börstinghaus*[3], § 535, Rn. 351; *Dötsch*, NZM 2007, 275 (279); *Gsell*, NZM 2010, 71 (76); *Lehmann-Richter*, WuM 2005, 747 (749 f.); Soergel[13]-*Heintzmann*, § 538, Rn. 44; *Sternel*, MietR[4] (2009), Kap. IX, Rn. 44 (bzgl. Endrenovierung).

Schönheitsreparatur-Klausel bleibe es bei der durch § 535 Abs. 1 2 BGB dem Vermieter auferlegten Pflicht, Abnutzungen der Mietsache zu beseitigen. Wenn nun der Mieter in Unkenntnis dieser Rechtslage und im Vertrauen auf den vom Vermieter gestellten Vertragstext diese Arbeiten vornehme, handele es sich für ihn um ein *objektiv fremdes*[212], oder zumindest um ein *auch-fremdes* Geschäft.[213] In beiden Fällen wird jedenfalls der Fremdgeschäftsführungswille vermutet.[214] Dass die GoA auch dann zur Anwendung komme, wenn der Geschäftsführer mit seiner Tätigkeit eigentlich der Erfüllung einer (vermeintlich bestehenden) vertraglichen Verpflichtung nachkommen wollte, habe bereits in der Vergangenheit höchstrichterliche Anerkennung gefunden.[215] Außerdem werte die Renovierung das Eigentum des Vermieters auf und verbessere die Chancen zur Weitervermietung, weshalb die Geschäftsführung auch in seinem Interesse liege.[216] Fordere der Vermieter den Mieter auf, die (angeblich) geschuldeten Schönheitsreparaturen vorzunehmen, entspreche die Geschäftsführung dem ausdrücklichen Willen des Geschäftsherrn. Ansonsten sei auf den mutmaßlichen Willen abzustellen, der wiederum mit dem objektiven Interesse des Vermieters übereinstimme.[217] Im Ergebnis bestehe somit ein Anspruch des Mieters gegen den Vermieter gem. § 539 iVm. §§ 677, 683 S. 1, 670 BGB. Dieser sei auf den Ersatz der Materialkosten des Mieters gerichtet. Die Arbeitskraft des Mieters könne dagegen – dem Rechtsgedanken des § 1835 Abs. 3 BGB folgend – nur dann vergütet werden, wenn sie seiner beruflichen Tätigkeit bzw. seinem Gewerbe entsprach.[218] Schließlich komme auch kein Ausschluss gem. § 685 Abs. 1 BGB in Betracht, insofern als der Mieter nichts von der Existenz dieses Ersatzanspruches gewusst habe und demzufolge auch nicht willentlich auf ihn verzichten konnte.[219]

---

212 LG Karlsruhe, NJW 2006, 1983; *Lange*, NZM 2007, 785 (787); *Lehmann-Richter*, WuM 2005, 747 (749).

213 LG Landshut, BeckRS 2008, 12426; *Gsell*, NZM 2010, 71 (76).

214 Vgl. *Brox /Walker*, SBT[41] (2017), § 36, Rn. 6/8.

215 LG Landshut, BeckRS 2008, 12426; LG Karlsruhe, NJW 2006, 1983; *Dötsch*, NZM 2007, 275 (279); *Lehmann-Richter*, WuM 2005, 747 (749).

216 LG Landshut, BeckRS 2008, 12426; *Lehmann-Richter*, WuM 2005, 747 (750).

217 *Lehmann-Richter*, WuM 2005, 747 (750).

218 *Lehmann-Richter*, WuM 2005, 747 (750); a.A. *Gsell*, NZM 2010, 71 (76); *Langeberg*, aaO (Fn. 200), I. Teil, Rn. 274, die die Arbeitskraft des Mieters in jedem Fall für ersatzfähig halten.

219 *Lehmann-Richter*, WuM 2005, 747 (750).

b) Ungerechtfertigte Bereicherung

Mittlerweile hat sich der BGH[220] der Ansicht[221] angeschlossen, welche sich für einen Bereicherungsanspruch des Mieters gegen den Vermieter ausspricht. Als Anspruchsgrundlage komme § 812 Abs. 1 S. 1 1.Alt. BGB in Betracht.[222] Deren Voraussetzungen seien auch erfüllt, da der Mieter die Renovierungsleistung aufgrund der unwirksamen Klausel ohne Rechtsgrund erbracht habe.[223] Insofern als der Vermieter den erlangten Vermögensvorteil nicht in natura herausgeben

220 BGHZ 181, 188 (197 f.) mit zust. Anm. v. *Krüger*, EWiR 2009, 707 (708). Gegenstand der Entscheidung war eine unwirksame Endrenovierungsklausel. Gleichwohl dürfte davon auszugehen sein, dass das Urteil auf alle unwirksamen Schönheitsreparaturklauseln ausstrahlt, vgl. *Becker*, Das Grundeigentum 2009, 872, Anm. z. BGH, NJW 2009, 2590; *Jacoby*, ZMR 2010, 335. Auch *Blank* sieht in dem Urteil eine Grundsatzentscheidung, vgl. *ders.*, LMK 2009, 288745, Anm. z. BGH, NJW 2009, 2590.
Der Rechtsprechung des BGH (im Grundsatz) folgend: LG Freiburg, BeckRS 2010, 19608 mit zust. Anm. v. *Blank*, jurisPR-MietR 17/2010, Anm. 4; LG Wuppertal, BeckRS 2010, 11506; AG Freiburg, WuM 2010, 232 (233); *Behme /Vásárhelyi-Nagy*, StudZR 2010, 171 (180); *Blank*, NZM 2010, 97 (102); Palandt[78]-*Weidenkaff*, § 535, Rn. 47a; PWW[13]-*Riecke*, § 538, Rn. 22. Im Ergebnis auch: *Jacoby*, ZMR 2010, 335 (336).
Der BGH hat diesen rechtlichen Ansatz auch in seinen nachfolgenden Entscheidungen beibehalten: vgl. BGH, NJW 2011, 1866 (1867).

221 AG Nürtingen, BeckRS 2007, 11203; AG Köln, WuM 2006, 261; AG Karlsruhe, DWW 2005, 374 (375); *Blank*, in: FS Derleder (2005), S. 198; *Börstinghaus*, WuM 2005, 675 (677); *Both*, WuM 2007, 3 (6); *Eckert*, ZfIR 2005, 673 (676); *Emmerich*, NZM 2006, 761 (762); *Flatow*, WuM 2009, 208 (214); Herrlein /Kandelhard[3]-*Knops*, § 535, Rn. 60; *Horst*, DWW 2007, 48 (52); *Kinne*, Das Grundeigentum 2009, 358 (360, 362) (nur über § 684 S. 1 BGB); *Lange*, NZM 2007, 785 (789); *Lehmann-Richter*, WuM 2005, 747 (750); MüKo[7]-*Häublein*, § 535, Rn. 127; *Paschke*, WuM 2008, 647 (649); Schmidt /Futterer[13]-*Langenberg*, § 538, Rn. 206; *Sternel*, MietR[4] (2009), Kap. IX, Rn. 44; *ders.*, NZM 2007, 545 (549). Zum alten Recht bereits: LG Freiburg, WuM 2005, 383; LG Stuttgart, WuM 2004, 665; WuM 1986, 370; AG Bergisch Gladbach, WuM 1995, 479 (480).

222 *Faust*, JuS 2010, 350 (352); *Flatow*, WuM 2009, 208 (214); *Lehmann-Richter*, WuM 2005, 747 (750); *S. Lorenz*, NJW 2009, 2576; *Paschke*, WuM 2008, 647 (649); a.A. AG Köln, WuM 2006, 261; *Emmerich*, NZM 2006, 761 (762) (§ 812 Abs. 1 S. 1 2.Alt. BGB).

223 BGHZ 181, 188 (197) mit zust. Anm. v. *Krüger*, EWiR 2009, 707 (708) und v. *Blank*, LMK 2009, 288745. Einem denkbaren Ausschluss gem. § 814 1.Alt. BGB wegen positiver Kenntnis der fehlenden Leistungsverpflichtung durch den Mieter dürfte kaum je praktische Relevanz zukommen, vgl. nur AG Nürtingen, BeckRS 2007, 11203; *Börstinghaus*, WuM 2005, 675 (677).

könne, sei Wertersatz iSv. § 818 Abs. 2 BGB zu leisten.[224] Welchen Umfang dieser Wertersatzanspruch hat, wird indes wieder unterschiedlich beurteilt. Der BGH hält die eingesetzte Arbeitszeit des Mieters, die entstandenen Materialkosten sowie die tatsächliche oder vermeintliche Vergütung für die eingesetzten Helfer für ersatzfähig.[225] Entspreche die Durchführung der Renovierungsleistung der beruflichen bzw. gewerblichen Tätigkeit, sei sogar die hierfür übliche Vergütung zu entrichten.[226] Andere sprechen sich dagegen dafür aus, dass der Vermieter, grds. nur *seine* ersparten Renovierungskosten auf bereicherungsrechtlicher Grundlage an den Mieter herauszugeben hat.[227] Wieder andere wollen den Vermieter verpflichten, den Betrag herauszugeben, um den sich künftig die erzielbare Miete aufgrund der Renovierung des Mieters erhöht.[228]

3. Stellungnahme

Im Gegensatz zur Fallgruppe der eigenmächtigen Selbstvornahme[229] wird der Mieter in der vorliegenden Konstellation erst durch die vom Vermieter verwendete Schönheitsreparaturklausel zur Durchführung von Reparaturmaßnahmen am fremden Eigentum gebracht. Daher ist es kaum verwunderlich, wenn in Rechtsprechung und Literatur nicht darüber gestritten wird, *ob* ein Kostenausgleich zwischen den Vertragsparteien stattfindet, sondern *wie* er rechtlich umzusetzen ist.

---

224 BGHZ 181, 188 (197); AG Freiburg, WuM 2010, 232 (233); *Faust*, JuS 2010, 350 (352); *Gsell*, NZM 2010, 71 (76); *Horst*, DWW 2007, 48 (52); *Lehmann-Richter*, WuM 2005, 747 (750); *Paschke*, WuM 2008, 647 (650).

225 BGHZ 181, 188 (198) mit zust. Anm. v. *Blank*, LMK 2009, 288745; LG Wuppertal, BeckRS 2010, 11506. Dagegen betont *Jacoby*, dass der BGH dem Mieter einen Ersatz für dessen Arbeit versagen will, *ders.*, ZMR 2010, 335 (336).

226 Vgl. BGHZ 181, 188 (198); AG Nürtingen, BeckRS 2007, 11203. *S. Lorenz* spricht sich sogar dafür aus, stets den üblichen Werklohn als Wertersatz zu zahlen, unabhängig davon, ob der Mieter professioneller Maler ist oder nicht, solange die Schönheitsreparaturen fachmännisch durchgeführt wurden. Da das Bereicherungsrecht nicht an die Entreicherung des Bereicherungsgläubigers sondern an die Bereicherung des Bereicherungsschuldners anknüpfe, sei insoweit kein Raum für eine individuelle Betrachtungsweise, vgl. *ders.*, NJW 2009, 2576 (2577); ebenso: *Behme /Vásárhelyi-Nagy*, StudZR 2010, 171 (181); a.A. *Blank*, NZM 2010, 97 (98) und *Jacoby*, ZMR 2010, 335 (336). Beide betonen, dass Leistungen von Handwerkern einen höheren Marktwert haben, als die von Privatpersonen.

227 *Horst*, DWW 2007, 48 (52); *Lehmann-Richter*, WuM 2005, 747 (752).

228 LG Berlin, BeckRS 2007, 07126; AG Karlsruhe, DWW 2005, 374 (375); *Blank*, in: FS Derleder (2005), S. 198; *Both*, WuM 2007, 3 (6); *Flatow*, WuM 2009, 208 (214); *Kinne*, Das Grundeigentum 2009, 358 (360); *Paschke*, WuM 2008, 647 (651).

229 Vgl. H II.

Den Ersatzanspruch des Mieters nach den Vorschriften über die Geschäftsführung ohne Auftrag zu bestimmen wäre insofern naheliegend, als § 539 BGB einen entsprechenden Rechtsgrundverweis auf die §§ 677 ff. BGB ausspricht. Fraglich ist jedoch, ob damit nicht – wie schon im Zusammenhang mit der eigenmächtigen Selbstvornahme – die Wertung des § 536a Abs. 2 BGB umgangen wird, der den Ersatz der Mangelbeseitigungskosten des Mieters abschließend regelt. Wie bereits festgestellt, besteht der Zweck des § 536a Abs. 2 BGB darin, dem Vermieter das vorrangige Recht zu sichern, selbst die Beseitigung von Mängeln an seinem Eigentum zu organisieren. Verwendet der Vermieter jedoch eine Klausel, welche dem Mieter die Vornahme von Schönheitsreparaturen auferlegt, so bringt er damit zum Ausdruck, dass er insoweit auf sein Vorrecht verzichtet. Selbst wenn man davon ausgeht, dass die Vorrangstellung des Vermieters aufgrund der rückstandslosen Unwirksamkeit der Klausel nach § 306 Abs. 1 BGB wieder auflebt, so hat doch der beim Mieter erzeugte Glaube an die Wirksamkeit der Vertragsbestimmung dazu geführt, dass dieser gerade nicht auf die Einhaltung der Voraussetzungen von § 536a Abs. 2 BGB achtet. Immerhin geht er davon aus, dass er die Reparaturarbeit als Teil seiner Entgeltverpflichtung iSv. § 535 Abs. 2 BGB entrichtet und somit gerade keinen Aufwendungsersatzanspruch gegenüber dem Vermieter hat.[230] Folglich verstößt es gegen § 242 BGB wenn sich der Vermieter auf den Vorrang von § 536a Abs. 2 gegenüber § 539 BGB berufen würde.

Gleichwohl kommt ein Anspruch des Mieters aus §§ 539 Abs. 1, 677, 683 S. 1, 670 BGB nicht in Betracht. Dabei ist es letztlich unerheblich, ob der Mieter ein objektiv fremdes oder auch-fremdes Geschäft führt. Selbst wenn der Fremdgeschäftsführungswille vermutet würde[231], könnte er in der vorliegenden Fallkonstellation widerlegt werden.[232] Der Mieter der die Schönheitsreparaturen durchführt, tut dies nur deshalb, weil er bedingt durch die vertragliche Abrede der Ansicht ist, auf diese Weise einen Teil des geschuldeten Entgelts für die Ge-

230 Vgl. *Dötsch*, NZM 2007, 275 (279); *Flatow*, WuM 2009, 208 (213); *Lehmann-Richter*, WuM 2005, 747 (749).

231 So z. B. LG Wuppertal, WuM 2007, 567 (568); *Gsell*, NZM 2010, 71 (76).

232 Bei der Vermutung des Fremdgeschäftsführungswillens handelt es sich lediglich um eine in der Praxis entwickelte Beweiserleichterung. Sie ersetzt keinesfalls die konkrete Prüfung, ob ein Fremdgeschäftsführungswille vorhanden ist oder nicht, vgl. *Lange*, ZGS 2009, 442 (446). Kritisch gegenüber dieser Vermutungslehre welche dazu verleitet, die tatsächliche Prüfung des Fremdgeschäftsführungswillens zu vernachlässigen, wodurch die Vermutung zur Fiktion wird: *S. Lorenz*, NJW 2009, 2576.

brauchsüberlassung zu leisten.[233] Einen Fremdgeschäftsführungswillen zu unterstellen würde de facto bedeuten, dass man davon ausgeht, dass der Mieter die Schönheitsreparaturen auch dann ausgeführt hätte, wenn ihm die Unwirksamkeit der Schönheitsreparaturklausel bekannt gewesen wäre. So viel Altruismus verträgt sich schlecht mit der Lebenswirklichkeit.[234] Für den Fall, dass jemand ein fremdes Geschäft in der irrigen Annahme besorgt, es handele sich um sein eigenes, enthält § 687 Abs. 1 BGB eine unzweideutige Rechtsfolge: die §§ 677 ff. BGB sind nicht anwendbar. Der Fall, dass ein Mieter in Unkenntnis der Unwirksamkeit der Vertragsklausel nicht geschuldete Renovierungsarbeiten am Eigentum des Vermieters vornimmt, scheint geradezu ein Paradigma für § 687 Abs. 1 BGB zu sein.[235]

Somit verbleibt zunächst nur der mittlerweile auch vom BGH vertretene bereicherungsrechtliche Lösungsweg. Die Unwirksamkeit der Schönheitsreparaturklausel mag auf den ersten Blick auch dafür sprechen, dass ein Rechtsgrund für den vom Vermieter erhaltenen Vermögensvorteil fehlt. Hinzukommt, dass die Durchführung von Schönheitsreparaturen als Teil der Entgeltverpflichtung des Mieters gesehen wird. Hätte der Mieter irrtümlich einen höheren als den tatsächlich geschuldeten Mietzins bezahlt, hätte er gleichfalls einen Anspruch aus § 812 Abs. 1 S. 1 1.Alt. BGB gegenüber dem Vermieter gehabt. Man vergleiche diese Ausgangssituation nur mit den jüngst höchstrichterlich entschiedenen Fällen[236], in denen der Kunde eines Energieversorgers aufgrund einer Preisanpassungsklausel, welche sich nachträglich als unwirksam herausgestellt hat, ein höheres als das tatsächlich

233 Vgl. LG Berlin, BeckRS 2007, 07126; AG Köln, WuM 2006, 261; AG Karlsruhe, DWW 2005, 374 (375); AG München, NJW-RR 2002, 10; *Behme /Vásárhelyi-Nagy*, StudZR 2010, 171 (179); *Börstinghaus*, WuM 2005, 675 (677); *Both*, WuM 2007, 3 (6); *Eckert*, ZfIR 2005, 673 (676); *Emmerich*, NZM 2006, 761 (762); *Jacoby*, ZMR 2010, 335 (336); *Lange*, NZM 2007, 785 (787); *Paschke*, WuM 2008, 647 (649); *Wolf / Eckert /Ball*, aaO (Fn. 138), Rn. 431.

234 In diesem Sinne auch: *Hey*, JuS 2009, 400 (404); *Lange*, ZGS 2009, 442 (447). Deshalb ist auch eine Differenzierung zwischen Renovierungsleistungen während der Mietzeit und anlässlich der Beendigung der Mietzeit nicht sinnvoll. In beiden Fällen führt der Mieter die Instandsetzungsarbeiten nur deshalb durch, weil er glaubt, dazu vertraglich verpflichtet zu sein. A.A. dagegen: *Sternel*, MietR[4] (2009), Kap. IX, Rn. 44, der im Falle eine Endrenovierung einen Fremdgeschäftsführungswillen bejaht.

235 Auch AG Köln, WuM 2006, 261; *Behme /Vásárhelyi-Nagy*, StudZR 2010, 171 (179); *Flatow*, WuM 2009, 208 (213); *Hey*, JuS 2009, 400 (404); *Horst*, DWW 2007, 48 (52); *Lange*, ZGS 2009, 442 (446); *ders.*, NZM 2007, 785 (787); *Paschke*, WuM 2008, 647 (649); *Wolf /Eckert /Ball*, aaO (Fn. 138), Rn. 431 halten § 687 Abs. 1 BGB für anwendbar.

236 BGHZ 182, 59; 182, 41.

geschuldete Entgelt entrichtet hat. Auch hier wird ein Rückzahlungsanspruch des Kunden aus § 812 Abs. 1 S. 1 1.Alt. BGB gemeinhin befürwortet.[237] Allerdings darf nicht übersehen werden, dass in der hier in Rede stehenden mietrechtlichen Fallkonstellation die Lesart – Schönheitsreparatur als Teil des geschuldeten Entgelts – gerade auf jene Klausel zurückgeht, deren Unwirksamkeit überhaupt erst den Ersatzanspruch des Mieters auslöst. Aber selbst wenn man diesen Aspekt ausblendet, bleibt immer noch die Tatsache, dass der Mieter seine Leistung aufgrund einer Vertragsklausel erbracht hat, welche sich nachträglich als unwirksam herausgestellt hat. Die Vorstellung, dass sich der Vertrag in diesem lückenhaften Zustand manifestiere ist jedoch falsch. Stattdessen wird zunächst das dispositive Recht zur Lückenfüllung herangezogen. Wie bereits erwähnt geht deshalb die Pflicht zur Durchführung von Schönheitsreparaturen auf den Vermieter über (§ 535 Abs. 1 S. 2 BGB).[238] Im Lichte dieser Erkenntnisse erscheint es fraglich, ob es tatsächlich erforderlich ist, den zweifellos gebotenen Kostenausgleich zwischen den Parteien auf die §§ 812 ff. BGB zu stützen. Immerhin wurde die Leistung willentlich auf der Grundlage eines nunmehr wieder vollständigen Vertrages erbracht. Daher ist zunächst zu prüfen, ob sich der Ersatzanspruch des Mieters nicht vielleicht doch innerhalb des Vertragsrechts verwirklichen lässt. Insofern als der Vermieter aufgrund der nicht geschuldeten Durchführung von Schönheitsreparaturen durch den Mieter unverdient bereichert wurde, kommt ein Kostenausgleich über eine entsprechende Anwendung des vertraglichen Bereicherungsverbotes in Betracht.

4. Entsprechende Anwendung des vertraglichen Bereicherungsverbotes

Eine entsprechende Anwendung des vertraglichen Bereicherungsverbotes wäre von vornherein ausgeschlossen, wenn die Interessenlage der hier in Rede stehenden Fallkonstellation nicht vergleichbar wäre mit jener, die in den vertraglichen Anrechnungsvorschriften kodifiziert ist.

a) Vergleichbare Interessenlage

Aufgrund der Unwirksamkeit der besagten Klausel gem. § 307 Abs. 1, 2 Nr. 1 BGB und der Lückenfüllung durch dispositives Recht ist nunmehr der Vermieter nach § 535 Abs. 1 S. 2 BGB zur Vornahme der Schönheitsreparaturen verpflichtet (s. o.).

---

237 Vgl. AG Gummersbach, Urt. v. 01.09.2010–16 C 218/09, Rn. 21 (erhältlich bei juris); Urt. v. 17.03.2010–16 C 139/09, Rn. 22 (erhältlich bei juris); *Büdenbender*, NJW 2009, 3125 (3130).

238 Vgl. nur *Over*, in: Hannemann /Wiegner, MAH Mietrecht[4] (2014), § 58, Rn. 39.

Indem der Mieter diese Schönheitsreparaturen vornimmt, vereitelt er die Leistungserbringung des Vermieters. Somit korrespondiert diese Ausgangslage mit der Interessenlage der vertraglichen Anrechnungsvorschriften. Eine gesamtanaloge Anwendung der §§ 326 Abs. 2 S. 2, 537 Abs. 1 S. 2, 615 S. 2, 648 S. 2 2Hs. BGB, § 11 KSchG, § 415 Abs. 2 S. 1 Nr. 1 HGB würde dazu führen, dass der Vermieter so gestellt wird, wie er stünde, wenn der Vertrag – dieses Mal auf der Grundlage des nachträglich herangezogenen dispositiven Rechts – ordnungsgemäß abgewickelt worden wäre. In diesem Fall hätte er lediglich den ausdrücklich vereinbarten Mietzins erhalten und die Durchführung der Schönheitsreparaturen selbst tragen müssen.[239] Folglich hätte er auf der Grundlage des vertraglichen Bereicherungsverbotes die Kosten für diese Schönheitsreparaturen zum Nachteil des Mieters in unzulässiger Weise erspart. Für den Fall, dass das Mietverhältnis fortbesteht, wären diese ersparten Kosten auf den künftigen Mietzinsanspruch anzurechnen. Für den wahrscheinlicheren Fall, dass das Mietverhältnis beendet worden ist, hätte der Mieter gem. §§ 326 Abs. 4, 346 Abs. 1 1.Alt. BGB einen entsprechenden Rückzahlungsanspruch gegenüber dem Vermieter.

b) Planwidrige Regelungslücke

Eine gesamtanaloge Anwendung der vertraglichen Anrechnungsvorschriften kommt indes nur dann in Betracht, wenn tatsächlich eine planwidrige Regelungslücke besteht. Dagegen könnte – wie schon im Falle der eigenmächtigen Selbstvornahme – die Existenz des § 536a Abs. 2 BGB sprechen. So dient diese Vorschrift der abschließenden Regelung von Rückgriffsansprüchen des Mieters nachdem dieser Mangelbeseitigungsmaßnahmen am Eigentum des Vermieters vorgenommen hat. Durch die Verwendung der fehlerhaften Schönheitsreparaturklausel hat der Vermieter jedoch sein Vorrecht, selbst für die Mangelbeseitigung an seinem Eigentum zu sorgen, freiwillig aus der Hand gegeben und dadurch beim Mieter erst den Eindruck erweckt, als käme es auf die Wahrung der Voraussetzungen von § 536a Abs. 2 BGB überhaupt nicht an.[240] Hinzu kommt, dass die gegenwärtige Ausprägung von § 536a BGB im wesentlichen auf das Mietrechtsreformgesetz aus dem Jahre 2001 zurückgeht. Zwar war zu jener Zeit die Übertragung der originär dem Vermieter zufallenden Pflicht zur Vornahme von Schönheitsreparaturen auf den Mieter bereits gängige Vertragspraxis, doch konnte damals keiner ahnen, dass der BGH 3 Jahre später damit beginnt Schönheitsreparaturklauseln mit starrer

239 Etwas anderes gilt nur dann, wenn die Schönheitsreparaturen nicht zugleich der Mangelbeseitigung dienten.

240 Vgl. bereits H III 3.

Fristenregelung für unwirksam zu erklären.[241] Folglich konnte auch die hier vorliegende Interessenlage bei Schaffung des § 536a Abs. 2 BGB nicht berücksichtigt werden. Die dadurch vorhandene Lücke kann jedoch – wie aufgezeigt – durch eine gesamtanaloge Anwendung der vertraglichen Anrechnungsvorschriften geschlossen werden.

c) Ergebnis

Dass der Mieter über eine Anwendung des vertraglichen Bereicherungsverbotes seine Aufwendungen für die Durchführung der Schönheitsreparaturen lediglich in Höhe der ersparten Kosten des Vermieters ersetzt bekommt, mag zunächst unbillig erscheinen. Immerhin hat letzterer durch die von ihm verwendete Klausel überhaupt erst dafür gesorgt, dass der Mieter diese Instandsetzungsarbeiten vornimmt, ohne dass die Voraussetzungen von § 536a Abs. 2 BGB erfüllt wären. Dem ist jedoch entgegenzuhalten, dass abgesehen von der Tatsache, dass sich beide Beträge in der Praxis wenn überhaupt dann nur geringfügig unterscheiden werden[242], auf diese Weise eine sinnvolle Abstufung zum gleichfalls in Betracht kommenden Anspruch aus culpa in contrahendo besteht. Dieser hätte zur Folge, dass der Mieter seine Kosten vollumfänglich vom Vermieter ersetzt bekommt.[243] Voraussetzung wäre jedoch, dass der Vermieter die Verwendung der unwirksamen Klausel auch zu vertreten hat. Nach der zur Zeit bestehenden Rechtsprechung des BGH, hätte der Vermieter jedoch auch dann, wenn es ihm gelänge, den Vorwurf des Vertretenmüssens aus § 280 Abs. 1 S. 2 BGB zu widerlegen, nach § 812 Abs. 1 S. 1 1.Alt. BGB die Mangelbeseitigungskosten des Mieters (weitgehend) zu ersetzen. Auf diese Weise werden jedoch die Voraussetzungen der §§ 311, 280 Abs. 1, 241 Abs. 2 BGB im Allgemeinen und das Verschuldenserfordernis im Besonderen unterlaufen. Außerdem wird übersehen, dass es im Bereicherungsrecht gerade nicht darum geht, den Nachteil des Bereicherungsgläubigers zu ersetzen, sondern den Vermögensvorteil des Bereicherungsschuldners abzuschöpfen.[244] So entspricht der Wertzuwachs auf der Vermieterseite nicht ohne weiteres dem Kostenaufwand des Mieters.[245]

---

241 So ergeht die diesbezügliche Leitentscheidung des BGH erst am 23.6.2004, vgl. BGH, NJW 2004, 2586. Vgl. weiterhin: BGHZ 178, 158 (166); BGH, NJW 2006, 2115; NJW 2006, 2113; NJW 2005, 1426; NJW 2004, 3775.

242 Vgl. hierzu die Ausführungen sog. „Abschöpfungsargument“ H II 3 b).

243 Vgl. H III 1.

244 Vgl. bereits C I.

245 Vgl. LG Berlin, BeckRS 2007, 07126.

Eine Anwendung des vertraglichen Bereicherungsverbotes würde dagegen die erforderliche Abstufung zum Anspruch aus culpa in contrahendo wiederherstellen. Dies scheint auch unter wirtschaftlichen Gesichtspunkten gerechtfertigt zu sein. Selbst wenn die Schönheitsreparaturklausel unwirksam ist und deshalb keinen Einfluss mehr auf die *juristische* Lösung haben darf, sollte nicht vergessen werden, dass die Vertragsparteien die Durchführung der Instandsetzungsarbeiten als Teil des vom Mieter geschuldeten Entgelts gesehen haben. Da der Mieter fortan nicht mehr zu ihrer Durchführung verpflichtet ist und für bereits erbrachte Leistungen Ersatz verlangen kann, wird die Kalkulationsgrundlage dieses auf lange Sicht angelegten Vertrages nicht unerheblich erschüttert.[246] Auch von dieser Warte aus erscheint es gerechtfertigt zu sein, dem Vermieter nicht noch den Betrag aufzubürden, um den die tatsächlich angefallenen Kosten des Mieters seine eigenen hypothetischen Kosten übersteigen. Auf diese Weise wird zudem sichergestellt, dass der Vermieter nur für die Kosten derjenigen Instandsetzungsarbeiten einsteht, die er auch selbst ausgeführt bzw. veranlasst hätte.

246 Vgl. LG Berlin, BeckRS 2007, 07126. Wegen der bestehenden Risikoverteilung bei der Mietzinskalkulation dürfte eine Vertragsanpassung über die Grundsätze zur Störung der Geschäftsgrundlage (§ 313 BGB) wohl nicht in Betracht kommen. Abgesehen davon trägt der Vermieter als Verwender der AGB-Klauseln das Risiko, dass sich diese nachträglich als unwirksam herausstellen, vgl. *Over*, in: Hannemann/Wiegner, MAH Mietrecht[4] (2014), § 58, Rn. 41.

I. Fazit

Das Bereicherungsverbot besagt, dass man sich nicht zum Nachteil eines anderen ungerechtfertigt bereichern darf.[1] In diesem Sinne dient es der Verwirklichung ausgleichender Gerechtigkeit. Verlässlich lässt sich die Spur des Bereicherungsverbotes bis zur stoischen Philosophie des antiken Griechenlands zurückverfolgen. Erst unter Kaiser Justinian I.[2] wurde es zum Mörtel für die römischrechtlichen Kondiktionstatbestände und hielt auf diese Weise Einzug in die Digesten.[3] Bei Lichte besehen offenbaren die Digesten jedoch auch, dass das Bereicherungsverbot darüber hinaus auch im Recht der *locatio conductio* einen Ankerpunkt gefunden hatte.[4] So behielt etwa ein Schreiber, dessen Dienste vom Gläubiger nicht mehr in Anspruch genommen werden konnten, seinen gegen ihn gerichteten Vergütungsanspruch nur, wenn er für den entsprechenden Zeitraum keine anderweitigen Einkünfte erzielt hat.[5] Durch diese Einschränkung sollte sichergestellt werden, dass er in Ansehung seiner frei gewordenen Arbeitskraft, welche er nun anderweitig nutzen konnte, nicht durch die Aufrechterhaltung seines alten Vergütungsanspruches ein zweites Mal von der Störung des Leistungsaustausches aus der Sphäre des Dienstberechtigten profitiert. Dieser Gedanke ist es, der auch im geltenden Recht in den §§ 326 Abs. 2 S. 2, 537 Abs. 1 S. 2, 615 S. 2, 648 S. 2 2.Hs. BGB, § 11 KSchG und § 415 Abs. 2 S. 1 Nr. 1 HGB im Vordergrund steht. In dieser Ausprägung gewinnt auch der sonst etwas nebulöse Bereicherungsgedanke, der überdies auch in vielen anderen Vorschriften des Vertragsrechts eine (zumindest untergeordnete) Rolle spielt[6], zusätzlich Kontur. War es außerhalb der §§ 812 ff. BGB zunächst schwierig eine Antwort auf die Frage zu bekommen, *wann* eine Bereicherung als ungerechtfertigt anzusehen ist, verdichtet sich die bereicherungsrechtliche Schnittmenge der genannten vertraglichen Anrechnungsvorschriften zu folgender Wertung: Wird der vertragliche Leistungsaustausch aus der Sphäre des einen gestört, gebührt dem anderen nicht

1 Vgl. das sog. „*Bereicherungsprinzip*" bei *F. Bydlinski*, System und Prinzipien des Privatrechts, 1996, S. 235.

2 Justinian I. war von 527 bis 565 römischer Kaiser.

3 D 12.6.14, vgl. hierzu: Kap. C, Fn. 43.

4 D 19.2.19.9 und D 19.2.19.10, vgl. hierzu D I 4.

5 D 19.2.19.9.

6 Vgl. etwa §§ 285, 346 Abs. 3 S. 2, 439 Abs. 5, 616 S. 2, 635 Abs. 4, 642 Abs. 2, 650 f. Abs. 5 S. 2 2.Hs. BGB, § 74c HGB.

mehr als der vertraglich vereinbarte Mehrwert (positives Interesse).[7] Ungerechtfertigt ist eine Bereicherung somit dann, wenn eine Partei aus dem vertragswidrigen Verhalten der anderen einen Vorteil zieht, der über das positive Interesse hinausgeht. Diese den Anrechnungsvorschriften innewohnende Wertung ist das *vertragliche Bereicherungsverbot*. Dass jene vertraglichen Anrechnungsvorschriften nicht nur durch ihren ähnlichen Wortlaut, sondern auch durch eben diesen Grundgedanken miteinander verbunden sind, wird in der Rechtswissenschaft gelegentlich angedeutet.[8]

Mitunter wird das vertragliche Bereicherungsverbot mit der Vorteilsausgleichung in Verbindung gebracht.[9] Hierbei handelt es sich um ein im Schadensrecht beheimatetes Rechtsinstitut, welches gleichfalls vom Bereicherungsgedanken getragen wird und besagt, dass *„sich der Geschädigte nach dem Schadensfall nicht besser stellen soll als davor*"[10]. Dahinter mag sich die Hoffnung verbergen, dass das vertragliche Bereicherungsverbot im Gewand der bereits anerkannten Vorteilsausgleichung auch im Vertragsrecht leichter Fuß fassen kann.[11] Dagegen spricht jedoch, dass die Vorteilsausgleichung selbst nicht gesetzlich verankert ist und sich deshalb seine *entsprechende* Anwendung im Vertragsrecht methodisch nur schwer begründen lässt. Die auf dem Schadensrecht beruhenden Fallgruppen der Vorteilsausgleichung eignen sich ohnehin denkbar schlecht für eine Übertragung auf das Vertragsrecht. Schließlich geht es in den §§ 326 Abs. 2 S. 2, 537 Abs. 1 S. 2, 615 S. 2, 648 S. 2 2.Hs. BGB, § 11 KSchG, § 415 Abs. 2 S. 1 Nr. 1 HGB um die Kürzung von Erfüllungsansprüchen, welche mit Schadensersatzansprüchen keineswegs gleichzusetzen sind.[12]

Als Lösungsinstrument lässt sich das vertragliche Bereicherungsverbot nur über eine gesamtanaloge Anwendung dieser vertraglichen Anrechnungsvorschriften fruchtbar machen. Erste Ansätze für diesen Methodenschluss finden sich

---

7 Vgl. bereits E I 3.

8 Vgl. nur die in Kap. A, Fn. 13 genannten Fundstellen. Abgesehen vom Wortlaut stimmen die genannten Anrechnungsvorschriften auch darin überein, dass sie zu einer ipso-iure-Minderung des Gegenleistungsanspruchs führen, weshalb sie gerade nicht als Aufrechnungstatbestände zu begreifen sind. Auch in der Beweislastverteilung zwischen Schuldner und Gläubiger gibt es weitgehende Übereinstimmungen bis hin zur analogen Anwendung von § 74c Abs. 2 HGB. Vgl. hierzu bereits Kap. D.

9 Vgl. nur *Brox / Walker*, SAT[42] (2018), § 22, Rn. 42; Staudinger / Eckpfeiler[2018]-*Vieweg*, Kap. J, Rn. 87.

10 Deutsches Rechts-Lexikon[3] (2001), Bd. 3 (Q-Z), S. 4734.

11 Zugleich bescheinigt dieses Vorgehen das Bedürfnis nach einem scharf konturierten, vertragsimmanenten Bereicherungskorrektiv, vgl. E II 3.

12 Vgl. E II 2 b) bb).

bereits in zwei Entscheidungen des BGH[13], jeweils unter dem Deckmantel der ergänzenden Vertragsauslegung. Der Analogieschluss ist diesem Vorgehen jedoch vorzuziehen. So wird durch das Erfordernis einer planwidrigen Regelungslücke sichergestellt, dass über eine Anwendung des vertraglichen Bereicherungsverbotes keine vorhandenen Wertungen im jüngst reformierten Schuldrecht überlagert werden.[14]

Das Fehlen einer planwidrigen Regelungslücke war schließlich auch der Hauptgrund dafür, dass das vertragliche Bereicherungsverbot nicht zur Begründung eines Ausgleichsanspruchs des zur unberechtigten Selbstvornahme schreitenden Sachgläubigers im Kauf- und Werkvertragsrecht herangezogen werden konnte. Eine Abschöpfung der vom Sachschuldner ersparten Mangelbeseitigungskosten hätte jeweils den gesetzlich verankerten Vorrang der Nacherfüllung unterlaufen.[15] Für das Kaufrecht war die Zweistufigkeit des Gewährleistungsrechts bereits in der Verbrauchsgüterkaufrichtlinie angelegt.[16] Im Werkvertragsrecht ist zudem davon auszugehen, dass der Gesetzgeber mit der Neufassung des § 637 BGB den *verschuldensunabhängigen* Ersatz der Selbstvornahmekosten abschließend regeln wollte. Die in § 281 Abs. 2, § 440, § 636 und § 637 Abs. 2 BGB verwobenen Ausnahmetatbestände für das Fristsetzungserfordernis bieten die nötige Flexibilität, damit der Käufer bzw. Besteller im Ernstfall umgehend selbst zur Mangelbeseitigung übergehen kann, ohne dabei seinen Anspruch auf Ersatz der dadurch entstandenen Kosten zu verlieren. Dass der Käufer bzw. Besteller seinem Vertragspartner oft in Unkenntnis der neuen bzw. alten Rechtslage keine Chance für eine zweite Andienung eingeräumt hat, stellt kein so schwerwiegendes Gerechtigkeitsdefizit dar, als dass es gerechtfertigt wäre, die Zweistufigkeit der

---

13 Urt. v. 10.06.1968 – VII ZR 48/66, JR 1969, 419 und Urt. v. 16.04.1973 – VII ZR 140/71, BGHZ 60, 353. Der tatsächliche Umfang der heranziehbaren Anrechnungsvorschriften wurde dem BGH allerdings erst nach und nach gewahr. Stellte er zunächst nur auf § 324 BGB a. F. (= § 326 Abs. 2 BGB) und § 615 S. 2 BGB ab, kamen in der späteren Entscheidung u. a. noch § 552 2 BGB a. F. (= § 537 Abs. 1 S. 2 BGB) und § 648 S. 2 2.Hs. BGB hinzu. Eine mit § 415 Abs. 2 S. 1 Nr. 1 HGB vergleichbare Vorgängerregelung gab es dagegen zu jener Zeit noch nicht, vgl. hierzu D IX 3. § 11 KSchG (bzw. § 9 KschG v. 1951) wurde dagegen nicht gesehen.

14 Zum Verhältnis der ergänzenden Vertragsauslegung zur Rechtsfortbildung vgl. E II 1 b).

15 Dieser ergibt sich aus dem im allgemeinen Leistungsstörungsrecht verankerten Fristsetzungserfordernis der §§ 281 Abs. 1 S. 1, 323 Abs. 1 BGB. Mit der Schuldrechtsreform wurden die Gewährleistungsrechte wiederum eng mit dem allgemeinen Leistungsstörungsrecht verzahnt.

16 Vgl. Art. 3 Abs. 3, 5 sowie die Erwägungsgründe Nr. 10 und 11 der Verbrauchsgüterkaufrichtlinie.

Gewährleistungssysteme durch einen weiteren, methodisch kaum zu rechtfertigenden, Ausnahmetatbestand zu unterminieren. Durch die Verankerung der grundsätzlich vorrangigen Nacherfüllung im Kauf- und Werkvertragsrecht wird deutlich, dass die Vertragserhaltung klare Priorität genießt.[17] Es sollte daher vermieden werden, einen gegenläufigen Verhaltensanreiz zu schaffen, indem ein eigenmächtiges Vorgehen des Sachgläubigers durch die Gewährung eines wie auch immer gearteten Kostenausgleichs aufgefangen wird.[18] Die Langzeitfolgen eines solchen Vorgehens wären überdies kaum abzusehen. Möglicherweise würde künftig jedes vom Verbraucher nicht erfüllte Tatbestandsmerkmal, ob es sich nun um eine Widerrufserklärung oder ein Fristsetzungserfordernis handelt, einem nicht näher bestimmbaren Gerechtigkeitspostulat geopfert.

Insofern als das Mietgewährleistungsrecht im Rahmen der Schuldrechtsreform nicht in gleicher Weise an das allgemeine Leistungsstörungsrecht angepasst wurde, findet sich das in den §§ 281 Abs. 1, 2 bzw. 323 Abs. 1, 2 BGB enthaltene austarierte Regel-Ausnahme-Verhältnis nicht in § 536a Abs. 2 BGB wieder. So erscheint es unausgewogen, wenn der Mieter zum Schutze des Vermietereigentums umgehend zur Mangelbeseitigung bei vollem Kostenersatz schreiten darf (vgl. § 536a Abs. 2 Nr. 2 BGB), bei entsprechender Gefährdung seines eigenen Eigentums dagegen nicht. Es ist unwahrscheinlich, dass der Gesetzgeber diese Fallkonstellation bei der Neuordnung des Mietrechts im Rahmen der Mietrechtsreform[19] hinreichend beachtet hat. Folglich tut sich an dieser Stelle eine (wenn auch kleine) Gesetzeslücke auf, welche durch eine gesamtanaloge Anwendung des vertraglichen Bereicherungsverbotes geschlossen werden kann. Auf diese Weise erhält der Mieter (zumindest anteilig) seine Kosten für die Beseitigung des Mangels ersetzt.[20] Dabei hängt es oft vom Zufall ab, ob sich die ungerechtfertigte Bereicherung noch über eine Anrechnung auf den Gegenleistungsanspruch verhindern, oder ob sich die bereits entstandene ungerechtfertigte Vermögenslage nur noch durch einen entsprechenden Rückforderungsanspruch gegen den Bereicherten beseitigen lässt. Sollte letzteres erforderlich sein, ist auf § 326 Abs. 4 BGB zurückzugreifen, der wiederum auf § 346 Abs. 1 BGB verweist. Kümmert sich der Mieter um die Mangelbeseitigung, weil er sich dazu aufgrund einer un-

17 Vgl. *Bruns*, NZV 2006, 640.

18 Vgl. hierzu G II 2 d) bb).

19 BGBl. 2001 I S. 1149.

20 Durch die Begrenzung des Bereicherungsverbotes auf diese spezielle Fallkonstellation droht auch keine flächendeckende Erosion der in § 536a Abs. 2 BGB kodifizierten Wertung. Schließlich darf nicht vergessen werden, dass die Selbstvornahme im Mietrecht fast immer ein Eingriff in fremdes Eigentum darstellt. Vgl. H II 3 e).

wirksamen Schönheitsreparaturklausel für verpflichtet hält, stellt sich erneut die Frage, ob der Vermieter zumindest seine dadurch ersparten Aufwendungen an ihn herauszugeben hat. Auch in diesem Fall lässt sich der Kostenausgleich zwischen den Parteien über eine entsprechende Anwendung des vertraglichen Bereicherungsverbotes begründen. Vertragswidrig handelt der Mieter deshalb, weil der nunmehr durch das dispositive Recht ergänzte Mietvertrag die Durchführung der Schönheitsreparaturen dem Vermieter überträgt (vgl. § 535 Abs. 1 S. 2 BGB). Selbstredend sollte der Vermieter aus diesem Umstand nicht auch noch Vorteile ziehen, welche ihm auf der Grundlage des Vertrages nicht zustehen.[21]

Wird die Mangelbeseitigung dagegen nicht vom Sachgläubiger, sondern – wie vorgesehen – vom Sachschuldner ausgeführt, kann es gleichsam zu einer vertraglich nicht vorgesehenen Bereicherung des anderen Teils kommen. Konnte der Vertragsgegenstand bis zum Zeitpunkt der Nacherfüllung ohne größere Einschränkungen benutzt werden und verlängert sich durch die Mangelbeseitigung seine Lebensdauer über das vertraglich vorgegebene Maß hinaus, liegt eine Vermögensverschiebung zu Gunsten des Käufers bzw. des Bestellers vor. Diese Vermögensverschiebung wäre unverdient, aber nicht „ungerechtfertigt“, wenn sie sich zwingend aus der Anwendung der Gewährleistungsvorschriften des Kauf- und Werkvertrages ergeben würde. Allerdings findet sich dort keine Norm, welche dem Verkäufer bzw. Werkunternehmer vorschreiben würde, neuwertige Ersatzteile für die Nachbesserung zu verwenden.[22] Ebensowenig ist der Verkäufer verpflichtet, im Wege der Nachlieferung eine mangelfreie Kaufsache zu leisten, welche überdies absolut neuwertig ist. Im Werkvertragsrecht, wo schon vor der Schuldrechtsmodernisierung die vorrangige Nacherfüllung verankert war (vgl. §§ 633 Abs. 2, 634 Abs. 1 BGB a. F.)[23], wird nicht erst seit Kurzem versucht, eine Perpetuierung dieser Vermögenslage über eine Heranziehung der Vorteilsausgleichung zu verhindern.[24] Wie schon angemerkt eignet sich die Vorteilsausgleichung jedoch denkbar schlecht für die Begründung eines Berei-

---

21 Sobald der Vermieter die Verwendung der unwirksamen Schönheitsreparaturklausel zu vertreten hat, kann der Mieter seine Mangelbeseitigungskosten *vollumfänglich* als Schadensersatz geltend machen, gem. §§ 311 Abs. 2, 280 Abs. 1, 241 Abs. 2 BGB. Zu den Rechtsfolgen vgl. Kap. H, Fn. 201.

22 Die in § 635 Abs. 1 2.Alt. BGB geregelte Neuherstellung des Werkes kann in diesem Sinne auch als umfassendste Form der Mangelbeseitigung verstanden werden, vgl. BGH, NJW 1986, 711 (712) zu § 633 Abs. 2 S. 1 BGB a. F.

23 Vgl. hierzu *Esser / Weyers*, SchuldR, Bd. 2/1, 8. Aufl. (1998), § 32 II 4 (S. 263); *Larenz*, SchuldR, Bd. 2/1, 13. Aufl. (1986), § 53 II a) (S. 348).

24 Vgl. nur die Hinweise in Kap. G, Fn. 175.

cherungsausgleichs. Gleiches gilt für die in § 439 Abs. 5 bzw. § 635 Abs. 4 BGB verankerte Nutzungsersatzpflicht des Sachgläubigers, da diese – im Widerspruch zu § 446 S. 2 bzw. § 641 Abs. 4 BGB – die Gebrauchsvorteile für die Vergangenheit dem schlechtleistenden Verkäufer bzw. Werkunternehmer überträgt, obwohl die nacherfüllungsbedingte Bereicherung in Gestalt der verlängerten Nutzungsdauer *zukunftsbezogen* ist.[25] Abgesehen davon wird die Möglichkeit einer Bereicherung durch Nachbesserung gänzlich außer Acht gelassen. Von der Unausgegorenheit dieser gesetzlichen Lösung zeugen nicht zuletzt seine für das Kaufrecht bestätigte Richtlinienwidrigkeit[26] sowie der hastige und wenig ambitionierte Korrekturversuch des nationalen Gesetzgebers in Gestalt der Neufassung des § 475 Abs. 3 BGB.[27] De lege lata[28] erscheint hier nur der Rückgriff auf das vertragliche Bereicherungsverbot ein adäquates Mittel für eine Abschöpfung der beim Käufer bzw. Besteller eingetretenen Bereicherung zu sein.[29] Freilich darf nicht vergessen werden, dass die Übererfüllung durch den Sachschuldner oftmals auf Zweckmäßigkeitserwägungen beruht, da es sehr schwierig ist, zum Zeitpunkt der Nacherfüllung ein mangelfreies Ersatzteil oder eine mangelfreie Kaufsache zu leisten, welches zugleich einen vergleichbaren Abnutzungsgrad aufweist. Der Rückgriff auf die Lehre von der aufgedrängten Bereicherung erscheint hier unumgänglich.[30] Auf diese Weise verengt sich der tatsächlich durchgeführte Bereicherungsausgleich zwischen Sachschuldner und – gläubiger auf wenige Ausnahmefälle, in denen letzterer von der nacherfüllungsbedingten Verlängerung der Nutzungsdauer tatsächlich profitiert. Die Wahrscheinlichkeit eines solchen Bereicherungsausgleichs dürfte dabei im Werkvertragsrecht höher sein als im Kaufrecht, wo oftmals das Interesse an der Nutzung kurzfristig angeschaffter Konsumgüter im Lichte des technischen Fortschritts mit der Zeit erlischt. Da beim Mietvertrag das Eigentum am Mietgegenstand nicht auf den Sachgläubiger übergeht, kommt eine „nacherfüllungs"-bedingte Bereicherung in erster Linie dem Sachschuldner

---

25 Hinzu kommt, dass der Sachschuldner seinerseits nicht verpflichtet wird, die aus dem Entgelt gezogenen Nutzungen dem Sachgläubiger zurückzugewähren.

26 EuGH, Slg. I 2008, 2713.

27 BGBl. 2008 I, S. 2399.

28 Im Bereich des Verbrauchsgüterkaufs ist der hier vertretene Rückgriff auf das vertragliche Bereicherungsverbot in Ansehung des § 475 Abs. 3 S. 1 BGB n.F. freilich nicht möglich. Vgl. F III 3 a).

29 Vgl. F III 3 bzw. G III 3.

30 Der Käufer bzw. Besteller ist gem. § 818 Abs. 3 BGB analog in Höhe des Betrages entreichert, um den die aufgedrängte Bereicherung für ihn keinen Wert hat. Vgl. F III 3 c) bb) (3) und G III 3 c).

zugute. Geht im Bereich der Wohnraummiete die Mangelbeseitigung mit einer Modernisierung der Mietsache einher (sog. Instandmodernisierung), besteht nach § 559 BGB gar die Möglichkeit zur (anteiligen) Mieterhöhung.[31] Insofern als der gemietete Wohnraum einer Vielzahl von Menschen zugleich als Existenzmittelpunkt dient[32] und diesem „*sozialen Element*" neben der Austauschgerechtigkeit ein besonderer Stellenwert zukommt[33], wäre ein darüber hinaus gehender Bereicherungsausgleich auch nicht vertretbar.

Kein Anwendungsfeld für das vertragliche Bereicherungsverbot eröffnet sich schließlich bei der Lieferung eines höherwertigen aliuds im Kauf- und Werkvertragsrecht. So greifen an dieser Stelle das jeweilige Gewährleistungsrecht (vgl. § 434 Abs. 3 1.Alt., § 633 Abs. 2 S. 3 1.Alt. BGB) sowie § 812 Abs. 1 BGB fugenlos ineinander. Ist die Leistung auf der Grundlage einer erkennbaren Tilgungsbestimmung vorgenommen worden und lässt sich letztere auch nicht nachträglich im Wege der Anfechtung beseitigen, erfolgt die Rückabwicklung ausschließlich nach dem Gewährleistungsrecht. Ist dagegen eine solche Tilgungsbestimmung nicht (oder nicht mehr) vorhanden, richtet sich die Rückabwicklung nach dem Bereicherungsrecht.[34] Folglich fehlt es auch an dieser Stelle an einer planwidrigen Regelungslücke.

Es bleibt damit festzuhalten, dass das vertragliche Bereicherungsverbot außerhalb des unmittelbaren Anwendungsbereichs der vertraglichen Anrechnungsvorschriften aufgrund seines subsidiären Charakters nur in eng begrenzten Ausnahmefällen zur Anwendung gelangt. Allerdings bestünde sonst auch die Gefahr, dass bestehende Wertungen innerhalb der Rechtsordnung aufgrund diffuser Gerechtigkeitserwägungen unterlaufen werden. Diese Gefahr realisiert sich etwa dann, wenn man versucht, externe Ausgleichssysteme, wie das Recht der Geschäftsführung ohne Auftrag oder die Kondiktionstatbestände der §§ 812 ff. BGB zur Lösung der behandelten Problemfelder im Vertragsrecht heranzuziehen, ohne dass deren Voraussetzungen im Einzelnen vorliegen. Die Auseinandersetzung mit dem vertraglichen Bereicherungsverbot hat dagegen gezeigt, dass sich ausgewogene Ergebnisse auch finden lassen, wenn man die Gewährleistungsvorschriften im Kauf-, Werk-, und Mietvertragsrecht ernst nimmt.

---

31 Jauernig[17]-*Teichmann*, §§ 559–559a, Rn. 2; MüKo[7]-*Artz*, § 559, Rn. 9 ff.

32 Vgl. nur BVerfGE 89, 1.

33 *Larenz*, SchuldR, Bd. 2/1, 13. Aufl. (1986), § 48 I (S. 213).

34 In diesem Zusammenhang wäre ggf. noch § 241a BGB zu beachten. Vgl. hierzu F IV 4 und G IV 5.

Literaturverzeichnis

Alexander, Christian: Schadensersatz und Abschöpfung im Lauterkeits- und Kartellrecht, Habil. Tübingen 2010.

Alpmann Brockhaus Fachlexikon Recht, hrsg. v. Lübbersmann, Sascha, 2. Aufl., Münster 2005.

Altmeppen, Holger /*Reichard*, Ingo: Die aliud-Lieferung beim Kauf, in: Festschrift für Ulrich Huber zum 70. Geburtstag, hrsg. v. Baums, Theodor /Lutter, Marcus /Schmidt, Karsten /Wertenbruch, Johannes, Tübingen 2006, S. 73.

Armbrüster, Christian: Grundfälle zum Schadensrecht, in: JuS 2007, S. 411.

Arnold, Arnd: Die eigenmächtige Mängelbeseitigung durch den Käufer, in: ZIP 2004, S. 2412.

— Die Rechtsfolgen der Selbstvornahme beim Kauf, in: MDR 2005, S. 661.

Artz, Markus: Das Selbstbeseitigungsrecht des Mieters im Lichte des modernisierten Schuldrechts, in Theorie und Praxis des Miet- und Wohnungseigentumsrechts, Festschrift für Hubert Blank zum 65. Geburtstag, hrsg. v. Börstinghaus, ‚Ulf P. /Eisenschmid, Norbert, München 2006, S. 5.

— Der Nutzungsersatzanspruch des Privatverkäufers nach § 439 IV BGB, in: ZGS 2009, S. 241.

Ascheid, Reiner /*Preis*, Ulrich /*Schmidt*, Ingrid: Kündigungsrecht, 5. Aufl., München 2017 (zitiert: APS^{5}-Bearbeiter).

Auer, Marietta: Materialisierung, Flexibilisierung, Richterfreiheit, Diss. Tübingen 2005.

Ball, Wolfgang: Die Nacherfüllung beim Autokauf, in: NZV 2004, S. 217.

Balthasar, Stephan /*Bolten*, Marius: Untergang der verkauften Sache: Unmöglichkeit oder Ersatzlieferungsanspruch?, in: ZGS 2004, S. 411.

Bärenz, Christian: Die Auslegung der überschießenden Umsetzung von Richtlinien am Beispiel des Gesetzes zur Modernisierung des Schuldrechts, in: DB 2003, S. 375.

Bauer, Jobst-Hubertus /*Baeck*, Ulrich: Die Anrechnung anderweitigen Verdienstes bei der Freistellung eines Arbeitnehmers, in: NZA 1989, S. 784.

Bauer, Jobst-Hubertus /*Diller*, Martin: Wettbewerbsverbote, 3. Aufl., München 2002.

Bauer, Martin: Periculum emptoris – Eine dogmengeschichtliche Untersuchung zur Gefahrtragung beim Kauf, Berlin 1998.

Bauer-Mengelberg, Rudolf: Vorteilsausgleichung, Berlin 1929.

Baumbach, Adolf /*Hopt*, Klaus J.: Handelsgesetzbuch, 38. Aufl., München 2018 (zitiert: Baumbach /Hopt[34]-Bearbeiter).

Baumbach, Adolf /*Lauterbach*, Wolfgang /*Albers*, Jan /*Hartmann*, Peter: Zivilprozessordnung mit Gerichtsverfassungsgesetz und anderen Nebengesetzen, 77. Aufl., München 2019 (zitiert: Baumbach /Lauterbach /Albers /Hartmann[77]).

Baur, Fritz: Zum Problem der Vorteilsausgleichung, in: JW 1937, S. 1463.

Baur, Fritz /*Stürner*, Rolf /*Bruns*, Alexander: Zwangsvollstreckungsrecht, 13. Aufl., Heidelberg 2006.

Bayreuther, Frank: Böswilliges Unterlassen eines anderweitigen Erwerbs im gekündigten Arbeitsverhältnis, in: NZA 2003, S. 1365.

Beck, Simon: Nutzungsherausgabe bei kaufrechtlicher Ersatzlieferung, in: JR 2006, S. 177.

Beck-Mannagetta, Margarethe: Überlegungen zur Geschichte des österreichischen Bereicherungsrechts, in: Vestigia Iuris Romani, Festschrift für Gunter Wesener zum 60. Geburtstag, hrsg. v. Klingenberg, Georg /Rainer, Michael J. / Stieger, Herwig, Graz 1992, S. 47.

Becker, Karl: Anrechnung des Ersparten, insbesondere bei Mehrheit der Leistungen, in: JW 1912, S. 976.

Beck'scher Online-Kommentar, hrsg. v. Bamberger, Georg /Roth, Herbert (zitiert: BeckOK /BGB-Bearbeiter)

Beck'scher VOB Kommentar, hrsg. v. Jansen, Günther /Kandel, Roland /Preussner, Mathias (Hrsg.) (zitiert: BeckOK /VOB/B-Bearbeiter).

Behme, Caspar /*Vásárhelyi-Nagy*, Laura: Ersatzansprüche des Mieters bei unwirksamer Endrenovierungsklausel, in: StudZR 2010, S. 171.

Behrends, Okko /*Knütel*, Rolf /*Kupisch*, Berthold /*Seiler*, Hans (Hrsg.): Corpus Iuris Civilis, Bd. 3 – Digesten 11–20, Heidelberg 1999.

Beigel, Herbert: Zum Anspruch des Architekten gemäß § 649 Satz 2 BGB nach Kündigung des Architektenvertrages durch den Bauherrn, in: BauR 1997, S. 782.

Bengelsdorf, Peter: Karenzentschädigung und Studium, in: BB 1983, S. 905.

Berger, Christian: Der Beschaffenheitsbegriff des § 434 I BGB, in: JZ 2004, S. 276.

Bernert, Günther: Arbeitsverhältnisse im 19. Jahrhundert, Marburg 1972.

Beuthien, Volker: Zweckerreichung und Zweckstörung im Schuldverhältnis, Habil. Tübingen 1969.

Bilir, Zafer: Die Nacherfüllungsansprüche des Käufers im neuen Recht, Diss. Tübingen 2005.

Bitter, Georg /*Rauhut*, Tilman: Vertragsdurchführungspflicht des Werkbestellers?, in: JZ 2007, S. 964.

— Grundzüge zivilrechtlicher Methodik – Schlüssel zu einer gelungenen Fallbearbeitung, in: JuS 2009, S. 289.

Blank, Hubert: Unwirksame Renovierungsklauseln im Wohnraummietvertrag, in: Zivilrecht im Sozialstaat, Festschrift für Peter Derleder zum 65. Geburtstag, hrsg. v. Bub, Wolf R. /Knieper, Rolf /Metz, Rainer (u. a.), Baden-Baden 2005, S. 189.

— Wertausgleich für rechtsgrundlos geleistete Schönheitsreparaturen durch den Mieter während der Mietzeit, in: NZM 2010, S. 97.

Blank, Hubert /*Börstinghaus*, Ulf P.: Miete, 5. Aufl. (2017) (zitiert: Blank /Börstinghaus^{5}-Bearbeiter).

Boecken, Winfried: Berücksichtigung anderweitigen Erwerbs gem. § 615 2 BGB – Anrechnung pro rata temporis oder Gesamtberechnung?, in: NJW 1995, S. 3218.

Boldt, Antje: Die Kündigung des Bauvertrags aus wichtigem Grund durch den Auftraggeber nach neuem Recht, in: NZBau 2002, S. 655.

Bollenberger, Raimund: Das stellvertretende Commodum – Die Ersatzherausgabe im österreichischen und deutschen Schuldrecht unter Berücksichtigung weiterer Rechtsordnungen, Habil. Berlin 1999.

Bonn, Paul B.: Die Fälle der Anrechnung im Dienstvertrag nach BGB und GewO, Diss. Heidelberg 1905.

Bork, Reinhard: Allgemeiner Teil des Bürgerlichen Gesetzbuchs, 4. Aufl., Tübingen 2016 (zitiert: Bork, AT^{4} (2016)).

Börstinghaus, Ulf: Rechtsfolgen unwirksamer Schönheitsreparaturklauseln, in: WuM 2005, S. 675.

Böttcher, Jens: Die Kündigung des Werkvertrages aus wichtigem Grund nach dem Schuldrechtsmodernisierungsgesetz, in: ZfBR 2003, S. 213.

Both, Dirk: Die Abwälzung der Schönheitsreparaturen in der höchstrichterlichen Zerreißprobe, in: WuM 2007, S. 3.

Brambring, Günter: Vorteilsausgleichung „neu für alt" bei der kaufrechtlichen Nacherfüllung, in: Festschrift für Hans Wolfsteiner zum 70. Geburtstag, hrsg. v. Kanzleiter, Rainer /Kössinger, Winfried /Grziwotz, Herbert, Köln 2008, S. 1.

Brandt, Dieter: Zum Leistungsumfang beim schlüsselfertigen Bauen nach Baubeschreibung in Bezug auf technisch notwendige, aber nicht ausdrücklich vereinbarte Teilleistungen, insbesondere bei der Nachbesserung, in: BauR 1982, S. 524.

Braun, Johann: Zahlungsansprüche des Käufers bei Schlechtleistung des Verkäufers, in: ZGS 2004, S. 423.

— Schadensersatz bei Selbstvornahme, in: ZGS 2006, S. 328.

Bressler, Stefan: Selbstvornahme im „Schwebezustand“ nach Ablauf der Nacherfüllungsfrist, in: NJW 2004, S. 3382.

Brömmelmeyer, Christoph: Der Nacherfüllungsanspruch des Käufers als trojanisches Pferd des Kaufrechts?, in: JZ 2006, S. 493.

Brors, Christiane: Die Falschlieferung in der Schuldrechtsreform, in: JR 2002, S. 133.

Brox, Hans / *Walker*, Wolf-Dietrich: Allgemeiner Teil des BGB, 41. Aufl., München 2017 (zitiert: Brox /Walker, AT[41] (2017)).

— Allgemeines Schuldrecht, 42. Aufl., München 2018 (zitiert: Brox /Walker, SAT[42] (2018)).

— Besonderes Schuldrecht, 41. Aufl., München 2017 (zitiert: Brox /Walker, SBT[41] (2010)).

Brüggemeier, Gert: Das neue Kaufrecht des Bürgerlichen Gesetzbuches, in: WM 2002, S. 1376.

Bruns, Patrick: Kaufrechtliche Ersatzlieferung nur gegen Nutzungsentschädigung?, in: NZV 2006, S. 640.

Büdenbender, Ulrich: Die Berücksichtigung der Gegenleistung bei der Rückabwicklung gegenseitiger Verträge, in: AcP 200 (2000), S. 627.

— Der Werkvertrag, in: JuS 2001, S. 625.

— Der Nacherfüllungsanspruch des Käufers - Wahlschuld oder elektive Konkurrenz?, in: AcP 205 (2005), S. 386.

— Die neue Rechtsprechung des BGH zu Preisanpassungsklauseln in Energielieferungsverträgen, in: NJW 2009, S. 3125.

Bühl, Helmut: Der Kostenzuschußanspruch des Auftragnehmers, in: BauR 1985, S. 502

Bundesministerium der Justiz (Hrsg.): Gutachten und Vorschläge zur Überarbeitung des Schuldrechts, Köln 1981.

Bundesministerium der Justiz (Hrsg.): Abschlussbericht der Kommission zur Überarbeitung des Schuldrechts, Köln 1992.

Bydlinski, Franz: Juristische Methodenlehre und Rechtsbegriff, 2. Aufl., Berlin 1991

— System und Prinzipien des Privatrechts, Berlin 1996.

Bydlinski, Peter: Die Konsequenzen voreiliger Selbstverbesserung, entwickelt aus den zentralen gesetzlichen Wertungen, in: ZGS 2005, S. 129.

von Caemmerer, Ernst: Bereicherung und unerlaubte Handlung, in: Festschrift für Ernst Rabel zum 80. Geburtstag, hrsg. v. Dölle, Hans, Bd. 1 - Rechtsvergleichung und internationales Privatrecht, Tübingen 1954, S. 333.

Canaris, Claus-Wilhelm: Die Feststellung von Lücken im Gesetz, Diss. Berlin 1964.

— Die Vertrauenshaftung im deutschen Privatrecht, Habil. München 1971.

— Die Vertrauenshaftung im Lichte der Rechtsprechung des Bundesgerichtshofs, in: 50 Jahre Bundesgerichtshof - Festgabe aus der Wissenschaft, hrsg. v. Canaris, Claus-Wilhelm, Bd. 1, München 2000, S. 129.

— Die Reform des Rechts der Leistungsstörungen, in: JZ 2001, S. 499.

— Schuldrechtsreform 2002, München 2002.

— Die Nacherfüllung durch Lieferung einer mangelfreien Sache beim Stückkauf, in: JZ 2003, S. 831.

Canaris, Claus-Wilhelm /*Habersack*, Mathias /*Schäfer*, Carsten (Hrsg.): Handelsgesetzbuch - Großkommentar, Bd. 2 - §§ 48–104, 5. Aufl., Berlin 2008 (zitiert: GK^5-Bearbeiter).

Canaris, Claus-Wilhelm /*Schilling*, Wolfgang /*Ulmer*, Peter (Hrsg.): Handelsgesetzbuch - Großkommentar, Bd. 4 - §§ 343–382, 4. Aufl., Berlin 2004 (zitiert: GK^4-Bearbeiter).

Casper, Matthias: Die Zusendung unbestellter Waren nach § 241a BGB, in: ZIP 2000, S. 1602.

Cantzler, Klaus: Die Vorteilsausgleichung beim Schadensersatzanspruch, in: AcP 156 (1957), S. 29.

Charmatz, Hans: Zur Geschichte und Konstruktion der Vertragstypen im Schuldrecht, Nachdruck Frankfurt a. M. 1968.

Christiansen, Julian: Werklohnfälligkeit ohne Abnahme - Alternativen zur Rechtsfigur des „Abrechnungsverhältnisses" –, in: ZfBR 2010, S. 3.

Coester-Waltjen, Dagmar: Die Gegenleistungsgefahr, in: Jura 2007, S. 110.

Coing, Helmut: Zum Einfluss der Philosophie des Aristoteles auf die Entwicklung des römischen Rechts, in: SZ 69 (1952), Rom. Abt., S. 24.

— Zur Lehre von der ungerechtfertigten Bereicherung bei Accursius, in: SZ 80 (1963), Rom. Abt., S. 396.

— Friedrich Karl von Savigny (1779–1861), in: JuS 1979, S. 86.

— Europäisches Privatrecht, Bd. 1–1500-1800, München 1985.

— Europäisches Privatrecht, Bd. 2–1800-1914, München 1989.

— Grundzüge der Rechtsphilosophie, 5. Aufl., Berlin 1993.

Czerwenka, Beate: Das neue Transportrecht nach dem Regierungsentwurf eines Gesetzes zur Neuregelung des Fracht-, Speditions- und Lagerrechts, in: TranspR 1997, S. 353.

Cziupka, Johannes: Die ergänzende Vertragsauslegung, in: JuS 2009, S. 103.

Däubler, Wolfgang /*Hjort*, Jens Peter /*Schubert*, Michael /*Wolmerath*, Martin (Hrsg.): Arbeitsrecht – Individualarbeitsrecht mit kollektivrechtlichen Bezügen Handkommentar, 4. Aufl., Baden-Baden 2017 (zitiert: HK /ArbR^{4}-Bearbeiter).

Däubler, Wolfgang /*Deinert*, Olaf /*Zwanziger*, Bertram (Hrsg.): KSchR – Kündigungsschutzrecht Kommentar für die Praxis, 10. Aufl., Frankfurt a. M. 2017 (zitiert: Däubler /Deinert /Zwanziger^{10}-Bearbeiter).

Dauner-Lieb, Barbara: Kein Kostenersatz bei Selbstvornahme des Käufers – Roma locuta, causa finita!?, in: ZGS 2005, S. 169.

— Viereinhalb Jahre Gesetz zur Modernisierung des Schuldrechts, in: AnwBl. 2006, S. 430.

Dauner-Lieb, Barbara /*Arnold*, Arnd: Noch einmal: Die Falschlieferung beim Stückkauf, in: JuS 2002, S. 1175.

— Kein Rücktrittsrecht des Käufers bei von ihm verschuldeter Unmöglichkeit der Nacherfüllung?, in: Festschrift für Walther Hadding zum 70. Geburtstag, hrsg. v. Häuser, Franz /Hammen, Horst /Hennrichs, Joachim (u. a.), Berlin 2004, S. 25.

Dauner-Lieb, Barbara /*Dötsch*, Wolfgang: Schuldrecht aktuell – Entwicklungstendenzen und Problemschwerpunkte zwei Jahre nach der Schuldrechtsreform, Bonn 2003.

— Selbstvornahme im Kaufrecht?, in: ZGS 2003, S. 250.

— Nochmals: Selbstvornahme im Kaufrecht?, in: ZGS 2003, S. 455.

— § 326 II 2 BGB (analog) bei der Selbstvornahme?, in: NZBau 2004, S. 233.

— Aufwendungsersatz für eine Mängelbeseitigung durch den Mieter – Alte Fragen in neuem Gewand?, in: NZM 2004, S. 641.

Dauner-Lieb, Barbara /*Heidel*, Thomas /*Ring*, Gerhard (Hrsg.): Nomos-Kommentar zum BGB: Bd. 1 – Allgemeiner Teil, 3. Aufl., Baden-Baden 2016 (zitiert: AnwKom^{3}-Bearbeiter).

— Bd. 2/1 – §§ 241–610, 3. Aufl., Baden-Baden 2016 (zitiert: AnwKom^{3}-Bearbeiter).

— Bd. 2/2 – §§ 611–853, 3. Aufl., Baden-Baden 2016 (zitiert: AnwKom^{3}-Bearbeiter).

Dauner-Lieb, Barbara /*Konzen*, Horst /*Schmidt*, Karsten (Hrsg.): Das neue Schuldrecht in der Praxis Akzente – Brennpunkte – Ausblick, Köln (u. a.) 2003.

Dawson, John P.: Unjust Enrichment, Boston 1951.

Decker, Leonhard: Die Vorteilsanrechnung beim Erfüllungsanspruche nach dem Bürgerlichen Gesetzbuche, Diss. München 1906 (zitiert: Decker, Die Vorteilsanrechnung beim Erfüllungsanspruche, 1906).

Deckers, Stefan: Zusendung unbestellter Ware, in: NJW 2001, S. 1474.

— Die Akquisition des Architekten und der konkludente Vertragsschluss, in: BauRB 2003, S. 60.

Dehnen, Dietrich: Zu den Voraussetzungen eines allgemeinen zivilrechtlichen Anspruchs auf Kostenersatz bei Selbstvornahme, Diss. Hamburg 1997.

Derleder, Peter: Mängelrechte des Wohnraummieters nach Miet- und Schuldrechtsreform, in: NZM 2002, S. 676.

— Der Rückbau nach Beendigung des Mietverhältnisses und der Ausgleich von Mieterinvestitionen, in: WuM 2006, S. 175.

Deutsches Rechts-Lexikon, hrsg. v. Tilch, Horst, Bd. 1 – A – F, 3. Aufl., München 2001 (zitiert: Deutsches Rechts-Lexikon, Bd. 1 (A-F), 3. Aufl. (2001)).

— Bd. 3 – Q – Z, 3. Aufl., München 2001.

Dieckmann, Andreas: Der Nacherfüllungsanspruch – Beleg für einen Systemwechsel im Schuldrecht von der Stück- zur Gattungsschuld, Diss. Baden-Baden 2007.

Donou, Antonios: Erfüllung und Nacherfüllung, Diss. Frankfurt a. M. 2006.

Doralt, Peter (Hrsg.): Das UNICITRAL-Kaufrecht im Vergleich zum österreichischen Recht, Wien 1985.

Döring, Wilhelm: Die Fälle der Anrechnung im BGB, Diss. Borna-Leipzig 1927.

Dörner, Heinrich / *Ebert*, Ina / *Hoeren*, Thomas (u. a.): Bürgerliches Gesetzbuch – Handkommentar, 10. Aufl., Baden-Baden 2019 (HK / BGB[10]-Bearbeiter).

Dötsch, Wolfgang: Rechte des Käufers nach eigenmächtiger Mangelbeseitigung, in: MDR 2004, S. 975.

— Ersatz- bzw. Selbstvornahme im Mietrecht – Zugleich: Erstattungsansprüche des auf der Grundlage unwirksamer Schönheitsreparaturklauseln renovierenden Mieters, in: NZM 2007, S. 275.

Drittler, Matthias: Freie Kündigung: Ersparte Kosten sind grundsätzlich als tatsächliche Kosten abzuziehen, in: BauR 2006, S. 1215.

Duden Recht A – Z, bearb. v. Gräber-Seißinger, Ute, 2. Aufl., Mannheim 2010.

Ebel, Friedrich / *Thielmann*, Georg: Rechtsgeschichte, 3. Aufl., Heidelberg 2003.

Ebenroth, Carsten Thomas / *Boujong* Karlheinz / *Joost*, Detlev / *Strohn*, Lutz (Hrsg.): Handelsgesetzbuch, Bd. 1 – §§ 1–342e, 3. Aufl., München 2014 (zitiert: E/B/J/S[3]-Bearbeiter).

Eberstein, Hermann: Vorauserfüllung oder Überwälzung des Handelsvertreter-Ausgleichs-anspruchs durch vertragliche Regelung, in: BB 1971, S. 200.

Ebert, Ina: Das Recht des Verkäufers zur zweiten Andienung und seine Risiken für den Käufer, in: NJW 2004, S. 1761.

Eckert, Hans-Georg: Bedeutung der Mietrechtsreform für die gewerbliche Miete, in: NZM 2001, S. 409.

— Abwälzung von Schönheitsreparaturen auf den gewerblichen Mieter, in: ZfIR 2005, S. 673.

Eckert, Hans-Werner /*Maifeld*, Jan /*Matthiessen*, Michael (Hrsg.): Handbuch des Kaufrechts, München 2007 (zitiert: Bearbeiter, in: Eckert /Maifeld /Matthiessen).

Eckert, Jörn: Schuldrecht – Allgemeiner Teil, 4. Aufl., Baden-Baden 2005 (zitiert: Eckert, SAT[4] (2005)).

— Schuldrecht – Besonderer Teil, 2. Aufl., Baden-Baden 2005 (zitiert: Eckert, SBT[2] (2005)).

Edler, Christian /*Reiner*, Daniel: Kein Nutzungsersatz bei Nachlieferung im Rahmen eines Verbrauchsgüterkaufs, in: ZAP Fach 3, 255 (Nr. 5 v. 25.02.2009).

Ehmann, Horst /*Rust*, Ulrich: Die Verbrauchsgüterkaufrichtlinie, in: JZ 1999, S. 853.

Ehricke, Ulrich: Privatautonomie und Vertragsauslegung, in: RabelsZ 60 (1996), S. 661.

Eisenhardt, Ulrich: Deutsche Rechtsgeschichte, 6. Aufl., München 2013.

Elzer, Oliver /*Riecke*, Olaf: Praxiskommentar zum Mietrecht, Neuwied 2009.

Emmerich, Volker: Der Mieter als Eigentümer von Gerichts wegen, in: Festschrift für Wolfgang Gitter zum 65. Geburtstag, hrsg. v. Heinze, Meinhard /Schmitt, Jochem, Wiesbaden 1995, S. 241.

— Die Verwendungen des Mieters, in: NZM 1998, S. 49.

— Das Recht der Leistungsstörungen, 6. Aufl., München 2005.

— Starre Schönheitsreparaturfristen und die Folgen, in: NZM 2006, S. 761.

— BGB – Schuldrecht Besonderer Teil, 15. Aufl., Heidelberg 2018 (zitiert: Emmerich, SBT[15] (2018)).

Emmerich, Volker /*Doehner*, Rupert: Aliud und Zusendung unbestellter Waren im neuen Schuldrecht, in: Privatrecht und Methode, Festschrift für Ernst A. Kramer zum 60. Geburtstag, hrsg. v. Honsell, Heinrich /Zäch, Roger /Hasenböhler, Franz (u. a.), Basel 2004, S. 485.

Emmerich, Volker /*Gerhardt*, Walter /*Grunsky*, Wolfgang (Hrsg.): Grundlagen des Vertrags- und Schuldrechts, München 1974.

Emmerich, Volker /*Sonnenschein*, Jürgen: Miete – Handkommentar, 9. Aufl., Berlin 2007 (zitiert: Emmerich /Sonnenschein[9]-Bearbeiter).

Engels, Friedrich: Herrn Eugen Dührings Umwälzung der Wissenschaft, 5. Aufl., Stuttgart 1904.

Engisch, Karl: Der Begriff der Rechtslücke – Eine analytische Studie zu Wilhelm Sauers Methodenlehre, in: Festschrift für Wilhelm Sauer zum 70. Geburtstag, Berlin 1949, S. 85.

— Einführung in das juristische Denken, 10. Aufl., Stuttgart 2005.

Enneccerus, Ludwig /*Kipp*, Theodor /*Wolff*, Martin: Lehrbuch des Bürgerlichen Rechts, Bd. 1/2, 15. – 17. Aufl. (8. Bearb.), Marburg 1922.

Enneccerus, Ludwig /*Lehmann*, Heinrich: Recht der Schuldverhältnisse, Bd. 2, 15. Aufl., Tübingen 1958.

Enneccerus, Ludwig /*Nipperdey*, Hans Karl: Allgemeiner Teil des Bürgerlichen Rechts, 15. Aufl., Tübingen 1959 (zitiert: Enneccerus /Nipperdey, AT[15] (1959)).

Ensthaler, Jürgen (Hrsg.): Gemeinschaftskommentar zum Handelsgesetzbuch mit UN-Kaufrecht, 8. Aufl., Neuwied 2015 (zitiert: Ensthaler[8]-Bearbeiter).

Erfurter Kommentar zum Arbeitsrecht, hrsg. v. Müller-Glöge, Rudi /Preis, Ulrich /Schmidt, Ingrid, 11. Aufl., München 2011 (zitiert: ErfK[11]-Bearbeiter).

Erman, Walter: Bürgerliches Gesetzbuch – Handkommentar mit AGG, EGBGB (Auszug), ErbbauRG, HausratsVO, LPartG, ProdHaftG, UKlaG, VAHRG und WEG, Bd. 1 – §§ 1–758, 15. Aufl., Köln 2017 (zitiert: Erman[15]-Bearbeiter).

— Bd. 2–759 – 2385, 15. Aufl., Köln 2017.

Ernst, Katharina: Das Wegerisiko – Zugleich eine Untersuchung zu § 324 I BGB, Diss. Tübingen 1992.

Ernst, Wolfgang /*Zimmermann*, Reinhard (Hrsg.): Zivilrechtswissenschaft und Schuldrechtsreform, Tübingen 2001 (zitiert: Bearbeiter, in: Ernst /Zimmermann).

Esser, Josef: Zur Entwicklung der Lehre von der Vorteilsausgleichung, in: MDR 1957, S. 522.

— Grundsatz und Norm in der richterlichen Fortbildung des Privatrechts, 3. Aufl., Tübingen 1974.

Esser, Josef /*Schmidt*, Eike: Schuldrecht, Bd. 1 – Allgemeiner Teil /2. Halbband, 8. Aufl., Heidelberg 2000 (zitiert: Esser /Schmidt, SchuldR, Bd. 1/2, 8. Aufl. (2000)).

Esser, Josef /*Weyers*, Hans-Leo: Schuldrecht, Bd. 2 – Besonderer Teil /1. Halbband, 8. Aufl., Heidelberg 1998 (zitiert: Esser /Weyers, SchuldR, Bd. 2/1, 8. Aufl. (1998)).

— Bd. 2 – Besonderer Teil /2. Halbband, 8. Aufl., Heidelberg 2000.

Ferrari, Franco /*Kieninger*, Eva-Maria /*Mankowski*, Peter (u. a.): Internationales Vertragsrecht, München 2007.

Fest, Timo: Kein Anspruch des Verkäufers auf Nutzungsersatz bei Nachlieferung?, in: NJW 2005, S. 2959.

Feuerborn, Andreas: Der Verzug des Gläubigers – Allgemeine Grundzüge und Besonderheiten im Arbeitsverhältnis, in: JR 2003, S. 177.

Feuersänger, Klaus: Das Nacherfüllungsrecht des Käufers bei Mängeln an geringwertigen Wirtschaftsgütern, in: MDR 2004, S. 922.

Fiebig, Stefan /*Gallner*, Inken /*Griebeling*, Jürgen (u. a.): Kündigungsschutzgesetz – Handkommentar, 2. Aufl., Baden-Baden 2004 (zitiert: HK /KSchG^{2}-Bearbeiter).

Fikentscher, Wolfgang /*Heinemann*, Andreas, Schuldrecht, 10. Aufl., Berlin 2006 (zitiert: Fikentscher /Heinemann, SchuldR^{10} (2006)).

Fischinger, Philipp: Nutzungsherausgabeanspruch des Verkäufers bei Nachlieferung?, in: Jura 2007, S. 606.

Flume, Johannes W.: Der verdrossene Familienvater – Das Problem der Selbstvornahme in der gutachtlichen Fallprüfung, in: Jura 2006, S. 86.

Flume, Werner: Allgemeiner Teil des Bürgerlichen Rechts, Bd. 2, 3. Aufl., Berlin 1979 (zitiert: Flume, AT, Bd. 2, 3. Aufl. (1979)).

— Studien zur Lehre von der ungerechtfertigten Bereicherung, Tübingen 2003.

Förster, Franz: Theorie und Praxis des heutigen gemeinen preußischen Privatrechts, Bd. 2, 3. Aufl., Berlin 1873.

Früh, Andreas: Die „Sowieso-Kosten“ – Eine Fallgruppe des allgemeinen Werkvertragsrechts?, Diss. Düsseldorf 1991.

— Die Kostenbeteiligungspflicht des Bauherrn bei der Mängelbeseitigung unter besonderer Berücksichtigung der sog. „echten Vorteilsausgleichung“ (Abzug „neu für alt“), in: BauR 1992, S. 160.

Eusani, Guido: Selbstvornahme des Bestellers trotz Leistungsverweigerungsrecht des Unternehmers bei verweigerter Sicherheitsleistung gem. § 648a BGB nach Abnahme, in: NZBau 2006, S. 676.

Fischer, Hans Albrecht: Der Schaden nach dem Bürgerlichen Gesetzbuche, Jena 1903.

Flatow, Beate: Die Schönheitsreparaturpflicht des Vermieters, in: WuM 2009, S. 208

Gähler, Rudolf: Vorteilsausgleichung außerhalb von Schadensersatzansprüchen, in: JW 1938, S. 428.

Gärtner, Anette: Keine Freude mit dem Herd – Neues zur Nutzungsherausgabe bei Ersatzlieferung, in: ZGS 2006, S. 368.

Gebauer, Martin: Umsetzungsprobleme von EG-Richtlinien und ihre Lösung, in: AnwBl. 2007, S. 314.

von Gehlen, Hans: Das Gesetz zur Sicherung von Werkunternehmeransprüchen und zur verbesserten Durchsetzung von Forderungen, in: NZBau 2008, S. 612.

van Gelder, Alfons: Der Anspruch nach § 649 2 BGB bei Verlustgeschäften und seine Geltendmachung im Prozeß, in: NJW 1975, S. 189.

Gerber, Wolfgang /*Eckert*, Hans-Georg: Gewerbliches Miet- und Pachtrecht, 4. Aufl., Köln 2002.

von Gierke, Julius /*Sandrock*, Otto: Handels- und Wirtschaftsrecht, Bd. 1, 9. Aufl., Berlin 1975.

Giesen, Dieter: BGB Allgemeiner Teil: Rechtsgeschäftslehre, 2. Aufl., Berlin 1995 (zitiert: Giesen, AT^2 (1995)).

Gitter, Wolfgang: Gebrauchsüberlassungsverträge, Tübingen 1988.

Glöckner, Jochen: Der Werkvertrag – Typik, Pflichtenprogramm und Rechtsmängelhaftung, in: Jura 1999, S. 343.

Glöckner, Jochen: § 649 2 BGB – ein künstlicher Vergütungsanspruch?, in: BauR 1998, S. 669.

Gmür, Rudolf /*Roth*, Andreas: Grundriss der deutschen Rechtsgeschichte, 15. Aufl., Köln (u. a.) 2018.

Gödicke, Patrick: Bereicherungsrecht und Dogmatik, Berlin 2002.

Goetzke, Heinrich: Subjektiver Wertbegriff im Bereicherungsrecht?, in: AcP 173 (1973), S. 289.

Gramlich, Bernhard: Mietrecht, 10. Aufl., München 2007.

Gravenhorst, Laura Sophie: Die Anrechnung anderweitigen Erwerbs im Annahmeverzug des Arbeitgebers, Diss. Hamburg 2007.

Gravenhorst, Anna Caroline: Die Zusage der Karenzentschädigung nach § 74 II BGB, in: NJW 2006, S. 3609.

Grigoleit, Hans Christoph /*Herresthal*, Carsten: Grundlagen der Sachmängelhaftung im Kaufrecht, in: JZ 2003, S. 118.

Groeger, Axel: Die Geltendmachung des Annahmeverzugslohnanspruchs, in: NZA 2000, S. 793.

Grohmann, Uwe /*Gruschinske*, Nancy: Nutzungsentschädigung bei Ersatzlieferung?, in: VuR 2007, S. 12.

Gross, Heinrich: Vorteilsausgleichung im Gewährleistungsrecht, in: Festschrift für Hermann Korbion zum 60. Geburtstag, Düsseldorf 1986, S. 123.

Gruber, Urs Peter: Die Nacherfüllung als zentraler Rechtsbehelf im neuen deutschen Kaufrecht – eine methodische und vergleichende Betrachtung zur Auslegung, in: Jb.J.ZivRWiss. 2001, S. 187.

Grundmann, Stefan /*Medicus*, Dieter /*Rolland*, Walter (Hrsg.): Europäisches Kaufgewährleistungsrecht – Reform und Internationalisierung des deutschen Schuldrechts, Köln (u. a.) 2000 (zitiert: Bearbeiter, in: Grundmann /Medicus / Rolland, Europäisches Kaufgewährleistungsrecht, 2000).

Grundmann, Stefan /*Bianca*, Cesare Massimo (Hrsg.): EU-Kaufrechts-Richtlinie, Köln 2002 (zitiert: Bearbeiter, in: Grundmann /Bianca, EU-Kaufrechtsrichtlinie).

Grunewald, Barbara: Kaufrecht, Tübingen 2006.

Grunsky, Wolfgang: Wettbewerbsverbote für Arbeitnehmer, Köln 1981.

Gsell, Beate: Kaufrechtsrichtlinie und Schuldrechtsmodernisierung, in: JZ 2001, S. 65.

— Nutzungsentschädigung bei kaufrechtlicher Nacherfüllung?, in: NJW 2003, S. 1969.

— Rechtlosigkeit des Käufers bei voreiliger Selbstvornahme der Mängelbeseitigung?, in: ZIP 2005, S. 922.

— Grenzen der Nutzungsentschädigung bei Rückgabe einer mangelhaften Kaufsache, in: JuS 2006, S. 203.

— Schadensersatz und Aufwendungsersatz im Mietrecht, in: NZM 2010, S. 71.

Gumpert, Jobst: Was ist auf die Karenzentschädigung bei Wettbewerbsvereinbarungen mit Arbeitnehmern anzurechnen?, in: BB 1970, S. 890.

Gursky, Karl-Heinz: Bereicherungsausgleich bei Selbsterfüllung?, in: NJW 1971, S. 782.

Haas, Lothar /*Medicus*, Dieter /*Rolland*, Walter /*Schäfer*, Carsten /*Wendtland*, Holger (Hrsg.): Das neue Schuldrecht, München 2002.

Haerendel, Dorothee: Sowieso-Kosten und weitere zusätzliche Kosten infolge Fehlplanung, Diss. Düsseldorf 1999.

Hammen, Horst: Die Bedeutung Friedrich Carl v. Savignys für die allgemeinen dogmatischen Grundlagen des Deutschen Bürgerlichen Gesetzbuches, Berlin 1983.

Hänlein, Andreas: Die Richtlinie zu bestimmten Aspekten des Verbrauchsgüterkaufs und der Garantien für Verbrauchsgüter, in: DB 1999, S. 1641.

Hannemann, Thomas /*Wiegner*, Michael: Münchener Anwaltshandbuch Mietrecht, 4. Aufl., München 2014 (zitiert: Bearbeiter, in: Hannemann /Wiegner, MAH Mietrecht[4] (2014)).

Harke, Jan Dirk: Geschäftsführung und Bereicherung, Berlin 2007.

— Römisches Recht, München 2008.

Hartmann, Felix: Der Anspruch auf das stellvertretende commodum, Tübingen 2007.

Hattenhauer, Hans: Bricht Miete Kauf?, in: NZM 2003, S. 666.

— Europäische Rechtsgeschichte, 4. Aufl., Heidelberg 2004.

Hau, Wolfgang: Schuldrechtsmodernisierung 2001/2002 – Reformiertes Mietrecht und modernisiertes Schuldrecht, in: JuS 2003, S. 130.

Heck, Philipp: Grundriß des Schuldrechts, Nachdruck Tübingen 1958.

Heckelmann, Dieter / *Franzen*, Martin: Fälle zum Arbeitsrecht, 4. Aufl., München 2015.

Heidelberger Kommentar zum Handelsgesetzbuch, bearb. v. Glanegger, Peter / Kirnberger, Christian /Kusterer, Stefan (u. a.), 7. Aufl., Heidelberg 2007 (zitiert: HeKo /HGB[7]-Bearbeiter).

Heiderhoff, Bettina: Gemeinschaftsprivatrecht, 2. Aufl., München 2007.

Henckel, Wolfram: Die ergänzende Vertragsauslegung, in: AcP 159 (1960/61), S. 106.

Henke, Horst-Eberhard: Die Vorteilsausgleichung, in: Festschrift für Horst Hagen zum 65. Geburtstag, hrsg. v. Brambring, Günter /Medicus, Dieter /Vogt, Max, Köln 1999, S. 371.

Hennrichs, Joachim: Die Bedeutung der EG-Bilanzrichtlinie für das deutsche Handelsbilanzrecht, in: ZGR 1997, S. 66.

Henssler, Martin /*von Westphalen*, Friedrich Graf (Hrsg.): Praxis der Schuldrechtsreform, Recklinghausen 2002 (zitiert: Bearbeiter, in: Henssler /von Westphalen).

Henssler, Martin /*Willemsen*, Heinz Josef /*Kalb*, Heinz-Jürgen (Hrsg.): Arbeitsrecht - Kommentar, 8. Aufl., Köln 2018 (zitiert: HWK[8]-Bearbeiter).

Herber, Rolf: Die Neuregelung des deutschen Transportrechts, in: NJW 1998, S. 3297.

Herberger, Maximilian /*Martinek*, Michael /*Rüßmann*, Helmut /*Weth*, Stephan (Hrsg.): Juris Praxiskommentar BGB, Bd. 2 - Schuldrecht, Teil 1 - §§ 241–432, 8. Aufl., Saarbrücken 2017 (zitiert: JurisPK /BGB[8]-Bearbeiter).

— Bd. 2 - Schuldrecht, Teil 2 - §§ 433–630, 8. Aufl., Saarbrücken 2017.

— Bd. 2 - Schuldrecht, Teil 3 - §§ 631–853, 8. Aufl., Saarbrücken 2017.

Herresthal, Carsten: Die Grenzen der richtlinienkonformen Rechtsfortbildung im Kaufrecht, in: WM 2007, S. 1354.

— Die Richtlinienwidrigkeit des Nutzungsersatzes bei Nachlieferung im Verbrauchsgüterkauf, in: NJW 2008, S. 2475.

Herresthal, Carsten /*Riehm*, Thomas: Die eigenmächtige Selbstvornahme im allgemeinen und besonderen Leistungsstörungsrecht, in: NJW 2005, S. 1457.

Herrlein, Jürgen /*Kandelhard*, Ronald (Hrsg.): Mietrecht – Kommentar, 3. Aufl., Münster 2007 (zitiert: Herrlein /Kandelhard³-Bearbeiter).

Herrler, Sebastian /*Tomasic*, Lovro: Nutzungsersatzpflicht im Fall der Neulieferung?, in: ZGS 2007, S. 209.

— Keine Nutzungsersatzpflicht im Fall der Neulieferung, in: BB 2008, S. 1245.

von Hertzberg, Christine: Die Selbstvornahme des Käufers bei der Mängelbeseitigung, in: Festschrift für Ulrich Huber zum 70. Geburtstag, hrsg. v. Baums, Theodor /Lutter, Marcus /Schmidt, Karsten /Wertenbruch, Johannes, Tübingen 2006, S. 339.

Heuer, Klaus: Das künftige deutsche Frachtrecht, in: TranspR 1998, S. 45.

Hey, Felix Christopher: Die Geschäftsführung ohne Auftrag, in: JuS 2009, S. 400.

Hirsch, Christoph: Besonderes Schuldrecht, Köln (u. a.) 2007 (zitiert: Hirsch, SBT (2007)).

Hirsch, Günter: Zwischenruf – Der Richter wird‘s schon richten, in: ZRP 2006, S. 161.

Historisch-kritischer Kommentar zum BGB, hrsg. v. Schmoeckel, Mathias /Rückert, Joachim /Zimmermann, Reinhard, Bd. 1 – Allgemeiner Teil §§ 1–240, Tübingen 2003 (zitiert: HKK-Bearbeiter).

— Bd. 2 – Schuldrecht: Allgemeiner Teil, 1. Teilband – §§ 241–304, Tübingen 2007.

— Bd. 2 – Schuldrecht: Allgemeiner Teil, 2. Teilband – §§ 305–432, Tübingen 2007.

Hoffmann, Jan: Verbrauchsgüterkaufrechtsrichtlinie und Schuldrechtsmodernisierungsgesetz, in: ZRP 2001, S. 347.

Hoffmann-Burchardi, Hanfried: Die geschichtlichen Grundlagen der Vorschriften des BGB über Leistungsstörungen bei gegenseitigen Verträgen (§§ 323–327), Diss. Münster 1974.

Hömig, Dieter (Hrsg.): Grundgesetz für die Bundesrepublik Deutschland, 9. Aufl., Baden-Baden 2010 (zitiert: HK /GG⁹-Bearbeiter).

Honsell, Heinrich: Römisches Recht, 7. Aufl., Berlin 2010.

— Die EU-Richtlinie über den Verbrauchsgüterkauf und ihre Umsetzung ins BGB, in: JZ 2001, S. 278.

Horn, Norbert: Aequitas in den Lehren des Baldus, Köln (u. a.) 1968.

Horst, Hans Reinold: Abwehrstrategien gegen Mieteransprüche aus unwirksamen Renovierungsklauseln, in: DWW 2007, S. 48.

— Aufwendungsersatzansprüche und Wegnahmerechte des Gewerbemieters, in: MDR 2009, S. 477.

von Hoyningen-Huene, Gerrick: Arbeitsentgelt ohne Arbeit – Die Durchbrechung des Synallagma im Arbeitsrecht, in: Gegen den Strich, Festschrift für Klaus Adomeit, hrsg. v. Hanau, Peter /Thau, Jens T. /Westermann, Harm Peter, Neuwied 2008, S. 291.

von Hoyningen-Huene, Gerrick /*Linck*, Rüdiger /*Krause*, Rüdiger: Kündigungsschutzgesetz – Kommentar, 15. Aufl., München 2013 (v. Hoyningen-Huene / Linck[15]-Bearbeiter).

Huber, Christian: Rezension zu Wendehorst, Anspruch und Ausgleich, in: AcP 201 (2001), S. 102.

Huber, Michael: Forderungssicherungsgesetz – Neues aus der zivilrechtlichen Reformküche des Gesetzgebers, in: JuS 2009, S. 23.

Huber, Peter: Kaufrecht – Made in Europe! Die EG-Richtlinie über den Verbrauchsgüterkauf und ihre Folgen für das deutsche Gewährleistungsrecht, in: Festschrift für Dieter Henrich zum 70. Geburtstag, hrsg. v. Gottwald, Peter / Jayme, Erik /Schwab, Dieter, Bielefeld 2000, S. 297.

— Der Nacherfüllungsanspruch im neuen Kaufrecht, in: NJW 2002, S. 1004.

Huber, Peter /*Bach*, Ivo: Examens-Repetitorium Besonderes Schuldrecht/1 – Vertragliche Schuldverhältnisse, 5. Aufl., Heidelberg 2016 (zitiert: P. Huber / Bach, SBT 1[5] (2016)).

Huber, Peter /*Faust*, Florian: Schuldrechtsmodernisierung, München 2002.

Huber, Ulrich: Leistungsstörungen, Bd. 2, Tübingen 1999.

Hüffer, Uwe: Leistungsstörungen durch Gläubigerhandeln, Habil. Berlin 1976.

Hundertmark, Reiner: Vorteilsausgleich bei der Beseitigung von Baumängeln, in: BBauBl. 1985, S. 130.

Hunold, Wolf: Rechtsprechung zum nachvertraglichen Wettbewerbsverbot, in: NZA-RR 2007, S. 617.

Hüttl, Eva: Wenn der Mitarbeiter zum Konkurrenten wird: Wettbewerbsverbote, in: AuA 2007, S. 602.

Ingenstau, Heinz /*Korbion*, Hermann (Hrsg.): VOB-Kommentar, 20. Aufl., Neuwied 2017 (zitiert: Ingenstau /Korbion[20]-Bearbeiter).

Jacoby, Florian: Die Verjährung des Rückforderungsanspruchs wegen Durchführung nicht geschuldeter Schönheitsreparaturen, in: ZMR 2010, S. 335.

Jagenburg, Walter: Die Entwicklung des Architekten- und Ingenieurrechts seit 1989/90, in: NJW 1992, S. 148.

Jakobs, Horst Heinrich: Eingriffserwerb und Vermögensverschiebung in der Lehre von der ungerechtfertigten Bereicherung, Bonn 1963.

Jansen, Nils: Die Korrektur grundloser Vermögensverschiebung als Restitution? – Zur Lehre von der ungerechtfertigten Bereicherung bei Savigny, in: SZ 120 (2003) Rom. Abt., S. 106.

Janz, Alexandra: Die Rechte des Käufers bei eigener Mängelbeseitigung nach Ablauf der Nachfrist, Diss. Berlin 2008.

Jauernig, Othmar: Bürgerliches Gesetzbuch – mit allgemeinem Gleichbehandlungsgesetz, 13. Aufl., München 2009 (zitiert: Jauernig[13]-Bearbeiter).

Jauernig, Othmar /*Hess*, Burkhard: Zivilprozessrecht, 30. Aufl., München 2011 (zitiert: Jauernig /Hess, ZPO[30] (2011)).

Jochum, Heike: Das Erbe Friedrich Carl von Savignys – Zur 225sten Wiederkehr des Geburtstages von Friedrich Carl von Savigny, in: NJW 2004, S. 568.

Jorden, Simone /Lehmann, Michael: Verbrauchsgüterkauf und Schuldrechtsmodernisierung, in: JZ 2001, S. 952.

Jost, Katharina: Klassiker im neuen Licht – Besonderheiten der kaufrechtlichen Mängelgewährleistung, in: Jura 2005, S. 750.

Jud, Brigitta: Die Rangordnung der Gewährleistungsbehelfe, in: Jb.J.ZivRWiss. 2001, S. 205.

— Das Recht zur Zurückweisung im Kaufrecht, in: JuS 2004, S. 841.

— Vorabentscheidungsersuchen im Gewährleistungsrecht, in: ecolex 2006, S. 1047.

Jungmann, Carsten: Die Verknüpfung der kauf- und werkvertraglichen Rückgewähransprüche (§§ 439 IV, 635 IV BGB) mit Ersatzlieferungs- bzw. Neuherstellungsansprüchen, in: ZGS 2004, S. 263.

Kaden, Erich-Hans: Das Schrifttum der Jahre 1950–1953 zur römischen Bereicherungslehre, in: SZ 71 (1954), Rom. Abt., S. 555.

Kaiser, Gisbert: Die Gefahrtragung im Bauvertrag, in: Festschrift für Hermann Korbion zum 60. Geburtstag, Düsseldorf 1986, S. 197.

Kandelhard, Ronald: Leistungsstörungen im Mietrecht, in: WuM 2003, S. 3.

Kandler, Mandy: Kauf und Nacherfüllung, Diss. Bielefeld 2004.

Kapellmann, Klaus: § 645 und die Behinderungshaftung für Vorunternehmer, in: BauR 1992, S. 433.

Kapellmann, Klaus /*Messerschmidt*, Burkhard (Hrsg.): VOB, Teil A und B – Kommentar, 6. Aufl., München 2018 (zitiert: Kapellmann /Messerschmidt[6]-Bearbeiter).

Karlsruher Forum 2006: Schadensersatz – Zwecke, Inhalte, Grenzen, hrsg. v. Lorenz, Egon, Karlsruhe 2006 (zitiert: Bearbeiter, in: Karlsruher Forum 2006).

Karlsruher Forum 2005: Schuldrechtsmodernisierung – Erfahrungen seit dem 1. Januar 2002, hrsg. v. Lorenz, Egon, Karlsruhe 2006 (zitiert: Bearbeiter, in: Karlsruher Forum 2005).

Karlsruher Forum 2002: Schuldrechtsmodernisierung, hrsg. v. Lorenz, Egon, Karlsruhe 2003 (zitiert: Bearbeiter, in: Karlsruher Forum 2002).

Karlsruher Forum 1985: Grenzen richterlicher Rechtsfortbildung insbesondere im Haftungs- und Versicherungsrecht, hrsg. v. Diederichsen, Uwe, Karlsruhe 1985 (zitiert: Bearbeiter, in: U. Diederichsen, Karlsruher Forum 1985: Grenzen richterlicher Rechtsfortbildung insbesondere im Haftungs- und Versicherungsrecht).

Kaser, Max: Das römische Privatrecht, Bd. 2, München 1959.

Kaser, Max /*Knütel*, Rolf /*Lohsse*, Sebastian, Römisches Privatrecht, 21. Aufl., München 2017.

Katzenstein, Matthias: Kostenersatz bei eigenmächtiger Selbstvornahme der Mängelbeseitigung nach § 326 II 2 BGB?, in: ZGS 2004, S. 144

— Kostenersatz bei eigenmächtiger Selbstvornahme der Mängelbeseitigung – ein Plädoyer für die Abkehr von der verfestigten Rechtspraxis, in: ZGS 2004, S. 300.

— Nochmals: Ersatz ersparter Aufwendungen bei eigenmächtiger Selbstvornahme der Mängelbeseitigung, in: ZGS 2004, S. 349.

— Grund und Grenzen des Bereicherungsausgleichs bei eigenmächtiger Selbstvornahme der Nacherfüllung, in: ZGS 2005, S. 184.

— Bereicherungsausgleich bei eigenmächtiger „Selbsterfüllung" schuldrechtlicher Ansprüche, in: ZGS 2005, S. 305.

Kaufmann, Ekkehard: Aequitas Iudicium, Frankfurt a. M. 1959.

Keilholz, Kurt: Zur Neukonzeption des Werkvertragsrechts, in: Festschrift für Hermann Korbion zum 60. Geburtstag, Düsseldorf 1986, S. 207.

Kenter, Carolin: Der Vergütungsanspruch des Werkunternehmers gemäß § 649 2 BGB, Diss. Düsseldorf 2000.

Kern, Bernd-Rüdiger: Zur Dogmatik des § 324 I BGB, in: AcP 200 (2000), S. 684.

Kiehnle, Arndt: Mängelbeseitigung durch Selbstvornahme, in: JA 2007, S. 15.

Kiene, Lorenz: Der Verkauf einer Handelsvertretung – Rechtliche Besonderheiten bei der Nachfolge im Wege des § 89b III Nr. 3 HGB, in: NJW 2006, S. 2007.

— Die Beurteilung des Kundenstamms bei einer Agenturnachfolge, in: VersR 2006, S. 1024.

Kinne, Harald: Aufwendungsersatzansprüche des Mieters bei unwirksamer Schönheitsreparaturklausel?, in: Das Grundeigentum 2009, S. 358.

Kirchhof, Paul: Richterliche Rechtsfindung gebunden an „Gesetz und Recht“, in: NJW 1986, S. 2275.

Kisch, Wilhelm: Die Wirkungen der nachträglich eintretenden Unmöglichkeit der Erfüllung bei gegenseitigen Verträgen nach dem Bürgerlichen Gesetzbuche für das Deutsche Reich, Diss. Jena 1900 (zitiert: Kisch, Unmöglichkeit der Erfüllung, 1900).

Kleine-Möller, Nils /*Merl*, Heinrich /*Glöckner*, Jochen (Hrsg.): Handbuch des privaten Baurechts, 5. Aufl. (2014).

Klunzinger, Eugen: Einführung in das Bürgerliche Recht, 16. Aufl., München 2013 (zitiert: Klunzinger, BR^{16} (2013)).

Kluth, Peter /*Freigang*, Jan: Wirtschaftliches Risiko und Äquivalenzstörung – Zum Wegfall der Geschäftsgrundlage bei langfristigen Gewerberaummietverträgen, in: NZM 2006, S. 41.

Kniffka, Rolf /*Koeble*, Wolfgang: Kompendium des Baurechts, 4. Aufl., München 2014 (zitiert: Bearbeiter, in: Kniffka /Koeble, Kompendium des Baurechts^{4} (2014)).

Knorre, Jürgen /*Demuth*, Klaus /*Schmid*, Reinhard Th. (Hrsg.): Handbuch des Transportrechts, 2. Aufl., München 2015 (zitiert: Bearbeiter, in: Knorre /Demuth /Schmid).

Knütel, Rolf: Zur Schuldrechtsreform, in: NJW 2001, S. 2519.

Köbler, Gerhard: Deutsche Rechtsgeschichte, 6. Aufl., München 2005.

— Juristisches Wörterbuch, 16. Aufl., München 2016.

Köhler, Helmut: Unmöglichkeit und Geschäftsgrundlage bei Zweckstörungen im Schuldverhältnis, München 1971.

— BGB Allgemeiner Teil, 42. Aufl., München 2018 (zitiert: Köhler, AT^{42} (2018)).

Kohler, Josef: Lehrbuch des Bürgerlichen Rechts, Bd. 2/1, Berlin 1906 (zitiert: Kohler, BR, Bd. 2/1, 1906).

Kohler, Jürgen: Das Werk im Kauf, in: Festschrift für Walter Jagenburg zum 65. Geburtstag, hrsg. v. Brügmann, Klaus /Oppler, Peter M. /Wenner, Christian, München 2002, S. 379.

— Kaufrechtliche Rückgewährpflicht bei Aliud- und Peius-Lieferung gemäß § 439 Abs. 4 BGB im Konflikt mit § 241a BGB, in: AcP 204 (2004), S. 606.

— Nutzungsvergütung in Fällen der §§ 439 IV und 635 IV BGB?, in: ZGS 2004, S. 48.

Kohte, Wolfhard /*Micklitz* Hans-W. /*Rott*, Peter (u.a.): Kompaktkommentar – Das neue Schuldrecht, Neuwied /München 2003 (zitiert: KompaktKom-Bearbeiter).

Koller, Ingo: Die Risikozurechnung bei Vertragsstörungen in Austauschverträgen, München 1979.

— Transportrecht – Kommentar zu Spedition, Gütertransport und Lagergeschäft, 9. Aufl., München 2016 (zitiert: Koller, TransportR[9] (2016)).

Koller, Ingo /*Roth*, Herbert /*Morck*, Winfried: Handelsgesetzbuch – Kommentar, 8. Aufl., München 2015 (zitiert: Koller /Roth /Morck[8]-Bearbeiter).

Koller, Ingo /*Roth*, Herbert /*Zimmermann*, Reinhard: Schuldrechtsmodernisierungsgesetz 2002, München 2002 (zitiert: Bearbeiter, in: Koller /Roth /Zimmermann).

Koppensteiner, Hans-Georg: Probleme des bereicherungsrechtlichen Wertersatzes (II), in: NJW 1971, S. 1769.

Koppensteiner, Hans-Georg /*Kramer*, Ernst A.: Ungerechtfertigte Bereicherung, Berlin 1975.

Korintenberg, Werner: Der Mangelbeseitigungsanspruch und der Anspruch auf Neuherstellung beim Werkvertrag, Diss. Köln 1927.

— Erfüllung und Gewährleistung beim Werkvertrage, Köln 1935.

Kossmann, Ralph: Handbuch der Wohnraummiete, 6. Aufl., München 2003.

Kötz, Hein: Vertragsauslegung – Eine rechtsvergleichende Skizze, in: Festschrift für Albrecht Zeuner zum 70. Geburtstag, hrsg. v. Bettermann, Karl August, Tübingen 1994, S. 219.

— Vertragsrecht, Tübingen 2009.

Kramer, Ernst A.: Juristische Methodenlehre, 3. Aufl., Bern 2010.

Kriele, Martin: Richterrecht und Rechtspolitik, in: ZRP 2008, S. 51.

Kroeschell, Karl: Deutsche Rechtsgeschichte, Bd. 3 – Seit 1650, 5. Aufl., Köln (u. a.) 2008.

Kroll-Ludwigs, Kathrin /*Ludwigs*, Markus: Die richtlinienkonforme Rechtsfortbildung im Gesamtsystem der Richtlinienwirkungen, in: ZJS 2009, S. 123.

Kuhn, Tomas: Eigenmächtige Mangelbeseitigung im Mietrecht: Sperre auch des Anspruchs aus § 539 I BGB iVm. berechtigter GoA?, in: ZMR 2009, S. 175.

Kühn, Peter: Zur Methode der Anrechnung anderweitigen Erwerbs nach § 615 Satz 2 BGB, Diss. Berlin 2008.

Kukat, Klaus: Vorsicht ist besser als Nachsicht – Praktische Hinweise zur Vereinbarung nachvertraglicher Wettbewerbsverbote für Geschäftsführer und zur Anrechnung anderweitigen Erwerbs, in: BB 2001, S. 951.

Küpper, Norbert: Der Werkvertrag in der Schuldrechtsreform, Diss. Münster 1989.

Küstner, Wolfram: Neue Rechtsprechung zum Ausgleichsanspruch des Handelsvertreters nach § 89b HGB, in: BB 1972, S. 1300.

Lamprecht, Philipp: Selbstvornahme des Gläubigers und Vorrang der Erfüllung nach neuem Schuldrecht, in: ZGS 2005, S. 266.

Landau, Peter: Pacta sunt servanda – Zu den kanonistischen Grundlagen der Privatautonomie, in: Ins Wasser geworfen und Ozeane durchquert, Festschrift für Knut Wolfgang Nörr, hrsg. v. Ascheri, Mario /Ebel, Friedrich /Heckel, Martin (u. a.), Köln /Weimar /Wien 2003, S. 457.

Lange, Hermann: Ius aequum und ius strictum bei den Glossatoren, in: SZ 71 (1954), Rom. Abt., S. 319.

— Die Vorteilsausgleichung, in: JuS 1978, S. 649.

— Schadensersatz, 2. Aufl., Tübingen 1990.

Lange, Hermann /*Schiemann*, Gottfried: Schadensersatz, 3. Aufl., Tübingen 2003.

Lange, Knut Werner: Geschäftsführung ohne Auftrag bei nicht geschuldeten Schönheitsreparaturen?, in: NZM 2007, S. 785.

— Die Anwendbarkeit der Geschäftsführung ohne Auftrag im Mietrecht, in: ZGS 2009, S. 442.

Langenberg, Hans /*Zehelein, Kai*: Schönheitsreparaturen, Instandsetzung und Rückgabe, 5. Aufl., München 2015.

Langenbucher, Katja: Europarechtliche Bezüge des Privatrechts, 2. Aufl., Baden-Baden 2008.

Larenz, Karl: Ergänzende Vertragsauslegung und dispositives Recht, in: NJW 1963, S. 737.

— Zur Bedeutung des „Wertersatzes" im Bereicherungsrecht, in: Festschrift für Ernst von Caemmerer zum 70. Geburtstag, hrsg. v. Ficker, Hans Claudius / König, Detlef /Kreuzer, Karl F., Tübingen 1978, S. 209.

— Schuldrecht, Bd. 2 – Besonderer Teil /1.Halbband, 13. Aufl., München 1986 (zitiert: Larenz, SchuldR, Bd. 2/1, 13. Aufl. (1986)).

— Schuldrecht, Bd. 1 – Allgemeiner Teil, 14. Aufl., München 1987 (zitiert: Larenz, SchuldR, Bd. 1, 14. Aufl. (1987)).

— Methodenlehre der Rechtswissenschaft, 6. Aufl., Berlin 1991.

Larenz, Karl /*Canaris*, Claus-Wilhelm: Schuldrecht, Bd. 2 – Besonderer Teil /2. Halbband, 13. Aufl., München 1994 (zitiert: Larenz /Canaris, SchuldR, Bd. 2/2, 13. Aufl. (1994)).

Larenz, Karl /*Wolf*, Manfred: Allgemeiner Teil des Bürgerlichen Rechts, 9. Aufl., München 2004 (zitiert: Larenz /Wolf, AT^{9} (2004)).

Lehmann-Richter, Arnold: Zu den Ersatzansprüchen des Mieters bei Renovierung aufgrund unwirksamer Schönheitsreparatur- oder Abgeltungsklausel, in: WuM 2005, S. 747.

Leinemann, Ralf: Das Forderungssicherungsgesetz – Neue Perspektiven im Bauvertragsrecht?, in: NJW 2008, S. 3745.

Leistner, Matthias: Die „richtige" Auslegung des § 651 BGB im Grenzbereich von Kaufrecht und Werkvertragsrecht, in: JA 2007, S. 81.

Lerach, Mark: Anspruch des Käufers auf Verwendungsersatz nach § 347 II 1 BGB bei Selbstvornahme der Mängelbeseitigung, in: JuS 2008, S. 953.

Lettl, Tobias: Die Falschlieferung durch den Verkäufer nach der Schuldrechtsreform, in: JuS 2002, S. 866.

Lieb, Manfred: Werner Flume und das Bereicherungsrecht, in: AcP 209 (2009), S. 164.

Liebs, Detlef: Lateinische Rechtsregeln und Sprichwörter, 6. Aufl., München 1998.

Lobinger, Thomas: Hausgemachte Systemverluste: Die deutsche Schuldrechtsreform und die Verbrauchsgüterkaufrichtlinie, in: GPR 2008, S. 262.

Loewenheim, Ulrich: Bereicherungsrecht, 3. Aufl., München 2007.

Looschelders, Dirk: Die neuere Rechtsprechung zur kaufrechtlichen Gewährleistung, in: JA 2007, S. 673.

— Schuldrecht - Allgemeiner Teil, 14. Aufl., München 2016 (zitiert: Looschelders, SAT[14] (2016)).

— Schuldrecht - Besonderer Teil, 11. Aufl., Köln (u. a.) 2016 (zitiert: Looschelders, SBT[11] (2016)).

Lorenz, Stephan: Aliud, peius indebitum im neuen Kaufrecht, in: JuS 2003, S. 36.

— Selbstvornahme der Mängelbeseitigung im Kaufrecht, in: NJW 2003, 1417.

— Neues Leistungsstörungs- und Kaufrecht. Eine Zwischenbilanz, Berlin 2004.

— Voreilige Selbstvornahme der Nacherfüllung im Kaufrecht: Der BGH hat gesprochen und nichts ist geklärt, in: NJW 2005, S. 1321.

— Schuldrechtsreform 2002: Problemschwerpunkte drei Jahre danach, in: NJW 2005, S. 1889.

— Nacherfüllungsanspruch und Obliegenheiten des Käufers: Zur Reichweite des „Rechts zur zweiten Andienung", in: NJW 2006, S. 1175.

— Die Reichweite der kaufrechtlichen Nacherfüllungspflicht durch Neulieferung, in: NJW 2009, S. 1633.

— Geschäftsführung ohne Auftrag und Bereicherungsausgleich bei Vornahme nicht geschuldeter Schönheitsreparaturen, in: NJW 2009, S. 2576.

Lorenz, Stephan /*Riehm*, Thomas: Lehrbuch zum neuen Schuldrecht, München 2002.

Lorenz, Werner: Einige Rechtsvergleichende Beobachtungen zur Gefahrtragung im Werkvertragsrecht, in: Konflikt und Ordnung, Festschrift für Murad Ferid zum 70. Geburtstag, hrsg. v. Heldrich, Andreas /Henrich, Dieter /Sonnenberger, Hans Jürgen, München 1978, S. 579.

Löwe, Hans Peter: Die Vergütungsklage des Unternehmers nach Kündigung des Werkvertrages durch den Auftraggeber nach § 649 Satz 2 BGB unter Berücksichtigung der Entscheidungen des BGH vom 8.2.1996 10.10.1996 und 7.11.1996, in: ZfBR 1998, S. 121.

Löwisch, Manfred: Herausgabe von Ersatzverdienst – Zur Anwendbarkeit von § 285 BGB auf Dienst- und Arbeitsverträge, in: NJW 2003, S. 2049.

von Lübtow, Ulrich: Lehre von der Condictio, Berlin 1952.

Lüderitz, Alexander: Rezension zu Sandrock, Ergänzende Vertragsauslegung, in: AcP 171 (1971), S. 160.

Lüke, Wolfgang: Zivilprozessrecht, 9. Aufl., München 2006.

Magnussen, Sven: Die eigenmächtige Mängelbeseitigung durch den Besteller, Diss. Münster /Hamburg 1992.

Mankowski, Peter: Beseitigungsrechte, Habil. Tübingen 2003.

Matthies, Karl-Heinz: Der Ausgleichsanspruch des Handelsvertreters bei kurzer Vertragsdauer, in: DB 1986, S. 2063.

Mayer, Udo: Das nachvertragliche Wettbewerbsverbot, in: AiB 2005, S. 433.

Mayer, Christian /*Schürnbrand*, Jan: Einheitlich oder gespalten? – Zur Auslegung nationalen Rechts bei überschießender Umsetzung von Richtlinien, in: JZ 2004, S. 545.

Meder, Stephan: Rechtsgeschichte, 6. Aufl., Köln (u. a.) 2017.

Medicus, Dieter: Kaufvertrag und Werkvertrag, in: JuS 1992, S. 273.

Medicus, Dieter /*Lorenz*, Stephan: Schuldrecht I, 21. Aufl., München 2015 (zitiert: Medicus /Lorenz, SAT[21] (2015)).

— Schuldrecht II, 18. Aufl., München 2018 (zitiert: Medicus /Lorenz, SBT[18] (2018)).

Medicus, Dieter /*Petersen*, Jens: Bürgerliches Recht, 26. Aufl., Köln (u. a.) 2017 (zitiert: Medicus /Petersen, BR[26] (2017)).

— Allgemeiner Teil des BGB, 11. Aufl., Heidelberg 2016 (zitiert: Medicus, AT[11] (2010)).

Messerschmidt, Burkhard: Die Balance von Rechten und Pflichten in der Mängelbeseitigung, in: BauR 2010, S. 322.

Messerschmidt, Burkhard /*Voit*, Wolfgang (Hrsg.): Privates Baurecht, 3. Aufl., München 2018 (zitiert: Messerschmidt /Voit³-Bearbeiter).

Metzger, Axel: Der neue § 651 BGB – Primat des Kaufrechts oder restriktive Auslegung?, in: AcP 204 (2004), S. 231.

Michalski, Lutz: Zur Rechtsnatur des Dauerschuldverhältnisses, in: JA 1979, S. 401.

Micklitz, Hans-W. /*Pfeiffer*, Thomas /*Tonner*, Klaus /*Willingmann*, Armin (Hrsg.): Schuldrechtsreform und Verbraucherschutz, Baden-Baden 2001 (zitiert: Bearbeiter, in: Micklitz /Pfeiffer /Tonner (u. a.)).

Miller, Albrecht: Die Entwicklung der Vorteilsausgleichung (compensatio lucri cum damno) im deutschen bürgerlichen Recht, unter Berücksichtigung der römischen Quellen, Diss. Würzburg 1929.

Misera, Karlheinz: Der Bereicherungsgedanke bei der Schenkung unter Ehegatten, Köln (u. a.) 1974.

Molitor, Erich: Schuldrecht Besonderer Teil, 7. Aufl., München 1965 (zitiert: Molitor, SBT⁷ (1965)).

Möllers, Thomas /*Möhring*, Alexandra: Recht und Pflicht zur richtlinienkonformen Rechtsfortbildung bei generellem Umsetzungswillen des Gesetzgebers, in: JZ 2008, S. 919.

Mommsen, Friedrich: Zur Lehre von dem Interesse, Braunschweig 1855

Mörsdorf, Oliver: Verpflichtung des Käufers zur Zahlung eines Nutzungsentgelts im Rahmen der Neulieferung einer mangelhaften Kaufsache, in: ZIP 2008, S. 1409.

Müglich, Andreas: Transport- und Logistikrecht, München 2002.

Müller, Friedrich /*Christensen*, Ralph: Juristische Methodik, Bd. 1, 10. Aufl., Berlin 2009.

Münchener Kommentar zum Bürgerlichen Gesetzbuch, hrsg. v. Säcker, Franz Jürgen /Rixecker, Roland /Oetker, Hartmut /Limperg, Bettina, Bd. 1 – §§ 1–240, 8. Aufl., München 2018 (zitiert: MüKo⁸-Bearbeiter)

— Bd. 2/I – §§ 241–310, 8. Aufl., München 2019.

— Bd. 2 – §§ 241–432, 7. Aufl., München 2016.

— Bd. 3 – §§ 433–534, 7. Aufl. München 2016.

— Bd. 4 – §§ 535–630, 7. Aufl., München 2016.

— Bd. 5/I – §§ 631–651, 7. Aufl., München 2018.

— Bd. 5/II – §§651a – 704, 7. Aufl., München 2017.

— Bd. 6 – §§ 705–853, 7. Aufl., München 2017.

Münchener Kommentar zum Handelsgesetzbuch, hrsg. v. Schmidt, Karsten, Bd. 1 – §§ 1–104a, 4. Aufl., München 2016 (zitiert: MüKo /HGB[4]-Bearbeiter).

— Bd. 5 – §§ 343–406, 4. Aufl., München 2018.

Münchener Kommentar zur Zivilprozessordnung mit Gerichtsverfassungsgesetz und Nebengesetzen, hrsg. v. Rauscher, Thomas /Wax, Peter /Wenzel, Joachim, Bd. 1 – §§ 1–354, 5. Aufl., München 2016 (zitiert: MüKo /ZPO[5]-Bearbeiter).

Musielak, Hans-Joachim: Die Falschlieferung beim Stückkauf nach dem neuen Schuldrecht, in: NJW 2003, S. 89.

Musielak, Hans-Joachim /*Hau*, Wolfgang: Grundkurs BGB, 15. Aufl., München 2017 (zitiert: Musielak /Hau, GK BGB[15] (2017))

— Examenskurs BGB, 3. Aufl., München 2014 (zitiert: Musielak /Hau, ExK BGB[3] (2014)).

Musielak, Hans-Joachim /*Voit*, Wolfgang: Grundkurs ZPO, 14. Aufl., München 2018 (zitiert: Musielak /Voit, GK ZPO[14] (2018)).

— Kommentar zur Zivilprozessordnung mit Gerichtsverfassungsgesetz, 15. Aufl., München 2018 (zitiert: Musielak[15]-Bearbeiter).

Muthorst, Olaf: Keine Nutzungsherausgabe bei Ersatzlieferung, in: ZGS 2006, S. 90.

Nassauer, Friedemann: „Sphärentheorien“ zu Regelungen der Gefahrtragungshaftung in vertraglichen Schuldverhältnissen, Marburg 1978.

Nave, José Campos: Karenzentschädigungspflicht bei Verwendung von Kundenschutzklauseln, in: NJW 2003, S. 3322.

Nicklisch, Fritz: Empfiehlt sich eine Neukonzeption des Werkvertragsrechts? – unter besonderer Berücksichtigung komplexer Langzeitverträge –, in: JZ 1984, S. 757.

Nicklisch, Fritz /*Weick*, Günter /Jansen, Günther Arnold /Seibel, Mark: VOB/B-Kommentar, 4. Aufl., München 2016 (zitiert: Nicklisch /Weick /Jansen / Seibel[4]-Bearbeiter).

Niederleithinger, Ernst: Vorbemerkungen zu dem neuen deutschen Transportrecht, in: Transport- und Vertriebsrecht 2000, Festgabe für Rolf Herber zum 70. Geburtstag, hrsg. v. Thume, Karl-Heinz, Neuwied 1999, S. 77.

Nübold, Peter: Die Methode der Anrechnung anderweitigen Verdienstes nach § 615 2 BGB, in: RdA 2004, S. 31.

Oechsler, Jürgen: Aufwendungsersatzansprüche nach § 284 BGB im Mietrecht, in: NZM 2004, S. 647.

— Praktische Anwendungsprobleme des Nacherfüllungsanspruchs, in: NJW 2004, S. 1825.

— Vertragliche Schuldverhältnisse, 2. Aufl., München 2007.

Oertmann, Paul: Die Vorteilsausgleichung beim Schadensersatzanspruch im römischen und deutschen bürgerlichen Recht, Berlin 1901.

Oetker, Hartmut: Das Dauerschuldverhältnis und seine Beendigung, Habil. Tübingen 1994.

Oetker, Hartmut /*Maultzsch*, Felix: Vertragliche Schuldverhältnisse, 5. Aufl., Berlin 2018.

Osterloh-Konrad, Christine: „Quelle“ und die Folgen: kein Nutzungsersatz bei Ersatzlieferung, in: CR 2008, S. 545.

Palandt, Otto: Bürgerliches Gesetzbuch – mit Einführungsgesetz (Auszug), 34. Aufl., München 1975 (zitiert: Palandt[34]-Bearbeiter).

— Bürgerliches Gesetzbuch – mit Einführungsgesetz (Auszug), 78. Aufl., München 2019.

Paschke, Regine: Rückforderungsansprüche des Mieters für durchgeführte Schönheitsreparaturen bei unwirksamer Klausel im Mietvertrag, in: WuM 2008, S. 647.

Pawlowski, Hans-Martin: Methodenlehre für Juristen, 3. Aufl., Heidelberg 1999.

— Allgemeiner Teil des BGB – Grundlehren des bürgerlichen Rechts, 7. Aufl., Heidelberg 2003 (zitiert: Pawlowski, AT[7] (2003)).

Peters, Frank: Die Fälligkeit der Werklohnforderung, in: Festschrift für Hermann Korbion zum 60. Geburtstag, Düsseldorf 1986, S. 337.

— Der Einwand des Mitverschuldens gegenüber Erfüllungsansprüchen, in: JZ 1995, S. 754.

— Das Baurecht im modernisierten Schuldrecht – Überblick, kritische Anmerkungen, Ausblick, in: NZBau 2002, S. 113.

— Die eigene Mängelbeseitigung des Käufers, in: JR 2004, S. 353.

— Die Erstattung rechtsgrundloser Zuwendungen, in: AcP 205 (2005), S. 159.

Petersen, Jens: Die Nacherfüllung, in: Jura 2002, S. 461.

— Examens-Repetitorium Allgemeines Schuldrecht, 8. Aufl., Heidelberg 2017 (zitiert: Petersen, ExamRep Allgemeines Schuldrecht[8] (2017)).

Pfeiffer, Thomas: Richtlinienkonforme Auslegung gegen den Wortlaut des nationalen Gesetzes – Die Quelle-Folgeentscheidung des BGH, in: NJW 2009, S. 412.

Picker, Eduard: Betriebsrisikolehre im Arbeitskampf, in: JZ 1979, S. 285.

— Positive Forderungsverletzung und culpa in contrahendo – Zur Problematik der Haftungen „zwischen“ Vertrag und Delikt, in: AcP 183 (1983), S. 369.

— Fristlose Kündigung und Unmöglichkeit, Annahmeverzug und Vergütungsgefahr im Dienstvertragsrecht – Teil 2, in: JZ 1985, S. 693.

— Fristlose Kündigung und Unmöglichkeit, annahmeverzug und Vergütungsgefahr im Dienstvertragsrecht – Teil 1, in: JZ 1985, S. 641.

— Betriebsstillstand und Lohngefahrtragung, in: Gedächtnisschrift für Herbert Hofmeister, hrsg. v. von Ogris, Werner /Rechberger, Walter, Wien 1996, S. 549.

— Schuldrechtsreform und Privatautonomie, in: JZ 2003, S. 1035.

— Die Lohngefahrtragung im Dienst- und Arbeitsvertrag nach der Schuldrechtsreform, in: Festschrift für Ulrich Huber zum 70. Geburtstag, hrsg. v. Baums, Theodor /Lutter, Marcus /Schmidt, Karsten /Wertenbruch, Johannes, Tübingen 2006, S. 497.

— Nachlieferung beim Stückkauf – Zu Grund, Gegenstand und Umfang der Leistungsverpflichtung, in: Festschrift für Harm Peter Westermann zum 70. Geburtstag, hrsg. v. Aderhold, Lutz /Grunewald, Barbara /Klingberg, Dietgard (u. a.), Köln 2008, S. 583.

Pielemeier, Klaus: Das Aufrechnungsverbot des § 393 BGB, Diss. Berlin 1988.

Pilz, Hubert: Richterliche Vertragsergänzung und Vertragsabänderung, Diss. Villingen 1963.

Pinto-Monteiro, António: Der Ausgleichsanspruch der Absatzmittler, in: Festschrift für Claus-Wilhelm Canaris zum 70. Geburtstag, hrsg. v. Heldrich, Andreas /Prölss, Jürgen /Koller, Ingo (u. a.), Bd. 2, München 2007, S. 325.

Poelmann, Fritz: Der Gedanke der Vorteilsausgleichung im neueren Wirtschaftsrecht, Diss. Düsseldorf 1939.

Pöggeler, Wolfgang: Vom Naturrecht zum Positivismus, in: JA 1997, S. 339.

Preussner, Mathias: Das neue Werkvertragsrecht im BGB 2002, in: BauR 2002, S. 231.

Pringsheim, Fritz: Bonum et aequum, in: SZ 52 (1932) Rom. Abt., S. 78.

— Römische aequitas der christlichen Kaiser, 1935.

Prütting, Hanns /*Wegen*, Gerhard /*Weinreich*, Gerd (Hrsg.): BGB-Kommentar, 13. Aufl., Köln 2018 (zitiert: PWW^{13}-Bearbeiter).

Puntschart, Paul: Schuldvertrag und Treugelöbnis des sächsischen Rechts im Mittelalter, Leipzig 1896.

Quadbeck, Urs: Vollstreckung in Bausachen – Durchsetzung von Nachbesserungsansprüchen, in: MDR 2000, S. 570.

Rädler, Peter: Der Mieter im „Annahmeverzug" – zur Vorschrift des § 552 BGB, in: NJW 1993, S. 689.

Ramming, Klaus: Die Nicht-Zurverfügungstellung des Beförderungsmittels zur vorgesehenen Zeit, in: TranspR 2003, S. 419.

Ramrath, Ulrich: Entwicklung des Rechts der Handlungsgehilfen von der Kodifikation bis zum Entwurf eines Arbeitsvertragsgesetzes, in: Iusto iure, Festgabe für Otto Sandrock zum 65. Geburtstag, hrsg. v. Ernst Stiefel /Behr, Andreas, Heidelberg 1995, S. 255.

Reinicke, Dietrich /*Tiedtke*, Klaus: Kaufrecht, 8. Aufl., Köln (u. a.) 2009.

Reinking, Kurt: Die Haftung des Autoverkäufers für Sach- und Rechtsmängel nach neuem Recht, in: DAR 2002, S. 15.

Reinking, Kurt /*Eggert*, Christoph: Der Autokauf, 13. Aufl., Neuwied 2017.

Rengier, Wilhelm: Die Vorteilsausgleichung nach dem Bürgerlichen Gesetzbuch, Diss. Köln 1929.

Resch, Reinhard: Zur Rüge bei Sachmängeln nach UN-Kaufrecht, in: ÖJZ 1992, S. 470.

Reischl, Klaus: Grundfälle zum neuen Schuldrecht – 3. Teil. Der Rücktritt, in: JuS 2003, S. 669.

Richardi, Reinhard: 50 Jahre Kündigungsschutzgesetz – ein vergessenes Jubiläum!, in: NZA 2000, S. 13.

Ricken, Oliver: Annahmeverzug und Prozessbeschäftigung während des Kündigungsrechtsstreits, in: NZA 2005, S. 323.

Rieble, Volker: Ausgleichsansprüche bei unzulässiger Ersatzvornahme nach § 633 III BGB, in: DB 1989, S. 1759.

Riezler, Erwin: Der Werkvertrag nach dem Bürgerlichen Gesetzbuche für das Deutsche Reich, Jena 1900.

von Rittberg, Friedrich Wilhelm (Graf): Die aufgedrängte Bereicherung, Diss. München 1969.

Röhl, Klaus /*Röhl*, Hans Christian: Allgemeine Rechtslehre, 3. Aufl., Köln (u. a.) 2008.

Rohlfing, Sandra: Nutzungsvergütung bei Ersatzlieferung?, in: GPR 2007, S. 80.

Röhricht, Volker /*von Westphalen*, Friedrich (Graf) (Hrsg.): Handelsgesetzbuch – Kommentar, 4. Aufl., Köln 2014 (zitiert: Röhricht /v. Westphalen[4]-Bearbeiter).

Rolfs, Christian: Arbeitsrecht – Studienkommentar, 4. Aufl., München 2014 (zitiert: StuKo /ArbR[4]-Rolfs).

Roth, Wulf-Henning: Europäischer Verbraucherschutz und BGB, in: JZ 2001, S. 475.

Rother, Werner: Rezension zu Beuthien, Zweckerreichung und Zweckstörung im Schuldverhältnis, in: AcP 170 (1970), S. 453.

Rott, Peter: Austausch der fehlerhaften Kaufsache nur bei Herausgabe von Nutzungen?, in: BB 2004, S. 2478.

Rudloff, Karl: Der Vorteilsausgleich als Gewinnabwehr und Glücksteilhabe, in: Festschrift für Fritz von Hippel zum 70. Geburtstag, hrsg. v. Esser, Josef, Tübingen 1967, S. 423.

Rudolph, Jochen: Die Abgrenzung zwischen Kauf- und Werkvertragsrecht gemäß § 651 BGB, Diss. Baden-Baden 2009.

Rumpf, Stefanie: Das Synallagma im Dauerschuldverhältnis, Diss. Konstanz 2003

Rüthers, Bernd: Demokratischer Rechtsstaat oder oligarchischer Richterstaat?, in: JZ 2002, S. 365.

— Methodenrealismus in der Jurisprudenz und Justiz, in: JZ 2006, S. 53.

— Zwischenruf aus der methodischen Wüste: „Der Richter wird‘s schon richten“(?), in: JZ 2006, S. 958.

— Gesetzesbindung oder freie Methodenwahl? – Hypothesen zu einer Diskussion, in: ZRP 2008, S. 48.

— Fortgesetzter Blindflug oder Methodendämmerung der Justiz? Zur Auslegungspraxis der obersten Bundesgerichte, in: JZ 2008, S. 446.

Ruttloff, Marc: Das kaufrechtliche Selbstvornahmerecht in Allgemeinen Einkaufsbedingungen, in: ZGS 2008, S. 88.

Saenger, Ingo (Hrsg.): Zivilprozessordnung – Handkommentar, 7. Aufl., Baden-Baden 2017 (zitiert: HK /ZPO[7]-Bearbeiter).

Saenger, Ingo /*Klockenbrink*, Ulrich: Das „neue“ Kaufrecht in der Rechtsprechung 2002–2005, in: ZGS 2006, S. 61.

Saenger, Ingo /*Aderhold*, Lutz /*Lenkaitis*, Karlheinz /*Speckmann*, Gerhard (Hrsg.): Handels- und Gesellschaftsrecht, 2. Aufl., Baden-Baden 2011 (zitiert: Bearbeiter, in: Saenger /Aderhold /Lenkaitis[2]).

Sandrock, Otto: Zur ergänzenden Vertragsauslegung im materiellen und internationalen Schuldvertragsrecht, Köln 1966.

Sauer, Wilhelm: Juristische Methodenlehre, Nachdruck Aalen 1970.

von Savigny, Friedrich Carl: Über den Zweck dieser Zeitschrift, in: ZGR 1 (1815), S. 1.

— System des heutigen Römischen Rechts, Bd. 5, Berlin 1841.

Schäfer, Frank L.: Das Bereicherungsrecht in Europa, Berlin 2001.

Schaub, Günter: Rechtsfragen des Annahmeverzuges im Arbeitsrecht, in: ZIP 1981, S. 347.

— Arbeitsrechts-Handbuch, 17. Aufl., München 2017 (zitiert: Bearbeiter, in: Schaub, Arbeitsrechts-Handbuch[17] (2017)).

Schiemann, Gottfried: Vorteilsanrechnung beim werkvertraglichen Schadensersatz, in: NJW 2007, S. 3037.

Schier, Holger: Kündigungsschutzstreitigkeiten und Annahmeverzugslohn, in: BB 2006, S. 2578.

Schirner, Karl: Karenzentschädigung für Ruheständler? Das Wettbewerbsverbot und seine Tücken, in: AuA 2005, S. 652.

Schilken, Eberhard: Zivilprozessrecht, 7. Aufl., München 2014.

Schimmel, Roland /*Buhlmann*, Dirk (Hrsg.): Frankfurter Handbuch zum neuen Schuldrecht, Neuwied /Kriftel 2002 (zitiert: Bearbeiter, in: Schimmel /Buhlmann).

Schimmel, Roland /*Buhlmann*, Dirk: Fehlerquellen im Umgang mit dem Neuen Schuldrecht, Neuwied /Kriftel 2002.

Schlechtriem, Peter: Rezension zu Reuter /Martinek, Ungerechtfertigte Bereicherung, in: ZHR 149 (1985), S. 327.

Schlechtriem, Peter: Restitution und Bereicherungsausgleich in Europa, Tübingen 2000.

— Schuldrecht Besonderer Teil, 6. Aufl., Tübingen 2003 (zitiert: Schlechtriem, SBT^{6} (2003)).

Schlechtriem, Peter /*Schmidt-Kessel*, Martin: Schuldrecht Allgemeiner Teil, 6. Aufl., Tübingen 2005 (zitiert: Schlechtriem /Schmidt-Kessel, SAT^{6} (2005)).

Schlechtriem, Peter /*Schwenzer*, Ingeborg (Hrsg.): Kommentar zum Einheitlichen UN-Kaufrecht, 6. Aufl., München 2013 (zitiert: Schlechtriem /Schwenzer^{6}-Bearbeiter).

Schlinker, Steffen: Wirkungen und Rechtsfolgen der überobligationsmäßigen Leistung, in: JR 2007, S. 221.

Schlosser, Hans: Grundzüge der Neueren Privatrechtsgeschichte, 10. Aufl., Heidelberg 2005.

Schmeel, Günter: § 649 BGB: Anrechnung ersparter Aufwendungen, in: MDR 1997, S. 109.

Schmidt, Eike /*Brüggemeier*, Gert: Grundkurs Zivilrecht, 7. Aufl., Neuwied 2006.

Schmidt, Patrick: Nutzungsentschädigung bei Nacherfüllung durch Ersatzlieferung, in: ZGS 2006, S. 408.

Schmidt-Futterer, Mietrecht, hrsg. v. Blank, Hubert, 13. Aufl., München 2017 (zitiert: Schmidt-Futterer^{13}-Bearbeiter).

Schmitz, Claus, Der neue § 648a BGB, in: BauR 2009, S. 714.

Schmoeckel, Mathias: Rechtsgeschichte der Wirtschaft, Tübingen 2008.

Schmoeckel, Mathias /*Stolte*, Stefan: Examinatorium Rechtsgeschichte, Köln (u. a.) 2008.

Schneider, David: Singularia non sunt extendenda, in: JA 2008, S. 174.

Schneider, David /*Katerndahl*, Christoph: Ein- und Ausbaukosten mangelhafter Kaufsachen im unternehmerischen Rechtsverkehr – Vertragliche Vereinbarung einer Selbstvornahme durch den Käufer, in: NJW 2007, S. 2215.

Schnell, Michael: Die nachträgliche Unmöglichkeit der Naturalrestitution, Diss. Berlin 2006.

Schockenhoff, Martin: Der sachlich gerechtfertigte Grund – Rechtsmethodische Anmerkungen zu § 20 I GWB, in: Recht und Wettbewerb, Festschrift für Rainer Bechtold zum 65. Geburtstag, München 2006, S. 419.

Schollmeyer, Mario /*Utlu*, Alper: Die Nacherfüllung im Kauf, in: Jura 2009, S. 721.

Schönknecht, Marcus: Die Selbstvornahme im Kaufrecht, Diss. Baden-Baden 2007.

Schrader, Paul: Schönheitsreparaturklauseln in Rechtsprechung und Examensklausuren, in: Jura 2010, S. 241.

Schrage, Eltjo: Das römische Recht im Mittelalter, Darmstadt 1987.

Schröder, Georg: Abwälzung des Ausgleichsanspruchs auf den Nachfolger des ausgeschiedenen Handelsvertreters, in: DB 1969, S. 291.

Schröder, Horst: Friedrich Karl von Savigny – Geschichte und Rechtsdenken beim Übergang vom Feudalismus zum Kapitalismus in Deutschland, Frankfurt a. M. 1984.

Schroeter, Ulrich: Kostenerstattungsanspruch des Käufers nach eigenmächtiger Selbstvornahme der Mangelbeseitigung?, in: JR 2004, S. 441.

Schubel, Christian: Schuldrechtsmodernisierung 2001 /2002 – Das neue Kaufrecht, in: JuS 2002, S. 313.

Schubert, Werner: Vom preußischen Mietrecht zum Mietrecht des BGB – Normengeschichte und frühe Rechtsprechung des Reichsgerichts, in: Gedächtnisschrift für Jürgen Sonnenschein, hrsg. v. Jickeli, Joachim /Kreutz, Peter / Reuter, Dieter, Berlin 2003, S. 11.

Schulte-Nölke, Hans: Verbraucher als Opfer des Verbraucherschutzes, in: ZGS 2005, S. 281.

— Doch wohl kein Nutzungsersatz bei Nachlieferung einer mangelfreien Kaufsache, in: ZGS 2008, S. 41.

— Nicht das Wort des deutschen, sondern das des europäischen Gesetzgebers gilt, in: ZGS 2009, S. 49.

Schulz, Florian: Der Ersatzlieferungs- und Nachbesserungsanspruch des Käufers im internen deutschen Recht, im UCC und im CISG, Diss. Frankfurt a. M. 2002.

Schulze, Götz: Falschlieferung beim Spezieskauf – Unzulänglichkeiten des Gesetzes?, in: NJW 2003, S. 1022.

— Kein Nutzungsersatz bei Ersatzlieferung, in: GPR 2008, S. 128.

Schulze, Reiner (Hrsg): Auslegung europäischen Privatrechts und angeglichenen Rechts, Baden-Baden 1999 (zitiert: Bearbeiter, in: Schulze).

Schulze, Reiner /*Ebers*, Martin: Streitfragen im neuen Schuldrecht, in: JuS 2004, S. 366.

Schulze, Reiner /*Schulte-Nölke*, Hans (Hrsg.): Die Schuldrechtsreform vor dem Hintergrund des Gemeinschaftsrechts, Tübingen 2001 (zitiert: Bearbeiter, in: Schulze /Schulte-Nölke).

Schur, Wolfgang: Die Verknüpfung wechselseitiger Leistungen, in: JuS 2006, S. 673.

Schürholz, Martina: Die Nacherfüllung im neuen Kaufrecht, Diss. Baden-Baden 2005.

Schürnbrand, Jan: Die Neuregelung des Verbraucherdarlehensrechts, in: ZBB 2008, S. 383.

Schwab, Martin: Schuldrechtsmodernisierung 2001 /2001 – Die Rückabwicklung von Verträgen nach §§ 346 ff. BGB n. F., in: JuS 2002, S. 630.

Schwarz, Fritz: Die Grundlage der Condictio im klassischen Römischen Recht, Münster /Köln 1952.

Schwarze, Roland: Das Recht der Leistungsstörungen, Berlin 2008.

Schwerdtner, Peter: Rechtsprobleme des Annahme-(Gläubiger-)verzuges – Unter besonderer Berücksichtigung der neueren Rechtsprechung des Bundesarbeitsgerichtes, in: Jura 1988, S. 419.

Schwintowski, Hans-Peter: Juristische Methodenlehre, Frankfurt a. M. 2005.

Seelmann, Kurt: Rechtsphilosophie, 5. Aufl., München 2010.

Seidel, Hans-Jürgen: Das „Nachbesserungsrecht" des Unternehmers beim Werkvertrag, in: JZ 1991, S. 391.

Skamel, Frank: Grenzen des kaufrechtlichen Nacherfüllungsanspruchs, in: DAR 2004, S. 565.

— Nacherfüllung beim Sachkauf, Diss. Tübingen 2008.

Soergel, Kommentar zum Bürgerlichen Gesetzbuch, hrsg. v. Siebert, Wolfgang, Bd. 2 – §§ 104–240, 13. Aufl., Stuttgart 1999 (zitiert: Soergel[13]-Bearbeiter).

— Bd. 5/2 – §§ 320–327, 13. Aufl., Stuttgart 2005.

— Bd. 3 – §§ 433–515, 12. Aufl., Stuttgart 1991.

— Bd. 4 I/1 – §§ 516–651, 12. Aufl., Stuttgart 1998.

— Bd. 8 – §§ 535–610, 13. Aufl., Stuttgart 2007.

— Bd. 5 IV/1 – §§ 705–822, 12. Aufl., Stuttgart 2007.

— Bd. 11/3 – §§ 780–822, 13. Aufl., Stuttgart 2011.

— Bd. 13 – CISG, 13. Aufl., Stuttgart 2000.

Söllner, Alfred: „Ohne Arbeit kein Lohn", in: AcP 167 (1967), S. 132.

Spirolke, Matthias: Der – böswillig unterlassene – anderweitige Erwerb i.S. der § 615 BGB, § 11 KSchG, in: NZA 2001, S. 707.

Starck, Christian (Hrsg.): Rangordnung der Gesetze, Göttingen 1995 (zitiert: Bearbeiter, in: Starck).

Stathouli, Sofia: Die Haftung des Verkäufers für Sachmängel und Falschlieferung nach dem Wiener Übereinkommen über den internationalen Warenkauf unter Berücksichtigung des deutschen und griechischen Rechts, Diss. München 2006.

Staudinger, Eckpfeiler des Zivilrechts, bearb. v. Beckmann, Roland Michael /Busche, Jan /Emmerich, Volker (u. a.), 6. Aufl., Berlin 2018 (zitiert: Staudinger / Eckpfeiler^{2018}-Bearbeiter).

Staudinger, Kommentar zum Bürgerlichen Gesetzbuch, §§ 134–138, Neubearb. 2017, Berlin 2017 (zitiert: Staudinger^{2017}-Bearbeiter).

— §§ 139–163, Neubearb. 2015, Berlin 2015.

— §§ 164–240, Neubearb. 2014, Berlin 2014.

— §§ 241–243, Neubearb. 2015, Berlin 2015.

— §§ 249–254, Neubearb. 2017, Berlin 2017.

— §§ 255–304, Neubearb. 2014, Berlin 2014.

— §§ 315–326, Neubearb. 2015, Berlin 2015.

— §§ 362–396, Neubearb. 2016, Berlin 2016.

— §§ 433–534, Neubearb. 1995, Berlin 1995.

— §§ 433–480, Neubearb. 2013, Berlin 2013.

— §§ 535–556g, Neubearb. 2018, Berlin 2018.

— §§ 557–580a, Neubearb. 2018, Berlin 2018.

— §§ 581–606, Neubearb. 2018, Berlin 2018.

— §§ 611–613, Neubearb. 2016, Berlin 2016.

— §§ 613a – 619a, Neubearb. 2016, Berlin 2016.

— §§ 631–651, Neubearb. 2000, Berlin 2000.

— §§ 631–651, Neubearb. 2003, Berlin 2003.

— §§ 631–651, Neubearb. 2014, Berlin 2014.

— §§ 812–822, Neubearb. 2007, Berlin 2007.

— Wiener UN-Kaufrecht, Neubearb. 2018, Berlin 2018.

Stein, Friedrich /*Jonas*, Martin (Hrsg.): Kommentar zur Zivilprozessordnung, Bd. 8 – §§ 828–915h, 22. Aufl., Tübingen 2004 (zitiert: Stein /Jonas[22]-Bearbeiter).

Steingröver, Uwe: Bauhandwerkersicherung nach Abnahme – das stumpfe Schwert –, in: NJW 2004, S. 2490.

Stoffels, Markus: Gesetzlich nicht geregelte Schuldverträge, Habil. Tübingen 2001.

Stoll, Hans: Vorteilsausgleichung bei Leistungsvereitelung, in: Festschrift für Peter Schlechtriem zum 70. Geburtstag, hrsg. v. Schwenzer, Ingeborg /Hager, Günter, Tübingen 2003, S. 677.

Sternel, Friedemann: Folgen unwirksamer Schönheitsreparaturklauseln und Handlungsmöglichkeiten für den Vermieter, in: NZM 2007, S. 545.

— Mietrecht aktuell, 4. Aufl., Köln 2009.

Streyl, Elmar: Kauf bricht nicht Miete – Grundlagen und Regelungszusammenhang der §§ 566 bis 566c BGB, in: NZM 2010, S. 343.

Sutschet, Holger: Probleme des kaufrechtlichen Gewährleistungsrechts, in: JA 2007, S. 161.

Tettinger, Peter: Nahe Mangelfolgeschäden nach der Schuldrechtsreform?, in: ZGS 2006, S. 96.

Theisen, Frank: Nutzungsentschädigung für den Gebrauch einer mangelhaften Sache?, in: GPR 2007, S. 276.

Thesling, Hans-Josef: Die Vorteilsausgleichung, Diss. Bonn 1994.

Thiele, Wolfgang: Gedanken zur Vorteilsausgleichung, in: AcP 167 (1967), S. 193.

Thier, Andreas: Aliud- und Minus-Lieferung im neuen Kaufrecht des Bürgerlichen Gesetzbuches, in: AcP 203 (2003), S, 399.

Thode, Reinhold: Die wichtigsten Änderungen im BGB-Werkvertragsrecht: Schuldrechtsmodernisierungsgesetz und erste Probleme – Teil 1, in: NZBau 2002, S. 297.

— Die wichtigsten Änderungen im BGB-Werkvertragsrecht: Schuldrechtsmodernisierungsgesetz und erste Probleme – Teil 2, in: NZBau 2002, S. 360.

Thole, Christoph: Die Geschäftsführung ohne Auftrag auf dem Rückzug – Das Ende des „auch fremden" Geschäfts?, in: NJW 2010, S. 1243.

Thomas, Heinz /*Putzo*, Hans (Hrsg.): Zivilprozessordnung – Kommentar, 39. Aufl., München 2018 (zitiert: Thomas /Putzo[39]-Bearbeiter).

Thume, Karl-Heinz: Die geplante Neuregelung des Transportrechts, in: BB 1997, S. 585.

— Das neue Transportrecht, in: BB 1998, S. 2117.

Thüsing, Gregor: Wertende Schadensberechnung, Habil. München 2001.

Tiedtke, Klaus: Zur Rechtsprechung des BGH auf dem Gebiet des Kaufrechts – Teil 1, in: JZ 2008, S. 395.

Tiedtke, Klaus /*Schmitt*, Marco: Die Falschlieferung durch den Verkäufer, in: JZ 2004, S. 1092.

— Probleme im Rahmen des kaufrechtlichen Nacherfüllungsanspruchs (Teil II), in: DStR 2004, 2060.

— 40 Probleme aus dem BGB Kaufrecht, Neuwied 2005.

Tomic, Alexander: „Sowieso-Kosten", Diss. München 1990.

Tonner, Klaus: Die kaufrechtlichen Vorschriften im Diskussionsentwurf eines Schuldrechtsmodernisierungsgesetzes, in: VuR 2001, S. 87.

— Vertragliche Schuldverhältnisse, 2. Aufl., Baden-Baden 2010.

Tonner, Klaus /*Willingmann*, Armin /*Tamm*, Marina (Hrsg.): Vertragsrecht – Kommentar, Köln 2010 (zitiert: Tonner /Willingmann /Tamm-Bearbeiter).

Tonner, Martin: Ansprüche des Käufers bei Selbstvornahme der Mängelbeseitigung, in: VuR 2005, S. 207.

Tonner, Martin /*Wiese*, Volker: Selbstvornahme der Mängelbeseitigung durch den Käufer, in: BB 2005, S. 903.

Tröger, Tobias: Grundfälle zum Sachmangel nach neuem Kaufrecht, in: JuS 2005, S. 503.

von Tuhr, Andreas: Der Allgemeine Teil des Deutschen Bürgerlichen Rechts, Bd. 2/1, Nachdruck 1957 (zitiert: von Tuhr, AT, Bd. 2/1, 1914 (Nachdruck 1957)).

Ulrici, Bernhard: Eigenmächtige mangelbeseitigung beim Kauf, in: Jura 2005, S. 612.

Unberath, Hannes: Mietrecht und Schuldrechtsreform, in: ZMR 2004, S. 309.

— Die richtlinienkonforme Auslegung am Beispiel der Kaufrechtsrichtlinie, in: ZEuP 2005, S. 5.

Voppel, Reinhard: Das Gesetz zur Modernisierung des Schuldrechts und das Leistungsstörungsrecht beim Werkvertrag, in: BauR 2002, S. 843.

Vorwerk, Volkert: Mängelhaftung des Werkunternehmers und Rechte des Bestellers nach neuem Recht, in: BauR 2003, S. 1.

Wagner, Britta /*Michal*, Uwe: Nachlieferung nur gegen Nutzungsersatz?, in: ZGS 2005, S. 368.

— Keine Nutzungsvergütung bei Nachlieferung, in: VuR 2006, S. 46.

Wagner, Gerhard: Prävention und Verhaltenssteuerung durch Privatrecht - Anmaßung oder legitime Aufgabe?, in: AcP 206 (2006), S. 352.

Waldstein, Wolfgang /*Rainer*, Michael: Römische Rechtsgeschichte, 10. Aufl., München 2005.

Weigand, Rudolf: Die Naturrechtslehre der Legisten und Dekretisten, München 1967

Weinsheimer, Willi: Auslegung von Ausnahmevorschriften und Vorschriften mit „eindeutigem" Wortlaut, in: NJW 1959, S. 566.

Weise, Stefan: Ersatzansprüche nach eigenmächtiger Selbstvornahme der Nacherfüllung?, in: NJW-Spezial 2005, S. 261.

Wendehorst, Christiane: Anspruch und Ausgleich, Habil. Tübingen 1999.

Wenzel, Henning: Kaufrechtliche Probleme in der Unternehmenspraxis und Lösungsvorschläge, in: DB 2003, S. 1887.

Wenzel, Joachim: Die Bindung des Richters an Gesetz und Recht, in: NJW 2008, S. 345

Werner, Alfred: Vorteilsausgleichung, Kausalität und das Wesen der Schadensersatzpflicht, in: NJW 1955, S. 21.

Werner, Ulrich /*Pastor*, Walter: Der Bauprozess, 16. Aufl., Köln 2018.

Werner, Ulrich /*Siegburg*, Frank: Der „entgangene Gewinn" des Architekten gemäß § 649 Satz 2 BGB - im Blickwinkel der neuesten Rechtsprechung des Bundesgerichtshofes -, in: BauR 1997, S. 181.

Wertheimer, Frank: Nachvertragliche Wettbewerbsverbote bei Arbeitsverhältnissen, Köln (u. a.) 1998.

Wesenberg, Gerhard /*Wesener*, Gunter: Neuere deutsche Privatrechtsgeschichte, 4. Aufl., Köln (u. a.) 1985.

Westermann, Harm Peter: Das neue Kaufrecht einschließlich des Verbrauchsgüterkaufs, in: JZ 2001, S. 530.

— Das neue Kaufrecht, in: NJW 2002, S. 241.

von Westphalen, Friedrich (Graf): Handelsvertreterrecht und AGB-Gesetz (II), in: DB 1984, S. 2392.

Wieacker, Franz: Privatrechtsgeschichte der Neuzeit, 2. Aufl., Göttingen 1967.

Wieling, Hans Josef: Bereicherungsrecht, 4. Aufl., Berlin 2006.

Wiese, Volker: Der Rückgewähranspruch des Verkäufers bei aliud- und sonstig mangelhaften Lieferungen, in: AcP 206 (2006), S. 902.

Wilburg, Walter: Die Lehre von der ungerechtfertigten Bereicherung, Graz 1934.

Wilhelm, Jan: Rechtsverletzung und Vermögensentscheidung als Grundlagen und Grenzen des Anspruchs aus ungerechtfertigter Bereicherung, Diss. Bonn 1973.

— Schuldrechtsreform 2001, in: JZ 2001, S. 861.

— Sachenrecht, 5. Aufl., Berlin 2016 (zitiert: Wilhelm, SachenR^5 (2016)).

Willutzki, Siegfried: Zwischenruf – „Der Gesetzgeber denkt, die Rechtsprechung lenkt?", in: ZRP 2008, S. 264.

Windscheid, Bernhard: Rezension zu Mommsen, Beiträge zum Obligationenrecht 1. Abt., in: heidelb. krit. ZeitschR f. d. ges. Rechtswissenschaft, Bd. 2, 106 (138).

Windscheid, Bernhard /*Kipp*, Theodor: Lehrbuch des Pandektenrechts, Bd. 2, 8. Aufl., Frankfurt a. M. 1900.

Witt, Carl-Heinz: Nutzungsersatz bei Nachlieferung – BGH-Vorlage an den EuGH, in: NJW 2006, S. 3322.

Wohlhaupter, Eugen: Aequitas canonica, Paderborn 1931.

Woitkewitsch, Christopher: Nutzungsersatzanspruch bei Ersatzlieferung?, in: VuR 2005, S. 1.

Wolf, Eckhard /*Eckert*, Hans-Georg /*Ball*, Wolfgang: Handbuch des gewerblichen Miet-, Pacht- und Leasingrechts, 10. Aufl., Köln 2009.

Wolf, Joachim: Der Stand der Bereicherungslehre und ihre Neubegründung, Köln (u. a.) 1980.

Wolff, Christian: Grundsätze des Natur- und Völkerrechts, Nachdruck Halle 1980.

Wolff, Lutz-Christian: Zuwendungsrisiko und Restitutionsinteresse, Habil. Berlin 1998.

Wolter, Udo: Mietrechtlicher Bestandsschutz – Historische Entwicklung seit 1800 und geltendes Wohnraum-Kündigungsschutzrecht, Habil. Frankfurt a. M. 1984.

Wrase, Michael /*Müller-Helle*, Adrian: Aliud-Lieferung beim Verbrauchsgüterkauf – ein nur scheinbar gelöstes Problem, in: NJW 2002, S. 2537.

Würdinger, Markus: Ausnahmevorschriften sind analogiefähig!, in: JuS 2008, S. 949.

Würdinger, Markus /*Bergmeister*, Felix: Analogie und Umkehrschluss, in: Jura 2007, S. 15.

Würthwein, Susanne: Zur Schadensersatzpflicht wegen Vertragsverletzungen im Gemeinen Recht des 19. Jahrhunderts, Diss. Berlin 1990.

Zänker, Leif: Der Funktionswandel des Werkvertrags, Diss. Baden-Baden 2006.

Zerres, Thomas: Das neue Sachmängelrecht beim Kauf, in: VuR 2002, S. 3.

— Recht auf Nacherfüllung im deutschen und englischen Kaufrecht, in: RIW 2003, S. 746.

Zippelius, Reinhold: Rechtsphilosophie, 4. Aufl., München 2003.

— Juristische Methodenlehre, 10. Aufl., München 2006.

Zöller, Zivilprozessordnung - Kommentar, bearb. v. Geimer, Reinhold /Greger, Reinhard /Herget, Kurt (u. a.), 32. Aufl., Köln 2018 (zitiert: Zöller[32]-Bearbeiter).

Zweigert, Konrad /*Kötz*, Hein: Einführung in die Rechtsvergleichung, 3. Aufl., Tübingen 1996.

www.ingramcontent.com/pod-product-compliance
Ingram Content Group UK Ltd.
Pitfield, Milton Keynes, MK11 3LW, UK
UKHW021919290926
8980IPUK00015B/1351

9 783631 794715